D0081972

Cambridge University Library MS. Gg. 3. 28, f. 225ᵛ, *reduced, showing the second hand* (*see pp. 265–6*)

ÆLFRIC'S CATHOLIC HOMILIES

THE SECOND SERIES

———

EARLY ENGLISH TEXT SOCIETY

SS. 5

1979

ÆLFRIC'S CATHOLIC HOMILIES

THE SECOND SERIES
TEXT

EDITED BY

MALCOLM GODDEN

Published for
THE EARLY ENGLISH TEXT SOCIETY
by the
OXFORD UNIVERSITY PRESS
LONDON   NEW YORK   TORONTO
1979

Oxford University Press, Walton Street, Oxford, OX2 6DP

OXFORD LONDON GLASGOW
NEW YORK TORONTO MELBOURNE WELLINGTON
KUALA LUMPUR SINGAPORE HONG KONG TOKYO
DELHI BOMBAY CALCUTTA MADRAS KARACHI
NAIROBI DAR ES SALAAM CAPE TOWN

© *The Early English Text Society 1979*

All rights reserved. No part of this publication may be reproduced, stored in a retrieval system, or transmitted, in any form or by any means, electronic, mechanical, photocopying, recording, or otherwise, without the prior permission of Oxford University Press

British Library Cataloguing in Publication Data
Aelfric
    Aelfric's Catholic homilies.
    2nd series: text. – (Early English Text Society.
    Supplementary series; 5)
    Bibl.
    ISBN 0–19–722405–9
    I. Godden, Malcolm 2. Series
    252'. 01'3   PR1525
    Church history–Middle Ages, 600–1500–Sermons

Printed in Great Britain
at the University Press, Oxford
by Eric Buckley
Printer to the University

PREFACE

THE bulk of the work for this edition was carried out in Cambridge in 1966–9, but the Introduction has been substantially recast since then and the textual notes added. I owe an inestimable debt to Peter Clemoes, who suggested the project in the first place, gave generously of his counsel and encouragement during my three years as a research student under his direction and in the years since, and has always been willing to make available his own unpublished work. I have benefited too from the advice of Professor Dorothy Whitelock and the late Professor Alastair Campbell, who were the examiners for my doctoral thesis. A special debt is owed to Dr. R. I. Page of Corpus Christi College, Cambridge, who enlivened the many visits to Corpus library with his advice and humour and provided salutary resistance to narrowing horizons. I have consulted again and again the manuscript collections not only at Corpus Christi but also at the University Library and Jesus and Trinity Colleges in Cambridge, the British Museum, Lambeth Palace Library, and the Bodleian Library. I am grateful to the authorities concerned and to the librarians for their help and patience, and particularly to the Cambridge University Library for permission to print the frontispiece. I must also mention the staff of the Literary and Linguistic Computing Centre at Cambridge, who devoted considerable resources and effort to producing a concordance to the two Series of *Catholic Homilies* which has proved invaluable for identifying Ælfric's changes in usage. My work on Ælfric generally has been helped too by a research fellowship at Pembroke College, Cambridge, for 1969–72, and by research grants from Liverpool University.

MALCOLM GODDEN

Exeter College, Oxford

CONTENTS

SHORT TITLES

Assmann	*Angelsächsische Homilien und Heiligenleben*, ed. B. Assmann, Bibliothek der angelsächsischen Prosa III (1889); reprinted with supplementary introduction by Peter Clemoes (Darmstadt, 1964).
Belfour	*Twelfth-Century Homilies in MS Bodley 343*, ed. A. O. Belfour, EETS. os 137 (London, 1909).
Bethurum	*The Homilies of Wulfstan*, ed. D. Bethurum (Oxford, 1957).
Blickling	*The Blickling Homilies of the Tenth Century*, ed. R. Morris, EETS. os 58, 63, 73 (London, 1874–80).
Bosworth-Toller	J. Bosworth and T. N. Toller, *An Anglo-Saxon Dictionary* (Oxford, 1898), T. N. Toller, *Supplement* (Oxford, 1921), and A. Campbell, *Enlarged Addenda and Corrigenda* (Oxford, 1972).
Brotanek	R. Brotanek, *Texte und Untersuchungen zur altenglischen Literatur und Kirchengeschichte* (Halle, 1913); specifically, the 'Zwei Homilien des Ælfric'.
Cameron	Angus Cameron, 'A List of Old English Texts', in *A Plan for the Dictionary of Old English*, ed. Roberta Frank and Angus Cameron (Toronto, 1973).
Clemoes, *Chronology*	P. A. M. Clemoes, 'The Chronology of Ælfric's Works', in *The Anglo-Saxons, Studies in Aspects of their History and Culture presented to Bruce Dickins*, ed. P. Clemoes (London, 1959).
Clemoes, *Facsimile*	Introduction to *Ælfric's First Series of Catholic Homilies: BM Royal 7 C. xii*, ed. N. Eliason and P. Clemoes, Early English Manuscripts in Facsimile 13 (Copenhagen, 1966).
Crawford, *Heptateuch*	*The Old English Version of the Heptateuch, Ælfric's Treatise on the Old and New Testament, and his Preface to Genesis*, ed. S. J. Crawford, EETS. os 162 (London, 1922);

reprinted with text of two additional manu-
scripts transcribed by N. R. Ker (London,
1969).

Ker, *Catalogue* N. R. Ker, *Catalogue of Manuscripts containing Anglo-Saxon* (Oxford, 1957).

LS *Ælfric's Lives of Saints*, ed. W. W. Skeat, EETS. os 76, 82, 94, 114 (London, 1881–1900).

Napier *Wulfstan: Sammlung der ihm zugeschriebenen Homilien*, ed. A. S. Napier (Berlin, 1883); reprinted with a bibliographical supplement by Klaus Ostheeren (Dublin and Zurich, 1967).

PL *Patrologia Latina*, ed. J.-P. Migne (Paris, 1841–64).

Pope *Homilies of Ælfric: a Supplementary Collection*, 2 vols., ed. John C. Pope, EETS. os 259 and 260 (London, 1967–8).

Sisam, *Studies* K. Sisam, *Studies in the History of Old English Literature* (Oxford, 1953).

Thorpe *The Homilies of the Anglo-Saxon Church. The First Part, containing the Sermones Catholici or Homilies of Ælfric*, 2 vols., ed. B. Thorpe (London, 1844–6).

Vercelli *Die Vercelli-Homilien*, ed. M. Förster, Bibliothek der angelsächsischen Prosa XII (1932).

Wanley H. Wanley, *Librorum Veterum Septentrionalium Catalogus*, in G. Hickes, *Linguarum Veterum Septentrionalium Thesaurus* (Oxford, 1705).

MANUSCRIPT SIGLA

I HAVE adopted the list of sigla drawn up by Clemoes and Pope for their editions of the First Series and the later homilies of Ælfric. Each of the main manuscripts is represented by a single letter, except that a collection in two or three volumes has only one letter. Manuscripts which include only a little of Ælfric's homiletic work are represented by X with a superscript letter, and fragments are represented by f with a superscript letter. (X with a superscript *number* in brackets is used in this edition to refer to hypothetical sources.) The sigla are designed to reflect the successive stages in the development of the First Series represented by the various manuscripts, with A representing the earliest stage and V the latest. This is generally appropriate for the Second Series too, in that B–G and J–O draw on the first recension of the Second Series and P–V, together with H, draw on the second recension, but the sigla should not be taken to indicate any more precise order than that, and some manuscripts, of course, have mixed origins. Sigla such as C(d) and E(a) refer to subsections of the manuscripts as indicated in the descriptions. A, Q, and S do not contain any Second Series homilies but are included here because they are important First Series manuscripts and it is necessary to refer to them in the course of the introduction.

A   British Library MS. Royal 7 C. XII.
B   Bodleian Library MS. Bodley 343.
C   Corpus Christi College, Cambridge, MS. 303.
D   Bodleian Library MSS. Bodley 340 and 342.
E   Corpus Christi College, Cambridge, MS. 198.
F   Corpus Christi College, Cambridge, MS. 162
G   British Library MS. Cotton Vespasian D. XIV.
H   British Library MS. Cotton Vitellius C. v.
J   British Library MS. Cotton Cleopatra B. XIII and Lambeth Palace Library MS. 489.
K   Cambridge University Library MS. Gg. 3. 28.
L   Cambridge University Library MS. Ii. 1. 33.
M   Cambridge University Library MS. Ii. 4. 6.
N   British Library MS. Cotton Faustina A. IX.
O   Corpus Christi College, Cambridge, MS. 302.
P   Bodleian Library MS. Hatton 115 and University Library, Kansas, MS. Y 104.

Q   Corpus Christi College, Cambridge, MS. 188.

R   Corpus Christi College, Cambridge, MS. 178.

S   Bodleian Library MS. Hatton 116.

T   Bodleian Library MSS. Hatton 113 and 114 and Junius 121.

U   Trinity College, Cambridge, MS. B. 15. 34.

V   Corpus Christi College, Cambridge, MSS. 419 and 421.

X[a]   Corpus Christi College, Cambridge, MS. 190.

X[c]   British Library MS. Cotton Faustina A. x.

X[e]   British Library MS. Cotton Tiberius A. III.

f[a]   Corpus Christi College, Cambridge, MS. 367.

f[b]   Jesus College, Cambridge, MS. 15.

f[d]   Gloucester Cathedral MS. 35.

f[i]   British Library MS. Cotton Otho B. x.

f[k]   British Library MS. Cotton Vitellius D. XVII.

f[p]   Bodleian Library MSS. Junius 85 and 86.

MANUSCRIPT DISTRIBUTION OF
INDIVIDUAL HOMILIES

I   J (Lambeth 489, ff. 37^v–38^r), K (ff. 134^v–138^r), T (Hatton 113, ff. 115^v–124^r).

II   K (ff. 138^r–140^v), f^k (ff. 26^{rv}, 15^r–16^v, 27^{rv}).

III   B (ff. 69^v–72^r), K (ff. 140^v–144^r), R (pp. 190–201).

IV   B (ff. 152^r–154^v), E (ff. 47^r–57^v), F (pp. 109–25), K (ff. 144^r–148^r), M (ff. 7^{vr}, 9^{rv}), N (ff. 2^r–11^r).

V   B (ff. 50^r–52^v), C (pp. 6–12), D (Bodley 340, ff. 86^v–93^v, and Bodley 342, ff. 204^v–206^r), E (ff. 110^r–117^r), F (pp. 161–74), K (ff. 148^r–151^v), M (ff. 22^r–32^r), N (ff. 31^v–39^r), O (pp. 83–91).

VI   B (ff. 52^v–54^v), C (pp. 12–16), D (Bodley 340, ff. 93^v–98^v), E (ff. 117^r–122^v), F (pp. 174–84), K (ff. 151^v–153^v), M (ff. 32^r–39^r), N (ff. 39^r–44^v), O (pp. 91–7).

VII   D (Bodley 340, ff. 103^v–108^r, and Bodley 342, ff. 203^r–204^v), E (ff. 128^v–132^v), F (pp. 218–26), K (ff. 153^v–156^r), M (ff. 64^v–71^r), N (ff. 55^r–59^v), O (pp. 120–5), R (pp. 210–17), T (Hatton 114, ff. 50^v–54^r), f^p (ff. 18^r–24^r).

VIII   C (pp. 27–30), E (ff. 150^r–152^v), F (pp. 237–43), H (ff. 71^v–73^r), K (ff. 156^r–157^v), M (ff. 71^r–75^v), N (ff. 59^v–63^r), O (pp. 125–9).

IX   D (Bodley 340, ff. 52^r–58^v), E (ff. 73^r–81^r), K (ff. 157^v–160^v), L (ff. 139^v–144^r), T (Hatton 114, ff. 140^r–147^v), X^c (ff. 148^r–149^r, margins), f^k (ff. 63^v, 65^{rv}).

X   D (Bodley 340, ff. 58^v–66^v), E (ff. 81^r–90^r), K (ff. 160^v–164^v).

XI   D (Bodley 340, ff. 66^v–81^r), E (ff. 90^r–103^v), K (ff. 164^v, 166^r–171^r), L (ff. 37^r–52^v), f^k (ff. 54^{rv}, 7^{vr}, 57^{rv}, 55^{rv}; 64^{rv}; 56^{rv}, 58^r).

XII   F (pp. 79–107), K (ff. 171^r–178^r), M (ff. 89^r–109^r), N (ff. 73^r–85^v).

XIII   C (pp. 43–9), E (ff. 153^r–159^v), F (pp. 284–98), K (ff. 178^r–181^v), L (ff. 24^v–28^v), M (ff. 117^v–127^v), N (ff. 91^v–99^r), O (pp. 142–51), T (Hatton 114, f. 4^v).

XIV   C (pp. 49–56), F (pp. 305–22), K (ff. 181^v–185^v), M (ff. 127^v–139^v), N (ff. 108^r–116^v), O (pp. 163–73), R (pp. 217–29), T (Hatton 114, ff. 75^v–85^v), X^e (77^v–83^r).

XV E (ff. 218^r–226^r), F (pp. 387–9), K (ff. 185^v–189^v), M (ff. 156^v–170^v), N (ff. 131^r–139^r), O (pp. 182–8).

XVI E (ff. 226^r–231^v), K (ff. 189^v–192^v), M (ff. 171^r–180^v), N (ff. 139^r–145^r), U (pp. 18–35), f^a (ff. 20^{rv}, 26^{rv}).

XVII D (Bodley 340, ff. 163^r–166^r), E (ff. 209^r–213^r), K (ff. 192^v–194^r), L (ff. 79^r–82^r), T (Hatton 114, ff. 147^v–151^r), f^k (ff. 18^r–20^r).

XVIII D (Bodley 340, ff. 166^r–169^r), E (ff. 213^r–217^v), K (ff. 194^r–196^r), T (Hatton 114, ff. 151^r–155^v), f^k (ff. 8^{rv}, 66^r–67^v).

XIX D (Bodley 342, ff. 14^r–21^r), F (pp. 52–66), K (ff. 196^r–199^v), M (ff. 215^v, 237^r, 233^r), P (ff. 40^v–47^v), f^b (ff. i^v–vi^v).

XX D (Bodley 342, ff. 27^v–34^r), G (ff. 123^r–130^v), K (ff. 199^v–202^v), P (ff. 47^v–53^v).

XXI D (Bodley 342, ff. 34^r–38^r), G (ff. 131^r–136^r), K (ff. 202^v–205^r), L (ff. 222^v–224^v), P (ff. 53^v–58^r).

XXII C (pp. 226–31), D (Bodley 342, ff. 45^v–50^r), K (ff. 205^r–207^v), M (ff. 238^v–246^r), R (pp. 244–53), f^b (f. 4^{rv}).

XXIII C (pp. 252–6), D (Bodley 342, ff. 68^v–73^r), E (ff. 263^v–267^v), F (pp. 462–72), H (ff. 131^r–132^v, 174^{rv}), K (ff. 207^v–210^r), M (ff. 18^v–21^v), U (pp. 310–19).

XXIV B (ff. 116^r–117^v), D (Bodley 342, ff. 85^r–91^r), E (ff. 273^r–278^v), G (ff. 31^v–33^r), K (ff. 210^r–213^r), f^d (f. 7^{rv}).

XXV B (ff. vi^r–vii^v), C (pp. 261–4), D (Bodley 342, ff. 106^v–110^v), F (pp. 483–9), H (ff. 139^r–140^v), K (ff. 213^r–214^v), U (pp. 376–87).

XXVI B (f. viii^{rv} and extract on f. 166^v), C (pp. 265–8), D (Bodley 342, ff. 110^v–114^v), F (pp. 489–96), H (ff. 140^v–142^v), K (ff. 214^v–216^v), R (pp. 141–2), U (pp. 387–98), f^b (f. vi^{rv}).

XXVII B (ff. 117^v–119^v), D (Bodley 342, ff. 121^v–127^v), E (ff. 291^v–295^r), G (ff. 30^r–31^v), K (ff. 216^v–219^v), L (ff. 91^r–95^r), f^k (f. 73^{rv}).

XXVIII B (ff. 39^v–41^r), C (pp. 273–6), D (Bodley 342, ff. 127^v–131^v), F (pp. 508–16), G (ff. 40^r–44^v), H (ff. 168^v–172^r), K (ff. 219^v–221^v), R (pp. 114–26), f^b (f. vi^v).

XXIX B (ff. 41^r–42^v), G (ff. 54^v–57^v), H (ff. 181^r–182^v), K (ff. 221^v–223^r), T (Junius 121, ff. 157^r–160^r).

XXX   B (ff. 12ʳ–14ᵛ), G (ff. 139ʳ–145ᵛ), K (ff. 223ʳ–226ʳ), L (ff. 155ᵛ–161ʳ).

XXXI   B (f. xʳ), C (pp. 276–9), D (Bodley 342, ff. 131ᵛ–134ᵛ), F (pp. 516–21), H (ff. 175ʳ–177ᵛ), K (ff. 226ʳ–227ᵛ).

De Sancta Maria C (p. 279), D (f. 134ᵛ), F (p. 521), K (ff. 227ᵛ–228ʳ).

XXXII   B (ff. 33ᵛ–35ʳ), G (ff. 68ʳ–70ʳ), K (ff. 228ʳ–230ᵛ), L (ff. 95ʳ–98ʳ), fᵃ (ff. 28ᵛ, 19ʳᵛ, 27ʳᵛ), fᵏ (ff. 50ʳ–54ʳ).

XXXIII   K (ff. 230ᵛ–234ᵛ), L (ff. 98ʳ–103ᵛ), fᵏ (ff. 5ᵛʳ, 22ʳ).

XXXIV   E (ff. 378ʳ–385ᵛ), K (ff. 234ᵛ–238ᵛ), fᵏ (ff. 58ʳ–60ᵛ, 62ᵛʳ, 61ʳᵛ, 63ʳᵛ).

Excusatio Dictantis D (ff. 147ᵛ–148ʳ), E (f. 385ᵛ), K (ff. 238ᵛ–239ʳ).

XXXV   C (pp. 185–8), D (Bodley 342, ff. 148ʳ–151ʳ), K (ff. 239ʳ–240ᵛ), P (ff. 68ʳ–70ᵛ), V (MS. 421, pp. 25–36).

XXXVI   C (pp. 188–90), D (Bodley 342, ff. 151ʳ–154ᵛ), K (ff. 240ᵛ–242ᵛ), P (ff. 70ᵛ–73ᵛ), Xᵃ (pp. 308–14), fᵏ (f. 76ʳᵛ).

XXXVII   B (ff. 119ᵛ–121ᵛ), C (pp. 190–4), D (Bodley 342, ff. 154ᵛ–159ᵛ), E (ff. 231ᵛ–236ᵛ), K (ff. 242ᵛ–245ʳ), P (ff. 73ᵛ–78ʳ), V (pp. 36–54).

XXXVIII   B (ff. 122ʳ–124ʳ), C (pp. 194–9), D (Bodley 342, ff. 159ᵛ–165ᵛ), E (ff. 236ᵛ–242ᵛ), K (ff. 245ʳ–248ᵛ), P (ff. 78ʳ–82ᵛ), V (pp. 54–76), fᵏ (ff. 4ᵛʳ, 88ʳᵛ, 78ʳᵛ).

XXXIX   B (ff. 124ʳ–126ʳ), D (Bodley 342, ff. 165ᵛ–171ʳ), E (ff. 242ᵛ–247ᵛ), K (ff. 248ᵛ–251ʳ), M (ff. 237ᵛ–238ʳ), P (ff. 83ʳ–87ᵛ), R (pp. 140–1), V (pp. 76–96).

XL   B (ff. 146ᵛ–149ᵛ), D (Bodley 342, ff. 171ʳ–179ᵛ), J (Lambeth 489, ff. 38ʳ–40ʳ, 43ᵛ–44ᵛ), K (ff. 251ʳ–255ʳ), P (ff. 87ᵛ–94ᵛ), fᵏ (ff. 78ᵛ, 89ᵛʳ).

CONCORDANCE OF HOMILY NUMBERS WITH THORPE'S EDITION

This Edition	Thorpe
I–XV	I–XV
XVI	XVI, XVII
XVII	XVIII
XVIII	XIX, XX
XIX	XXI
XX	XXII
XXI	XXIII, XXIV
XXII	XXV
XXIII	XXVI, XXVII
XXIV	XXVIII
XXV	XXIX
XXVI	XXX
XXVII	XXXI, XXXII
XXVIII	XXXIII
XXIX	XXXIV
XXX	XXXV
XXXI	XXXVI
XXXII	XXXVII
XXXIII	XXXVIII
XXXIV	XXXIX
XXXV	XL
XXXVI	XLI
XXXVII	XLII
XXXVIII	XLIII
XXXIX	XLIV
XL	XLV

INTRODUCTION

THE only previous edition of the Second Series is that of Benjamin Thorpe, published in 1846, though individual items from the Series have also been published in readers and anthologies. This edition is based on the same manuscript as Thorpe's but the text will, I hope, be found to improve on his in a number of ways; it includes the passages of Gospel translation which Thorpe omitted; it retains the manuscript punctuation, which is clear and helpful once its principles are learnt; it introduces a number of emendations based on collations of all the other manuscripts; it eliminates Thorpe's errors of transcription without, I trust, introducing new ones; and it has the homilies divided in a way that is closer, I believe, to Ælfric's intentions. My main concern in this edition, however, has been to present the testimony of the twenty-six other manuscripts containing selections from the Series, which were not used by Thorpe except where K was defective or in doubt, and to analyse their significance for the development of the Series by Ælfric and for its subsequent history. A further volume containing general introduction, analysis of content and sources, commentary, and glossary for both Series of *Catholic Homilies* is in preparation by Peter Clemoes and myself. As will be seen, there is a close parallel between the material in the introduction to this edition and Clemoes's work on the First Series, but I have tried to keep this edition independent not only for the convenience of readers but also because it is important to establish what conclusions the Second Series on its own can justify and how far it had a different history from the First Series.

The decision to exclude variations of spelling, and in some cases inflexions, will, I fear, meet with some disapproval. These variations are of major importance for our understanding of the development of English in the eleventh and twelfth centuries, but to include them here would dwarf the primary purpose of this edition, to establish Ælfric's text and its history. What is needed, in any case, is a concentrated analysis of the language and alterations of each manuscript in its entirety, rather than a survey of variant readings dispersed over several different editions.

Apology is perhaps necessary too for dividing and numbering the homilies in a different way from Thorpe. It has been recognized for some time that his arrangement was unsatisfactory, and re-examination of the manuscript and the working of the homilies makes it possible to establish an arrangement which is more likely to coincide with Ælfric's intentions, with some items which Thorpe treated as separate here combined.[1] Although there are still one or two doubtful points (the status of xx and xxi, and perhaps the two parts of xii), the division and numbering adopted here are, I think, sufficiently certain to justify the inconvenience of not following Thorpe.

THE MANUSCRIPT TRADITION

It has been known for some time that more than one authentic form of the *Catholic Homilies* has come down to us. Dietrich, writing in 1855–6, pointed to some evidence of authentic differences between manuscripts, though he based his classification primarily on the content and type of collection.[2] Then in an article published in 1932 Kenneth Sisam identified three authoritative manuscripts of the First Series (A, K, and Q according to the sigla used in this edition) and demonstrated that they represent three successive stages in Ælfric's development of the Series.[3] He went on to show how differences of detail among these three versions could be attributed to revision by the author and could be used to classify other manuscripts which contain only selections from the *Catholic Homilies* and are generally further removed from Ælfric. Peter Clemoes has since examined all the manuscripts of First Series homilies and demonstrated that they go back to many different copies issued by Ælfric, showing different forms of the text. He has thus

---

[1] I have set out the case for this different arrangement in an article in *English Studies*, liv (1973), 209–16. It affects only xvi, xviii, xxi, xxiii, and xxvii in this edition.

[2] E. Dietrich, 'Abt Ælfrik: Zur Literaturgeschichte der angelsächsischen Kirche', *Zeitschrift für historische Theologie*, xxv (1855), 487–594; xxvi (1856), 163–256.

[3] K. Sisam, 'MSS Bodley 340 and 342: Ælfric's *Catholic Homilies*', *Review of English Studies*, viii (1932), reprinted in his *Studies*, pp. 165–79.

been able to classify all the manuscripts on the basis of the stages in the development of the text that they reflect.[1]

For the Second Series there are altogether twenty-seven manuscripts, ranging from K with all forty homilies to Xᶜ with a few brief excerpts from one. It is likely that they too reflect different forms of the text, indeed they are for the most part the same manuscripts as those which Clemoes has analysed on the basis of their First Series material. Analysis here is more difficult, though, because there is only one authoritative copy of the Second Series extant, K. This is a remarkably reliable manuscript, contemporary with the author and containing a collection built up by him, very carefully written and containing no apparent corruptions apart from some minor errors of copying. The other manuscripts contain only selections from the Series and are mostly later and more corrupt, so that it is more difficult to ascertain the ways in which the Series developed in Ælfric's hands and to isolate the differences in text and content which are due to him. It is still possible, though, to identify authentic differences in the text of individual homilies. The most important evidence is the fact that several of the homilies appear in some manuscripts in an augmented or expanded form which can safely be attributed to Ælfric. Most of the additions, those to XVIII, XXII, XXIII, XXVIII, XXXIX, and the longer passage in XIX, have already been identified as Ælfric's by John C. Pope and printed separately in his collection.[2] The evidence of style, language, and content point convincingly to Ælfric's authorship, and the close connection of subject with the context makes it clear that they were added by Ælfric himself. The other additions, in III, VII, XVI, and XIX, are all in Ælfric's style and manner and fit the context closely, and there can be little doubt that they too were composed and added by Ælfric.[3]

Another improvement which can be ascribed to Ælfric is the

---

[1] This is set out in detail in Clemoes's forthcoming edition of the First Series for the Early English Text Society, but the main outlines are given in his article of 1959 (Clemoes, *Chronology*).

[2] Pope nos. XVII, XXIII, XXIV, XXV, XXVI, and XXVIII. Pope XXVII is also an extra passage by Ælfric included in a Second Series homily, but it could not have been added by Ælfric himself, as Pope has shown. Cf. also on these additions Clemoes, *Chronology*, pp. 234–5.

[3] See the notes to these homilies.

change from dative to accusative case after certain prepositions. Sisam pointed to evidence in the First Series that Ælfric systematically substituted the accusative for his original dative after *þurh*,[1] and Clemoes's work has shown that Ælfric made the same change after other prepositions. In the manuscripts of the Second Series there are frequent changes, following a consistent pattern, with *ofer*, *on*, *ongean*, *oð*, *þurh*, and *wið*.[2] That the changes are mainly due to Ælfric's revision is suggested not only by the example of the First Series but also by the fact that the accusative form appears particularly frequently in place of the dative in those manuscripts which contain Ælfric's additions, and that the changes generally bring Ælfric's usage into line with that of his later work. Some changes to the accusative cannot be by Ælfric but the evidence would suggest not many: there are only a few alterations of this kind actually made in the extant manuscripts, and variations of case with prepositions generally occur in all the manuscripts of a particular family, not just in one or two.

Some changes in vocabulary and phrasing can also be accepted as authentic. In some cases the evidence is manuscript distribution, where the variant form occurs in manuscripts belonging to different traditions. For instance, the variant *him eallum* for *him* at XVI 126, which makes a slight improvement, is shared by E and U, and these two must be independent witnesses since U has Ælfric's addition to this homily and E does not. Similarly, the variant *unswincfullan* for *swincleasan* at XXII 88 is shared by C, D, and R, and C and D cannot belong to the same tradition as R because they do not share its authentic additions to this homily. In each instance the reading of the main text is supported by at least one other manuscript as well as K. In other cases comparison with Ælfric's usage or expressions in other texts makes it reasonably certain that a change is his.[3]

Using such evidence it becomes possible to analyse the manuscripts in terms of the different forms of the text that they reflect. Several of the manuscripts can be assigned to a version of the text distinctly later than that represented by K, a version characterized principally by the presence of additional material

---

[1] Sisam, *Studies*, pp. 180–5. [2] See below, pp. lxxviii–lxxxi.
[3] For examples see below, pp. lxxxi–lxxxii.

by Ælfric in a few homilies but also by many revisions of detail. The main witnesses are H, P, R, U, V, and f^b.[1] H, with seven Second Series homilies, has an authentic addition to xxvIII and a greatly expanded version of xxIIIb, with xxIIIa occurring as an independent homily on its own. P, which has nine homilies from the Series, has authentic additions to two of them, xIx and xxxIx. R has authentic additions in four of its Second Series homilies, III, vII, xxII, and xxvIII, and a much-revised version of the fifth, xIv. U has an authentic addition in one of its four Second Series homilies, xvI. V, with four homilies from the Series, has the authentic addition to xxxIx already noted in P. f^b, a fragmentary manuscript, has authentic additions in the only two Second Series homilies of which much survives, xIx and xxII. The fact that the other Second Series items in these manuscripts do not contain any additions does not necessarily mean that they belong to an earlier stage since they do not include any homilies that Ælfric is known to have expanded. Moreover, revisions of detail, particularly changes of case after prepositions, occur in augmented homilies and unaugmented alike. Supporting evidence is the fact that in all of these manuscripts except V homilies by Ælfric composed well on in his life, after the *Catholic Homilies* and the *Lives of Saints*, appear alongside the Second Series homilies. Thus it seems clear that these manuscripts have not simply acquired additional passages that Ælfric circulated from time to time but derive from a substantially revised version of the text belonging to a fairly late stage of his work. I shall refer to this revised version as Ælfric's second recension. Parts of B, T, and X^a draw on this recension too, as will be seen.

The other manuscripts, including K, may be taken together as forming a first recension, since they are not distinguished from each other by any substantial differences that are likely to go back to Ælfric. Yet these manuscripts do not reflect a single manuscript tradition. Some of them can be grouped together on the basis of shared errors going back to a common source but this still leaves a number of distinct manuscripts or families of manuscripts which cannot be combined further on this basis, and there are many differences of detail among them which can be traced back, on the grounds of their character or

---

[1] These manuscripts are discussed in more detail below, pp. lxv–lxxiv.

their distribution, to revision by the author or changes made within his scriptorium. These manuscripts must go back to a number of different copies issued by Ælfric, or lent by him for copying, over a period during which he revised the text in matters of detail. These differences do not allow us to establish a chronological sequence for the manuscripts based on the stages in the development of the text that they reflect, as Clemoes has done for the First Series, because there is insufficient overlap between manuscripts to make a large-scale comparison and individual variations of detail often point in different directions. For the Second Series at least it would appear that Ælfric did not have a single authoritative copy into which all revisions were entered and from which all copies for other users were made but made revisions to more than one exemplar and perhaps even to manuscripts intended to be sent elsewhere,[1] so that some variations probably indicate not the stage to which a manuscript belongs but the manuscript tradition within Ælfric's scriptorium from which it derives or simply its independence of other manuscripts. Some general chronological distinctions can be made, however, and will be considered after the individual manuscripts have been described and analysed. The position is the same for the second-recension manuscripts, which also have more than one origin, as will be seen.

The manuscripts have all been comprehensively described by N. R. Ker in his *Catalogue of Manuscripts containing Anglo-Saxon*, and most of them have been discussed in some detail again, primarily in terms of their significance for the Ælfric canon and the manuscript tradition of Ælfric's works, in Pope's edition of supplementary homilies by Ælfric and in Clemoes's forthcoming edition of the First Series. I have therefore confined myself to listing the contents and examining the significance of the manuscripts for the history of the Second Series. My debt to Clemoes and Pope and particularly Ker will be obvious: I have given the number of the manuscript in Ker's *Catalogue* at the head of each account but not given specific references to Ker for details of date and provenance taken from him. In listing the contents of each manuscript I have noted as Ælfric's any item by him unless it occurs in the

---

[1] See further below, pp. lxxv–lxxvi.

Catholic Homilies, the *Lives of Saints* or Pope's collection, when the authorship will be evident. I or II without a preceding short title indicates items from the First or Second Series. In some cases anonymous homilies are referred to by the number given them by Angus Cameron in his *List of Old English Texts*;[1] this is intended simply for ease in identifying the presence of the same anonymous and so far unpublished homily in different manuscripts without having to quote a lengthy incipit.

First-Recension Manuscripts

The manuscripts concerned are B (part), C, D, E, F, G (part), J, K, L, M, N, O, T (part), X^c, X^e, f^a, f^d, f^i, f^k, and f^p. They are described in alphabetical order except that B and C are dealt with after F because their very mixed origins can be more easily explained after D, E, and F have been considered.

D

Bodleian Library, Oxford, MSS. Bodley 340 and 342. Ker 309

A collection of homilies in two volumes, nearly all of them by Ælfric, including twenty-five from the Second Series. They are arranged mainly in the order of the church year, running from Christmas to Advent. The collection was written around the beginning of the eleventh century.

Bodley 340, ff. 1–169

Homilies for Christmas (Vercelli v), St. Stephen (I III), St. John (I IV), Innocents (I V), Circumcision (I VI), Epiphany (I VII), 1st Sunday after Epiphany (Vercelli VIII), 2nd Sunday (Cameron B 3.2.4), 3rd Sunday (I VIII), Purification (I IX), St. Gregory (II IX), St. Cuthbert (II X), St. Benedict (II XI), Annunciation (I XIII), Septuagesima (II V), Sexagesima (II VI), Quinquagesima (I X), 1st Sunday in Lent (II VII), 2nd Sunday (Vercelli III), 3rd Sunday (Assmann XI), 4th Sunday (Belfour VI), 5th Sunday (Assmann XII), Palm Sunday (Cameron B 3.2.18), Thursday in Holy Week (Assmann XIII), Good Friday (Vercelli I), Easter Saturday (Cameron B 3.2.25), Easter Day (I XV), 1st Sunday after Easter (I XVI), 2nd Sunday (I

---

[1] Published in *A Plan for the Dictionary of Old English*, ed. Roberta Frank and Angus Cameron (Toronto, 1973).

xvii), St. Philip and St. James (II xvii), Invention of the Cross (II xviiia), St. Alexander (II xviiib).

Bodley 342, ff. 1–202

A general homily (I 1) followed by homilies for Rogationtide (I xviii), Monday in Rogationtide (II xix), Tuesday (I xix, II xx, II xxi), Wednesday (I xx, II xxii), Ascension Day (I xxi), Pentecost (I xxii), 2nd, 3rd, and 4th Sundays after Pentecost (I xxiii, II xxiii, I xxiv), St. John the Baptist (I xxv), St. Peter (II xxiv and I xxvi), St. Paul (I xxvii), 8th, 9th, and 11th Sundays after Pentecost (II xxv, II xxvi, I xxviii), St. James (II xxvii), 12th, 16th, 17th, and 21st Sundays after Pentecost (II xxviii, II xxxi, I xxxiii, I xxxv), the *Excusatio Dictantis* from the Second Series, and homilies for an apostle (II xxxv), apostles (II xxxvi), martyrs (II xxxvii), a confessor (II xxxviii), virgins (II xxxix), the dedication of a church (II xl), All Saints (I xxxvi), St. Clement (I xxxvii), 1st Sunday in Advent (I xxxix), 2nd Sunday (I xl).

The division into two volumes seems to be original. A single scribe wrote the whole collection but left a blank space at the end of each volume and wrote a table of contents which covers all the items in the first volume (presumably there was a corresponding table for the second volume, now lost). At the end of the second volume a scribe of the first half of the eleventh century has added the first part of Ælfric's homily on St. Andrew (I xxxviii), using for the purpose a quire on which a contemporary scribe had already copied the end of II vii and the beginning of II v (the order is odd and I can see no explanation).

The main collection contains thirty homilies from the First Series, twenty-five from the Second, and eleven homilies not by Ælfric, but none of Ælfric's later homilies. It is generally likely that the Second Series homilies all have the same origin, for D is a very early manuscript and there are no differences as to textual character between one group of homilies and another. The only point of doubt is the Rogationtide section, which does not occur in the otherwise very similar manuscript E and differs from the rest of the collection in including more than one homily for each occasion; moreover the First Series homilies included apparently have a different textual character from the other First Series homilies in D. Yet the Second Series homilies concerned, xix-xxii, show the same early type of text as the rest of the manuscript and agree closely with manuscripts known to be related to D in other ways—with F in xix, with L in xxi and with C in xxii.[1] Their absence from E could be due to loss from E itself (there is a new quire at this point, so that the loss would be undetectable) or an antecedent copy, as has to be assumed for the last third of the collection, which is also missing from E. Fuller provision for Rogationtide than for other occasions is fairly common in Old English homiliaries but it may be that the collection from which D derives had only the Second Series Rogationtide homilies and that the First Series homilies were added from another source. The homogeneity of D is of some importance since it is the largest collection of Second Series homilies after K and provides an important point of reference for analysis of Ælfric's text and for a number of other manuscripts which are related to D.

D clearly belongs to the first recension, for there are no differences of substance from K which are likely to be authentic, but it shows many differences of detail which must go back to Ælfric. Often its variant readings recur in second-recension manuscripts such as P and R: for instance at xx 252, where K has a factual error which must have arisen from Ælfric's misunderstanding of his Latin source, D agrees with P in a corrected reading; at xxii 88 D agrees with R in reading *unswincfullan* where K and M have *swincleasan*; and at xxxvi 38 D and P both lack the word *lǣwede*, which occurs in K and looks like an addition by Ælfric. D often differs from K in the incidence of dative or accusative with certain prepositions too.[2] Neither version is consistently more advanced than the other, each having some revisions that do not appear in the other one, though K does show a slight preponderance of revision over all. The two versions must go back to two manuscripts within Ælfric's scriptorium each of which had received some revision independently of the other.

The incomplete copies of v and vii written on a quire added at the end of D, probably at Rochester, belong to the same

[1] See xix 98, 122, 212, 269, xxi 70, 87, 92, xxii 73, 79, 182.
[2] See, e.g., v 24, vi 153, x 333, xi 283, xvii 17, xviii 97, xx 105, xxiii 46.

textual tradition as D and the related manuscripts E and F¹ but do not seem to have been copied from D itself and there is insufficient evidence to establish the relationship more precisely.

D was at Rochester when it was heavily revised in the middle of the eleventh century, and probably earlier, when the homily on St. Andrew was added.² It may well have been written there, since its script has affinities with other south-eastern manuscripts, though Canterbury is also a possibility. Ker notes an entry in the twelfth-century Rochester catalogue which tallies with D.

E

Corpus Christi College Cambridge MS. 198. Ker 48

A large collection of homilies built up in several sections by different scribes writing in the first half of the eleventh century. Most of the homilies are by Ælfric, twenty of them from the Second Series.

(a) A collection of thirty-nine homilies for occasions from Christmas to 30 June corresponding closely to the collection in D, and copied by four scribes.

ff. 1–149: Christmas (Vercelli v), St. Stephen (I iii), St. John (I iv), Innocents (I v), Circumcision (I vi), Epiphany (I vii), 1st Sunday after Epiphany (Vercelli viii), 2nd Sunday (II iv), 3rd Sunday (I viii), Purification (I ix), St. Gregory (II ix), St. Cuthbert (II x), St. Benedict (II xi), Annunciation (I xiii), Septuagesima (II v), Sexagesima (II vi), Quinquagesima (I x), 1st Sunday in Lent (II vii), 2nd Sunday (Vercelli iii), 3rd Sunday (Assmann xi), 4th Sunday (Belfour vi), 5th Sunday (Assmann xii).

ff. 160–217: Palm Sunday (Cameron B 3.2.18), Thursday in Holy Week (Assmann xiii), Good Friday (Vercelli i), Easter Saturday (Cameron B 3.2.25), Easter Day (I xv), 1st Sunday after Easter (I xvi), 2nd Sunday (I xvii), St. Philip and St. James (II xvii), Invention of the Cross (II xviiia), St. Alexander (II xviiib).

---

¹ See v 9, 11 (gehate), vii 145, 149.
² See Sisam, *Studies*, pp. 150–3. The work of this Rochester corrector has been examined in detail by N. R. Ker in his dissertation, *A Study of the Additions and Alterations in MSS Bodley 340 and 342* (Oxford, 1933).

ff. 248–91: Ascension Day (I xxi), Pentecost (I xxii), 2nd and 3rd Sundays after Pentecost (I xxiii and II xxiii), John the Baptist (I xxv), St. Peter (II xxiv, I xxvi), St. Paul (I xxvii).

(b) Further items, copied in three main groups.

(1) Second Series homilies for Lent, Easter, and the common of saints, by a fifth scribe.

ff. 150–9: 2nd Sunday in Lent (II viii), 5th Sunday in Lent (II xiii).

ff. 218–47: Easter Day (II xv, xvi), martyrs (II xxxvii), a confessor (II xxxviii), virgins (II xxxix, end lost).

(2) Homilies for saints' days in the latter half of the year, copied by scribes 6 and 7.

ff. 328–59: Maccabees (LS xxv), St. Laurence (I xxix), Assumption of the Virgin (Blickling xiii).

ff. 360–6: St. Michael (I xxxiv).

ff. 378–85: St. Martin (II xxxiv, with the *Excusatio Dictantis* appended).

(3) Homilies for saints' days and Lent, by scribe 8:

ff. 291–321: St. James (II xxvii), the Four Evangelists (LS xv), St. Sebastian (LS v), 3rd Sunday in Lent (I xi); Ælfric's tract *De Penitentia* with an unauthentic continuation taken from Blickling x; 3rd Sunday in Lent (Pope iv).

ff. 386–94: St. Andrew (Blickling xix).

The twenty-two homilies under (b), in different hands and on separate quires from (a), are perhaps slightly later additions to the D-type collection, as Ker suggests, but it may simply be that they were copied from different exemplars and then bound up with (a) in as near the proper order as could be achieved. There are some similarities of script between the two sections and the last item in (a) was in fact completed by scribe 8. Three more items (I xxxi, I i and an anonymous piece on the phoenix) were added in the second half of the eleventh century on ff. 321–7 and 367–77.

The Second Series homilies have more than one origin. E(a) is an incomplete copy of the collection found in D, as Sisam demonstrated.[1] As far as it goes E(a) has nearly the same contents as D, in the same order, and although it is bound as one volume it has traces of the same two-volume arrangement, for

---

[1] Sisam, *Studies*, pp. 154–6.

there is a change of hand in E and a new quire at the point in the collection where D's first volume ends, and an original table of contents covers all the homilies up to that point. The general similarity between D and E(a) is supported by their close agreement in text, including many shared errors, in all the Second Series homilies they have in common.[1] E is the later manuscript of the two but cannot derive from D itself since it lacks many of D's variant readings. D and E(a), then, have a common source, designated $X^{(1)}$, at some remove from Ælfric. The last third of the collection is absent from E but was probably present in the common source, since it seems to be an integral part of the collection and shows the same textual character in D as the rest; it must have been accidentally lost from a copy intervening between E and the common source. The only Second Series homily in E(a) that is not in D, IV, probably derives from the common source too, since it shows the same early type of text and the same links with F[2] as the rest of E(a).

The seven homilies in section (b1), for Lent, Easter, and the common of saints, are all from the Second Series but have a different origin from those in section (a). E here shows no links with D or with manuscripts related to D (C and F are available for comparison in VIII and XIII) except in XXXIX, and even there the shared readings could all have arisen within Ælfric's scriptorium.[3] In this section generally E shows a rather more advanced form of the text than either K or D, with many small revisions; most of these are changes of case after prepositions but there are also some small improvements in XVI that appear in the second-recension manuscript U too.[4] E cannot draw on the second recension itself since it lacks Ælfric's additions to XVI and XXXIX, but must reflect a version of the first recension somewhat more advanced than the versions lying behind D and K. Since the homilies are all from the Second Series the immediate source was probably not a mixed collection like D but a copy of the Second Series itself or a selection from it. Section

---

[1] See, e.g., V 48, 49, 154, VI 73, 95, VII 14, 60, IX 33, 68, X 53, 116, XI 424, 429, XVII 25, 32, XVIII 19, 108, XXIII 9, 157, XXIV 69, 122.

[2] See IV 38, 87, 193, 227, 325.

[3] See XXXIX 25, 117, 141, 151, 155, 191.

[4] See VIII 33, 78, XIII 53, 63, 249, XV 68, 107, 194, XVI 62, 83, XXXVII 161, XXXVIII 62, 128; and for links with U see XVI 10, 126, 176.

(b2) of E includes one Second Series homily, XXXIV, on St. Martin, together with its attached note, the *Excusatio Dictantis*. This may well have the same origin as the homilies in (b1), for it shows a number of minor revisions that are not in K¹ and the fact that the *Excusatio Dictantis* is still attached would suggest that this homily too was taken from a copy, partial or complete, of the Second Series itself rather than a mixed collection, since the *Excusatio* refers to the homilies which originally followed XXXIV in the Second Series. (The only other copy of the *Excusatio* extant, apart from the one in K, is in D, where it is used as a prologue to homilies XXXV–XL.) Section (b3) includes one Second Series homily, XXVII, on St. James. Here E shows no advance over K and has several minor readings in common with D,² which could indicate the use of a manuscript of the tradition to which D and E(a) belong, though connections with D of a minor kind are also evident in XXXIX in (b1).

The collection in E(a) must go back to a south-eastern source since a majority of the manuscripts belonging to the same textual tradition (C, D, F, and G) come from Canterbury or Rochester, but E itself shows no signs of a south-eastern origin and the Second Series homilies in (b) have no connections with south-eastern manuscripts. E may have been written in Worcester, for it was glossed by the tremulous hand of Worcester in the thirteenth century and Ker notes the presence of western spellings in the additions made in the second half of the eleventh century.

F

Corpus Christi College Cambridge MS. 162, pp. 1–138, 161–564. Ker 38

A collection of homilies for occasions other than saints' days, written around the beginning of the eleventh century. Most of the homilies are by Ælfric, including fifteen from the Second Series.

(a) pp. 1–108. Homilies for any occasion:

I 1, I XIX, I XX, an anonymous homily on the 'Sunday letter' (Cameron B 3.4.53), II XIX, LS XIII, II XII.

(b) pp. 109–38, 161–564 (pp. 139–60 belonging not to this

---

¹ See the notes to this homily. ² See XXVII 10, 22, 52, 150.

manuscript but to R). Homilies for specific occasions from Epiphany to Advent:

2nd Sunday after Epiphany (II IV), 3rd Sunday (I VIII), Septuagesima (II V), Sexagesima (II VI), Quinquagesima (I X, LS XII), 1st Sunday in Lent (I XI, II VII), the Friday following (Pope II), 2nd Sunday in Lent (II VIII, Vercelli III), the Friday following (Pope III), 3rd Sunday (Pope IV, title and incipit only), the Friday following (Pope V), 4th Sunday (I XII), the Friday following (Pope VI), 5th Sunday (II XIII), the Friday following (Assmann V, by Ælfric), Palm Sunday (II XIV and Cameron B 3.2.18), Thursday in Holy Week (Assmann XIII), Good Friday (Vercelli I), Easter Saturday (Cameron B 3.2.25), Easter Day (Cameron B 3.2.27, incorporating extracts from II XV), 1st Sunday after Easter (I XVI), 2nd Sunday (I XVII), Monday in Rogationtide (Cameron B 3.2.34), Tuesday in Rogationtide (Cameron B 3.2.38), Wednesday in Rogationtide (Cameron B 3.2.44), Ascension Day (Cameron B 3.2.45), Pentecost (I XXII), 2nd Sunday after Pentecost (I XXIII), 3rd Sunday (II XXIII), 4th Sunday (I XXIV), 8th Sunday (II XXV), 9th Sunday (II XXVI), 11th Sunday (I XXVIII), 12th Sunday (II XXVIII), 16th Sunday (II XXXI, with the appended note *De sancta maria*), 17th Sunday (I XXXIII), 21st Sunday (I XXXV), 1st Sunday in Advent (I XXXIX), 2nd Sunday (I XL). A short homily on St. Augustine of Canterbury has been added in a contemporary hand at the end.

The manuscript is the work of a single scribe. He left a blank space at the end of section (a) and started (b) on a fresh quire, and probably did the same after the next two items, II IV and I VIII: the last two leaves of the quire, presumably blank, are missing after I VIII and the first leaf of the next quire is also missing before II V, for Septuagesima, which begins at the top of the second leaf (compare M).

F was copied at about the same time as D and was probably written and used in the same place: Ker notes similarities between D and F in script and initials, and some alterations made to D around the middle of the eleventh century at Rochester were copied into F at the same time or soon after.[1] Rochester seems the most likely place of origin for both manuscripts, though Canterbury is possible (see further under C and X^e).

---

[1] See the notes to XIX.

Thirty of the homilies in F, including some not by Ælfric, also occur in D, but F has as well some further items from the *Catholic Homilies*, a number of slightly later homilies by Ælfric, and some further anonymous homilies, mainly for Rogation-tide, and it excludes the homilies in D and E(a) that are for saints' days. F agrees closely with D and E(a) wherever it overlaps with either or both of them, sharing many variant readings including errors in the Second Series homilies.[1] There is apparently some evidence in the First Series of a further grouping of D and E against F but this is not supported by the Second Series: in the four Second Series homilies that occur in all three manuscripts F includes almost every one of the variant readings common to D and E, and the few exceptions could very easily be due to coincidence or contamination. There is even some agreement between E and F against D.[2] Nor is there any evidence of a grouping of D and E(a) against F in the two anonymous homilies that I have checked, Vercelli I and Assmann XIII.[3] It looks as if F drew the bulk of its contents from $X^{(I)}$, the common source of D and E(a), perhaps via a source shared with E. F's extra Second Series homilies, VIII, XII, XIII, and XIV, must have come either from $X^{(I)}$ too or, more probably, from a related manuscript, for they show the same early type of text as the rest of F and two of them, VIII and XIII, show links between F and C,[4] another manuscript related to $X^{(I)}$.

C

Corpus Christi College Cambridge MS. 303. Ker 57

A large collection of homilies mostly by Ælfric, including fifteen from the Second Series. The contents fall into five groups, with some items lost at the beginning and end. The manuscript dates from the first half of the twelfth century.

---

[1] See, e.g., IV 26, 38, 87, V 48, 49, 154, VI 73, 95, VII 14, 60, XXIII 33, 63, 157, XXV 98, 126, XXVI 33, 53, XXVIII 22, 162, XXXI 92, 102.

[2] For DE readings see VI 158 (and note), VII 145, 178, XXIII 9, 111 (and note); for EF readings see VI 134, 182, VII 8, 51, 77, 104, XXIII 21, 60.

[3] In his edition of Vercelli I Förster does treat D and E as a pair exclusive of F, but their exclusive variants are all matters of spelling, except where F has a further variant of its own. Assmann did not collate F for his homily XIII, but a full collation of his edition with the manuscript reveals no significant DE readings.

[4] See VIII 1, 48, 103, XIII 3, 127, 174.

(a) pp. 1–75. Homilies for occasions in the first half of the year, excluding saints' days:

3rd Sunday after Epiphany (I VIII),[1] Septuagesima (II v), Sexagesima (II VI), Quinquagesima (I x), 1st Sunday in Lent (I XI), 2nd Sunday (II VIII), 3rd Sunday (Pope IV), 4th Sunday (I XII), the Friday following (Pope VI), Passion Sunday (II XIII), Palm Sunday (II XIV, I XIV), Good Friday (Vercelli I), Easter Day (I xv, and an anonymous homily, Cameron B 3.2.29).

(b) pp. 76–185. Homilies for saints' days mainly in the second half of the year:

Invention of the Cross (anonymous), Nativity of St. John the Baptist (I xxv), St. Peter and St. Paul (I xxvI), St. Paul (I xxvII), St. Margaret (Assmann xv), St. Laurence (I xxIX), Decollation of St. John the Baptist (I xxxII), St. Giles (anonymous), Nativity of the Virgin (Assmann III, by Ælfric), Annunciation (I xIII), St. Michael (I xxxIV), All Saints (I xxxVI), St. Clement (I xxxVII), St. Andrew (I xxxVIII), St. Nicholas (anonymous).

(c) pp. 185–202. Homilies for the common of saints:

Apostles (II xxxv), evangelists (II xxxvI), martyrs (II xxxvII), confessors (II xxxVIII), virgins (anonymous), and a short anonymous piece entitled De Inclusis squeezed in to complete the quire.

(d) pp. 203–90. Homilies for occasions mainly in the second half of the year, excluding saints' days:

Any occasion (Pope XI), Rogationtide (I xvIII, Cameron B 3.2.34, 3.2.38, and 3.2.42, II xxII, LS xvII), Ascension Day (I xxI), Pentecost (I xxII), 2nd Sunday after Pentecost (I xxIII), 3rd Sunday (II xxIII), 4th Sunday (I xxIV), 8th Sunday (II xxv), 9th Sunday (II xxvI), 11th Sunday (I xxVIII), 12th Sunday (II xxVIII), 16th Sunday (II xxxI, with the note De Sancta Maria), 17th Sunday (I xxxIII), 21st Sunday (I xxxv).

(e) pp. 290–362. Miscellaneous items, mainly by Ælfric:

A homily for any occasion (LS xvI); Ælfric's De Duodecim Abusivis; De Doctrina Apostolica (Pope xIX); De Falsis Deis (Pope xxI); Ælfric's Interrogationes; homilies for Quinquagesima and Mid-Lent Sunday (LS xII and xIII); Latin and English

---

[1] The end of another homily was apparently visible before this item when Ker examined the manuscript; he suggests that it was II IV, for the 2nd Sunday after Epiphany (Ker, Catalogue, p. 99).

forms of excommunication; a piece on Achitophel from LS XIX; a piece on the Maccabees (LS XXV); and Ælfric's paraphrase of the Book of Judith (Assmann IX, end lost).

There may originally have been another section, containing homilies for saints' days in the first half of the year, at the beginning of the manuscript, since forty-four leaves appear to have been lost before page one, according to the medieval foliation. One scribe wrote the first two-thirds of section (a), a second scribe completed section (a) and copied (b) and (c), and the first scribe wrote sections (d) and (e) (except for occasional parts of (d) in a different hand).

This is a fairly well organized collection, drawing mainly on Ælfric's early work, but the several sections seem to have different origins. Section (a) includes V, VI, VIII, XIII, and XIV from the Second Series. Two of these, V and VI, are also in D, E(a), and F, and here C shares several of the variant readings common to these three manuscripts but not all of them,[1] and it has no agreement with any single one or pair of them. It must draw not on their common source $X^{(1)}$ but (indirectly no doubt) on a still earlier copy lying behind it, $X^{(2)}$. The same origin probably holds for VIII and XIII, for their textual character is similar. (These two are not in D or E(a); they are in F and show links between C and F but this does not in itself prove a connection with $X^{(1)}$ since the two homilies are amongst F's extra homilies whose origin is not certain.) The other Second Series homily in (a), XIV, probably derives from F itself. Not one of F's variant readings (except a very minor one at 215) fails to reappear in C, and ten of the fourteen alterations and additions made to F in eleventh-century hands are incorporated in C's main text.[2] C could be a direct copy of F. It seems to be only this one item in section (a) which derives from F, for the other Second Series homilies miss many of F's variant readings and Clemoes has recorded no relationship of this kind in the First Series; but the relationship is repeated, I think, in two anonymous Rogationtide homilies in section (d).[3]

---

[1] See V 48, 268, VI 73, 180; but V 49, 154, VI 49, 95.

[2] See XIV 44, 48, 79, 95, 98, 118, 244, 259, 291, 316.

[3] These are homilies XIX and XX in the Vercelli Book. The latter has been printed by Paul E. Szarmach, 'Vercelli Homily XX', *Mediaeval Studies*, XXXV (1973), 1–26, and I have been allowed to consult a draft edition of both homilies by Joyce Bazire of the University of Liverpool. Neither editor

Section (b) has nothing from the Second Series. Section (c), homilies for the common of saints, and section (d), homilies for Rogationtide, Ascension Day, and Sundays after Pentecost, derive in the main from the second volume of D. This was first pointed out by N. R. Ker[1] and, with one exception, is amply demonstrated by the textual evidence of the Second Series: C not only includes all but a few (and those insignificant) of D's variant readings but also incorporates most of the mid eleventh-century alterations and additions to D.[2] C is not a direct copy of D though, for C's omission of a few words at XXVI 142 must have been caused by the scribe's eye skipping from *gelyfan* in one line of his exemplar to *gelyfan* in the next, and in D the first *gelyfan* is on the recto and the second on the verso of the leaf. At least one copy must have intervened. The one exception among the Second Series homilies in section (d) is XXII, in which C shows close agreement with D, including several errors, but lacks several of D's variant readings and does not incorporate the alterations to D.[3] It looks as if this one item derives not from D but from a related manuscript, quite possibly the source drawn on for section (a). It immediately follows several anonymous Rogationtide homilies that are not in D at all.

Thus C has a rather mixed history, though all its Second Series homilies go back, by various channels, to the same source, $X^{(2)}$, a manuscript at some remove from Ælfric. C's script would place it at either Rochester or Canterbury, and Rochester seems a likely place of origin since D and probably F were there in the later eleventh century and both are drawn

would necessarily agree with my view of the relationship of the two manu-scripts, but in both homilies it would seem that C reproduces all of F's variant readings and incorporates many of the eleventh-century alterations entered in F. The failure of C to incorporate *all* of those alterations seems to me no objection: some additions may have been missed or disregarded, and rejected readings, in F and other manuscripts, were often left unmarked or merely deleted at first, it would seem, with the preferred reading written above, and only erased or otherwise obliterated much later (a good example in F appears in line 3 of the plate facing p. 312 in Pope's edition). Moreover, if a copy intervened between F and C it could have been made before all the alterations to F were completed.

[1] In his Oxford dissertation of 1933 and subsequently in his *Catalogue*, p. 99.

[2] See, e.g., XXIII 107, 184, XXV 82, and the end of the *De Sancta Maria*.

[3] See XXII 15, 73, 79, 182, but 47, 48, 50, 175, 203.

on by C. The compiler of C or its source must have had access to a considerable range of earlier manuscripts, and drawn on them freely to produce his own collection, rather than following either D or F or one of his other sources throughout.

B

Bodleian Library, Oxford, MS. Bodley 343. Ker 310

A large, miscellaneous collection of homilies and other pieces written in the second half of the twelfth century. About three-quarters of the Old English texts are by Ælfric, including seventeen homilies from the Second Series. The manuscript was written in seven sections, each beginning with a fresh quire, with one scribe writing the first two sections and another scribe the rest.

(a) ff. vi–x. Homilies by Ælfric for the 8th and 9th Sundays after Pentecost (II xxv and xxvi, with the end of xxv and beginning of xxvi lost), the 2nd Sunday after Easter (I xvii, end lost) and the 16th Sunday after Pentecost (II xxxi, beginning lost). There may formerly have been other items between the last two.

(b) ff. xi–xxxix. About sixty-seven short Latin homilies.

(c) ff. 1–20. Ælfric's homily *De initio creaturae* (I 1) and four later homilies by him, for the 1st Sunday after Pentecost (Pope xii), 5th Sunday after Easter (Pope viii), and probably the 22nd and 23rd Sundays after Pentecost (Belfour iii and iv); Ælfric's homily on Job (II xxx); an anonymous history of the Holy Rood.

(d) ff. 21–64. Homilies for Rogationtide (I xix), St. Laurence (I xxix), St. Bartholomew (I xxxi), Nativity of the Virgin (Assmann x), St. Matthew (II xxxii), St. Martin (LS xxxi), 10th Sunday after Pentecost (II xxviii), Assumption of the Virgin (II xxix), 3rd Sunday after Epiphany (I viii), Throne of St. Peter (LS x), Annunciation (I xiii), Septuagesima (II v), Sexagesima (II vi), Quinquagesima (I x), 1st Sunday in Lent (Vercelli iii), 2nd Sunday in Lent (Belfour vi), St. Andrew (I xxxviii), St. Edmund (LS xxxii).

(e) ff. 65–128. Homilies for the 1st and 2nd Sundays in Advent (I xxxix and xl), Christmas (I ii), Epiphany (II iii), Purification

(I ix); a piece on confession (Napier lvi); Palm Sunday (I xiv), Easter (I xv), Rogationtide (I xviii), Ascension Day (I xxi), Pentecost (I xxii), Nativity of John the Baptist (I xxv), St. Peter and St. Paul (I xxvi), St. Paul (I xxvii), Rogationtide (I xx), Circumcision (I vi) and the 2nd, 4th, 11th, 17th, and 21st Sundays after Pentecost (I xxiii, xxiv, xxviii, xxxiii, and xxxv); a late homily by Ælfric, possibly for Lent (Belfour vii); homilies for the Assumption of the Virgin (I xxx), All Saints (I xxxvi), Octaves of St. Peter and St. Paul (II xxiv), St. James (II xxvii), martyrs (II xxxvii), a martyr (Belfour viii, by Ælfric), a confessor (II xxxviii), virgins (II xxxix); an anonymous composite homily on the *Visio Pauli* (Napier xlvi).

(f) ff. 129–54. Homilies, letters, and tracts.

Part of Ælfric's tract on the Old and New Testament; Bethurum viiic; Ælfric's two English letters for Wulfstan; his *De Septiformi Spiritu*; Bethurum v, 1b, and iv, as one homily; Bethurum xx; Bethurum xi; Ælfric's homilies for the dedication of a church (II xl), the dedication of the church of St. Michael (I xxxiv) and the 2nd Sunday after Epiphany (II iv).

(g) ff. 155–70. Miscellaneous homilies and short pieces.

Belfour ix (by Ælfric); Belfour x–xii; Latin dialogues; a passage on avarice adapted from II xxvi; an excerpt from Pope vi; Ælfric's second homily for a confessor (Assmann iv).

This is the latest of the Second Series manuscripts and has an extremely complex textual history. Section (a) has three Second Series homilies, xxv, xxvi, and xxxi. These share a number of variant readings with C(d), D, and F, including errors, and must go back to the same source, but they do not include all the CDF readings and hence must derive not from X^(1), the common source of C(d), D, and F, but from an antecedent copy.[1] Sections (c) and (d), containing homilies for various occasions, include xxx, xxxii, xxviii, xxix, v, and vi from the Second Series, in that order. The first four are also in an earlier twelfth-century manuscript, G, and variant readings exclusive to B and G show that they have a common source at some remove from Ælfric for these homilies.[2] Other readings in

---

[1] See xxv 9, 20, 28, 51, 75, 79, 99, xxxi 102; but xxv 80, 89, 126, xxvi 129.
[2] See, e.g., xxviii 63, 72, xxix 23, 26, 68, xxx 4, 83, 167. B and G do not in fact overlap in xxxii, since G has only the first part and B has only the second, but there is no reason to doubt the relationship.

xxviii show that this common source is in turn related to $X^{(1)}$, the common source of C(d), D, and F, both going back to the same earlier copy[1] (presumably the one from which B(a) derives). The other two homilies, v and vi, are not in G and have a different background: here B includes all the variant readings common to D, E(a), and F plus some that are otherwise found only in E and F or only in E.[2] B must here be drawing, directly or indirectly, on a copy deriving from $X^{(1)}$ and also used as a source by E(a). This is apparently true for some of the First Series homilies in section (d) too. It is also true of another Second Series homily in G, xxiv, where G agrees with E(a) against D (line 12). It looks as if B and G drew on the same composite collection containing some homilies that derive from $X^{(1)}$ via a source shared with E(a) and others that derive from the source of $X^{(1)}$ by a different line of transmission.[3] The use of this second branch was perhaps dictated by the absence from E(a)'s source of the last part of the homiliary, which is present in D but missing from E.

Section (e) seems to fall into two parts. The first, containing twenty-four homilies for occasions from Advent to All Saints, mainly in chronological order, draws primarily on the First Series but includes one Second Series homily, iii. Here B shares a number of variant readings, including some errors and some authentic revisions, with the second-recension manuscript R and must go back to the same source.[4] The second part of (e) includes five Second Series homilies for saints' days and the common of saints. The first of these, xxiv, probably has the same source as the homilies in section (a) and homilies xxviii–xxx in (d), since it has some of the variant readings shared by D and E but not all of them.[5] In the other four, however, xxvii, xxxvii, xxxviii, and xxxix, B shares no significant readings with D and agrees fairly closely with K.[6] These four must go back to another first-recension archetype, similar to K; there is

---

[1] See the BDFG readings at 6, 84, 122; BG readings at 63, 72; and the CDF reading at 22.

[2] See v 48, 49, 154, vi 73, 95; vi 134, 182; v 152, vi 96 (*lufiað*).

[3] It may, of course, have been in the form not of a single volume but of two or more manuscripts collected at one place early in the twelfth century.

[4] See iii 18, 56; and iii 1, 196, 212, 294.

[5] See xxiv 69, 122, 174, but xxiv 64, 126, 144, 203.

[6] See especially xxxvii 186, xxxviii 32, 80, 168, xxxix 117.

nothing to suggest an actual connection with K. Section f) seems to have some connection with the homilist Wulfstan, for it includes six of his homilies, Ælfric's two English letters for him, and two pieces by Ælfric which Wulfstan adapted, the *De Septiformi Spiritu* and homily XL from the Second Series, for the dedication of a church. In the two Second Series homilies, IV and XL, B shows no significant links with the DEF group (or with the second-recension manuscript P) and agrees fairly closely with K, perhaps drawing on the source used for section (e). Section (g), containing a miscellaneous group of homilies and short pieces, includes an adapted extract from the Second Series homily XXVI. The same extract, in the same form, also appears in the second-recension manuscript R; it presumably came to B from R's source, which also provided homily III in section (e).

B, then, drew directly or indirectly on a variety of sources for its Second Series homilies: on one manuscript of the DEF group for V and VI; on another manuscript of the same group for XXIV–XXVI and XXVIII–XXXII; on another first-recension manuscript for IV, XXVII, and XXXVII–XL; and on a second-recension manuscript, a source of R, for III and the extract from XXVI. Some at least of this material was probably already combined in an antecedent copy, despite the fact that B was written in several distinct sections, for the same double link with the DEF group appears in the related manuscript G, written earlier in the twelfth century, and homilies with the same textual character sometimes appear in different sections of the manuscript. Where B was produced is unknown: its language is thoroughly southern and the DEF tradition on which it draws is mainly located in the south-east, but references in thirteenth-century hands on the flyleaves to St. Wulfhad (a mainly West Midland cult) and, probably, St. Wulfstan suggest that B was in the West Midlands then, and the associations with Wulfstan the homilist (in section (f)) and with R (which is connected with Worcester) suggest a possible Worcester origin.

G

British Library MS. Cotton Vespasian D xiv. Ker 209

A collection of homilies and other religious pieces, not in the form of a homiliary but perhaps selected for their doctrinal interest.[1] Many of the pieces are extracts, and well over half the contents are by Ælfric. The manuscript is mainly in one hand of the mid twelfth century.

The items by Ælfric (in order of occurrence) are: an extract from I 1; Ælfric's letter to Sigefyrth; extracts from I xx and Ælfric's 2nd English letter for Wulfstan; *De duodecim abusivis*; extracts from LS xvi, I xxv and I xxvi; homilies for the Seven Sleepers (II xxviib), the Chains of St. Peter (II xxiv), 11th and 12th Sundays after Pentecost (I xxviii and II xxviii), Assumption of the Virgin (I xxxa, II xxix, I xxxb), and the Passion of John the Baptist (I xxxii); an extract from Pope iv; homilies on St. Matthew (II xxxii) and St. Michael (I xxxiv); a sentence from II xxx; an extract from Ælfric's 1st English letter for Wulfstan; homilies for the 2nd Sunday in Advent (I xl) and All Saints (I xxxvi); an extract from I xxxvii; the stories of Fursey and Drihthelm (II xx and xxi); an extract from I xviii; an extract from I xxvii; Ælfric's homily on Job (II xxx); extracts from I xix, xiii, and x.

There are eight homilies from the Second Series. As has been shown above in the discussion of B, five of these, xxiv, xxviii–xxx, and xxxii, draw on the same manuscript tradition as D, E, and F, deriving from a source shared with B which goes back in turn to two different manuscripts of the DEF tradition. G's xxviib probably has the same origin: it has no significant readings except one minor agreement with D at line 190. The First Series homilies in G apparently have a common source with B, D, E, and F too. The other two Second Series homilies, xx and xxi, have a different character though, agreeing not with D but with the second-recension manuscript P, and sharing with P both errors and authentic revisions.[2] The compiler must have drawn on a composite collection belonging to the DEF tradition but must also have had access to work belonging to a later stage of Ælfric's career, as is evident too from his inclusion of Ælfric's letters for Wulfstan. The script and language of G, and the associations of some of the twelfth-century pieces included, indicate Rochester or possibly Canterbury as the

---

[1] See Rima Handley, 'British Museum MS Cotton Vespasian D. xiv', *Notes and Queries* (July 1974), 243–50.

[2] See xx 28, 64, 142, 191, 232, xxi 144, 156, 168; the errors are at xx 232 and xxi 144.

place of origin.[1] There is, though, no very direct textual connection with the other twelfth-century Rochester manuscript of the Second Series, C.

J

British Library MS. Cotton Cleopatra B. xiii, ff. 2–58, and Lambeth Palace Library MS. 489. Ker 144 and 283

Homilies and other pieces, not in any apparent order, in two manuscripts that may once have formed a single collection. They are in various hands characteristic of Exeter in the time of Bishop Leofric (third quarter of the eleventh century). The Cotton manuscript contains Napier XL, I XVII (for the 2nd Sunday after Easter), I I, Wulfstan's homilies on the dedication of a church and the consecration of a bishop (Bethurum XVIII and XVII), an anonymous Rogationtide homily incorporating passages from I XVIII, a coronation oath, the beginning of Pope VIII, the end of Napier XXVII, and Ælfric's translations of the Paternoster and Creed. The Lambeth manuscript contains homilies for Christmas (I II), Easter Day (I xv), All Saints (I XXXVI); Napier LVII; a general homily based mainly on I XIX but including material from I IX, II I, LS XII, and other homilies not by Ælfric; and three homilies for the dedication of a church, one a composite drawing on II XL, LS XIII, LS XIX, and Brotanek II, the second Brotanek II itself, and the third Brotanek I, which is by Ælfric.

The collection was probably for the use of a bishop, since it includes four homilies for the dedication of a church, one for the consecration of a bishop, and a coronation oath. The only Second Series material is a short extract from I, used in the first composite homily in the Lambeth manuscript, and two long extracts from XL, used in the other composite homily. J shows slight agreement in XL with B(f) rather than the other first-recension manuscripts D and K or the second-recension manuscript P;[2] it must belong to the first recension and is perhaps related to B, but beyond that nothing can be learned.

---

[1] For a Rochester origin see Mary P. Richards, 'The date and provenance of MS. Cotton Vespasian D. xiv, ff. 4–169', *Manuscripta*, xvii, (1973), 31–5.

[2] See XL 5, 34, 306.

K

Cambridge University Library MS. Gg. 3 28. Ker 15

A copy of the First and Second Series of the *Catholic Homilies*, complete with prefaces, together with other pieces by Ælfric at the end. The script is of the end of the tenth or beginning of the eleventh century. The full contents are: the Latin preface to the First Series; English preface; I I–XL; preface to the Second Series in Latin and English; *Ammonitio*; II I–XXXI; the passage *De Sancta Maria*; II XXXII–XXXIV; the *Excusatio Dictantis*; II XXXV–XL; *Explicit*; *De Temporibus Anni*; prayers and creeds in English; an admonition entitled *De Penitentia*; a short piece on abstinence; Ælfric's letter for Wulfsige (end lost). It is the work of a single scribe apart from occasional passages in another hand.

All the contents, including the prayers, creeds, and blessings, are generally agreed to be by Ælfric. This limitation to works by Ælfric, all belonging to the same early period in his career, together with K's remarkable faithfulness to Ælfric in text and arrangement, its inclusion of the prefaces and other personal addresses, such as the *Ammonitio*, the note *De Sancta Maria* and the *Excusatio Dictantis*, and the early date of the script all suggest that K is either a product of Ælfric's own scriptorium or a remarkably faithful copy of such a manuscript. It was at Durham during the later medieval period, probably by the twelfth century. It shows very little contemporary correction and few signs of early use, though three eschatological homilies in the Second Series, XX, XXI, and XXXIX, have been much glossed in a probably twelfth-century hand and the homily for the Assumption of the Virgin has been adapted for use on the Nativity of the Virgin.

L

Cambridge University Library MS. Ii. 1. 33. Ker 18

A collection of homilies and other pieces, devoted mainly to saints' legends. Nearly all the contents are by Ælfric, including nine homilies from the Second Series. The manuscript was written in the second half of the twelfth century and is built up in several sections, with one scribe writing sections (a) and (b), another writing (c) and (d) and the first part of (e), and the first completing (e), beginning with the piece on St. Stephen.

(a) ff. 2–28. A translation of the first half of Genesis, partly by Ælfric, preceded by Ælfric's preface to Genesis addressed to Athelweard; a homily for Passion Sunday (II XIII).

(b) ff. 29–36. Ælfric's homily on the Nativity (I II) and his life of St. Etheldreda (LS XX).

(c) ff. 37–52. Ælfric's life of St. Benedict (II XI, end lost).

(d) ff. 53–60. Ælfric's homilies on the Throne of St. Peter (LS X) and St. Paul (I XXVII).

(e) ff. 61–227.

(1) Homilies on apostles: St. Peter and St. Paul (I XXVI), St. Andrew (I XXXVIII), St. John (I IV), St. Philip and St. James (II XVII), St. Bartholomew (I XXXI), St. James (II XXVII), St. Matthew (II XXXII), St. Simon and St. Jude (II XXXIII), St. Thomas (LS XXXVI), the Memory of the Saints (LS XVI).

(2) Pieces mainly on other saints: St. Stephen (I III), Innocents (I V), St. Vincent (LS XXXVII), St. Laurence (I XXIX), St. Gregory (II IX), St. George (LS XIV), St. Alban (LS XIX), St. Edmund (LS XXXII), Job (II XXX), St. Oswald (LS XXVI), St. Denis (LS XXIX), St. Clement (I XXXVII), *De Falsis Deis* (Pope XXI, end lost), Maccabees (LS XXV, beginning lost), Abdon and Sennes (LS XXIV), auguries (LS XVII), Exaltation of the Cross (LS XXVII); an anonymous general homily (Cameron B 3.5.8); a translation of part of Alcuin's treatise on the virtues and vices; some canons; Ælfric's account of the vision of Drihthelm (II XXI); the Old English 'poem' *Instructions for Christians*.

The collection of pieces on the apostles and other saints in section (e) includes six Second Series homilies, XVII, XXVII, XXXII, XXXIII, IX, and XXX. In these L generally agrees very closely with K, though not so closely as to suggest a common source outside Ælfric's scriptorium: the shared readings include two minor errors but no serious corruptions, and L shows some probably authentic differences from K in XXX.[1] L must derive these homilies from an archetype independent of K but very like it. This is apparently the case for the First Series homilies in L too, suggesting that we have here a collection of saints' lives and other pieces put together from companion copies of the First

---

[1] See IX 33 and XXX 161 for errors, and XXX 19, 53, 128, 154 for revisions.

and Second Series plus a copy of the *Lives of Saints*. The other Second Series homilies, XIII and XI in separate sections at the beginning and XXI among some odd items at the end, seem to have different origins. Homily XI and probably XXI belong to the same tradition as D, E(a), and F. In XI L shares all the variant readings of D and E, many of them not authentic, and agrees sometimes with E alone.[1] It must draw on a copy intervening between E and X[(1)], the common source of D and E. The same origin possibly holds for XXI, where L shows links with D[2] (the only manuscript of the group that contains this homily), but the shared readings here could have arisen in Ælfric's scriptorium. In XIII L shows minor links not with K or with C and F (both belonging to the DEF tradition) but with M, N, and O,[3] which generally reflect a later form of the text than K. It looks as if the main collection in L, section (e), was compiled from one set of sources and then other items added at the beginning and end at later stages in transmission, perhaps for the first time in L itself. L's place of origin is unknown.

M

Cambridge University Library MS. Ii. 4. 6. Ker 21

A collection of homilies for occasions from Epiphany or before (the beginning is lost) to the Sunday after Pentecost, excluding saints' days. There are twelve homilies from the Second Series as well as extracts from XIX and XXXIX used in two composite homilies.

2nd Sunday after Epiphany (II IV, beginning lost), 3rd Sunday (I VIII), 4th Sunday (II XXIIIB), Septuagesima (II V), Sexagesima (II VI), Quinquagesima (I X), Ash Wednesday (LS XII), 1st Sunday in Lent (I XI, II VII), 2nd Sunday (II VIII), 3rd Sunday (Pope IV), 4th Sunday (I XII, II XII, LS XIII), 5th Sunday (II XIII), Palm Sunday (II XIV, I XIV), Easter Day (I XV, II XV, II XVI), 1st Sunday after Easter (I XVI), 2nd Sunday (I XVII), 4th Sunday (Pope VII), 5th Sunday (Pope VIII), Monday in Rogationtide (composite homily, drawing on Pope XI, II XIX, I XVIII and the *Old English Martyrology*),[4] Tuesday in Roga-

---

[1] See XI 13, 118, 132; XI 6, 15, 301, 336.   [2] See XXI 87, 92.
[3] See XIII 24, 26, 88.
[4] For a detailed study of the constituents of this and the next item see my article, 'Old English composite homilies from Winchester', *Anglo-Saxon England*, iv (1975), 57–65.

tiontide (composite homily, drawing on Napier XXX, Bethurum XIII, II XIX, LS XII, I III, I XXXV, LS XIII, I XXVIII, II XXXIX), Wednesday in Rogationtide (1st paragraph of I XVIII, and II XXII), Ascension Day (I XXI), Sunday after Ascension (Pope IX), Pentecost (I XXII, Pope X), Sunday after Pentecost (Pope XII), Rogationtide (I XVIII, with the first paragraph omitted, and I XIX, incomplete at the end).

The manuscript was written around the middle of the eleventh century. One scribe wrote the first three items, another copied the section from Septuagesima to nearly the end of the Palm Sunday homily I XIV, beginning his section with a fresh quire, and the first scribe completed the manuscript. At least one item has been lost at the beginning and there may have been others at the end.

This is a well-organized and comprehensive collection, almost entirely confined to the work of Ælfric and including all the items from the *Catholic Homilies* and *Lives of Saints* for Sundays in the period covered and also six later homilies by Ælfric, Pope IV, VII–X, and XII, for Sundays mainly not covered by his earlier collections. The only items not by Ælfric, the two composite homilies, were probably added to the collection for the first time in M itself, as I have argued elsewhere.[1] In its Second Series homilies M shows a consistent advance over K and D, mainly in the use of the accusative with þurh and other prepositions but also in other details, including one extra clause in V.[2] M cannot belong to the second recension, though, for it has none of Ælfric's additions to VII, XVI, XXII, and XXIIIb and shows no connection with the second-recension manuscripts H, R, and U. It must reflect a more advanced form of the first recension. The First Series homilies apparently show a similar character relative to other manuscripts, more advanced than K and D but less advanced than manuscripts like R and U. A single origin for all the Second Series homilies seems a reasonable assumption, given the coherent nature of the collection and the fairly consistent character of the text, but the point is discussed in more detail below.[3]

---

[1] 'Old English composite homilies from Winchester', *Anglo-Saxon England*, iv (1975), 57–65.

[2] See the accusative forms at IV 292, VI 69, VIII 33, 78, XII 465, 535, 569, XIII 53, 62, 69, 249, XIV 100, 111, 129, 194, XV 107, XXII 51, 171, 184, and other small revisions at IV 293, V 194 (the additional clause), XIV 240 and XXII 108.

[3] See pp. lxxxvi–lxxxviii.

M was written at the New Minster at Winchester around the middle of the eleventh century,[1] but its text shows signs of contamination with the earlier south-eastern manuscript F. F was written at the beginning of the eleventh century and shows no genetic relationship with M, but several small additions and substitutions or glosses which were entered in F's copy of hom-ily v during the first half of the eleventh century recur in M's text of the homily; all are in the main hand in M but the addi-tions are incorporated into the text and the substitutions or glosses are written above the line, as in F.[2] This cannot be due to a full collation of F with M or with M's source since F does not take any of the variant readings that M derives from Ælfric and M does not adopt any of the variant readings that F shares with B, C, D, and E. The readings shared by F and M must have been entered in M's exemplar (the immediate exemplar rather than a more distant source since it seems unlikely that substitu-tions or glosses written above the line in a homily would be copied in that form for more than one stage) and then trans-ferred subsequently from there to F; the reverse direction is possible but less likely, since the rather similar gloss in M at v 216 is lacking in F. F was probably written at Rochester or Canterbury and seems to have remained in that area: other eleventh-century additions and alterations to F correspond with alterations made to D at Rochester in the middle of the eleventh century and to readings in C (written probably at Rochester) and X[e] (written at Canterbury). This suggests that M's exemplar came to Winchester from the south-east. M itself seems not to have remained at Winchester, for it was probably at Tavistock in the early sixteenth century.[3]

N

British Library MS. Cotton Faustina A. ix. Ker 153

A collection of homilies for occasions from Epiphany or before to Pentecost, excluding saints' days. Most of the homi-lies are by Ælfric, including ten from the Second Series.

2nd Sunday after Epiphany (II iv, beginning lost), 3rd Sunday (I viii), 4th Sunday (a homily adapted from Ælfric's

[1] See T. A. M. Bishop, *English Caroline Minuscule* (Oxford, 1971), p. xv, note 2.

[2] See v 54, 137–8, 146, 191, 287.   [3] Ker, *Catalogue*, p. 35.

letter to Sigefyrth), 5th Sunday (Cameron B 3.2.5), 6th Sunday
(Assmann XIV), 7th Sunday (an abbreviated version of Napier
XLIX), Septuagesima (II v), Sexagesima (II VI), Quinquagesima
(I x, end lost), 1st Sunday in Lent (I XI, beginning lost), the
Monday following (II VII), 2nd Sunday (II VIII), 3rd Sunday
(Pope IV), 4th Sunday (I XII, II XII, LS XIII), 5th Sunday (II
XIII), the Friday following (Assmann v, by Ælfric), Palm Sun-
day (I XIV), Monday in Holy Week (II XIV), Tuesday (Blickling
VI, part only), Thursday (Assmann XIII), Easter Day (I xv, II
xv, II XVI), 1st Sunday after Easter (I XVI), 2nd Sunday (I
XVII, end lost), 3rd Sunday (a composite homily possibly by
Ælfric, beginning lost), 4th Sunday (Pope VII), 5th Sunday
(Pope VIII), Rogationtide (I xx), Ascension Day (I XXI), Sunday
after Ascension (Pope IX), Pentecost (I XXII, Pope x).

At least one item has probably been lost at the beginning,
since the missing part of II IV would not have required any-
thing like a full quire, and a whole quire, no doubt containing
LS XII for Ash Wednesday, as Ker suggests, has been lost after
the homily for Quinquagesima. The whole manuscript is in one
hand of the first half of the twelfth century.

The similarity between the Ælfrician part of this collection
and the collection in M has been remarked on by Ker, Clemoes,
and Pope.[1] The main points are that N has almost the same
selections from the *Catholic Homilies* as M, it has five of M's
six later homilies by Ælfric, it stops at almost the same point
in the year (and may of course have started at the same point—
the beginning of both manuscripts is lost) and it has mainly the
same arrangement and order, even where there are two or three
items for the same occasion. The precise relationship of M and
N is a difficult issue. In the homilies from the First Series N
apparently has a more advanced form of the text than M and
must be quite independent. In the later homilies, edited by
Pope, there are readings (primarily in homily IX), which suggest
that M and N 'had a common ancestor already at some remove
from Ælfric himself'.[2] In the Second Series homilies the situa-
tion varies. In IV and V there are frequent variant readings
common to M and N[3] but all could have arisen within Ælfric's

[1] Ker, *Catalogue*, p. 190; Clemoes, *Chronology*, pp. 227–8; Pope,
pp. 42–8.   [2] Pope, p. 47.
[3] IV 295, 296, 304, V 20, 86, 91, 157, 199, 241, 283.

scriptorium and in both homilies M has a variant reading of its
own, not in N, which looks like a minor improvement by the
author.[1] In VI there is no case for a relationship at all: there are
no MN variants, and N has two small errors which also appear
in all the manuscripts of the DEF tradition but not in K or M,
errors which could not easily have been corrected by anyone
but the author.[2] In VII, VIII, and XIII there are just a few vari-
ants in common, mostly scribal in origin and including one
definite error (VIII 41) but no serious corruptions.[3] In XII, XV,
and XVI N shows a very close relationship to M, with numerous
shared errors.[4] In XIV N has a distinctly more advanced form of
the text than M, quite independent of M and similar to the
second-recension manuscript R.[5] Given the over-all similarity
of content and arrangement between M and N no mechanical
explanation of the discrepancy in terms of N drawing on two
sources, one related to M and the other not, seems to fit.
The nature of the relationship in the Second Series homilies
makes it impossible to explain N's text as the product of an
independent collation of an antecedent copy, related to M, with
a more up-to-date version of the First Series. One can only
assume that M and N go back independently to a source within
Ælfric's scriptorium and that the shared readings, including
errors, arose there. (This is the conclusion reached by Clemoes
on the evidence of the First Series some years ago.) M and N
would presumably reflect successive issues of the same collec-
tion, with more up-to-date copies of the First Series homilies
being used on Ælfric's instructions for the later version. The
minor improvements shown by M in IV, V, and VI could have
been entered in M's archetype, perhaps by Ælfric himself
while checking the first part of the manuscript for errors,
before it was sent out and never transferred back to the pattern-
manuscript from which the archetype of N was subsequently
copied. The more advanced version of XIV in N was probably
substituted along with the more up-to-date First Series homi-
lies, perhaps because Ælfric had specially revised this homily

---

[1] See IV 293 and V 194 and notes.   [2] See VI 54 and 197.
[3] See VII 17, 51, 99, 172, VIII 41, 122, XIII 24, 26, 85, 88, 173, 195.
[4] See XII 2, 5, 5, 15, 59, 66, 91, 96, 131, 276, 294, 351, 456, XV 32, 35, 108,
113, 136, 137, 160, 172, 185, 234, 248, 311, 331, XVI 60, 68, 70, 72, 149, 157,
171, 199, 222.   [5] See the notes to this item.

for some other purpose. The origin and provenance of N are unknown.

<h1 style="text-align:center">O</h1>

Corpus Christi College Cambridge MS. 302. Ker 56

A collection of homilies for occasions from Advent to Rogationtide, excluding most saints' days. Most of the homilies are by Ælfric, including seven from the Second Series. The manuscript was copied at the end of the eleventh century or beginning of the twelfth.

Contents: Ælfric's *Hexameron*, as a general homily, at the beginning, then homilies for 1st Sunday in Advent (I xxxix), 2nd Sunday (I xl), 3rd Sunday (LS xvii), 4th Sunday (Bethurum viiib), Christmas (I ii), St. Stephen (I iii), St. John (I iv), 2nd Sunday after Epiphany (a homily adapted from Ælfric's letter to Sigefyrth, Assmann ii), 3rd Sunday (Cameron B 3.2.5), 4th Sunday (Assmann xiv), 5th Sunday (an abbreviated version of Napier xlix), Septuagesima (II v), Sexagesima (II vi), Quinquagesima (I x), Ash Wednesday (LS xii), 1st Sunday in Lent (I xi), the Monday following (II vii), 2nd Sunday (II viii), 3rd Sunday (Pope iv), 4th Sunday (I xii), 5th Sunday (II xiii), the Friday following (Assmann v), Palm Sunday (I xiv), Monday in Holy Week (II xiv), Thursday in Holy Week (Assmann xiii), Easter Day (II xv, end lost), 2nd Sunday after Easter (I xvii, beginning lost), Rogationtide (I xviii), Monday in Rogationtide (Cameron B 3.2.35, I xix), Tuesday in Rogationtide (Napier xlix, I xx, end lost).

The whole manuscript is the work of one scribe, except for a few lines. One or more items may have been lost at the end.

O is closely related to N. Where the two overlap (the beginning of N is lost) they agree closely in contents though O lacks eleven of N's homilies, and they have in common many variant readings, including errors, that are not shared by M or other manuscripts.[1] N and O must have a common source at some remove from Ælfric and containing some homilies not by him (they have four non-Ælfrician homilies in common). The absence from O of some of the homilies in N must be due to the selectiveness of O since the Second Series homilies involved, iv, xii, and xvi, show the same resemblances to M as the other

[1] See, e.g., v 4, 49, 69, vi 36, 46, 87, vii 83.

Second Series homilies in N. N and O are of unknown origin but they probably go back, like M, to a Canterbury or Rochester source. Clemoes points out in his edition that several of the non-Ælfrician homilies in N and O have Canterbury associations, and evidence is set out below[1] of contamination in homily XIV between an ancestor of N and O and the source, probably the immediate exemplar, of X^e: X^e was written at Christ Church, Canterbury, and derives its text of XIV from the Canterbury or Rochester manuscript F. It looks as if N is a fairly faithful copy and O a more selective one of a collection like that in M, covering mainly Sundays up to Pentecost, but interpolated at Rochester or Canterbury with other homilies not by Ælfric.

T

Bodleian Library, Oxford, MSS. Hatton 113 and 114 and Junius 121. Ker 331 and 338

Hatton 113 and 114 contain a collection of homilies in two volumes, written by a single scribe in the third quarter of the eleventh century. The collection of ecclesiastical laws and pieces on the duties of the clergy which forms the bulk of Junius 121 is by the same scribe and was perhaps intended as a companion volume. There are six homilies from the Second Series, plus extracts from VII and XIII.

(a) Junius 121, ff. 9–110. Ecclesiastical laws, etc.

(b) Hatton 113, ff. 1–144, Hatton 114, ff. 9–230. Homilies in four groups.

(1) Hatton 113, ff. 1–115. Homilies for any occasion, mostly Wulfstan or pseudo-Wulfstan texts but including three pieces by Ælfric, Napier XXXI, I XIX and Pope XI.

(2) Hatton 113, ff. 115–44, Hatton 114, ff. 9–36. Homilies for fixed festivals occurring early in the year. Christmas (II 1), St. Stephen (I III), St. John (I IV), Innocents (I V), Circumcision (I VI), Epiphany (I VII), Purification (I IX), Annunciation (I XIII).

(3) Hatton 114, ff. 36–140. Homilies for occasions other than saints' days. Quinquagesima (I X), 1st Sunday in Lent (I XI and a

[1] See pp. lv–lvi.

composite homily, Napier LV, containing extracts from II VII), 2nd Sunday (Cameron B 3.2.12), 3rd Sunday (Pope IV), 4th Sunday (I XII, LS XIII), Palm Sunday (II XIV, with part of I XIV at the end), Easter Day (I XV), 1st Sunday after Easter (I XVI), Rogationtide (Cameron B 3.2.30, 31, and 32), Tuesday in Rogationtide (Cameron B 3.2.37 and Napier XLII), Ascension Day (I XXI), Pentecost (I XXII).

(4) Hatton 114, ff. 140–230. Homilies for saints' days.
St. Gregory (II IX), St. Philip and St. James (II XVII), Invention of the Cross (II XVIIIa), St. Alexander (II XVIIIb), Nativity of John the Baptist (I XXV), St. Peter and St. Paul (I XXVI), St. Paul (I XXVII), Assumption of the Virgin (I XXX), St. Bartholomew (I XXXI), two short pieces on the duties of the clergy, Nativity of the Virgin (Assmann X), St. Michael (I XXXIV), All Saints (I XXXVI).

(c) Early additions by several hands, including that of the main scribe.

(1) Additions at the end of Junius 121, ff. 111–60.
Ælfric's 2nd English letter for Wulfstan; his letter to Wulfget, adapted as a homily; his homily for the Sunday after Ascension (Pope IX); Bethurum Ib; homilies for the 1st and 2nd Sundays in Advent (I XXXIX and XL) and Easter Day (Cameron B 3.2.28); the English preface to the First Series, adapted as a homily; a homily for the Assumption of the Virgin (II XXIX).

(2) Additions at the beginning of Hatton 114, ff. 1–8.
Napier XL; the first few sentences of II XIII, on Passion Sunday; Ælfric's addition to the story of St. Alexander in II XVIII, marked for insertion in the copy of II XVIII in section (b) (Pope XXIII).

(3) Additions at the end of Hatton 114, ff. 230–47.
Homilies for a confessor (Assmann IV, by Ælfric; end lost), and the dedication of a church (Brotanek I, by Ælfric, beginning lost, and an anonymous homily); Ælfric's translation of the Mass Creed.

The large collection of homilies in Hatton 113 and 114 was written continuously by a single scribe and seems fairly coherent, but it turns out to have diverse origins and needs to be considered piecemeal. Section (b3), containing seventeen homilies for occasions other than saints' days from Quinquagesima

to Pentecost, has two items from the Second Series, XIV and
part of VII used in a composite homily. These clearly belong
to the second recension since they incorporate the same
authentic revisions as the second-recension manuscript R.[1]
Indeed, XIV seems to derive from R itself, for T incorporates
all the significant variants of R and also some of the eleventh-
century alterations made to R.[2] The same relationship, Pope
has pointed out, holds for other homilies in T.[3] T's text of VII
cannot derive from R since it lacks some of R's variant readings,
but it does share some others, including one minor error (line
sixteen). It probably goes back to a source shared with R, like
some of the First Series homilies in T. Section (b4) contains
twelve homilies for saints' days, including IX, XVII, and XVIII
from the Second Series. These belong to the first recension, for
XVIII lacks Ælfric's addition and there are no differences of
substance from K. There are, though, minor differences from
K which align T more with the DEF group, and some revisions
of case that occur in neither D nor K.[4] It looks as though T
here reflects a slightly more advanced form of the first recension
than either D or K. The one Second Series homily in section
(b2), I, may have the same origin. It is difficult to place since
K's is the only other copy of this homily to survive, but T does
show some revisions of case that are not in K.[5] These three or
four homilies probably came from a specifically Second Series
collection, not a mixed one, for they show no textual similarities
at all to the First Series homilies that occur alongside them:
those in (b4) apparently belong to a very late stage of the text
while those in (b2) apparently derive from a source very close
to D (whereas neither D nor the closely related E includes II I
at all).

Some further material from the Second Series occurs among
the early additions to T. The most important is Pope XXIII, a
long piece intended by Ælfric to replace the brief summary
of the prelude to the martyrdom of St. Alexander which he
originally included as a part of the Second Series homily
XVIII. It occurs here on its own as an addition at the beginning

---

[1] See VII 28, XIV 208, 315.   [2] See XIV 29, 69, 76, 141, 302.
[3] Pope, p. 76.
[4] See IX 26, 81, 161, XVII 22, 54, 62, XVIII 108; and IX 25, 175, XVII 97,
XVIII 20, 41, 46, 82.
[5] I 81, 265, 294.

of Hatton 114 but is marked by the scribe for insertion in the copy of XVIII in section (b4). It presumably belongs, like Ælfric's other additions, to the second recension and must have been taken from a late version of the Series, unless Ælfric circulated the addition separately. Another Second Series homily, XXIX, for the Assumption of the Virgin, occurs among the additions at the end of Junius 121. This has no very significant readings but does agree at a few points with B and G, which belong to the DEF tradition, and has some revisions of case that are not in B, G, or K.[1] It could belong either with Pope XXIII (since the second-recension manuscripts often show affinities with manuscripts of the DEF tradition rather than K) or with the first-recension homilies in (b4). The only other material from the Second Series in T is the opening section of the Passion Sunday homily XIII, selected as an explanation of the festival. It has no significant variants.

T, then, draws its Second Series homilies partly from a first-recension copy of the Series, partly from the second-recension manuscript R, and partly from another second-recension source related to R. T itself was written at Worcester and the collection was probably assembled there, since R was also at Worcester. There may be a connection with another Worcester manuscript, E; more specifically, between the Second Series homilies in sections (b2) and (b4) of T (I, IX, XVII, XVIII) and those in section (b1) of E (VIII, XIII, XV, XVI, XXXVII–XXXIX). The point is necessarily tentative since there is no overlap between the two groups, but there are a number of similarities. T and E show the same kind of text, with many revisions of case compared with D and K but no additions or changes of substance. They both show some affinities with the text of the DEF group as against K. They provide the only two examples in the Second Series of *æfter* with the accusative (in T at IX 25, in E at XVI 193). They both draw on a textual tradition apparently confined to Second Series homilies rather than First and Second Series homilies mixed together. And they both, of course, have connections with Worcester: T was certainly written there and E was at least there in the thirteenth century and may have been written there. Thus there is at least a possibility that the homilies in E(b1) and T(b4) have a common origin.

[1] See XXIX 21, 23, 69, 117; and 25, 68, 70, 121.

X^c

British Library MS. Cotton Faustina A. x. Ker 154

A copy of Athelwold's translation of the Rule of St. Benedict
followed by his account of the revival of the monasteries.[1] The
first part of the latter account summarizes the mission of St.
Augustine and in the margin opposite, in a twelfth-century
hand, are some extra details drawn mainly from Ælfric's homily
on St. Gregory, II IX.[2] They are partly clipped by the binder
and very faint but legible by ultra-violet light. The extracts
show some agreement with the copies in D and E and more
particularly with D.[3] They must derive, directly or indirectly,
from a copy intervening between D and X^(1), the common
source of D and E (unless they derive from D itself, which is
possible). The manuscript has not been localized.

X^e

British Library MS. Cotton Tiberius A. III, ff. 2–173. Ker 186

A miscellaneous collection, with a great variety of texts,
written around the middle of the eleventh century. The contents
include the Rule of St. Benedict and the *Regularis Concordia*,
both in Latin with an Old English gloss, Ælfric's *Colloquy*, his
De Temporibus Anni, and his second English letter for Wulfstan,
confessional texts, and a few homilies. The only homily by
Ælfric is II XIV, which is assigned in K to Palm Sunday. This is
a confused and corrupt version incorporating a vast number of
small additions and alterations. As a consequence its relationship
to other manuscripts is difficult to establish. It shows readings
(some of them errors) otherwise found only in C and F, but it
also has readings otherwise occurring only in N and O, manu-
scripts quite unrelated to C and F and having a more advanced
form of the text.[4] The most likely explanation is that X^e derives

---

[1] For Athelwold's authorship see Dorothy Whitelock, 'The authorship of
the account of King Edgar's establishment of monasteries', *Philological
Essays in Honour of Herbert Dean Meritt*, ed. J. L. Rosier (The Hague,
1970).

[2] They were identified by N. R. Ker. The fifth addition, *englas and
scottas brutwalas and peohtas*, is not from this homily.

[3] Note the agreement with D and E at 26 (*mode*), 75 (*þeode*), 79 (*iglande*),
and agreement with D alone at 79 (*þam ælmihtigan scyppende*).

[4] See e.g., XIV 7, 12, 34, 107, 130; and XIV 75, 88, 128, 138.

in the main from F, via an intervening copy, for it reproduces all the variant readings in F's original text except four,[1] all four rather minor considering the freedom of X[e], and incorporates four of the alterations entered in F in the first half of the eleventh century.[2] What it shares with N and O are not their authentic revisions or their scribal errors but readings arising from deliberate additions and substitutions by a reviser other than Ælfric. These are best explained by the assumption that a few of the many alterations made to X[e]'s exemplar were copied from alterations entered in a manuscript in the ancestry of N and O. A further complication is the fact that some of the other additions incorporated in X[e] are taken from an anonymous homily on the Passion, Vercelli i.[3] This homily occurs in full in C(a), D, E(a), and F, and X[e]'s text is much closer to these than to the Vercelli manuscript. The additions must have been taken not, as one might have expected, from F but from a manuscript closer to D, for they include some (but not all) of the variant readings otherwise found only in D.[4] X[e] was probably written at Christ Church, Canterbury, and was still there in the twelfth century.[5] he Tadditions and alterations which it incorporates were no doubt made there too or at Rochester, since D and F were in use at Rochester and were probably written either there or at Canterbury.

f[a]

Corpus Christi College Cambridge MS. 367 part II, ff. 3–6, 11–29. Ker 63

Fragments of a collection of homilies mostly by Ælfric and probably following the order of the church year (the order of the surviving quires is for the most part uncertain). They were copied in the twelfth century, probably by one scribe.

Quire 1. ff. 21, 20, 26. Homilies for Easter Day (I xv) and Easter Monday (II xvi).

Quire 2. ff. 17, 29. Homily for Tuesday in Rogationtide (I xix).

---

[1] At xiv 91, 155, 232, 268.   [2] See xiv 48, 50, 244, 316.

[3] See Appendix, lines 255–8, 259–65, 303–4, 348–52.

[4] See Appendix, lines 259–65.

[5] See H. Henel, *Ælfric's De Temporibus Anni* (EETS. os 213 (London, 1942)), pp. x–xii, and C. Dodwell, *The Canterbury School of Illumination* (Cambridge, 1954), p. 4.

Quire 3. ff. 23, 6, 3–5, 24. Homilies for the Assumption of the Virgin (I xxx) and St. Bartholomew (I xxxi).

Quire 4. ff. 11–16. Homily for the Nativity of the Virgin (Assmann x).

Quires 5–6. ff. 28, 19, 27, 18, 22, 25. Homilies for the Exaltation of the Cross (LS xxvii), St. Matthew (II xxxii) and St. Michael (I xxxiv) and an unspecified occasion (Vercelli iv).

There are just two items from the Second Series, xvi and xxxii, both incomplete. In xvi f^a agrees closely with M and N[1] and the agreement of M and f^a against N and other manuscripts at line eight supports the evidence of the First Series that M and f^a have a common source. In xxxii, though, f^a shows some slight agreement with G,[2] which belongs to the same tradition as D, E, and F. This link with the DEF group is confirmed by First Series evidence as well, but the precise relationship of f^a to the other manuscripts of the group cannot be ascertained on the meagre Second Series evidence. The place of origin of f^a is unknown but both the DEF group and M have a south-eastern background so that it is likely that the collection was originally compiled in the south-east.

f^d

Gloucester Cathedral MS. 35. Ker 117

Seven leaves from the binding of a sixteenth-century book from Gloucester. The relevant leaf here is f. 7, which contains the end of I xxvi (on St. Peter and Paul) and the beginning of II xxiv (on St. Peter), in a hand of the first half of the eleventh century. The same scribe wrote ff. 1–3, containing part of Ælfric's account of St. Swithun. The surviving text of II xxiv offers no significant readings.

f^i

British Library MS. Cotton Otho B. x. Ker 177

A collection mainly of saints' lives, very badly damaged by the Cotton fire. Most of the contents were from Ælfric's *Lives of Saints* but there was one item from the Second Series, xviii. This has been completely destroyed but Wanley recorded the incipits of the two parts of the homily and from these it is clear

[1] See xvi 19, 60, 68.   [2] See xxxii 22, 32, 44, 58.

that Ælfric's long addition to the second part was not included, which would indicate a first-recension text. The manuscript dates from the first half of the eleventh century and its place of origin is unknown.

f^k

British Library MS. Cotton Vitellius D. xvii, ff. 4–92. Ker 222

A collection of homilies on saints and other saints' legends, written around the middle of the eleventh century and much damaged by the Cotton fire. The contents were not arranged in any obvious order except that the first six items are on apostles and the next four on other New Testament saints. Following Ker I list the contents in their original order, as given by Wanley before the fire.

St. Peter and St. Paul (I xxvi), St. James (II xxvii), St. John (I iv), St. Philip and St. James (II xvii), St. Bartholomew (I xxxi), St. Simon and St. Jude (II xxxiii), St. Mark and the four evangelists (LS xv), St. Stephen (II ii, I iii), Innocents (I v), St. Sebastian (LS v), St. Pantaleon (anonymous), St. Matthew (II xxxii), St. Benedict (II xi), St. Martin (II xxxiv), St. Gregory (II ix), St. Michael (I xxxiv), Invention of the Cross (II xviii), St. Andrew (I xxxviii), St. Laurence (I xxix), St. Clement (I xxxvii), St. Cecilia (LS xxxiv), St. Apollonaris (LS xxii), Abdon and Sennes (LS xxiv), St. Eustace (LS xxx, not by Ælfric), St. George (LS xiv), St. Oswald (LS xxvi), St. Thomas (LS xxxvi), St. Maurice (LS xxviii), St. Denis (LS xxix), Assumption of the Virgin (I xxx), Annunciation (I xiii), Exaltation of the Cross (LS xxvii), a confessor (Assmann iv, by Ælfric), apostles (II xxxvi), a confessor (II xxxviii), dedication of a church (II xl), St. Edmund (LS xxxii), St. Basil (LS iii), St. Paul (I xxvii), Maccabees (LS xxv), St. Agnes (LS vii), St. Agatha (LS viii), St. Lucy (LS ix), Throne of St. Peter (LS x), St. Alban (LS xix), St. Etheldreda (LS xx), a piece on the resting-places of the saints.

One scribe copied the text as far as St. Simon and St. Jude, a second scribe completed this item and continued as far as St. Matthew, a third continued at least as far as St. Oswald (the next three items are destroyed), and a fourth copied from the Assumption to at least the Maccabees (the following items having all been destroyed).

The contents are drawn mainly from the *Catholic Homilies* and *Lives of Saints* but they also include Ælfric's second homily for a confessor (Assmann IV), which is a fairly late work, and three pieces not by Ælfric (one of which, on St. Eustace, circulated in some copies of Ælfric's *Lives of Saints* collection). The Second Series homilies, twelve in all, must belong to the first recension since they include an unexpanded version of XVIII and show no authentic differences of substance from K. There are a few authentic variations of detail between K and f^k though,[1] and although nothing definitely distinguishes f^k from the DEF group it is probably safe to treat it as an independent witness since it never shows any signs of belonging to the same line of transmission. (There is apparently no relationship between the DEF group and f^k in the First Series except in one or two homilies where f^k shares a source with E(a) against D and this relationship is not possible for any of the Second Series homilies.) Given the lack of distinctiveness of f^k's text and the fragmentary state of most of the homilies there are no very good grounds for believing that all the Second Series homilies have the same origin, but there is nothing to suggest different origins either, and the varied origin of the First Series homilies is of doubtful relevance since neither the connection with E(a) nor the connection with late forms of the text that Clemoes finds in different groups of First Series homilies seems applicable to the Second Series items. One can assume, then, that f^k goes back to a first-recension archetype similar to those behind K and the DEF group. Its place of origin is unknown.

f^p

Bodleian Library Oxford MSS. Junius 85 and 86. Ker 336

A short collection of homilies, incomplete at the beginning and probably divided into two since medieval times. It is the work of at least two and probably more scribes, writing around the middle of the eleventh century. The contents in order are: Napier XLIX (the end only survives); a homily on the soul and body theme, with a partial version of the *Visio Pauli* interpolated in another hand; a homily by Ælfric for the first Sunday in Lent (II VII); an anonymous homily (Cameron B 3.5.5);

---

[1] See especially XI 137, 150, XVII 22, 54, 62, XVIII 108.

Blickling IV (on tithes); Blickling XVIII (on St. Martin). The one item by Ælfric, II VII, shares all the variant readings common to D, E(a), and F and hence must derive from their common source, $X^{(1)}$. Some variants exclusive to E, F, and f^p and some others exclusive to E and F would suggest derivation from a manuscript coming between $X^{(1)}$ and the common source of E and F.[1] The manuscript is probably from the south-east since southeastern spellings are evident in some items and the DEF group is connected mainly with Canterbury and Rochester.

The Dissemination of the First Recension

There are altogether eighteen manuscripts drawing on the first recension (excluding f^d and f^i of which virtually nothing remains). Eleven of these, B, C, D, E, F, G, L, X^c, X^e, f^a, and f^p, are related, drawing some or all of their Second Series homilies from the same source, as has come out in the accounts of individual manuscripts. Statements about the precise relationships of these eleven are necessarily tentative: there is clear evidence of contamination between D and F, between F and M, and between X^e and N-O, and there may have been other cases in which the same alterations were made to two copies, or errors originally shared by several copies may have been corrected in one by reference to another more distantly related, or quite unrelated, version. The stemma summarizes, as best it can, the relationships on the basis of the Second Series evidence. Clemoes has traced a similar history for the First Series homilies in these manuscripts but produces a slightly different picture of their relationships. L and f^a have not been included since their position is uncertain.

This group of manuscripts is centred on the south-east, with C, D, F, G, X^e, and probably f^p all coming from that area. The interrelations of these particular manuscripts suggest that most of the copying was done in the south-east and that the ancestor of the whole group was a south-eastern manuscript too. The fact that C, G, X^e, and perhaps F were able to draw, directly or indirectly, on more than one source belonging to this group shows that numerous other manuscripts belonging to the same tradition were available in the south-east. B and E prove, however, that manuscripts of this group occasionally spread elsewhere,

---

[1] See VII 4, 14, 26; and VII 4, 8, 51, 77.

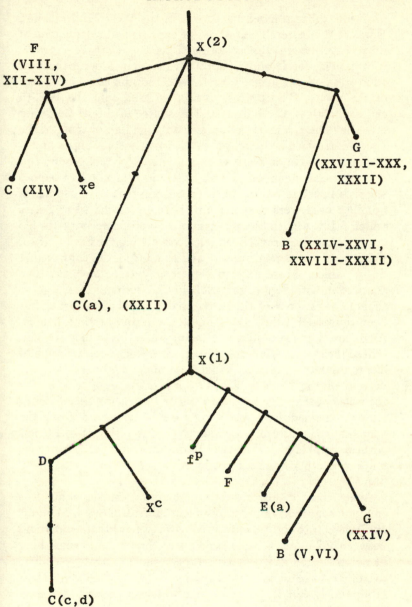

The Relationships of the Manuscripts of the DEF Group

for in the thirteenth century B was in the West Midlands and E was at Worcester. The process of copying and rearrangement must have begun almost as soon as the *Catholic Homilies* were issued, for D and F were both written around the year 1000 and both are at several removes from the common source of the group. The process continued well into the twelfth century, with B, C, G, and L. The source of the whole group must have been a large collection containing all or most of the *Catholic Homilies* (thirty-three of the forty Second Series homilies occur in one or more of the members of this group) and non-Ælfrician homilies as well, such as Vercelli 1. Clemoes suggests in the introduction to his edition that the First Series homilies used were drawn from the copy of the First Series which Ælfric sent to Sigeric, Archbishop of Canterbury, for his correction and approval soon after completing the Series. If so, the Second Series items might well come from the copy of that Series which Ælfric sent to Sigeric a year or so later. The connection with Sigeric can probably be no more than a guess though; so far none of the extant manuscripts of the group has been connected with Christ Church Canterbury rather than St. Augustine's or Rochester, except for the rather minor X^e, and indeed the strongest links seem to be with Rochester. One would like to think that the remarkable dissemination given to this one version of the *Catholic Homilies* had something to do with the welcome that Sigeric gave to Ælfric's work, but this dissemination extended long after Sigeric's lifetime and from the very first took a form which showed little respect for Ælfric's wishes, breaking up his two Series and mixing their contents with other homilies not by him and not approved of by him.[1]

Apart from this major group there are relationships, due to a common source at some remove from Ælfric, between M and f^a and between N and O, and possibly between B(e, f) and J and between E(b) and T(b2, b4). We can thus assume something like eight to ten different archetypes issued or lent by Ælfric, the other three being witnessed by K, L, and f^k. The DEF group, K, L, B(e, f), J, and f^k seem to reflect the early stages in

---

[1] D, E, and F include homilies for the three 'silent' days before Easter Day on which, in Ælfric's view, no preaching was allowed (see the note at the end of xiv), and one of them is in C(a) too.

Ælfric's dissemination of the Series while the other manuscripts, M and fᵃ, N and O, E(b) and T, reflect archetypes perhaps issued a little later, since their text is generally more advanced than that of K and the DEF group. In the manuscripts reflecting the early stages the homilies are used in various ways but none of the arrangements looks authentic, apart from K's. The combination of First and Second Series homilies into a single homiliary which we see in the manuscripts of the DEF group was probably not due to Ælfric since it seems to have included non-Ælfrician homilies from an early stage and, given the early date of some of the manuscripts, must have been carried out very soon after Ælfric had, in his preface to the First Series, specifically left such a rearrangement to others. The collection of saints' legends which forms the main part of L could go back to Ælfric in so far as its First and Second Series homilies have the same textual character and probably a common origin, but the manuscript is very late and the selection rather odd, with some obvious gaps and some unsuitable inclusions, such as the homilies on Job and on auguries. The collection of saints' legends in fᵏ cannot be due to Ælfric, since it is not very well organized and the First Series homilies apparently have diverse origins. In B(e) we seem to have just a selection of items to fill gaps in collections drawn from other sources, in B(f) a selection perhaps connected with Wulfstan's use of Ælfric's writings, and in J a selection made to suit the needs of a bishop, presumably the bishop of Exeter, and made by mingling Ælfric's work with that of others. One can only presume that all these different selections and rearrangements go back ultimately to copies of the Second Series issued by Ælfric approximately in the form the Series has in K. K itself contains not only the First and Second Series but also several shorter pieces by Ælfric at the end. The first of these, *De Temporibus Anni*, was evidently added to the collection on Ælfric's authority, since a note immediately following the *Explicit* at the end of the *Catholic Homilies* refers to it. No doubt the other supplementary texts were added on his authority too. It seems unlikely, though, that this was a standard and consciously planned collection widely used by Ælfric. The supplementary pieces do not appear as a group anywhere else, and none of them occurs elsewhere in close proximity to the

Second Series homilies that they follow in K.[1] It seems more probable that the collection was put together for a specific recipient or, as Sisam suggested,[2] built up gradually with new pieces being added to an existing volume as they were composed, perhaps as a means of preserving a copy for future use. One might also note that K's text of the Second Series is rather idiosyncratic, showing individual though authentic features that do not appear in any other copy, earlier or later in origin. The most striking are the five Latin notes,[3] the note in English at VI 125, and the titles to the two parts of XII and to XXXVI. K is of central importance as the only copy of the Second Series itself to survive but it should probably not be taken as the standard type of issue, either in its text or in the contents of the codex.

Of the later manuscripts of the first recension, the pairs M and f[a] and N and O go back to two copies of a collection of Ælfrician homilies for the Temporale extending up to Pentecost or the Sunday after. It is highly likely that Ælfric himself was responsible for this collection, as Clemoes has argued.[4] There is not only the point that M and N have very similar collections and yet seem to go back to Ælfric independently of each other, but also the comprehensive and well-organized nature of the collection, with all the relevant items for Sundays from the *Catholic Homilies* and the *Lives of Saints* included and six later homilies by Ælfric covering the gaps. Pope retains cautious doubts as to Ælfric's responsibility for the collection[5] but the Second Series evidence helps to support Clemoes's

---

[1] One other copy of the *De Temporibus Anni*, in MS. Cotton Tiberius B. v, includes near the beginning a statement rather like the note which appears at the end of the *Explicit* in K, which does suggest that the source was a collection like that in K. It could, though, have been one of Ælfric's own scribes who copied out the note while making a separate copy of this treatise from a K-type manuscript (perhaps the exemplar of K). Sisam argues that Tiberius B. v draws on a copy of the treatise issued separately by Ælfric (*Studies*, pp. 167–8).

[2] Sisam, *Studies*, ibid. The note following the *Explicit*, explaining that the *De Temporibus Anni* is not a homily, is presumably intended, like the note at the head of Assmann IV in MS. Q (see below, p. lxxxix), for the guidance of anyone borrowing Ælfric's manuscript in order to copy it. It was presumably through such borrowing that collections of texts built up to suit the author's convenience became disseminated.

[3] At IV 129, VI 117, XXIV 128, 163, XXX 19.

[4] Clemoes, *Chronology*, pp. 227–9.   [5] Pope, pp. 47–8.

view. The exact contents and scope of the collection are dis-
cussed further below.[1] In M, N, and O further material not by
Ælfric has been incorporated into the original collection, and
f[a] seems to have had only selections from the collection, together
with other items drawn from the DEF tradition. The other two
manuscripts drawing on the later forms of the first recension,
E(b) and T(b2, b4), cannot derive from a collection like this
since they include items for saints' days. They look like selec-
tions from the Second Series itself, chosen to fill gaps in exist-
ing homiliaries. E's text is slightly more revised than M's,[2]
which would suggest that Ælfric continued to circulate first-
recension copies of the Series after compiling the collection on
which M, N, and O draw.

There is evidence of widespread geographical dissemination,
not necessarily direct from Cerne. Manuscripts drawing on the
first recension were to be found, at some time during the elev-
enth or twelfth centuries, at Canterbury (X[e] and perhaps
others), Durham (K), Exeter (J), Rochester (C, D, and G),
Winchester (M), and Worcester (T and probably E). Others,
notably B, L, N, O, and f[k], are still unplaced.

Second-Recension Manuscripts

Five major manuscripts are involved here, H, P, R, U, and
V, plus X[a] and the fragmentary f[b]. B and T are reconsidered
in connection with R, and G in connection with P.

H

British Library MS. Cotton Vitellius C. v. Ker 220

A copy of the First Series of *Catholic Homilies*, made at the
beginning of the eleventh century, with Ælfric's homilies for
Fridays in Lent added at the end in another hand, and seven-
teen further homilies interpolated at the appropriate points in
the volume by a third scribe at some time in the first half of the
eleventh century. The manuscript was badly damaged at the
edges in the Cotton fire of 1731. Its place of origin is unknown,
but it may have been at Tavistock in the early sixteenth
century.[3]

---

[1] See pp. lxxxvi–lxxxviii. [2] See the notes to xv and xvi.
[3] Ker, *Catalogue*, p. 291. See further the note to VIII 109.

The interpolated homilies are a general one at the beginning (Pope XIa) and then homilies for Christmas (Pope I), St. John (drawn from Ælfric's letter on the Old and New Testament), 2nd Sunday in Lent (II VIII), 3rd Sunday in Lent (Pope IV), 3rd Sunday after Pentecost (II XXIIIa), 5th Sunday (Pope XIII), 6th Sunday (Pope XIV), 7th Sunday (Pope XV), 8th Sunday (II XXV), 9th Sunday (II XXVI), 10th Sunday (Pope XVI), 12th Sunday (II XXVIII), 13th Sunday (Pope XVII, incorporating II XXIIIb), 16th Sunday (II XXXI), Assumption of the Virgin (II XXIX, and a homily corresponding to parts of Assmann II and III, both by Ælfric).

Of the interpolated homilies seven are from the Second Series, seven are later homilies by Ælfric, mainly for Sundays not covered by the *Catholic Homilies*, and the other three (Pope XIa and the items for St. John and the Assumption) are compilations of Ælfrician material which may be by Ælfric too. The Second Series homilies must belong to the second recension, for XXVIII has an addition by Ælfric, the second part of XXIII occurs in its authentically expanded form as an independent homily, Pope XVII, with II XXIIIa occurring separately, and there are revisions of detail in all but XXIX and XXXI.[1] The interpolator also had access to later versions of First Series homilies, since he inserted an additional passage composed by Ælfric for one First Series homily. He must have used a fairly large collection of Ælfric homilies, reflecting a uniformly late stage of his work.

P

Bodleian Library, Oxford, MS. Hatton 115, and Kansas University Library MS. Y 104. Ker 332

A collection of homilies and tracts, probably all by Ælfric, written in the second half of the eleventh century. They include nine homilies from the Second Series. The manuscript is written by one scribe but in three sections.

(a) ff. 1–67. General homilies and some short pieces.

Ælfric's *Hexameron*; I XIX; I XX; *De Die Iudicii* (Pope XVIII); LS XVII; *De Doctrina Apostoli* (Pope XIX); II XIX–XXI; an excerpt from LS XXV; short pieces *de cogitatione*, on abstinence,

---

[1] See VIII 33, 78, XXIII 108, 116, 117, 185, 192, 197, XXV 25, 63, 81, 130, 131, XXVI 3, 10, 18, 30, 31, 71, 129, 130, XXVIII 27, 82, 165.

on the baptism of infants, and on heathen practices;[1] Ælfric's *De Septiformi Spiritu*; an excerpt on the government of the kingdom (Pope XXII); an excerpt from LS XIX.

(b) ff. 68–94 and the Kansas leaf.

Ælfric's homilies for the common of an apostle (II XXXV), apostles (II XXXVI), martyrs (II XXXVII), a confessor (II XXXVIII and Assmann IV; the whole of the latter is lost apart from the one leaf at Kansas),[2] virgins (II XXXIX), and the dedication of a church (II XL).

(c) ff. 95–139. General homilies and Old Testament pieces, all by Ælfric.

Ælfric's letter to Wulfget, adapted as a homily; a piece on Antichrist, adapted from the English preface to the First Series; *De populo israhel* (Pope XX); Ælfric's homiletic paraphrase of the Book of Judges; *De duodecim abusivis*; *Interrogationes Sigewulfi*; Ælfric's homiletic paraphrase of the Book of Kings (LS XVIII). A few short pieces, not by Ælfric, were added subsequently.

Eleven of the homilies come from the First and Second Series, several more circulated in the *Lives of Saints* collection (though none is in fact a saint's life) and the others are later compositions by Ælfric. There seems to be no principle of selection or order except that the compiler has chosen pieces which are not tied to particular occasions in the church year, though the items for the common of saints and dedication of a church have obvious limitations in their use. The Second Series homilies come in two groups, XIX–XXI (originally for Rogationtide) and XXXV–XL. One homily in each group, XIX and XXXIX, includes additional material by Ælfric and there is much revision of case after prepositions in these and the other homilies,[3] so that both groups can be assigned *in toto* to the second recension. Although the two groups are in different sections and are separated by various short pieces, there is nothing in the text to suggest that they have different backgrounds.

[1] For the attribution of the latter two pieces to Ælfric see Pope, pp. 55–7. I remain doubtful about his authorship of the piece on baptism.

[2] For an account of the Kansas leaf see B. Colgrave and A. Hyde, 'Two recently discovered leaves from Old English manuscripts', *Speculum*, XXXVII (1962), 60–78.

[3] See XIX 31, 56, 111, 138, 156, 212, 267, XX 71, 91, 164, 193, 206, 247 267, XXI 160, XXXV 28, 89, 117, XXXVII 77, 161, XXXVIII 62, XL 10, 127, 142, etc

No textual comparison with H is possible since the two manuscripts have no Second Series item in common.

P must have been at Worcester in the thirteenth century, since it is annotated by the tremulous hand, but it need not have been written there and it appears to have a common source with the south-eastern manuscript G. G was written at Rochester (or possibly Canterbury) in the early twelfth century and draws most of its homilies from the south-eastern DEF tradition, but in two homilies, XX and XXI, it shows agreement, including two shared errors, with P instead of D.[1] It cannot derive from P itself, since it lacks some of P's variants, but a manuscript related in some way to P must have been available at Rochester or Canterbury.

R

Corpus Christi College Cambridge MS. 178, pp. 1–270, plus a section now transferred to CCCC MS. 162, as pp. 139–60 of that MS. Ker 41

A collection of homilies and other pieces by Ælfric, some of them extracts, all copied during the first half of the eleventh century. The contents are arranged in two groups.

(a) pp. 1–163, with pp. 139–60 from CCCC MS. 162. Homilies for any occasion, and some short pieces.

I 1; the *Hexameron*; the *Interrogationes Sigewulfi*; I XXIV; I XIX; Pope XI; a homily on the eight chief sins and the twelve abuses, combining Ælfric's *De duodecim abusivis* with part of LS XVI; LS XVII; *De die iudicii* (Pope XVIII); II XXVIII; Ælfric's second homily for a confessor (Assmann IV); a short piece on Antichrist, adapted from the English preface to the First Series; a short piece on heathen practices; an excerpt from LS XXV; a short piece on the baptism of infants; a passage on the end of the world, excerpted from II XXXIX; a passage on avarice, excerpted from II XXVI; *De falsis deis* (Pope XXI).

(b) pp. 164–270. Homilies for particular occasions.

Annunciation (I XIII), Christmas (I II), Circumcision (I VI), Epiphany (II III), Purification (I IX), 1st Sunday in Lent (II VII), Palm Sunday (II XIV, with a passage from I XIV at the end), Easter Day (I XV), 1st Sunday after Easter (I XVI), Vigil of the

---

[1] See above, p. xli and note 2.

Ascension (II xxii), Ascension Day (I xxi), Pentecost (I xxii, end lost).

One scribe wrote the whole of section (a) and the first five pages of (b) and a second scribe wrote the rest. The division of the collection into two sets of twelve homilies is referred to in a colophon in the hand of the first scribe[1] but must, as Pope has shown,[2] go back beyond R itself. The Second Series homilies (one in the first set and four in the second) all belong to the second recension of the text, for III, VII, XXII, and XXVIII all have additions by Ælfric and XIV has much authentic revision.[3] The eleven First Series homilies apparently belong to a late form of the text too. The various short pieces, which include extracts from II XXVI and XXXIX, are not mentioned in the colophon but probably have the same history as the rest of the collection since R has a common source with B for one of the full homilies, III, and B also contains the same adapted extract from II XXVI.[4] Comparison with H's text of the Second Series is possible in XXVIII and in the extract from XXVI. The two manuscripts agree in minor variants that probably go back to Ælfric,[5] mainly revisions of case, but show no signs of a common transmission; and if Ælfric was indeed responsible, as Pope suggests, for adding the discussion of tithes which appears in R's text at the end of XXVIII,[6] as well as the passage which occurs in both manuscripts a little earlier, then the two manuscripts would have to be independent. Comparison with P is not possible since P and R have no Second Series item in common. A connection between these two manuscripts seems on the surface likely, since they were both in use at Worcester (though neither necessarily written there) and they include the same short miscellaneous pieces, but their First Series homilies are apparently unrelated.

R does show a relationship, though, with two other manuscripts, B and T, which draw on a variety of sources and have been considered in more detail above.[7] The connection with B, in III and the extract from XXVI, has already been noted. T has, apart from four homilies from a first-recension source, a copy of XIV which probably derives from R itself, some extracts

---

[1] Printed Ker, *Catalogue*, p. 62.
[2] Pope, p. 64.
[3] See the notes to these homilies.
[4] See above, pp. xxxix f.
[5] See the notes to XXVI and XXVIII.
[6] See the notes to XXVIII.
[7] Above, pp. xxxvii ff. and li ff.

from VII which have a common source with R, and Ælfric's addition to XVIII, which does not occur in R but must belong to the second recension and perhaps therefore comes from the same source as VII. Other homilies in T, not from the Second Series, apparently derive from R too while still others have a common source with R, like VII. It would seem that B, R, and T all draw on a collection of fairly late work by Ælfric, including short pieces as well as full homilies. All three manuscripts are associated with the Worcester area. B has a thirteenth-century inscription referring to a Bishop Wulfstan and a reference to a mainly West Midland saint, St. Wulfhad, though Pope argues that B's language points to a more southerly origin[1] (it was written in the twelfth century). R was at Worcester by the third quarter of the eleventh century, but its place of origin is unknown. T was written at Worcester. It is possible that three related manuscripts (B, R, and a collateral copy on which T drew) were written elsewhere and all coincidentally found their way to this area, but it seems more likely that they and their common source were actually produced in the Worcester area.

U

Trinity College Cambridge MS. B. 15. 34. Ker 86

A collection of homilies, all by Ælfric, for occasions from Easter onwards, excluding saints' days. The manuscript was written around the middle of the eleventh century and is incomplete at the end.

Easter Day (I xv, II xvi), 1st Sunday after Easter (I xvi), 2nd Sunday (I xvii), 3rd Sunday (Assmann VI), 4th Sunday (Pope VII), 5th Sunday (Pope VIII), Rogationtide (I xviii), Tuesday in Rogationtide (I xix), Wednesday in Rogationtide (I xx), Ascension Day (I xxi), Sunday after Ascension (Pope IX), Pentecost (I xxii, Pope x and the short piece *De septiformi spiritu*), Sunday after Pentecost (Pope XI, Pope XII), 2nd Sunday (I xxiii), 3rd Sunday (II xxiiia), 4th Sunday (I xxiv), 5th Sunday (Pope XIII), 6th Sunday (Pope XIV), 7th Sunday (Pope xv), 8th Sunday (II xxv), 9th Sunday (II xxvi), 10th Sunday (Pope XVI), 11th Sunday (I xxviii, end lost). One or more homilies have probably been lost at the end.

---

[1] Pope, p. 18.

Eleven of the homilies are from the First Series, four from the Second, and eleven are later homilies by Ælfric, mainly for Sundays not covered by the *Catholic Homilies*. The First Series homilies apparently reflect almost the latest known stage of Ælfric's text. Of the Second Series homilies only XVI has an addition by Ælfric, but the absence of the *Alia Narratio* from U's copy of XXIII probably indicates a late stage of the text too, since Ælfric detached this piece and expanded it into a separate homily, Pope XVII, which occurs in H and may have occurred in the lost part of U. All four homilies have revisions of detail,[1] and there is nothing to suggest that they do not all have the same origin. Comparison with H's text of the Second Series is possible in XXIIIa, where the two manuscripts share a number of minor variants that could all go back to Ælfric or his scribes.[2] A stronger connection than this suggests is possible, though, for the choice of later homilies by Ælfric is similar and there are one or two shared errors in one of the homilies edited by Pope.[3] Comparison with R is possible briefly in part of XXVI, where the two manuscripts share with others two minor revisions[4] but have nothing else in common.

U is the work of a single scribe, probably writing at Canterbury.

V

Corpus Christi College Cambridge MSS. 419 and 421. Ker 68 and 69

A collection of twenty-three homilies copied by one scribe during the first half of the eleventh century, with seven further homilies added in the third quarter of the century. It is a general purpose collection, with few homilies tied to particular occasions in the year. The original set contains mainly Wulfstan and pseudo-Wulfstan pieces and has nothing from the Second Series. The additions consist of Ælfric's homilies for Pentecost (I XXII) and the common of an apostle (II XXXV), martyrs (II XXXVII), a confessor (II XXXVIII), and virgins (II XXXIX), all on pages 3–96 of CCCC 421, and Napier L and Bethurum III on

---

[1] See XVI 10, 62, 83, 126, 135, etc., XXIII 108, 116, 117, XXV 25, 63, 81, 130, 131, XXVI 3, 10, 18, 30.

[2] See XXIII 12, 16, 18, 52, 123.

[3] See Pope XV lines 30 and 179 and notes.   [4] XXVI 129, 130.

pages 209–26. The reasons for this selection are not clear, though the four Second Series homilies may have been chosen because they are not tied to particular occasions in the year. The Second Series homilies clearly belong to the second recension, for they show an authentic addition to xxxix, some minor revision, and some agreement with the second-recension manuscript P.[1] P and V are probably independent witnesses to the text, though, since they have no significant errors in common and at a few points in xxxviii P and V have different but apparently authentic readings.[2] The original part of V was probably written at Canterbury[3] but the additions were made at Exeter; one of the three Exeter scribes (the one who copied the last two items) was also responsible for part of J.[4]

X ᵃ

Corpus Christi College Cambridge MS. 190. Ker 45

A collection of ecclesiastical laws, penitentials, and pieces concerned with the duties of the clergy, partly deriving from Wulfstan's commonplace book and written around the middle of the eleventh century. This contains nothing from the Second Series, but some additions made at Exeter in the second half of the century include Ælfric's letter for Wulfsige and his homily for the common of apostles, II xxxvi. X ᵃ's text of xxxvi is somewhat inconclusive: it agrees with C, D, and P against K[5] but cannot be distinguished further since in this homily the second-recension manuscript P has no authentic differences from the first-recension manuscripts C and D. It can hardly be a coincidence, though, that xxxvi is the one item missing from V's sequence of Second Series homilies for the common of saints, since X ᵃ's text is in an Exeter hand very similar to those employed on the Exeter part of V. It must have been taken from the same source as the Second Series homilies in V and have been copied into X ᵃ instead of V because it deals with the

---

[1] See xxxv 28, 54, xxxvii 161, xxxviii 128, 157, 159; and xxxv 48, 91, 129, xxxvii 26, 87, xxxix 117.

[2] See xxxviii 102, 128, 136, 157, 160, 168, 238.

[3] See Pope, pp. 82–3.

[4] See T. A. M. Bishop, 'Notes on Cambridge manuscripts', *Transactions of the Cambridge Bibliographical Society*, ii (1958), 198.

[5] See xxxvi 38, 71, 117.

duties of the clergy and was felt to be a useful adjunct to the collection in X ᵃ.

The manuscript apparently remained at Exeter until at least the fourteenth century.

fᵇ

Jesus College Cambridge MS. 15, binding leaves, ff. i–x, 1–10. Ker 74

Fragments of homilies on leaves used in the medieval binding of a thirteenth-century copy of Peter Lombard's *Sentences*. Most of the text has been erased and some of the leaves were written over in the later thirteenth or early fourteenth century, but parts are still legible. The contents appear to be all in one hand of the first half of the eleventh century. Those identified so far are as follows:

ff. i–vi (consecutive leaves). The last part of Pope xi (Sunday after Pentecost), the whole of II xix (Monday in Rogationtide), and the beginning of II xxviii (12th Sunday after Pentecost).

f. 4. Part of II xxii (Wednesday in Rogationtide).

f. 5. The end of I xviii and beginning of I xix (for Monday and Tuesday in Rogationtide).

f. 9. and offset on back board. The beginning of I xxii (Pentecost).¹

Folios 4 and 9 form a bifolium, though they cannot be consecutive leaves. Assuming at most six leaves intervening between them originally and allowing for the rest of II xxii after folio 4 there is room for probably one homily between II xxii and I xxii (the latter begins on the top line of f. 9ʳ) but not for both I xviii and I xix, and hence not for f. 5, which perhaps therefore preceded f. 4 originally. The offset on the back board is from the leaf which originally followed f. 9 but that leaf no longer survives.

The seven items so far identified are all by Ælfric, three from the First Series, three from the Second, and Pope xi. In II xix fᵇ

---

¹ This item has not previously been identified, but the beginning of the homily is just recognizable on the recto of f. 9 and occasional words and phrases recognizable on the back board with the aid of a reversed photograph can be matched with a later part of the same homily. The other items were all identified by Ker, apart from the traces of II xxii, which were identified by Pope.

shows all the various authentic additions that occur in P and also another extra passage taken, with adaptations, from II XXVI and replacing a short passage of XIX; it seems likely, as is suggested below in the notes to this homily, that this further change is by Ælfric too. Scarcely anything is left of XXII but Pope has shown that f^b formerly contained at least two of the authentic additions that occur in R's text of this homily.[1] The remaining section of XXVIII provides no significant readings, but there is already enough evidence that f^b draws on the second recension of the Second Series. There is close agreement with P in XIX[2] but no evidence of common transmission and if the extra passage in f^b was added by Ælfric there could certainly be no connection between P and f^b. Brief comparison with other second-recension manuscripts is possible in the extract from XXVI but there is no evidence of a connection with B, H, R, or U there; B and R use virtually the same extract from XXVI as f^b but they use it in a very different way and the selection could easily be coincidental. The original form of the collection in f^b is difficult to determine now but it looks rather like a collection of general homilies for any occasion, like those in P and R and probably V. Rogationtide homilies predominate, and are used for this purpose in P and V (and in F), and Pope XI and II XXVIII are also used as items suitable for any occasion in R. The one sequence that can be identified with certainty, Pope XI—II XIX—II XXVIII, is certainly not that of a collection of homilies following the order of the church year.

The manuscript was at Durham in the fourteenth century but its earlier history is unknown.

The Dissemination of the Second Recension

There are altogether ten manuscripts drawing on the second recension, B, G, H, P, R, T, U, V, X^a, and f^b. B and T have the same source as R, G has the same source as P, and X^a has the same source as V; and it is possible that H and U are also related. The only chronological distinctions that can be made depend on additions that are not certainly by Ælfric. If Ælfric was responsible for adding the passage on tithes which appears in R's copy of XXVIII but not in H's then R must belong to a

[1] Pope, pp. 90–1.
[2] See XIX 126, 132, 147, 153, 197, 220, 238, 259.

later form of the text than H. If, too, Ælfric was responsible for adding the extract from XXVI to XIX then f^b, which includes it, belongs to a later form than P, which does not, and probably a later form than H and U, which still have the passage in its original place in XXVI (assuming that Ælfric would not have used it in both homilies at the same time).

U probably draws, as Clemoes has argued,[1] on a collection of homilies for Sundays and other occasions, but not saints' days, compiled by Ælfric himself. The contents are all by Ælfric and all belong to a late stage of Ælfric's work and they form, as far as they go, a comprehensive and well-organized collection, with later homilies by Ælfric covering the Sundays not included in the *Catholic Homilies*. U itself runs only from Easter to the 11th Sunday after Pentecost, where it breaks off; it is probably, as Clemoes suggests, the incomplete second volume of a two-volume set, Easter being a standard dividing point in Latin homiliaries. The collection would thus extend and improve the collection drawn on by M, N, and O, which ran only to Pentecost or the Sunday after. The interpolated homilies in H probably come from a similar collection, as Clemoes has also argued, even if we assume that H and U are not related, for the homilies are nearly all for Sundays, all or most of them belong to a late stage of Ælfric's work, and they include some of the homilies that are otherwise found only in U.

None of the other second-recension manuscripts look as though they derive even indirectly from a collection of this type. P and V have homilies for the common of saints, which would have had no place in such a collection. R has none of the extra homilies that appear in H and U (except Pope XI, which was also used by Ælfric in later versions of the First Series) and it does include XXII from the Second Series, which does not appear in U's Rogationtide selection, and an extract from a homily for the common of saints. f^b includes XIX and XXII from the Second Series, neither of which is used in U, and does not seem to have had a chronological arrangement. The minor manuscripts B, G, T, and X^a are ruled out by their relationships to R, P, and V, and in any case G, T, and X^a all include homilies belonging to the second recension which could not have come from the sort of collection which U reflects. On the other hand, none of

[1] Clemoes, *Chronology*, pp. 231–3.

these manuscripts shows any other arrangement that is likely
to go back to Ælfric. The only one with a well-organized
collection is R, and there the colophon implies that the selection
and arrangement are not due to Ælfric—*in hoc codicello continen-
tur duodecim sermones anglice, quos accepimus de libris quos
ælfricus abbas anglice transtulit*.[1] The fact, though, that P, R, V,
and f^b all include short collections of homilies not related to
the church year and apparently intended for use on any occasion
raises the interesting possibility that Ælfric himself circulated
such collections, perhaps including some of the short pieces
that occur in P and R as well as the relevant homilies from the
Catholic Homilies and *Lives of Saints* and later compositions.
Such a collection could have been seen either as a useful supple-
ment to the collection of homilies for Sundays or as a convenient
means of circulating homilies like *De populo Israhel* and *De
doctrina apostolica* which bore no place in a homiliary tied to
the church year, and perhaps, too, general homilies from the
First and Second Series which could not be used in the other
collections. Yet there is no striking agreement amongst these
four manuscripts in either their contents or their organization,
such as one would expect if they drew on an Ælfrician collection
of this type, and some of the items they include, such as XXVIII
in R and f^b and XL in P, are hardly suitable for any occasion,
while Pope XI and the First Series Rogationtide homilies and
XXVIII from the Second Series all had a place in U's collection
and there was no need to circulate them in a collection of general
pieces. It seems more likely that these four collections are not
Ælfrician but were put together independently under similar
pressures or interests.[2] It may be that the collection drawn on
by U was felt by some to fill the need for a homiliary following
the church year and the First and Second Series were therefore
quarried to produce more general collections. A similar short
collection of general pieces is evident at an earlier stage in the
first section of F.

P, R, V, and f^b together preserve fourteen Second Series
homilies belonging to the second recension, and T adds evi-
dence of one more, XVIII. If this many were still being circulated
by Ælfric, separately from the collection drawn on by U but

---

[1] Ker, *Catalogue*, p. 62.
[2] Cf. Clemoes, *Chronology*, pp. 239–40.

partially duplicating it, and no other Ælfrician collection is evident, it seems reasonable to suppose that the full set of forty which made up the Second Series, or something like it,[1] was still being issued. Ælfric certainly issued a late version of the First Series (preserved in Q), and Clemoes's view is that P and R both drew on it. It may be that f[b] did so too, for it includes Pope XI and this occurs in Q's copy of the First Series. If the First Series homilies in these three manuscripts come from versions of the First Series like Q, the Second Series homilies may well have come from similar versions of the Second Series.

For the second recension, then, we have evidence of one or two archetypes issued in the form of a collection of homilies for Sundays (giving rise to H and U) and probably four archetypes issued in the form of the Second Series, the ancestors respectively of B, R, and T; G and P; V and X[a]; and f[b]. Of the extant manuscripts only U preserves anything like the original form, and then incompletely. H selects items from a collection like U to fill gaps in the First Series. P, R, V, and f[b] select mainly general items, B and T have just a few homilies used in larger collections of diverse origins, and X[a] has just one homily chosen for its discussion of the duties of the clergy. There is again evidence of a fairly wide geographical dissemination, with manuscripts reaching Canterbury (U), Durham (f[b]), Exeter (V, X[a]), probably Rochester (G) and Worcester (P, R, and T). All of these places had manuscripts of the first recension too.

In the dissemination of the Second Series homilies generally a major role was played by the two south-eastern centres Canterbury and Rochester. Eleven manuscripts, B, C, D, E, F, G, L, X[c], X[e], f[a], and f[p], contain Second Series homilies derived from one Canterbury–Rochester tradition. The manuscripts which draw on the earlier of Ælfric's two collections of homilies for Sundays, M and f[a], N and O, go back to sources at Rochester or Canterbury, and U's copy of the later collection was written at Canterbury. From the south-east copies went on to Winchester and Worcester (as is shown by M and E), and no doubt elsewhere, for the actual place of origin of L, N, and O

---

[1] Ælfric may, for instance, have dropped his homily on St. Martin, XXXIV, having subsequently produced a longer version for his *Lives of Saints* collection, and he may have added some later homilies.

is unknown. Other centres had copies of the homilies and may have received them directly from Ælfric at Cerne or Eynsham, but they seem to have played little part in dissemination. A first-recension copy at Worcester lies behind T and perhaps E(b), and a second-recension copy there possibly lies behind R and the related parts of B and T. K and f^b could go back to two copies sent to Durham by Ælfric (K could indeed be such a copy), but they have no apparent connections with any other manuscripts. Exeter, with J, V, and X^a, is important but these manuscripts can scarcely go back to copies sent to Exeter by Ælfric since Exeter's library was almost empty when Leofric came there in 1050.

THE DEVELOPMENT OF THE SERIES

The Development of the Text

For developments in the text of the Second Series prior to its general circulation the manuscripts provide no direct evidence; there is nothing equivalent to the A manuscript of the First Series, Ælfric's first fair copy of the Series with its corrections in his own hand. There are, even so, some traces of early revision. It is clear, for instance, from the two-part structure of several of the homilies, in all the early manuscripts, that Ælfric considerably expanded these homilies before the Series was circulated (before, indeed, it was completed).[1] There is a trace, too, of an early addition at the end of xx, where the closing reference to Fursey's burial seems to have been added after the rest of the homily was complete, though it is in all the manuscripts.[2] The evidence of the manuscripts refers primarily, though, to changes which Ælfric made after the Series began to circulate. These changes involved revisions of grammatical and verbal detail, small changes of substance, the addition of extra material, the separation of some linked narratives, the reorganization of the homilies into collections of a different type and possibly the addition of extra homilies to the original forty.

Grammatical changes may be considered first, since these seem to have begun very early. They mainly involve changes

---

[1] See my article 'The Development of Ælfric's Second Series of *Catholic Homilies*', *English Studies*, liv (1973), 209–16.
[2] See the notes to this homily.

from dative to accusative case after the prepositions *ofer, on, ongean, oð, þurh, wið,* and *ymbe* (and perhaps *for* and *geond*). There is ample evidence in the First Series that such changes are the work of Ælfric and in the Second Series they all help to bring Ælfric's usage into line with that of his later homilies. The most numerous are the changes with *þurh,* about ninety in all. Both dative and accusative are common with *þurh* in the K and D manuscripts of the Second Series (and in the A manuscript of the First Series). The choice does not seem to have depended on differences of meaning in *þurh,* though there is a tendency on Ælfric's part to use the accusative with singular and concrete nouns and the dative with abstract plural nouns. The dative is unusual generally in Old English, however, and does not occur at all with *þurh* in the later homilies of Ælfric edited by Pope. In the Second Series it was gradually eliminated too. The process of revision began early, resulting in the variations between the DEF group and K;[1] K more commonly has the accusative and the DEF group the dative, but it is sometimes the other way round. Further changes are shown up by the more advanced manuscripts E(b1), M, N, and O,[2] but these still retain a few datives. In the manuscripts of the second recension scarcely any examples of the dative remain.

With *ofer* the same development from dative to accusative is evident. In K's text of the Second Series (generally supported by D and related manuscripts) the dative predominates over the accusative (forty-four examples to twenty-nine) whereas in the later homilies edited by Pope the dative is much less common (ten examples to twenty-eight of the accusative). The different manuscripts of the Second Series reveal changes to accusative in seventeen instances,[3] which had substantially changed the balance by the time of the second recension, although many examples of the dative still remained even then. Again the precise sense of the preposition does not seem to have affected the choice of case.

For *ongean* Pope's glossary shows a heavy preponderance of

---

[1] See IV 176, VI 153, X 333, XI 283, XII 174, 337, XVII 17, XVIII 97, XIX 98, XX 105, 181, 182, XXIII 46, XXV 29, XXVII 16, XXXI 67, DSM 2, XXXVII 49, 146, XXXVIII 69, 127, XL 10, 142, 186, 268.

[2] See, e.g., VI 69, XII 238, XIII 53, 62, 65, 69, XIV 129, XV 68, 107, 116, 194, XVI 62, 83, 135, 167, 203, XXII 51, 193, XXXVII 77, XXXVIII 128, 238.

[3] See, e.g., III 150, 153, 165, XIV 194, XIX 267, XX 259, XL 173, 231.

the accusative, whereas K's text of the Second Series shows a slight preponderance of the dative (twenty-five examples to eighteen). The manuscripts again show seventeen changes to the accusative. The revision began at an early stage, as is shown by variations between K and the DEF group.[1] It was almost complete by the second recension: of the eight examples of the dative in K for which second-recension manuscripts are available,[2] only one is left unchanged (in P at xx 142).

With *on* the choice of case seems to have depended more on context and meaning, but there are a few clearly definable categories in which revision is regular in the Second Series. The six examples of *awurpan on* in the Second Series[3] all have the dative in K (and in manuscripts of the DEF group where present) but five of them have the accusative instead in manuscripts of the second recension and the sixth (at XI 149) is in a homily which only survives in manuscripts of the first recension. With *gelyfan on* Ælfric seems to have mainly used the accusative from the very beginning, but in the four instances in the Second Series where the following noun was not an individual (it is usually God or Christ) he used the dative.[4] Manuscripts with a more advanced form of the text than K have the accusative instead in three of these places and are not available in the fourth.

With *oþ* the accusative predominates in the Second Series from the earliest stage, as it does in the homilies in Pope's edition. There are five instances of the dative in the Second Series in K and manuscripts of the DEF group, though, and two of these show a subsequent change to the accusative in more advanced forms of the text,[5] while K itself incorporates one other change at XIV 273 (where the dative is retained by C and F).

After *wið* the homilies in Pope's collection always have the accusative but in K's text of the Second Series (generally supported by D) the dative and accusative are very evenly balanced, with twenty-eight examples of each. Manuscripts with a more advanced text than K show changes to accusative

---

[1] See V 24, XX 63, 142, 153, XXVIII 136.

[2] At XX 70, 142, XXV 130, XXVI 18, XXVIII 136, XXXV 28, 117, XXXVII 161.

[3] At III 32, XI 149, XX 206 (*uppon*), XXVI 10, 71, XXXVIII 157.

[4] At III 279, VIII 33, 78, XXXIII 96.

[5] At IV 292, XIX 268; the other examples are at V 49, IX 253, XIX 152.

in fifteen instances,[1] and the only examples of the dative left in second recension manuscripts are at four points where *wið* is used in the sense 'in exchange for (money)'.[2]

With *ymbe* Ælfric's normal usage was always the accusative, but there are ten examples of the dative in the Second Series in K (supported by manuscripts of the DEF group where present) and three of these show a change to accusative in more advanced manuscripts;[3] for only one of the other seven examples is there a second recension manuscript available.

Generally, then, the manuscripts of the second recension of the Second Series seem to have matched the usage of the later homilies by Ælfric fairly well, whereas K, D, and other manuscripts reflecting an early form of the text show a much more frequent use of the dative with all these prepositions.

There is some evidence that Ælfric revised another aspect of his linguistic usage, adding a demonstrative or possessive at points where the noun had orginally stood alone.[4] Examples occur mainly in the alliterative homilies, where the omission of the demonstrative had helped to restrict the proportion of unstressed syllables in the rhythmic phrase or 'half-line'. As Pope has shown,[5] Ælfric's early attempts at alliterative prose often had a fairly strict rhythm with a low proportion of unstressed syllables, whereas his mature work had a slacker rhythm. A few other changes in the alliterative homilies can be explained on similar grounds, as expanding the length of the 'half-line' where it had been unduly compressed originally.[6] Ælfric may have been responsible too for changes in the form of the relative pronoun, with a number of examples of *seþe* being replaced in M, N, and O by *þe* or an inflected form.[7] The changes seem to go back to his scriptorium, but I have seen no evidence of a parallel tendency in Ælfric's later work and it may be that a scribe was responsible.

A number of changes in vocabulary seem to go back to Ælfric too. In some cases they match a shift of usage evident elsewhere in his work. Thus the change from *geara* to *wintra*

---

[1] See, e.g., IV 123, XIV 100, 240, XIX 138, 156, XXVI 3, 30, XXXVIII 62.
[2] At XIV 60, 62, XXV 93, XL 296.   [3] See IV 74, XX 193, XXIX 68.
[4] See XIV 187, 208, 214, 217, 235, 291, 301, XXXIV 66, XXXVI 117, XL 287.
[5] Pope, pp. 114–15.   [6] See XIV 212, 240, 315, XIX 268, and notes.
[7] See IV 304, V 4, 157, 199, VII 51.

at XVII 55, which almost certainly goes back to Ælfric's scrip-
torium, is paralleled by identical changes which Ælfric made
when he rewrote his first account of St. Martin (in the Second
Series) to produce his second (*Lives of Saints* XXXI).[1] The change
from *cyðere* to *martyr* at XXXIV 145 clearly reflects a general
change of usage by Ælfric: identical changes occur in the re-
writing of the life of St. Martin, and whereas *cyðere* is frequent
in the *Catholic Homilies* there is a distinct preference for *martyr*
in the *Lives of Saints* and the homilies in Pope's collection. The
change from *bearn* to *sunu* at XIV 282 and XXX 13 can be com-
pared with the distinct preference for *sunu* evident in Ælfric's
later work and is supported by an identical change pointed out
by Sisam in the First Series. It perhaps relates to the general
preference for *sunu* over *bearn* noted by Gneuss as an aspect of
Winchester usage. There is good evidence too that Ælfric was
responsible for changing the phrase *metoda drihten*. It is a
poetic expression and its five occurrences in the Second Series
are all in alliterative passages.[2] In second-recension manuscripts
it is always replaced by some other equivalent expression, and
it does not appear at all in the homilies in Pope's collection.
Ælfric must have had second thoughts about using such height-
ened language. In other cases where a word or phrase was
replaced by a near-synonym it is more difficult to explain the
change or find parallels. There is the variation of *swincleas* and
ungeswincful at XXII 88, for instance, and of *liftes blæd* and
windes blæd at XXXIV 179. These changes go back to Ælfric's
scriptorium though, and there is no reason to think that they
are not due to the author himself.

Manuscript variation suggests that Ælfric was responsible for
a number of small, clarifying additions of one or two words: *eall*
(XIV 240, XVI 126), *geleafful* (XXII 143), *læwede* (XXXVI 38), *halig*
(IV 293, XXII 74), *la* (XVI 10), *þus* (XIX 137) and others. He also
recast a biblical quotation into more idiomatic form at XXXV 59,
and substituted *Petrus* for an ambiguous *he* at XVI 176. A few
alterations and additions affect the apparatus of the homilies
rather than the text itself. A title was added to K's version of
XXXVI (other versions seem to have been issued without a title,
perhaps being covered by the title of the preceding piece) and

---

[1] See the notes to the lines cited for this and the next two examples.
[2] See XIV 208, XIX 49, 259, XXIII 185, XXXIV 233.

the alternative titles to the two parts of XII, with excellent
manuscript support, must be due to an early change or to two
sets of titles being supplied by Ælfric to two different exemplars.
At two points manuscripts other than K have the Latin as well
as the English version of Scriptural quotations;[1] there is no
reason to think that K would have omitted them, and it is very
likely that Ælfric added them, since he tended to include Latin
quotations much more in his later writings than in his early
ones. Then there are the five Latin notes which appear only in
K, two in XXIV and one each in IV, VI, and XXX.[2] It is quite
conceivable that individual scribes would have omitted these in
copying, but the fact that none of them appears in any other
manuscript suggests that they are additions made by Ælfric to
just one version of the text (perhaps in the margins). The notes
in VI and XXIV give Ælfric's authority for his particular inter-
pretation of a Gospel verse, and the one in XXX refers to a
variant reading in the biblical text which Ælfric is expounding.
Clemoes may be right in suggesting that these were prompted
by Sigeric's comments and questions.[3] The note in IV is of a
different character, apologizing to the learned for including a
simple summary of the biblical narrative.

A few small changes of substance to the text itself occur fairly
early on. At XX 252 Ælfric's erroneous reference to Fursey
preaching in Scotland is missing from the other manuscripts,
presumably deleted by Ælfric. At VI 125 there is one character-
istically Ælfrician sentence, emphasizing a matter of doctrine,
which occurs in K only. It closes a passage introduced by one of
the Latin notes and was probably added at the same time. A
little later, in N, there is the addition of the Hebrew names of
the three children of Israel at IV 251, which may be due to
Ælfric. The extra biblical illustration of the argument which
appears in M at V 194 matches a point made earlier by Ælfric in
a First Series homily and is probably by him too.

The main changes of substance appear rather later, though,
in the manuscripts of the second recension. Most of the addi-
tions made by Ælfric here are fairly short.[4] In III he added two

---

[1] At VII 81 and XXIX 69.
[2] See IV 129, VI 117, XXIV 128, 163, XXX 19.
[3] His view is given in a letter quoted by J. E. Cross, *Anglia*, 86 (1968), 78.
[4] See III 212, 294, VII 28, XVI 184, XIX 132, 147, 220, 238, XXII 162, 172,
179, XXXIX 121.

further sentences, clarifying the original argument and providing a further biblical illustration. In VII he added one sentence, making a point about the observance of Lent that he had made twice before in other homilies. In XVI he deleted his original comment that the interpretation of one verse in the Gospel text was too difficult to include and added a simple and brief interpretation of the verse. In XIX he made short additions at four points, including a further biblical quotation and one passage of several sentences, to amplify his original argument. In XXII he added three further passages to amplify his originally brief commentary on the last part of the Gospel text. In XXXIX he added one short passage to amplify his remarks about the end of the world. In a few cases he added more substantial material. For XVIII he composed a long account of the events leading up to the martyrdom of St. Alexander, to fill out his account of the martyrdom itself. To XXIIIb, an account of two miracles by Christ, Ælfric added accounts of other miracles to form a new homily four times as long as the original (which was only a pendant to XXIIIa). In XXVIII he added the story of Ambrose and Theodosius to provide a third illustration of pride and its downfall, supplementing the two Old Testament illustrations in the original homily. The expansion of XXIIIb left XXIIIa as a rather short homily on its own, and the expansion of XVIIIb, on St. Alexander, probably had the same effect on XVIIIa, the very short piece on the Invention of the Cross, unless this was discarded or expanded.

These additions seem to have been designed mainly to improve the original homilies by adding further illustrations, clarifying or amplifying the argument in small ways, and expanding the original treatment where it had been compressed or curtailed. The only exception is XXIIIb. Ælfric seems to have been simply reusing this short piece, not setting out to improve it, for it occupies only a subordinate position in the new homily, Pope XVII, which is designed for a different occasion and looks as if it was conceived without reference to XXIIIb. Apart from this special case these additions are all of a piece and may well have been made as part of a single process. If they had been spread over several stages one would expect to find evidence of versions containing some of the additions but not others; the only such evidence is the possible addition of further passages to XIX and XXVIII[1] and these both involve the transfer of material from other homilies rather than amplification with new material. The only other objection is the fact that plain prose is used in the additions to XXII and alliterative prose in some of the others;[2] but the plain prose in the former must in any case post-date Ælfric's introduction of the alliterative style, and it could belong to any period.[3] The additions must have been mainly intended for the Second Series itself, not for the Temporale collection drawn on by H and U. Of the augmented homilies XVIII and XXXIX could not have been used in the Temporale collection and XIX and XXII could have been but probably were not, since neither appears in U. The only change specifically associated with the Temporale collection is the reuse of XXIIIb to form Pope XVII. The latter is one of a series of new homilies for Sundays after Pentecost used in the Temporale collection and was probably composed for that purpose. But the reuse of XXIIIb is in any case a different kind of change from the others, as has just been noted, and it would not be surprising if it was made at a different time and for a different purpose from the others.

Apart from these nine homilies others may well have been augmented in similar ways. Only half of the original forty homilies survive in manuscripts of the second recension, and nearly half of those that do survive have authentic additions. The incidence of revision at this stage was rather variable though: some homilies, such as III, XIV, and XIX, were revised fairly extensively, others received just some grammatical revision or one additional passage, and others were left untouched.

Ælfric's revision of the text seems generally to have been far from systematic. Some of his early revisions appear in K, others in the DEF group. Some of those in K still do not appear in manuscripts with a later form of the text, such as M or P.[4] Manuscripts which in some homilies are distinguished from each other by considerable revision are in others linked by substantial common error.[5] Some errors appearing initially in

---

[1] See the notes to XIX and XXVIII.   [2] See Pope, pp. 147–8.
[3] See further below, p. lxxxvii.
[4] See, e.g., VI 125, XXII 143, XXXVI 38.
[5] Compare, for instance, the close relationship of M and N in XV with their independence in XIV.

the DEF group appear also in K,[1] and some even survive into the second recension.[2] Moreover the change to accusative case after certain prepositions was carried out piecemeal over a long period and in more than one copy. One suspects that much of the revision of detail originated when Ælfric was checking newly copied manuscripts for errors, rather than as a deliberate process of revision, and that revisions were often copied sporadically from one pattern-manuscript to another within Ælfric's scriptorium. His revision of the Second Series seems constantly to have lagged behind that of the First Series. The change to the accusative after *þurh* is almost complete in K's copy of the First Series but has still a long way to go in its copy of the Second. M's First Series homilies include several additional passages by Ælfric, but there are none in its Second Series homilies. The contents of the First Series were expanded, but it is rather doubtful, as we shall see, whether anything was added to the Second Series.

The Development of the Collection

Apart from the original set of forty homilies there is good evidence that Ælfric used some of the Second Series homilies in two successive collections of homilies mainly for Sundays, as we have seen.[3] The first of these extended to the Sunday after Pentecost and is represented by M, N, and O. The original scope of this collection is a matter of dispute. Pope argues that it originally began at Septuagesima and that the preceding items in the surviving witnesses (which include from the Second Series only IV, in M and N, and XXIIIb, in M alone) are additions from other sources.[4] In IV, however, M and N show the same links as they do in many of their other homilies,[5] so that this item at least must have been in the collection on which they both draw. The other homily, XXIIIb, is more doubtful because it is not in N or O and it is not used as Ælfric originally intended it, as a supplement to the homily for the 3rd Sunday after Pentecost, but as an independent homily for the 4th Sunday after Epiphany. It does deal with the Gospel passage appointed

---

[1] For instance at XI 451 and 460.
[2] See, e.g., XIX 122, XL 113, 138, 148.
[3] See above, pp. xlv–l, lxiv, lxxv.   [4] Pope, pp. 41–2.
[5] See IV 295, 296, 304.

for this occasion, however, and Ælfric may have felt disposed to use it in this way because XXIII itself could not be included in this collection. M shows the same textual character in this homily as in its others—more advanced than K and yet unconnected with the second recension manuscript H¹—and the absence of this item from N may simply be due to the fact that N has another homily by Ælfric for this occasion, Assmann II. In any case the evidence of IV strongly suggests that the original collection did begin before Septuagesima. It may, as Clemoes argues,[2] have begun as early as Christmas or Advent, but the Second Series offers no evidence on this point since O, the only manuscript of the three in which the beginning has not been lost, has nothing from the Second Series before Septuagesima.

Pope has also questioned whether the original collection covered Rogationtide, since the three manuscripts vary here and M has two composite homilies for this period as well as homilies by Ælfric. The only Second Series homilies involved are XXII, which occurs in M, and XIX, extracts from which are used in both of M's composite homilies. There is nothing in M's text of XXII to indicate that it does not have the same source as the other Second Series homilies: it shows the usual advance over K and the usual affinities with K rather than D or the second recension.[3] There is one objection, which Pope points out:[4] Ælfric's additions to XXII, which are not included by M, are in plain not rhythmical prose and would therefore appear to be earlier work than the new rhythmical homilies included in M; they ought therefore to have been available for inclusion when M's archetype was produced. But the additions, despite their plain prose, must at least be later than the rhythmical homilies originally included in the Second Series and could be later than the new ones in M (perhaps plain prose was chosen on this occasion to match the form of the original homily). There is no other indication that Ælfric had made any additions to the text of the Second Series by the stage to which M belongs, and M's text certainly predates the additions to VII and XVI and the substantial changes to XIV. It is possible that XIX was in the original collection too: the two composite homilies in M were

---

[1] See the notes to this homily. [2] Clemoes, *Chronology*, p. 228.
[3] See the notes to this homily. [4] Pope, p. 43 n. 1.

put together for the first time in M itself,[1] and since the compiler used extracts from several homilies that certainly occurred in M's main collection XIX may have been there too. The absence of these two Rogationtide homilies from N could be due to a preference for the anonymous homilies that appear in N. On the other hand, another Second Series homily that is used in the composite homilies is XXXIX, which could not have been found in the Temporale collection; the compiler must have had access to some other collection of Ælfric homilies as well.

Apart from this doubtful area of Rogationtide, Ælfric used all the relevant Second Series homilies for at least the section covered by M and N in this Temporale collection. He does not seem to have made any changes of substance to the text for this new development, though he may well have revised it in matters of detail.

For his later Temporale collection, partially reproduced in U and drawn on by H, Ælfric extended the coverage beyond Pentecost and composed some new homilies to fill some gaps.[2] He used VIII, XVI, XXIII, XXV, XXVI, XXVIII, perhaps XXIX, and XXXI from the Second Series, and no doubt other Second Series homilies for the period not covered by U, but apparently excluded XV (for Easter Day) and the Rogationtide homilies XIX–XXII. There is no evidence that he revised the text of the Second Series specifically for this collection apart from the reuse of XXIIIb to form Pope XVII. The substantial revision which produced the second recension was probably intended for the Second Series itself initially, as we have seen.[3]

Apart from these two Temporale collections, Second Series homilies were also used in legendaries (as in L and f[k]) and in collections of general homilies not related to the church year (as in P, V, and f[b]), but it seems on the whole unlikely that Ælfric was responsible for these dispositions.[4] The homilies were probably issued mainly in the form of the Second Series itself.

There may have been developments in the content of the Series. The late version of the First Series in Q contains several extra homilies that were probably added to the set by Ælfric— the *Hexameron* at the beginning and homilies for the third

---

[1] See my article, 'Old English composite homilies from Winchester', *Anglo-Saxon England*, iv (1975).   [2] See above, p. lxxv.
[3] See above, p. lxxxv.   [4] See above, pp. lxiii, lxxv–lxxvi.

Sunday in Lent (Pope IV), the Sunday after Pentecost (Pope XI) and the Nativity of the Virgin (Assmann III) inserted at the appropriate points in the main cycle; it also has Ælfric's second homily for a confessor (Assmann IV) and a homily *De Die Iudicii* (probably Pope XVIII, but lost now) in an appendix at the end.[1] Originally there may have been still more items at the end. One might expect the Second Series to have been similarly enlarged. There is of course no second recension copy of the whole Series extant, but items added to it by Ælfric might appear alongside Second Series homilies in manuscripts such as P and R. In theory the most likely candidate for inclusion in the Second Series is Ælfric's second homily for a confessor, Assmann IV, which would have been appropriately circulated alongside Ælfric's first homily for a confessor, II XXXVIII, in the group of homilies for the common of saints. It does in fact occur in this position in P. The other copies of Assmann IV do not occur in the same context, however. In Q it occurs at the end of the First Series, with a note by Ælfric indicating that he had had it added there. The copies in f^k and S probably derive from a similar version of the First Series, since both manuscripts have First Series homilies belonging to a late version of the Series like Q, whereas f^k's Second Series homilies all belong to the first recension, predating the composition of Assmann IV, and S has no Second Series homilies at all. R has Assmann IV in its group of homilies for any occasion but none of the Second Series homilies for the common of saints, while the copies in B and T are not associated with items from the *Catholic Homilies* at all. It looks as if most copies of Assmann IV derive either from versions of the First Series like that in Q or from copies circulated separately by Ælfric, not from copies of the Second Series. Moreover V has second-recension copies of XXXV, XXXVI, XXXVIII, and XXXIX but does not have Assmann IV. If Ælfric ever did include Assmann IV in the Second Series P is the only evidence of it, and P does have other homilies by Ælfric not connected with the *Catholic Homilies*.

There is no evidence either that Ælfric added his second homily for the dedication of a church, Brotanek I, to the Second Series to accompany XL, his first homily for such an occasion. Brotanek I does occur alongside extracts from XL in

[1] See Sisam, *Studies*, pp. 175–8; Pope, pp. 59–62.

the first-recension manuscript J, but the other two copies are not associated at all closely with Second Series homilies and P has second-recension copies of XXXV–XL but does not include Brotanek I. Other possibilities are homilies not linked to specific occasions, such as Pope XVIII, XIX, XX, and XXI, which occur in P, but Pope XVIII at least was circulated with the First Series and none of the others can be linked more closely with the Second Series than with the First. There is thus no good evidence that Ælfric added any specific homily to the Second Series; but evidence would in any case be slight, given the piecemeal survival of the late version of the Series, and the possibility should not be dismissed.

Despite this uncertainty about the development of the Series, and the compilation by Ælfric of other collections, it seems probable that Ælfric went on developing and circulating the Series throughout his career. He continued to circulate the Series after he produced the first Temporale collection,[1] he later carried out substantial revision of it, and when he subsequently compiled the second Temporale collection he drew the Second Series homilies for it not, it would seem, from the earlier Temporale collection but from a version of the Second Series, for U is closer in text to E(b1) (which draws on the Second Series) than to M or N.[2] If R and f^b are in fact of a later type than H and U,[3] this would indicate that Ælfric continued to develop the Series even after he issued the later Temporale collection. The fact that Ælfric had Assmann IV copied at the end of a manuscript of the First Series some time after 1006 does not, I think, mean that the Second Series (where Assmann IV would have fitted more naturally) was not then 'in circulation as an organised set'.[4] Ælfric's note with this copy indicates that he was merely concerned to keep a record of the homily (the note, presumably, is intended for those who might borrow his manuscript for copying), and he may simply have chosen a manuscript which happened to have spare pages at the end. There is generally no reason to suppose that the Second Series as a collection lapsed at the time when the first Temporale collection was issued and was not then reissued until a much later date, after the second Temporale collection.

[1] See above, p. lxv.
[2] See XVI 10, 117, 126, 176.
[3] See above, pp. lxxiv–lxxv.
[4] Clemoes, *Chronology*, p. 234.

The date of the original version of the Second Series is a
matter of dispute: early scholars agreed on 995 but Sisam made
a strong case for 992, a date since accepted by Clemoes and
Pope.[1] The main pieces of evidence are the dates of Archbishop
Sigeric, to whom both Series are addressed, and the date of the
Viking raids which disturbed Ælfric's work after he had sent
the First Series to Sigeric and before he had completed the
Second.[2] The raids are most naturally taken to be those of late
994, which are known to have extended along the coast and into
Hampshire, but if, as Sisam argued, Sigeric died in October 994
Ælfric could not have addressed Sigeric in the preface to the
Second Series and refer to the raids as in the past. Sisam brought
forward good evidence for 994 as the date of Sigeric's death, but
as good a case can be made for 995. Four of the chronicles give
995, and the Parker Chronicle's date of 994 is brought in
question by the fact that it records under 993 the Viking raids
of 994;[3] a dislocation of one year at this point seems quite
probable. It may be, as has been suggested,[4] that the chronicles
which give 995 are using Easter Tables that began the year in
September; but this would not explain why they record the
consecration of Sigeric's successor under 996, since this took
place at Easter. Also in favour of 995 are three charters dated
in that year and witnessed by Sigeric.[5] The dates could of
course be wrong, but the content of one of them (no. 689) is
crucial. It ratifies a grant of land made by Sigeric in exchange
for money with which to buy off the Vikings when they were
ravaging Kent and threatening to destroy his cathedral. This

[1] Sisam, *Studies*, pp. 157–60; Clemoes, *Chronology*, p. 244; Pope, p. 146.
[2] See the preface to the Second Series.
[3] This annal is generally seen as a conflation of events of 994 and 991
mistakenly recorded under 993, but Dorothy Whitelock assigns the annal in
its entirety, and the events described, to 991, pointing to a caret mark
written above the figure 991 in the manuscript (see *English Historical
Documents*, I (London, 1955), 213). The date and purpose of the caret mark
are uncertain, however, and it seems fairly clear from the manuscript that
the annalist went to considerable pains to fit this long annal in under 993,
by erasing the year numbers 991–3 which had been written in advance by
another scribe with only one line per year, rewriting the numbers 990, 991,
and 992 on a single line opposite 989, altering 990 to 993, and then against
this new number 993 writing his annal in the four lines originally allotted to
990–3, over the erased numbers and down the margin beside 994–7.
[4] D. Whitelock, *English Historical Documents*, I, 214.
[5] Numbers 689, 691, and 1289 in J. M. Kemble's *Codex Diplomaticus
Aevi Saxonici* (London, 1839–48).

raid into Kent took place after the Vikings' unsuccessful assault on London on 8 September 994.[1] Between then and Sigeric's presumed death on 28 October there is hardly time for the raid into Kent, the negotiations, the dispersal of the Vikings, and the drawing up of the charter, which speaks of the raids as if in the past. Even if the list of witnesses is spurious and the charter was in fact drawn up after Sigeric's death, one would expect a reference within the body of the charter to the death of one of the two main participants in the transaction.[2] It seems more probable that Sigeric died in October 995.

This would fit with the assumption that the raids to which Ælfric refers are those of 994. The alternative is to suppose, as Sisam did, that Ælfric was referring to the raids of 991, but the only evidence that these affected the south-west is the fact that the peace-treaty involved the ealdorman of Devon, and E. V. Gordon has put forward a strong argument that this treaty in fact refers to the raids of 994.[3] Professor Whitelock still prefers the 991 date for the treaty,[4] but this depends on placing Sigeric's death in 994, as she notes, and ascribing the 993 annal in the Parker Chronicle to 991. Both points, I have tried to show, are rather doubtful.[5] It is just possible, as Gordon suggests, that Ælfric was referring to the raids of 991 but meant only that he was disturbed by news of the raids in other parts of the country, not by any imminent danger to his own region. This does not fit the context of Ælfric's reference at all well, however, and it seems altogether more likely that Ælfric was writing after the raids of 994.

The one other piece of evidence used for dating, suggested by Sisam and developed by Clemoes, is the order of fixed and movable feasts in the two Series. Sisam suggested that this would correspond with the year in which Ælfric first issued each Series.[6] Neither Series in fact fits any single calendar year that is relevant, however, and it is necessary to relate the order to parts of two different years or to assume some recasting. Sisam

[1] See the discussion by Dorothy Whitelock, *EHD* I, 527.
[2] Professor Whitelock (ibid.) gives reasons for thinking the list of witnesses genuine.
[3] E. V. Gordon, 'The date of Æthelred's treaty with the Vikings', *Modern Language Review*, xxxii (1937), 24–32.   [4] D. Whitelock, *EHD* I, 401.
[5] On the annal for 993 see above, p. xci n. 3.
[6] Sisam, *Studies*, p. 160.

thought that the First Series fitted 991, but for that year the homily for the 1st Sunday in Advent (xxxix) ought to have come before the one on St. Andrew (xxxviii). Clemoes accepts Sisam's statement that the First Series also fits 989 and prefers that date for the original compilation of the Series, with the Series being sent to Sigeric two years later:[1] but for 989 the homily for the Annunciation (xiii) ought to have come after the homily for Palm Sunday (xiv). The year 994 in fact fits the order of the First Series perfectly, but that would be too late if the Series was not sent to Sigeric until a year or so after the order was settled, as Clemoes argues. In the Second Series, Sisam noted that the first half of the Series fitted 993 and the second half 992, and argued that this indicated compilation of the Series around the middle of 992, so that it covered the following twelve months; this could be so, but it seems rather more likely that Ælfric would work by single calendar years, if at all (the Series could not have been ready for *use* by others by mid 992, if we are to allow time for revision and copying). Clemoes suggests that the Second Series was assembled in 989 but slightly re-ordered in 990 and 991 and then issued in 992;[2] again, this is possible, but if we are to assume such recasting almost any pair of years would do, including 994 and 995. The order of homilies does not appear to be useful evidence of date.

I would conclude then that the Second Series was sent to Sigeric in 995, and the First Series perhaps a year or so before. The implications of the preface to the Second Series are that this Series was sent to Sigeric as soon as it was completed.

During the next few years Ælfric must have issued several copies of the Second Series, perhaps lending a version for copying by others in some cases, and carried out piecemeal correction and revision of the Series, while working mainly on the *Grammar* and *Lives of Saints* (completed some time before 1002 probably).[3] Then he issued a collection of homilies mainly for Sundays, using First and Second Series homilies and later compositions; Clemoes would date this to 1002–5.[4] If, as seems possible from their textual character and provenance,[5] the homilies in E(b) and T(b4) derive from a copy of the Series

---

[1] Clemoes, *Facsimile*, p. 35. [2] Ibid.
[3] Clemoes, *Chronology*, pp. 243–4. [4] Ibid.
[5] Above, pp. liv and lxv.

sent to Worcester at the time when this Temporale collection was being circulated, this would neatly coincide with the beginning of the known relationship between Ælfric and Wulfstan, bishop of Worcester. Some time later, perhaps after he became abbot of Eynsham in 1005, Ælfric carried out substantial revision of the text of the Second Series. Next came his second Temporale collection, again using Second Series homilies, and adapting one of them to form a new homily. Pope suggests that one of the homilies in this collection may have been composed as late as 1009 or 1010.[1] There is some evidence that Ælfric may have issued further copies of the Second Series, with a somewhat more developed text, even after this.[2]

EDITORIAL PROCEDURE AND CONVENTIONS

The text is based on K, except that D has been used for the part of XI which is lost from K and P for the part of XXI which is lost. Alterations by the main scribe have been silently incorporated in the text and the alterations indicated in the footnotes. The few obvious errors not corrected by the scribe himself are emended in the text on the basis of the readings of the other manuscripts and the readings of K are then given in the footnotes. The few alterations, additions, and glosses in other hands of the eleventh or twelfth century in K are not incorporated in the text but are listed at the foot of the page. Abbreviations have all been silently expanded. The scribe uses 7 nearly always for *and* and often for *and-*, he frequently uses *-ū* for *-um*, *þonñ* for *þonne*, and *þ̄* for *þæt*, and often shortens *-er*, especially in *æfter*. The punctuation and capitalization are those of the manuscript and any emendations are indicated in the footnotes. The only exceptions are the fairly frequent examples of what look like enlarged or capital forms of I and S where a capital is not appropriate; these have been reproduced as lower-case letters without comment. The accents in the manuscript (all original) have been reproduced in the text but many of them are very faint and others have no doubt disappeared altogether. Word-division and paragraphing are my own. Page references to Thorpe's edition and to the manuscript are given in the margin. Variant readings from the other manuscripts are recorded at

---

[1] Pope, pp. 513–14.   [2] Above, p. xc.

the foot of the page, on a second level separate from the notes on
K. Variations in spelling (including minor errors of copying)
and punctuation are not recorded, and neither are variations
in inflexion where these seem to reflect only the late Old
English levelling of endings (though such variations in late
manuscripts occasionally need to be cited where they are
relevant to more significant variations in early manuscripts).
A few very frequent variations of vocabulary occurring in
twelfth-century manuscripts are excluded, namely *andswyrian*
for *andwyrdan*, *specan* and *spece* for *sprecan* and *spræc*, *bið* and
beoð for *sind*, *þe* and *þa* for *se* and *seo*, and the extremely fre-
quent omission by the late twelfth-century manuscript B of
the prefix *ge-* (though the latter *is* noted if it occurs in other
manuscripts at the same point). Alterations, additions, and glosses
in hands later than the twelfth century and glosses in Latin have
also been excluded, and I have not recorded instances in manu-
scripts other than K where the main scribe has made a simple
copying error and corrected it as he wrote. In H and f^k, both
badly damaged by the Cotton fire, odd words are lost or inde-
cipherable at the edges of almost every leaf, often in every line;
I have noted instances only when they coincide with a variant
cited from another manuscript. The same policy applies to the
parts of f^b erased for use as binding leaves, and to occasional
damage of this kind in other manuscripts. Variants are always
cited in the form of the first manuscript quoted except that the
form of the late manuscripts B, C, and G is not given if an
earlier form is available.

The following signs are used in the footnotes in citing the
readings of K and other manuscripts:

[ ]   indicates an omission
⟨ ⟩   indicates an erasure or deletion
( )   indicates loss through burning, fading, staining, trimming,
       etc.
. . . .   represents the approximate number of letters lost where
       erased text cannot be read or damaged text reliably
       guessed at
<   indicates an uncertain number of lost or damaged letters
—   indicates an alteration, with the original reading follow-
       ing the sign

‵ ′ indicates an addition to the manuscript; the addition is italicized if it is not in the main hand

] follows a lemma

: introduces an interlinear gloss (taken to include cases where the word written above the line was probably intended for substitution in the text if the corresponding word in the text has not actually been deleted or erased).

INCIPIT PRAEFATIO HUIUS LIBRI.
IN NOMINE CHRISTI OMNIPOTENTIS

ÆLFRICUS humilis seruulus christi. honorabili et amando
archiepiscopo Sigerico perpetuam sospitatem optat in domino;
Fateor almitati tuae domne uenerabilis omnimodis me indi-
gnum et quasi superstitiosum quod presumpsi tibi alloqui
5 diuinis sermocinationibus uidelicet per codicellum quem nuper
tuae auctoritati direximus. sed quia nostrum studium nimium
laudasti. gratanter illam interpretationem suscipiens. festi-
nauimus hunc sequentem librum sicuti omnipotentis dei gratia
nobis dictauit interpretare. Non garrula uerbositate. Aut ignotis
10 sermonibus. sed puris et apertis uerbis linguae huius gentis.
Cupientes plus prodesse auditoribus simplici locutione. quam
laudari artificiosi sermonis compositione. quam nequaquam
didicit nostra simplicitas. Et licet multis iniuriis infestium
piratarum concutiebamur. postquam praefatum libellum tuae
15 sanctitati transmisimus. Tamen nolentes repperiri falsidici pro-
misores. dolente animo hoc opus perfecimus; Igitur in anteriore
opere ordinauimus .xl. sermones. in isto uero non minor numerus
sententiarum inuenitur. quamuis aliquae illarum breuitate
angustentur; Hoc quoque opus commendamus tuae auctoritati
20 corrigendum. quemadmodum et precedens precantes obnixe.
ne parcas oblitterare si aliquas malignae haeresis maculas in eo
repperies. quia malo apud benignitatem tuam / reprehendi. quam Th. 2
incauta seductione apud inscios laudari; Perlegat queso
benignitas uestra hanc nostram interpretationem quemadmodum
25 et priorem. et diiudicet si fidelibus catholicis habenda est. án
abicienda; Nequaquam nos inuidorum reprehensio mouet. si
hoc munus tuae benigne auctoritati non displicuerit; Uale in
christo iugiter. amen.
    Ic ælfric munuc awende þas bóc of ledenum bocum to eng-
30 liscum gereorde þam mannum to rædenne þe þæt leden ne
cunnon; Ic hi genám of halgum godspellum. and æfter geðun-
genra láreowa trahtnungum hi asmeade. þæra láreowa naman

Manuscripts: K only.

ic awrát on ðære ærran béc. on ðære ledenan forespræce; Ic
gesette on twám bócum þa gereccednysse ðe ic awende. for
ðan ðe ic ðohte þæt hit wære læsse æðryt to gehyrenne. gif man 35
ða áne bóc ræt on anes geares ymbryne. and ða oðre on ðam
æftran geare; On ægðer þæra boca. sind feowertig cwyda buton
ðære forespræce. ac hí ne sind na ealle of godspellum genumene.
ac sind forwel fela of godes halgena lífe oððe þrowunge gega-
derode. þæra anra þe angelcynn mid freolsdagum wurðað; 40
Ætforan ælcum cwyde we setton ða swutelunge on leden.
mæg swa ðeah se ðe wile þa capitulas æfter ðære forespræce
MS. 134ᵛ geendebyrdian; Nu bidde ic and halsige / on godes naman gif
hwá ðas bóc awritan wylle. þæt hé hí geornlice gerihte. be
ðære bysne þe læs ðe we ðurh gymeleasum writerum geleah- 45
trode beon; Micel yfel deð se ðe leas writ buton he hit gerihte.
swilce hé gebringe ða soðan láre to leasum gedwylde; For ði
sceal gehwa gerihtlæcan þæt þæt hé ær to wóge gebigde. gif hé
on godes dome unscyldig beon wile;

Th. 4 AMMONITIO

Unum adhuc uellem preponere huic libello non quasi pre- 50
fationem sed quasi ammonitionem. scilicet cauende ebrietatis.
sicut dominus in leuitico ad ááron his uerbis locutus est; Dixit
dominus ad ááron; Uinum et omne quod inebriari potest non
bibes tu et filii tui quando intratis tabernaculum testimonii. ne
moriamini. quia preceptum est sempiternum in generationes 55
uestras. et ut habeatis scientiam discernendi inter sanctum et
prophánum. inter pollutum et mundum; In nouo testamento
quoque dominus ammonuit discipulos suos his uerbis dicens;
Th. 5 Adtendite autem / uobis. ne forte grauentur corda uestra in
crapula et ebrietate. et curis huius uitae et superueniat in uos 60
repentina dies illa; Tantum uitium est aebrietas. ut paulus
apostolus et doctor gentium adtestetur. Ebriosos. regnum dei
possidere non posse; O quam beati sunt qui deo uiuunt et non
seculo. uirtutibus et non uitiis. et quamuis sanctorum patrum
ieiunia uel abstinentiam non ualeamus imitari. nequaquam 65
tamen debemus eneruiter succumbere nefandis crapulis et
aebrietatibus domini nostri. et dei terribilibus commoniti com-
minationibus; Sufficiunt haec monita docibilíbus. Nam índoci-
bilibus et durís corde. nulla sufficiunt hortamenta; Iterum
rogo et opto ut ualeas uenerabilis archiepiscope sigerice. iugiter 70
in christo. amen;:—

I

INCIPIT LIBER SERMONUM CATHOLICO–
RUM ANGLICĘ IN ANNO SECUNDO

CATHOLICUS SERMO DE NATALE DOMINI AD POPULUM EXCER-
PTUS DE TESTIMONIIS PROPHETARUM. VIII. KALENDAS. IANUARII.
NATIVITAS DOMINI:—

MINE GEBROÞRU ða leofostan on þisum dæge we wurðiað
ures hælendes acennednysse æfter þære menniscnysse; Hé wæs
todæg acenned of ðam halgan mædene MARIAN mid lichaman.
and mid sawle. se ðe wæs æfre mid ðam fæder wunigende on
5 þære godcundnysse; Hé is tuwa acenned. and ægðer acennednys
is wundorlic. and unasecgendlic; He / wæs æfre of ðam fæder   Th. 6
acenned. for ðan þe hé is þæs fæder wisdom. þurh ðone he
geworhte. and gesceop ealle gesceafta; Nu is ðeos / acennednys   MS. 135ʳ
buton anginne. for ðan þe se fæder wæs æfre god. and his
10 wisdom. þæt is his sunu wæs æfre of him acenned. buton ælcere
meder; þeos acennednys þe we nu todæg wurðiað wæs of
eorðlicere meder buton ælcum eorðlicum fæder. se fæder ðurh
hine gesceop ús. and eft ða ða we forwyrhte wæron. þa asende
hé þone ylcan sunu to ðisum life to ure alysednysse. for ðan
15 þe adam se forma mann. agylte wið god. and his scyppendes
bebod tobræc. and deofles lare gehyrsumode. and wearð deofle
betæht. hé and eal mancynn into helle wíte;
  þa æfre smeade god fram frymðe middaneardes. hu he mihte
mancynnes gehelpan. and fram deofles anwealde ahreddan;
20 þa nolde hé asendan to ure alysednysse. naðor ne engel. ne
heahengel. ne wítegan. ne apostolas. Ac sende se fæder his
ancennedan sunu to þrowunge. and to cwale. for mancynnes
alysednysse; Ða geswutelode god hú miccle lufe he hæfde. and

Manuscripts: J (extract, lines 293–303, used in a composite homily), K, T.

1 leof⟨a⟩'o'stan

Title
INCIPIT – NATIVITAS DOMINI] T SERMO IN DIE NATALIS
DOMINI   13 T sende   21 T asende   22 T acennedan

hæfð to us. þa ða he asende his agen bearn to slege for us; Hwá
dorste þæs gewilnian þæt se ælmihtiga cyning sceolde besceofan 25
to cwale his ancennedan æðeling and swa ahreddan þone ðeo-
wan? Næs se sunu na genyd þæt hé mann gewurde. and siððan
for us ðrowian sceolde. ac hé wæs gehyrsum his fæder æfre oð
deað; He wæs ancenned mid his fæder on heofonum. ða nolde he
ána beon ac wolde habban gebroðru. and com to ús for ði þæt hé 30
wolde us to his rice gebringan. þær we to gesceapene wæron;
þa gif hé come on ðære godcundnysse buton menniscnysse.
þonne ne mihte ure tyddernys aberan his mihte; Ne seo
godcundnys ne mihte nan ðing þrowian. for ðan þe heo is
unðrowigendlic; þa genam se ælmihtiga godes sunu ða men- 35
niscnysse of anum mædene. and wearð gesewenlic mann and
þrowigendlic; And swiðe gedafenlic hit wæs ða ða hé mann
wolde beon þæt hé ne geceas na him wíf to meder. ac geceas
Th. 8   clæne mæden; And / eac ða ða mæden acennan sceolde. þæt
heo acende god ælmihtigne. se ðe is ægðer ge God ge mann an 40
crist; He ongann beon þæt he næs. ac hé ðurhwunode þæt he
ær wæs; He ongann on ðære menniscnysse. se ðe æfre wæs. and
æfre bið god; Nis na hwæðere gerunnen togædere seo god-
cundnys. and seo menniscnys. ac seo godcundnys is ymbscryd
mid þære menniscnysse swa þæt ðær nys naðor gemencgednys 45
ne todál;
     Marian mægðhád wæs menigfealdlice getacnod on þære
ealdan ǽ; God bebead moysen þam heretogan þæt hé gename
twelf drige gyrda æt þam twelf mægðum israhela ðeoda. and
aléde hí ætforan ðam halgan scrine binnon ðam micclan getelde. 50
MS. 135ᵛ and hé wolde ðurh ða gyrda / geswutelian. hwæne hé to biscope
gecoren hæfde; þa on ðam oðrum dæge wæs Aarones gyrd gemett
growende mid bogum. and blowende. and berende hnyte;
Witodlice seo drige gyrd þe næs on eorðan aplántod ne mid
nanre rinde befangen. ne mid sæpe acucod. and swa ðeah greow. 55
and bleow. and bær hnyte. hæfde getacnunge þære eadigan
Marían. þe næfde weres gemánan. and swa ðeah þone líflican
wæstm abær se ðe is soð biscop and ure sawla alysend;
     Mennisc gesceapennys is on feower wison; Se frumsceapena
mann adám næs gestryned ne acenned. ac god hine gesceop; 60

24 slege] T alysednysse   26 T acennedan   29 T acenned
36 mædene] T mædene þæt is of sancta marian   38 ne] T na
40 an] T and   45 naðor] T naðor ne   55 T rindan

Seo oðer gesceapennys wæs swa. þæt god gesceop Euan of hire
weres sidan; Ne sind þas twa gesceapennyssa nanum oðrum
gelice; Seo ðridde gesceapennys is þæt men beoð gestrynede
ðurh wer. and þurh wíf. swa swa we dæghwomlice geseoð. and
65 þeos an gesceapennys is gewunelic; Seo feorðe gesceapennys
wæs swa. þæt crist wearð acenned of mædene buton were; Nis
ðeos gesceapennyss. nanum oðrum gelíc; þa twá forman
gesceapennyssa feollon on hryre. and seo ðridde wæs on hryre
acenned. ac seo feorðe alysde ða ðreo;
70   Se ylca godes sunu se ðe ealle ðing gesceop. hé eac gesceop
his agene moder. and on hire innoð sylf becóm. and ðærón
geworhte his agenne lichaman. and wearð of hire ge/boren.   Th. 10
soð man on sawle and on lichaman. and seo modor næs na
gewemmed þurh þæt cild ac wæs gehalgod; Mæden heo wæs
75 beforan ðære cenninge. and mæden on ðære cenninge. and
mæden æfter ðære cenninge. ne bið nán mægþhád forloren on
cenninge. ac bið forloren on hæmede. þonne hwilc mæden mid
luste weres bricð. þonne bið hire mægðhád æfre siððan adyle-
god. hæbbe heo cild næbbe heo; Ac þæt clæne mæden Maria
80 hæfde beháten hire mægðhad gode. and wæs mid þam halgum
gaste afylled. and gescyld wið ælcere costnunge; Ne unlust on
hire mod ne becom. ne heo weres ne breac. þa wæs heo for ði
mæden þeah ðe heo cild hæfde; Nis nan wifhádes mann hire
gelica. for ði naðer ne ǽr ne siððan næs nán mæden þæt
85 bearn gebǽre. and syððan mæden þurhwunode buton hire
anre; Sindon þeahhwæðere sume gesceafta þe tymað buton
hæmede. and bið ægðer ge seo moder mæden. ge seo dohtor
þæt sind beon; Hí tymað heora team mid clænnysse; Of ðam
hunige hí bredað heora brod. and beoð acennede þa geongan
90 mid mægðháde. and ða yldran wuniað on mægðháde;
    Eac seo halige godes gelaðung þæt is eal cristen folc is
genemned to anum mædene. swa swa se apostol Paulus cwæð to
ðam folce þe hé to gode gebígde; Ic beweddode eow anum
were. þæt ge sceoldon gearcian clæne mæden criste; Eac
95 IOHANNES / se fulluhtere þus cwæð be criste; Se ðe bryde   MS. 136ʳ
hæfð. he is brydguma; And se sealmwyrhta Dauid sáng be

88–9 clænnysse of ðam hunige; Hí

---

68 hryre] T hire   71 T innoðe   76 nan] T na   77 T hæmed-
þinge   80 T halgan   81 T ælce   91 T [is²]   94 T sceolan
gearcian] T gearcian. on

criste þus cweðende; Swa swa brydguma hé gæð forð of his
brydbedde; Ealle cyrcan on middanearde sind getealde to anre
cyrcan. and seo is gehaten godes gelaðung. for ðan ðe we sind
ealle gelaðode to godes rice; Nu is ðeos gelaðung cristes bryd. 100
and þurhwunað mæden swa swa seo halige Maria; Seo gelaðung
is ealra cristenra manna moder. on gastlicere acennednysse.
swa swa crist sylf cwæð on his godspelle; Buton gehwá beo
tuwa acenned. ne mæg hé na faran into heofonan rice; Hu bið
se mann tuwa acenned? Ælc man bið acenned lichamlice of 105
Th. 12   fæder and of meder. ac he ne bið na godes / bearn buton he
beo eft acenned of þære gastlican meder of cristes bryde. swa
swa he sylf cwæð; Buton gehwá beo geedcenned of wætere and
of ðan halgan gaste. ne mæg hé faran into godes rice;
Ælc man bið mid synnum gestryned and geboren ðurh 110
adames forgægednysse. ac he bið eft criste acenned on ðære
halgan gelaðunge. þæt is on godes cyrcan þurh fulluht; þæt
wæter aðwehð þone lichaman. and se halga gast aðwehð ða
sáwle fram eallum synnum. and se gefulloda man bið þonne
godes bearn gif hé on riht hylt fæder and moder. þæt is crist 115
and his brýd seo ðe dæghwomlice acenð gastlice cild. and
hwæðere ðurhwunað on clænum mægðháde; Ure ealda fæder
adam us gestrynde to deaðe. and crist us gestrynð gastlice to
ðan ecan life. gif we forbugað deofles lare. and beoð urum
drihtne gehyrsume on his bebodum; 120
Ealle ða ðing ðe crist dyde for us. ealle hí wæron ǽr gefyrn
gewitegode. þæt men sceoldon gelyfan þæt he is soðfæst.
þonne he hæfð swa fela gewitan þe cyðdon his tocyme. and
hú he geboren wæs. and hu he ðrowode deað his agenes
þances. and hu he of deaðe aras. and astah to heofonum. and 125
hu he cymð eft to ðam micclum dome. to demenne eallum
mancynne ælcum be his gewyrhtum; Se ælmihtiga god behet
gefyrn worulde Abrahame þam heahfædere þæt on his cynne
sceolde beon eal mancynn gebletsod. and him eac swa gelæste;
Of abrahames cynne com se mæra cyning Dauid. and of ðam 130
cynecynne com seo halige maria. and of marian crist wearð
acenned. and þurh crist is eal mancynn gebletsod. þa ðe rihtlice
gelyfað;
Eft se witega hieremias cwæð be ðam hælende ðes is ure god.

98 T brydbure   108 T geedcucod   112 halgan] T ylcan
121 T gedyde   132 T acenned 'on ðissum dæge'

135 and nis nan oðer geteald to him. he arærde and gesette steore
and þeawfæstnysse his folce Israhel; He wæs siððan gesewen
ofer eorðan. and mid mannum hé drohtnode; Eft oðer witega
micheas witegode be cristes tocyme. þus cweðende; þonne bið
sib on eorðan þonne ure drihten cymð to urum lande. and
140 ðonne / hé gǽð into urum husum; Eft Isaías se / witega awrát
on his wítegunge and þus cwæð; Efne án mǽden sceal geeacnian.
and acennan sunu. and his nama bið emmanuhel þæt is gereht
god is mid us; Eft Ezechiel witegode be ðære byrig Hierusalem.
and be criste ðus cweðende; þin cyning cymð to ðe eadmod.
145 and geedstaðelað þe;
　　　Danihel se witega sette eac on his witegunge. þæt se heahengel
Gabrihel him com to fleogende. and him þus to cwæð; Ic eom
cumen to ðe danihel to ði. þæt ic sceal ðe tæcan. and þu under-
stand mine spræce. and understand þas gesihðe; Feower hund
150 geara and hundnigontig geara sind getealde of ðysum dæge
ofer ðe. and ofer ðinum folce. and ofer ðære byrig hierusalem.
and þonne bið seo ealde forgægednys geendod. and synn under-
fehð geendunge. and unrihtwisnys bið adylegod. and bið
gebroht ece rihtwisnys. and gesihð. and witegunga beoð
155 gefyllede. and bið gesmyrod ealra halgena halga; Ealle ðas ðing
sind gefyllede þurh cristes menniscnysse. æfter þam fyrste and
andagan þe se heahengel gabrihel gecwæð to danihele; þurh
crist is geendod adames forgægednys. and his synn. and crist
adylegode ælce unrihtwisnysse. and astealde ða ecan rihtwis-
160 nysse. and hé gefylde ealle witegunga þurh hine sylfne. and
he is ealra halgena halga. for ðan þe he is heafod ealra haligra
manna; Hú is hé gesmyrod? Man smyrað cyning mid gehal-
godum ele. þonne man hine to cyninge gehalgað. and on ælcere
hadunge ge on diaconháde ge on preostháde. ge on biscopháde
165 æfre se ðe ðær gehádod bið. he bið gesmyrod mid gehalgodum
ele; Crist is soðlice ealra biscopa biscop. and ealra cyninga
cyning. nu is hé gesmyrod na mid eorðlicum ele. ac mid seofon-
fealdre gife þæs halgan gastes for ðan þe on criste wunað eal
gefyllednys ðære godcundnysse lichamlice;
170　　　Eft be cristes acennednysse. dauid se sealmwyrhta sang. and
cwæð þæt he gehyrde cristes stemne þus cweðende; God cwæð

MS. 136ᵛ
Th. 14

156 Æfter　　　159 adylegode < adilegode
───────────
148 to ði] T to ð⟨e⟩ 'i'　　164 T ⟨ge on diaconhade⟩　　167 nu is he]
T he is

to me. ðu eart min sunu nu todæg ic gestrynde þe; Eft þæs
fæder stemn be his bearne clypode / and cwæð; He sylf clypode
to me. þu eart min fæder. and eft se fæder be him cwæð; Ic
beo him fæder. and he bið me sunu. and ic gesette hine frum-   175
cennedne. and healicne toforan eallum eorðlicum cynegum;
Isaias eft witegode be cristes acennednysse; Us is cild acenned.
and us is sunu forgifen. and his ealdordom is on his exlum.
and he bið gehaten wundorlic. rædbora. stráng god. and
fæder þære toweardan worulde. and sibbe ealdor. his rice. and   180
his anweald bið gemenigfyld. and ne bið nán ende his sibbe;
      Be ðam wundrum þe crist geworhte wítegode hieremias to
þære byrig hierusalem þus cweðende; To ðe cymð þin aly- /
send. and þis bið his tacn; Hé geopenað blindra manna eagan.
and deafum hé forgifð heorcnunge. and mid his stemne hé   185
arærð þa deadan of heora byrgenum; And be ðam ylcan cwæð
Isaias; Secgað þam wácmodum þæt hi beon gehyrte. and nán
ðing ofdrædde. her cymð god sylf and gehælð us; þonne beoð
geopenode blindra manna eagan. and deaffra manna earan
gehyrað. þonne hleapð se healta swa swa heort. and dumbra   190
manna tungan beoð swiðe getinge; Be his ðrowunge cwæð
Isaias; He is gelæd to slege swa swa scép. and hé suwade. and
his muð ne ondyde. swa swa lámb deð þonne hit man scyrð;
And eft cwæð dauid; Hí þurhðydon mine handa. and mine fet.
and hí dældon min reaf betwux him; Be cristes deaðe witegode   195
se ylca dauid. and cwæð be cristes lice; Min lichama gerest on
hihte. for ðan þe þu né forlætst mine sáwle on helle. ne ðu ne
geðafast þæt min lichama gebrosnige; Ðas word crist geclypode
to his fæder; And siððan he cwæð be his æriste; Ic arás of
deaðe. and ic eft mid þe eom; Be his upstige cwæð se ylca   200
dauid; God astihð up to heofonum mid micelre myrhðe; And
eft se ylca cwæð; Singað þam gode ðe astah ofer heofonas to
eastdæle;
      Be ðam þe crist sitt æt his fæder swiðran cwæð se ylca witega;
God cwæð to minum drihtne. site her to minum swiðran; Be   205
ðam ðe / crist ealle ðing gewylt wítegode se ylca dauid; Ealle
cyningas onbugað him. and ealle þeoda him ðeowiað; Eft be
his tocyme to ðam micclum dome cwæð se ylca. God cymð

179 w⟨o⟩ʼuʼndorlic rædbora.   180 ealdor his

---

181 sibbe] T rice   185 heorcnunge] T ʻgeʼ hyrnysse   192 T esaias
193 deð] T ne deð   208 ylca] T ylca dauid

swutellice. and hé ne suwað. fyr byrnð on his gesihðe. and
210 stiðlic hreohnys bið onbuton him; Be mancynnes æriste.
witegode Isaias; þa deadan sceolon arísan. and þa ðe licgað on
byrgenum hí geedcuciað; Be ðam dome dauid cwæð to gode;
þu drihten forgyltst ælcum be his weorcum;
  Gif we willað areccan ealle ða gewitnyssa þe be criste awritene
215 sind. þonne gæð þær swiðe micel hwíl to. ne þeahhwæðere we
ne magon hí ealle gereccan. for ði na þæt án þæt halige witegan
be him wítegodon. ac eac swilce hæðene men setton on heora
bocum be eallum ðisum ðingum þe we nú beforan eow ræddon;
An þæra wæs Sibylla. þe awrát on leoðcræftes wison be cristes
220 acennednysse. and be his ðrowunge. and be his æriste. and be
his upstige. and be his tocyme to ðam micclum dome. swiðe
swutellice. and swa ðeah wæs hæðen; Swa gelice eac se hæðena
cyning Nabuchodonosor. hé geseah ehsynes þæs lifigendan
godes sunu. and hine gecneow; Hit wæs swa þæt se nabucho-
225 donosor gehergode on godes folce. and awég gelædde micelne
dæl þæs folces to his rice; þa arærde he hæðengyld. and bebead
eallum his folce be heora life. þæt hí sceoldon feallan / adúne.   MS. 137ᵛ
and hí gebiddan to ðære anlicnysse þe hé arærde. gif hwá hit
forsoce þæt he sceolde beon forbærned on hatum ofne;
230 þa wæron þær ðry cnihtas swiðe gelyfede on þone soðan god.
þa wæron gehatene ANNANIAS. AZARIAS. MISAHEL. þa gecwædon
þæt hí noldon bugan to nánum deofolgilde fram heora scyp-
pende; þa cwæð se cyning him to; Hwæt is se god þe mæge eow
ahreddan of minum handum; Ða cwædon Annanias Azarias.
235 Misahel to ðam cyninge; Se ælmihtiga god þe we wurðiað
is swa mihtig þæt hé eaðe mæg ús ahréddan of ðinum byrnen-
dum ofne. and of ðinum handum; And wite þu gewiss þæt we
næfre ne bugað to ðinum hæðen/scipe; Hé wearð þa afylled   Th. 20
mid graman. and hét onǽlan þone ofen swiðe ðearle. and hét
240 gebindan ða cnihtas handum and fotum. and awurpan into
ðam byrnendum ofne; þa wæs ðæs cyninges hæs þærrihte
gefylled. and hí wæron aworpene into ðam byrnendan ofne.

236 ahredda'n'

215 micel] T lang   222 hæðen] T hæþen. Sybilla dicitur prophetissa [.]
sicut uir prophetans propheta nuncupatur sic mulier prophetans sybilla
uocitatur. Multe fuerunt sybelle. sed ista erithrea uocabatur. Et erat gentilis.
233 T mæg   236 T [eaðe]   239 T mid 'fullum'   242 T byrn-
endum

and se líg sloh ut of ðam ofne feorr up. and forbærnde to deaðe
ða ðe hí inn awurpon. and þæt fyr ne derede naht þam ðrim
cnihtum. ðe on god belyfdon. ac hí wurdon þærrihte unbun- 245
dene. and eodon orsorhlice on ðam fyre and herodon god;
Ða eode se cyning to ðam ófne. and sceawode geornlice. þa
geseah hé ðær feower menn gangende binnon ðam fyre. and
he cwæð ða to his cnihtum; Hú lá. ne wurpe we þry cnihtas
into ðam fyre? Hí cwædon him to; Soð þu segst cyning; þa 250
cwæð se cyning; Ic geseo ðær feower weras gángende onmiddan
þam fyre ungewemmede. and unforswælede. and se feorða is
gelic godes bearne; þa geseah se hæðena cyning þone lifigendan
godes sunu. and he hine gecneow ðurh godes onwrigenysse.
and he ða genealæhte ðam ofne. and cwæð to ðam þrim godes 255
cnihtum; Ge godes menn Annania azaria misahel. Gað út of
ðam ofne. and cumað to me; Hí ðærrihte út eodon of ðam
byrnendum ofne. ætforan eallum ðam folce; Hi sceawodon
heora fex. and heora lichaman. and swiðe wundrodon. þæt
hí eal swa gehále and swa gesunde út eodon of ðam fyre. swa 260
hi ínn aworpene wæron; þa cwæð se cyning; Gebletsod sy
eower god. se ðe eow ahredde swa mihtelice of ðam fyre; Ic
sette nu ðis gebann on eallum minum folce. þæt nán man ne
beo swa dyrstig þæt hé ænig word oððe ænig tál cweðe ongean
eowerum gode. gif hit hwa ðonne deð. he sceal ðolian his æhta. 265
and his agenes lifes;

Crist wolde þæt manega witegan. and eac ða hæðenan sceoldon
bodian his tocyme. and cyðan his fær þæt mancynn wære þæs
ðe geleaffulre. and ðæs þe gewisre on hwæne hí sceoldon gely-
fan. and ealle cweðan ægðer ge mid muðe ge mid mode. swa se 270
MS. 138ʳ sealmscop sáng be gode; þu eart mære and micel ðe wundra /
Th. 22 wyrcst. þu eart ana god; We / sceolon ægðer gelyfan godes
wundra. and eac mid micelre lufe geðancian þam heofonlican
fæder gode ælmihtigum. þæt hé wolde asendan his ancennedan
sunu to ðysum life for ure alysednysse. ða ða we forwyrhte 275
wæron;

We sceolon eac cristes acennednysse. and his gebyrdtide mid
gastlicere blisse wurðian. and us sylfe mid godum weorcum

255 T [godes]   260 eal swa gehale] T ealle gehale wæron   T fyre
⟨and⟩   262–3 Ic sette] T and ic 'ge'sette   264 ænig²] T ænige
265 T eowerne god   271 sang] T cwæð   273 T⟨. .⟩þancian
274 T acennedan   277 T accennysse   T 'ge' byrdtide 'and his ærist
and his stige to heofenum'

geglengan. and ús mid godes lofsangum gebysgian. and ða ðing
280 onscunian. ðe crist forbytt. þæt sind leahtras. and deofles
weorc. and ða ðing lufian ðe god bebead. þæt is eadmodnys.
and mildheortnys. rihtwisnys. and soðfæstnys. ælmesdæda. and
gemetfæstnys. geþyld and clænnyss; þas ðing lufað god and
huru ða clænnysse ðe he sylf ðurh hine. and ðurh þæt clæne
285 mæden his modor astealde; Swa eac ealle his geferan ðe him
filigdon ealle hí wæron on clænnysse wuniende. and se mæsta
dǽl þæra manna þe gode geðeoð þurh clænnysse hí geðeoð;
Warniað eow wið oferfylle and oferdrence. swa swa crist cwæð
on his godspelle; Beoð wære þæt eowere heortan ne beon
290 gehefgode mid oferfylle. and druncennysse. and mid woruld-
carum. and se færlica deað becume ofer eow;

Uton beon eac gemyndige hu micelre geðincðe sy þæt
halige mæden Maria cristes moder; Heo is gebletsod ofer
eallum wifhádes mannum. heo is seo heofenlice cwén. and
295 ealra cristenra manna frofer and fultum; Ure ealde moder Eua
ús beleac heofenan rices geat. and seo halige Maria hit eft us
geopenode. gif we hit sylfe nu mid yfelum weorcum ús ne
belucað; Micel mæg heo æt hire bearne abiddan. gif heo bið
geornlice to gemynegod; Uton for ði mid micelre geornful-
300 nysse hí gebiddan. þæt heo ús ðingige to hire agenum bearne.
se ðe is ægðer ge hire scyppend. ge hire sunu. soð god and soð
mann án crist. se ðe leofað and rixað mid fæder. and mid halgum
gaste. hí ðrý an god á. on ecnysse; amen:—

284 T [sylf]   293 Heo] *J begins*   294 T ealle wifhades men
295 frofer] J freond   296 halige] J eadige: *halge*   297 yfelum] T
idelum   300 T ⟨. .⟩biddan   303 ecnysse] J ealra worulda woruld
a butan ende

UII. KALENDAS. IANUARII. NATALE
SANCTI STEPHANI PROTOMARTYRIS

AUGUSTINUS SE wisa biscop spræc to his folce be ðam wundrum. and tacnum. þe se halga wer STEPHANUS ðe we todæg wurðiað on his neawiste geworhte. and þus cwæð; Mine gebroðra þa leofostan we truwiað þonne ge gelomlice gehyrað ða mærlican wundra þæs eadigan cyðeres Stephanes. þæt heora 5 forwel fela on eowerum gemynde fæste beoð. and na mid gymeleaste adylegode;

    Sum Yponienscis mæden wearð deofolseoc. þa gesmyrode sum mæssepreost hí mid ele þæs halgan cyðeres Stephanes. and heo þærrihte wearð gewittig; Sum blind wíf com to þære halgan 10 cyrcan þe wæs on wurðmynte þises eadigan weres gehalgod. and hí gebæd. and þærrihte geseah; Heo ða gewende ongean

MS. 138ᵛ blissigende. buton latteowe. / seo ðe ǽr blind þider gelæd wæs; Eucharius hatte sum mæssepreost on þam lande þe is geháten hispania. se wæs ðearle geswenct mid langsumum broce. ða 15 gebrohte se biscop Possidius. sum ðing lytles of ðære foresǽdan cyrcan þæs eadigan stephanes. and se preost þurh þæt wearð gehæled; Eft syððan him becom oðer untrumnys. þæt hé forðferde. and his lic bewunden læg. ac him man lede onuppan his agene tunecan. ðe wæs gebroht fram þære cyrcan þæs 20 eadigan cyðeres. and hé of deaðe aras;

    Martialis hatte sum hæðen wer. on wintrum geripod. hé onscunode micclum cristenra manna eawfæstnysse. þa wæs his dohtor cristen swiðe gelyfed. and hire wer wæs on ðam ylcan geare gefullod; þa gesawon hí hine adligne. and mid wope 25 bædon þæt he cristen wurde ær his ende; Ac hé wiðcwæð þwyrlice. and hí mid gedrefedre æbiligynsse him fram adráf; þa wearð ðam aþumme to ræde geðuht þæt hé eode to ðære

---

Manuscripts: K, fᵏ (lines 38–87 lost, and text defective at edges of leaves).

Title fᵏ PROTOMARTYR
8 fᵏ opinienscis   9 sum mæssepreost hi] fᵏ hi sum mæs(sepreost)
17 eadigan] fᵏ eadigan weres   21 fᵏ cyþere

halgan cyrcan þæs foresædan cyðeres. and þæs eadigan stephanes
30 þingunge bæde. to ðan ælmihtigan þæt hé forgeafe gódne willan
þam seocan hæðe/nan þæt hé leng ne elcode to his geleafan; Th. 26
þa dyde se aðum swa mid ormætre geomerunge and wope.
and syferlice mid byrnendre arfæstnysse. and sume blostman
of ðam halgan weofode genam. and gelede under þæs hæðenan
35 heafod; He ða on þære ylcan nihte æfter his frumslæpe neodlice
clypode. biddende þæt man ðone biscop to him gefette. þa
andwyrdon his frynd and cwædon þæt he on neawiste nære; He
ða eft geornlice bæd. þæt him man sumne mæssepreost gelan-
gode. cwæð þæt hé on god gelyfan wolde. and eadmodlice to
40 fulluhte gebugan; His frynd þæs micclum wundrodon. and
blissodon. and he ðærrihte wearð gefullod. and hæfde him on
muðe oð his forðsið þa ylcan word þe se eadiga stephanus on
his ende to gode gecwæð; Criste. accipe spiritum meum. þæt
is crist onfóh minne gast. and he swa æt nextan mid þam
45 worde gewát; Nyste hé þeah ær þæt se eadiga wer stephanus
on his ðrowunge swa clypode. ac ðurh his ðingunge hé wearð
to fulluhte. and to ðam wordum onbryrd;
       þær wæron eac gehælede þry fótadlige men þurh ðone halgan
cyðere. Twegen landes menn. and an ælðeodig; þa landes men
50 wurdon þærrihte gehælede. and ðam ælðeodigan wearð geswute-
lod hwæt he to his fotum lecgan sceolde. and he swa dyde swa
him geswutelod wæs. and seo seocnys þærrihte geswác; Sum cild
plegode gymeleaslice and bearn under anum yrnendum hweole.
and wearð to deaðe tocwysed; Seo moder þa dreorig bær þæs
55 cildes lic to þam foresædum gemynde þæs halgan stephanes.
and hit sona geedcucode and ansund æteowode; An éawfæst
mynecenu læg swiðe geswenct. órwene ælcere edwyrpinge; / MS. 139ʳ
þa asende man hire tunecan to þære halgan cyrcan. ac heo
gewát ær se ærendraca ongean come; Hire magas ðeah ofer-
60 bræddon þæt lic mid þære tunecan. and heo sona cucu
aras;
       Sum gelyfed man gebæd æt þære cyrcan for his adligan
dehter. and hire reaf þider abær. efne ða ða he hám gecyrde.
þa urnon his híwan him togeanes. and hire forðsið him gecyd-
65 don; He ða / mid þam reafe þæt lic oferwreah. and seo dohtor Th. 28

---

40 micclum <micclan

---

38 geornlice – *line 87* hæfde] *fᵏ defective*

þærrihte to lífe aras; Eft sumes oðres mannes sunu þurh untrumnysse gewát. ac ða ða his frynd þa lícðenunge gearcodon. þa tihte heora sum þæt man þæs cnapan líc smyrian sceolde mid ele þæs halgan stephanes; Hí swa dydon. and hé geedcucode; Eft sum þegen brohte his suna lic to ðam foresædan 70 gemynde þæs halgan cyðeres. and mid micclum wope hine gebæd. and æfter his gebede hé ahóf þæt cild up geedcucod and ansund;

Gif we wyllað ealla ða wundra. and hælða awritan. þe we oncneowon gefremode þurh ðone wuldorfullan cyðere stepha- 75 num. ðonne wyrce we manega béc. ær ðan ðe we hí ealle gegaderion. and ðeah hí ne magon beon ealle gegaderode; Sind þeah sume þe ic forsuwian ne mæg;

An æþelboren wíf wearð micclum geswenct mid langsumere untrumnysse. and híre ne mihte nán læcecræft fremian; þa 80 lærde hi sum Iudeisc man þæt heo name ænne wernægel of sumes oxan hricge. and becnytte to anum hringe mid hire snode. and mid þam hí to nacedum lice begyrde; þa ferde heo swa begyrd to þæs halgan cyðeres cyrcan. þæt heo ðær hire hæle abæde; þa wicode heo be wege wið þære éá þe is gehaten 85 BAGRADE. and on ærnemerien siðode swa swa heo gemynt hæfde; Ða geseah heo licgan ðone hring on ðam wege ætforan hire foton mid snode mid ealle. and þæs micclum wundrode; þa wende heo þæt se hring toburste. oððe seo snód toslupe; Ac ða ða heo afunde þone hring gehalne. and þa snóde mid 90 eallum cnottum swa fæste gewriðen swa heo ær wæs. ða understod heo þæt þæt wundor gelámp þurh ðæs halgan mihte. ðe heo to fundode. and micclum truwode híre hæle toweard ðurh his geearnungum. and wearp ðone hring mid þam bendum into ðam flowendum streame; Heo ferde ða mid 95 bliðum mode to ðære halgan cyrcan. and ðær hire hæle gefette. þurh ðæs halgan cyðeres ðingunge;

An wundorlic tacn gelamp æt þæs halgan gemynde. swa
Th. 30 wídmære ic wene þæt feawa wæron on þære neawiste þe / þæt ne gesawe. oððe ne gehyrde; Seofon gebroðru wæron. and 100 ðreo geswustra. anre wydewan cild. on ðære byrig Cappadocia.

---

81 'hi'   88 [hire foton]

87 Ða geseah] *f^k resumes*   91 f^k [ær]   100 f^k sawe

æðelborenre mægðe; þa wearð seo modor biterlice gegremod.
æfter hire weres forðsiðe. fram hire anum cilde to ðan swiðe.
þæt heo on eastertide eode to cyrcan. / and wolde ðone sunu   MS. 139ᵛ
105 þe hí getírigde mid wyriungum gebindan; þa gemette heo
ænne deofol on mannes híwe. se befrán hwider heo wolde;
þæt earme wif andwyrde and cwæð. þæt heo wolde to cyrcan
gán. and þone sunu ðe hí tirigde awyrian; þa andwyrde se deofol
on þam menniscum híwe; Riht ðu dest and wel. gif ðu ealle
110 ðine cild tosomne wyrigst. for ðan ðe hí ealle on andwerdnysse
stodon ða ða se án ðe tynde. and noldon þe ealgian wið heora
breðer. ne hí ðinne teonan ne besargodon. wyrig hí ealle
togædere;
þæt earme wif gelyfde his wælhreowum geðeahte. and
115 wearð mid maran wódnysse astyrod. eode þa to ðam fantfæte.
and tolysde hire feax. and bedypte on ðam fante. and mid
micelre hatheortnysse ealle hire bearn mánfullice wirigde;
Æfter þisum gecyrde hám. and gemette ealle hire bearn mid
ormǽtre cwylminge. cwacigende eallum limum; þa wearð heo
120 mid micelre sarnysse ðurhslegen. þæt heo swa micel mán
gefremode. eode ða and hí sylfe on grine ahéng. þæt heo fotum
span; Witodlice se ylca deofol ðe hí tihte ǽr to ðære mánfullican
wyriunge. se hí eft siððan to hire agenre hengene gelǽrde;
þa earman bearn ne mihton ða léng for sceame on þære
125 byrig aðolian. for ðære atelican cwacunge. ac ferdon wórigende
geond eallum romaniscum ymbhwyrfte; Twegen þissera beco-
mon to ús. broðer. and swuster. Paulus. and Palladia. wídcuðe
ðurh heora yrmðe; Hí comon twám wucan ær eastron. and
dæghwomlice geneosodon ða halgan cyrcan on þære ðe wæs
130 þæs wuldorfullan stephanes gemynd. biddende þæt he him god
gegladode. and him ða ærran hæle forgeafe; þa on ðam easter-
dæge eodon hí swa hí gewunode wæron to þære cyrcan. and
se broðor hine gebæd æt þam halgum reliquium; þa wearð hé
færlice astreht. and slapen/dum gelicost læg. na swa ðeah   Th. 32
135 cwacigende swa swa him on slæpe gewunelic wæs; Efne ða hé
aras and nateshwon ne cwacode. for ðan ðe hé wæs gehæled
and stod gesúnd. sceawigende þa þe hine sceawodon;
Eornostlice hwá mihte ða forsuwian godes herunge; Soðlice

114 his] is

105 þe] fᵏ þæt   108 fᵏ getyrigde   fᵏ seo   116 on] fᵏ into   117 fᵏ
manlice   118 fᵏ cyrde   119 fᵏ ealle   121 fᵏ fremode

seo cyrce wearð gefylled mid clypungum ðæs blissigendan
folces. and hí urnon to me án æfter anum ðær ic inne sǽt ða 140
gearo to gánne; Ǽlc æfter oðrum cydde me þæt wundorlice
godes tacn. and ic ðæs micclum gode ðancode; þa æt nextan
stop inn se gehæleda cniht. and hine to minum cneowum
gebígde. and ic hine to minum cosse arærde; Ic eode ða to
godes ðenunge. and þæt folc gebletsode. and him godes gerihtu 145
dyde; Ic gelaðode þone gehæledan cniht to urum gereorde.
and he us rehte ealle his broðerlicere and moderlicere yrmðe
racu; On ðam ðriddan easterlicum dæge. ic hét standan þone
gehæledan broðer ætforan ðam folce. and his swuster samod.
and ic him rehte ða race be endebyrdnysse; þæt folc beheold 150
MS. 140ʳ þone broðer standan buton átelicere cwácunge. and seo /
swuster eallum limum egeslice cwacode; þa ðe hine ǽr ne
gesawon. and nyston fram hwilcere yrmðe godes mildheortnys
hine gehælde. hí mihton tocnawan on ðære swuster bifunge;
    þa het ic æfter ðære gereccednysse hí hwæthwega ufor gán. 155
and ic ongann be ðam cuðan intingan hwæthwega geornlicor
smeagan; Efne ða færlice wurdon gehyrede oðre clypunga
níwre blisse of þæs martyres gemynde. and þæt folc beah
ðyderweard; Seo cwacigende swuster eode of ðam stæpum
þe heo on astód to ðam halgan cyðere wolde hí gebiddan. and 160
heo ðærrihte swa heo þæt gesceot hrépode læg swilce heo mid
slæpe fornumen wære. and arás siððan hál; þæt folc ða mid
micelre fægnunge and singalre herunge hí gelæddon to ðære
stowe þær heo lytle ǽr cwacigende stód. and micclum fægnodon.
þæt heo wæs þam breðer gelic. ðam ðe heo hwene ǽr ðurh ða 165
Th. 34 egeslican bifunge ungelíc wæs; / Hwæt ða ealle samod blissodon
on godes herungum. swa micclum þæt ure earan earfoðlice
mihton heora stemne aræfnian; Hwæt wæs on ðæra blissigendra
heortan buton godes geleafa. for ðan þe stephanes blod agoten
wæs? Hwæne mærsiað þas wundra mid heora seðunge. buton 170
crist þe on soðre menniscnysse geboren wæs. and mid flæsce
of deaðe arás. and mid flæsce to heofonum astah? Witodlice
ðes halga cyðere. and his æftergengan wæron gewitan þyses
geleafan. and ðisum geleafan hí cyddon gecyðnysse ofer-
swiðende þisne feondlican middaneard. na ongean feohtende 175
ac sweltende;

þes eadiga wer Stephanus þe we ymbe sprecað. and mid
cyrclicum ðenungum wurðiað. is se forma cyðere þe ærest æfter
cristes upstige. to heofenan rice wuldorful becóm; Hé filigde
180 cristes fótswaðum swiðe nean. and his gebysnunge arfæstlice
geefenlæhte; Crist mildheortlice his cwellerum to ðam ælmih-
tigum fæder geðingode. þa ða hé on rodehéngene ahafen wæs.
þus cweðende; Min drihten miltsa him nyton hí hwæt hí doð;
Eft se halga stephanus under þam heardum stanum his cneowa
185 gebigde. and for his stænendan slagan þus bæd; Drihten min.
ne sete þu him ðas dæda to synne; He is fyrmest on martyrdome.
and fyrmest on láreowdome. for ðan þe hé eallum cyðerum
cristes bysne æteowode. betwux ðam he hylt ealdordom. á
buton ende;
190   Nis nanum men alyfed þæt hé oðerne wyrige. for ðan þe se
apostol paulus cwyð. þæt ða wyrigendan godes rice ne geag-
niað; Ne wyrige nan man oðerne. ne yfeles ne wisce. þy læs
ðe hé ðurh ða wyriunge. his sawle swilce mid deoflicum rapum
gewriðe. and ða wrace ðrowige on his gaste. þe þæt wíf on
195 lichaman ðrowade. þe be deofles ræde hire agenne team mid
wyriunge geyrmde. and hí sylfe / mid grine acwealde; Gyman   MS. 140ᵛ
ealle fæderas. and moddru. þæt hí heora cild mid gramlicum
wyriungum deofle ne betæcon. and warnian ða bearn þæt hí
naðer ne fæder ne moder mid teonan ne getyrion to heora
200 wyriungum. for ðan hit is awriten on godes / .æ; Arwurða   Th. 36
ðinne fæder and þine moder. þæt þu láng líf ofer eorðan
wunie;
    Ne mæg nán man oðerne wyrian. and him sylfum gebeorgan.
ac hé fordeð his agene sáwle mid þære mánfullan wyriunge.
205 getimige ðam oðrum swa him getimige; Ure tunge is gesceapen
to godes herungum. and to gesceadwisum spræcum. na to
deofollicum wyriungum; Ne magon we mid anum muðe
bletsian. and wyrian; Mine gebroðra understandað þis. ne
slihð se déma þone forscyldgodan sceaðan. ac hé hæt his
210 underðeoddan hine belifian; Witodlice se ðe oðerne wyrigð.
he sét híne sylfne to déman. and god to slágan; þonne he bitt
þæt god þone oðerne fordón sceole. hwæt deð hé ðonne buton

---

194 þæt < þa

183 drihten] fᵏ fæder   184 fᵏ cneow   191 fᵏ cwæð   197 fᵏ fæderas.
'and'   200 ðan hit] fᵏ (ð)an þe 'hit'   206–7 fᵏ [and to – wyriungum]
5838C76   C

swilce hé deme. and god slea; Uton beon gemyndige hwæt
drihten be ðysum tæhte; Hé cwæð lufiað eowre fynd. doð þam
tela ðe eow hátiað. and gebiddað for eowerum ehterum and 215
tynendum. þæt ge beon eowres fæder bearn se ðe on heofonum
is. Sy him wuldor and lóf. á. on ecnysse. AMEN:—

213 fᵏ [swilce]

III

VIII. IDUS. IANUARII.

SERMO IN AEPIPHANIA DOMINI

Ðes dæg is geháten on bócum swutelungdæg. for ðan þe on
ðisum dæge wearð crist mancynne geswutelod. ærest ðam
þrym cynegum þe him lác brohton. and eft gewislicor ða ða hé
on ðyssum dæge gefullod wæs; Se ælmihtiga godes sunu. þa
5 ða hé mann beon wolde. ða sende hé his bydel toforan him
Iohannem þone fulluhtere. þæt hé sceolde cristes tocyme
mannum cyðan. þæt hí ðurh ðone bydel gelyfdon. on ðone
godcundan cyning; Se Iohannes wæs acenned swa swa oðre
menn beoð of fæder and of meder. and wæs anfeald man.
10 mære and geðungen. swa swa crist be him cwæð; þæt on wifa
bearnum næs nán mǽrra / mann. þonne Iohannes se fulluhtere; Th. 38
Crist næs na of wífe acenned. ac wæs of mædene. for ði næs hé
geteald to ðyssere wiðmetennysse;

   Iohannes ða ða hé gestiðod wæs ða wolde hé forbugan ða
15 unðeawas þe menn begað. and ferde ða to westene. and ðær
wunode oð þæt hé fullweaxen wæs. and ðær swiðe stiðlice
leofode. ne dránc hé naðor ne wín. ne beor. ne ealu. ne nan
ðæra wǽtena ðe menn of druncniað; Ac æt him ofet. and þæt
þæt hé on wuda findan mihte; Eall his reaf wæs geworht of
20 oluendes hǽre; þa ða hé geðogen wæs. þa com him to godes
bebod. þæt he sceolde faran to mannum. and bodian fulluht on
synna forgifenysse. and sceolde / fullian þæt folc ðe him to MS. 141ʳ
cóme. mid his agenum fulluhte; On ðam fulluhte næs nán
synne forgifenyss; And hé sceolde eac cyðan ymbe cristes fulluht.
25 þe toweard wæs on ðam ðe beoð ealle synna forgyfene;

   Iohannes com ða swa swa him beboden wæs to ðære éá þe is

Manuscripts: B, K, R.   18 wǽtan

Title B [VIII. IDUS. IANUARII]   R EPIPHAIA

1 swutelungdæg] BR Epiphania ðæt is swutelungdæg   3–5 R [he – þa ða]
8 B iohan   10 on] BR of   12 ac] B and ac   16 fullweaxen] B wæxen
18 Ac] BR And   B ofeta   R of æta   21 B bode   23 B com
24 R synna   25 B [ðe]   26 B iboden   is] B his

geháten Iordanis. and clypode to eallum folce. and ðus cwæð;
Behreowsiað eowre synna. and wyrcað dǽdbote. for ðan þe
godes rice genealæhð; Ælc treow þe nele beran gódne wæstm
sceal beon forcoruen. and on fyre forbærned; þæt is þæt 30
andgit þæt ælc man þe nele wyrcan gód weorc sceal beon mid
deaðe forcoruen. and on helle fyre aworpen;
þa com þæt iudeisce folc to iohanne. and andetton him heora
synna. and hé hí fullode on ðære éá Iordane; Ða axodan hí
Iohannem hwæt hí dón sceoldon; He andwyrde mid feawum 35
wordum. and ðus cwæð; Se ðe hæbbe twyfeald reaf. sylle
þæt oðer þam ðe næbbe; Se ðe hæbbe twyfealde mettas. hé do
hand swa gelice; þa comon eac to his fulluhte. Geréfan. and
tolleras. and cwædon him to; þu lareow. sege ús hwæt we
dón sceolon; Se halga wer him ða geandwyrde; Ne nime ge 40
æt nánum menn na mare þonne eow geset is; Him comon eac
to hiredmenn. and cempan. and axodon hwæt hí don sceoldon.
and he him andwyrde; Ne ehte ge nánes mannes. ne ge nǽnne
mann ne ofbeatað. ac beoð eow gehealdene on eowrum gescipe;
þa ðohte eal þæt folc. and wende be iohanne þæt he wære crist. 45
for ðan ðe crist wæs ða gyt stille betwux mannum. and nane
wundra ne worhte openlice ær ðan ðe he wæs þritig geara on
ðære menniscnysse. for ðan ðe hé nolde híne sylfne mannum
cyðan. ær ðan þe hé come to ðære ylde. and to þam wæstme.
þe láreow habban sceal; þa cwæð Iohannes to ðam folce; Ne 50
eom ic na crist. ac ic fullige eow on wætere to ði. þæt ge sceolon
eowre synna behreowsian; Æfter me cymð se ðe is strengra
þonne ic. and ic ne eom na wyrðe þæt ic mote furðon his
sceoðwang únbindan. he fullað eow on ðam halgan gaste. and
on fyre; þas word he clypode be criste for ði. þe cristes fulluht 55
ðwehð þone man ægðer ge utan ge innan; þæt wæter wiðutan.
and se halga gast wiðinnan; Iohannes fulluht ðwoh þone
mannan wiðutan. and nan ðing wiðinnan. for ði ðe hé ne
sealde nane synne forgifenysse. swa swa crist dyde þurh ðone
halgan gast; 60

27 B iordanen   30 beon] B beon mid eaxe   32 R on elle fyr
33 B [him]   34 B iordanen   40 B seolon   R haga   wer him]
B lareow   42 B biredmen   44 BR ofbeaton   BR scype   45 B
'he' crist wære   46 B [ðe]   48 B [mannum]   53 and ic ne eom]
B þone ne eam ic   R ne eom ic   furðon] B for ðan   54 ðam] B name þæs
55 for ði] BR for þan   56 BR aðwyhð   ge utan ge innan]
B utan. and innan. For þan ðe he ne sealde.   56-7 BR [þæt – gast
wiðinnan]   58 BR man   nan] B na   59 R synna   R [ðone]

þa ða crist wæs ðritig wintra. þa com he on ðisum dæge to
Iohannes fulluhte æt ðære ea þe is gehaten Iordanis. and wolde
beon gefullod æt his handum; Ða ða Iohannes hine geseah
cumende to him. þa cwæð he be him; Hér gæð godes lamb. se
65 ðe ætbryt. and adylegað middaneardes synna; Be ðysum ic
sæde eow ær. se ðe æfter me cymð he is / beforan me. for ðan MS. 141ᵛ
ðe hé wæs ær ic gewurde; He cwæð þa to criste; La léóf ic
sceal beon gefullod æt ðinum handum. and þu cymst to minum
fulluhte; Crist ða him geandwyrde; Læt nu ðus. and geðafa
70 ðis. swa unc gedafenað þæt wit gefyllon ealle rihtwisnysse;
Iohannes ða geðafode þæt hé / crist gefullode; þa ða hé gefullod Th. 40
wæs. þa wearð seo heofon geopenod bufon his heafde. and godes
gast com on anre culfran híwe. and gesǽt bufon criste. and
þæs fæder stemn clypode of heofonum. and þus cwæð; þes is
75 min leofa sunu. and hé me wel licað;

Her sind hrǽdlice gesǽde micele godes wundra. and we
behófiað þæt we wisra lareowa trahtnunga be ðisum ðingum
understandan; Iohannes cwæð be criste þæt he wære godes
lámb. se ðe ætbrude middaneardes synna; God sette on ðære
80 ealdan .ǽ. and het niman anes geares lámb æt ælcum híwisce.
and sniðan on eastertide. and wyrcan mid þæs lambes blode
rodetácn on heora gedyrum. and on oferslegum. and brǽdan
þæt lámb and hit swa ðicgan. gif ðær hwǽt lǽfde forbǽrnan.
and hí wæron ða þurh þæt gebletsode. and gescylde wið deofol;
85 þis nis nu alyfed nanum men to dónne. for ðan ðe þæs lambes
slege getacnode cristes slege; He ne wiðerode ongéan. ne ne
feaht þe swiðor þe lámb deð. ac geðafode swiðe geðyldelice
þæt hé wære geoffrod for ealles middaneardes synnum; For
ði buton hé ðrowode for ús. ne mihte ure nan cuman to godes
90 rice;

Crist wolde beon gefullod na for ði ðe him neod wære æniges
fulluhtes. for ði ðe hé næfre náne synne ne geworhte. ac hé
wolde mid his eadmodnysse astellan ða bysne. þæt nán cyning

---

83 ðicgan; Gif

67 B [he]   ær] BR ær þonne   69 BR him þa   70 ðis] B ðus
71 B criste   74 B heofena R heonum   75 and he] BR þe
79 lamb] B sunu: lamb   82 gedyrum] B dura   83 forbærnan] BR
forbærnan þæt   84 B deofle   86 B [ne¹]   86–7 ne ne – deð] B ne
feaht na swiðor þonne þe lamb ongean þe deað   87 geðafode] B iþolede
91 ðe] BR þæt   92 for ði ðe] R forð þi < þe   93 ða] B þæs
93–4 R nanum cyninge. ne nanum rican menn

ne nán rice man ne sceolde þincan to huxlic þæt he gebuge to
cristes fulluhte. þa ða hé sylf gemedemode þæt hé wolde 95
gebígan his halige heafod to his ðeowan handum; Ða ða hé into
ðam wætere éóde. ða wæs þæt wæter and ealle wyllspringas
gehalgode þurh cristes lichaman to urum fulluhte; Micel wæs
cristes eadmodnys. ða ða he com sylf to ðam fulluhtere. and
micel wæs Iohannes eadmodnys. ða ða hé ne dorste crist 100
gefullian. ær ðan ðe hé gehaten wæs; Ac for ði þe nán eadmodnys
nis fulfremed. buton hire gefera beo gehyrsumnys. þa gefylde
hé eadmodlice þæt þæt he ǽr wiðsóc forhtigende; Se hælend

Th. 42

cwæð; Geðafa þæt ic beo gefullod / æt ðinum handum on
wætere. and ðu siððan swa swa ðu gewilnast beo æt minum 105
hándum gefullod þurh ðone halgan gast; Swa wit sceolon
gefyllan ealle rihtwisnysse. þæt is ða soðan eadmodnysse;

Heofonas wæron geopenode bufon criste ða ða hé gefullod
wæs. and him to com se halga gast; Æfre him wæron heofonas
geopenode. and æfre him wæs se halga gast mid wunigende. 110

MS. 142ʳ

ac þæt getacnað þæt us bið geopenod heofo/nan ríce æfter urum
fulluhte. and se halga gast þurh his gife onbryrt ure mod to
ælcere gódnysse. gif we hine ne drifað fram ús mid yfelum
weorcum; þær com ða stemn þæs fæder of heofonum. ðus
cweðende; Ðes is min leofa sunu ðe me wel licað; Soð is þæt se 115
sealmwyrhta to gode gecwæð; Drihten ðine gecyðnyssa sindon
swiðe geleaflice; Hu mihte beon mare gecyðnys be criste þonne
ðær gedón wæs? þær stód se sunu on ðære menniscnysse. and
se fæder clypode of heofonum. and se halga gast niðer astah to
criste; þær wæs ða eal seo halige ðrynnys. seo ðe is an god 120
untodæledlic; Se fæder nis of nanum oðrum gecumen. ac hé
wæs æfre god; Se sunu is of ðam fæder eall þæt hé is na geworht.
ne gesceapen. ac acenned æfre of ðam fæder. for þan ðe hé is
ðæs fæder wisdom. þurh ðone he geworhte ealle gesceafta; Se
halga gast is lufu and willa þæs fæder. and þæs suna. and hi 125
sindon ealle gelice mihtige. and æfre hí ðry an god untodæledlic;
þry on hadum. and án on godcundnysse. and on gecynde. and

---

95 fulluhte; þa　　　102 gehyrsumnys; þa　　　107 gefyllan < gefillan
127 gecynde. < gecynde;

95 sylf] B him sylf　　96 B bugan　B [halige]　B þeoðan　　99 B he sylf com
100 B criste　　103 þæt þæt] B þæt þe　　109 B [and]　　BR com to
110 B halig　　111 B heofenæ　　112 B onbryht　　115 R [se]
119 B heofenæn　　120 ðrynnys] B þrymnesse　R þrynsyn

on eallum weorcum; Ne trucað heora nán ana ðurh únmihte. ac
ðurh gecynde anre godcundnysse. hí wyrcað ealle æfre án
130 weorc; Nis na se fæder mid þære menniscynsse befangen. ne se
halga gast. ac se sunu ana. ðeahhwæðere hí ealle ðry þæt
geræddon. and gefremedon þæt se sunu ana þa menniscnysse
underfeng;
Lytel wæs se halga gast geðuht ða ða he wæs gesewen on anre
135 culfran anlicnysse. ac hwæðere hé is swa micel þæt hé is
ælmihtig god. and he gefylð þurh hine sylfne ealle ðas / woruld. Th. 42
swa swa be him awriten is; Godes gast gefylð ealre eorðan
ymbhwyrft; Æfter cristes ðrowunge and his upstige. com se
halga gast bufan ðam apostolum on fyres híwe. and þæt hus
140 eall gefylde mid fyre ðær ðær hí inne sæton. swilce hit eal
burne. and se halga gast ða heora ealra mod þe ðærinne wæron.
þæt sindon an hund manna. and twentig manna swa onbryrde.
and onælde þæt hí cuðon ælc gereord þe on middanearde is. and
hí ðurh ðone halgan gást ealle ða béc and ðone wisdom awriton.
145 and asetton ðe godes þeowas rædað geond ealle ðas woruld;
And hí wæron swa gehyrte þæt hi him ne ondredon. naðor ne
hæðenra cyninga þeowracan. ne nanes cynnes pinunga. ac æfre
hí bodedon þam folce rihtne geleafan. and godes mærða. and
his mildheortnysse. oð heora lifes geendunge;
150 Hwí com se halga gast ða on fyres híwe ofer ðam apostolon.
and ofer criste on his fulluhte on culfran gelicnysse? Nis ðæs
halgan gastes gecynd oþþe micelnyss on ðam híwe wunigende
ðe he ða on gesewen wæs. ac hé com ofer / criste on culfran MS. 142ᵛ
híwe for ði þæt hé wolde getácnian mid þam þæt crist wæs on
155 ðære menniscnysse swiðe liðe. and unhearmgeorn; Hé ne
cidde. ne hé ne hrymde betwux mannum. ne hé sace ne asty-
rede. ne he byterwyrde næs. ac mid ealre liðnysse. and soðre
lufe. hé drohtnode on ðisum life; We rædað on bócum be
ðære culfran gecynde þæt heo is swiðe gesibsum fugel. and
160 unscæððig. and buton geallan. and unreðe on hire clawum;

128 weorcum ne   138 Com   151 on²] o'n'

129 R gecynd   131 B gast. ⟨and⟩   B [þæt]   132 B biræddon
135 hwæðere] B þahwæðere   136 B eal þis weorld   141 ða heora
ealra] B ealde þa heora   142 sindon] B wæron   143 ælc gereord] B
ealle spece   B middaneart   145 B al þis weoruld   146 B ondredað
B [ne]   147 BR þeowraca   cynnes] B kynges   150 B ðam apostolos
R þa apostosas (sic)   151 BR crist   Nis] BR Nis na   153 B [on¹]
BR crist   159 gesibsum] B cuðlic and sibsum   160 B unseaððig

Ne heo ne leofað be wyrmum. ac be eorðlicum wæstmum;
For ðære únscæððignysse wæs se halga gast æteowed bufon
criste on þæs fugeles híwe; þa apostoli wæron gecorene. and
gesette láreowas eallum mancynne; þa com se halga gast ofer
him on fyres híwe. to ði þæt hí sceoldon beon byrnende. and 165
caue to godes willan. and forniman ælcne unðéaw mid heora
lare swa swa fyr fornimð swa hwæt swa him to cymð;
On twam híwum wæs se halga gast æteowed. on culfran and
Th. 46 on fyres. for þam getacnungum ðe ælc cristen man hab/ban
sceal. þæt is þæt hé hæbbe bilewitnysse ðære culfran. and 170
hæbbe soðe sibbe to cristenum mannum. and beo butan
biternysse. swá swá seo culfre is buton geallan. and ne begange
nan reaflac. ne nanes mannes ne ehte ðe ma þe seo culfre deð;
Beo hé eac onbryrd. and byrnende on godes lufe swá swa fyr.
þæt he ælc yfel on him sylfum adwæsce. and eac on oðrum þær 175
ðær hé mæg. and gemetegie þæt fyr ða bilewitnysse þæt heo to
sleac ne sy. and eft getemprie seo bilewitnys þæt fyr þæt hit to
reðe ne sy;
Sume men sind geðuhte bilewite. ac hí sind sleace; Hi sind
gesewene mid liðnysse. ac heora liðnys is soðlice asolcennys. 180
and nytennys; Ac se man ðe næfð godes gast on him. he nis na
godes; Se ðe facn lufað and smeað hu he mage him sylfum
gestrynan and na gode. næfð he na culfran ðeawas. ac hæfð
þæs blacan hremmes; Se ðe reaflac lufað. he bið glida and na
culfre; Oðre lytle fugelas sind læssan þonne heo sy. and hwæ- 185
ðere hí ofsleað sum ðing. huru ðas fleogan. ne deð seo culfre na
swá. ne leofað heo be nanum deaðe; Mare we mihton sprecan
be ðære culfran gecynde. gif hit to langsum nære; Uton habban
ægðer ge ðære culfran unscæððignysse. and ðæs fyres bryne.
þæt we beon æfre scinende on bilewitnysse. and weallende on 190
godes lare;
Iu wæron sume gedwolmen þe cwædon þæt Iohannes
fulluht wære mare. and betere ðonne ðis fulluht sy. þe nu stent
on godes cyrcan. for ði þæt crist wæs gefullod on Iohannes

162 æteowed] B iscewod   164 lareowas] BR to lareowum   165 him]
R hi (B heom)   166 ælcne] B uilc   168 B halig   æteowed] B
isceawod   169 B [cristen]   171 B [cristenum]   172 B þe culfræ
173 B ðe culfra   176 fyr] B fyr mid   177–8 B [and – sy]
181 B nis he   184 B glodæ R gliða   185–6 hwæðere] B
þahwæþere   186 B þe culfra   187 B [heo]   R precan   188 ðære] B þe
189 B [ge]   192 B Iu 'þa'   194 for ði þæt] BR for þam þe

195 fulluhte. ac hí dwelodon mid þære / spræce; Næs nán synne   MS. 143ʳ
forgifenys. on Iohannes fulluhte; On urum fulluhte beoð ealle
synna adylegode; Hwí ðonne fullode Iohannes? for ði þæt hé
sceolde crist fullian. se ðe ne behófode nanre synne forgifenysse;
Hwí fullode hé a má manna þonne crist ænne? for ði þæt we ne
200 sceoldon wenan þæt his fulluht wǽre swa gód þæt nan man ne
moste beon on ðam gefullod buton crist ana; Hwanon com
Iohanne þæt fulluht? fram criste; Ealle ðing sind þurh crist
geworhte; Soðlice swa swa he gesceop his agene moder Marian.
and siððan wæs geboren of / hire. swa eac hé forgeaf þæt fulluht   Th. 48
205 IOHANNE. and wæs eft gefullod æt iohanne;
     Næs nánum men forgifen þæt he moste habban oððe
gecweðan his agen fulluht buton Iohanne anum. and for ði
hé is geháten Iohannes se fulluhtere; Hwilc fulluht sealde hé?
His agen fulluht. on nanre synne forgifenysse. ac to behreow-
210 sunge. and gearcunge. to cristes fulluhte; þa men ðe iohannes
fullode. ða wǽron eft gefullode on cristes fulluhte. for ðan ðe
hí ne mihton beon gehealdene þurh Iohannes fulluhte; Hwilc
is ure fulluht þe we beoð on gefullode? Ic cweðe cristes fulluht;
Feawa manna crist sylf gefullode. ac hé forgeaf ðone anweald
215 his apostolon. and eallum geháдedum mannum þæt hí sceoldon
fullian mid godes fulluhte. on naman ðære halgan ðrynnysse.
and swa gefullod mann ne beo na eft oðre siðe gefullod. þæt ne
sy forsewen þære halgan ðrynnysse toclypung;
     Sume lareowas sindon beteran ðonne sume. swa swa wæron
220 ða apostoli. sume sind wáccran swa swa we beoð; Nis hwæðere
for ði þæt fulluht ðe we nu mid fulliað. mislic. þæt is. naðor
ne betere. ne wyrse. þurh urum geearnungum. for ðan ðe þæt
fulluht nis nanes mannes. ac is cristes. se ðe æfre is gód þeah
ðe we wáce sindon; þeah ðe hwa wiðsace crist æfter his fulluhte.
225 oððe heafodleahtras gewyrce. ne ðearf he beon eft gefullod. ac
hé sceal his synna bewepan. and mid soðre behreowsunge
gebetan æfter wisra láreowa tæcunge. and he hæfð þonne godes

195 BR synna   196 fulluhte²] BR fulluhte þe crist astealde   197 for ði
þæt] B For ðan þe   198 R synna   199 R 'a'   þæt] B þe   200 BR
sceolon   202 þurh crist] B fram criste   204 B geaf   206 forgifen] B
igefen ne icweðen   206–7 B [oððe gecweðan]   209 BR synna   210 gear-
cunge] B earnunge   212 fulluhte] R fulluht   BR continue And iohannes
fulluht geswac. sona swa cristes fulluht com   214 B geaf   B þæt and weald
216 B þæs halgan þrymnesse   218 B þrymnesse   219 B [swa swa wæron—
beoð]   220 B N[is]   221 B [mislic. þæt is]   222 BR ure geearnunga
223 cristes] BR godes   is²] B 'is'   224 BR criste   227 B 'he'

rice; þreo healice ðing gesette god mannum to clænsunge. An
is fulluht. oðer is huselhalgung. þridde is dædbot mid geswicen-
nysse yfelra dæda. and mid bigencge gódra weorca; þæt fulluht 230
ús aþwehð fram eallum synnum. se húselgang ús gehalgað. Seo
soðe dædbot gehælð ure misdæda;
    Godes ðeow se ðe hád underfehð. sceal beon on ða wison
gelogod þe god tæhte. and swa swa ða wæron. ðe godes gela-
ðunge ærest gestaðelodon; Doð swa swa crist tæhte. gif se 235
MS. 143ᵛ láreow riht tæce. do gehwá swa swa hé tæcð; / And gif hé yfele
Th. 50 bysnige. ne dó ge na be his gebysnungum. ac dóð swa swa / hé
tæcð; Ælc lareow sceal agyldan gescead gode ealra ðæra manna
sawla ðe him betæhte syndon. toeacan his agenre sawle; þonne
gif ða láreowas wel tæcað. and wel bysniað. ðonne beoð hí 240
gehealdene; Gif hí mistæcað oððe misbysniað. hí forpærað hí
sylfe; Be ðæs folces gehyrsumnysse cwæð críst. to his lareowum;
Se ðe eow gehyrsumað. hé gehyrsumað me. and se ðe eow
forsihð. he forsihð me;
    Uton beon gemyndige hwæt we gode beheton. on urum 245
fulluhte; Nu cweþst ðu. hwæt behet ic ða ða ic cild wæs. and
sprecan ne mihte? We rǽdað on ðam ealdum gesetnyssum.
þæt ða halgan lareowas tæhton þone soðan geleafan þam man-
num þe to cristendome gebugon. and axodon hí hwæðer hí
woldon wiðsacan deofle. and on god gelyfan; Hí beheton þæt 250
hí woldon swa dón. and wurdon ða gefullode on halgum fante.
mid þam behate; þa unsprecendan cild hí fullodon ðurh
geleafan þæs fæder. and ðære meder. and se godfæder wæs þæs
cildes forspreca. and borh wið god þæt hit heolde þone cristen-
dom be godes tæcunge. for ðan ðe se cwyde is swiðe egeslic þe 255
crist cwæð. þæt nán ungefullod mann ne becymð to ðam ecan
life; Nu stent ðeos gesetnys on godes gelaðunge. þæt man ða
unsprecendan cild fullige. and hi beoð gehealdene þurh oðra
manna geleafan. swa swa hí wæron þurh oðra manna synna
geniðerade. for ðan ðe hit bið twylic hwæðer hit on life aðolige. 260
oð þæt hit þam lareowe mid geleafan andwyrdan mage;

246 cweˋþˊst   247 ealdan < ealdum

229 B [is²]   R huleshalgung   231 Seo] B Ðe   233 ða] B þam
236 do gehwa] B do R do ge   B [swa]   237 do] R don   241 oððe] B
and   242 lareowum] B leorningcnihtum   245 Uton] B Uton we   B
behæten gode   248 B [halgan]   B soðne   251 R fullode   253 B
beleafan   254 BR forespreca   258 B fullian   B [beoð gehealdene]
260 B [ðe]   B þolige   261 B bileafan

We habbað full swutele bysne þises ðinges; Sum wif wæs ðe
com to criste. and bæd for hire dehter þe læg on wódum dreame;
þa cwæð crist to hire þæt hit nære na rihtlic þæt man name his
265 cildra hláf. and wurpe hundum; Heo ða andwyrde; Gea leof
drihten. and þeahhwæðere oft ða hwelpas gelæccað þa cruman
þe feallað of þæs hlafordes beode; Ða andwyrde se hælend. and
cwæð; Eala ðu wíf. micel is ðin geleafa. Getimige ðe swa swa
ðu wilt; Hire dohter wearð þærrihte gewittig; Þa wæs seo
270 dohtor gehæled þurh geleafan ðære meder; Swa beoð eac ða   Th. 52
úngewittigan cild / gehealdene on ðam fulluhte þurh geleafan
ðæs fæder. and ðære meder. and ðurh forespræce þæs godfæder;
    Se mæssepreost axað þæt cild. and cweð; Wiðsæcst ðu
deofle? Ðonne andwyrt se godfæder þæs cildes wordum and
275 cweð; Ic wiðsace deofle; þonne axað hé eft; Wiðsæcst ðu
eallum his weorcum? He cweð ic wiðsace; He axað þriddan
siðe; Wiðsæcst ðu eallum his getotum? He cwyð ic wiðsace;
þonne hæfð hé wiðsacen on ðisum ðrym wordum deofle. and
eallum leahtrum; Ðonne axað hé gyt; Gelyfst ðu on ðære
280 halgan ðrynnysse. / and soðre annysse? He andwyrt ic gelyfe;   MS. 144ʳ
Se godes ðen befrinð þonne gyt; Gelyfst ðu þæt we sceolon
ealle arisan mid urum lichaman on domes dæge togeanes criste.
and þæt ðær gehwá onfó edlean ealra his weorca. swa swa hé
ær on life geearnode? He andwyrt ic gelyfe; And se preost
285 gefullað þæt cild mid þisum geleafan; Hit wexð and gæð forð.
and ne cann þyses geleafan nan ðing;
    Is nu for ði micel neod gehwám þæt hé leornige æt his láreowe
hú hé his cristendom healdan sceole. mid þam soðan geleafan.
and hú hé mage deofol forbugan. and helle wite. and geearnian
290 þæt ece lif. and ða écan myrhðe mid gode. for ðan ðe se apostol
Paulus spræc swiðe egeslice be úngelyfedum mannum; Hé
cwæð; þa ðe godes .æ. ne cunnon. and buton godes .æ. syngiað.
hí eac buton godes .æ. losiað; And eft; Se mann þe god forgyt.

266 gel⟨e⟩'æ'ccað

267 beode] B borde   269 Hire] BR And hyre   seo] B þe   270 B
þurh þære moder leafan   B Swa eac beoð   272 forespræce] B þe fore-
spece   277 B totum: glenges   279–80 B þam halgan þrymnesse R þa
hangan þrynnysse   280 BR soþe   B andswyrde   281 þæt]
B þe   285 wexð] B wy'r'cst   287 ði] B þam   288–9 B [his
cristendom – he]   289 deofol] B 'þene' deofel   289–90 B ðet ece lif
ærnian   291 spræc] B cwæð: spec   292 ðe] R þa   æ¹'²] B
lage: æ   syngiað] B beoð

God forgyt eac hine; Uton dón for ðí swá swá se ylca apostol
tæhte. Genealæcað to gode. and god genealæhð to eow; And 295
se sealmscop ús mynegað eft ðus cweðende; Eadig bið se wer
se ðe híne ondræt god. and awént his willan to his bebodum; To
ðyssere eadignysse and to ðære ecan eadignysse gebringe us se
ælmihtiga god. se ðe leofað and rixað á buton ende. AMEN:—

294 hine] BR hyne; Eft is awriten. þæt ælc þæra manna (B ælc þære) þe ne
cann hys scyppend. ne cristes geleafan. bið swylce nyten þe (B swilc þæt nyten
þe na) andgyt næfþ   B Uton for þi don   297 and awent] R ⟨and⟩
andwent   B bode   298 B [ecan]

IV

Nuptie facte sunt in chana galíleae. Et Reliqua;
Iohannes se godspellere cwæð on þære godspellican race. þæt
gifta wæron gewordene on anum tune ðe is geciged Chana. on
ðam galileiscan earde. and ðær wæs María þæs hælendes moder;
5 Se hælend wæs eac gelaðod to þam giftum. and his leorning-
cnihtas samod; þa gelámp hit þæt ðær ascortode wín ðam
gebeorum. and þæs hælendes moder cwæð to him; Hí nabbað
wín leng; þa andwyrde se hælend; Fæmne. hwæt is me and ðe
to ðan? Ne com gyt min tima; Seo eadige moder cwæð to þam
10 ðenum. swa hwæt swa hé eow bebyt. doð þæt; Soðlice þær
wæron gesette six stænene wæterfatu. for clænsunge ðæra
iudeiscra manna. and hí heoldon twyfealde gemetu. oððe
þryfealde; Drihten cwæð to þam ðeningmannum; Fyllað þa
fatu mid wætere; þa ðeningmen dydon be his hæse. and ða
15 stænenan fatu oð þone brerd gefyldon; Drihten ða þurh his
mihte þæt wæter to wíne awende. and cwæð; Hladað nú. and
berað þam drihtealdre; Hí hlódon. and bæron; Ða ða se
drihtealdor þæs wínes onbyrigde. and nyste hú hit gedón wæs
þa byrlas wiston. þe þæt wæter hlódon. ða clypode hé to ðam
20 brydguman. and cwæð; Ælc man scencð ærest his góde win on
forandæge. and þæt wáccre þonne hí druncene beoð; þu
soðlice heolde þæt betste win. oð þis; þis tácn worhte se hælend

Manuscripts: B, E, F, K, M (lines 1–288 lost), N (lines 1–15 lost).

Title E domica II post theophania domini   F DOMINICA SECUNDA
POST EPIPHANIA DOMINI   B *no title*

1 Nuptie] B Nuptie quidem   galileae] EF galileę. et erat mater iesu ibi
E [ET RELIQUA]   2 þære godspellican race] B þam godspellice lare
3 gewordene] B imacode   geciged] B ihaten   6 B belamp   hit] E
hit þær   ascortode] B trucode   EF ateorode   6–7 ðam gebeorum] B æt
þam beorscipe   8 win leng] B na leng win   9 E [moder]   F modor
'*maria*'   10 B bit   12 hi] E þa   13 þa] F þas   14 dydon]
E swa dydon   B [be]   15 B to þe breorde   þurh] *N begins*   16 Hla-
dað] B ladæð hit   18 þæs] E þær   onbyrigde] B abat   wæs] N
wæs. ac   19 F ⟨he⟩ '*se drihtealdor*'   to ðam] E ta ða   21 BEF
forandæg   22 BE [win]   oð þis] B oððet nu

MS. 144ᵛ ærest on his menniscnysse. and geswutelode his wuldor. / and
his leorningcnihtas on hine gelyfdon;
Se láreow beda cwæð þæt drihten hine sylfne gemedemode 25
þæt hé to woruldlicum giftum gelaðod com. and hí mid þam
forman tacne his wundra gehalgode. to ði þæt he wolde geswute-
lian þæt ða giftu beoð herigendlice. ðe for bearnteame beoð
gefremode swiðor þonne for galnysse; Æfter gastlicum andgite
drihten com to giftum on ðisum middanearde. for ðan ðe he ða 30
halgan gelaðunge him to bryde geceas. swa swa se apostol to
geleaffullum folce cwæð; Ic beweddode eow anum were. þæt ge
gearcian criste an clæne mæden; Crist is se clæna brydguma.
and his gelaðung þæt is seo geleaffulle menigu is his bryd. seo
ðe acénð dæghwomlice ða gastlican cild þurh geleafan and 35
fulluht. and swa ðeah ðurhwunað on clænum mægðháde;
þa giftu wæron gegearcode on ðam tune þe is geciged chana.
galileiscre scire. Chána is gereht anda. and galilea oferfæreld;
Anda is twyfeald. þæt is yfel and gód; Yfel bið se ánda þe
ándað ongean godnysse. and se anda is gód ðe mid lufe andað 40
ongean yfelnysse. to ði þæt hé yfel onscunige. and gód lufige;
þa ðe þus andiað ongean unriht. and farað fram leahtrum to
mæignum. hi belimpað to ðam gastlicum giftum. þæt is to
cristes gelaðunge. seo ðe is ure gastlice moder;
Wín ateorode æt ðam giftum to ði. þæt drihten mid selran 45
wine þa gebeoras gegladode. and his godcundnysse mihta mid
þam tacne geopenode; Drihten cwæð to his meder. Fæmne.
Th. 56 hwæt is me and ðe to ðan? swilce he cwæde. ne wyrcð / seo
menniscnyss ðe ic of ðe genám þæt tacn þe ðu bitst. ac seo
godcundnys þe ic ðe mid geworhte; þonne min ðrowungtima 50
cymð. þonne geswutelað seo menniscnys hire untrumnysse;

38 ga'li'leiscre

25 B larðeow   26 hi] B hire   E him   F ⟨him⟩   N he   B [þam]
27 gehalgode] N gehalgode þæt wæter to wine   to] B for   30 F 'he'
31 to²] N to þam   32 þæt] N þæt is þæt   36 ðurhwunað] N wunaþ
37 geciged] B icleoped   EF gehaten   38 EF [galileiscre scire]   gereht] B
icleoped and iræht   E oferfærend   39 bið] B is   40 nadað¹] EF andiað
41 ongean] B on   to] B for   B schunie   42 F 'þe'   B agean
42–3 leahtrum to mæignum] B yfele ðeawe to halige mægnum   43 N [ðam]
to] E on   44 E g⟨i⟩'e' laþung   F gelaþung 'e'   45 ateorode] B trucode
to] B for   selran] B betere   46 N gladode   47 B unopenode
48 to] B for   E wyrð   49 ðe¹] E þæt   þe] B ðet   50 þe] E
þæt   E mid ⟨. . . . . .⟩ worhte   51 hire untrumnysse] E þe ic of þe
trumnesse

Hydrię sind gehátene wæterfatu. for ðan ðe on greciscum
gereorde is wæter geciged ydor; Eornostlice wæter getacnað
ingehyd haligra gewrita. þæt aðweahð his hlysteras fram synna
55 horewum; þa stænenan wæterfatu sind estfulle heortan haligra
lareowa. þa aheardiað on stanes gecynde ongean deofellicum
costnungum;
Æt ðam giftum ascortode wín. for ðan ðe seo ealde gecyðnys
ateorode on cristes andwerdnysse fram flæsclicum weorcum.
60 and wearð awend to gastlicum ðeawum; Swa micclum swa
wín is deorwurðre þonne wæter. swa micclum is cristes lár þe
hé ðurh his andwerdnysse his apostolum tæhte deorwurðre.
ðonne wære seo ealde gesetnys. ðe he þurh Moysen gedihte.
for ðan ðe moyses .ǽ. wæs flæsclic. and cristes gesetnys is
65 gastlic; Seo ealde .ǽ. wæs swilce scadu and getacnung. Cristes / MS. 145ʳ
bodung is soðfæstnys. and gefylð gastlice swa hwæt swa seo
ealde gecyðnys mid mislicum gesetnyssum getacnode;
Æt þam giftum wæron gesette six stænene wæterfatu.
æfter ðæra Iudeiscra clænsunge healdende ǽnlipige twyfealde
70 gemetu. oððe þryfealde; Nis gecweden on ðam godspelle þæt
ða wæterfatu sume heoldon twyfealde gemetu. sume ðryfealde.
ac ænlipige hí heoldon twyfealde gemetu. oððe ðryfealde. for
ðan ðe ða halgan lareowas hwílon sprecað be ðam ælmihtigan
fæder. and his suna. hwílon swutollice embe ðære halgan
75 ðrynnysse. and þeah ðe se halga gast ne beo swutollice genemned
to ðam fæder and to ðam suna. swa ðeah he bið symle ðærto
undergyten. for ðan ðe hé is heora begra lufu and willa æfre
mid him bám;

74 sunu

---

52 N [ðe]   53 gereorde] B speche   geciged] B icleoped   Eornost-
lice] B Fuliwislice   B betacnæð   54 þæt] F þe   hlysteras] B listes
N hleahtras   synna] E haligra synna   55 estfulle] E eft fulle   56 B
larþeowa   þa] B þe   56–7 N deofollice costnunga   (B -lice -nunge)
58 ascortode] B atrucode   EF ætscortode   E cyðnyss   59 on] B ongean
61 deorwurðre] N weorðre   62 E andweardnys⟨ne⟩   64 æ] B lage
gesetnys is] B isetnysse F is 'gesetednys'   65 B þe ealde lage   swilce] B
wislice   Cristes] B and cristes   66 E gesylð   68 N geset
69 ænlipige] B ælc ðære   69–70 twyfealde gemetu. oððe þryfealde] N
be twyfealdum gemetum oþþe be þryfealdum   71 sume²] B and summe
EF oððe   N ⟨oþþe⟩ 'sume'   72 ænlipige hi] B ælc an   N ænlipie
B twyfealde oððe þreofealde. gemetum   73 N [ða]   B halige
larþeowas   74 hwilon] N Hwilon we spræcon   ðære] BN þa
74–5 B halige þrimnesse   75 EN [ðe]

þa Iudeiscan wæron swá geðeawode. þæt hí setton wæterfatu
on flora æt heora gebeorscipum. and sceolde ælc ðe inn come 80
his handa aðwean. ær ðan ðe hé gesæte. gif hé buton tale beon
Th. 58 wolde; þa wæron gesette for ðam ðeawe six stænene / wæterfatu.
æt ðisum giftum; þa six wæterfatu getacnodon six ylda ðyssere
worulde; Seo forme yld wæs fram Adáme. oð Noe; Seo oðer
yld wæs fram noe. oð Abraham; Seo þridde yld wæs fram 85
abrahame. oð Dauid; Seo feorðe fram dauide. oð þæt Nabocho-
donosor hergode on Iudeiscre leode. and hí hæftlingas to
babilone gelædde; Seo fifte yld wæs fram babiloniscre here-
gunge. oð cristes acennednysse. æfter ðære menniscnysse; Seo
sixte yld stent nu fram cristes acennednysse. mid ungewisre 90
geendunge astreht. oð antecristes tocyme;

Mine gebroðra uton sceawian nu hu ðas six wæterfatu wæron
afyllede mid halwendum wætere. bóclicra gewrita; Uton eac
understandan hu þæt ylce wæter wearð awend on wynsumum
wínes swæcce; Witodlice mihte drihten æmtige fatu mid wine 95
afyllan. se ðe ealle ðing of nahte gesceop. ac hé wolde swiðor þæt
wanne wæter to mærlicum wine awendan. and mid þam ge-
swutelian þæt hé ne com to ðy þæt hé wolde towurpan ða ealdan
.ǽ. oððe wítegan. ac wolde hí æfter gastlicum andgite gefyllan;

On anginne middaneardes wæs adám. þa slép adam þæt eua 100
wurde of his sidan gesceapen. him to gemacan; Crist gewát on
ðære rode. and his side wearð mid spere geopenad. and of
ðære fleowon þa gerynu þe his gelaðung wearð mid gesceapen
him to clǽnre bryde; On ðære ylcan ylde wæs Abel adames
sunu rihtwis. and gode andfenge. þone ofsloh Cain his broðor. 105
unscyldigne þurh andan; Se ðe nu æfter gastlicum andgite
MS. 145ᵛ understent be adame / swa swa we cwǽdon. and þæt se mægslaga
107 'c' wædon

79 E þeowode   F 'wæterfatu'   80 N [on flora]   B on heoræ flore   inn] B
þerin   82 B þa for þan ðeawe weron isette   83 B þare gifte   wæter-
fatu] E 〈......〉fatu   six²] B þa six   84 E Seo forma ylde   F Se 'o'
form〈a〉'e' yld〈e〉   B þe forme ealdæ   E adam   F adam'e'   85 F oð
abraham〈e〉   B [yld]   86 BE abraham   F abraham'e'   feorðe] N
feorðe yld wæs   BE dauid   F dauid'e'   E [oð]   BN [þæt]   87 leode]
EF þeode   hi] BEN hyre   hæftlingas] E a æftlingas   88 BE babilonie
90 stent nu] E wæs   91 E geedunge   oð] F on   92 E 'hu'
93 B ifullede   94 on] B to   95 swæcce] B swetnes   mihte drihten] B
mihte ure drihten   E eaðe mihte drihten   N drihten mihte   99 æ] B lage
oððe] B oðer þe   104 EF clænum   (B clene)   On] B and on
105 his] N his agenne   106 andan] E adam   107 N [and]   se mæg-
slaga] B ðes broðeres slagæ   N se manslaga < maslaga

cain getacnode þæra iudeiscra geleafleaste. ðe crist mid niðe
acwealdon. and þæt abeles slege getacnode drihtnes ðrowunge.
110 buton twyn hé gemet þæt wæter to wínlicum swæcce awend;
On ðære oðre ylde þissere worulde wearð eal middaneard
mid flodes yðum adylegod for synna micelnysse. buton ðam
rihtwisan Noe anum. and his seofan híwon. þe on ðam arce
belocene wæron to anes geares fyrste. and hí siððan eal /   Th. 60
115 mancyn gestryndon; Gif we gleawlice æfter gastlicum andgite
tocnawað. þæt se swymmenda arc getacnode godes gelaðunge.
and þæt se rihtwisa noe getacnode crist. and þæt yðigende flod
þe ða synfullan adylegode. gebicnode þæt halige wæter ures
fulluhtes. þe ure synna adilegað. þonne gewisslice bið ús
120 awend þæt oðer wæterfæt to wunderlicum wine. for ðan ðe
we geseoð ure clænsunge and halgunge and rihtwisnysse gewite-
gode on ðære ealdan gereccednysse; Witodlice ða eahta menn
þe se arc on his bosme abǽr wurdon ahredde wið þam yðigen-
dum flode. and ealle oðre eorðlice gesceafta þæt brade wæter
125 adydde; Swa eac nú ða ðe on godes gelaðunge geleaffulle
ðurhwuniað. beoð gehealdene wið woruldlicum yðum. and
dwollicere deopnysse. ða ungeleaffullan þe buton godes gela-
ðunge dwollice drohtniað. untwylice forwurðað on ecnysse;
Precor humiliter quosque peritos ne nos uituperent. eo quod
130 historiam propter ignorantes tám aperte hic ponimus;
On ðære þriddan ylde afándode god Abrahámes gehyrsum-
nysse. and het þæt hé name his leofan sunu Isaac and hine on
anre dune him geoffrode. and ofsloge; þa wæs abraham buton
elcunge gearo to godes hæse. and siðode arodlice to ðære dune
135 ðe him god gewissode. and his sunu samod; Efne ða ða hé
ðære dune genealæhte. þa cwæð hé to his cnihtum. andbidiað
hér. Ic and þis cild willað ús gebiddan æt þære stowe þe

119 gewi's' slice   128 u'n'twylice

108 B cam   109 þæt] N þæs   110 N tweone (over erasure)   gemet] E mæg
swæcce] B swetnes   E awendan   111 eal middaneard] B middaneard
N middaneard eall   113 E rihtwisum   (B -wise)   B hinon   114 to]
B be   E [geares]   115 E [we] BN ge   gleawlice] B rihtlice   116 E
oncnawað   116–17 B [swymmenda – þæt se]   118 gebicnode] B betacnode
119 B [us]   121–2 gewitegode] B þe iwitegode weron   123–4 BN wið þæt
yþiende flod   124 B [ealle]   125 B fordude   F eac ða ðe nu   126 N
woruldlice yþe (B weorldlice uþan)   127 N dwollice deopnesse   (B -lice
-nesse)   N geleaffullan   128 B [dwollice]   129–30 BEFN [Precor – ponimus]
131 B fondode   132 EFN gename   134 B eldinge   arodlice] B heardlice
135 ða ða] B þa ðe   136 N cwihtum   137 þis] BEF þæt   us] N unc

5838C76   D

ús god geswutelode; Isáác þa bær wudu to forbærnenne ða off-
runge. and abraham hæfde him on handa fyr and swurd; Isaác
ða befrán ðone fæder. and cwæð; Efne hér is fyr and wudu. mín   140
fæder hwær is seo offrung? Abraham andwyrde; Min bearn.
god foresceawað him sylfum þære onságednysse offrunge; Hwæt
ða abraham ða ða hí to ðære stowe comon gebánd his leofan
sunu. and his swurd ateah þæt hé hine gode geoffrode; Efne
ða godes engel clypode of heofonum. and mid hluddre stemne   145
cwæð; Abraham. ne astrece ðu ðine hand bufon ðam cilde. ne

Th. 62
him nane dare ne gedó; Nu ic oncneow þæt ðu god on/drǽdst.
MS. 146ʳ
and þu ne árodest þinum ancennedan suna for his hæse; / þa
beseah abraham underbǽc. and ðær stód an ramm betwux þam
bremelum getiged be ðam hornum; He ða genám ðone ramm   150
and gode geoffrode for ðam cilde; Æfter ðisum clypode eft
godes engel of heofonum to abrahame. þus cweðende; God
cwæð. Ic swór þurh me sylfne. for ðan ðe þu þas dæde dydest.
and ðinum ancennedan bearne ne árodest. Ic gebletsige ðe. and
þinne ofspring ic gemenigfylde swá swa steorran on heofenan.   155
and swá swa sandceosol on sælicum strande; þin sǽd soðlice
geagnað his feonda gatu. and on ðinum sæde beoð gebletsode
ealle eorðlice mægða. for ðan ðe ðu gehyrsumedest minre
stemne; Abraham ða hám gecyrde mid ánsundan bearne. and
mid écere bletsunge;   160

We sceolon understandan on abrahame þone ælmihtigan
fæder. and on Isaace his leofan sunu urne hælend crist. Be ðam
cwæð se heofonlica fæder. þes is min leofa sunu ðe me wel licað.
and we sceolon tocnawan on isaaces offrunge drihtnes ðrowunge.
Be ðam cwæð se apostol paulus. þæt godfæder ne sparode his   165
agenum bearne. ac for ús eallum hine to deaðe sealde; Isaác

149 besteah

138 B us geswutelode god   B bernene   139 and²] N and on oþre
140 B [ða]   B befræinede   141 andwyrde] N him andwyrde   142 BN
[þære]   143 ða ða] B ða ðe   geband] B he bond   145 B [and]
146 cwæð] B and cwæð   F ⟨clypode⟩ 'cwæð'   148 arodest] B
sparæst   E acennedan   149 ðær] E þæs   150 F genam þa
151 B [eft]   153 N gedydest   154 bearne] B sune   B are⟨d⟩dæst
gebletsige ðe] E ðe bletsige þe   155 ic] B and ic   gemenigfylde] B heom
monifealde   N gemænigfylle hy   N steorra   BEFN heofonum
156 sælicum] B sæ   158 B mægðæ: folc   gehyrsumedest] B hersumedest
cwæð god   159 B cherde ham   EF ansundum   (B ansunde)   162 BN
isaac   164 B icnawæn   E oncnawan   165 B paul   166 EFN
agen bearn   B agene sune. ⟨and⟩   B ac hine for us alle

bǽr ðone wuda to his agenum bærnete. and his fæder bendum
ne wiðcwæð; Swa eac crist wæs gehyrsum his fæder oð deað.
and him sylf his rode abǽr; Næs ðeah isaac ofslegen. ac se ramm
170 hine spelode. for ðan ðe crist wæs unðrowigendlic on þære
godcundnysse. and seo menniscnys ana deað and sár for us
ðrowade; Swilce se sunu wære geoffrod. and se ramm ofsniden;
Ge sceolon eac gelyfan þæt seo bletsung ðe god behet abrahame
gæð ofer ús. and we sind abrahames sǽd. swa swa paulus þeoda
175 láreow cwæð; Eornostlice gif ge cristes sind. þonne sind ge
abrahames sǽd. and æfter beháte yrfenuman; þurh ðis deope
andgit ús bið awend þæt ðridde wæterfæt to halwendum wine.
mid þam we magon ure mod gastlice gegladian;
    On ðære feorðan ylde geceas israhela folc him sylfum / Saul   Th. 64
180 to cyninge ongean godes willan. þeah ðe hé hit geðyldelice
forbǽre. and he wearð gode ungehyrsum. and nolde faran be his
dihte; þa spræc god to his witegan Samuhele ðisum wordum;
Hú lange wilt ðu bewépan Saules sið. þonne ic hine awearp
þæt he léng ofer israhela ðeoda ne rixige? Afyll ðin elefæt.
185 and far to ðære byrig bethleem to Isai. ic foresceawode of his
sunum me gecorenne cyning; Far and gelaða Isái mid his
sunum to ðinre onsægednysse. and ic geswutelige ðe hwilcne
ðu to cyninge gehalgian scealt; Samuhel ða ferde be godes
hǽse to bethleem. and god geceas dauid of his seofon gebro-
190 ðrum. him to cyninge ofer his folce; Hwæt ða Samuhel /   MS. 146ᵛ
gehalgode dauid to cyninge onmiddan his gebroðrum. and
godes gast him wæs onwunigende. æfre of ðam dæge; Witodlice
godes gast gewát fram saule. and hine astyrode se awyrigeda
gast from gode; Siððan æfter ðan genam saul micelne nið to
195 ðam gecorenan dauide. and ofthrǽdlice hine acwellan wolde;
Dauid wearð þa of his earde aflymed. and saul his symle ehte.
oð þæt hé on ðære dune Gelboe hine sylfne acwealde. and

167 bærnete] B deaþe   bendum] B bene   168 oð deað] B a to deaþe
169 E [his]   B ber   ac] B and   170 B spilode   171 and¹] E ac
172 B geunoffrod   175 B larþeow   Eornostlice] B Soðlice   176 B
behæste   N yrfenuma (B -me)   B ðis ðeowe andgit   E þysum deo-
pum andgyte   F þysum deopan andgyte   178 BEF gladian   180 F [ðe]
geðyldelice] B willice   181 ungehyrsum] B swiðe unhersum   182 N
witegod   183 F lang 'e'   B la   184 ðeoda] BE folc   B rixlie   Afyll] B
Ful nu   B elefatu   185 N foresceade   188 BN
halgian   189 geceas] N geceas þa   190 B [him – gebroðrum]
EFN folc   192 B wæs on him effre wuniende   193 E sawul F
sa⟨w⟩ul'e'   N ascyrede

dauid feng to his rice. and on ðam gode gecwemlice feowertig
geara rixode;

Æfter gastlicum andgite we magon undergytan on dauide 200
cristes getácnunge. On saules ehtnysse þæra ungeleaffulra
Iudeiscra ehtnysse ongean crist. and his gelaðunge. and heora
eorðlice rice wearð toworpen for heora mándædum æfter saules
gelicnysse. Cristes rice and his gelaðunge stent on ecnysse ofer
eallum ðeodum; Gif we ðus understandað þa ealdan gerecced- 205
nysse. þonne bið þæt wæter ús awend to wínlicum swæcce. for
ðan ðe we tocnáwað urne cyning crist. and his rice. and ure rice
ðær awritene. þær we ǽr swilce be oðrum mannum gerecced-
nysse rǽddon;

On ðære fiftan ylde middaneardes wearð þæt israhela folc 210
forscyldegod wið heora scyppend. and beah se cynig Sedechias
to hæþengylde. and israhela folc samod. and on mislicum
Th. 66 forgǽgednyssum þone ælmihtigan getyrigdon; þa / sende god
þone chaldeiscan cyning Nabochodonosor mid ormætre
fyrdinge. to hierusalem. and hí tobræcon þa burh grundlinga. 215
and þæt mære Salomones templ forbǽrndon. and þone mæstan
dæl þæs folces ofslogon. and ðone ofereacan hǽftlingas aweg
gelæddon. to chaldea rice; þæs cyninges sunu hí ofslogon
ætforan his gesihðe. and hine siððan ablendne to babilone
gelæddon. and ða madmfatu þæs temples ungerime. gyldene 220
and sylfrene mid oðrum goldhordum forð samod ferodon;
Israhela folc ða þeowde þam cyninge nabochodonosor and his
æftergengum hundseofontig geara. oð þæt Cyrus feng to rice.
se asénde þæt folc ongean mid wurðmynte to heora earde. and
hét hí geedstaðelian ða burh hierusalem. and þæt templ eft 225

---

210 mi⟨n⟩'d'daneardes   224 'mid'

198 feng] N feng eft   BN gecwemedlice   199 B rixlode   201 BN
tacnunge   202 and¹] N on   204 N gelaðung   205 B [we]   205–6 þa
ealdan gereccednysse] E ⟨þe⟩ eallum gerecednyssum   206 F wæter 'fæt'
swæcce] B swætnesse   207 tocnawað] B ne cnawæð   208 B iwritene
E [mannum]   211 B forsunegod   212 E hæðengynde'e'   on] E
mid   212–13 B mislice forgetenesse   213 F getirigdon: oþþe grᵉmedon
B styredan N getyndon   N asende   214 E galdeiscan   214–15 B
orfermete ferde   215 B grundunga   216 B [þone]   217 ðone ofer-
eacan] B alle þa ofer   hæftlingas aweg] N on hæftlingas (sic)   218 BN
læddon   219 hine] N hine sylfne   N [ablendne]   E ablende and F
ablende   B babilonie   220 madmfatu] E maðm   BN ungerim
221 samod] N samod mid him   222 N þeowodon   224 N [ongean]
B agean   225 B æstaðelian E geedstaliað F geetsaðelian

aræran mid his fultume; Hwæt ða Iesus Godes sacerd be ðæs
cyninges hæse Cyres and fultume. þæt israhela folc to earde
gelædde. and þa burhweallas samod mid þam temple geed-
staðelode. and godes bíggengas geedniwode;

230   Se babilonisca cyning nabochodonosor þe þæt synfulle godes
folc sum acwealde. and sum gehæft to his rice gelædde. getac-
node þone / deofol. þe ða synfullan mislice fordéð. and to his   MS. 147ʳ
byrig þæt is hell geháfte gelæt to gescyndnysse; Babilonia seo
chaldeisce burh is gereht gescyndnys. seo getacnað hélle. on

235   þære beoð symle gescynde þa ðe hire to cumað; Hierusalem is
gecweden Visio pacis. þæt is sibbe gesihð; þeos hierusalem
hæfde getacnunge ðære heofonlican hierusalem. on ðære is
fulfremed sibb. to ðære we sind gelaðode. and we ðider cumað
untwylice gif we hit on andweardan life geearniað; Ðas twá

240   burh wiðriað betwúx him symle. swa lange swa þes middaneard
stent; Hierusalem winð for rihtwisnysse. and babilonia winð
ongean for unrihtwisnysse. seo oðer for soðfæstnysse. oðer for
ydelnysse; Ðære heofonlican hierusalem cyning is crist. þære
scandlican babilonian cyning is deofol. se geheregað þa syn-

245   fullan. and gehæfte to þære hellican byrig gelæt to deoflicum
ðeowte;

      Seo góde burh hierusalem hæfð góde ceastergewaran. and /   Th. 68
seo yfele babilonia hæfð yfele ceastergewaran; Sindon þeah
sume menn þe belimpað to ðære heofonlican hierusalem. and

250   swa ðeah mid sumere ðenunge þeniað babilonian. swa swa
wæron ða ðry gelyfedan cnihtas. Sidrác. Misac. Abdenago.
þe nabochodonosor gesette him to weorcgerefan; Eft crist
bebead þæt gehwá sceolde agildan ðam casere þæt him gebyreð.
and gode þæt him gebyreð; Petrus se apostol bead éac on his

234 geta'c´nað   240 symle < sylfe (cf. B)

226 B [his]   F hi's´   227 and] EF on   earde] B heora earde
230 synfulle] E synna le   231 sum gehæft] B ibunden   231-2 B be-
tacnoð   232 synfullan] E fynllannan   N [and]   233 hell] E ell hell
gehæfte] B ibunden   BE scyndnysse   seo] B þe   234 E gescyldnyss
B betacnæð   235 symle] B efre   236 E [is]   239 on – geearniað] B
nu geearniæð on þisse life   240 symle] B seolfe   242 seo] B þe   N
[seo – ydelnysse]   oðer²] B þe oðer   244 se] B þe   BE hergað
245 N gehæft   B ibundene   N deofollican   (B -lice)   247 Seo] B þe
B [gode² – hæfð]   N ceasterwaran   248 F babilon   BN ceasterwaran
þeah] BN swa þeah   251 BF gelyfede   B Sidrac. and misac. and ab-
denago   Abdenago] N Abdenago. hi sind oþrum naman genemde. anna-
nias. azarias. misael   253 B bead   B geldæn   254 F bebead

pistole ðeowum mannum. þæt hí wæron heora hlaforde getreowe 255
and holde. wære se hlaford góod. wære hé yfel; Sind eac
sume babilonisce ceastergewaran þe sume ðenunga doð þære
heofonlican hierusalem. swilce swa wæron Iudei. þe crist
acwealdon. ús to alysednysse. and him sylfum to forwyrde.
and swilce swa sind unrihtwise lareowas on godes gelaðunge. 260
be ðam ðe crist cwæð on his godspelle; Doð swa swá hí tæcað.
and ne dó ge swa swa hí doð; þus sind gemengde þa gódan
ceastergewaran. and ða yfelan. swa swa corn and ceaf. oð þæt
se dema cymð ðe gegaderað þæt clæne corn into his berne. þæt
sind þa rihtwisan into heofonan rice; þæt ceaf hé forbærnð on 265
unadwæscendlicum fyre. for ðan ðe ðæra mánfulra smíc
astihð on ecnysse;

Hiesus se mæra godes sacerd lædde þæs folces lafe æfter
hundseofontig geara fram babilonia to heora earde. and hieru-
salem geedstaðelode. for ðan ðe ure drihten Iesus Christus. 270
se ðe is soð sacerd gelǽt þa dǽdbetendan æfter soðre dǽdbote
to ðære uplican hierusalem. þe hé sylf getimbrode. and gearcode
eallum ðam þe hine lufiað; Untwylice on ðisum andgite ús bið
awend þæt fifte wæterfæt to wynsumum wíne. gif we gecnyrd-

læcað hu we / þa deofellican babilonian forfleon magon. and 275
becuman to ðære heofenlican hierusalem;

On ðære sixtan ylde wearð ure drihten geflæschamod. and to
menniscum men geboren. and on ðam eahteoðan dæge his
acennednysse hé wæs ymsnyden æfter moyses .ǽ. and on ðam
feowerteogeðan dæge hé wæs mid ǽlicum lácum to godes 280
temple geferod. and mid bletsunge underfangen; Cristes ymsny-

dennys hæfð mænigfealde getacnunga. and swa ðeah / swiðost
belimpð to ðam gemǽnelicum ǽriste on ðissere worulde
geendunge. on ðære bið seo galnys forðwyrt. and on ðære

274 w⟨i⟩'y'nsumum

257 BN ceasterwaran   doð] F doð to   258 swa] E swa we   F swa
⟨we⟩ Iudei] BN þa iudei   259 B lesednesse   260 B unriht larþeowas
N þa unrihtwisan lareowas   261 BN [ðe]   swa swa hi tæcað] N swa
'hi tæcheð' (over erasure?)   262 ge] N ge na   262–3 godan ceasterge-
waran] B gode burhwaren   N ceasterwaran.' þa godan   264 E [his]
268 E [godes]   lafe] E lare   269 EN hundseofontigum gearum F
hundseofontigum geara (B -tigæ -ræ)   271 N [se ðe]   N gelædde
272 sylf] B him seolf   274 to] B ⟨..⟩'to'   F ⟨er⟩'to'   274–5 gecnyrd-
læcað] B cunniæð   N gecneo⟨rd⟩'w'læcað   279 ǽ] B lage   280 BEF
feowerteoðan   280–1 N [mid – geferod. and]   280 ælicum] B healice
281 temple] E huse   F underfan'gen'   283 æriste] B upriste

285 ablinð ælc hǽmed. and bið ure deadlica lichama awend to
undeaðlicnysse. and we beoð æfter ðam gemǽnelicum dome
geferode to gesihðe þæs godcundlican mægenðrymmes mid
urum lácum. þæt is mid gódum weorcum. and we symle
syððan on ðam heofonlicum temple þurhwuniað; Witodlice
290 mid þyssere getácnunge us bið awend þæt sixte wæterfæt to
deorwurðum wine. and we magon clypian soðlice to criste.
þæt hé sparode þæt góde wín. oð his agenum tocyme. þæt hé
scencð nu geond his gelaðunge. oð ende þises middaneardes;
þises godspelles traht sprecð gyt menigfealdlicor ymbe ðas
295 wæterfatu. and heora getacnungum. ac we ondrædað us þæt
ge ðas foresǽdan getácnunga to gymeleaste doð. gif we eow
swiðor be ðam gereccað; Se trahtnere cwið þæt þæt gyftlice
hús wæs ðrýflere. for ðan ðe on godes gelaðunge sind þry
stǽpas gecorenra manna; Se nyðemysta stǽpe is on geleaffullum
300 lǽwedum mannum. þe on rihtum sinscipe wuniað. swiðor for
bearnteame þonne for galnysse; Se oðer stǽpe is on wydewan
háde þe æfter rihtre ǽwe on clænnysse wuniað. for begeate
þæs upplican lífes; Se héhsta stæpe is on mægðhádes mannum.
þa ðe fram cildháde clænlice gode þeowigende. ealle mid-
305 daneardlice gælsan forhógiað;
      Se drihtealdor cwæð to ðam brydguman. ælc man sylð on
forandæge his gode wín. and þæt wáccre þonne ða gebeoras
druncniað. þu soðlice heolde þæt góde wín oð ðiss; Se driht-
ealdor getacnað þa láreowas on godes gelaðunge. hí tocnawað
310 þone swæcc cristes lare. hu micel tostent seo godspellice
soðfæstnyss. fram sceade ðære ealdan .ǽ; Soðlice eal seo
ealde gecyðnys wæs witegung and getácnung. fram Adame.

285 ablinð] N afylð   286 BEFN undeadlicnysse   287 FN geferod
gesihðe] B þe sihðe   N godes gesyhðe   F godcundan   288 symle]
B efre   289 syððan] M begins   EM heofonlican   (B -lice)
292 þæt he¹] N þe   B oððet   MN agenne (B agene)   293 E s⟨c⟩enð
nu geond his gelaðunge] M dæghwamlice nu geond his halgan gelaþunge
294 N [gyt]   295 and] MN gedon   296 M don   N gedon   297 BEF
reccað   BE cwæð   298 N [ðe]   300 lǽwedum] B wæddede
B scincipe   302 BN rihte   wuniað] M æfre þurhwuniað   begeate]
B biheste   303 B on on   304 MN [þa]   þeowigende] M þeowiende
wæron. and   304-5 B middaneardes galnesse   306-7 sylð – win]
B scencð his gode win on forendæge   307 EFM forandæg   gebeoras]
B beornas   308 oð ðiss] B oððet nu   309 B betacnæð   B larþe-
owas   hi] B þe   B cnawæð   310 swæcc] B smec   N spæc
311 N gesceade   B [eal]

oð Iohannem baptistam. and witegode oððe mid wordum.
oððe mid weorcum cristes menniscnysse. and cris/tenra manna
líf. Ac ure mǽð nis þæt wé ealle godes gecorenan on ðam syx   315
yldum þyssere worulde eow namcuðlice gereccan. Gód we
tellað gif we ðyssera gemyndige beoð. þe ge nú gehyred habbað;
þis tácn worhte se hælend. on angynne his / wundra. on ðam
galileiscan chána. and geswutelode his wuldor. and his leorning-
cnihtas on hine gelyfdon; Hé geswutelode mid þam tacne þæt hé   320
is wuldres cyning. and brydguma ðære halgan gelaðunge. se ðe
cóm swa swa mann to gyftum gelaðod. Ac hé awende þæt
gesceaft swá swa ælmihtig scyppend. and swá getrymde his
leorningcnihta geleafan. hælend críst se ðe leofað and rixað.
mid fæder. and halgum gaste. á. on ecnysse. Amen:—   325

313 B oððet   baptistam] B þe fulluhtere   B [oððe]   BN worde
314 BN weorce   315 mæð] E muð < mað   316 B nan cuðlycor
God] B ac god   317 we] BM ge   ge] N we   E hyred   325 and
halgum] B and þam halga   EF and mid sunu and mid ðam halgan   N and
mid halgum   a. on ecnysse. Amen] EF in eallra wurulda woruld. a buton
ende AMEN   M a on ec

V

DOMINICA. SEPTUAGESIMA

DRIHTEN SÆDE þIS BIGSPEL. his leorningcnihtum ðus
cweðende; Simile est regnum cęlorum homini patrifamilias. qui
exiit primo mane conducere operarios. et reliqua; Se hælend
cwæð þæt heofenan rice wære gelíc sumum híredes ealdre. se
5 ðe ferde on ǽrnemerigen. and wolde hyrian wyrhtan into his
wingearde; þa gewearð þam hlaforde and ðam hyrigmannum
wið ánum peninge. and hí eodon into ðam wíngearde; Eft
ymbe undern dæges eode þæs wíngeardes hláford út. and gemétte
oðre hýrmenn standende ydele on ðære strǽt. and hé cwæð him
10 to; Gað into minum wíngearde. and ic sylle eow þæt riht bið;
Hí ða eodon to his weorce. be ðam beháte; Ymbe midne dæg.
and nóntide. eode se híredes ealdor út. and dyde hand swa
gelice; Æt nextan twa tída ofer none eode se hláford and gemette
má wyrhtan standan. and him to cwæð; Hwí stande ge hér
15 ealne dæg æmtige? Hí andwyrdon; For ðan þe ús nán mann
ne hyrde; Se hláford cwæð. Gað into minum wíngearde;
  Witodlice on ǽfnunge. cwæð se hlaford to his wícnere; Clypa
ðas wyrhtan. and agyld him heora mede; Fóh on ðam endenextan.
oð þæt þu cume to ðam fyrmestan; þa comon ða endenextan

Manuscripts: B (arranged with second part, lines 234–end, coming first),
C, D, D* (lines 1–41 only, on a quire added at the end of D), E, F, K, M,
N, O.

---

3 exi`i´t

Title BEFMNO Dominica in septuagessima   C Ewangelium In dominica
In Septuagesima   D IN DOMINICA. IN .LXX.   D* *no title*

1–2 BCDD*EF [DRIHTEN – cweðende]   2–3 B [qui – operarios]
3 CDD*EF [conducere operarios]   DD*EF [et reliqua]   MNO in uineam
suam et reliqua   4 CF heofona   (B -ne)   wære] NO wæs   NO [se]
5 NO wyrhta   6 C wearð   O hyrmannum   7 C Eft ⟨ieoden⟩
8 þæs wingeardes] B ðe   N [ut]   9 oðre] D ma   BCD*E hyrigmenn
BCDD*EF standan   9–10 NO cwæð to him   11 BCDD*EF Hi
eodon þa   to] C ⟨in⟩to   BCDD*EF gehate   12 and¹] BCDD*EF
and on   12–13 B [and dyde – hlaford]   13 CDD*EF non   hlaford]
CDEF hlaford ut   14 O wyrhta   15 B nan mon us   18 B geld
Foh] B and foh   DD*FM endenextum   E -um < -am   19 DD*
FMNO fyrmestum   E -um < -am

þe on æfnunge wæron gehyrede. and heora ælc underfeng 20
ænne pening; Hwæt ða fyrmestan þe on árnemerigen comon
wendon þa þæt hí maran mede onfón sceoldon. ða underfengon
hí ánlipige penegas. swa swa ða oðre; þa ongunnon hí to
ceorigenne ongean ðone hiredes ealdor. and cwædon; Ðas
endenextan menn worhton áne tide. and þu dydest hí ús 25
gelice æt ðære hyre. we ðe bæron byrðene ðises dæges and
hǽtan; þa andwyrde se hlaford. and cwæð to heora anum;
þu freond. ne dó ic ðe nænne teonan; Hú la. ne gewearð únc
to anum peninge? Nim þæt ðin is. and gá ðe forð; Ic wille
soðlice syllan þisum latestan. swa micel swa ðe; Hú ne mót ic 30
dón þæt ic wylle? Oððe ðin eage is yfel. for ðan ðe ic eom
góód? þus wæron þa latestan fyrmeste. and þa fyrmestan
MS. 148ᵛ   endenexte; Fela sind gecigede. / and feawa gecorene;
    Gregorius se trahtnere cwæð þæt þis godspel hæfð lángne
tíge on his trahtnunge. ða hé wile mid sceortre race befón. 35
þæt hit to hefigtyme ne ðince. þam heorcnigendum; Mine
gebroðra gelome ic eow sæde. þæt heofonan rice getacnað þas
andwerdan gelaðunge. for ðan þe rihtwisra manna gegaderung
is gecweden heofenan rice; Se hiredes ealdor is ure scyppend.
se ðe gewylt ða ðe hé gesceop. and his gecorenan on þisum 40
middanearde geagnað. swa swa hlaford his híred on his healle;
He hæfð þone wíngeard gewislice ealle ða geleaffullan gelaðunge.
swa swa se witega cwæð Isaias; Soðlice godes wíngeard. is
Th. 74   israhela híwræden; Mid þam / naman is geswutelod eal godes
folc; Be ðam wíngearde cwæð drihten to Iudeiscre ðeode; Ic 45

21 ærnemeri‛g‛en   35 sc‛e‛ortre   40 ges(. .)op

20 MNO ahyrede   22 BCDD*EFNO [þa]   B þæt heo sceolden
underfon mare mede   23 D* [hi¹]   BE ænlipies   24 B þæs hiredes
aldre C þan hirede aldre DEF þam hiredes ealdre D* þam hiredes ealdor
25 B þu heom dydest   26 D bæron ‛ða’   O [and]   29–30 NO Ic
soðlice wille   30 B lætemestæn   31 þæt] C swa mycel swa F swa
M þæs ðe   DD*EF [ðe]   32 B laste E latesta   BCDD*EF þa
fyrmeste   33 NO endenyxtan   gecigede] BC geclepede   N gecyged
O gelaðode   34 F Gregorius ⟨se – þæt⟩ ‛se haliga papa trahtnude’ þis god-
spel ‛and cwæð’ ⟨hæfð – heorcniendum⟩   hæfð] B cwæð   35 tige] B
gite   ða] O þe   F ‛wyle’   37 CF heofona   (B -ne)   B [getacnað]
38 O andweard   F gelaþunge: somnunge   ðan þe] NO þy   39 CD*
heofena F heofon‛a’   (B heofene)   scyppend] N drihten   40 ða
ðe] BNO þa þa   D* corenan   on] EF of   41 F hlaford ‛deð’   F on
‛his’   E ‛h’ ealle D* O ealle   D* ends   42 NO wislice   F gela-
þunge: somnunge   43 B witega ysaias cwæð   F wine‛eard’
44 C hyfreedon   is] O i   M godes: l̄ cristen   45 drihten] B þe
hælend   to] BCDEF to ðære

secge eow þæt godes rice bið eow ætbroden. and bið forgyfen
ðære ðeode þe his wæstmas wyrcað;
   þes wíngeard sprytte godes gecorenan fram ðam rihtwisan
abel. oð ðam endenextan halgan. ðe on ende þyssere worulde
50 acenned bið. swilce hé swa fela wínboga getyddrode; Witodlice
ðæs hiredes ealdor gehyrde wyrhtan into his wíngearde on
ærnemerigen. Eft on undern. and on midne dæg. on nóntide.
and on ðære endlyftan tide. for ðan þe he fram frymðe middan-
eardes oð his geendunge. ne ablinð to asendenne bydelas and
55 láreowas to lǽrenne his folc. þæt hí symle þa misweaxendan
bógas of ascréadian. þæt ða toweardan ðeonde beon; Witodlice
gif se wíngeard næfð þone ymbhwyrft. and ne bið on riht
gescreadod. ne bið hé wæstmbære. ac forhráðe awildað; Swa
eac godes folc buton ða láreowas screadian symle ða leahtras
60 þurh heora láre aweg. ne bið þæt lǽwede folc wæstmbære on
godum weorcum;
   Eornostlice se ǽrmerigen wæs fram adam. oð noe; Se undern
fram noe. oð abraham; Se middæg fram abrahám. oð moysen;
Se nón fram moyse. oð drihtnes tocyme; Seo endlyfte tid fram
65 drihtnes acennednysse. oð ende þises middaneardes; Drihten
sende his wyrhtan on eallum þisum foresædum tidum to
begánne his wíngeard. for ðan ðe hé asende ǽrest heahfæderas
to lærenne his folc. and siððan ælice láreowas. and witegan.
and æt nextan his apostolas. and ðurh ða his folces ðeawas
70 beeode. swilce hé ðurh wyrhtan on wíngeardes bíggencge
swunce; Ælc ðæra manna þe mid rihtum geleafan gód weorc
beeode. wæs untwylice ðises wingeardes wyrhta;
   Se merigenlica tilia. and ðære þriddan tíde. and þære sixtan.

46 bið¹] O bið bið   B igyfen   47 his] O is   48 sprytte] BCDEF
sprytte of   M sprytte þæt synd   E gecorenum   F gecorenan 'mannum'
B þam icorene   49 D abel'e'   NO [halgan]   BDEF [ende]
51 ðæs] BCD þes   E þæs < þes   M hyrde wyrhtan over erasure   NO
ahyrede wyrhtan (B hurde wurhtæn)   52 Eft] B and eft   and]
NO and eft   on³] BCF and on   54 E 'a' blinð   F ⟨ablinð⟩ 'geswicð'
M ablinð: I geswicð   B senden   55 E 'folc'   BCFO þa misweaxene
DE þa misweaxenan   N þam isweaxendan   57 bið] F byð na   on riht]
B ariht   59 F leahtras 'and ða unðeawas'   62 BCFMO ærnemergen
BCDEFMNO adame   63 B oþ abrahame   B midne dæg   BCDE
FMNO fram abrahame   65 acennednysse] B tocyme   66 NO asænde
67 E begangenne   B sende   68 ælice] C ecelice   N æðel⟨.⟩'ic'e   O
æðele   F ælice: I lahlice   69 NO [his¹]   B [ðeawas]   E ðeowas
70 beeode] B bieode. and   B bigengum   72 beeode] B beeode. and
O untweo   73 tilia] C tida   B [tide]   sixtan] MNO sixtan tide

and ðære nigoðan. getácniað þæt ealde Ebréisce folc. þe fram
frimðe middaneardes mid rihtum geleafan god wurðode. swilce 75
MS. 149ʳ hí swuncon on wíngeardes bíggencge. / mid gecnéordlicere
teolunge; To ðære endlyftan tíde soðlice wurdon þa hæðenan
Th. 76 geclypode. and þam wæs gesæd. To hwí stande ge hér ealne /
dæg ydele? þa hæðenan stodon ealne dæg ydele. for ðan ðe hí
forgymeleasodon þæs ecan lifes teolunge. on swa lángsumere 80
tíde middaneardes; Ac understandað hú hí andwyrdan. þæs
wíngeardes hlaforde; Hí cwædon. for ðan þe nán mán us ne
hyrde; Witodlice næs nán heahfæder. ne nán witega asend to
hæðenum folce. þe heora gedwyld belóge ǽr drihtnes tocyme.
þurh his menniscnysse; Hwæt is to cweðenne þæt nan man ús 85
to ðam wingearde ne gehyrde. buton þæt nan man ús ne
bodade lifes weig;

Mine gebroðra. hwylce beladunge mage we habban gif we
gódra weorca geswicað. we ðe fram cildcradole to godes
geleafan comon? We magon eac ðas ylcan mislicnyssa ðæra 90
foresǽdra tida to anum gehwylcum menn þurh his ylda tidum
todælan; Witodlice ures andgites merigen. is ure cildhád. ure
cnihthád swylce underntíd on þam astihð ure geogoð. swa swa
seo sunne deð ymbe þære ðriddan tide; Ure fulfremeda
wæstm. swa swa middæg. for ðan ðe on midne dæg bið seo 95
sunne on ðam ufemestum ryne stigende. swa swa se fulfremeda
wæstm bið on fulre strencðe þéonde; Seo nóntid bið ure yld.
for ðan ðe on nóntide asihð seo sunne. and ðæs ealdigendan
mannes mægen bið wanigende. Seo endlyfte tid bið seo for-
werode ealdnyss þam deaðe genealæcende. swa swa seo sunne 100
setlunge genealæhð. on þæs dæges geendunge; Eornostlice
þonne sume beoð gelædde on cildháde to godum ðeawum
and rihtum life. sume on cnihtháde. sume on geðungenum
wæstme. sume on ylde. sume on forwerodre ealdnysse. þonne

74 Getácniað   82 wingeard(. .)   84 gedwlyd   104 ea'l'dnysse

74 CDEF [ðære]   nigoðan] NO nigoðan tide   75 B bileafæ   76 BC
cneordlice   M gecneordlicere: Í geornfulre   77 F hæðenan 'men'
79 F hæðenan 'men'   80 C gimeleasedon   82 D 'win'eardes
CDEF us nan man   83–4 B isend to þam hæþene folce   84 drihtnes]
B ure drihtines   86 MNO ahyrede (B hyrde)   D [þæt]   87 bodade]
C beeode   91 þurh] MNO be   BCDEFMNO ylde   92 andgites]
B anginnes   is] C is on   C cildhalde   96 BCDEFNO yfemestan
98 BDEFNO astihð   M as't'ihð   sunne] NO sunne of þam yfemestan
ryne   100 BE nealæcende   102 sume] B sume dæg

105 biõ hit swylce hí beon on mislicum tidum to ðam wingearde
geladode;
Mine gebroðra behealdað eowere ðeawas. and gif ge gyt godes
wyrhtan sind. sceawiað; Smeage gehwilc hwæt hé deð.
and behealde hwæðer hé on godes wingearde swince; Se ðe on
110 andwerdum life him sylfum teolað and na gode. ne com se na
gyt binnon godes wingearde; þa tyliað soðlice gode. þa ðe ne
secað heora agen gestreon ðurh gytsunge. ac smeagað ymbe
godes teolunge. hú hí magon unriht alec/gan. and rihtwisnysse Th. 78
fyrðrian. oðrum menn fremigan. mid gecneordnysse ðære soðan
115 lufe. and ða ðe cariað mid wacelum mode hú hí oðra manna
sawla gode gestrynan. and mid him to ðam écan life gelædan;
Se ðe him/sylfum leofað. and se ðe on his flæsclicum lustum MS. 149ᵛ
lið. rihtlice hé is ydel geðread. for ðan ðe hé ne teolað nanes
wæstmes þæs godcundlican weorces; þa ðe mid gymeleaste
120 heora dagas aspendað. and nellað góde lybban oð heora
endenextan ylde. hí standað ydele oð ða endenextan tide;
To swilcum sleacum cweð. se híredes ealdor; To hwí stande
ge hér ealne dæg ydele; Swilce hé swutellice cwæde. gif ge
noldon góde lybban on cildháde. ne on geogoðe. gecyrrað nu
125 huruðinga. on ylde to lifes wege. nu ge habbað hwónlice to
swincenne; And swa ðeah ðyllice gelaðað se hiredes hlaford.
and forwel oft hí onfoð heora edlean hraðor. for ðan ðe hí
gewitað to heofenan rice hrædlicor þonne ða ðe fram cildháde
gode þeowodon; Witodlice. se sceaða þe mid criste ðrowade.
130 and on híne gelyfende his synna geandette. com on ðære
endlyftan tide. na ðurh ylde. ac ðurh yfelnysse wite; Scyldig
hé wæs to hellicere susle for his mándædum. ac hé geandette his

---

114 fyrðrian; Oðrum   115 lufe; And   116 gelædan. < gelædan;
123 Swilc   124 Gecyrrað   131 [wite]

105 beon] NO becomon   107 BD þeowas   ge] CDE we F we: Ī ge
108 sceawiað] BCDEF sceawiað. and   E 'ge'hwylc F gehwilc man
109 behealde] B behalde he   E bealde O beealde   110 gode] E on gode
110-11 C gyt na   111 godes wingearde] N winearde   O þam win-
earde   BC gode soðlice   B [þa]   114 O friðian   oðrum] BCDEF
and oðrum   C mannum   M gecneordnysse: geornfullnysse F ⟨......
..⟩ 'welwyllend' -nysse   115 ðe] DE ða   F 'hy'   116 F [gode]   117 F
and se ðe 'on gallicum and'   119 C codcundlican   120 oð] CF on
121 oð] B on   C [ða]   122 F sleacum 'mannum'   BCDEFMNO
cwæð   125 C huru nu þinge   BDF [on ylde]   E ⟨.....⟩   126 N
[And]   hlaford] B ealdor   128 to] C on   F hraðor   130 B
bilyfde   B andettende   132 susle] B pine

synna drihtne sylfum. on ðære rodehengene mid fullum gelea-
fan. and cristes mildsunge þisum wordum abæd; Drihten beo
min gemyndig. þonne ðu cymst to ðinum rice; Drihten him 135
andwyrde; Soð ic ðe secge. nu todæg þu bist mid me on
neorxena wange; Witodlice fram ðam endenextan ongann se
hiredes ealdor to agyldenne þone pening. ða ða hé gelædde
þone sceaðan into heofenan rice. ær ðan ðe hé lædde Petrum.
oððe his oðre apostolas; And rihtlice swa. for ðan ðe se sceaða 140
gelyfde on ðam timan on crist. þa ða his apostolas on mycelre
twynunge wæron;
      Eala hú fela heahfæderas ær moyses .ǽ rihtlice leofodon. and
hú fela witegan under þære .ǽ. gode gecwemlice drohtnodon.
and hí swa ðeah næron gelædde to heofonan rice. ær ðan ðe 145
Th. 80 drihten niðer astáh. se ðe neorxena wanges / fæsten mid his
agenum deaðe geopenode. and hí ða mid langsumere elcunge
heora mede underfengon. þa ðe we buton elcunge þærrihte
swa we of urum lichaman gewítað underfoð; Soðlice ða ealdan
heahfæderas. and geðungene witegan bæron ða byrðene and 150
ðæs dæges hætan. for ðan ðe hí fram anginne middaneardes oð
cristes tocyme on hellicere clysunge andbidodon. þeah ðe hí on
Abrahámes wununge buton pinungum for heora gódnysse
wunedon. and swilce æfter ceorunge þone pening underfengon.
ða ða hí æfter langsumere tide to heofonan becomon; 155
      Witodlice ne underfehð nán ceorigende sawul godes rice.
ne nán ceorian ne mæg. se ðe to ðam becymð. ac þæra eald-
fædera ceorung is to understandenne. heora gnórnung þæt hí
rihtlice for heofonan rice leofodon. and swa ðeah mid langsumere
MS. 150ʳ elcunge / hit underfengon; We soðlice þe to ðære endlyftan 160

149 ⟨o⟩ˈuˈrum

133 BN rode hangende   134 þisum] B mid þisse   B bed   135 min
gemyndig] B imyndig on me   137 neorxena wange] F ˈheofenan
rices myrihðe' over erasure   M neorxna wange: heofonan rices myrhðe
138 B gyldene   F pening. ˈþæt is seo ece med' M pening. þæt ys seo ece med
he] M he: crist   140 B swa rihtlice   141 BCDEFMNO on ðone
timan   143 F heahfædera⟨s⟩   F æ: lage   143-4 C [and – droht-
nodon]   144 F æ: lage   146 FM neorxna wanges: heofenan rices
(not in main hand in F)   147 O [ða]   148 F underfengon. ˈþæt ys
æfre ece blis'   þa ðe] B þa þa   E ða   150 C witan   152 hellicere]
B helle wite   hi] BE he   154 þone] BF þe   D ⟨þe⟩   E ðeˈnne'
F underfengon. ˈþæt ys seo ece med'   155 BO heofonum   F heofonaˈn'
157 se ðe] B ne   MNO þe   eald-] F eald⟨a⟩   N ealdˈe'   O ealda
158 heora] C and heora   159 C heofona   D heofon   F heofonˈan' (B
heofene)   160 to] B on

tide comon æfter urum geswince nateshwon ne ceoriað. and
we underfoð þone pening. for ðan we ðe cumað æfter þæs
hælendes menniscnysse we beoð gelædde to his rice þærrihte
æfter urum forðsiðe. gif we ær on life rihtlice leofodon. and
165 we ðonne buton yldinge underfoð. þæt þæt ða ealdfæderas
æfter langsumere elcunge underfengon; Be ðam cwæð se
hiredes ealdor. Ic wille syllan ðisum endenextum eal swa micel
swa ðe;
    And for ðan þe seo onfangenes þæs rices is of godes gódnysse.
170 rihtlice is her bæftan gecweden on endebyrdnysse þæs god-
spelles; La hú. ne mót ic don þæt ic wille? Dyslic bið mannes
ceas ongean godes gódnysse; Sum ceorung mihte beon. gif he
his behát ne gelæste. and nán ðeah ðe hé mare ne sealde; Be
ðam is gyt gelimplice gecweden; Oððe ðin éage is yfel for ðan
175 þe ic eom gód? Ne onhebbe hine nán man on his weorcum. ne
on lángsumum ðeowdome. þonne seo soðfæstnys clypað; þus
beoð þa endenextan fyrmeste. and þa fyrmestan endenexte;
Efne nu ðeah we witon hu fela gód oððe hú micele we gefre-
modon. nyte we ðeah gyt mid hwylcere smeaðancelnysse se
180 upplica dema ða afán/dað. and witodlice gehwilcum men is   Th. 82
ðearle to blissigenne. þeah ðe hé endenext on godes rice sy
geendebyrd;
    þises godspelles geendung is swiðe ondrædendlic. Fela sind
gelaðode. and feawa gecorene; Drihten cwæð on oðre stowe.
185 þæt fela cumað fram eastdæle. and fram westdæle. and gerestað
mid þam heahfæderum. Abraháme. and Isaáce. and Iacobe on
heofenan rice; Hwæt eac þes ylca trahtnere Gregorius on sumes
oðres godspelles trahtnunge cwæð. þæt swa micel werod
menniscra manna sceal astigan þæt hcofonlice rice. swa fela

179 'we'

161 B [ne]   D ceariað   E ce'a'riað   162 F pening. 'þæt ys seo ece blis'
we ðe] BCDEFNO ðe we   163 menniscnysse] BC menniscnesse and
F ⟨we beoð gelædde⟩   to] D into   164 F rihtlice 'on clænnysse'
165 N [þæt]   B ealdæ fæderæs   CDEFMNO ealdan fæderas   167 BCE
MNO endenextan   F endenextan 'men'   168 swa] B alswa   172 BC
DFMNO ceast   173 DEF gehat   C [he]   176 on] O on his
177 BCDEF and þa fyrmeste   178 F god'a'   178–9 BC fremedon
179 E 'we'   180 C and ⟨ge⟩   181 NO [ðe]   C endenextan
183 F 'godspelles'   184 O feawan   185 gerestað] BCDEF gerestað
hi   186 B ysac and iacob   187 þes] NO se   F ⟨trahtnere⟩ 'haliga
papa'   B gregorius cwæð on sumes oðres godspelles trahte   189 þæt
heofonlice] B heofenæn

swa ðæra gecorenra engla on heofonum belifon æfter ðæra 19c
modigra gasta hryre; þeah ða gecorenan godes cempan sind
feawa geðuhte on andwerdum lífe betwux flæsclicum mannum
ðe heora lustum gehyrsumiað. ac hí ne beoð feawa ðonne hí
gegaderode beoð;
  Ne gedafenað þam gastlicum þæt hí ðam flæsclicum geefen- 19s
lǽcon. ne hí húxlice forseon. for ðan ðe we geseoð hwæt nu
todæg is. ac we nyton hwæt tomerigen bið toweard; Forwel
oft cymð se bæftan ús. þe ús mid swyftnysse gódre drohtnunge
forestæpð. and we earfoðlice him filiað tomerigen. se ðe nu
todæg is ure folgere geðuht; Witodlice ða ða se forma cyðere 20c
Stephanus for godes geleafan gesténed wæs. Saulus heold
MS. 150v ealra ðæra sténendra / hácelan. and swa ðeah Paulus siððan
forestóp Stephanum on godes gelaðunge. mid menigfealdum
geswincum. þone ðe hé ær ehtende martyr gemacode; Twá
ðing sind þe we sceolon carfullice scrutnian. ærest þæt ure nán 20s
be him sylfum to dyrstelice ne truwige. syððan þæt ure nán be
his nextan ne ortruwige. ðeah ðe hé on leahtrum befeallen sy.
for ðan þe ús sind uncuðe þa micclan welan godes mildheort-
nysse;
  þyssere mildheortnysse welan besceawode se sealmscop ða 21c
ða hé to gode þus clypode; Min gefylsta. ðe ic singe. for ðan
ðe ðu god eart min andfenga. mín god. and min mildheortnyss;
Efne se sealmwyrhta understód on hwilcum gedeorfum þis
mennisce líf is gelogod. and for ði clypode god his gefylsta;
He gecígde drihten his andfenga. for ðan ðe hé underfehð 21s
Th. 84 ús into ecere / reste. fram ðisum andweardum geswince; Hé

205 scrutnian: smægan   210 sealmsc'e'op   212 Mín god

191 F ⟨gasta⟩ 'deofla' M gasta: deofla   191–2 B cempen feawæ beon
192 F on 'þyson'   193 beoð] BCDEF beoð na   194 beoð] M beoð. on
heofonan rice. swa swa se witega cwæð. þæt hyra getæl byð mare þonne sand-
ceoseles gerim   197 ac] F and   hwæt] B hwæt nu   199 to-
merigen] D on merien   se ðe] MNO þam þe   199–200 B is nu todæg
200 C geþurh   201 geleafan] NO lufan   202–3 B forestop syððan
202 C [siððan]   203 CDEF stephane   F gelaþunge: Í somnunge
204 CN geswince (B swince)   205 M carfulle   scrutnian] B scu-
niæn CDE ascunian   F onscunian M scrutnian: smeagað   O truwian
206 syððan] BCDEFMNO and syððan   207 O [his]   B ne ne
208–9 mildheortnysse] B mihte   210 C wela þe sceawode   212 min²]
C mid   213 BCDEF sealmscop   214 clypode] BCDEF he clypode
BCDEFMNO gefylstan   215 He] N He < Ne   O Ne   BCDEFM
andfengan   216 into] B to   M ecere reste: heofenan rices myrððe

beheold þæt god gesihð ure yfelnyssa. and ure gyltas forðyldgað.
and swa ðeah hé sparað ús arfæstlice. and ðurh behreowsunge
to ðære ecan mede gehylt; Ða nolde hé gecigan god mild-
220 heortne. ac hét hine his mildheortnyss. þus cweðende. mín god
and min mildheortnyss;
Uton gemunan ure ærran synna. and uton besceawian ða
micclan godes arfæstnysse. hu he urum gyltum miltsað. and
ðærtoeacan þæt heofenlice rice behǽt. soðlice dǽdbetendum
225 æfter gyltum; Uton for ði ealle clypian mid inweardre heortan.
swa swa se sealmsceop clypode. þu eart min god. and min
mildheortnys; Godes mildheortnys ús forestæpð. and his
mildheortnys ús fyligð; þa ða we wel noldon. ða forhradode
godes mildheortnys ús þæt we wel woldon; Nu we wel willað.
230 ús fyligð godes mildheortnys þæt ure willa ydel ne sy; Hé
gearcað urne godan willan to fultumigenne. and he fylst ðam
willan gegearcodne. Se ðe leofað and rixað nú and symle on
worulde; AMEN:—
We willað eow secgan be ðyssere andweardan tide. hwí seo
235 halige gelaðung forlǽt on godes cyrcan Alleluian. and Gloria in
excelsis deo. fram ðisum andwerdum dæge oð þa halgan easter-
tide; Sum wis lareow hatte Amalarius. se awrát ane bóc be
cyrclicum ðeawum. hwæt ða gesetnyssa godes þenunga on
gearlicum ymbryne getacniað. and cwæð be ðyssere andwerdan
240 tide þe is gecweden Septuagesima. þæt heo gefylð ða getacnunge
þæra hundseofontig geara þe israhela folc on hæftnede. Babi-
loniscum cyninge þeowde; Septuagesima is hundseofontigfeald
getel. Seo tíd onginð on ðisum sunnandæge. / nigon wucon ǽr MS. 151ʳ
eastron. and geendað on ðam Sæternesdæge þære easterlican

238 on] of

217 BCDEF yfelnesse   218 he sparað] E wærað   219 BCDEF behylt
220 BDEF [his]   CD mildheortnysse   221 C mildheortnysse   D -nyss⟨e⟩
223 BDEF [godes]   D arfæstnysse 'ures d(riht)nes'   224 CDEFO behet
B behat   228 þa ða] B þa þa ðe   229 wel¹] M we   C [wel²]   231 CF
gegearcað   232 O [and²]   symle] BCEF symle a   234 Before Wc]
C Sermo in Septuagesima M Leofan men   NO DE ALLELUIA   B [eow]
235 BDE forlet   BC Alleluia   O Alleluia. luian   236 DFMNO
andweardan   E -um < -an (B -e)   237 se awrat] B he wrat   238 F
gesetnyss⟨e⟩ 'a on'   C gode   F þenun⟨ge⟩ 'gum and' NO þenungum
239 B betacnæð   andwerdan] B gearlice   240 gecweden] C gehaten
241 MNO hundseofontigra   242 cyninge] F cynne   þeowde] B
þeowde. Tristantur gentiles. Iugeant iudei. plangant sine cessatione pecca-
tores. iusti delectentur M þeowode. on ealre earfoðnysse   243 M ix:
nigon   244 ðam] B ðone

wucan. to ðam dæge sind heonon getealde hundseofontig 245
daga. and þæt israhela folc for heora mándædum. and for-
gægednyssum wurdon gehérgode. and hundseofontig geara on
Th. 86 babiloniscum þeow/dome buton blisse and myrhðe wunodon;
Nu hylt godes gelaðung þis hundseofontigfealde getel sylfwilles
for hire gyltum. swa swa se ealda israhel. neadunge heold on 250
hæftnunge. oð þæt se mildheorta god eft æfter heora gedre-
fednyssum hí ahredde. and to heora earde gelædde;
  Se witega hieremias witegode be ðære israhela ðeode. þæt
hí sceoldon on ðam hundseofontig geara fæce geswican. blisse
stemne and fægnunge. brydguman stemne. and bryde; Nu on 255
ðære gelicnysse forlætað godes ðeowas ða heofenlican lofsangas
Alleluian. and Gloria in excelsis deo. on ðissere septuagesima.
for ðan þe ús gedafenað þæt we sylfwilles fram ðisum andwerdan
dæge mid sumere stiðnysse to ðam gastlicum gefeohte us sylfe
gegearcian. swa swa seo cyrclice þenung ús manað to heofunge. 260
and to ure synna bereowsunge; Ærest on ðære mæssan officio
we singað Circumdederunt me gemitus mortis. Deaþes geo-
merunga me beeodon. and helle sárnyssa me beeodon. and ic
on minre gedrefednysse drihten clypode. and hé of his halgan
temple mine stemne gehyrde; Eft on ðære mæssan collectan we 265
cweðað. Qui iuste pro peccatis nostris affligimur. þæt is. we
ðe rihtlice for urum synnum sind geswencte; Eac se apostol
on ðam pistole cwæð. Ælc ðæra þe on gecámpe winð. forhæfð
hine sylfne fram eallum ðingum;
  Witodlice ðas dægðerlican ðenunga cyðað þæt fram ðisum 270

---

250 israhel] is⟨.⟩rī   254 gear⟨e⟩'a'

---

245 O [sind]   246 NO [and¹]   246–7 BCEMN forgægednysse   D for
'ofer' gægednysse '(go)des beboda'   F forgegædnyss⟨e⟩'um'   O for heora gæ-
gednysse   247 and] O and wunodon   248 wunodon] B weron wuniende
M þær wunodon on eallon earfoðnyssum for hyra synnum   O [wunodon]
249 F gelaþung: somnung   O gelaþunge   F -feald   250 heold on] B heol-
den   M heold of   251 BCEF [eft]   251–2 N gedrefednessa   O -nysse
(B -nessæ)   252 ahredde] E an'h'rædlice ahredde   254 F hi 'ne'   NO
hundseofontigoðan   CDENO geare   F [geswican]   255 D brydguman'a'
bryde] F bryde 'ne onfon'   M bryde. and wunigan on sare. and on sorge.
and on ealre iumerunge   257 BCEFN alleluia   258–9 O [þæt – mid]
258 CEF andweardum   (B -e)   259 DEF gastlican   (BC -lice)
261 ure] B heoræ   F offici⟨.⟩'um'   263 BCDEF ymbeodan   BCF em-
beodan   264 CDEF geclypode   of] NO on   265–6 NO [we cweðað]
267 C geswengce   F geswen⟨g. .⟩'cte'   268 B cwæð on þam pistol
NO campe   forhæfð] BCE he hæfð   DF he 'for 'hæfð   270 F [þæt]

dæge oð eastron is ure héofungtid. and bereowsungtíd ure
synna mid sumere stiðnysse; Alleluia is ebreisc wórd. þæt is on
leden Laudate dominum. and nán gereord nis swa héalic swa
ebreisc; Nu forlæte we þæt healice gereord on ure Septuagesima.
275 and cweðað on leden. Laus tibi domine rex aeterne gloriae;
þæt is sy ðe drihten lof. éces wuldres cyning; We geswuteliað
mid þære eadmodan ledenspræce. þæt we sceolon us sylfe to
eadmodran drohtnunge on ðyssere tíde gebígan; Alleluia is swa
wé cwædon heofonlic sang. swa swa Iohannes se apostol cwæð.
280 þæt he gehyrde micele stemne on heofonum. swylce bymena
dream. and hí / sungon alleluian; Gloria in excelsis deo sungon Th. 88
englas. þa þa crist on middanearde lichamlice acenned wæs;
Nu forlǽte we ðas heofonlican lófsangas on ure bereowsung-
tide. and we biddað mid soðre eadmodnysse ðone / ælmihtigan. MS. 151ᵛ
285 þæt we moton geseon his heofenlican eastertíde. æfter þam
gemǽnelicum ǽriste. on ðam we him singað ecelice alleluian.
butan geswince. amen:—

271 bereowsungtíd. ure

---

271 F eastran ʾþæt hit'   271–2 F [ure synna]   272 O [is²]   273 M
dominum. ʾand on englics (sic) herigað drihten' B næs C ʾn'is   274 E
n⟨e⟩ʾu' F n⟨.⟩ʾu' BF forlete O healic gereord] B word ure] B
ure leden C urum   275 NO cwædon B [on leden]   277 F -spæce
278 B [on ðyssere tide]   279 we] BCDEF we ær BNO se apostol
iohannes 280 MNO heofonan N beman⟨.⟩ O byman (B byme)
281 hi] M hi singallice BCF alleluia Gloria] BENO and Gloria
282 CDF middaneard   283 F ʾlof' sangas MNO sangas   284 D
ælmihtigan ʾgod' M ælmihtigan drihten   286 C gemænelican (B -ce)
BMNO alleluia   287 F buton ʾælcon' M buton ælcon

VI

DOMINICA. IN SEXAGESIMA

Cum turba plurima conueniret ad Iesum. Et reliqua.

On sumere tide ða ða micel menigu samod cóm to ðam
hælende. and fram gehwilcum burgum to him genealæhton.
þa sǽde he him þis bigspel; Sum sǽdere ferde to sáwenne his
sǽd. and hit gelámp ða ða hé séow þæt sum dæl þæs sǽdes 5
befeoll on ðam wege. and hit wearð fortreden. and fugelas hit
ǽton; Oðer dæl ðæs sǽdes befeoll ofer stǽnigum lande. and
hit mid ðam upspringe forbárn. for ðan ðe hit næfde nænne
wǽtan; Sum þæt sǽd spráng betwux ðornum. and ða ðornas
samod weoxon. and þæt sǽd forsmorodon; Sum dǽl eac þæs 10
sǽdes befeoll on góddre eorðan and forgeaf upastígendne
wæstm. sum be ðrittigfealdon. sum be sixtigfealdon. sum be
hundfealdon; þas wórd drihten clypigende cwæð. Se ðe
hǽbbe earan to gehyrenne. gehyre ðas wórd;

þa befrínon his leorningcnihtas. hwǽt ðis bígspel mǽnde; 15
þam hé sylf sæde; Eow is forgifen þæt ge cunnon ða gerynu
godes rices. soðlice þam ðe wiðútan sind. bið on bígspellum
gesǽd. þæt hí onlocigende hit ne geseon. and gehyrende hit ne

Manuscripts: B, C, D, E, F, K, M, N, O.

Title C Ewangelium Secundum Lucam   F DOMINICA IN SEXAGE-
SIMA < SEPTUAGESIMA

1 *Before* Cum] F '.$\bar{M}$. *we willað hwilcum feawum wordum eow trahtnian embe
þæt godspell þæt man eow nu beforan rædde'*   BCDEFO conuenirent
Iesum] CD iesum.ʲ et de ciuitatibus properarent ad eum   E iesum.ʲ et de
cifitatibus properarent ad iesum   F Iesum. et de ciuitatibus properabant
ad eum   MNO iesum.ʲ et de ciuitatibus properarent ad eum. dixit per
similitudinem. Exiit qui seminat. seminare semen suum   DFN [Et reli-
qua] B et cetera   2 BCDEF comon   4 C [he]   4–5 B his sed
to sawene   F sawenne 'he cwæð'   6 B feol   F on 'middan'
7 B feol   10 F and 'hi'   forsmorodon] E formurnode   11 B feol
B geaf   CDEF upstigendne   NO upastigende   B upspringende   12–13 B
Sum þrittigfealde. sum sixtigfealde. sum hundfealde   O sume (*three times*)
12 O [be²]   13 NO hundredfealdon   drihten – cwæð] B sæde god   O
'þe'   14 M [to gehyrenne]   15 N bemænde   O gemænde
16 þam he sylf sæde] D þa⟨m⟩ he sylf sæde   F þa⟨—⟩ 'sæde he him þus'
B igyfen   F forgyfen 'he cwæð'   17–18 C [bigspellum – hi on-]
18 BC [hit¹]   F 'hit'   geseon] E gesawon

understandon; þis bígspel is ðus. þæt sǽd is godes word; Se
20 dǽl ðe uppon ðam wege feoll. sind þa menn ðe godes lare
gehyrað. þonne cymð se deofol and ætbrett þæt wórd of
heora heortan. þæt hí gelyfende ne beoð gehealdene; Soðlice
þæt sǽd ðe bufon ðan stænigum lande befeoll. sind ða ðe mid
blisse godes word underfoð. ac hí nabbað nænne wyrtruman for
25 ðan ðe hí gelyfað sume hwile. and þonne seo costnung cymð
þonne gewitað hí fram gode; þæt sǽd þe spráng betwux ðam
ðornum. þæt sind ða ðe gehyrað godes word. ac hí sind gebys-
gode mid heora welum. and mid heora lifes lustum forsmorode.
and ne berað nænne wæstm; þæt ðe upon godum lánde
30 befeoll. þæt sind ða ðe godes word on gódre heortan healdað.
and bringað wæstm on geðylde. sume ðrittigfealdne. sume
sixtigfealdne. sume hundfealdne;

Gregorius se trahtnere cwæð. þæt for ði wolde drihten
getrahtnian þurh híne sylfne þæt bigspel ðe hé sæde. þæt we
35 cuðon secan oðra ðinga getacnunge on ðam ðe hé nolde þurh
hine sylfne geswutelian. and þæt ge beon gewisse ðonne ure
tyddernys his worda getacnunga eow geopenað; Hwá wolde
me ǽfre gelyfan gif ic wolde gereccan. þæt ðornas getácnodon
welan. ðonne ðornas priciað. and ða welan gelustfulliað; Ac
40 swa ðeah hí sind untwylice ðornas. ðonne hí ða sawla / toterað   MS. 152ʳ
mid pricungum mislicra geðohta. and bið ðonne hí ða sawla
to synne geteoð. swilce hí mid onbeslagenre wunde hí geblo-
digian; Rihtlice se oðer godspellere matheus het hí lease welan.
for ðan ðe hí ne magon lange mid ús wunian; Lease welan hí
45 sind. for ðan ðe hí ne adræfað ure saule hafenleaste; Ac se
welega nát þæt hé is wædla. for ðan ðe hé næfð rihtwisnysse

19 understand⟨a⟩ 'o'n

19 F sæd is 'getacnod'   20 M [feoll]   C gefeol   21 B ædbrægd
22 C heora ⟨heora⟩ heortan   E heora ⟨geðance⟩ 'heortan'   M lyfende
23 E sæd ðe ⟨ðurh⟩ 'bufan'   B feol   E 'be'feol   F synd: ī getacnað
25 B ilyfden   E and 'ðonne'   29 ðe] O he   godum] B þam gode
30 B feol   godre] NO gode   31 ðrittigfealdne] B bi þrittigfealde   M
þrittifealde   34 ðe] B þæt   35 secan] BC secgan   36 NO [and]
F þonne 'he'   37 BCE tyddernysse   D tyddernyss⟨e⟩   F tyddernysse 'mid'
eow] B us   38 E getacnod   39 ðonne ðornas] O þornas < þonne
40 ðonne] B þæt   M [ða]   CDEFMNO sawle   (B sawlæ)   41 B
pricendum   DE pricigendum   F pri⟨.⟩cigendum   CDE mistlica   F
mistlic'r'a   B -ce   and] NO þæt   CDFM sawle   E -e < -a   B -æ
42 B onslagen   42–3 N geblodgiað   43 B [oðer]   C het hi ⟨hi⟩
O leas   welan] B welan. heo beoð lease   44 NO gewunian   46 is]
C his   NO rihtwise

speda. and þæs heofenlican wisdomes goldhordas. þe sind
soðe welan. and heora lufigendne. gemaciað weligne ecelice;
Gif ge wilniað þæt ge rice beon. lufiað þa soðan welan þæt sind
halige mægnu; Gif ge geðincðe soðes wurðmyntes secað. efstað 50
Th. 90 þonne to ðam heofenlican rice. on / ðam ge beoð engla geferan
on wulderfullum wurðscipe endeleaslice;
Mine gebroðru ús gedafenað þæt we mid arfæstum geleafan
underfón drihtnes trahtnunge. and ða ðing þe hé læfde ús to
trahtnigenne. we sceolon mid scortre race ða befón; Drihten 55
sylf geopenað us þæt þæt sæd is godes word. and þæt mislice
lánd getacnað mislice heortan þæra heorcnigendra manna;
þone sædere hé belǽfde us to sécenne. Ac we ne magon nænne
sædere godes lare rihtlicor undergytan. ðonne híne sylfne
godes sunu. se ðe ferde to sawenne his sǽd. ða ða hé of his 60
fæder bosme forðstæppende becóm to þisum middanearde. to
ði þæt hé gewitnesse soðfæstnysse cydde. and mid his halgan
láre middaneardlic gedwyld adwæscte;
þæt sæd þe feoll be ðam wege mid twyfealdre dare losode.
ða ða wegferende hit fortrædon. and fugelas tobæron; Se weg 65
is seo fortredene heorte fram yflum geðohtum. þe ne geniht-
sumað to underfonne godes word. ne nænne wæstm to spryt-
tanne. and for ði swa hwǽt swa ðæs godan sǽdes on swylcum
wege befylð. bið mid yfelum geðohtum oftreden. and ðurh
deoflum gelæht; Deoflu sind fugelas gecígede. for ðan ðe hí 70
fleoð geond þas lyft ungesewenlice. swa swa fugelas. doð
gesewenlice; Matheus awrát þus be ðisum sæde. ælc ðæra ðe
gehyrð þæt heofenlice word. and he hit ne understent. ðonne
cymð se yfela and gelæhð hit; Mid þam is geswutelod. þæt ða

66–7 genihtsumiað   72 ðisum sæde] ðisum and sæde

47 BCDO goldhordes   E goldhord⟨a⟩'e's   F goldhord⟨.⟩'u'   48 F
⟨and – ecelice⟩   D l⟨i⟩'u'figendne   49 ge¹] B we: ge   E ⟨w⟩'g'e N
we   BDEF willað   ge²] B we: ge   lufiað] B lufige we: ge   þæt] D þe
51 B [ge]   52 on] F mid   wulderfullum] B woruldlice   C wunder-
fullan   54 N trahtnung⟨e⟩'um'   læfde] BCDEFNO lærde   56 þæt³] E
'þæt'   57 NO getacniað   58 F 'belǽfde'   59 B [hine]   60 godes
sunu] NO þe soð godes sunu is   62 gewitnesse] F ⟨.........⟩
63 NO middaneardes   63–4 B [adwæscte – wege]   64 B [þe]   CDEF
befeol   F dare: hearme   65 ða ða] NO þæt þa   BNO wegferendan
D -da'n'   66 þe] B þam   DEF [ne]   67 ne nænne] F ⟨..⟩ 'and næfð'
nænne O nænne   67–8 spryttanne] NO spryttenne næfð   69–70 MNO
ðurh deoflu (B -læ)   70 gecigede] B icwædene   71 CMNO fleogað
F lyft'e'   B [swa]   73 B heofenlic   and] C þæt   BCDEF [ne]

75 sind wið þone weig gesawene. ðe godes word gehyrað. and
hit nellað mid geleafan ne mid nanum andgite onfón. þonne
ætbret se fleogenda sceocca ðærrihte þæt halige sǽd of swilcera
gedwolena heortan;
    þæt sǽd þe bufon ðam stanigum lande feol sprytte hwæt-
80 hwega. ac ða ða seo hǽte com. ða forscránc hit. for ðan ðe hit
næfde nænne wǽtan; Swa doð sume menn þonne hí gehyrað
godes word. þonne / beoð hí onbryrde to sumum fyrste. and   MS. 152ᵛ
þonne seo hǽte cymð þæt is seo costnung. and earfoðnyss.
þonne abreoðað hí for ðan þe se wǽta ne gefæstnode heora
85 wyrtruman; Hwæt is seo stænige eorðe buton heardheort- /   Th. 92
nyss. hwæt is se wæta buton lufu and ánrædnys; Hæbbe se
mann heardheortnysse. and ungewyldelic mód. and næbbe ða
soðan lufe and anrædnysse. þonne forsearað swiðe hraðe þæt
halige sǽd on his heortan;
90   Hwene ǽr we spræcon be ðam sæde. þe betwux þam ðornum
spráng. and mid heora wæstme forðrysmod wearð; Drihten
sylf trahtnode be ðisum. þæt ða sind þe godes wórd gehyrað.
ac hí sind gebysgode mid heora welum. and mid heora lifes
lustum forsmorode. and ne berað nænne wæstm; Woruldcara
95 and welan. and flæsclice lustas forsmoriað ðæs modes ðrotan.
and ne geðafiað gódne willan infaran to his heortan. swilce hí
ðone líflican blǽd forðræstne acwellon; Twá wiðerræde ðing
geþeodde drihten on ðisum cwyde. þæt sind ymhídignyssa.
and lustas; Ymhídignyssa ofðriccað þæt mód. and únlustas
100 tolysað; þwyrlice ðing. ðe heora hlafordas doð geswencte
fram carum. and slipere þurh unstæððignysse; Witodlice on
oðrum timan hí geswencað heora hlaford þurh ymhídignysse

100 hlaford⟨e⟩'a's

75 wið þone weig] B bi þon⟨.⟩ wæge   77 of] N on   78 BCDEF gedwolenra
79 CDEF gefeol   79-80 C ⟨hw⟩ætwega B æthwega   81 E wætan <
wæstm   doð] NO doð eac   D þonne 'hi'   E ðonne 'hi'   82 B sumere
fyrste   F sumum fyrste: l̄ sume hwile   85 F wyrtruman 'on hyra
heortan'   O [is]   BCE heardheortnysse   DF -nyss⟨e⟩   86 F anræd-
nyss⟨e⟩ BCO andrædnys   87-8 NO [and¹ – anrædnysse]   87 B ungewedelic
CD ungeweldelic   E unwedendlic   F ungeþyldelic   88 and] B ne þa
91 sprang] B feol and sprong   NO asprang   93 hi] B he   95 B
forsmiriæþ   C forsmorþriað   modes] BDEF mannes   96 geðafiað]
BE lufiað   F geþafiað 'nanne'   willan infaran] B infarane willæ   F
heortan. 'ac'   C [hí]   E h⟨e⟩'i'   F he   97 F acwellan 'wille'
99 B [and – Ymhidignyssa]   99-100 unlustas – geswencte] NO unswæncte
100 ðing] CF þing sint   F hlaford⟨e⟩'a's   101 slipere] N slæpð   O
slæwð   102-3 BC [hi – timan]

heordrædene. and on oðrum timan þurh oferflowednysse to
unlustum gehnexiað. for ðan ðe ðam luste and geswencednysse
naht eaðe on anum timan ne gewyrð;   105
Se dæl þæs sædes ðe on gódre eorðan befeol. þæt sind ða ðe godes
word on gódre heortan healdað. and bringað wæstm on geðylde;
Soðlice geðyld is micel mægen on haligre drohtnunge. swá swá
drihten cwæð to his leorningcnihtum. on éowrum geðylde ge
habbað eowere sawla; Seo gode eorðe agifð hire wæstmas   110
þurh geðyld. ðonne seo estfulle heorte þe godes wórd under-
fehð ne bið tobryt for nanum ungelimpum ne eft on nanum
gesundfulnyssum ne bið bepæht. ac bið gebyld on gode
betwux ungelimpum. and eadmod betwux gesundfulnyssum;
Se oðer godspellere awrát þæt sum dæl þæs sædes þe on ðan   115
godan lande asprang. ageaf ðritigfealdne wæstm. sum sixtig-
fealdne. sum hundfealdne; Agustinus magnus sic docet;
Th. 94 Geleaffulle læwede menn þe on rihtum sinscipe lybbað agifað /
þritigfealdne wæstm. gódra weorca. gif hí heora æwe æfter
boclicum gesetnyssum healdað. þæt is þæt hí for bearnes   120
gestreone on alyfedum timan hǽmed began. and bearneac-
nigende wíf. and monaðseoc forbugan. and ðonne heo leng
MS. 153ʳ tyman ne mæg. geswican hí hæmedes; / Sind swa ðeah miccle
má ðæra þe be heora agenum lustum lybban willað. þonne
ðæra þe ðysre deopnysse cepan; þis is lǽwedra manna regol   125
æfter bóclicere gesetnysse. Se ðe þis tobrece. béte swa him his
scrift tæce; Ða ðe clænlice on wydewan hade for godes lufon
þurhwuniað. hí agyfað sixtigfealdne wæstm; Hit is swiðe
ungedafenlic and scandlic. þæt forwerode menn and untymende
gifta wilnian. ðonne gifta ne sind gesette for nanum ðinge. buton   130
for bearnteame; þa ðe on clænum mægðháde ðurhwuniað for
gefean ðæs ecan lifes. hí bringað forð hundfealdne wæstm;
þes stæpe belimpð swiðost to godes ðeowum. and ðinenum.

104 for ðan ðe ðam] B þam þe   105 anum] NO nanum   106 B feol
ðe²] B 'þe'   108 geðyld] B mycel geðyld   109 drihten] B drihten sylf
110 B gyfæþ   111 E geðylde   estfulle] B estfulle geþyld   B gode
112 for] BDEF þurh   on] BDEF þurh   113 gebyld] B geðyld DF
gehyld E gehlid   116 CDEF godum (BNO gode) B geaf   116–19 C
[sum – wæstm]   117 BDEFMNO [Agustinus magnus sic docet]
120 þæt²] B ðæt þæt   122 O [wif – forbugan]   F ⟨and monaðseoc⟩
123 geswican] B þonne swicæn   124 B [ðæra]   B wullæþ libbæn
O lybbað willað   125–7 BCDEFMNO [þis – tæce]   127 ðe] O ða
wydewan] B wude   128 B gyfæþ   129 B [and scandlic]   B [and]
B untime   130 wilnian] BF wilniað   NO lufian   132 gefean ðæs
ecan lifes] B þæs ecen lifes blisse

þa ðe fram cildháde clænlice on godes ðeowdome singallice
135 drohtniað;

Ælcum menn gedafenað clænnyss. and swiðost gehádodum
godes ðeowum; þæt is þæs læwedan mannes clænnys. þæt he
his æwe healde. and alyfedlice for folces eacan bearn gestreone;
þæt is ðæs gehádodan mannes clænnyss þæra ðe gode þeniað.
140 þæt hí eallunge fram flæsclicum lustum hí forhabbon. and him
gedafenað þæt hí gode gestrynon ða cild þe ða læwedan menn
to ðyssere worulde gestryndon; Gemænes hádes preostum is
alyfed æfter ðæs halgan Gregorius tæcinge. þæt hi syferlice
sinscipes brucon; Witodlice ðam oðrum þe æt godes weofode
145 þeniað þæt is mæssepreostum. and diaconum. is eallunge for-
boden ælc hæmed; þreo hund biscopa. and eahtatyne gesetton
ðone canon. þæt nan mæssepreost oððe diacon on his wununge
wífhádes mann næbbe. buton hit sy his moder. oððe sweoster.
oððe faðu. oððe modrie; And gif he dearnunge oððe eawunge
150 wifes bruce. þæt he his hádes ðolige; Ne heora nan geréfscire
oððe mangunge ne drife. for ðan ðe hí sind gecorene of /   Th. 96
woruldmannum to godes teolungum. þæt hi ðurh hyra láre. and
cristendome þæt læwede folc gode gestrynan; We sceolon
eallum godes folce samod þa bóclican lare secgan. þæt ðam
155 gódum þe hit gehealdan willað ne sy oftogen seo gastlice
deopnyss. and þa ðwyran beon geðreade. þæt hí æt suman
sæle to godes rihte gebugan;

Se apostol Petrus hæfde wíf and cild. and eac sume ða oðre
apostolas ær hí to cristes lareowdome gecyrdon. ac hí geswicon
160 flæsclicera lusta and dæda. siððan he hí to ðam apostolican háde

134 BEF clæne   C gode   136 BCE clænnysse   DF clænnyss⟨e⟩   137 NO
[clænnys]   137–9 M [þæt he – clænnyss]   138 B [and – gestreone]   C
alifedlice 'time'   139 D þeniað 'æt þan weofode'   140 M ⟨him⟩ 'and
þam gehadodum'   141 gode gestrynon] BNO gode strynon   F gestrynan
gode   ða cild] F þæt cild   142 to] D on   142–4 O [Gemænes – brucon]
143 B ilyfed   M gregories   tæcinge] B trahtnunge   143–4 CDEF syferlices
sinscipes (B syferlice synscipe)   144 E brocan   O [oðrum]   146 þreo]
B and þreo   O [hund]   eahtatyne] B eahtætene biscopæs
147 diacon] F diacon ⟨. . . . . budon. þæt nan mæssepreost oððe diacon⟩
148 B [mann]   næbbe] B hæfde   O hæbbe   sweoster] BCDEF his
swuster   149 O [oððe eawunge]   150 gerefscire] B refscire ne un-
derfo   151 C [oððe mangunge]   BDEF ne mangunge   B [gecorene]
153 BCDEFMNO cristendom   O læwed   154 C [eallum]   154–5 O
þa godan   155 gehealdan willað] O gehealdað   158 Petrus] BDE
paulus F ⟨. . . . . .⟩ 'paulus'   and¹] M an   159 ær] B æt   gecyrdon]
B bicomen   160 siððan] CNO and syððan   F ⟨and⟩ syððan

geceas. swa swa petrus to drihtne gecwæð; Efne we forleton
ealle ðing. and ðe folgiað; Hwæt wille we furðor ymbe ðis
smeagan. buton þæt se hæfð þa mede ðe hí geearnað. se ðe
tobrecð þa canonican gesetnysse. him is bót / alýfed. and
geswicenys. se ðe on forgǽgednysse þurhwunað. hé gemet 165
swiðe stiðne dóm. on ðam toweardan life;
Gregorius rehte sume bysne be ðam worde ðe drihten cwæð.
þæt seo gode eorðe hire wæstmas forðbrincð on geðylde; Hé
cwæð þæt hé cuðe sumne man on romebyrig. his nama wæs
Seruulus. ðearfa on æhtum. and welig on geearnungum; Se 170
lǽg bedryda fram cildháde. oð his geendunge; He læg singallice
and næfre sittan ne mihte. ne híne on oðre sidan bewendan. ne
his handa to his muðe geræcan; Him ðenode his moder and
broðer. and swa hwæt swa him godes frynd on ælmessan
forgeafon. þæt hé dælde forð oðrum ðearfum; Ne cuðe hé 175
bóclice stafas. ac begeat him halige béc. and gelaðode him to
gelærede menn. and him ólæhte þæt hí ðæra bóca andgit
singallice him trahtnodon; And he swá becom to ðæra boca
andgite. þeah ðe hé sylf nænne stǽf ne cuðe; He symle on his
legere gode ðancode. and dæges and nihtes mid lofsangum hine 180
wurðode;
þa ða se tima becom þæt his miccle geðyld wurde gewuldrod
fram gode ða awende seo sarnyss ealra his lima to ðære heortan;
Efne ða ða he ongeat þæt se deað him genealæhte. þa bǽd he
ða ælðeodigan weras ðe on cuman híwe him mid wunodon. 185
þæt hí astodon / and on his forðsiðe heora sealmas sungon;
Hwæt ða færlice ða ða he sylf mid þam ælðeodigum preostum
sáng. ða clypode hé mid micclum ógan. and heora sang gestilde.
and cwæð. Suwiað. Hwæt lá. ne gehyre ge hu myrige lófsangas
swégað on heofonum? Efne ða mid þam þe hé hlyste ðæs 190

MS. 153ᵛ (left margin, at line 4)
Th. 98 (left margin, at line 186)

161 drihtne] N driht̄   O drihten'e'   B þam hælende   BCDNO cwæð
E 'ge' cwæð   162 we] B ge   furðor ymbe ðis] B embe ðis swiðor
163 BO earniað   N geearniað   164 B ilyfed   164–5 C [and geswicenys]   M
and geswincennysse   165 he] CDEFMNO se   M 'ge'met   166 B [swiðe]
167 F 'bysne' (above erasure)   worde] C geþulde worde   168 E 'ge'ðylde
(B þylde)   169 CDE mannan   F man⟨. . .⟩   170 B [and – geearnungum]
geearnungum] F gegearnum   Se] B He   171 his] B ðis   O is   172 hine]
B hine næfre   173 C þenodone   174 broðer] FO his broðor   hwæt]
C hwa hwæt   O [him]   175 B gefæn   M forgifan 'woldan'   176 NO [to]
177–8 B [þæt – becom to]   180 BCEF [and¹]   D 'and'   mid] C and mid
182 BEF [ða]   E 'be'com   his] B ðe   C is   B [geðyld]   183 B wende
CDEF gewænde   NO lymena   184 ða ða] B þa þe   he¹] F 'he'
188 sang²]   F 'sang'   189 C ⟨þ⟩'l'a   190 B heo lysten   O hi hlyste

heofonlican sanges. ða gewát his sawul of ðam geswenctan
lichaman. to ecere reste; þa wearð þæt hús afylled mid wunder-
licum bræðe. swa þæt ealle ða lícmenn wurdon afyllede mid
ðam wynsumum stence. and se bræð on heora nosðyrlum ne
195 ateorode. oð þæt se halga lichama bebyriged wæs; Swa ageaf
þes goda mann his wæstm gode þurh geðyld. for ðan þe hé
forbær godes swingele swiðe emlice. and siððan to edleanes
ǽcre becom;
    Mine gebroðra understandað be ðisum. hwilce beladunge
200 hæbbe we æt godes dóme. gif we asleaciað fram godum weor-
cum. we ðe habbað úre hæle and æhta. nu þes lama wǽdla
buton handcræfte godes beboda gefylde? Ic bidde eow gebro-
ðra. tihtað eower mód to gecnyrdnysse gódra weorca. þæt ge
mid geðylde godne wæstm to godes handa gebringon. þæt ge
205 mid him and his halgum þæt éce líf habban moton. on ealra
worulda woruld; AMEN:—

191 gewat] B ferde   C geswænctum   192 E 'hus'   B ifylled
192–3 wunderlicum] NO þam wundorlican   193 B ifullede   194 F
wynsuman (B -sume)   195 M [halga]   B iburiged   B geaf   196 þes]
B þe   M se   EN geðylde   196–7 NO he godes swingle swyðe emlice
forbær   197 siððan] O wið þan   197–8 edleanes æcre] B ecere
eadleanes   C edleanes ece reste   D ⟨edleanes⟩ ecere 'eadignesse'   EF edleanes
ecere   NO edleanes ecere myrhðe   200 hæbbe we] N we hæbbe   O
he hæbbe   B sleaciæð   201 O 'l'æhta   þes] C þe   202 B bode
NO bebod   203 CF eowre   204 BM þylde   BCDEF bringon
205 and] BCF and mid   206 woruld] BD wuruld a butan ende

VII

DOMINICA .I. IN QUADRAGESIMA

MEN þa leofostan eow eallum is cuð. þæt ðes géárlica ymryne
ús gebrincð / efne nu þa clænan tíd lenctenlices fæstenes. on
ðam we sceolon ure gymeleaste and forgægednysse urum
gastlicum scrifte geandettan. and ús mid fæstene. and wæccum.
and gebedum. and ælmesdædum fram synnum aðwean. þæt 5
we bealdlice mid gastlicere blisse ða easterlican mærsunge
Cristes æristes wurðian moton. and þæs halgan húsles þigene
mid geleafan underfón. us to synne forgifennysse. and to
gescyldnysse deofellicera costnunga;
/ Witodlice þis feowertigfealde fæsten wæs asteald on ðære 10
ealdan gecyðnysse. ða ða se héretoga Moyses fæste feowertig
daga and feowertig nihta tosamne. to ði þæt hé moste godes
.ǽ. underfón; Eft siððan se mæra witega Elías eal swa láng
fæsten þurh godes mihte swá swa se oðer gefylde. and siððan
hé wearð geferod lichamlice on heofenlicum cræte. to ðam 15
upplican life. and cymð eft hé and Enoch togeanes Antecriste.
to ði þæt hí þæs deofles leasunge mid godes soðfæstnysse
oferstælan; Drihten eac on ðære niwan gecyðnysse fæste þurh
his godcundan mihte feowertig daga and nihta. fram eallum
eorðlicum bigleofum; 20
þus wæs ure lénctenlice fæsten asteald. ac we ne magon for

Manuscripts: D, D* (lines 123 onwards only, on a quire added at the end
of D), E, F, K, M, N, O, R, T (lines 1–37 and 89–179 only, used in a com-
posite homily not by Ælfric, Napier LV), fᴾ.

Title E Dominica in quadragessima   F ITEM ALIA DOCTRINA
POPULI   M ALIA PARABOLA IN EADEM DIE   N FERIA
SECUNDA   O FERIA .II. EVANGELIUM. CUM UENERIT
T no title at this point

1 eow] F us   fᴾ [þæt]   2 þa] T þa`s´   4 fᴾ scriftum
DEFfᴾ [us]   EF fæstenum   and²] EFOfᴾ and mid   D wæccan
5 and¹,²] EF and mid   8 us to synne] EF urum synnum to   fᴾ ure synna
to   9 costnunga] T continues Nu bidde ic etc. (18 lines not by Ælfric)
12 and] fᴾ and and   13 T [siððan]   13–14 N lange fæste⟨.⟩
14 mihte] DEFfᴾ mihte afæste   15 he wearð] R ⟨.⟩`w´earð   16 life]
RT lyfte   F 'togeanes'   17 MNO [þæs]   19 nihta] DEFfᴾ
feowertig nihta   20 T [eorðlicum]   fᴾ bygleofan   21 fᴾ længtenlic

ure tyddernysse ðillic fæsten þurhteon; Nu is us alyfed þurh
láreowa ealdordóm. þæt we dæghwomlice on þyssere lencten-
lican tide ure lichaman gereordigan mid forhæfednysse. and
25 syfernysse. and clænnysse; Stúntlice fæst sé lenctenlic fæsten.
se ðe on ðisum clænum timan hine sylfne mid gálnysse befylð;
Unrihtlic bið þæt se cristena mann flǽsclice lustas gefremme.
on ðam timan þe hé flæscméttas forgán sceal; Witodlice on
eallum tidum gedáfenað cristenum mannum þæt hí góde
30 weorc begán. and ælmesdǽda. and swa ðeah swiðost on þisum
gemǽnelicum fæstene; Se ðe on oðrum dagum sleac wære to
gódnysse. hé sceal húruðinga on ðisum dagum acúcian on gódum
bíggengum; Se ðe ǽr glædlice mid gódum weorcum hine
sylfne geglengde. him gedafenað þæt hé nu on ðisum dagum
35 geornlicor mid weallendre lufe his gódnysse gecyðe; Ne bið
nán fæsten gode gecwéme. buton se mánn hine sylfne fram
leahtrum forhæbbe;

     Beoð gemyndige ðæra twégra worda. þe drihten cwæð on his
godspelle; Hé cwæð forgyfað. and eow bið forgyfen; Syllað.
40 and éow bið geseald; þas twá ælmessana cynn ús sind to
beganne. mid micelre gecnyrdnysse. þæt we oðrum mannum
mid inweardre heortan forgifon. gif hí awar ús geǽbiligdon. to
ði þæt god ús forgyfenysse dó ure synna; And uton dón
þearfum. and wannspedigum sume hiððe ure goda. þam
45 ælmihtigum gode / to wurðmynte. þe hit ús alænde. þæt he   Th. 102
ús mare on ðam toweardan forgife; / Mildheortnyss is synna   MS. 154ᵛ
læcedóm. heo alyst fram ðam ecan deaðe. and ne geðafað ús
þæt we to forwyrde becumon; Mildheortnys ána gemundað ús
on ðam micclum dome. gif we on andwerdum life hí oðrum

46 Mildheortnys's'

---

22 DEfᵖ [us] F 'us'   23 F ealdordom'as'   24 DNOfᵖ urne   FT ur'n'e
F gereordian ⟨and⟩   O forhænysse   25 se] F se man   lenctenlic] F
þis lenctenlice   26 F [ðisum]   Efᵖ clænan   hine – galnysse] DEFfᵖ
mid galscipe hine sylfne   27 bið] DEFfᵖ is   28 DEFNfᵖ flæsclice
mettas   sceal] RT sceal; And læsse pleoh bið þam menn þæt he flæsces
bruce on lenctenfæstene þonne he wifes bruce   29 eallum] E ⟨ðam⟩
'eallum'   31 T gemænelican   sleac] DEF to sleac   fᵖ to slaw   32 he]
O nu he   33–4 E hine sylfne mid godum weorcum   33 R eorcum
34 R gelengde   fᵖ [nu]   37 F forhæbbe; 'M'   38 T [Beoð – line 89
swa swa]   42 R ⟨. . .⟩'gif'   DEFfᵖ gebiligdon   O abulgon   R æbiligdon
43 DEFfᵖ us god   44 fᵖ [þearfum] (perhaps cut off by binder)   45 F
ælmihtigan   E -⟨a⟩'u'm   R -am < -um   46 toweardan] O toweardan
life   46–8 M [is – Mildheortnys]   47 alyst] D alyst 'us'   EOfᵖ
alyst us   49 DEFNfᵖ micclan

mannum cyðað; Witodlice ðam bið dóm buton mildheortnysse. 50
se ðe nu oðrum demð buton mildheortnysse;
  Of rihtwisum gestreonum man sceal ælmessan dǽlan swa
swa hit awriten is. Arwurða ðinne drihten mid þinum æhtum.
and of ðinum frumwæstmum syle ðearfum; þa ælmessan þe of
reaflace beoð gesealde sind gode swa gecwéme. swilce hwá 55
acwelle oðres mannes cild. and bringe ðam fæder þæt heafod
to láce; God bebyt þæt man ælmessan wyrce. and hé forbead
fácn. and reaflac; Se unrihtwisa berypð oðre and blissað. eft
gif se ðearfa hine bitt ælmessan. þonne geúnrotsað hé and
awent his neb awég. and forgyt þæs witegan cwyde þe cwæð; 60
Se ðe awent his neb fram clypigendum ðearfan. he sylf clypað
eft to gode. and his stémn ne bið gehyred; Ahyld ðin eare to
ðæs wǽdlan bene. þæt god eft þine stemne gehyre; Dæl of
ðam ðe ðe god forgeaf. and þin gód beoð gemenigfylde; Gyf
ðu forgymeleasast to dǽlenne ælmessan. god þe benǽmð þinra 65
goda. and þu belifst siððan wǽdla;
  God forgifð ricum welan genihtsumlice. and ðam þearfum
oftihð; Hwí swá? þæt hé afandige ða rican þurh his ðearfena
hafenleaste; God geworhte welegan. and ðearfan. and wolde
þæt se wǽdla wǽre aféd þurh ðone rican; God gesette ðone 70
welegan dǽlere on his gódum. hwí sceal he ðonne him anum
geágnian þæt him bám is forgifen? Gif ðu talast to ðinum
geswince þæt þæt ðu hæfst. oððe gif ðu wénst þæt ðære
eorðan wæstmas ðine sind. ðonne cweð se ælmihtiga wealdend
to ðe; Efne nu ic ðe oftéo minne fultum. and hafa ðe þín 75
geswinc; Ic ofteo mine rénscuras. and ic wyrce ðin lánd
Th. 104 unwǽstmbǽre; Gif þæt land ðin is. se rén is min; / Teoh ðu
forð rénscuras gif ðu miht. and gewǽtera ðine æceras; Gif ðu
mage dó þæt sunne scine. þæt ðine æceras ripion;

62 stem'n'   69 wel'eg'an   73 hæf's't   74 eorð⟨e⟩'a'n

50 dóm] D dom 'gedemed' FMNOR dom gedemed   51 EF [se ðe –
mildheortnysse] F þe oðrum miltsian nele   se ðe] D ⟨se⟩ ðe MNO þe
54 EF frumwæstme   57 fᴾ [he]   58 blissað] fᴾ blissað hine
selfne   60 DEFfᴾ [þe cwæð]   R ðe þus cwæþ   61 DEFN þearfum
62 gehyred] R gyred   D ⟨. . . .⟩ 'A' hyld E Ac hyld   ðin eare] O þin
heafod. and þin eare fᴾ ðine earan   64 DEFMNORfᴾ þine   65 fᴾ
benymð   67 DEFORfᴾ þearfan   68 fᴾ ontihð   N [he]   69 wel-
egan. and] D þa welegan. and þa   70 wædla] DEFfᴾ þearfa   71 welegan
dælere] DEFMNOR welegan to dælere   fᴾ welegan   F sceolde (over erasure)
72 is forgifen] DEFfᴾ forgeofen wæs   73 O swince   75 E hafa 'þe'
76 ofteo] F ofteo 'þe'   N ofteo þe   77 ðin is] EF is ðin

80   Witodlice þæt sylfe lánd þe ðu ðe geágnast. nis ðin. ac is
ðæs ælmihtigan. swa swa se wítega cwæð; Seo eorðe and híre
gefyllednys is godes; God cwyð eft to ðe; Mine ðearfan lybbað
buton ðe. léofa ðu gif ðu máge buton me; Mine ðearfan habbað
ealle ðing gif hí me ænne habbað; Hwæt hæfst ðu. gif ðu me
85 næfst; þu híwast swilce þu ðinum cildum hit sparige. and nast
hwám hit gescyt. swa swa se witega cwæð; / On ídel swincð se   MS. 155ʳ
ðe gold hórdað. and nát hwam he hit gegaderað; þeah ðe þin
feoh ne ateorige. ðeah geendað þin líf ðonne þu læst wenst.
swa swa crist sylf cwæð. be súmon rícan menn on his godspelle;
90 Hé cwæð. Sum welig mann wæs on worulde. and his wæstmas
genihtsumlice þugon; þa sméade se ríca and cwæð. Hwæt dó
ic lá. nu ic næbbe hwǽr ic mæge ealle mine wæstmas gegad-
erian; Eft hé cwæð. Ic wille ryman minne bértun. and mine
bérnu geeacnian. and ðider gegadrian ealle mine wæstmas.
95 and cweðan to minre sawle; Min sawul ðu hæfst fela god to
manegra geara brice; Gerest ðe nú and ét. and drinc. and
gewistfulla; þa cwæð god to ðam rican; Ðu stunta; Nu toniht
ðu scealt ðin líf alætan; Hwæs beoð þonne þine teolunga; Swa
bið se ðe him sylfum gold hordað. and nis on gode welig;
100   Efne ðu ondrætst ðe on þam gedale; Ne ondræt ðu ðe to
dælenne. þu ðe nast hwæðer ðu merigenes gebide; Cyð mild-
heortnysse earmum mannum mid þinum begeate. ne forlǽt se
ælmihtiga god ðe. se ðe ðe to dælere gesette; Be ðisum cwæð
drihten on his godspelle. Ne behyde ge eowerne goldhord on
105 eorðan þær ðær ómm. and moððan hit awestað. and ðeofas
adelfað. and forstelað; Ac hórdiað eowerne goldhord on heofe-
num þær ne cymð to. ne óm. ne moððe. ne þeofas ne delfað.
ne ne ætbredað; Soðlice ðær ðær þin goldhord is þær bið þin
heorte; Hú mage we urne goldhord on heofonum behydan.

80 Ac

80 sylfe] DFfᴾ yfele   E yfe   þe] EFfᴾ þæt   M ahnast   81 cwæð]
DEFMNORfᴾ cwæð; Domini est terra et plenitudo eius   82–3 DEFfᴾ
[lybbað – ðearfan]   83 buton] NO ealle butan   85 híwast] O hi
sparast   F 'þu'   fᴾ cilde   87 DEFfᴾ [ðe²]   89 crist] T resumes
O [sylf]   DEFfᴾ ricum   91 FT geþugon   se rica] R rerica   92–3 R
gegarian   95 EFTfᴾ goda   97 E wistfulla   R [god]   99 MNO
[sylfum]   100 ðu²] T 'þu'   101 T hwæ'þe'r   DEFMNORTfᴾ
gebitst   102 EFRT begeatum   103 fᴾ [ðe³]   E 'ðe'   DT 'þe'
104 ge] EF ge na   fᴾ 'ge'   105 F ooman   O oma   106–7 RT heofonan
107 fᴾ [to]   F oman   R omo   fᴾ adelfað   108 goldhord] fᴾ gold
109 DFfᴾ ure   O ur⟨. .⟩'e'   goldhord] DFRTfᴾ hord   T heofonan   D hydan

Th. 106 buton ðurh ælmes/san; Swa hwǽt swa we be anfealdan godes 110
þearfum for his lufan syllað. he hit ús forgylt be hundfealdum.
on ðam toweardan life;
   Gif ealle menn on worulde rice wǽron. þonne næfde seo
mildheortnyss nænne stede. þæt seo ælmysse ure synna líg
adwæscte. swa swa hit awriten is; Swa swa wæter adwǽscð fyr. 115
swa adwǽscð seo ælmysse synna; Nis nán ðearfa fram ælmesdæ-
dum ascyred; Witodlice sum earm wydewe næfde ealra æhta
buton ænne feorðling. þone heo brohte to godes weofode on
cristes andwerdnysse. and hé hí ðærrihte mid his halgan muðe
geherode and cwæð; Soð ic eow secge. þæt ðeos earme wydewe 120
brohte maran lac ðonne ænig oðer mann on ðisum dæge. for
ðan ðe heo brohte eal þæt heo hæfde mid estfullum mode; Eft
on oðre stowe cwæð drihten on his godspelle; Swa hwá swa
MS. 155ᵛ sylð anum ðurstigum menn ceald wæter on minum naman. ne /
forlyst he his mede þære dæde; Soðlice ne bið ús to ælmessan 125
geteald. gif we ðam mannum syllað þe heora neode sylfe
habbað. for ðan ðe god ne het ús gewelgian ða hæbbendan. ac
þæt we ða wǽdligendan gefultumedon;
   We willað gyt ǽnne cwyde þære godspellican gereccednysse
eow gereccan. on þisum ylcum andgite; Drihten spræc ymbe 130
his tocyme. to ðam micclan dome. and þus cwæð; Witodlice
mannes bearn cymð on his mægenðrymme. and ealle englas
samod mid him to ðam micclum dome. þonne sitt he on dom-
setle his mægenðrymnysse. and beoð gegáderode ætforan him
ealle ðeoda. and he toscǽt hí on twá. swa swa scephyrde toscǽt 135
scép fram gátum; þonne gelógað he ða scép on his swiðran
hand. and ða gǽt on his wynstran;

123 stow   133–4 domsetle] ðam setle

111 MNO þearfan   113 næfde] fᴾ ⟨wære⟩ næfde   115 R awiten is]
fᴾ is; Sicut aqua extinguit ignem ita elemosina extinguit peccan (sic); þæt is
116 synna] DEFRfᴾ þa synne   117 R acyred   118 þone] F and þone
119 E halgum   120 DEF Soðlice fᴾ Soð < Soðlice   123 Swa] D* begins
124 wæter] O wæter drincan   126 R [we] fᴾ 'we'   heora] O nane
fᴾO [sylfe]   127 O nabbað   128 DD*EF þam wædligendan MNORTfᴾ
þam wædliendum   gefultemedon] E fylston F gefultumedon; 'M̄'
129 T wyllað ænne cwyðe gyt   130 O [ylcum]   DEMNRTfᴾ ilcan   OT
spæc   131 DD*FT micclum E -⟨a⟩'u'm   131–3 Tfᴾ [and – dome]
131 cwæð] N cwæð; EUUANGELIUM. Cum uenerit filius hominis in
magestate sua. et omnes angeli cum eo. tunc sedebit super sedem magestatis
sue. et congregabuntur omnes gentes; ET RELIQUA; Ðæt is on engliscre
spræce   133 O mycelan   sitt he] D sitt 'he' T 'mannes sunu' sit
⟨he⟩ on] D on his   134 EF mægenðrimmes M gegarode   135 scep-
hyrde] fᴾ hyrde   135–6 R toscæt þa scep fram þam gatum

We willað eow geswutelian nu ærest. gif eower hwilc nyte
hwæt mannes bearn sy. þæt crist sylf is mannes bearn. se ðe is
140 ánes mannes sunu þære eadigan Marian. on ðære menniscnysse.
and seo menniscnys bið gesewen on ðam dóme. þonne hé sylf
sitt on his dómsetle. and ða rihtwisan on his swiðran hand
gesett. and ða synfullan on his wynstran; /   Th. 108
þonne cwyð se cyning Crist to ðam þe on his swiðran hand
145 standað; Cumað ge gebletsode mines fæder. and geagniað þæt
rice ðe eow gegearcod wæs. fram frimðe middaneardes; Me
hingrode. and ge me gereordodon; Me ðyrste. and ge me
scencton; Ic wæs cuma. and ge me underfengon on eowerum
gesthusum; Ic wæs nacod. and ge me scryddon; Ic wæs
150 geuntrumod. and ge me geneosodon; Ic wæs on cwearterne.
and ge comon to me. and me gefrefrodon; Ðonne andswariað
þa rihtwisan criste and cweðað; Drihten. hwænne gesawe we
ðe húngrine. and we ðe gereordodon? Oððe þurstigne. and we
ðe scencton? Oððe hwǽnne wære ðu cuma. and we ðe under-
155 fengon? Oððe hwænne gesáwe we ðe untrumne. oþþe on
cwearterne. and we ðe geneosodon? Þonne andwyrd se cyning
ðam rihtwisum þisum wordum; Soð ic eow secge. swa lánge
swa ge dydon ánum þisum læstan on minum naman. ge hit
dydon me sylfum;
160 Ðonne cweð hé eft to ðam synfullum. þe on his wynstran
healfe standað; Gewitað fram me ge awyrigedan into ðam
ecan fyre. þe is gegearcod ðam deofle. and his awyrigedum
gastum; Me hingrode. and ge me ætes forwyrndon; Me ðyrste.
and ge me drincan ne sealdon; Ic wæs cuma. and ge me under-
165 fon noldon; Ic wæs nacod. nolde ge me wæda tiðian; Ic wæs

145 bletsode   152 rihtwisan. criste

139 N bearnes   þæt] OfP þæt is   fP [is¹]   140 mannes] fP mædenes
R mennysse   141 seo] R se   142 N swyran   143 fP [gesett]   144 se
cyning Crist] fP crist godes sunu   145 standað] fP standeð. Venite benedicti
patris mei percipite regnum quod uobis paratum est ab initio mundi   DD*
bletsode   mines fæder] DE to mines fæder rice   D* ⟨to⟩ mines fæder
⟨'rice'⟩ F ⟨to⟩ mines fæder   fP to minum fæder   geagniað] D* geagniað
'eow' E geahniað eow   146 fP gegærwod   147 D* 'ge'reordodon
149 DD*EFfP gesthuse   150 O untrum   151 and²] RTfP and ge   E
andwyrdað   152 gesawe we] F gesa'wan'we   155 gesawe we] E gesawe
'we' F gesa'wan'we   fP gesawe   157 R wisum   158 ge¹] R ge
hyt   anum] T anum of   F læstan 'þearfum'   T læstan 'þearfan'
161 standað] fP standað; Discedite a me maledicti in ignem eternum qui
preparatus est diabolo et angelis eius   fP [ge]   162 N ecum   163 and]
fP 'and'   ER ætas   D* forwyrdon   165 F nacod. ⟨and⟩

untrum. and on cwearterne. nolde ge me geneosian; þonne
andswariað ða unrihtwisan mánfullan; / La léof. hwǽnne
gesáwe we ðe hungrinne. oþþe ðurstinne. oððe cuman. oþþe
nacodne. oððe geuntrumodne. oþþe on cwearterne. and we ðe
noldon ðenian? þonne andwerd se cyning him and cwyð; 170
Soð ic eow secge. swa lánge swa ge forwyrndon ánum of
ðisum lytlum. and noldon him on minum naman tiðian. swa
lange ge me sylfum his forwyrndon;
     þonne farað ða uncystigan. and ða unrihtwisan into écere
cwicsusle mid deofle. and his awyrigedum englum. and ða 175
rihtwisan gecyrrað fram ðam dóme. into ðam ecan life mid
criste. and his gecorenum englum; Mid þam hí libbað. and
rixiað on lichaman and on sawle. on ealra worulda woruld.
amen:—

167 F 'un'rihtwisan 'and ða'   168 gesawe we] F gesa'wan'we   R gesawe
169 O [on]   169–70 T we ðe þenian noldon   170 E cwæð   171 fᴾ
[Soð – secge]   forwyrndon] F forwyr'n'don   fᴾ forwyrndon   T his for-
wyrndon   anum] DD*EFfᴾ anum menn   172 lytlum] F lytlum 'þear-
fum'   T lytlum 'þ'   MNO lytlingum   T [and – tiðian]   him] O him
anum   173 me sylfum his] D his me sylfum   F me sylfum   EMR
forwyrdon   F forwyr'n'don   175 F deoflum   and¹] O and mid   T
englum. 'sicut oues in inferno positi sunt'   177 O gecorenan englas   178 fᴾ
on sawle. and on lichaman   on³] fᴾ A in   woruld] DE woruld a buton
ende   179 amen] F continues with passage not by Ælfric, marked for
omission (printed below, p. 353).

VIII

DOMÍNICA SECUNDA IN QUADRAGESIMA

EGressus inde IESUS. Secessit in partes týri et sidonis; ET
RELIQUA.

Drihten hǽlend ðreade mid wordum þǽra Iudeiscra ðwyr-
nysse. and geleafleaste. and hí mid hospe his láre forsawon; þa
5 ferde hé ðanon to ðǽre burhscire þe is gehaten Tyrus. and to
ðǽre oðre þe is geháten sidon; And efne ða ferde án Chananéisc
wif of ðam gemǽrum togeanes ðam hǽlende. and him to
clypode þus cweðende; Dauides bearn. gemiltsa me. mín
dohtor is yfele fram deofle gedreht. and awédd; He suwade.
10 and hire nán word ne geandwyrde; Þa genealehton his leorning-
cnihtas him to. and híne bǽdon. La leof forlǽt hí. for ðan ðe
heo clypað ǽfter us; Þa andwyrde se hǽlend. and cwæð; Ne
eom ic asend buton to ðam sceapum. Israhela híwrǽdenne. ðe
lósedon; Mid þam ða cóm þæt wif. and hí astrehte æt his
15 fotum. þus cweðende; Drihten léof. help min; Hé andwyrde;
Nis na gód þæt man nyme his bearna hláf. and awurpe hundum;
þæt wíf andwyrde. Geá leof drihten. swa ðeah ða hwélpas etað
of ðam crumum þe feallað of heora hlafordes mysan; þa
andwyrde se hǽlend þam wife and cwæð; Eala ðu wíf. micel is
20 ðin geleafa; Getimige ðe swa swa ðu wilt. and ðærrihte of
ðǽre tide wearð hire dohtor gehǽled and gewittig;

þis chananeisce wíf wæs of hæðenum folce. and hæfde
getacnunge godes gelaðunge. þe fram hæðenscipe to criste
mid soðum geleafan gebeah. þa ða þa Iudeiscan hine forleton;

Manuscripts: C, E, F, H (defective at edges of leaves), K, M, N, O.

13 hiwrǽden'n'e

Title C Dominica II quadragesime Secundum matheum
1 CF [inde]   O IN DIE   1–2 ET RELIQUA] E erasure (with more of the
gospel text in Latin added in a much later hand)   3 Iudeiscra] O iudeiscra
manna   4 C 'hi'   11 F leof: hlaford   12 andwyrde] H (and-
wyrd)e heom   13 eom] E com   15 F leof: hlaford   andwyrde]
H hyre andwyrde   16 na] C naht   17 Gea] H Gys   swa ðeah] H ge
furðon   18 heora] C ⟨þan⟩ heore   20 ðu] H ðu sylf   22 before
þis] C OMELIA   O chananeisce   24 CHMNO [þa²]   F 'ða'

þæt wif wæs afaren fram gemærum hire eðeles. for ðan þe heo 25
forlét ða ealdan gedwyld hire hæðenscipes. and mid geleaf-
fullum mode þone soðan hælend gesohte. to biddenne hire
wodan dehter gesundfulnysse;

MS. 156ᵛ   Heo clypode; Dauides bearn. gemiltsa me. / min dohtor is
yfele fram deofle gedreht; Hit wæs soðlice swa gedón. ac seo 30
dohtor þe on wodum dreame lǽg dweligende. getacnode þæra
hæðenra manna sawle. ðe wæron yfele þurh deofol gedrehte.
ða ða hí ne cuðon heora scyppend. ac gelyfdon on deofolgyl-
dum; Seo moder cwæð dauides bearn gemiltsa min. and godes
gelaðung seo ðe is ure moder gelyfð. þæt crist is dauides 35
bearn on þære menniscnysse. and heo bitt ús miltsunge æt him.
for ðan ðe hé is god ælmihtig ure alysend; Æfter ðeawlicum
andgite se ðe leahtras begæð deofle to gecwemednysse his
scyppende on teonan. his dohtor is untwylice awedd. for ðan
ðe his sawul is ðearle ðurh deofol gedreht. ac him is neod þæt he 40
his agene wodnysse tocnawe. and mid geleafan æt godes halgum
þingunge bidde. and mid micelre anrǽdnysse drihtnes fét
gesece. biddende þæt he his sawle fram ðam wódan dreame
ahredde. swa swa hé dyde þæt chánaneisce mæden;

Th. 112   He ne andwyrde ðam wife æt / fruman na for modignysse. ac 45
hé nolde his cwyde awendan ðurh ðone þe hé bead his leorning-
cnihtum ær his ðrowunge þus cweðende; Ne fáre ge on hæðenra
manna wege. and on Samaritaniscra burgum ne become ge;
Hé nolde syllan intingan þam Iudeiscum þæt hé hí forsáwe. ðe
godes .ǽ. heoldon. and þæt hæðene folc him to getuge þe 50
deofolgild beeodon; Nu suwade crist æt fruman wið þæs wifes
clypunge. for ðan ðe hé ða liflican bodunge on his andwerd-
nysse hæðenum leodum bedigelode; Witodlice æfter his æriste
of deaðe hé bebead his apostolum þus cweðende; Faráð. and
lǽrað. ealle ðeoda. and fulliað hí on naman þæs ælmihtigan 55
fæder. and his suna. and þæs halgan gastes. and lǽrað hí þæt
hí healdon ealle ða ðing þe ic eow bebead;

46 his¹] is   48–9 ge; He] ge. he

25 F eðles: eardes   27 O biddende   29 Heo clypode] F 'and heo
clypode'   me] E m⟨in⟩'e'   30 swa] NO þa   33–4 EHMNO deofol-
gyld   35 is¹] C 'is'   36 F 'ge'bit   38 F gecwemnysse
40 ac] H and   41 MNO [tocnawe]   M ⟨and⟩   42 C [bidde]   H biddan
43 CF wodum   45 E modnysse   46 C [þe]   F 'þe'   F 'be'bead
H bebead   N bæd   48 and] CF ne   55 F fulliað: cristniað
57 healdon] N ealdan

Cristes leorningcnihtas to him genealæhton. and ðam wífe to
him geðingodon. þus cweðende; La leof. forlǽt hí. for ðan ðe
60 heo clypað æfter us; Swilce hí cwædon forlǽt ðone gylt. and
forgif hire þine miltsunge. for ðan ðe heo urne fultum mid
inweardre heortan sehð; Ne clypode heo synderlice to Petre.
ne heo ne namode Andream. ne heora nænne synderlice. ac eal
þæt apostolice werod samod mid micelre anrædnysse bæd.
65 þæt hí to ðam mildheortan hælende hire geðingodon;
   Drihten andwyrde his apostolum mid þisum wordum. and
cwæð; Ne eom ic asend buton to ðam sceapum israhela
híwrǽdene. þe losedon; Soðlice se ælmihtiga fæder asende his
ancennedan sunu. mid soðre men/niscnysse befángenne to   MS. 157ʳ
70 ðam Iudeiscum folce. þæt hí sceoldon ærest gif hí woldon to
fulluhte bugan. ðurh cristes lare; Him gedafenode þæt hí
ærest on crist gelyfdon. for ðan ðe hi heoldon þa ealdan .ǽ. and
hæfdon cyððe to gode fram ealdum dagum. ða bodade crist
þurh hine sylfne ðam anum folce. and of ðam his apostolas
75 geceas. and fela oðre gecorene halgan; Ac ða ða hé geseah
þæt se mæsta dæl ðære ðeode his lare forsawon. and sume eac
ymbe his líf syrwdon. ða forlét / hé hí on heora geleafleaste. and   Th. 114
geceas ða hæðenan leoda þe geond ealne middaneard on deofol-
gyldum gelyfdon oð þæt;
80   þæt wíf com. and hí astrehte ætforan drihtne. þus cweðende;
Drihten leof help min; þreo halige mægnu we gehyrað be
ðisum wife on ðissere rædinge. þæt is geleafa. and geðyld. and
eadmodnyss; Geleafan heo hæfde for ðan ðe heo gelyfde þæt
drihten mihte hire aweddan dohtor gehælan; Geðyld heo
85 hæfde. ða ða heo forsewen wæs. and swa ðeah anrædlice on
hire benum þurhwunade; Eadmod heo wæs. ða ða heo hí
sylfe to hwelpum geemnette;
   Drihten cwæð to ðam wife. Nis na gód þæt man nime his

---

63 namode] manode   70 sᶜcᶜeoldon

62 NO secgð   C [heo]   63 namode] F namˋnˊode   H defective
64 C andrædnysse   65 O geþingode   67 eom] E com   68 C hif-
rædene   H [his]   69 CMNO acennedan   70 CH iudeiscan
hi¹] O he   M sceolon   71 CH gebugan   72 C criste
73 C bodedu   F bododo   75 Ac] C And   76 eac] O ac   78 E
ˋðaˊ   leoda] C þeode   78–9 EHMNO deofolgyld   79 C [gelyfdon]
80 drihtne] O drihtne fotum   82–3 H [geleafa – eadmodnyss]   83 C
Geleafe N Geleafa   F [ðe]   O lyfde   85 H andrædlice   86 C
[hi]   87 E sylfum   EM helpum   E emnette

bearna hláf. and wurpe hundum; þæt israhela folc wæs gyo
geteald to godes bearnum. and hæðen folc geond ealle woruld   90
to hundum. for heora fulum ðeawum; Nu is seo endebyrdnys
þæra namena awend. mid ðam geleafan; Hí sind gehatene
hundas. and we scép; Witodlice se wítega cwæð be cristes
ehterum. ðe hine acwealdon; Fela hundas me ymbe eodon; Se
witega þurh godes gast hét ða Iudeiscan cristes slagan hundas.   95
þe hine mid facenfullum mode ymbe eodon; Eft crist sylf cwæð
be ús. Ic hæbbe oðre scép. þa ðe ne sind of ðyssere eowde. and
ða ic sceal lædan. and hí gehyrað mine stemne;
    þæt wif cwæð to criste; Gea leof drihten; Swa ðeah ða
hwelpas etað of ðam crumon. þe feallað of heora hlafordes   100
mysan; Swiðe getacnigendlice spræc þis wif; Witodlice seo
myse is seo boclice lár. seo ðe ús ðenað lifes hláf; Be ðære
mysan cwæð se witega; Drihten þu gegearcodest mysan on
minre gesihðe. togeanes ðam þe me gedræfdon; Soðlice
æfter gastlicum andgite. þa hwelpas etað ða cruman þe of   105
heora hlafordes beode feallað. þonne ða ðeoda þe on hæðen-
scipe ǽr lagon. nu sind mid geleafan to heora scyppende
gebigede. and þære gastlican láre haligra gewrita brucað; We
hédað þæra crumena ðæs hlafes. and ða Iudeiscan gnagað þa
rinde. for ðan ðe wé understandað þæt gastlice andgit þæra   110
Th. 116 boca. and hí rædað þa stæflican gerecced/nysse buton andgite;
Ealle heora béc ðe se héretoga moyses. oððe wítegan be godes
MS. 157ᵛ dihte gesetton. ealle hí sprecað ymbe / cristes menniscnysse.
and ymbe cristenra manna líf mid digelum andgite. and ða
Iudeiscan ne hédað na máre. buton ðære stæflican gerecced-   115
nysse; We cristene men soðlice licgað under godes mysan. and
etað þa cruman his gastlican lare. for ðan ðe we sind eadmodlice
mid lichaman and mid sawle godcundlicum spræcum under-
ðeodde. to gefyllenne his beboda. þæt he ús his behát gelæste;
    Drihten andwyrde. þam chananeiscum wife. and cwæð;   120
Eala ðu wif. micel is ðin geleafa. Getimige ðe swa swa ðu wylt;
And hire dohtor wearð þa gehæled of ðære tide; For ðam

89 wæs] C we   90 hæðen] H þæt hæðene   94 C hunde   97 of]
N on   H ⟨þ⟩eoˈwˈde   99 Gea] H Gyse   Swa ðeah] H Ge furðon
102 seo¹] F ˈseoˈ   103 gegearcodest] CF ðe gearcodest   105–6 CFMNO
þe feallað of heora hlafordes beode   H þe of heora hlafordes myse: Ī beode
ˈfallesˈ (late hand)   106 O [ða]   109 hedað] H daþ: etes (late hand)   M
etað < hedað   110 H rindan   115 F hedað: gymað   118 E [mid²]
spræcum] C swæcum   120 þam] C þam þam   EF chananeiscan
(C -en)   E ⟨.⟩ˈcwæðˈ   121 ðu²] H þu sylf   122 F [þa]   MNO [ðam]

micclum geleafan þære meder. forlét se deofol ða dohtor; Mid
ðam is geseald bysen urum fulluhte. þæt ða unsprecendan cild
125 beoð gehealdene on ðam fulluhte ðurh geleafan þæs fæder. and
ðære moder. and þæs foresprecendan godfæder. ðeah ðe þæt
cild nyten sy;
   Cristenra manna geleafan hæfð se ælmihtiga god mid mane-
gum tacnum gewurðod. þurh his halgan. ærest on heora life.
130 and siððan æt heora halgum byrgenum. þam sy wuldor and
wurðmynt. Á. on ecnysse. Amen:—

123 M modor.ʼþaʼ   124 CO bysene   E bysʻeʼn⟨e⟩   127 CFHMNO
nytende   sy] F si; ʻgyf he rihtlice leofað. siþþan he understanden mæg godes
beboda; and his cristendom;ʼ   129 E [his]   C ære

IIII. IDUS MARTII. SANCTI GREGORII
PAPE. URBIS ROMANE INCLITUS

GREGORIUS se hálga papa. Engliscre ðeode apostol. on ðisum
andwerdan dæge æfter menigfealdum gedeorfum. and halgum
gecnyrdnyssum. Godes ríce gesæliglice astáh; He is rihtlice
engliscre ðeode Apostol. for ðan ðe he þurh his ræd. and sande
ús fram deofles biggengum ætbræd. and to godes geleafan 5
gebigde; Manega hálige bec cyðað his drohtnunge and his
Th. 118 halige líf. and eac historia anglorum ða ðe / Ælfred cyning of
ledene on englisc awende. Seo bóc sprecð genoh swutelice be
ðisum halgan were; Nu wylle we sum ðing scortlice eow be
him gereccan. for ðan ðe seo foresæde bóc nis eow eallum cuð. 10
þeah ðe heo on englisc awend sy;
þes eadiga papa Gregorius wæs of æðelborenre mægðe. and
eawfæstre acenned; Romanisce witan wæron his magas; His
fæder hatte Gordianus. and felix se eawfæsta papa wæs his fifta
fæder; He wæs swa swa we cwædon for worulde æðelboren. ac 15
he oferstáh his æðelborennysse mid halgum ðeawum. and mid
godum weorcum geglengde; Gregorius is Grecisc nama. se
swéigð on ledenum gereorde Vigilantius. þæt is on englisc
wacolre; He wæs swiðe wacol on godes bebodum. ða ða he sylf
herigendlice leofode. and hé wacollice ymbe manegra ðeoda 20
þearfe hógode. and him lífes weig geswutelode;

Manuscripts: D, E, K, L, T, f^k (lines 21–220 lost) and some adapted extracts
in X^c (corresponding to lines 26–8, 57, 71–80, and 171).

7 'h'istoria

Title D In natale sancti gregorii pape   E IIII. IDUS. IN natale sancti
gregorii pape   T III. KALENDAS MARTII. NATALE SANCTI
GREGORII. PAPA   f^k DE SANCTO GREGORIO
1 T se halga – *line 3* He *possibly marked for omission*   2 Ef^k andwear-
dum   4 f^k ræde   6 drohtnunge] T mæran drohtnunge   8 Tf^k
leden   9 ðisum halgan] DE ðam halgum   we] T we þeah   DE
[eow]   12 þes] f^k Ða se   papa] DE wer   E [of]   D 'of'   T æþelre
and] T and of   15 D [swa]   we] DE we ær   17 se] L þe   19 wacolre]
D wacol⟨. .⟩   21 Tf^k þearfa   lifes] f^k *breaks off*

Hé wæs fram cildháde on bóclicum larum getyd. and hé on
ðære lare swa gesæliglice ðeah. þæt on ealre Romana byrig næs
nan his gelica geðuht; He gecneordlæhte æfter wisra láreowa
25 gebysnungum. and næs forgyttol. ac gefæstnode his lare on
fæstháfelum gemynde; He hlód ða mid þurstigum breoste ða
flowendan lare. ðe hé eft æfter / fyrste mid hunigswettre þrotan MS. 158ʳ
þæslice bealcette; On geonglicum gearum. ða ða his geogoð
æfter gecynde woruldðing lufian sceolde. þa ongann hé hine
30 sylfne to gode geðeodan. and to eðele þæs upplican lifes. mid
eallum gewilnungum orðian;

Witodlice æfter his fæder forðsiðe. hé arærde six munuclíf on
Sicilia lande. and þæt seofoðe binnon romana burh getimbrode.
on ðam he sylf regollice under abbodes hæsum drohtnode;
35 þa seofon mynstru he gelende mid his agenum. and genihtsum-
lice to dæghwomlicum bigleofan gegodode; þone ofereacan his
æhta hé aspende on godes þearfum. and ealle his woruldlican
æðelborennysse. to heofonlicum wuldre awende; He eode ær
his gecyrrednysse geond romana burh mid pællenum gyrlum.
40 and scinendum gymmum. and readum golde gefrætewod. ac
æfter his gecyr/rednysse he ðenode godes ðearfum. he sylf Th. 120
ðearfa. mid wácum wæfelse befangen; Swa fulfremedlice. he
drohtnode on anginne his gecyrrednysse. swa þæt hé mihte
ða gyú beon geteald on fulfremedra halgena getele; He lufode
45 forhæfednysse on mettum. and on drence. and wæccan on
syndrigum gebedum; þærtoeacan he ðrowade singallice untrum-
nyssa. and swa hé stiðlicor mid andwerdum untrumnyssum
ofsett wæs. swa hé geornfullicor þæs ecan lifes gewilnode;

þa undergeat se papa þe on ðam timan þæt apostolice setl
50 gesæt. hu se eadiga gregorius on halgum mægnum ðeonde
wæs. and he ða hine of ðære munuclican drohtnunge genám.

41 ðearfum. He

---

22 larum] E lare   24 E [nan]   gecneordlæhte] L ne cneordlæhte
25 DE bisnungum   T gebysnunga   26–8 He – bealcette] cf. Xᶜ he hefde
geledan mid þurstian moda þa flowenda lare and for þon he eftær firste mid
huniswettra ceola.ʳ fremedlica belcta   26 DET [ða¹]   T 'mid'   breoste]
DE mode   28 his geogoð] DE he his geogoðe   32 L 'fæder'
33 DE silicia   T sicilian   DET byrig   34 E drohtnunge   37 T
[woruldlican]   40 ac] D ⟨e⟩ac   E eac   41 he²] T and him   L sylf 'wæs'
42 befangen] D befangen wæs   44 on] D to   45 and²] DT and on
wæccan] T wæccan and   48 E geara fullicor   51 DE [ða]   T
hine genam of þære munuclicere drohtnunge

and him to gefylstan gesette. on diaconháde geendebyrdne;
Ða gelámp hit æt sumum sæle. swa swa gýt foroft deð. þæt
englisce cýpmenn brohton heora ware to romana byrig. and
Gregorius eode be ðære stræt to ðam engliscum mannum 55
heora ðing sceawigende; þa geseah he betwux ðam warum.
cypecnihtas gesette. þa wæron hwites lichaman. and fægeres
andwlitan menn. and æðellice gefexode;
Gregorius ða beheold þæra cnapena wlite. and befrán of
hwilcere þeode hí gebrohte wæron; þa sæde him man þæt hí of 60
engla lande wæron. and þæt ðære ðeode mennisc swa wlitig
wære; Eft ða gregorius befrán. hwæðer þæs landes folc cristen
wære. ðe hæðen; Him man sæde. þæt hí hæðene wæron;
Gregorius ða of innweardre heortan langsume siccetunge teah.
and cwæð; Wá la wá. þæt swa fægeres híwes menn. sindon ðam 65
sweartan deofle underðeodde; Eft hé axode hu ðære ðeode
nama wære. þe hí of comon; Him wæs geandwyrd. þæt hi
angle genemnode wæron; þa cwæð he. rihtlice hí sind Angle
gehátene. for ðan ðe hí engla wlite habbað. and swilcum
MS. 158ᵛ gedafenað þæt hí on heofonum engla geferan beon; Gyt ða / 70
Gregorius befrán. hu ðære scire nama wære. þe ða cnapan of
alædde wæron; Him man sæde. þæt ða scírmen wæron dere
gehatene; Gregorius andwyrde. Wel hi sind dere gehatene.
Th. 122 for ðan ðe hi sind fram graman generode. and / to cristes mild-
heortnysse gecygede; Gyt ða he befrán. Hu is ðære leode 75
cyning gehaten? Him wæs geandswarod þæt se cyning
Ælle geháten wære; Hwæt ða Gregorius gamenode mid his
wordum to ðam naman. and cwæð; Hit gedafenað þæt
alleluia sy gesungen on ðam lande. to lofe þæs ælmihtigan
scyppendes; 80
Gregorius ða sona eode to ðam papan þæs apostolican setles.

52 T gefylste D gesette. ‘and’ 54 E [and] 56 sceawigende] E
ceapigende 57 cypecnihtas – lichaman] cf. Xᶜ cepmen. þa weron hwites
lichaman 60 L hi wæron gebrohte L sædon 66 he axode] T þa
gregorius befran 68 D engle DE [genemnode] Angle] D engle
71–80 Gregorius – scyppendes] cf. Xᶜ greḡ ascada (—)scira noma þa of
coma(—) sedan þæt hio dere wes hata (—)-don Gregorius wel hio (—)dere
gehata. For hio boð from grama generada to godes mildhortnesse clepoda
þa get cw Greḡ hu (—) þara ðoda cining gehatan? hio onsw̄ and cwedan þæt
he were alle gehata Greḡ ða gamenada mid his worda to þam monnum and
cw̄ hit gedafenað þæt alleluia si (—)-ungun on þan eglanda to luua þan
almahti scupenda 71 E ‘scire’ 75 leode] DE þeode T scire
76 E ⟨ . . . . . . ⟩ ‘kyning’ DE geandwyrd 79 DE iglande 79–80 D þam
ælmihtigan scyppende 81 DET [sona]

and hine bæd þæt he angelcynne sume láreowas asende. ðe hí
to criste gebigdon. and cwæð þæt hé sylf gearo wære. þæt weorc
to gefremmenne mid godes fultume. gif hit ðam papan swa
85 gelicode; þa ne mihte se papa þæt geðafian. þeah ðe hé eall
wolde. for ðan ðe ða romaniscan ceastergewaran noldon geða-
fian þæt swa getogen mann and swa geðungen lareow þa burh
eallunge forlete. and swa fyrlen wræcsið genáme;
        Æfter ðisum gelamp þæt micel manncwealm becom ofer
90 ðære romaniscan leode. and ærest ðone papan Pelagium gestod.
and buton yldinge adydde; Witodlice æfter ðæs papan geen-
dunge. swa micel cwealm wearð þæs folces. þæt gehwær stodon
aweste hús geond þa burh. buton bugigendum; þa ne mihte
swa ðeah seo romana burh buton papan wunian. ac eal folc
95 ðone eadigan Gregorium to ðære geðincðe anmodlice geceas.
þeah ðe he mid eallum mægne wiðerigende wære; Gregorius
ða asende ænne pistol to ðam casere Mauricium. se wæs his
gefædera. and hine halsode. and micclum bæd. þæt hé næfre
ðam folce ne geðafode. þæt he mid þæs wurðmyntes wuldre
00 geuferod wære. for ðan ðe hé ondred þæt he ðurh ðone micclan
hád on woruldlicum wuldre þe he ær awearp æt sumum sæle
bepæht wurde; Ac ðæs caseres heahgerefa Germanus gelæhte
ðone pistol æt Gregories ærendracan. and hine totǽr. and
siððan cydde þam casere þæt þæt folc Gregorium to papan
05 gecoren hæfde; Mauricius ða se casere þæs gode ðancode. and
hine gehadian het; Hwæt ða gregorius fleames cepte. and on
dymhófon ætlutode. ac hine man gelæhte. and teah to Petres
cyrcan. / þæt he ðær to papan gehalgod wurde;   Th. 124
        Gregorius ða ær his hadunge. þæt romanisce folc for ðam
10 onsigendum cwealme. ðisum wordum to bereowsunge tihte;
Mine gebroðra þa leofostan ús gedafenað þæt we godes swingle
þe we on ær towearde ondrædan / sceoldon. þæt we huru nú.   MS. 159ʳ
andwerde and afandode ondrædan; Geopenige ure sarnys ús
infǽr soðre gecyrrednysse. and þæt wite ðe we ðrowiað tobrecce

82 angelcynne] DE to angelcynne   83 D gebigden   T gebigdon. mid godes
fultume   84 T [mid godes fultume]   85 DE [ðe]   88 T fyrlene
89 ofer] DE on   90 T romaniscre   91 adydde] T hine adydde   92 T ge-
wearð   93 E hus aweste   94 DE romanisce   E [burh]   eal folc] T
eall þæt folc   96 E [ðe]   T mægnum   97 T sende   98 T fædera
103 T [æt Gregories ærendracan]   DEL gregorius   104 þæt folc] T eall
þæt folc   105 DE [ða]   106 T hadian   110 E onsittendum wordum]
T wordum hi   112 þe] D þe < þæt   E toweardre   112-13 E [sceoldon
– ondrædan]   113 T us ure sarnys   114-115 DE [and – heardnysse]

ure heortan heardnysse; Efne nu ðis folc is mid swurde þæs 11
heofonlican graman ofslegen. and gehwilce ænlipige sind mid
færlicum slihte aweste; Ne seo adl ðam deaðe ne forestæpð.
ac ge geseoð þæt se sylfa deað þære adle yldinge forhradað; Se
geslagena bið mid deaðe gegripen. ær ðan ðe he to heofungum
soðre behreowsunge gecyrran mæge; Hógiað for ði. hwilc se 12
becume ætforan gesihðe þæs strecan deman. se ðe ne mæg þæt
yfel bewépan ðe hé gefremode;
  Gehwilce eorðbugigende sind ætbrodene. and heora hus
standað aweste; Fæderas and moddru bestandað heora bearna
líc. and heora yrfenuman him sylfum to forwyrde forestæppað; 12
Uton eornostlice fleon to heofunge soðre dædbote. þa hwile ðe
we moton. ær ðan þe se færlica slege ús astrecce; Uton gemunan
swa hwæt swa we dweligende agylton. and uton mid wope
gewitnian. þæt þæt we mánfullice adrugon; Uton forhradian
godes ansyne on andetnysse. swa swa se witega us mánað; 13
Uton ahebban ure heortan mid handum to gode. þæt is þæt we
sceolon ða gecnyrdnysse ure bene mid geearnunge gódes
weorces up aræran; He forgifð truwan ure forhtunge. se ðe
þurh his witegan clypað. Nylle ic þæs synfullan deað. ac ic
wille þæt hé gecyrre. and lybbe; 13

  Ne geortruwige nán man hine sylfne for his synna micelnysse.
Witodlice ða ealdan gyltas niniueiscre ðeode. ðreora daga
bereowsung adilegode. and se gecyrreda sceaða on his deaðes
cwyde. þæs ecan lifes mede geearnode; Uton awendan ure
heortan. hrædlice bið se dema to urum benum gebíged. gif we 14
Th. 126 fram urum ðwyrnyssum beoð gerihtlæhte; Uton / standan mid
gemaglicum wopum ongean ðam onsigendum swurde. swa
miccles domes; Soðlice gemagnys is þam soðan deman gecweme.
þeah ðe heo mannum unðancwurðe sy. for ðan ðe se arfæsta.
and se mildheorta god wile þæt we mid gemáglicum benum his 14
mildheortnysse ofgán. and hé nele swa micclum swa we geear-
niað ús geyrsian; Be ðisum hé cwæð þurh his witegan; Clypa
me on dæge ðinre gedrefednysse. and ic ðe ahredde. and ðu

117 T slyhtum   118 sylfa] T ylca   T [yldinge]   119 DE for-
gripen   125 and] DE ac   127–9 L [Uton – adrugon]   130 D on
'an'detnysse   us manað] E cwæð. 'and' manað   136 T ortruwige
137 gyltas] D leahtras   D niniueisc'r'e   E niniueisc'r'e   E daga
fæce   138 bereowsung] T behreowsunge 'hy'   140 heortan] T
heortan to gode   to urum benum gebiged] D gebiged to urum benum   E
gebiged to urum 'ge'bedum   148 gedrefednysse] E gefremednysse   ðe
ahredde] T wille þe ahredden

mærsast me; God sylf is his gewita. þæt he miltsian wile him
150 to clypigendum. se ðe manað þæt we him to clypian sceolon;
For ðy mine gebroðra þa leofostan. uton gecuman on ðam
feorðan dæge þysre wucan on ærnemerigen / and mid estfullum   MS. 159ᵛ
mode and tearum singon seofonfcalde Lætanias. þæt se streca
dema us gearige. þonne hé gesihð þæt we sylfe ure gyltas
155 wrecað;
    Eornostlice ða ða micel menigu ægðer ge preosthádes ge
munuchádes menn. and þæt læwede folc æfter ðæs eadigan
gregories hæse on þone wodnesdæg to ðam seofonfealdum
letanium gecomon. to ðam swiðe awedde se foresæda cwealm.
160 þæt hundeahtatig manna on ðære ánre tide feallende of life
gewiton. ða hwíle þe þæt folc ða letanias sungon; Ac se halga
sacerd ne geswác þæt folc to manigenne þæt hi ðære bene ne
geswicon. oð þæt godes miltsung þone reðan cwealm gestilde;
    Hwæt ða gregorius siððan hé papanhad underfeng. gemunde
165 hwæt hé gefyrn Angelcynne gemynte. and ðærrihte þæt luftyme
weorc gefremode; He na to ðæs hwón ne mihte þone romaniscan
biscopstól eallunge forlætan. ac hé asende oðre bydelas geðun-
gene godes ðeowan to ðysum iglande. and he sylf micclum mid
his benum and tihtingum fylste. þæt ðæra bydela bodung
170 forðgenge. and gode wæstmbære wurde; þæra bydela naman
sind þus gecigede. Augustinus. Mellitus. Laurentius.
Petrus. Iohannes. Iustus. Ðas láreowas asende se eadiga papa
Gregorius mid manegum oðrum munecum to angelcynne. and
hi ðisum wordum to / ðære fare tihte;   Th. 128
175   Ne beo ge afyrhte ðurh geswince þæs langsuman færeldes.
oððe þurh yfelra manna ymbespræce. ac mid ealre anrædnysse
and wylme þære soðan lufe þas ongunnenan ðing þurh godes
fultum gefremmað; And wite ge þæt eower méd on ðam ecum
edleane swa miccle mare bið. swa micclum swa ge mare for
180 godes willan swincað; Gehyrsumiað eadmodlice on eallum

---

178 ecum < ecan

149 DE [his]   þæt] L and   154 þonne] D gif   156 ða ða] E þa
micel] T seo miccle   158 DE gregorius   159 DEL comon   161 DET
sang   166 DET nateshwon   DE romaniscne   167 bydelas] T
ærendracan   168 T þeowas   168–9 E mid his micclum benum   169 and
tihtingum] D ⟨getihtingum⟩   E 'and' getihtingum   bydela] T ærend-
racena   170 E forðgange   bydela] T ærendracena   171–2 Mellitus
etc.] cf. Xᶜ mellitum. and Laurentium. and Petrum. and Iohannem. and
iustum   172 DE [papa]   174 E worde   175 T beon   T geswinc
178 T fultume   DE ecan   179 mare²] D maran

ðingum Augustine. þone ðe we eow to ealdre gesetton. hit
fremað eowerum sawlum. swa hwæt swa ge be his mynegunge
gefyllað; Se ælmihtiga god þurh his gife eow gescylde. and
geunne me þæt ic mote eoweres geswinces wæstm on ðam
ecan eðele geseon. swa þæt ic beo gemet samod on blisse 185
eoweres edleanes. ðeah ðe ic mid eow swincan ne mæge. for
ðon ðe ic wille swincan;
    Augustinus ða mid his geferum þæt sind gerehte feowertig
wera. ferde be gregories hæse. oð þæt hí to ðisum íglande
gesundfullice becomon; On ðam dagum rixode Æþelbyrht 190
cyning on cantwarebyrig ríclice. and his rice wæs astreht fram
ðære micclan éa humbre. oð suðsæ; Augustinus hæfde genu-
men wealhstodas of francena rice. swa swa Gregorius him
bebead. and hé ðurh ðæra wealhstoda muð þam cyninge. and
his leode godes word bodade. hu se mildheorta hælend mid his 195
agenre ðrowunge þysne scyldigan middaneard alysde. and
MS. 160ʳ geleaffullum / mannum heofonan rices infær geopenode;
þa andwyrde se cyning Æðelbriht Augustine. and cwæð þæt
hé fægere word and behat him cydde. and cwæð þæt hé ne
mihte swa hrædlice þone ealdan gewunan ðe hé mid angelcynne 200
heold forlætan. cwæð þæt hé moste freolice ða heofonlican
láre his leode bodian. and þæt he him and his geferan bigleofan
ðenian wolde. and forgeaf him ða wununge on cantwarebyrig.
seo wæs ealles his rices heafodburh;
    Ongánn ða Augustinus mid his munecum to geefenlæcenne 205
þæra apostola líf mid singalum gebedum. and wæccan. and
Th. 130 fæstenum gode ðeowigende. and lifes word þam ðe hí mihton /
bodigende. ealle middaneardlice ðing swa swa ælfremede
forhógigende. ða þing ána þe hí to bigleofan behófedon under-
fonde. be ðam ðe hí tæhton sylfe lybbende. and for ðære 210
soðfæstnysse ðe hí bodedon. gearowe wæron ehtnysse to
ðoligenne. and deaðe sweltan gif hí ðorfton; Hwæt ða gelyfdon

205 A‘u′gustinus

181 gesetton] D geset⟨. . .⟩ ‘habbað′   184 ic] E he   185 eðele] T edleane
186 DE [ðe]   187 L [ic]   189 T [wera]   ferde] D þæt ferde   E
fyrda‘n′   T þe ferden   DE gregorius   189–90 E hi gesundfullice to þisum
iglande becomon   T hi becomon gesundfullice to þisum iglande   191 T
[riclice]   L rihtlice < riclice   193 L [swa]   194 E bead   197 T heofona
199 E ‘ne′   201 E ‘þæt′   202 D [þæt]   206 DE life   DE wæccum
207 E [ðe]   D ‘ðe′   208 E mideardeardlice   211 soðfæstnysse] T soð-
fæstnysse lufe   gearowe] D gearewe ⟨. .⟩   E gearwe hi

forwel menige. and on godes naman gefullode wurdon. wun-
drigende þære bilewitnysse heora unscæððigan lifes. and
15 swetnysse heora heofonlican lare;
Ða æt nextan gelustfullode ðam cyninge æðelbrihte heora
clæne líf. and heora wynsume behát. þa soðlice wurdon mid
managum tacnum geseðe. and he ða gelyfende wearð gefullod.
and micclum ða cristenan gearwurðode. and swa swa heofonlice
20 ceastergewaran lufode; Nolde swa ðeah nænne to cristendome
geneadian. for ðan ðe hé ofaxode. æt ðam lareowum his hæle
þæt cristes ðeowdom ne sceal beon geneadad. ac sylfwilles;
Ongunnon ða dæghwomlice forwel menige efstan to gehyrenne
ða halgan bodunge. and forleton heora hæðenscipe. and hí
25 sylfe geðeoddon cristes gelaðunge on hine gelyfende;
Betwux ðisum gewende Augustinus ofer sǽ. to ðam ercebis-
cope Etherium. and he hine gehádode angelcynne to ercebiscope.
swa swa him gregorius ær gewissode; Augustinus ða gehádod
cyrde to his biscopstole. and asende ærendracan to rome and
30 cydde ðam eadigan gregorie þæt angelcynn cristendom under-
feng. and he eac mid gewritum fela ðinga befrán. hu him to
drohtnigenne wære betwux ðam níghworfenum folce; Hwæt
ða gregorius micclum gode ðancode. mid blissigendum mode
þæt angelcynne swa gelumpen wæs swa swa he sylf geornlice
35 gewilnode. and sende eft ongean ærendracan to ðam geleaffullan
cyninge æþelbrihte mid gewritum and menigfealdum lacum.
and oðre gewritu to augustine mid andswarum ealra ðæra
ðinga þe he hine befrán. and hine eac ðisum wordum manode;
Broðer min se leofosta. ic wát þæt se ælmihtiga god fela wundra
40 þurh ðe þære ðeode ðe hé geceas / geswutelað. þæs ðu miht /
blissigan. and eac ðe ondrædan; þu miht blissigan gewisslice
þæt ðære ðeode sawla þurh ða yttran wundra beoð getogene to
ðære incundan gife; Ondrǽd ðe swa ðeah. þæt ðin mod ne beo
aháfen mid dyrstignysse on ðam tacnum þe god ðurh ðe gefre-
45 mað. and þu ðonon on ídelum wuldre befealle wiðinnan.
þonon ðe ðu wiðutan on wurðmynte ahafen bist;

MS. 160ᵛ
Th. 132

241 blissigan¹] blissi'g'an

213 gefullode wurdon] D 'wurðon' gefullode   214 T unscæðþiges
220 Nolde] DE Nolde he   221 geneadian] fᵏ resumes   225 geðeoddon]
L geðeoddon on   T geþeoddon to   fᵏ þeoddon   227 E [Etherium –
ercebiscope]   Etherium] T etherium 'on arela'   D [angelcynne]
231 fᵏ þing   233 E [gode]   235 eft] E oft   fᵏ defective   DT geleaffullum
238 hine¹] T hi   241 E [and – blissigan]   T [ðe]   242 DE þæra þeoda

Gregorius asende eac augustine halige lác. on mæssereafum.
and on bocum. and ðæra apostola. and martyra reliquias samod.
and bebead þæt his æftergengan symle ðone pallium. and ðone
ercehád æt ðam apostolican setle. romaniscre gelaðunge feccan 250
sceoldon; Augustinus gesette æfter ðisum biscopas of his
geferum gehwilcum burgum on engla ðeode. and hi on godes
geleafan ðeonde ðurhwunodon. oð ðisum dægðerlicum dæge;
Se eadiga gregorius gedihte manega halige trahtbec. and mid
micelre gecnyrdnysse godes folc to ðam ecan life gewissode. 255
and fela wundra on his life geworhte. and wuldorfullice þæs
papan setles geweold. ðreottyne gear. and six monðas. and tyn
dagas. and siððan on ðisum dæge gewát to ðam ecan setle
heofenan rices. on ðam he leofað mid gode ælmihtigum. á. on
ecnesse Amen:— 260

248 ðæra] L of ðæra   249 symle] T symble þæt þæt   252 geferum]
D geferum 'to' LT geferum on   fᵏ [on²]   253 DE [ðeonde]   oð]
D o⟨n⟩ʼðʼ E on   256 DE geworhte on his life   256–7 DE þæt
papan setl   259–60 on ecnesse] T butan ende

XIII. KALENDAS APRILIS. DEPOSITIO
SANCTI CUTHBERHTI EPISCOPI

CUTHBERHTUS se halga biscop scinende on manegum geear-
nungum and healicum geðincðum. on heofenan rice mid þam
ælmihtigum scyppende on ecere blisse rixiende wuldrað; Beda
se snotera engla ðeoda láreow þises halgan líf. endebyrdlice
5 mid wulderfullum herungum. ægðer ge æfter an/fealdre   Th. 134
gereccednysse. ge æfter leoðlicere gyddunge awrát;
    Us sæde soðlice beda. þæt se eadiga Cuðberhtus ða ða hé
wæs eahtawintre cild. árn swa swa him his nytenlice yld tihte
plegende mid his efenealdum. Ac se ælmihtiga god wolde
10 styran þære nytennysse his gecorenan cuðberhtes þurh myne-
gunge gelimplices láreowes. and asende him to án ðrywintre
cild. þæt hit his dyslican plegan mid stæðoigum wordum wislice
ðreade; Soðlice þæt foresæde ðrywintre cild. þone gæmnigen-
dan cuðberhtum befran; To hwí underþeodst þu ðe sylfne
15 þisum ydelum plegan. þu ðe eart fram gode gehalgod mid
roderlicum wurðmynte? Ne gedafenað biscope þæt he beo on
dædum folces mannum gelic; Geswíc la leof swa unðæslices
plegan. and geðéod þe to gode. ðe ðe to biscope his folce
geceas. þam ðu scealt heofonan rices infær geopenian; Hwæt ða
20 cuthberhtus þa gyt mid his plegan forð arn. oð þæt his láreow
mid biterum tearum / dreoriglice wepende ealra ðæra cildra   MS. 161ʳ
plegan færlice gestilde; Witodlice eall se cildlice heap wolde
þæs anes cildes dreorignysse gefrefrian. ac hí ealle ne mihton
mid heora frofre his dreorignysse adwæscan. ær ðan þe cuð-
25 berhtus hit mid arfæstum cossum gegladode. and he sylf

Manuscripts: D, E, K.

5 wunderfullum

Title D [XIII – APRILIS]   DEPOSITIO] DE In natale
3 DE ælmihtigan   4 D lyf'*i'*ende '*ge*'byrdlice   10 DE gecorenum
D cuðberhte   E cuðberhtus   11 and asende] DE þa sende he
15 DE idelan   16–17 DE [on dædum]   19 DE [ða]
22 cildlice] DE cilda   25 mid] E mid his

siððan æfter þæs cildes mynegunge. on healicere stæððignysse
symle ðurhwunode;
Æfter ðisum wearð þæs eadigan cuðberhtes cneow mid
heardum geswelle alefed. swa þæt he mid criccum his feðunge
underwreðode; þa gesæt he sume dæge under súnnbeame ana   30
onsundran. and his sceancan beðode. him com ða ridende to
sum arwurðe ridda sittende on snáwhwitum horse. and he sylf
mid hwitum gyrlum befangen wæs. and he ðone halgan mid
gesibsumum wordum swæslice grette. biddende þæt hé him
dægwistes gedafenlice tiðode; Cuðberhtus ða to ðam engle   35
anmodlice cwæð; Ic wolde ðine ðenunge sylf nu gearcian. gif
ic me mid feðunge ferian mihte; Min ádlige cneow is yfele
gehæfd. þæt ne mihte nan læcewyrt awiht geliðian. ðeah ðe
heo gelome to geléd wære; þa gelihte se cuma. and his cneow
Th. 136 grapode. mid his halwendum handum and het hine / geniman   40
hwætene smedeman. and on meolce awyllan. and swa mid ðære
hǽtan þæt toðundene lim gewriðan. and æfter ðisum wordum
his hors bestrád. on ðam siðfæte ðe hé ðider cóm aweg ferende;
Hwæt ða cuðberhtus æfter þæs engles lare his cneow beðode.
and he sona gesundfull his færeldes breac. and ongeat þæt god   45
þurh his engel hine geneosode. se ðe gíu ǽr þone blindan Tobían
ðurh his heahengel Raphahel mihtelice onlihte;
Eft se halga cuðberhtus ða ða hé wacode mid hyrdemannum
on felda on his geogoðe. geseah heofonas opene. and englas
gelæddon Aidanes biscopes sawle mid micclum wuldre into   50
þære heofonlican myrhðe; Hwilon eac cuðberhtus ferde geond
lánd bodigende godes geleafan. ða for unwedre gecyrde he to
sumes hyrdes cýtan. þe stód weste on ðam westene ðe hé
oferferde. and getígde his hors ðærbinnon; Ða mid ðam þe he
his gebedu sang. ða tær þæt hors þæt ðæc of ðære cytan hrofe.   55
and þær feoll adúne swilce of ðam hrofe wearm hlaf mid his
syflinge; He ða geðancode gode þære sande. and mid þære hine
sylfne gereordode;
Se eadiga cuþberhtus æfter ðisum ealle woruldðing eallunge

40 'mid his halwendum handum'

26 DE gestæððignysse   28 DE cuðberhtus   30–1 DE [ana on-
sundran]   35 DE dægwiste E [ðam]   36 E [anmodlice]
40 DE niman   41 DE wyllan   43 DE gestrad   49 geseah]
DE þa geseah he   50 wuldre] D wundrum   53 weste] DE fæste
56 DE [þær]   wearm] DE an wearm   59 ðisum] D þan   E [eal-
lunge]

60 forlet. and mid halgum ðeawum hine sylfne to munuclife
geðeodde. and he hrædlice siððan hé munuc wæs wearð geset
cumena ðen. þæt hé cumena huses gymde. and mynsterlicum
cumum geðensum wære; þa æt sumon sæle on wintres dæge
him com to godes engel on cuman híwe. and / cuðberhtus hine   MS. 161ᵛ
65 mid ealre cumliðnysse underfeng; þa gecyrde hé ut ymbe þæs
cuman ðenunge. ac hé ne gemette nænne cuman ða ða hé inn
cóm. ac lagon ðry heofenlice hlafas on lilian beorhtnysse scinen-
de. and on hrosan bræðe stymende. and on swæcce swettran
þonne beona húnig; þa sceawode se halga cuðberhtus on ðam
70 snáwe gehwǽr. hwyder se cuma siðigende ferde. ac ða ða hé
nane fotswaðe on þam snawe ne geseah. ða ongeat hé þæt se
cuma wæs engel and na mann. / se ðe ðone heofenlican fodan   Th. 138
him brohte. and ðæs eorðlican ne rohte;
þes foresæda halga wer wæs gewunod þæt he wolde gán on
75 niht to sǽ. and standan on ðam sealtan brymme oð his swyran.
syngende his gebedu; þa on sumere nihte hlósnode sum oðer
munuc his færeldes. and mid sléaccre stalcunge his fótswaðum
filigde. oð þæt hí begen to sǽ becomon; Ða dyde cuþberhtus
swa his gewuna wæs. sang his gebedu on sǽlicere yðe. stan-
80 dende oð þone swyran. and syððan his cneowa on ðam ceosle
gebigde. astrehtum handbredum to heofenlicum rodore; Efne
ða comon twegen seolas of sǽlicum grunde. and hí mid heora
flyse his fét drygdon. and mid heora blæde his leoma beðedon.
and siððan mid gebeacne his bletsunge bǽdon. licgende æt
85 his foton on fealwun ceosle; þa cuðberhtus ða sǽlican nytenu
on sund asende. mid soðre bletsunge. and on merigenlicere tide
mynster gesohte; Wearð þa se munuc micclum afyrht. and
ádlig on ærnemerigen. hine geeadmette to ðæs halgan cneowum.
biddende þæt hé his ádl eallunge aflígde. and his fyrwitnysse
90 fæderlice miltsode; Se halga ða sona andwyrde. Ic ðinum
gedwylde dearnunge miltsige. gif ðu ða gesihðe mid swigan
bedíglast. oð þæt min sawul heonon siðige. of andwerdum life
gelaðod to heofonan; Cuðberhtus ða mid gebede his sceaweres
seocnysse gehælde. and his fyrwites ganges gylt forgeaf;

68-9 swet't'ran þon'n'e   83 fl⟨eo⟩'y'se

60 DE [halgum]   62 cumena¹] D muneca   68 DE swettre
73 ne rohte] E gerohte   75 DE sealtum   78 to sæ] E on sælicre
yðe to sæ   82 DE [hi]   83 blæde] E bræðe   84 DE beacne
87 mynster] D his mynster   88 DE halgum   90 D gemiltsode
93 DE heofonum

Fela wundra wurdon geworhte ðurh ðone halgan cuðberht. 95
ac we wyllað for sceortnysse sume forsuwian. ðy læs ðe ðeos
racu eow to lang ðince; Witodlice cuþberhtus ferde swa swa his
gewuna wæs. ymbe geleaffulre bodunge. þæt he ðam ungelære-
dum folce. lifes weig tæhte; þa fleah sum earn ætforan him on
siðe. and he his geferan befrínan ongann. hwá hi to ðam dæge 100
afedan sceolde; Ða cwæð his gefera þæt he gefyrn smeade.
hwær hi bigleofan biddan sceoldon. ða ða hí ða fare ferdon
buton wiste; Cuðberhtus ða him togeanes cwæð; La hwæt se
Th. 140 ælmihtiga god mæg foreaðe unc þurh ðisne earn. ǽt fore- /
sceawian. se ðe gíu ǽr Elian afedde. þurh ðone sweartan hremm. 105
ǽr hé to heofonan siðode; Hi ða ferdon forð siðigende. and efne
MS. 162ʳ se earn / on ðam ófre gesǽt mid fisce geflogen. þone hé ðærrihte
gefeng; þa cwæð se halga to his geferan. ýrn to ðam earne and
him of anim. þæs fisces dæl ðe he gefangen hæfð. unc to
gereorde. Sy lóf ðam ælmihtigan þe unc ðurh ðisne fugel fedan 110
wolde; Syle swa ðeah sumne dæl ðam earne to edleane his
geswinces;
    Hi ða æfter gereorde on heora weg ferdon. and cuðberhtus
ðam folce fægere bodade. þæt hí wære wæron wið deofles
syrwum. ðy læs ðe hé mid leasunge heora geleafan awyrde. and 115
fram ðære bodunge. heora mod abrude; þæt folc ða færlice
ongann forð aræsan. betwux þyssere minegunge micclum
bepæht. þæt hí ðære lare to lyt gymdon; Hwæt se swicola feond
hí swiðe bedydrode. swilce ðær sum hus. soðlice forburne.
brastligende mid brandum. gedwymorlice swa ðeah; þa wolde 120
þæt folc þæt fyr adwæscan. gif hit ænig wæta wanian mihte; Ac
ðæs halgan andwerdnyss eaðelice acwencte þæs deofles dyder-
unge. þe hí dwollice filigdon. and ðæs lifes word lythwon gym-
don; þæt folc ða ofscamod ongean cyrde to ðære láre ðe hí ær
forleton. biddende æt ðam láreowe. liðe miltsunge. þæt hí his 125
lare ǽr to lyt gymdon. ða ða hé ða fræcednysse him foresǽde;
    Cuðberhtus swa ðeah. on oðrum timan. eallbyrnende hús.
ana ahredde. wið fyres dare. mid halgum benum. and ðone

101 gefera'n'   126 gymdom   fræcednyss⟨a⟩'e'

98–9 D ungelæredan   E ungeleafedum   99 him] E side (sic)
104–5 E foran sceawian   106 DE heofonum   107 þone] E þone þe
111 E ðam earne sumne dæl   115 D 'ge'leafan   E wyrde
116 færlice] DE fægerlice   117 DE aræran   minegunge] E myne-
gunge wurdon   126 foresæde] DE beforan sæde

windes blǽd. aweg flígde. se ðe ær foroft. ða ǽttrigan flán.
130 deoflicere costnunge. on him sylfum adwǽscte. þurh gescyld-
nysse. soðes drihtnes; He wolde gelome. leodum bodian. on
fyrlenum lande. unforhtigende; Hwæt ða him geuðe. se
ælmihtiga god. fǽgre getingnysse. ðam folce to lare. and him
men ne mihton. heora mód behydan. ac hí eadmodlice. him
135 geandetton. heora digelnyssa. and elles ne dorston. and be his
dihte. digellice gebetton;
/ Sum eawfǽst man. eac swilce hæfde. micele cyððe. to ðam   Th. 142
halgan cuðberhte. and gelomlice his lare breac. þa getimode his
wífe. wyrs ðonne hé beðorfte. þæt heo ðurh wodnysse. micclum
140 wæs gedreht; þa com se eawfæsta. to ðam eadigan cuðberhte.
and hé wæs on ðam timan. to prafoste geset. on ðam munuclife.
þe is lindisfarnea geháten. þa ne mihte he for sceame. him open-
lice secgan. þæt his eawfæste wíf. on ðære wódnysse lǽg. ac bæd
þæt hé asende sumne broðer. þe hire gerihta. gedón mihte. ær
145 ðan ðe heo of lífe. gelǽd wurde; Ða wiste cuðberhtus eal be
ðam wife. and wolde þurh hine sylfne. sona hí geneosian. for
ðan ðe heo ær ðon. eawfæst leofode. ðeah ðe se unsið. hire
swa gelumpe; þa begánn se wer. dreorig wepan. anðracigende.
þæs ungelimpes; Cuðberhtus / hine ða mid wordum gefre-   MS. 162ᵛ
150 frode. cwæð þæt se deofol. þe hire derigan wolde. on his
geneosunge. forlǽtan sceolde. and mid micelre fyrhte aweg
fleon. and þæt wíf mid gewitte. wel sprecende. him togeanes
gán. and his bridel onfón; Hit ða gelámp. be ðæs lareowes
wordum. þæt þæt wíf gewittig. hine mid wordum gegrette.
155 bæd þæt heo moste him mete gearcian. and cydde hu se deofol.
hí dearnunge forlét. and swiðe forhtigende. fleames cepte. ða ða
se halga þider siðode;
Cuðberhtus se halga. siððan gefremode. mihtiglice wundra.
on ðam mynstre wunigende; Begánn ða on mode. micclum
160 smeagan. hu hé ðæs folces lóf. forfleon mihte. þy læs ðe hé
wurde. to hlísful on worulde. and þæs heofenlican lofes.
fremde wǽre; Wolde ða ánstandende. ancerlíf adreogan. and

147 ðon] ð⟨a⟩ʼoʼn

131 on] E of   132 DE fyrenum   D Hwæt him þa   134 ac hi]
E and ac   135 E andettan   136 D betton   138 halgan] E were
139 he] D hi   E heo   144 þe] D þæt   146 sona hi] D heo sona   E
heo   149 E [hine]   151 forlætan] DE hi forlætan   152 him]
DE ongan him   153 DE [ða]   154 DE hine gewittig
DE grette   158 E [wundra]   160 E [heʼ]   162 DE [and]

on digelnysse. eallunge drohtnian; Ferde ða to farne. on
flowendre yðe. þæt igland is eal beworpen. mid sealtum brymme.
on sǽ middan. þæt wiðinnan eall. ær ðam fyrste. mid sweartum   165
gastum. swiðe wæs afylled. swa þæt men ne mihton. þa moldan
bugian. for ðeowracan. sweartra deofla. ac hí ealle ða. endemes
flugon. and þæt igland. eallunge rymdon. ðam æðelan cempan.
and he ðǽr ana wunode. orsorh heora ándan. þurh ælmihtigne
god;   170

Th. 144   þa wæs þæt igland. / mid ealle bedæled. wæteres wynsum-
nysse. on ðam westum cludum. ac se halga wer. ða sona het.
þa heardnesse. swiðe hólian. onmiddan ðære flore. his fægeran
botles. and ðær wæter æddre ða wynsum aspráng. werod on
swǽcce. þam were to brice. se ðe hwilon wæter. to winlicum   175
swǽcce. wundorlice awende. ða ða hit wolde god; Se halga ða
het. him bringan sǽd. wolde on ðam westene. wæstmes tilian.
gif hit swa geuðe. se ælmihtiga god. þæt hé mid his foton. hine
fedan moste; He seow ða hwæte. on beswuncenum lande. ac hit
to wæstme. aspringan ne moste. ne furðon mid gǽrse. growende   180
næs; þa het he him bringan. bere to sæde. and ofer ælcne
timan. ða eorðan aseow; Hit weox ða mid wynne. and wel
gerípode;
    þa woldon hremmas. hine bereafian. æt his gedeorfum. gif
hí dorston. ða cwæð se halga. to ðam heardnebbum. gif se   185
ælmihtiga eow. ðises geuðe. brucað þæra wæstma. and me ne
biddað; Gif hé ðonne eow. ðises ne getiðode. gewítað aweg.
wælhreowe fugelas. to eowrum eðele. of ðisum iglande; Hwæt
ða hremmas ða. ricene flugon. ealle tosomne. ofer ðone sealtan
brym. and se halga ða. his geswinces breac; Eft ða siððan oðre   190
twegen swearte hremmas siðlice comon. and his hús tæron.
mid heardum bile. and to neste bæron. heora briddum to
MS. 163ʳ   hleowðe; þas eac se eadiga. / mid ealle aflígde. of ðam eðele. mid
anum worde; Ac an ðæra fugela. eft fleogende com. ymbe ðry
dagas. þearle dreorig. fleah to his foton. friðes biddende. þæt he   195
on ðam lande. lybban moste. symle unscæððig. and his gefera

168 eallum gerymdon < eallunge rymdon

166 E gefylled   167 ðeowracan] D þam wracan   174 DE [ða]
177 E wæstmas   180 moste] D mihte   181 bringan. bere] DE bere
bringan   182 DE seow   185 dorston] DE dorston swa
186 DE [eow]   187 ne] E ge   190 E [ða¹]   191 E sweartre
siðlice comon] E comon soðolice

samod; Hwæt ða se halga. him þæs geuðe. and hí lustbære.
þæt land gesohten. and brohton ðam lareowe. lác to medes.
swines rysl his scon to gedreoge. and hi ðær siððan. unscæðöige
200 wunedon;
Ða wolde se halga sum hús timbrian to his nedbricum. mid
his gebroðra fultume. ða bæd he hí anre sylle þæt he mihte þæt
hús on ða sǽ healfe mid þære underlecgan; þa gebroðra him
beheton þæt hí woldon þæt treow þonne hí eft / comon him   Th. 146
205 gebringan; Ða comon hí swa swa hí cwædon. and wurdon swa
ðeah ðæs treowes ungemyndige. ac se ælmihtiga god his wæs
gemyndig. and him ða sylle sylf asende mid þam sælicum flode.
and þæt flód hí awearp ðær ðær hé sylf smeade þæt hús to
aærenne. on ðam sealtum ofre;
210 Þa wunode se halga wer manega géar. on ðam ancerlife
swiðlice stiðe. and hine geneosodon gelóme eawfæste menn.
and be his lare heora líf gerihtlæhton; Ða com him to sum
abbudysse seo wæs Ælflæd geháten. ðæs cyninges sweoster
Ecgfrides. wolde þurh his mynegungum hire mód getrymman;
215 þa betwux heora spræce begánn heo to halsigenne ðone halgan
wer. þæt hé sceolde hire secgan hú lange hire broðor Ecgfridus
moste his rices brucan; þa andwyrde hire se halga mid twylicere
spræce and cwæð; For nahte bið geteald anes geares lust. þær
ðær se swearta deað onsigende bið; Ða undergeat heo þæt se
220 broðer ne moste his lifes brucan ofer ðam anum geare. and
þærrihte dreoriglice wepende hine befrán; La leof sege me
hwá sceal to his rice fón. þonne hé broðer næfð. ne he bearn ne
belæfð; Ða cwæð se halga wer eft to ðam mædene; Se ælmihtiga
scyppend hæfð gehealden sumne gecorenne. þyssere leode to
225 cyninge. and se bið ðe swa leof swa nu is se oðer;
þa gedyrstlæhte þæt mæden þæt heo him ða gyt to spræc.
and cwæð; Mislice smeagað manna heortan. sume wilniað
geðincðe þyssere worulde. sume gefyllað heora fracedan lustas.
and hí ealle syððan sorhlice wædliað; þu forsihst ðone healican
230 wurðmynt. and ðe is leofre on ðisum wacum scræfum. ðonne
ðu on healle healic biscop sitte; Ða cwæð se witega þæt hé

197 halga him. þæs   202 'hi'

197 E uþe   201 D getimbrian   DE brycum   202 he²] D hi
204 E [hi²]   205 E gecwædon   207 E [ða]   212 DE com to him
213 DE [seo wæs]   218 lust] E fyrst   219 se²] DE se hire   222 to
his rice fon] DE his rice onfon   223 E [Ða – mædene]   226 DE
spræce   229 sorhlice] E soðlice   231 D [healle]   E [on healle]

wurðe nære. swa miccles hádes. ne ðæs heahsetles. ac swa
þeah nan man godes mihte ne forflihð. on nanum heolstrum.
heofenan. oþþe eorðan. oþþe sǽ ðriddan; Ic gelyfe swa ðeah.

gif se ælmihtiga me hǽtt / þæs hádes beon. þæt ic eft mote 235
ðis ígland gesecan. æfter twegra geara ymbrene. and ðyses
eðeles brucan; Ic bidde þe ælflæd. þæt ðu uncre spræce. on
minum lífe. nanum ne ameldige;

/ Æfter ðisum wordum wearð gemót gehæfd. and Ecgfridus
þæron gesǽt. and þeodorus ðises íglandes ercebiscop. mid 240
manegum oðrum geðungenum witum. and hí ealle anmodlice
þone eadigan cuðberhtum to biscope gecuron; Ða sendon hí
sona gewritu. mid þam ærende to ðam eadigan were. ac hí ne
mihton hine of his mynstre gebringan; þa reow se cyning sylf
Ecgfridus to ðam iglande. and trumwine biscop mid oðrum 245
eawfæstum werum. and hí ðone halgan swiðe halsodon. heora
cneow bigdon. and mid tearum bædon. oð þæt hí hine wepende
of ðam westene atugon. to ðam sinoðe samod mid him. and he
ðone hád be heora hǽse underfeng. swa swa hít gefyrn ǽr
gesæd wæs ðurh ðæs cildes muð. and þæs mæran biscopes 250
Boísiles. ðe him mid soðre witegunge his lífes endebyrdnysse
sæde; On ðam ylcan geare wearð eac ofslegen ecgfridus se
æðela cyning on his unsiðe. ða ða hé on peohtum begánn to
feohtenne to dyrstelice ofer drihtnes willan. and his cyfesborena
broðor siððan rixode. se ðe for wisdome wende to scottum. þæt 255
he ælðeodig on láre geðuge. þa wæs gefylled. seo foresæde
spræc. swa se halga wer. sæde þam mædene. be hire gebroðrum.
ǽr he biscop wære;

Hwæt ða siððan se halga cuðberhtus lindisfarnensiscere
gelaðunge leodbiscop. mid ealre gecneordnysse. his folces 260
gymde to geefenlæcunge. ðæra eadigra apostola. and hí mid
singalum gebedum gescylde wið deofl. and mid halwendum
myngungum. to heofonan tihte. and he swa leofode. swa swa
hé sylf lærde. and á his bodunga. mid gebysnungum astealde.
and eac mid wundrum wel geglengde. and mid soðre lufe symle 265

241 wit⟨a⟩ʼuʼm

238 nanum] E nanum menn   242 D cuðberhtus   249 DE [be]
252 DE ecgfrid   253 E [æðela]   255 DE gewænde
256–7 foresæde spræc] D forespræc   257 swa] D swa swa
259 lindisfarnensiscere] D lindisfarnenscíʼsʼre scire   E lindisfar⟨e⟩nensiscre
scire   261 DE efenlæcunge   263 DE heofonum   264 D bis-
nungum

geswette. and gemetegode mid micclum geðylde. and wæs
swiðe estful on ælcere spræce; He nolde awendan his gewune-
lican bigleofan. ne his gewǽda. ðe hé on westene hæfde. ac ða
stiðnyssa. his stearcan bigleofan. betwux læwedum folce. on his
270 life geheold; He wæs swiðe welig. wædlum and ðearfum. and
symle him sylfum. swiðe háfenleas;
/ þa geworhte he fela wundra eac. binnon ðam fyrste ðe hé   Th. 150
biscop wæs; Mid halgum wætere. he gehælde sum wíf. anes
ealdormannes ǽwe fram earmlicere coðe. and heo sona gesund
275 him sylfum ðenode; Eft on ðære ylcan tide. hé mid ele gesmy-
rode an licgende mæden. on langsumum sare. ðurh hefigtymum
heafodece. and hire sona wæs bet; Sum eawfæst wer. wæs eac
yfele gehǽfd. and læg æt forðsiðe. his freondum orwene. þa
hæfde heora sum. haligne hláf. þone se eadiga wer. ǽr geblet-
280 sode. and hé / ðone þærrihte. on wæter bedypte. and his adligum   MS. 164ʳ
mæge. on þone muð begeat. and he ðærrihte þæt adl gestilde;
Eac on oðrum timan. sum adlig cniht. færlice wearð geferod.
ætforan ðam witan. ða ða hé mid lare. geond lánd ferde. ða
bædon ða bǽrmen. his bletsunge georne. and hé ðærrihte.
285 þone cniht arærde. swa þæt hé gesundful. siðode on fotum. se
ðe on bǽre. þider geboren wæs; Sum earm moder. uneaðelice
bær. hire samcuce cild. swiðe dreorig. on ðam ylcan wege. þe
se wita ferde; Þa besargode hé. ðære sorhfullan meder. and
geswæslice ða. hire sunu cyste. cwæð þæt hire cild. gesund
290 beon sceolde. and eal hire híwisc. hælðe brucan. and ðæs
witegan wórd. wurdon gefyllede;
Ælflæd ða eft. þæt æðele mæden. þone halgan láreow. to hire
gelaðode. ða gesǽt hé æt mysan. micclum onbryrd. he beseah
to heofonum. and his sex áwearp; þa axode hine. seo eadige
295 fæmne. hwí hé swa hrædlice. his gereord forlete; Ða cwæð se
biscop. mid onbryrdum mode; Efne nu ic geseah. englas
ferigan. gesælige sáwle. of ðinum bóclande. to healicre heofenan.
mid halgum sange. and his nama ðe bið. ardlice gecydd. on
ærnemerigen. þonne ic offrige gode. þa líflican lác. on geleaffulre

280 adli‘g′um

---

273 E hælde   anes] DE þæs   275–6 DE smyrode   278 E forð-
fore   279 þone] D þone þe   281 DE þære adle   283 land]
DE þæt land   285 fotum] D his fotum   286 E uneaðe
287 D [hire]   289 DE [ða]   cyste] E cyste and   290 D [hire]
296 DE abryrdum   297 gesælige sawle] DE gesæliglice

cyrcan; Hit wearð ða gewídmærsod. swa swa se witega cwæð. 300
þæt hire hyrdeman. ðurh holdrædene ða. sume ác astah. and his
orf læswode. mid treowenum helme. and hé hearde feoll. gewát
of worulde. mid wuldre to gode. for ðære hylde. his hirdrædene;
Hwá mæg æfre. ealle gereccan. þa mihtigan tacna. ðises halgan
Th. 152 weres. hú oft hé eaðe/lice. ádlige gehælde. and þa sweartan 305
gastas. symle afligde. and fægra manna forðsið. foregleaw
sæde. wis ðurh witegunge. wisdomes gastes;
     þa wunode sum sacerd. swiðe gelyfed. on ancersetle. æfter
his lare. and on gehwilcum geare hine geneosode. hereberhtus
geháten. hóhful on mode; Cuðberhtus ða sona. hine onsundron 310
gespræc. cwæð þæt he ða sceolde. swiðlice befrínan. his
nydþearfnysse. ær his nextan dæge. cwæð þæt hé ne moste. on
menniscum life. hine eft geseon. of ðam andweardan dæge;
Hereberhtus ða. swiðe hóhful wearð. and feol to his fotum. mid
flowendum tearum. bæd þæt hé moste him mid siðian. to 315
heofenlicum ðrymme. of ðysum gewinne. swá swa hé on life.
his lare gehyrsumode; Hwæt ða se biscop. his cneowa gebigde.
to ðissere bene. mid bliðum mode. and syððan ðone sacerd.
sona gefrefrode. cwæð þæt him geuðe. se ælmihtiga wealdend.
þæt hi ætsomne. siðian moston. of ðisum earfoðnyssum. to 320
ecere myrhðe; Hereberhtus ða. hám gewende. and on leger-
bedde. licgende abád. þæs oðres geendunge. mid adlium
lymum;
     Cuðberhtus se halga. þa swiðe onette. to ðam ancersetle.
MS. 164ᵛ ðær hé ǽr gesǽt. ðurh halige / mynegunge. mihtiges drihtnes. 325
wolde on ðam lande. his líf geendian. þær ðær hé ǽr lange.
lybbende drohtnode; And hé on ðam lande ða gelegered wearð.
on his forðsiðe. swiðe fús to gode. on ðam ðriddan geare. his
biscophádes. and on ðisum dæge to drihtne gewát. and here-
berhtus samod. se halga sacerd. swa swa hí on life. ær geleorno- 330
don. þurh godes gast. mid godum willan; His líc wearð bebyr-
ged. on lindisfarneiscre cyrcan. þær wurdon geworhte. wundra
forwel fela. ðurh geearnungum. his eadigan lífes; þa gelicode
hit. ðam leodbiscope. eadberhte sylfum. his æftergengan. þæt

---

301 hyrdeman] D mann   E hyreman   302 D feoll. '*and*'   306 E
gastastes   308–9 E [æfter – geneosode]   312 E [he]   313 D
andweardum   314 ða] D þa sona   315 DE mid him   320 DE
tosomne   322 E abæd   325 ðær] DE þe   327 gelegered]
DE gelæded   329 E [and¹]   D 'and'   330–1 D geleornod'*on*'
332 DE lindisfarnensiscere   333 forwel] DE for   DE geearnunga

135 he his lichaman. up ða gelógode. on ðam endlyftan geare. his
geendunge; þa wearð þæt hálige líc. hál on eorðan gemét.
gesundful licgende. swilce hé slapende wære. liðebige on
limum. swa swa hé geled wæs;
/ Sy wuldor and lof. þam welegan drihtne. se ðe his gecorenan.   Th. 154
140 swa cýstelice wurðað. æfter deadlicum life. mid him lybbende
.á. on ecnysse. ealra worulda. amen:—

341 worulda] E worulda woruld

XII. KALENDAS APRELIS. SANCTI
BENEDICTI ABBATIS

BENEDICTUS. Se halga abbud. on ðisum andwerdum dæge
gewát of ðisum deadlicum lífe. to ðam ecan ðe hé ær deoplice
mid haligre drohtnunge geearnode; Hé wæs of eawfæstum
magum æðellice geboren. and hí hine on cildhade to lare
befæston on romebyrig. gelæredum uðwitum; þa ða hé on 5
wisdome wel ðeonde wæs. ða begánn hé to onscunigenne
woruldmanna unðeawas. and sceoc digellice of ðære byrig.
and him folgode his fostermoder. oð þæt hí becomon to ðære
stowe ðe is efide geháten. and eawfæste menn hine ðær sume
hwile geletton; 10
Ða abæd his fostormoder an hridder. and hit tobærst on
emtwa on ðære læne; Seo fostormodor ða sarlice weop for
ðære awyrdan læne. ac se eawfæsta Benedictus besargode his
fostormoder sarnysse swiðe arfæstlice. and genám ða sticcu
þæs toclofenan hriddores. and mid wope on his gebedum 15
cneowode; Ac ða ða hé of ðam gebedum aras. ða gemette hé
þæt fæt wið hine licgende. swa gehal þæt ðær nan cinu on næs
gesewen; þa wearð þis wundor on ðære stowe sona gewíd-
mærsod. and hí for wundrunge þæt hridder up ahengon æt
heora cyrcan geate. þæt men mihton tocnawan þæs mæran 20
Benedictes mærða. hwylce geðincðe hé hæfde ætforan gode ða
gíu on his cildháde;
Ac benedictus gewilnode swiðor to ðoligenne earfoðnyssa.
and geswinc for gode. þonne hé cepte woruldlice he[runga.

Manuscripts: D, E, K (one leaf lost, lines 24–110), L (lines 572 to end lost),
fᵏ (lines 205–312 and 366–500 lost).

24 -runga – *line 110* gebroðrum] *lost from K.* *Text based on D*

Title DE [XII – APRELIS]   SANCTI] DE In natale sancti fᵏ Deposi-
tio Sancti

1 DEL andweardan   2 DEL deadlican   6 fᵏ [wel]   EL scuni-
enne   13 eawfæsta] DEL arfæsta   15 E [on] L 'on'   16 DEL
[ða¹]   17 E hal   18 L [on ðære stowe]   20 tocnawan] D ⟨. . . .⟩
'to'cnawan EL gecnawan   21 fᵏ benedictus   24 DEL woruldlicre

25 oððe þises lifes hlisan. and forfleah þa dearnunga þa fostor- /   Th. 156
    modor to anre westenre stowe. þe is sublacus gecweden.
    feowertig mila fram romebyrig þær hine afedde sum eawfæst
    munuc romanus hatte. þreo gear. and him to munuclicum
    gyrlum fylste; þa aheng se munuc ane lytle bellan on ðam
30 stanclude þæt benedictus mihte gehyran þurh þære bellan
    sweg. hwænne / he his bigleofan þær feccan sceolde. for ðan þe   MS. D 67ᵛ
    se romanus ne mihte him to gegán for ðam stanclude; þa sume
    dæge se niðfulla deofol þe andode on ðæs munuces soðan lufe.
    and on ðæs oðres bigleofan. wearp þa ænne stan to ðære bel-
35 lan þæt heo eall tosprang; Ac se æðela munuc ne geswac na ðe
    raðor þam oðrum to þenigenne on gedafenlicum tidum;
        Æfter þysum geswutelode se ælmihtiga god sumum arwurðan
    mæssepreoste be ðam halgan benedicte. and se preost þa hine
    gesohte on eastertide mid lacum. swa swa him beboden wæs;
40 He ða hine gemette on ðam halgan easterdæge on anum scræfe.
    and hine gespræc. and he wearð þa cuð hyrdemannum and his
    nama geond eall sprang; Hwæt þa forwel mænige hine geneoso-
    don. and him lichamlice bigleofan brohton.· and he him of his
    muðe. þa heofonlican lare. forgeaf heora sawle to bigleofan;
45   On sumum dæge þa ða he ana wæs. þa com him to se costnere;
    Witodlice án blac þrostle. flicorode ymbe his neb. swa gemahlice
    þæt he hi mid his handa gefon mihte gif he swa wolde. ac he
    hine bletsode mid þære halgan rode tacne. and se fugol sona
    aweg gewát; þa gestod hine swa micel lichamlic costnung.
50 þæt he uneaðe þære / lichamlican ontendnysse wiðstandan   MS. D 68ʳ
    mihte; þa beðohte he hine sylfne. and unscrydde hine ealne. and
    wylode hine sylfne on ðam þiccum bremlum. and þornum.
    and netelum. þe þær on ðam westene þicce stodon. swa lange
    þæt he eall toclifrod aras. and swa þurh þære hyde wunda ad-
55 wæscte his modes wunda for ðan þe he awende þone unlust to
    sarnysse. and þurh þa yttran ontendnysse ácwencte þa inran;
    Witodlice he oferswiðde þa synne. for ðan þe he awende þa
    ontendnysse; Soðlice of ðære tíde swa swa he sylf syððan sæde.·
    ælc gallic ontendnys / wearð eallunga on him adwæsced. and he   Th. 158
60 næfre syððan naht ðyllices on him sylfum ne gefredde;

27 D afedd   30 fᵏ [þurh]   36 þenigenne] fᵏ þigenne   37 fᵏ
arwurðum   38 mæssepreoste] L preoste   preost] fᵏ mæssepreost
39 lacum] fᵏ his lacum   42 forwel] fᵏ for   45 D costere
47 fᵏ [hi]   L handum   49 D costung   50 fᵏ uneaþelice
51 fᵏ [and¹]   55 E [þe]   60 fᵏ on him sylf(um na)ht þyllices

þa wæs þær gehende sum munuclif; and heora abbud wæs
þa niwan forðfaren; þa comon hi ealle to ðam halgan benedicte.
and mid micelre anrædnysse. bædon þæt he heora abbud
beon sceolde; He þa wiðcwæð mid langsumere elcunge. and
sæde þæt heora þeawas ne mihton his dihte geðwærlæcan ac 65
ða ða hi anrædlice on ðære bene þurhwunodon. þa æt nextan
getiðode he him. and on heora mynstre regollice drohtnunge
astealde; Hi ða gesawon þæt heora wohnys on ðam regole. his
rihtwisnysse ætspearn. for ðan þe hi ne moston þurh unalyfed-

MS. D 68ᵛ lice weorc faran / swa swa hi ær gewunode wæron; þa begunnon 70
hi to cidenne ærest him betwynan þæt hi his ealdordomes
bædon. and þa æt nextan ræddan þæt hi mid attre hine acweal-
don; Gemengdon þa unlybban to his drence. and se þén stod
feorran mid anum glæsenum fæte on ðam wæs wines drænc
mid þam cwelmbærum attre gemænged; Se ðen þa æfter 75
mynsterlicum þeawe to his bletsunge mid þam fæte aleat. and
he mid rodetacne þæt fæt of his setle bletsode and hit þærrihte
þurh þa bletsunge tobærst. swilce he for ródetacne sumne
stán þæron bewurpe; þa ongeat se halga wer þæt se drænc
deadbæra wæs. þa ða he ne mihte lifes tacn aberan. and þærrihte 80
áras. and mid glædum mode þa gebroðra gespræc; Gebroðru
miltsige eow se ælmihtiga god. hwi wolde ge me þas þing gebeo-
dan? Ne sæde ic eow on ær þæt me and eow ne mihte gewur-
ðan? Fara nu and secað eow ealdor. æfter eowerum þeawum.
for ðan þe ge ne magon me heononforð habban. and he þa 85
gecyrde to ðam westene. and his sylfes gymde;

Hwæt þa him fleowon to forwel mænige. and hi gegaderodon
to þeowdome þæs ælmihtigan godes be his lareowdome
drohtnigende. swa þæt he getimbrode on ðære stowe þurh
cristes fultum twelf mynstru. on ðam ænlipium he gesette 90
MS. D 69ʳ
Th. 160 twelf munecas. / and ane feawa he geheold / mid him sylfum;
Ongunnon þa ða æðelborenan on romebyrig him to befæstene
heora cild to godes lareowdome. of ðam wæs sum gehaten placi-
dus. and sum oðer maurus; þa sceolde se placidus. feccan
wæter æt þære ea. and befeol ofer þam stæðe into þam streame; 95
þa wiste se halga wer benedictus þurh godes gast þæt þæt

74 E glæsen⟨e⟩'um'   fᵏ glæsenan   79 fᵏ undergeat   81 Gebroðru]
fᵏ Ge gebroðra   82 EL gemiltsige   fᵏ ge þas þing me   85–6 þa
gecyrde] fᵏ gecyrde eft   88 þæs – lareowdome] D '(þæ)s ælmihti(gan)
drihtnes '|ʃ godes' (be h)is lareow(do)me'   90 cristes] fᵏ drihtnes
91 E heold   95–6 DE streame. þa

cild on micelre frecednysse wæs. and cwæð to maure; Broðor
maure yrn ricene for ðan þe se stream berð aweg placidum;
Maurus þærrihte abæd his bletsunge. and arn uppon þam
100 streame unmyndlunge. swylce he on fæstre eorðan urne. and
gelæhte þæt cild be ðam loccum. and mid swyftum ryne to
lande arn. and undergeat þa æt nextan þæt he uppon ðam
wætere arn. and þæs micclum wundrode; þa cydde he his
lareowe hu him getimode. and benedictus sæde þæt him swa
105 getimode þurh godes mihte for his gehyrsumnysse. and maurus
sæde þæt hit for his hæse swa gewurde. and þæt cild placidus
cwæð þæt he gesawe bufon his heafde benedictes cæppan. and
him wæs geðuht þæt seo cæppe hine atuge of ðam streame;
Sum munuc wæs unstæððig on godes lofsangum. and ne
110 mihte his tídsangas gestandan mid his gebroðrum.] ac eode   MS. 166ʳ
him ut worigende; þa geseah se halga wer Benedictus þæt se
deofol on anes blacan cildes híwe teah út ðone munuc. be ðam
fnæde his gyrelan; Eft on oðrum dæge gemette Benedictus
ðone munuc fram his tidsange. and gesloh hine mid his gyrde
115 for ðære blindnysse his heortan. and se feond ne mihte hine
syððan of ðære cyrcan lædan. swylce hé sylf mid þære gyrde
geslegen wære;
Of ðam twelf mynstrum þe hé gestaðolode. wæron ðreo
asette on healicum muntum. and wæs ðam gebroðum micel
120 frecednys to astígenne dæghwomlice of þam cludum to wæter-
scipe; And comon ða to ðam halgan were. biddende þæt hé ða
mynstra gehendor ðam wæterscipe timbrian sceolde; He ða
geswæslice hí gefrefrode. and on ðære ylcan nihte astáh mid
ðam cilde placide þe we ær ymbe spræcon up to ðam munte.
125 and ðær lánglice on his gebedum læg. and mearcode / ða stowe.   Th. 162
and eode digellice to mynstre. and het ða gebroðru siððan
þær adelfan ænne gehwædne pytt. ðær ðær hé ær gemearcode.
cwæð þæt se ælmihtiga god mihte on ðæs muntes cnolle him
wæter forð ateon. and heora geswinc him ætbredan; Ða
130 gebroðra ða eodon be his hæse to ðam mercelse. and gemetton

110 ac] K resumes.   Text from K

---

102 EL uppe on   105 D 'godes'   106 gewurde] fᵏ gedon wurde
and] fᵏ ac   107 D benedictus   E benedict⟨u⟩'e's   110 fᵏ [his²]
ac] D ac he   112 E blaces   113 fᵏ 'on'   118 DEL [ðreo]   D
'sume'   120 of] DEL on   121 DEL [ða¹]   were] DEL were
benedicte   125 E lange   127 fᵏ mærcode   129 fᵏ swinc

ðone clud ða íu swætende. and hí ða hwæthwega holodon. and
ðærrihte þæt wæter swa genihtsumlice ut fleow. þæt hit arn
streamrynes of ðam munte. and næfre siððan ne geswac his
genihtsumnysse;

Hwilon eac befeoll an siðe of ðam snǽde. into anum deopan 135
seaðe; þa eode benedictus to and wolde gefrefrian ðone
wyrhtan ðe þæt tól amyrde. and heold ða þone snǽd bufon
ðam wætere ðær þæt isen asánc. and ðærrihte hit becom swym-
mende to ðam snæde. and to ðam ðyrle þe hit ǽr of asceat;

þa wæs sum mæssepreost þær on neawiste mid niðe afylled 140
ongean ðone halgan wer. his nama wæs florentius. se wolde
habban swilcne hlisan swa Benedictus. ac hé nolde hérigendlice
lybban; Wolde ða hine mid áttre acwellan. and asende him ænne
focan to lace mid attre gemencged; Ða wæs sum wilde hrém
gewunod þæt hé dæghwomlice fleah fram wuda to mynstre. 145
and gefette his bigleofan æt benedictes handum; He ða wearp
ðam hremme þone geættrodan hláf. and bebead him on godes
naman þæt he ðone cwelmbæran hláf aweg bǽre. and on
swilcere stowe awurpe. ðær hine nán man findan ne mihte; Se
fugol wearð gehyrsum his hæsum. and mid þam hlafe to wuda 150
tengde. and syððan ymbe ðreora tida fæce. fette his bigleofan.
swa his gewuna wæs;

þa undergeat se preost þæt hé ne mihte ðone halgan wer
lichamlice acwellan. and wolde ða his leorningcnihta sawla
fordón. and gemacode þæt seofon nacode wimmen urnon 155
plegende on heora gesihðum. þæt heora mód wurde ontend to
galnysse. þurh ðæra scylcena plegan; / þa geseah se halga wer
þæs arleasan preostes niðfullan ehtnysse. and wende ða aweg
mid his gebroðrum fram ðære stowe. þy læs ðe ænig / his
leorningcnihta þurh his ándan losian sceolde; Hwæt ða se 160
preost stód on his upflora micclum fægnigende ðæs oðres fram-
færes. ac seo upflering tobærst þærrihte under his fotum. and
híne egeslice acwealde. and þæt hús eal ansund aðolode. buton

MS. 166ᵛ

Th. 164

132 DEL [swa genihtsumlice]   134 E nihtsumnysse   137 þone
snæd] DELfᵏ þæt snæd   138 ðær] DEL þær þær   139 fᵏ sceat
141 se] fᵏ he   143 ða hine] E ða 'hine'   L hine þa   146 fᵏ fette
D benedictes < -us   E 'ða'   147 ðam] E ðam ðam   148 E cwe-
almbær   150 wearð] DELfᵏ wearð þa   151 E ðreo   (fᵏ defective)
tida] L daga   fᵏ defective   153–4 DEL lichamlice þone halgan wer
155 seofon] D feowor   158 niðfullan ehtnysse] E niðfulnysse   D
gewende ða aweg   E wen da (< ða) an weg   159 L broðrum
161 E upfleringe

ðære anre fleringe ðe ðone godes feond ofðrihte; Ða geáxode
165 maurus hu ðam preoste getimode. and hé mid blissigendum
mode cwæð to his láreowe. Gecýrr ongean. for ðan ðe se
preost þe ðín ehte is adwæsced; Benedictus ða mid swærlicum
heofungum. bemǽnde þæt his leorningcild maurus ðæs oðres
deaðes fægnian sceolde. and tæhte him þæs dǽdbote. bebeo-
170 dende þæt hé on his feondes forwyrde fægnian ne sceolde;
Benedictus þa ferde to ðam munte þe is gecweden Casinum.
se astihð up ðreo mila on heannysse; Ðær wæs gewurðod fram
ealdum dagum sum hæðengild. þæt wæs geháten apollo; þa
towende se halga wer þæt deofolgild grundlunge. and arærde
175 ðær cyrcan sancte martine to wurðmynte. and oðer gebedhús
ðam halgan fulluhtere Iohanne to lófe. and þæt hæðene landfolc
to cristes geleafan mid singalre bodunge gebigde; þa ne mihte
se ealda deofol þas dæda mid swigan forberan. ac mid open-
licere gesihðe hine æteowode ðam halgan were on atelicum
180 híwe. mid byrnendum muðe. and lígenum eagum wedende him
togeanes. and mid micclum hreame his sið bemǽnde. swa þæt
ða gebroðru ða deofellican stemne swutellice gehyrdon; Æt
fruman hé hine clypode be his naman. Benedicte. þæt is
gebletsod. ða suwade se halga wer. and se deofol þærrihte eft
185 clypode. maledicte. Non benedicte. þu awyrigeda. and na
gebletsod. Hwǽt witst ðu me. Hwí ehtst ðu min?
      þær læg ða sum ormæta stán onmiddan þam getimbrungum.
ðone woldon ða wyrhtan to ðam weorce ahebban. ac hí ealle ne
mihton hine awecgan. for ðan ðe se ungesewenlica deofol
190 þæronuppan sæt; Ða wyrhtan ða clypedon ðone halgan wer. and
hé com sona. and mid gebede þone deofol afligde. and his
bletsunge sealde. and hí ðone stán swa leohtlice ahofon.
swilce hé buton hefe wære; / Se halga wer ða het delfan ða   Th. 166
eorðan þær se stán læg. and hí gemetton þær ane ærene anlic-
195 nysse. þe se deofol þær gefriðode; þa wurpon hí ða anlicnysse
innto heora kycenan. and færlice ða wearð him eallum geðuht.
swilce fyr eode of ðære anlicnysse. swa þæt seo kycene eal

173 'h'æðengild

167 þe ðín ehte] E ðe þin ehtede   L þin ehtere   168 fᵏ leorningcniht
172 fᵏ seo   174 E rærde   178 E ðas: þeos   mid²] DEL on   fᵏ
defective   180 wedende] DEL wepende   fᵏ wende   183 fᵏ benedictus
184 DELfᵏ eft þærrihte   187 DEL sum ormæte stan   fᵏ sum stan ormæte
193 fᵏ het þa   194 DEL [þær²]

MS. 167ʳ forburne. ac hit næs swa / him geðuht wæs. ac wæs þæs deofles
dydrung; Hí urnon to ablicgede. and woldon þæt fyr mid
wætere ofgeotan; Se halga wer com ða. and geseah hu se 200
awyrigeda gast hi bedydrode. and cneowode þærrihte on his
gebedum. and gedyde þæt ða gebroðra þe wæron mid ðam
gedwymorlicum fyre gebysgode. gesawon ða soðlice þæt seo
kycene gehál stod. ætforan heora gesihðum;
Eft sume dæge stód se eadiga benedictus on his gebedum. 205
and þa gebroðra eodon to ðam weallweorce; þa æteowode se
deofol hine þam halgan were. and cwæð mid olle þæt he wolde
æt ðam weorce gecuman; Ða sende benedictus swiðe hrædlice
and warnode ða gebroðra wið þæs deofles tocyme. ac ær se
ærendraca mihte to ðam gebroðrum becuman. ær hæfde se 210
deofol towend þone weall and wearð mid þam hryre sum
munuccild eall tocwysed; þa het benedictus beran þa tocwyse-
dan lima on ánum hwitle into his gebedhuse. and beclysedre
dura anrædlice on his gebedum læg. oð þæt tocwysede cild
þurh godes mihte geedcucode; Wunderlic ðing. on ðære ylcan 215
tide se halga wer asende ðone cnapan ansundne eallum limum
to ðam weallweorce. mid ðæs deaðe se deofol wolde þone
halgan wer gebysmrian;
Hwæt ða se halga wer benedictus wæs ðeonde on witegunge.
swa þæt he ðurh godes gast mihte towearde ðing cyðan. and 220
ða ðing geseah ðurh witegunge. ðe him bæftan gefremede
wurdon; Hit wæs swa gewunelic on his munuclife. þæt ða
gebroðra ðe on sumum ærende ut gewendon. þæt hi ne moston
buton his leafe metes ðicgan. gif hí igdæges to mynstre gecyrran
mihton; þa on sumon dæge ferdon twegen gebroðra ymbe þæs 225
mynstres neode. and tobræcon ðone regol swa þæt hí butan
Th. 168 leafe mid sumum eawfæstum / wife hí gereordodon. and swa to
mynstre gecyrdon; þa befrán se halga wer on hwæs gesthuse hí
metes onbirigdon. hí cwædon þæt hi nanes ǽtes on ðære fare
ne onbirigdon; Ða genemnode se halga wer þæt eawfæste wíf 230

213 beclysed`r´e

---

198 wæs²] fᵏ for   200–1 hu se awyrigeda gast] E h⟨e⟩`u´ s⟨u⟩`e´ deofol
202 fᵏ [and gedyde]   205 fᵏ dæg   on his – line 312 þe se] lost from fᵏ
206 DEL [ðam]   DEL weallgeweorce   208 ðam] L ham   E `ge´cuman
210 gebroðrum] DEL weorce   211 D `ðam´   212–13 DL þa tocwysede
213 and] DEL and he   214 D oð ðæt `þæt´   215 EL Wundorlice
217 DEL weallgeweorce   224 E geleafe   DEL mete   D þincgan   E `hi´
228 mynstre] D heora mynstre   D ⟨gest-⟩huse   230 genemnode] E næmde

ðe hí gelaðode. and ða sanda tealde ðe heo him gebær. and eac
hú oft hí druncon him soðlice sæde; Hí ða feollon to his fotum
afyrhte. gecnæwe heora gyltes. and him miltsunge bædon;
    On ðam timan rixode sum reðe cyning se wæs Totilla
235 geháten. se ferde sume dæge wið þæs halgan weres mynster.
and sende his forridel het cyðan his tocyme ðam halgan were;
þa wolde se wælhreowa fandian hwæðer benedictus witegunge
gast hæfde. and asende his swurdboran / RIGGO geháten.   MS. 167ᵛ
gescrydne mid his cynelicum gyrelum. mid his ðegnum to ðam
240 mynstre. swilce hé hit sylf wære; þa gesǽt benedictus forn
ongean ðam riggon þe mid ðam leaslicum getote inn eode.
ðearle ðrutigende; Ða clypode se eadiga godes ðeow him
togeanes. and cwæð; Mín bearn. do ða gyrlan ðe fram þe ðu
berst. ne sind hí na ðine; þa astrehte se riggo hine to eorðan
245 mid eallum his geferum. swiðe forhtigende þæt hí his fandian
dorston. and gecyrdon to heora hlaforde forhtmode cyðende
hu hrædlice hí arasode wurdon; Totilla ða sylf to mynstre
eode. and swa hráðe swa hé ðone halgan feorran sittende
geseah. swa astrehte he hine sylfne to eorðan wið his weard;
250 Benedictus hine hét arisan. ac he ne dorste ætforan ðam halgan
were on his fotum gestandan; þa eode se halga to ðam astrehtan
cyninge. and hine up arærde. and hine for his weorcum mid
wordum ðreade. and mid witegunge gewislice sæde. hu him
on his life gelimpan sceolde; He cwæð fela yfela ðu wyrcst.
255 and fela ðu worhtest. geswíc nu eallunge ðínre unrihtwisnysse;
Witodlice ðu becymst to romebyrig. ofer sǽ ðu seglast. Nigon
gear ðu rixast. on ðam teoðan þu swyltst; þa wearð se cyning
ðearle afyrht. þurh ðas witegunge. and bæd ða his bletsunge.
and of ðære tide be dæle his reðnysse geswác; Him aéode swa
260 se halga him gewitegode. þæt hé on ðam teoðan geare his
cynerices. and his lifes ðolode;
    / On ðære ylcan tide awedde sum preost aquinenscisre   Th. 170
gelaðunge. and hé wearð on ðære wódnysse gelæd to þam

255 eallung⟨a⟩'e'   259 his] ⟨his⟩ his

239–40 L [mid¹ – mynstre]   240 benedictus] E se halga benedictus
241 EL rigcgo   EL [mid]   D 'mid'   D ⟨getote⟩   247 mynstre] DEL
ðam mynstre   248–9 sittende geseah] E geseah sitten   251 L astandan
253 EL wislice   254 gelimpan] E weorðan   E [He cwæð]   ðu] E
⟨ða⟩ 'ðu'   wyrcst] E wyrht. he cwæð   L wyrht   255 DEL geworhtest
256 seglast] L scealt   259 aeode] DEL þa geeode   260 L [teoðan]
262 D preost 'on'

eadigan benedicte; He ða þurh halgum benum þone deofol
adræfde of ðam ofsettan preoste. and hine ðisum wordum 265
gespræc; Far nú. and of ðisum dæge ne genealæc ðu godes
ðenungum. ne ðu flæscmettas ne ðicge. and gif ðu æfre ge-
dyrstlæhst þæt ðu godes ðenungum genealæce. ðonne bist ðu
eft þæs deofles anwealdum betæht; Se preost ða þis bebod to
langum fyrste heold. and swa ðeah æt nextan ðæs halgan weres 270
hæse forseah. and mid dyrstignysse haligne hád underfeng;
Hwæt ða se deofol ðe híne ær unðances forlét. hine sona
gelæhte. and oð deað gedrehte;
    Sum eawfæst man sende ðam halgan were twegen butrucas
mid wíne to lace. be anum cnapan. ða behydde se cnapa þone 275
oðerne be wege. and ænne ðam halgan were gebrohte; He
underfeng ða lác mid ðancunge. and cwæð to ðam cnapan;
Min bearn. beo ðe wærr þæt ðu ne drince of ðam wíne þe ðu
be wege hyddest. ac ahyld hit wærlice. þonne gesihst ðu hwæt
ðæroninnan sticað; He gecyrde ða mid sceame. and ahylde 280
þæt win wærlice. and ðær gewende út of ðam fæte an fáh
næddre;
    Fela ðing sæde se halga wer ðurh haligre witegunge. ðe us
sind langsume to gereccenne. and eow to gehyrenne on ðyssere
scortnysse;   285
/ Sum æðelboren cild heold leoht ætforan his mysan. and
ongann modigian þæt hít on swa wáclicum ðingum him wicnian
sceolde; Se halga ða sona undergeat his modignysse ðurh godes
gast. and hine ðearle ðreagende cwæð; Broðor. bletsa ðine
heortan. and hét animan þæt leoht him of. and hine sittan. and 290
he sæde his gebroðrum ðæs cildes modignysse geendebyrdlice;
    On sumere tide com micel hungor on ðam lande. and gehwær
þæt landfolc micclum geangsumode; þa getimode swa micel
hafenleast on benedictes mynstre. þæt ða gebroðra næfdon
buton fif hlafas to heora ealra gereorde; Se halga wer ða benedic- 295
tus mid geswæsum wordum his gebroðra / unrotnysse gefre-
frode. and cwæð; Nu todæg we habbað hwónlice behlaf. ac
tomerigen we sceolon habban genihtsumlice; Hwæt ða þæs on

---

265 ⟨.⟩ 'of'settan   295 gereorde < -da

265 L ofsettum   E asettan   267 E ðenunge   D þincge   268 E ðenunge
270 DEL langsumum   273 oð] L on   276 DEL brohte   He] L and
he   277 E þance   280 D [ða]   283 DEL þinga   DEL halige
290 and²] L and het   293 landfolc] L land   294 E benedictus
295 D [ealra]

merigen wurdon gemette ætforan heora gedyrum twa hund
300 mittan meluwes on fætelsum. ða se ælmihtiga god his ðeowum
asende. ac swa ðeah næs nanum men cuð hú hí ðider comon;
   Sum eawfæst ðegen bæd ðone halgan wer þæt hé mid his
munecum on his lande him munuclíf aræran sceolde. and he
lustbære ðæs getiðode. and cwæð to ðam gebroðrum þæt hé
305 wolde sylf on ðam dæge ðe hé gecwæð ðær gecuman. and þæs
mynstres getimbrunge gedihtan; Ða munecas ða ferdon be his
hæse and bletsunge to ðæs ðegenes lande. and georne ðæs
andagan cepton; þa æteowode se halga wer benedictus on
swefne hine sylfne ðam munece þe hé to ealdre geset hæfde.
310 ofer ðam mynstre. and his profoste samod. and hí gewissode
swiðe smeaðancellice ymbe ðæs mynstres gebytlungum. on
þære nihte þe se andaga on merigen wæs; þa ða hí awocon se
ealdor and his profost. ða rehte heora ægðer oðrum hwæt hí on
swefene gesáwon. and þæs micclum wundrodon; Eft siððan þa
315 se andaga agán wæs. and se halga wer ne com swa swa hé
gecweden hæfde. ða comon hí eft wið his. þus cweðende;
We andbidodon ðin halga fæder þæt ðu ús þæs mynstres
gebytlu dihtan sceoldest. and þu ne come swa swa ðu us
behete; Ða andwyrde se halga. and cwæð; Mine gebroðra.
320 hwí secge ge þæt ic ne come? Hwæt la. ne æteowode ic inc
bám slapendum. and ealle ða gebytlunge gewisslice tæhte?
Fara ð nu. and ærara ð þæt mynster swa swa ic eow on swefne
dihte; Hi ða mid micelre wundrunge to ðam lande gewendon.
and swa ða gebytlunge gefadedon. swa swa him on swefene
325 æteowod wæs;
   Nu segð se halga Gregorius se ðe þisne cwyde on leden
awrát. þæt god ælmihtig getiðode his leofan benedicte þæt hé
ðurh gast ferde to ðam slapendum gebroðrum. and him to
ðam gastlican life gewissode. se ðe gíu ær ðurh his engel / ðone   Th. 174
330 witegan Abbacuc lichamlice fram Iudea lande to chaldéa rice
/ swyftlice ferode. þæt hé lichamlicne bígleofan þam húngrian   MS. 168ᵛ
Danihele brohte. se ðe betwúx þam leonum unscyldig ascofen
wæs;

299 gedyrum] DEL durum   301 EL hu hit ðider com   303 DEL ræran
304 DEL tiðode   305 E cwæð   308 L [wer]   311 E gebytlunge
312 andaga] fᵏ resumes   313 his] DEL se   fᵏ defective   318 DEL [us]
320 E ⟨.⟩ 'ge'   328 fᵏ gaste   329 EL gastlicum (fᵏ defective)   331 E
lichamlic'n'e   (fᵏ defective)

Twá mynecena wæron drohtnigende on gehendnysse his
mynstres of æðelborenre mægðe asprungene. þam gewícnode 335
sum eawfæst wer on woruldcarum; þa wæron hí æfter æþel-
borennysse oferhydige and hearmcwydole. and þone æðelan
wer oft gedrehton; Ða cydde se eawfæsta wer þam eadigan
benedicte. hú micelne teonan he forðyldegode mid ðam
foresædum mynecenum; Se halga wer asende ða to. and him 340
ðisum wordum bebead; Gerihtlæcað eowere tungan. gif ge ne
dóð. ic eow amánsumige; Hi swa ðeah ðurhwunedon on
heora teonfullum wordum. and wurdon ða færlice forðferede.
and binnon ðære cyrcan bebyrigede; þa wæs hit gewunelic on
ðam dagum. þæt se diacon clypode æt ælcere mæssan ær ðam 345
húselgange. se ðe huselganges unwurðe sy. gange út of ðære
cyrcan; Ða wæron þa amánsumedan mynecena binnon ðære
cyrcan bebyrigede. swa swa we ær sædon. and hí arison of
heora byrgenum on manna gesihðum. and út eodon be ðæs
diacones hǽse. for ðan ðe hi wæron fram ðam halgum husle 350
ascyrede; þa gelamp him swa æt ælcere mæssan. þæt hí ne
mihton wunian binnon ðære cyrcan æt ðam huselgange. æfter
þæs diacones clypunge; Ða wearð þis gecyd þam halgan bene-
dicte. mid micelre dreorignysse; Benedictus þa sona asende ane
ofeletan. and hét mid þære mæssian. for ðam mynecenum. 355
cwæð þæt hí siððan unamánsumode wæron; His hǽs wearð
gefylled. and þa mynecena næfre siððan ne wurdon gesewene
útgangende æt ðæs diacones clypunge. for ðan ðe hí under-
fengon þa halgan mænsumunge æt gode þurh his ðeowan
benedicte. þe hí ær for heora stuntum wordum ðíwde to 360
amánsumigenne;

Th. 176   Sum munuccild drohtnode on his mynstre. and hæfde mi-
cele lufe to his fæder and to his meder. swiðor for ðære / sibbe
þonne for godes dæle. wearð þa oflángod ungemetlice. and arn
buton bletsunge of mynstre to his magum. and swa hraðe swa 365
he him to com ydæges swa gewát he of ðisum andwerdum life;
þa hé bebyriged wæs. ða ne mihte seo byrgen hine gehealdan.
ac wearð his lic on merigen afunden bufon þære byrgenne;

368 byrgen'n'e'

335 E æðelbore'ne'   336 EL [þa]   343 L forðfarene   345 ær] L æt
348 DEL [swa]   350 DEL halgan   351 him] L hit   359 mænsumunge]
E mersunge   363 meder] DEL meder. and   365 E [swa²]
366 ðisum − line 500 heo] lost from f^k   E [andwerdum]   D andweardan
368 byrgenne] L eorðan

His magas hine eft bebirigdon. and he wearð eft up aworpen.
370 and swa gelomlice; þa magas ða comon and mid micclum
wope þæs halgan weres fét gesohton. his gife biddende; Se
halga benedictus him sealde godes husel mid his agenre handa.
and cwæð; Lecgað þis halige húsel uppon his breoste. and
bebyriað hine swa; Ða þis gedon wæs. ða heold seo eorðe
375 þone / lichaman. and syððan ne awearp;   MS. 169ʳ
    Sum oðer munuc wearð unstaðolfæst on his mynstre. and
mid gemáglicum benum gewilnode þæt hé moste of ðam
munuclífe. ac se halga wer him forwyrnde. and swiðe mid
wordum ðreade his unstaðolfæstnysse; Æt nextan ða ða hé swa
380 fús wæs. ða wearð se halga wer geháthyrt ðurh his unstæððig-
nysse. and het hine aweg faran; Hwæt ða se munuc út gewát.
and gemette sona ænne dracan him togeanes standende. mid
gynigendum muðe. þæt he hine forswulge; Se munuc ða
swiðe bifigende. and forhtigende hrymde; Yrnað. yrnað. for
385 ðan ðe þes draca me forswelgan wile; þa mynstermunecas
urnon to. and swa ðeah nateshwón þone dracan ne gesawon.
for ðan þæt wæs se ungesewenlica deofol. ac hí læddon ðone
munuc swa bifigendne binnon ðam mynstre; He ða sona behét.
þæt hé næfre siððan of ðam mynstre sceacan nolde. and he
390 eac on ðam behate symle ðurhwunode; þurh benedictes
gebedum him wæs se ungesewenlica draca æteowod. ðam ðe
hé ær filigde. ná geseonde;
    Benedictus eac gehælde ænne cnapan mid his gebedum on
micelre hrædnysse. fram ðam mæstan broce þe is gecweden
395 elefantinus morbus;
    Sum háfenleas mann sceolde agyldan healf pund anum
menn. and wæs oft gemanod. and ðearle geswenct for ðære
læne; / Ða bæd hé ðone halgan wer þæs feos. and benedictus   Th. 178
his háfenleaste mid geswæsum wordum gefrefrode. cwæð þæt
400 hé næfde þæt feoh him to alænenne. ac het híne cuman binnon
ðrim dagum eft to him; He ða soðlice swa his gewuna wæs
gebysgode hine sylfne on his gebedum. on eallum ðam fyrste;
Se hafenleasa com on ðam ðriddan dæge. and efne ða wearð
gemét þæt feoh and twentig penega toeacan uppon anre corn-
405 hwyccan; Se eadiga benedictus ða het him syllan þæt healfe

377 E maglicum   380–1 E unstaðolfæstnysse   384 L hrymde.
'and cwæð'   386 E 'ge'sawon   387 for ðan] DEL for ðan þe
388 EL bifigende   394 is gecweden] L men hatað   399 D [his
hafenleaste]   404 DEL [toeacan]   405 Se] EL Ða se   E healf

pund. þæt he his læne forgulde. and forgeaf him ða twentig
penega to his agenum bricum;
  Sumum men wæs unlybba geseald. ac hit ne mihte hine
adydan. ac awende his híw to wunderlicere fagnysse. swa þæt
hé wearð on his lice reoflium menn gelic; þa becom hé to ðam 410
halgan benedicte. and swa hraðe swa he hine gehrepode. swa
underfeng hé his hælðe. and eal seo fagnys aweg gewát;
  An subdiacon bæd þone halgan wer sumne dæl eles to his
bricum. for ðan ðe hi ðicgað on ðam earde ele on heora bigleo-
fum. swa swa we doð buteran; þa hæfde se halga wer gedæled 415
þæs mynstres ðing hafenleasum mannum. for ðam hungergeare
to ðan swiðe. þæt him næs nan ele belæfed to his gebroðra
bricum. buton on anum lytlan glæsenan fæte; Ða het hé his
hordere þæt glæsene fæt syllan ðam biddendan subdiacone;
Se hordere cwæð him to andsware. gif he ðone gehwǽdan 420

MS. 169ᵛ dæl þæs eles ðam biddendum sealde. / þæt hé nan ðing næfde
his gebroðrum to syllenne; Se halga wer ða wearð astyred on
mode. and het oðerne munuc awurpan út þæt glæsene fæt mid
ele mid ealle. ðy læs ðe hit þurh ungehyrsumnysse þærinne
belife; þa wearp se broðor þæt glæsene fæt út æt ðam ehðyrle 425
uppon ðam heardan stane. ac hit ne mihte toberstan. ne ðone
ele ageotan; Ða het benedictus eft ahebban þæt elefǽt. and
syllan ðam subdiacone. ðe his ær bæd. and ðearle ðone ungehyr-
suman hordere ðreade. and cneowode siððan on his gebedum
mid his mynstermunecum; þa stód ðær án æmtig cyf ofer- 430
wrogen. and ongann to flowenne mid ele. swa þæt hí brudon of
Th. 180 ðone cláð. and se / ele fleow ofer innto ðære flore; Benedictus
ða arás of his gebedum. and se ele geswác ðære fledinge;
  Sume dæge eode se halga wer to cyrcan. and gemette þone
deofol. and befrán hwider hé wolde; Se deofol cwæð þæt he 435
wolde beran drincan his gebroðrum; Se halga wer ða hine
ardlice gebæd. and gecyrde ongean. and efne ða se awyrigeda
gast gemette ænne ealdne munuc wæter hladende. and gewearp
ðone munuc to eorðan. and hine mid wodnysse þearle drehte;

421 'sealde' (hand of K's second scribe)   427 elefǽt. 'and'

408 D [men]   409 E wende   412 DEL hæle   414–15 EL bigleofan
418 glæsenan] DE glæsenum   421 biddendum] E biddendum subdiacone
423 mode] EL his mode   424 þærinne] DEL on ðam huse   426 DEL
[heardan]   427 elefæt] EL elefæt in   429 DEL [on his gebedum]
436 L hine ða   437 E cyrde   E awyrda L wyrigeda

440 Se eadiga benedictus þa slóh ðone munuc under þæt wencge.
mid anre handa. and se fula deofol þærrihte him fram gewát.
and næfre siðð an him genealæcan ne dorste;
   Sum gedwólman ðe salla hatte. ehte cristenra manna on ðam
timan mid ormætre reðnysse. swa þæt gif ǽnig preosthádes
445 mann oððe munuchádes him genealæhte. ne mihte his handum
cucu ætwindan; He ða æt sumon sæle gelæhte ænne cristenne
mannan. and híne mid mislicum tintregum cwylmde. and
ðurh gytsunge ontendnysse mid þam tintregum wolde his
æhta æt him ofgán; Se cristena man ða cwæð. þæt he hæfde his
450 ðing and hine sylfne betæht þam halgan were benedicte; Se
wælhreowa ehtere salla þa geswác ðæra tintregena. and gebánd
hine mid strangum bendum. and dráf hine ætforan him riden-
dum. þæt he him geswutelode hwǽt se benedictus wære ðe his
ðing underfangen hæfde; Hi ða becomon to ðæs mynstres
455 geate þæs halgan weres. and hine gemetton æt his rædinge
sitton; þa cwæð se wælhreowa salla mid micelre reðnysse to
ðam halgan were; Arís. arís. and agíf ðises ceorles ýddysce;
Ða beseah se halga wer wið his clypunge. and beheold ðone
gebundenan mann. and his bendas sona wurdon alysede. mid
460 unasecgendlicere hrædnysse; Hwæt ða salla ðurh ðas micclan
mihte wearð afyrht. and his wælhreowan hneccan to ðæs
halgan weres fotswaðum gebigde. biddende his miltsunge. and
ðingrædene; Benedictus swa ðeah nateshwón / fram his rædinge   MS. 170ʳ
ne arás. ac hét his gebroðru hine to cyrcan lǽdan. and bletsunge
465 syllan; Se eadiga benedictus ða æfter ðære bletsunge / manode   Th. 182
þone reðan ehtere. þæt he ðære wódlican reðnysse geswice.
and he ða þearle ablicged awég tengde. and æt ðam cristenan
menn nan ðing habban ne dorste. ðone ðe se eadiga benedictus
na handlunge. ac on beseonde fram his bendum alysde;
470   An geleafful yrðling bær his deadan suna líc to benedictes
mynstre. and mid dreorigum wope. hrymde to ðam halgan
were. agíf me minne sunu. agíf me minne sunu; Se halga wer
andwyrde. Hwæt lá. ætbræd ic ðe þinne sunu? Se yrðling

440 EL gewæncge   441 gewat] E gecyrde   445 mihte] DEL mihte he
446 DEL [ða]   D sumum ⟨sumum⟩   447 D mann⟨an⟩   L mann   EL
[and²]   448 mid] DEL and mid   451 E 'ge'band   457 E yddisc
460 hrædnysse] DEL swiftnysse   463 swa] E se   466 L reðe
467 DEL [and¹]   468 benedictus] EL benedictus ahredde

andwyrde; La leof he is dead. gang to and arǽr hine; Se
eadiga wer cwæð to his gebroðrum. Gað aweg. nis ðis na ure 475
dǽd. ac is ðæra halgena apostola; þa ðurhwunode se ceorl on
his bene. swerigende þæt hé aweg ne cyrde. buton se halga his
sunu arærde; Hwæt ða benedictus eode to ðæs cnapan lice.
and ðæronuppon gelæg. and arás. and his handbredu astrehte
wið heofonas weard. þus cweðende; Min drihten ne beheald 480
þu mine synna. ac geleafan ðises mannes. se ðe bítt arǽran
his sunu. and agif nu drihten ða sawle. ðe ðu name into
ðisum lichaman; Sona ða æfter ðisum gebede geedcucode se
deada cnapa. and se halga wer hine betæhte ansundne his
fæder; 485

    Se halga wer hæfde ane eawfæste swustor SCOLASTICA
gehaten. seo wæs fram cildháde gode gehalgod on mægðhade
him ðeowigende. on gehendnysse his mynstres wunigende.
þa geneosode se halga wer symle æne ymbe geares ymbrene;
þa gecom he sume dæge to hyre cytan æfter gewunan mid 490
sumum his gebroðrum. and hí ealne ðone dæg on godes
herungum. and halgum spræcum adrugon; Efne ða on æfnunge
ða ða hí æt gereorde sæton. cwæð þæt halige mæden. to hire
arwurðfullan breðer; Ic bidde ðe broðer min. ne forlæt ðu me
on þissere nihte. þæt wit magon smeagan ymbe gefean þæs 495
heofenlican lifes. oð merigen; Ða andwyrde se arwurða broðor;
Hwǽt cweðst þu sweoster? Ne mæg ic nateshwon buton mynstre
nihtes wunian; And wæs ða swa stille weder. þæt nán wolcn
Th. 184   næs on ðære lyfte gesewen; Hwæt / ða seo mynecynu ða ða
heo his andsæc gehyrde. beclypte hire neb mid handum. and 500
ahylde hire heafod to ðære mysan biddende þone ælmihtigan
drihten; þa mid ðam ðe heo hire heafod of ðære mysan ahefde.
ða abærst swa micel ðunor. and liget. and swilc storm yðigende
feoll. swa þæt se halga wer and his gebroðra ne mihton for
ðam ormǽtan gyte heora fét of ðære cytan astyrian; Ða cwæð 505
MS. 170ᵛ   se halga wer to his / sweoster. Árie ðe se ælmihtiga god sweoster.
Hwæt hæfst þu gedón? Heo andwyrde; Efne ic bæd þe. and
þu me noldest tiðian. ða bæd ic minne drihten. and he me

476 is] his

476 DEL haligra   477 DE acyrde   L gecyrde   481–2 DEL bit his suna
arǽran   483 ðisum¹] DEL his   487 L se   489 E 'ge'neosode
492 and] DEL and on   493 cwæð] D þa cwæð   494 DEL Ic þe bidde
498 stille] E liðe   499 gesewen] L ge   500 his]ᶠᵏ resumes   handum] DL
hire handum   502 ðam] D þi   504 feoll] L fleow   508 DEL þu noldest me

gehyrde; Gáng nu to mynstre gif ðu mage. and me ána forlæt;
510 He ða ne mihte buton ðam hrófe acuman. ac ðær wunode þa
niht unwilles. se ðe sylfwilles nolde; And hí ealle ða niht mid
halgum spræcum þæs gastlican lífes ðurhwacole aspendon; Eft
siððan ymbe ðry dagas stód se halga wer on his gebedum. and
beseah út. and geseah ðære ylcan mynecene. his sweoster sawle
515 lædan to heofenan. on anre culfran híwe; He ða hire wuldres
blissigende ðam ælmihtigan gode þancode. and hire forðsið
his gebroðrum cyðde. and sende hí ðærrihte þæt hí hire líc to
mynstre feredon. and on his agenre byrgene þær he sylf licgan
wolde mid arwurðnysse bebyrigdon. þæt heora lichaman on
520 ánre byrgene hí gereston. swa swa heora mod on annysse symle
gode ðeowode;
   Eft on oðrum timan stód se halga wer on his gebedum uppon
anre upflora. þær his bedd inne wæs. þa gestód he æt anum
ehðyrle. oð forð nihtes. þone ælmihtigan god biddende; þa
525 færlice aspráng micel leoht beortre ðonne ænig dæg. swa þæt se
halga wer oferseah ealne middaneard. and ofseah betwux ðam
micclum leoman lædan mid engla werode anes biscopes sawle
to heofenum. his nama wæs Germanus; Ða wolde se halga
habban him gewitan. þære wunderlican gesihðe. and ofclypode
530 his diacon him hrædlice to. and he ða geseah sumne dæl þæs
leohtes; þa sende se halga wer swyftne ærendracan to þæs
biscopes ceastre. þæt he sceolde ge/axian hwæðer he lifes   Th. 186
wære; Se ærendraca ða hine gemette deadne. and smealice
ymbe his forðsið befrán. and geaxode ða þæt he on ðære tide
535 gewát. ðe se halga benedictus his sawle to heofenan ferian
geseah; Wunderlic gesihð. þæt an deadlic man mihte ealne
middaneard oferseon; þeah gif se man gesihð godes leoht.
þonne bið þæt gesceaft swiðe nearu geðuht. and ðæs mannes
sawl bið on gode mid þam leohte tospræd. swa þæt heo oferstihð
540 middaneard. and eac hí sylfe; Hwilc wundor wæs ðeah se
halga wer ealne middaneard ætforan him gesawe. ða ða he
wæs ahafen on his modes leohte ofer middanearde; Witodlice
þæt leoht þe he wiðutan geseah wæs on his mode scinende. and

510 DEL cuman   511 sylfwilles] E his willes   513–14 and beseah ut. and
geseah] L ⟨.......⟩ 'and geseah'   515 DEL heofonum   528 halga]
DEL halga wer   529 E wuldorlican   531 DEL asende (fᵏ defective)
533 fᵏ [ða]   and] DEL and he   535 ðe se] L se ðe   L heo-
fonum (fᵏ defective)   540 L [eac]   ðeah] D þæt þeah ðe   542 fᵏ
middaneard

his mod to ðam upplican abræd. and him æteowode hu nearowe
ealle ða niðerlican gesceafta him wæron geðuhte. þurh ormæt- 545
nysse þæs godcundlican leohtes;

MS. 171ʳ   þes eadiga wer benedictus awrat muneca regol mid micclum /
gesceade. mid beorhtre spræce. on ðam mæg gehwá tocnawan
ealle dǽda his láreowdomes. for ðan ðe se halga swa leofode
swa swa hé tæhte; Se eadiga wæs bliðe on andwlitan. mid 550
hwitum hærum fægere gehíwod. and mid micelre lufe on mode
afylled. swa þæt hé on heofonlicum eðle eardigende wæs.
þeah ðe hé on eorðan ða gyt wunode;

þæs geares ðe hé gewat. he cyðde his forðsið on ǽr. sumum
his leorningcnihtum mid him drohtnigendum. and sumum 555
oðrum on fyrlenum stowum wunigendum; Seofon nihtum ær
hé gewite he het his byrgene geopenian. and hé ðærrihte mid
stiðlicum fefore geond ða seofon niht þearle gedreht wearð;
On ðam sixtan dæge his legeres he het hine beran into cyrcan.
and þær hine gehúslian; He ða astod betwux his gebroðra 560
handum. astrehtum handum wið heofonas weard. and betwux
his gebedum his gast út ableow; On ðam ylcan dæge wearð
æteowod his twam leorningcnihtum an weg. fram ðam huse þe
hé on gewát on ðam eastdæle. astreht oð heofonan; Se weg
wæs mid pællum gebricgod. and mid ungerimum leohtfatum 565
Th. 188   scinende; Ðæronuppon stod sum arwurðe wer mid / beorhtum
gyrlum. axigende hwæs se weg wære. þe hí beheoldon; Hí
cwædon þæt hí nyston; þa cwæð se engel him to; Ðis is se weg
ðe godes dyrling Benedictus to heofenum on astah;

His halga lichama wearð ða bebyriged to his sweoster líce 570
Scolastican. swa swa hé sylf bebead binnon Iohannes cyrcan
þæs halgan fulluhteres. on ðam munte Casino. ac hé wæs siððan
æfter manegum gearum geferod to francena rice. to þam
mynstre ðe we hátað Florege. on ðære stowe his ban restað on
micclum wurðmynte. and on wundrum scinende. and his sawl 575
symle gesælig rixað mid gode on heofenum. for gódum geear-

---

558 stiðlicum] swiðlicum

546 DEL godcundan   548 mid] DEL and mid   549 halga] D halga
wer   550 bliðe] E swiðe bliðe   551 lufe on mode] E on mode   L eadmod-
nysse   552 L heofonumlicum   D heofonlican   558 E stiðum
ða] DEL ealle þa   559 E 'in'to   561 L [handum²]   563 leorning-
cnihtum] DEL gebroðrum   564 L heofonum   566 stod] E stow
fᵏ defective   569 L [on]   570 fᵏ His lichama halga   fᵏ [ða]
572 ðam munte – end] lost from L   575 DE [and his sawl]

nungum; þæt scræf ðe hé ærest on drohtnigende wæs. gýt oð
ðis on wundrum scinende ðurhwunað; Witodlice sum gemynd-
leas wíf ferde wórigende geond wudas. and feldas. and ðær
580 gelǽg þær hí seo teorung gelette; Ða beeode heo sume dæge
þurh nytennysse into ðam scræfe þæs eadigan benedictes. and
þær hí gereste. and arás ðæs on merigen swa gewittig. swilce
heo næfre on nánre wodnysse nære. and swa siððan symle
ðurhwunode;
585   Hwa mæg on worulde ealle ða wundra gereccan. ðe se
ælmihtiga scyppend ðurh ðisne æðelan wer middanearde
geswutelode; Sy him wuldor and lof. Á. on ecnysse mid
eallum his halgum. se ðe ana is unasecgendlic God. Amen:—

580 DE læg   581 into] f^k to   583 f^k 'n'anre   587 him] DE him symle
D ecnysse 'ðe leofað (and rix)að'

XII

DOMINICA. IN MEDIA QUADRAGESIME

MEN ÐA LEOFOSTAN we rædað nu æt godes ðenungum ymbe
gesetnysse þære ealdan .ǽ. Nu wylle we eow / sume geswute-
lunge be ðære gecyðnysse sceortlice secgan. þæt ge eallunge
þæs andgites orhlyte ne syn. for ðan ðe ure mæð nys. þæt we
eow be fullum andgite hí geopenian magon. ne ge eac nateshwon 5
hire deopan digelnysse fulfremedlice understandan ne magon;
/ þry timan sind on þyssere worulde. Ante legem. Sub lege.
Sub gratia; þæt is ær .ǽ. under .ǽ. under godes gife; Se tíma
is ær ǽ gecweden þe wæs fram Adam buton .ǽ. oð Moysen.
ða gesette God .ǽ. ðurh moysen. and se tíma wæs gecweden 10
under .ǽ. oð cristes tocyme on menniscnysse; Ða awende crist
ða ealdan .ǽ. to gastlicere getacnunge; Nu is se tima fram
cristes ðrowunge geháten under godes gife. for ðan ðe his gifu
gewissað ða gecorenan symle to soðfæstnysse and to lifes
bebodum þæt hí ða ðing gastlice gehealdon ðe seo ealde ǽ. 15
lichamlice bebead;

Abraham hatte se heahfæder. ðe ærest æfter ðam micclum
flode to gode cyððe hæfde; He wæs godes gespreca. and his
bebodum þearle gehyrsumode. þa forgeaf se ælmihtiga god him
and his ofspringe þone eard to bógienne þe is gehaten Iudea 20
land. on ðam is seo burh hierusalem ðe crist on ðrowode. ðeah
ðe heo nu on oðre wisan getymbrod sy; þa cwæð se ælmihtiga
god to abraháme. wite ðu þæt ðin cynn sceal ælðeodig wunian.
on oðrum earde feower hund geara. and hí hí on ðeowte
gebringað and micclum swencað; Soðlice ic deme ðam folce. 25
and ðin mægð siððan mid micclum æhtum of ðam lande færð.
and on ðam feorðan cneowe hí gecyrrað hider ongean;

Manuscripts: F, K, M, N (lines 493–579 omitted).

Title F ITEM SERMO DE LEGE DEI IN MEDIA XL   MN SERMO
DE LEGE DEI IN MEDIA QUADRAGESIMAE

2 eow] M eow secgean   N eow ⟨. . . . . .⟩   4 N [nys]   5 MN [hi]
magon] N ne magon   MN [ge]   6 M frumfremedlice   8 gratia]
F gratia dei   9 M [æ¹]   FMN adame   15 þæt] MN and
20 F to bogienne: *on* to *wunigenne*   25 FN geswencað

Abraham siððan gestrynde sunu Isaác. and se isaác gestrynde
twegen. Iacob. and Esau; Se iacob wæs gode gecoren. and
30 gestrynde twelf suna. ða sind gehátene twelf heahfæderas; þa
becom se mæsta hunger ofer eallum middanearde seofon
gear tosomne. buton on egypta lande. on ðam anum wæs corn
swa hit gecweden is. swa fela swa bið sandceosol on sǽ;
Ða ferde se iacob mid his twelf sunum. and his suna sunum
35 ealles hundseofontig manna to egypta lande þær ðær hi bigleo-
fan fundon. and þær eardodon feower hund geara. swa swa se
ælmihtiga god abrahame sæde; þa æt nextan arás Pharao se
egyptisca cyning. and þæt israhela folc eall on ðeowte gebrohte.
het hí wyrcan his burhweallas. / and hi bysmorlice geswencte.   Th. 192
40 and het acwellan ælc hysecild of ðam cynne;
    Betwux ðisum asprang moyses. and his broðer ááron. of
ðære ylcan mægðe; To ðam moyse spræc se ælmihtiga god.
þisum wordum; Ic geseah mines folces geswinc on egypta
lande. and heora hream ic gehyrde. and ic niðer astah. þæt ic hí
45 ahredde of egyptiscra manna handum. and ic hí gelæde of ðam
earde to gódan / lande and bradum. þæt ðe fleowð mid meolce   MS. 172ʳ
and mid hunige; God cwæð þa to moysen. far to ðam cyninge
pharao. and beod him þæt hé min folc forlǽte of his léode
faran; Moyses ða and his broðor aaron ferdon to pharao. mid
50 ærende þæs ælmihtigan godes. and cwædon; þus cwyð drihten
israhela god. forlǽt min folc þæt hit me lác offrige on westene.
swa ic him gewissige; Pharáo him andwyrde; Hwæt is se drihten
þæt ic his stemne gehyran sceole. and Israhel forlætan? Nát ic
ðone drihten. and ic israhel ne forlæte;
55 Ða sende se ælmihtiga týn cynna wita ofer ðam ðwyran cyn-
inge. and ofer his leode. ær ðan ðe he þæt folc forlætan wolde;
Moyses ðurh godes mihte awende eal heora wæter to readum
blode. and hé afylde eal heora land mid froggon. and siððan
mid gnættum. eft mid hundes lusum ða flugon into heora muðe
60 and heora næsðyrlum. and se ælmihtiga ðone modigan cyning
mid þam eaðelicum gesceaftum swa geswencte. se ðe mihte hine

55 Tyn   60 'heora'

28 Abraham] FN Abraham þa   36 eardodon] M gearcodon   44 hream]
N hearm   46 þæt ðe] F and þæt   47 F moyse   53 FMN
sceolde   55 ælmihtiga] F ælmihtiga god   59 eft] F and eft
59–60 muðe and heora næsðyrlum] F muðe and to heora næstþyrlum   MN
næsþyrlum. and innto heora muðe   60 ælmihtiga] F ælmihtiga god

mid wildum berum and leonum gewyldan. gif he swa wolde.
and nan ðyssera geswencednyssa ne becóm on ðam ende þæs
eardes ðe þæt godes folc on eardode; þæt fifte wite wæs cwealm
on heora orfe. swa þæt on ðam lande fornean nan orf ne beláf. 65
buton israheles þe ansund gestod; þæt sixte wite wæs þæt mislice
geswel and blædran asprungon on heora lichaman. on eallum
his folce; þæt seofoðe wite wæs þæt swa micel ðunor and
hagol becom on ðam leodscipe. þæt ælc ðing wæs adyd þe úte
wearð gemet. and ælc treow on ðam earde tobærst; þæt eah- 70
teoðe wite wæs. þæt gærstapan ofereodon eall þæt land. swilce
swa næfre / ær ðan næron. ne eft næfre ne gewurðað. and hí
forgnogon swa hwæt swa se hagol belæfde. oððe on treowum.
oððe on oðrum wæstmum; þæt nigoðe wite wæs. þæt becomon
ðicce ðeostru. and egeslice ofer eallum egypta lande. swa þæt 75
heora nán binnon ðrim dagum oðerne ne geseah. ne hí of ðære
stowe styrian ne mihton. and on israhela ðeode wæron gewune-
lice dagas; þæt teoðe wite wæs. þæt on ælcum huse ealre ðære
ðeode. on anre nihte læg án dead mann. and þæt wæs se frum-
cenneda. and se leofosta þam hlaforde; 80
þa æt nextan forlét pharao Israhela folc of his earde siðian.
mid micclum æhtum. and god gesette ðone foresædan moysen
his folce to heretogan. and his broðer aaron to sacerde. and hí
læddon þæt folc to ðære readan sǽ. mid micelre fyrdinge þæt
wæron six hund þusenda wigendra manna. buton wifum and 85
cildum; Ða ofðuhte pharao þæt he þæt folc swa freolice forlet.
and tengde æfter mid eallum his here. and offerde hí æt ðære
readan sǽ; þa cwæð se ælmihtiga to moysen. astrece ðine hand
ofer ða sǽ. and todǽl hí; And moyses ða sloh þære sǽ ofer mid
/ his gyrde. and seo sǽ toeode on twá. and eal þæt israhela folc 90
eode ofer ða sǽ. be dríum grunde. and þæt wæter stod him on
twa healfa swilce oðer stánweall; Pharao ða him filigde æt ðam
hón mid his gebeotlicum crætum. and gilplicum riddum; þa
cwæð se ælmihtiga god to moysen. astrece ðine hand ofer ða
sǽ. þæt þæt wæter gecyrre to ðam egiptiscum. ofer heora 95

Th. 194 (line 72)

MS. 172ᵛ (line 89)

68 'and'

---

66 MN ætstod   72 F [swa]   74 þæt²] F þæt him on   FMN
becom   75 F [eallum]   F [swa]   78 huse] F huse on   81 nex-
tan] F fruma'n'   87 his] F ⟨. . .⟩ 'his'   88 ælmihtiga] FMN ælmih-
tiga god   89 ða¹] N þas   MN moysen   91 MN [ða]   95 ofer]
M of

crætum and riddum; Moyses ða astrehte his hand ongean
ðære sæ. and heo oferárn pharao. and ealle his crætu. and
riddan mid yðum oferwreah. swa þæt ðær næs furðon án to lafe
ealles ðæs heres þe him filigde; Israhela folc soðlice eode be
100 ðam drium grunde. and hí sungon godes lóf mid geleafan. godes
mihta mærsigende;
    Æfter ðisum him com bigleofa of heofenum swa hwær swa
hí wicodon geond þæt westen. and gehwilc mann þæs heofon-
lican metes swa micel gegadrode. swa hé to ðam dæge / geðicgan   Th. 196
105 mihte. and him dæghwomlice edniwe of heofenum com. þa
feowertig geara ðe hí on ðam westene ferdon; On ðam westene
næs nan ðæra wætera þe him to ðearfe mihte for ðære biter-
nysse. ac god het moyses slean mid his gyrde þone heardan
stanclud. and of ðam stane arn ormæte stream wæteres eallum
110 ðam folce. and heora orfe to genihtsumnysse; Ðam folce eode
ætforan symle godes wolcn swilce ormæte swer. se wæs fyren
geðuht on nihtlicere tide. and on gewunelices wolcnes hiwe
on dæge. and hi ðam wolcne symle filigdon. swa hwær swa hit
ætstod þær hí wicodon. and eft swa hraðe swa þæt wolcn styrode.
115 swa siðode samtinges eal seo fyrd æfter ðam wolcne; Binnon
feowertig geara fæce næs nan man gelegerod on eallum ðam
folce. ne heora reaf næs tosigen. ne him se heofenlica mete ne
ateorode. oð þæt hí to ðam earde becomon. þe him se ælmihtiga
god þurh hine sylfne behét;
120   God cwæð to moysen þæt he wolde cuman. and hine ætforan
ðam folce gesprecen. þæt hí ðy leaffulran wæron. and het hí
beon gearowe on ðam ðriddan dæge; Ða on ðam fifteogoðan
dæge ðæs ðe hí fram egypta lande ferdon. wearð godes wuldor
gesewen. on ðam westene uppon anum munte se is gehaten
125 Synay. to ðam astah se ælmihtiga scyppend. and efne ða þær
begann to brastligenne micel ðunor. and líget sceotan on ðæs
folces gesihðe. and byman bleowan mid swiðlicum dreame.
and micel wolcn oferwreah ealne ðone munt; Betwux þisum
dreame clypode se ælmihtiga drihten moysen him to and cwæð;
130 Astih eft adune. and bebeod ðam folce þæt heora nan ðam
munte ne genealæce. swa hwæt swa hine hrepað. oððe mann.

96 MN [ða]   98 riddan] F his riddan   102 him] N hyman
103 þæs] F þæt   105 edniwe] F edniwe bigleofa   108 MN
moysen   M [his]   116 M feofertig   F 'fæce'   119 F 'behet'
121 MN geleaffulran   122 F fifteoðan   127 mid] F mid þam
131 genealæce] MN genealæce. for þam

MS. 173ʳ oþþe nyten. he ne leofað sona; / Astih ðu eft up to me. and
aaron samod; Moyses ða godes hǽse gefylde. and eft up to him
astah;
þa awrat se ælmihtiga god him twa stænene wexbredu mid 135
his agenum fingre. on ðam wæron awritene tyn word. þæt sind
tyn ǽlice beboda. þæra worda wæron ðreo on anre tabelan
Th. 198 awritene and seofon / on ðære oðre; þæt forme bebod is.
Drihten ðin god. is an god; þæt oðer word is. ne underfoh ðu
ðines drihtnes naman on ydelnysse; þæt ðridde word is. beo ðu 140
gemyndig. þæt ðu ðone restendæg freolsige; Ðas ðreo word
stodon on anre tabulan; On ðære oðre tabelan wæs þæt forme
bebod. Arwurða ðinne fæder. and þine moder; þæt oðer bebod.
ne hǽm ðu unrihtlice; þæt ðridde. ne ofslih ðu mannan; þæt
feorðe. ne stala ðu; þæt fifte. ne beo ðu leas gewita; þæt sixte. 145
ne gewilna ðu oðres mannes wifes; þæt seofoðe. ne gewilna ðu
oðres mannes æhta; Ðas týn beboda synd eallum mannum
gesette. to gehealdenne;
Moyses ða wæs wunigende upon ðære dune feowertig daga
and feowertig nihta tosomne. and he on eallum ðam fyrste 150
nanes eorðlices bigleofan ne onbyrigde. and hé awrát be godes
dihte þa fif ælican bec. ærest be frumsceafte þe nan eorðlic man
ða nyste. and siððan be adames ofspringe. and noes flode. and
þæra enta getimbrunge. and swa forð oþ þæt hé com to ðam
dómbocum þe se heofenlica wealdend his folce gesette to some. 155
and to sehtnysse. and to rihtlæcunge ealra forgægednyssa. and
swiðost be godes biggengum. hú men hine ænne ælmihtigne
wurðian sceolon. and hé sylf het moysen him gewyrcan an
geteld mid wunderlicum dihte gefadod. on menigfealdre
getacnunge; On ðam getelde hí sceoldon þa godcundan lac 160
symle geoffrian. for ðan ðe hí ne mihton on ðære fare cyrcan
arǽran; On ðam getelde he het him offrian cucu orf. and siððan
æt ðam weofode acwellan. swa swa nán man nu lichamlice dón
ne mot;
Ac we willað eow secgan þæt gastlice andgyt þyssera ealdra 165
gesetnyssa. for ðan ðe seo ealde .ǽ. is mid gastlicum andgyte
154 getimbrung⟨a⟩ʹeʹ

---

136 F gewritene   141 restendæg] F sunnandæg   144 mannan] F
nænne mannan   147 F [mannes]   148 F healdenne   152 N frum-
gesceafte   154 F becom   155 to some] F to some and to steore   156 M
gesehtnysse   N gesetnesse   162 F ʹhimʹ   165 secgan] F gesecgan
N secgean nu

afylled. and crist geopenode us ða deopan digelnyssa. and hí
ðurh hine sylfne gastlice gefylde. swa swa hé to his leorning-
cnihtum cwæð; Ne wene ge na þæt ic come to ði þæt ic wolde
170 towurpan þa ealdan .ǽ. oððe witegena gesetnyssa. Ic ne com to
ði þæt ic hí towurpe. ac þæt ic hí gefylde; Soð ic / eow secge.   Th. 200
An strica oððe an stæf ðære ealdan .ǽ. ne bið forgæged. oð þæt
hí ealle gefyllede beon; þus trum is seo ealde .ǽ. ac heo / sceal   MS. 173ᵛ
beon gefylled ðurh godes ðeowas æfter gastlicum andgite. and
175 na lichamlice; Hit bið swiðe langsum gif we ealle ðas getac-
nunga eow nu ætsomne gereccað. ac we willað nu sume eow
geopenian. and sume eft on gelimplicere tide;
    þæt egypta land hæfde getacnunge þyssere worulde. and
pharao getacnode þone ðwyran deofol þe symle godes gecore-
180 num ehtnysse on besett. on andwerdum life; Swa swa se
ælmihtiga god ða his folc ahredde wið þone cyning pharao. and
hí lædde to ðam earde þe he abrahame and his ofspringe behét.
swa eac hé arett dæghwomlice his gecorenan wið þone ealdan
deofol. and hí alyst fram his ðeowte. and fram ðyssere geswinc-
185 fullan worulde. and gelæt hí to ðam ecan eðele. ðe we to
gesceapene wæron; Seo reade sǽ hæfde getacnunge ures
fulluhtes. on ðære adránc pharao and his here samod. swa eac
on urum gastlicum fulluhte bið se deofol forsmorod fram us.
and ealle ure synna beoð adylegode. and we ðonne sigefæste
190 mid geleafan godes lof singað. anbidigende mid geðylde þæs
ecan eðeles;
    Witodlice þæt westen. and þæt feowertig geara fæc is ure
anbidung on mislicum costnungum æfter urum fulluhte. oð
þæt we becumon ðurh gehealdsumnysse godes beboda to ðam
195 upplican eðele. on ðam ðe we ecelice eardian sceolon; þæt
wolcn wæs symle ðæs folces látteow on ealre ðære fare ge ǽr
ðan ðe hí þa readan sǽ ofereodon. and eac siððan. on ðam
westene; þæt wolcn getacnode crist se ðe is ure latteow on
gastlicum ðingum. and hé wæs liðe on his menniscnysse swilce
200 on wolcnes hywe. and he bið swiðe egefull on fyres gelicnysse
on ðam micclum dóme. þonne hé scinð ðam rihtwisum. and
byrnð ðam unrihtwisum; Soðlice gehwilces rihtwises mannes

200 wolcnæs

174 F þeowum   176 F nu sume eow *marked for alteration to* eow nu
sume   183 F 'he'   194 M becomon   195 ðe we] F ⟨. .⟩
'we'   200 F egesful

líf is dæge wiðmeten. and þæs synfullan nihtlicum ðeostrum.
and drihten bið liðe ðam rihtwisum. and egefull ðam unriht-
wisum;   205
Th. 202   / Se apostol paulus cwæð be ðam israhela folce. þæt hí ealle
wæron on ðære sǽ gefullode. and hí ealle æton ðone gastlican
mete. and ðone gastlican drenc druncon; Soðlice se mete ðe
him of heofenum com. hæfde cristes getacnunge se ðe be him
sylfum cwæð; Ic eom se liflica hlaf þe of heofenum astah. and   210
swa hwá swa of ðam hlafe geétt. he leofað on ecnysse. and se
hlaf ðe ic sylle for middaneardes life. is min lichama; On ðam
halgan husle we ðicgað cristes lichaman. se hláf is soðlice his
lichama gastlice. ðeah ðe se ungelæreda þæs gelyfan ne cunne;
Be ðam stáne ðe þæt wæter on ðam westene út afleow. cwæð se   215
ylca apostol; Hí druncon of ðam gastlican stane. and se stán
wæs crist; Næs ðeah se stán lichamlice crist. ac hé hæfde cristes
MS. 174ʳ   getacnunge; / His síde wæs on ðære róde gewundod. and þær
fleow út blod and wæter samod; þæt blód to ure alysednysse.
and þæt wæter to urum fulluhte;   220
On ðam fifteogoðan dæge ðæs folces færeldes wæs seo ealde
.ǽ. gesett. and on ðam fifteogoðan dæge æfter cristes ǽriste com
se halga gast of heofenum ofer his apostolum on fyres híwe.
and him ðurh his gife ealle ðing tæhte. and ealle middaneardlice
gereord him forgeaf;   225
On ðam munte Synay. þe se ælmihtiga on becom wearð micel
ðunor gehyred. and stemn and líget gesewen. swa swa scinende
leohtfatu. and þær wæs bymena dream hlude swegende. and eal
se munt smocigende stód; On ðam stemnum and on ðam
þunore we understandað þæra bydela hream. þe god sende   230
geond ealne middaneard to bodigenne geleafan þære halgan
ðrynnysse; On ðam leohtfatum þæs lígettes wæs getácnod seo
beorhtnys þæra wundra ðe ða halgan bydelas on godes naman
gefremedon; þæra bymena cyrm. is seo stránge bodung þe
æfter ðæs halgan gastes tocyme ferde geond ealne middaneard;   235
On ðam fyre and on ðam smyce wæs getacnod þæt gehwilce
arfæste men and geleaffulle beoð symle onlihte ðurh godes

227 'ge'sewen   236 smyce < smice

203 F dæg   N dæg⟨.⟩   M mihtlicum   204 F egesfull   216 F gastlicum
221 F fifte'g'oðan   222 F fifteoðan   224 him] N himan   225 N
himan   226 þe se ælmihtiga on becom] F ⟨þe se ælmihtiga god on
bocum⟩   wearð] F wearð mid   228 M leohtfatum

gesetnyssum. and ðæra arleasra manna eagan beoð þurh
gedwyldes smyce symle aðystrode;

240 / God awrát ða ealdan .æ̆. mid his fingre on ðam stænenum   Th. 204
weaxbredum. Godes finger is se halga gast. swa swa crist on his
godspelle cwæð. Gif ic on godes fingre deofla adrǽfe. and se
oðer godspellere awrát. Gif ic on godes gaste deofl adrǽfe; Nis
na to understandenne be ðæs limes micelnysse. ac be ðæra fingra
245 fremminge; Nis ús nan lim swa gewylde to ælcum weorce swa
us sind ure fingras. and se halga gast is gecweden godes finger.
for ðan ðe hé awrit ðurh his gife on manna heortan ða gastlican
bebodu. and todælð his gife mannum be ðam ðe hé wile. for
ðan ðe hé is ælmihtig wyrhta. mid fæder. and mid suna. hí ðry
250 án god æfre unbegunnen. and ungeendod; Ða stænenan weax-
bredu getacnodon þæra iudeiscra manna heardheortnysse. be
ðam cwæð se witega Ezechiel; Ic ætbrede him ða stænenan
heortan. and ic forgife him flæscene heortan. þæt is andgitfulle
heortan;
255   Tyn beboda awrat se ælmihtiga on ðam twám tabelum. ðreo
word on anre tabelan. ða belimpað to godes lufe. and seofon
on ðære oðre. þa gebyriað to manna lufe. and to geferrædene ure
nextan; þa twá tabelan getácnodon ða twá bebodu þe ic nu
namode. godes lufu. and manna. and eac ða twá gecyðnyssa.
260 þa ealdan. and ða niwan; þæt forme word is; Drihten ðin god.
is án god; / An god is ealra ðinga scyppend on ðrim hádum   MS. 174ᵛ
ðurhwunigende. þæt is fæder. and his sunu. and heora begra
gast. ealle gelice mihtige. and æfre on anre godcundnysse wuni-
gende; Hi ne magon beon togædere genemnede. ac hí ne beoð
265 næfre todælede; þisne ænne god we sceolon mid soðum geleafan
and soðre lufe symle wurðian. for ðan ðe hé is ana god. ure
scyppend. and nis nan oðer god buton him anum; þæt oðer
bebod is; Ne underfoh ðu ðines drihtnes naman on ydelnysse.
þæt is ne gelyf ðu þæt crist þin drihten sy gesceaft. ac gelyf þæt
270 hé is gelic his fæder. æfre of him acenned. þurh ðone sind
ealle ðing geworhte; Witodlice ælc / gesceaft is ydelnysse under-   Th. 206
ðeod. þæt is awendedlicnesse. for ðan ðe hí beoð awende fram

---

241 weaxbred⟨e⟩'um'   242 deofl'a'   255 tabelum < tabelan

238 M gesetnyssa < -se   N gesetnessa   242 MN deofol (cf. K)
243 FN deofla   M deofle   250 F 'æfre'   255 ælmihtiga] F
ælmihtiga god   257 N [ure]   261 An] F Ac   264 ac] F ne
266 ana] F an   269 FMN [þin]   272 F awendlicnysse

brosnunge to unbrosnunge; þæt ðridde bebod is; Beo ðu
gemyndig. þæt þu ðone restendæg gehalgige; On six dagum
geworhte god ealle gesceafta. and geendode hí on ðam seofoðan.   275
þæt is se sæternesdæg. þa gereste he hine. and ðone dæg gehal-
gode; Ne gereste he hine for ði þæt hé werig wære. se ðe ealle
ðing deð buton geswince. ac he geswac ða his weorces; He
geswac ðæs dihtes ealra his weorca. ac hé ne geswac na to
gemenigfyldenne þæra gesceafta æftergengnyssa; God geswác   280
ða his weorces. swa þæt hé na má gecynda siððan ne gesceop.
ac swa ðeah hé gemenigfylt dæghwomlice þa ylcan gecynd swa
swa crist cwæð on his godspelle; Pater meus usque modo
operatur. et ego operor; þæt is on englisc. min fæder wyrcð
dæghwomlice oð þis. and ic wyrce; Se ælmihtiga fæder gedihte   285
ealle gesceafta þurh his wisdom. and se wisdom is his sunu. and
he hi ealle geliffæste þurh ðone halgan gast. and on ðam deopan
dihte stodon ealle þa ðing ðe ða gyt næron; Witodlice we wæron
on þam dihte. and eac ða ðe æfter ús cumað. oð þyssere worulde
geendunge; God gesceop ða æt fruman twegen men. wer and   290
wif. and he geswác ða þæra gesceapennyssa. swa þæt hé na má
cynna on mannum ne gesette. ac hé gemenigfylt ða twa cynn
dæghwomlice. swa þæt hé gescypð ælces mannes lichaman on
his moder innoðe. and him sawle siððan on besett; Ne beoð ða
sawla nahwar ær ðan wunigende. ac se ælmihtiga wyrhta hí   295
gescypð ælce dæg. swa swa hé deð þa lichaman; God gesceop
ða. Nytenu. and fixas. and fugelas. and ealle eorðlice wæstmas.
ac hé gescypð ælce geare oðre edniwe ðæs ylcan gecyndes. for
ðan ðe ða ærran atéoriað;

Se sæternesdæg wæs ða geháten restendæg. oð cristes   300
ðrowunge. on ðam dæge læg cristes lic on byrigene. and he
MS. 175ʳ arás of deaðe on ðam sunnandæge. and se dæg / is cristenra
manna restendæg. and halig ðurh cristes ǽrist; þone dæg we
sceolon symle freolsian. mid gastlicere arwurðnysse; Se sæter-
Th. 208 nesdæg wæs / gehalgod mid micelre gehealdsumnysse on ðære   305
ealdan .ǽ. for ðære getacnunge cristes ðrowunge. and his reste
on ðære byrgene. Ac se sunnandæg is nu gehalgod þurh soð-
fæstnysse his ǽristes of deaðe; Oðer restendæg is us eac toweard.

274 restendæg. gehalgige;

273 N [to unbrosnunge]   275 F god geworhte   seofoðan] N seofoðan
dæge   276 MN [se]   288 N [we]   289 oð] F on   294 MN besent
298 ac] N and   300 F [ða]   302 is] F is nu   303 F ræstedæg
307 F sunnadæg   308 F ræste'n'dæg

þæt is þæt ece líf. on ðam bið an dæg buton ælcere nihte. on
310 þam we ús gerestað ecelice. gif we nu ðeowtlicera weorca. þæt
sind synna geswicað;
  þæt feorðe bebod is; Arwurða þinne fæder. and ðine moder.
se ðe wyrigð fæder oððe moder. oþþe hí tyrigð. se is deaðes
scyldig; Lá hwæne wile se man arwurðian. gif he ðone þe hine
315 gestrynde. and ða moder ðe hine gebǽr and afedde nele arwur-
ðian; Æfter gastlicum andgite. God is ðin fæder. and his gela-
ðung is ðin moder. arwurða hí on eallum ðingum; þæt fifte
bebod is; Ne únrihthǽm ðu; Ælc ðæra manna þe hǽmð buton
rihtre æwe. he hǽmð unrihtlice; And se ðe ofer his æwe hǽmð.
320 he is forlír. ðurh his æwbrice; þæt sixte bebod is; Ne ofslih ðu
mann; Manslaga bið se ðe man ofslihð. and se ðe oðerne to
deaðe forsegð. and se ðe oðres sawle forpærð. se ðe hungrigum
oððe nacodum gehelpan mæg and nele. ac lǽt hine acwelan on
ðære hafenleaste. þonne bið se eac ðurh his wælreownysse man-
325 slaga geteald; þæt seofoðe bebod is; Ne stala ðu; Ðis bebod
wiðcweð ælcum reaflace. and is gehwilcum menn full cuð; þæt
eahteoðe bebod is; Ne beo ðu leas gewita; þis bebod wiðcweð
leasunge; þæt nigoðe bebod is; Ne gewilna ðu oðres mannes
wifes; Mánfullic dǽd bið þæt hwá oðres wíf gebysmrige. for ðy
330 is geboden þæt ðu ðæs ne gewilnige. witodlice gif ðu ðæs ne
gewilnast. ne becymst ðu næfre to ðam pleolicum leahtre; þæt
teoðe bebod is; Ne gewilna ðu oðres mannes æhta; / Ðis bebod   Th. 210
wiðcweð unrihtwisre gewilnunge. and woruldlicere gitsunge;
  Is eac to understandenne þæt þæt egyptisce folc wearð mid
335 tyn wítum geslagen. and tyn beboda wæron awritene on ðam
twam tabelum. godes folce to rihtinge. þæt ða deofellican leahtras
ðurh ða bebodu adydde beon; þæt miccle geteld þe god mid
menigfealdum cræfte gedihte. hæfde getacnunge þære halgan
gelaðunge ðe crist ðurh his tocyme astealde. and þurh his aposto-
340 las and lareowas getimbrode; On ðisum getelde wæron menig-
fealde fáhnyssa. and fornean unasecgendlice frætwunga; Swa
beoð eac on godes gelaðunge menigfealde fægernyssa. ðurh
godra manna drohtnunge. þe ðæs ecan lifes eallunge gewilniað;

---

313 oððe] ⟨and⟩ 'oððe'   322 hungri'g'um   323 acwe⟨l⟩lan

309 an dæg] F andgyt   nihte] F mihte   310 M restað   313 fæder
oððe moder] F his fæder oððe his modor   314 ðone] F þone nele
315–16 F arwurðian; 'And'   322 N forfærð   323 N acwellan
326 is] F is eac   333 F woruldlice   336 F leahtras: unþeawes
337 F þa⟨m⟩ bebodu⟨m⟩   341–2 F 'and fornean – fægernyssa'

Ða menigfealdan offrunga þe se ælmihtiga hét on ðam getelde
symle offrian. getacnodon cristes ðrowunge. and he ða ealdan / 345
onsægednyssa ealle gestilde. þa ða hé sylf soðlice wearð geoff-
rod. þam ælmihtigan fæder for urum synnum; þa ealdan sacer-
das offrodon cealf. and æt ðam weofode snidon; Crist sylf wæs
on ðam cealfe getacnod. for ðære mihte his ðrowunge; Hí
offrodon lámb binnon ðam getelde. and hé wæs eac on ðam 350
getacnod. for his unscæððignysse; He wæs on rammes slege
getácnod. for his ealdordome; He wæs on buccan slege getacnod.
for gelicnysse synfulles flæsces. þæt hé mid urum flæsclicum
gecynde. ure synna adilegode; Eac gehwilce oðre offrunga
hæfdon getacnunge his toweardan deaðes. and bígencges godes 355
ðeowdomes;
      We soðlice æfter ðeawlicum andgite cealf offriað gode to láce.
gif we ures lichaman modignysse for his ege oferswiðað; Lámb
we offriað on godes lace. gif we unscæððignysse on urum
ðeawum symle healdað. and þa unsceadwislican styrunga on 360
stæððignysse awendað; Buccan we offriað oððe ticcen. gif we
ures lichaman galnysse oferswiðað; Culfran we offriað. gif we
soðe bilewitnysse on urum mode healdað; Turtlan we offriað.
gif we on clænnysse wuniað; þeorfe hlafas we bringað gode to
láce. ðonne we buton yfelnysse / beorman. on ðeorfnysse 365
syfernysse. and soðfæstnysse farað; Hunig wæs forboden on
eallum godes lacum. for ðan ðe him ne licað on his gecorenum
nane lustfullunga oððe werodnyssa þyssere worulde; On ælcum
lacum sceolde beon sealt gemenged gewisslice. þæt we ealle
godes ðenunge mid sealte wíslices gesceades symle gemengan; 370
Ele sceolde eac mid godes lácum beon geoffrod. for ðære getac-
nunge þæt we sceolon dón mid glædnysse swa hwæt swa we gode
gedoð. for ðan ðe hé lufað þone glædan syllend;

355 getacnunge < -a (FMN -a)

---

344 F [getelde] N telde   348 snidon] M þæt snidon   351 F unsceð-
ðignysse < unsteðignysse   351–2 MN [unscæððignysse – for his]   360 F
ungesceadwislican   363 F soðlice   365 ðeorfnysse] N þeorfnesse. and
368 F werodnysse: *swetnysse*   368–9 FMN ælcere lace   372 F [don]   F
glædnysse ꞌdonꞌ   373 syllend] M syllend; Uton eac ealle gemænelice urne
leofan drihten biddan þæt he ure mod onlihte. and us him glæde gedo. and
us his mildheortnysse geunne. and ure synna forgyfnysse. and þæs ecan lifes
myrhðe. þam si wuldor. and lof. a to worulde. AMEN: —

SECUNDA SENTENTIA DE HOC IPSO;

375 MOYSES. and Aáron. and ða yldestan ealdras israhela ðeode
geendodon heora lif on ðære langsuman fare swa ðeah buton
legere. and God gesette Iosue ðam folce to heretogan. þæt he hí
to ðam behatenan eðele lædan sceolde. and he him behét þæt hé
wolde on eallum ðingum his gefylsta beon. swa swa hé wæs
380 moyses. and he gesette áárones sunu Eleazár to sacerde ðam
folce;
þæt folc tymde micelne team on ðam westene and wurdon
gewexene. to wíge ful strange. binnon ðam fyrste feowertig
geara; Hí ferdon ða mid fultume þæs folces menigu. and mid
385 gescyldnysse soðes drihtnes. to ðam leodum ðe hí gelaðode
wæron; Ða Iordanis seo éa on emtwa toeode. and for ðæs folces
fare flowan ne mihte. and ætstód se stream. swá steap swa múnt.
and Israhel eode eall be ðam grunde. drýge to lande. and seo ea
eft toarn; Hi becomon ða to anre byrig IERICHO. seo wæs sellice
390 getimbrod. mid seofon weallum beworht. and wel wiðinnan
geset; / þa eode Israhela folc on ymbhwyrfte þære byrig seofon   MS. 176ʳ
dagas on án. ealle suwigende. ælce dæge æne swa swa se ælmih-
tiga het. and on ðam seofoðan dæge swiðlice bleowan. seofon
sacerdas mid sylfrenum bymum. and Israhela folc eall samod
395 hrymde; Ða burston ða seofon weallas. ealle tosomne. and hí
inn eodon swa hwær swa hí stodon. and ofslogon ða. swiðe ða
hæðenan. þæt ðær nan ne beláf. ðæra ungelyfedra cucu;
Hwæt ða Iosue. / siððan ferde. mid israhela ðeode. to eallum   Th. 214
leodum. þæs æðelan eardes. and hí ealle ofsloh. þa ðe him
400 oðflugon. ðam feollon stanas onuppan. micele of heofonum.
and hí mid ealle fordydon; Iosue se héretoga. mid sige wearð
gebyld. and cwæð to ðære sunnan. mid swiðlicum worde. þæt
heo of ðære stowe. styrian ne sceolde. ær ðan ðe his fynd
feallende swulton; þa stód seo sunne. swiðe healic. ongean
405 Gabáo. be godes hæse. anes dæges fæcc. ær ðan ðe heo yrnan
dorste. oð þæt ða sigefæstan. heora fynd aledon; Seofon
ðeoda hí ofslogon mid swurdes ecge. on ðam wæron getealde.

374 SECUNDA – IPSO] F ITEM SECUNDUS SERMO DE IOSUE ET
DE PUGNIS EIUS   MN SECUNDUS SERMO DE IOSUE ET DE
PUGNIS EIUS   376 N [ðære]   378 F behatenum   382 tymde] F þa
tymde   385 F 'drihtnes'   386 toeode] F eode   388 Israhel] N isra-
hela folc   392 dæge] FMN dæg   393 F dæg   399 leodum] F 'þeodum'
400 MN ætflugon   402 N wordum   406 ða sigefæstan – line 409
se sigefæsta cempa] F se sigefæsta cempa < ða sigefæstan cempan

twa and ðrytig cyninga. ða wurdon ealle endemes adylegode;
Hwæt ða siððan se sigefæsta cempa. þone eard ealne. emlice
dælde. betwúx twelf mægðum. þæs æðelan mancynnes. 410
Abrahámes ofspringes. ðe hit eal gewann. and hí on ðam lande
leofodon siððan. oð þæt se ælmihtiga cyning. of ðam cynne
asprang. Drihten hælend. ure sáwle to hæle;
We habbað nu ðas race anfealdlice gereht. we willað eac þæt
andgit eow geopenian. and ða dygelnysse eow ne bedyrnan; 415
Iosue hæfde þæs hælendes getacnunge. on naman and on dæ-
dum. ðeah hit eow digele sy; He wæs geháten mid halwendum
naman Iosue. and Iesus. Iudeiscra latteow; Iesus wæs geháten
ure hælend crist fram ðam engle. ær ðan ðe he mennisclice
acenned wære; Iesus is ebreisc nama. þæt is on leden Saluator. 420
and on englisc Hælend. for ðan ðe hé gehælð his folc fram
heora synnum. and geléát to ðam ecan earde heofenan rices.
swa swa se héretoga Iesus gelædde þone ealdan israhel to ðam
earde þe him beháten wæs;
    Seo burh Iericho mid hire seofon weallum getácnode þas 425
ateorigendlican woruld þe tyrnð on seofon dagum. and hí symle
geedlæcað. oð þæt seo geendung eallum mannum becume;
Iericho is gereht móna. and se móna hæfð þissere worulde
gelicnysse. for ðan ðe hé is hwíltidum weaxende. hwíltidum
wanigende. swa swa ðeos woruld; Iosue se héretoga mid israhela 430
folce beeode ða burh seofon siðum. and ða godes ðeowas bæron
Th. 216 þæt halige scrín mid ðam heofen/licum haligdome. and seo
burh næs mid nanum wige gewunnen. ac mid þam ymgange.
and ðurh ðæra sacerda blawunge toburston ða weallas; Swa eac
ðurh cristes tocyme to ðyssere worulde. and ðurh his apostola 435
bodunge tofeollon ða wiðerweardan weallas þyssere worulde
MS. 176ᵛ ungeleaffulnysse. oð þæt on ende ure tida / bið se feondlica deað.
færlice toworpen. and se deað siððan ús derian ne mæg;
    Iosue ða siððan and israhel ofslogon seofon ðeoda. mid ðam
foresædum cynegum. and hé ðone eard ealne todælde. betwux 440
ðam twelf mægðum þe him mid fuhton; Hit wæs alyfed on
ðære ealdan .æ. þæt gehwá moste his feond ofslean. swa swa
crist sylf to his leorningcnihtum cwæð: Ge gehyrdon hwæt
gecweden wæs ðam ealdum mannum on moyses .æ. Lufa

411 ðe] F þæt   417 ðeah] F þeah ðe   418 F wæs gehaten ⟨wæs
gehaten⟩   423 Iesus] F iosue < iesus   426 þe tyrnð] F þæt yrnð
427 MN endung   432 FMN heofonlican   437 FN tide   439 israhel]
N israhela folc   441 F [ðam]

445 ðinne nextan. and hata ðinne feond; Ic soðlice eow secge;
Lufiað eowere fynd. doð þam tela. ðe eow hátiað; And gebiddað
for eowerum ehterum. and eow tynendum. þæt ge beon eoweres
fæder bearn. se ðe on heofonum is. se ðe deð his sunnan scinan
ofer ða yfelan. and ofer ða godan. and sylð rénscuras ðam riht-
450 wisum. and ðam unrihtwisum; Gif ge ða áne lufiað þe eow
lufiað. hwilce mede hæbbe ge þonne æt gode? þus tæhte crist
on ðære niwan gecyðnysse. eallum cristenum mannum to
donne. gif hwám seo lár oflicige. ne yrsige hé nateshwon wið ús.
ðeah ðe we godes bebodu mannum geopenian. for ðan ðe hé
455 cwæð. Soð ic eow secge. buton eower rihtwisnyss mare sy þonne
ðæra Iudeiscra bocera. and sunderhalgena. ne becume ge into
heofenan rice;
   Crist gesette ða ealdan .ǽ. and seo stod ða hwile ðe hé wolde.
and he hí eft awende to gastlicum ðingum on his andwerdnysse.
460 for ðan ðe he is ælmihtig god. and we sceolon his gesetnyssum
gehyrsumian. ðeah ðe he gyt wolde þas niwan gecyðnysse eft
awendan. ac we witon þæt hé nele; þeah se hlaford cweðe to
his men do þis. and hé eft cweðe ne do þu ðis. ðam æftran
worde he sceal gehyrsumian. na ðam ærran; Cristene men
465 sceolon gastlice feohtan / ongean leahtrum. swa swa Paulus   Th. 218
ðeoda lareow us tæhte ðisum wordum; Ymbscrydað eow mid
godes wæpnunge. þæt ge magon standan ongean deofles syrwun-
gum. for ðan ðe us nis nán gecamp ongean flæsc and blód. ac
togeanes deofellicum ealdrum. and gastlicum yfelnyssum; Stan-
470 dað eornostlice mid begyrdum lendenum on soðfæstnysse. and
ymscrydde mid rihtwisnysse byrnan. and nymað þæs geleafan
scyld. and ðæs hihtes helm. and þæs halgan gastes swurd. þæt
is godes word; Mid þisum gastlicum wæpnum we sceolon ongean
ðam awyrigedum gastum ðurh godes mihte stranglice feohtan.
475 gif we willað sigefæste to ðam behátenan earde heofenan rices
becuman;
   Witodlice Iosue and israhela folc oferwunnon seofon ðeoda.
eahtoðe wæs pharao ðe ǽr mid his leode adranc. and hí siððan
sigefæste þone behátenan eard him betwynan dældon; Swa
480 sceolon eac cristene men ða eahta heafodleahtras / mid heora   MS. 177ʳ
werodum ealle oferwinnan. gif hí æfre sceolon to ðam eðele

446 F tala   447 MN eowre ehteras   450–1 N [þe eow lufiað]
455 F ⟨buton eower.⟩ buton eower   F sy mare   456 MN [bocera]
460 F sceoldon   465 MN leahtras   480 F [eac]

becuman. ðe him on frymðe se heofenlica fæder gemynte. gif hí
his bebodum bliðelice gehyrsumiað; Se forma heafodleahter is.
Gyfernyss. Se oðer is. Galnyss. Ðridda. Gytsung. Feorða.
weamet. Fifta. unrotnys. Sixta. Asolcennyss. oððe æmelnys. 485
Seofoða. ydel gylp. Eahteoðe. Modignyss; þas eahta heafod-
leahtras fordóð and geniðeriað þa unwæran. into helle wite;
Hit is gecweden þæt se ealda israhel oferwánn seofon ðeoda.
eahteoðe wæs pharao. ac hí oferwunnon micele má þonne ðær
genamode wæron. swa eac ælc ðyssera heafodleahtra hæfð 490
micelne team. ac gif we ða modru acwellað. þonne beoð heora
bearn ealle adydde;
   Gifernys bið þæt se man ær timan hine gereordige. oððe æt
his mǽle to micel ðicge mid oferflowendnysse. ætes oððe
wætes; Of ðisum leahtre beoð acennede. oferfyll. and drun- 495
cennyss. and unclænnys lichaman. and modes unstæððignys.
and ydel gaffetung. and fela oðre unðeawas. ðe woruldmen to
Th. 220 nanum laðe ne taliað. oð þæt hí on ende hí eft gemetað; /
Witodlice ðurh gifernysse wæs Adám se frumsceapena man
bepæht. ða ða hé onbirigde þæs forbodenan æpples; Se 500
oðer heafodleahter is gecweden forlíger. oððe gálnyss. þæt
is þæt se man ungehealdsum sy on hǽmede. and hnesce on
mode to flæsclicum lustum; Of ðam leahtre cumað modes
mægenleast. and ungemetegod lufu. hatung godes beboda. and
hígeleas plega. fracodlic spræc. and eagena unstæððignys; Se 505
ðridda leahtor is gitsung. se ontent symle ðæs mannes mod to
maran æhte. and swa hé mare hæfð swa hé grædigra bið; Of
ðisum leahtre beoð acennede leasunga. and ándan. fácn. and
reaflac. stala. and forswornnys. leas gewitnyss. and unmæðlic
neadung; Se feorða leahtor is weamet. þæt se man nage his 510
modes geweald. ac buton ælcere foresceawunge. his yrsunge
gefremað; Of ðam leahtre cymð. hream. and æbilignys. dyslic
dyrstignys. and mansliht;
   Se fifta leahtor is unrotnys ðissere worulde. þæt se man
geunrotsige ongean god for ungelimpum ðises andwerdan lifes; 515

486 Eaht`e´oðe   506 'to'
───
482 F 'ge´mynte   484 Se] F seo   485 F weamodnys   486 þas] N þa
488 israhel] N israhela folc   489 N eahtotoþe   490 N genamod   F ⟨eac⟩
493 N [Gifernys – line 579 ecan life]   494 FM oferflowednysse   497 F
unþeawa   506 leahtor] F heafodleahtor   se] F seo   507 M æhton
508 M anda   510 FM weamodnys   515 F geunrotsige ⟨ongean
god geunrotsige⟩ ongean god

Of ðam bi𝔡 acenned. yfelnys. and wácmodnys. heortan biternys.
and his sylfes orwennys; Twa unrotnyssa sind. an is ðeos
derigendlice. oðer is halwendlic. þæt gehwá for his synnum
unrotsyge mid soðre dædbote; Se sixta heafodleahtor is asol-
520 cennys. oððe æmelnys; Se leahtor deð. þæt ðam men ne lyst nan
ðing to góde gedón. ac gæð him asolcen fram ælcere dugeðe;
Nis se leahter pleolic geðuht. ac hé gebrincð swa ðeah ðone
mann to micclum yfele; He acenð / ídelnysse. and slapolnysse.   MS. 177ᵛ
gemágnysse. and wordlunge. wórunge. and fyrwitnysse; Se
525 seofoða heafodleahter is geháten idel wuldor. þæt is gylp oððe
getót. þonne se man gewilnað þæt hé lisful sy. and cyrten. and
nele foresceawian þæt ure lichaman beoð awende to duste. and
ure sawla sceolon agyldan gescead ealra ðæra ydelnyssa. ðe
hí unnytwurðlice nu begáð; Of ydelum gylpe bið acenned.
530 pryte. and æbilignys. ungeðwærnys. and hywung. and lust-
fullung leasre herunge; Se eahteoða leahter is modignys. se
leahter is ord and ende ælces yfeles. se geworhte englas to
deoflum. and ælcre synne anginn is modignyss; / Ðonne se   Th. 222
man ðurh modignysse forsihð his scyppendes beboda. þonne
535 sona sceal he befeallan on sumum seaðe sweartra synna;
Modignys is endenext gesett on getele ðæra heafodleahtra. for
ðan ðe se únwæra on ende oft modegað on godum weorcum.
and nele gode ðancian. ðe híne mid halgum mægnum. healice
geglengde; Þes leahter acenð forsewennysse. and ungehyr-
540 sumnysse. Andan. and yfelsacunge. ceorunge. and gelomlice
tala;
    þisum heafodleahtrum we sceolon symle on urum ðeawum
wiðcweðan. and ðurh godes fultum mid gastlicum wæpnum
calle oferwinnan. gif we ðone heofenlican eard habban willað;
545 To ðam earde we wæron gesceapene. ac we hit forwyrhton;
Nu næbbe we hit næfre buton we hit eft gewinnon mid gast-
licum gecampe ðurh godes fultum. swa swa Israhel ðone eard
gewann. ðe abraháme ær beháten wæs; We sceolon oferwinnan
ærest gifernysse mid gemetegunge. ætes. and wætes; Forlíger.
550 oððe gálnysse. mid clænnysse. swa þæt se læweda his æwe
healde. and se gehadoda godes ðeow symle on clænnysse wunige.
swa swa se canon. him cuðlice sægð; We sceolon oferwinnan
woruldlice gytsunge. mid cystignysse ures clænan modes; And

weamette mid wíslicum geðylde. and woruldlice unrotnysse.
mid gastlicere blisse; Asolcennysse. mid soðre anrædnysse; 555
Ydelne gylp. mid incundre lufe; Modignysse. mid micelre
eadmodnysse. þonne sylð ús to leane se sigefæsta IESUS ðone
ecan eðel mid eallum his halgum. on ðam we á syððan gesælige
rixiað. ælces yfeles orsorge. gif we hit nu geearniað;
þæt israhela folc geðafode þæt sume ða hæðenan on heora 560
ðeowte leofodon. to wudunge. and to wæterunge. on ðam
wídgillan lande. swa eac we ne magon mid ealle adwæscan ælcne
unðeaw of urum lichaman. ac ða mæstan we sceolon mihtiglice
oferwinnan. and symle on ðam læssan eadmodnysse leornian.
na on geðafunge swa ðeah ðwyrlicera dæda; Seo sunne stód 565
stille on heofonum. oð þæt israhel ealle oferwann ða ðwyran

MS. 178ʳ
Th. 224
hæðenan / mid stiðum gefeohte; Swa gelice / eac deð ure
drihten crist se ðe is gecíged rihtwisnysse sunne. he fiht mid ús
ongean ðam fulum leahtrum. se ðe ær his upstige us eallum
behet. þæt hé dæghwomlice mid ús beon wolde. oð geendunge 570
ðissere worulde; þa godes ðeowas ða on israhela ðeode nane
landare hleotan ne moston. for ðan ðe god bebead ær ðurh
moysen þæt hí be his lacum lybban sceoldon. cwæð þæt hé
sylf wære. heora yrfweardnyss; Swa sceolon eac nu ða æðelan
godes ðeowas. lybban be godes dæle. gif hí rihtlice doð. and his 575
rihtwisnysse symle aræran. and ða gastlican teolunga gode
gestreonan. and beon his folces foreðingeras .á. wissian hí eac.
and mid weorcum gebysnian. and habban him þæt edlean. on
ðam ecan life;

Hwá mæg æfre on life ealle gereccan godes mærlican mihta. 580
ðe hé mannum cydde. fram Adames anginne. oð þisne andwear-
dan dæg; Sy him wuldor and lóf. á to worulde; amen:—

572 most⟨a⟩ˋoˊn

554 FM weamodnysse   557 leane] FM edleane   IESUS] F hælend
558 F gesæglie   562 M widgillum   566 F ‘ða’   569 M þa fulan
leahtras   579 F life; ‘Eac þa læwedan and ungelæredan hlystan lare and
lifes wege. and huru him to langsum ne ðince on godes huse to gehlystenne drihtnes
þenunge. seo us forðtihteð to þam ecean life.’   580 Hwa] N resumes
582 to worulde] F on ecnysse

XIII

DOMINICA .V. QUADRAGESIME

þeos tíd fram ðisum andwerdan dæge oð ða halgan eastertide
is gecweden cristes ðrowungtid. and ealle godes ðeowas on ðære
halgan gelaðunge mid heora circlicum ðenungum wurðiað. and
on gemynde healdað his ðrowunge. þurh ða we ealle alysede
5 wurdon; Secgað eac ure bec þæt we sceolon ðas feowertyne niht
mid micelre geornfulnysse healdan. for genealæcunge þære
halgan ðrowunge. and þæs arwurðfullan æristes ures hælendes;
On ðisum dagum we forlætað on urum repsum Gloria patri.
for geomerunge þære halgan ðrowunge. buton sum healic
10 freolsdæg him on besceote;
    Ðis dægðerlice godspel sprecð ymbe ðæra iudeiscra ðwyr-
nysse. hú hí wiðerodon ongean cristes lare ðurh ungeleafful- /   Th. 226
nysse. mid niðfullum mode; Drihten cwæð to ðæra Iudeiscra
menigu. and to þam ealdorbiscopum; Quis ex uobis arguet me
15 de peccato? Si ueritatem dico. Quare uos non creditis mihi? Et
reliqua; þæt is on urum geðeode. hwilc eower ðreað me be
synne? Gif ic soð secge. Hwí nelle ge me gelyfan? Se ðe fram
gode is. he gehyrð godes word; For ði ge nellað gehyran. for
ðan ðe ge ne sind fram gode; Ða iudeiscan andwyrdon and
20 cwædon; We cweðað rihtlice be ðe. þæt ðu eart samaritanisc.

Manuscripts: C, E, F, K, L, M, N, O, T (extract, lines 1–10).

Title C Dominica in passione domini Secundum Iohannem   EFNO DOM-
INICA QUINTA IN QUADRAGESSIMA   M DOMINICA QUINTA
LT *no title*

1 *Before* þeos] CF Dicebat (C In illo.' Dicebat) iesus turbis iudeorum et
principus sacerdotum. quis ex uobis arguet me de peccato. et reliqua
CLMNO andweardum   3 C gelaþunge halgan (*marked for reversal*)
CF [mid heora]   F 'mid'   L ðenunge   4 ða] C þa þe   5 C
[we]   6 CE nealæcunge   F 'ge'nealæcunge   7 þæs] T þære   F
⟨ar⟩wurðfullan   hælendes] C hælendes cristes   9 O geomerunge ⟨and⟩
10 besceote] *T ends*   11 L [dægðerlice]   O dægðerlic   12–13 N
[hu – ungeleaffulnysse]   14 C ealdorbiscoppe   *before* Quis] MO
EUANGELIUM   N SECUNDUM IOHANNEM   15 CL [uos]
15–16 L [Et – geðeode]   16 urum geðeode] O englisc   F be: for
17 gelyfan] L gelufan. qui est ex deo.' uerba dei audit   17–18 fram gode
is] L is of gode   18 C 'godos word' (*sic*)   19 L 'ne'   L andswerede

and ðu hæfst deofol on ðe; Se hælend andwyrde. Næbbe ic
deofol on me. Ac ic arwurðie minne fæder. and ge únarwurðiað
me; Ic soðlice ne sece min wuldor. is swa ðeah se ðe secð and
toscæt; Soð soð ic eow secge. swa hwá swa min word hylt. ne
gesihð he deað on ecnysse;   25
    þa cwædon ða Iudeiscan; Nu we tocnawað. þæt ðu eart
wód; Se heahfæder abraham forðferde and witegan. and ðu
cwyst se ðe min word hylt. ne onbyrigð hé deaðes on ecnysse;
MS. 178ᵛ Cweðst ðu lá. / Eart ðu mærra þonne ure fæder abrahám. se
ðe dead wæs. and wítegan forðferdon; Hwilcne wyrcst ðu ðe 30
sylfne? Drihten andwyrde; Gif ic me sylfne wuldrie. ðonne
bið min wuldor naht; Min fæder is ðe me wuldrað. and ge
cweðað þæt he is eower god. ac ge ne oncneowon hine; Ic
soðlice hine cann. and gif ic cweðe þæt ic hine ne cunne. ðonne
beo ic leas. eow gelic; Ac ic cann hine. and ic his word healde; 35
Abraham eower fæder blissode þæt hé gesawe minne dæg. and
hé geseah. and þæs fægnode; Ða cwædon ða iudeiscan him to.
Gyt ðu ne eart fiftig geara. and gesawe ðu abraham; Se hælend
him andwyrde; Soð soð ic eow secge. Ic eom ær ðan ðe
abraham wære; Hi ða namon stanas. þæt hi hine torfodon; Se 40
hælend soðlice hine behydde. and eode of ðam temple;
    We willað trahtnian ðis godspel æfter Augustines and
Gregories dihte; We sceolon smeagan mid arfæstre heortan ures
drihtnes mánðwærnysse. he com to ði þæt he wolde synna
forgifan. and he cwæð; Hwilc eower ðreað me for synne? Ne 45
ðuhte him to huxlic. þæt he mid gesceade hine betealde un-
synninne. se ðe þurh godcundnysse mihte ða synfullan geriht-
wisian; He cwæð. gif ic soð secge. hwi nelle ge me gelyfan?
Se ðe fram gode is. hé gehyrð godes word; For ði ge nellað
gehyran. for ðan ðe ge ne sind fram gode; þa iudeiscan wæron 50
fram gode. and hí næron fram gode; Hí wæron fram gode

22 L wurðie   C unawurþiað   L unwurðiað   23–4 O [sece – eow]
23 is] L and is   24 Soð soð] LMN Soðlice   swa²] F 'swa'   F
'ge'hylt   26 ða Iudeiscan] C heo   LMNO oncnawað   28 min] O þin
C gehylt   C [he]   29 L 'la'   mærra] O betera   30 F 'þu'   32 bið]
ELN ne bið   34 and] C ac   35 leas] C leas and   37 he] C 'he'
L he hine   C gefæahnode   F iudei   38 E 'ne'   F 'geara'
39 E 'ic eom'   L ic was   40 L Hi namon þa   torfodon] L wolde
torfigen. Ac   42 CFLNO augustinus   43 CELN gregorius
43–4 L [We – manðwærnysse]   44 F 'drihtnes'   he] L drihten   46 M
sceade   48 soð] O soð soð   50 ðe] C þa   51 CL [and hi næron
fram gode]

gesceapene. ac hi wæron geleahtrode þurh deofol. and ðurh
mándædum hí wæron deofles bearn. swa swa crist on ðisum
godspelle herbufan him to cwæð; Ge sind deofles bearn. and
55 ge willað eoweres fæder willan wyrcan; He wæs manslaga fram
frymðe. and he ne wunode on soðfæstnysse. for ðan ðe nán
soðfæstnys nis on him; Ða iudeiscan noldon gehyran cristes
soðfæstnysse. for ðan ðe hí wæron afyllede mid heora fæder
yfelnysse and leasunge; Ac swa swa heora fæder þurh andan
60 ofsloh ða frumsceapenan men. swa eac ða Iudeiscan smeadon
niðfullice ymbe cristes cwale. geeuenlæcende heora fæder. þæt
is deofol ðe fram frymðe wæs manslaga. na ðurh wæpnum. ac
ðurh yfelre tihtinge; Wite gehwa se ðe oðerne to leahtrum
forspenð. þæt he is manslaga. þonne hé ðæs oðres sawle
65 forpærð. þurh his yfelum tihtingum;
Ælc gesceaft is gód on gecynde. ac hit bið geleahtrod þurh
yfelnysse; Þa iudeiscan wæron góde on gecynde. and on
gebyrde. for ðan ðe hí wæron abrahámes ofspring. ac hí wæron
yfele and deofles bearn ðurh euen/læcunge. na ðurh gecynde; Th. 228
70 Hit is gewunelic on halgum gewritum. þæt gehwam bið fæder
genamod be his geefenlæcunge; / Gif he geeuenlæcð gode on MS. 179ʳ
gódum weorcum. he bið þonne godes bearn geciged; Gif hé
geeuenlæcð deofle on mánlicum dædum. he bið ðonne deofles
bearn þurh his yfelan geeuenlæcunga. na gecyndelice; Drihten
75 cwæð on ðyssere ylcan rædinge. herwiðufan to ðam iudeiscum;
Soð soð ic eow secge. ælc ðæra ðe synne wyrcð. he bið þonne
ðære synne ðeow; Witodlice se synfulla ðeowað þam wyrstum
ðeowte. þeah ðe hé bruce brádes rices; He is earm ðeowtling.
na anes hlafordes. ac swa manegum leahtrum swa he gehyr-
80 sumað. swa manega deofla him beoð to hlafordum gesctte;
Gehwa mæg hine sylfne tocnawan on ðam wordum þe

---

52 deofol] C deofle   53 ELMNO mandæda   54 him] L heomon
57–8 L [Ða – soðfæstnysse]   58 O afylled   60 C frumsceapene
smeadon] L þohtan   61 þæt] C þe   62 deofol] F 'se' deofol   L se
deofol   ELMNO wæpna   62–4 C [na – manslaga]   63 ELMNO
yfele   leahtrum] L synnum   65 E yfele tihtinge   LMNO yfelan
tihtinge   66 L [Ælc – line 74 gecyndelice]   O [þurh]   67 on¹]
F 'on'   68 F wæron 'of'   FN ofspringe   69 MNO gecynd
70 E gehwa⟨m⟩   71 C efenlæcð   71–2 C Gif – geciged written
after lines 72–4 Gif – gecyndelice   73 F 'þonne'   74 C yfelum
geefenlæcunge   F yfelan geefenlæcungum   ELMNO yfelan geeuenlæcunge
77 L wyrstan (C weorsta)   78 L [ðe]   79 leahtrum] L synnum
80 L hlaforde   F gesette; 'Gregorius cweð'   81 on] C to

drihten cwæð. se ðe is fram gode. he gehyrð godes word; God
ælmihtig bebytt mannum þæt hí sceolon heofonan rices eðel
symle gewilnian. and þyssere worulde ydelnysse forseon. oðres
mannes æhta ne gewilnian. his agen cystelice dælan. soðfæst- 85
nysse and rihtwisnysse mid anrædum mode symle healdan;
Smeage nu gehwá on his mode. gif ðas beboda and oðre þillice
habbað ænigne stede on his heortan. ðonne tocnæwð hé hwæðer
hé is fram gode; Witodlice se is fram gode þe godes beboda mid
gehyrsumum eare gehyrð. and gecneordlice hí mid weorcum 90
gefylð; Se þe ne mæg lustlice godes word gehyran. ne nele hí
on weorcum awendan. he bið ðæra arleasra iudeiscra efen-
hlytta. be ðam þe crist cwæð; For ði ge nellað gehyran. for
ðan ðe ge ne sind fram gode;
    þa iudeiscan cwædon to criste. þæt hé wære Samaritanisc. 95
and hæfde deofol on him; Samaria hatte án burh. ða burh
forsawon þa Iudeiscan to ðan swiðe. þæt swa hwilcne swa hí to
hospe habban woldon. ðonne cwædon hí be ðam þæt he wære
samaritanisc; Twá bysmorlice word hí cwædon to criste. An is
þæt hé wære samaritanisc. oðer þæt he deofol on him hæfde. 100
Th. 230 þæt we cweðað on englisc be wódum menn. / þu eart wód; þa
wiðsóc crist swiðe rihtlice. þæt he deofol on him næfde. ac he
ne wiðsoc þæt he nære samaritanisc. for ðan ðe samaritanisc
is gecweden hyrde. and hé is se soða hyrde. swa swa se witega
cwæð; Buton drihten ða burh gehealde. on ydel waciað ða 105
hyrdas þe hí healdað; Eft cwæð se ylca witega. Ne slæpð. ne ne

82 F word; 'Gyf se gehyrð godes word þe of gode is. and his word gehyran ne
mæg þe of him nis. smeage gehwilc hine sylfne. hwæðer he godes 'word' onfo on his
heortan. and sona he undergyt hwanon he is;'   83 bebytt] C behet   C
[hi]   CF heofena   84 symle] L æfre   85 C wilnian   F gewilnian.
'ac'   L agenne   MNO agene   dælan] CF dælan.' 'and'   86 symle] L
æfre   87 Smeage] L þence   E 'nu'   88 LMNO oncnæwð   89 F
[Witodlice – gode]   90 E earan   91 L [ne²]   92 LM weorc   he]
L þe   93 F gehyran 'godes word'   94 F gode; 'Gewislice feola manna
syndon. þe godes beboda þynceð unweorða to gehyrenne. and feola syndon þe hi
gewislice underfoð mid þæs lichoman earan. ac hi mid nanre geornfulnysse þæs
modes ne gymað; And feola synd þe godes word lustlice underfoð. swa. þæt hi
weorþað on wope onbryrde. ac æfter þam wope. hi gehwyrfað eft to unrihtwis-
nesse; Ac þa gewislice ne gehyraþ godes word þe hi forseoþ on weorce to be-
gymenne; Ac Uton we georne hlystan godes lare and hys bebodum fyligean swa
forð swa we fyrmest magon. þæt us mihtig drihten milde wyrðe;' (Last part,
Uton – wyrðe, added first, then the rest by another hand)   97 hwilcne] L
swilcne   98 hospe] F hospe: bismere   L bysmor   99 to] N be
100 C deofol hæfde on him   L hæfde deofol on him   101 L [þæt we –
wod]   103 ne wiðsoc] O wið wiðsoc

hnappað. se ðe hylt Israhel; An ðæra hospworda he forbær
suwigende. þæt þæt he be him sylfum oncneow. þæt oðer he
soðlice wiðsoc. þæt he deofol on him næfde. ac hí wæron
110 witodlice mid deofle afyllede. ða ða hí swa wodlice to ðam
welwyllendan hælende spræcon; He nolde secgan þæt soð wæs.
þæt hí / wóde wæron. þy læs ðe hit wære geðuht þæt he hí for   MS. 179ᵛ
his teonan wóde hete. na æfter soðum ðincge; Mid ðam geðylde
he sealde cristenum mannum soðe bysne. þæt hí sceolon
115 forsuwian heora geferena unðeawas. ðonne hí fram him
getyrigde beoð. ðy læs ðe hí ðurh heora soðsegene ungeðyldige
beon. gif hí heora hosp mid soðe. sæmtinges wrecað;
    Drihten cwæð. Ic arwurðige minne fæder. and ge ún-
arwurðiað me; Swilce hé cwæde. Nelle ic me sylfne arwurðian
120 on eowere gesihðe. þy læs ðe ic beo gylpende geðuht; Ic
arwurðige minne fæder. and ge woldon me arwurðian. gif ge
me rihtlice oncneowon; Ne sece ic min wuldor. se is ðe secð.
and toscæt; Drihten nis na oðrum mannum to wiðmetenne.
ðeah ðe hé mann sy geworden. ac his heofenlica fæder hine
125 wurðode. toforan eallum his dælnymendum on ðære menisc-
nysse. þe hé for manna alysednysse underfeng; We menn beoð
mid synnum acennede. ne we ne beoð be agenum dihte
acennede. ne we ne lybbað swa lange swa us lyst. ne we swá
ne sweltað swa we sylfe geceosað; Soðlice crist. ær ðan ðe hé
130 acenned wære geceas him mæden to meder. and wæs buton
ælcere synne acenned. and mid wundrum geswutelode þæt hé
god is. and swa lange leofode on ðisum deadlicum lífe. swa he
sylf wolde. and be his agenum / dihte deað geceas. and gewát   Th. 232
ða ða hé wolde; On ðære byrgene he læg swa lange swa hé
135 wolde. hé arás of ðære byrgene ða ða hé wolde swilce of anum
bedde;
    Eal ðis belimpð to ðære menniscnysse. seo godcundnys is
únasmeagendlic. and unasecgendlic; Micel is betwux cristes
wuldre æfter ðære menniscnysse. and betwux oðra manna

107 L [An – line 117 wrecað]   An] N An⟨.⟩   O And   C hospword   O
hospaworda   108-9 he soðlice] CF soðlice he   E he   111 CEFMNO
welwillendum   116 F getirigde: græmede   118-19 LN unwurðiað
119-20 E [me² – ic]   120 E beon   124 ðeah] O þeah þeah   127 ne¹]
F ⟨ne⟩ N ac   be] CF mid   129 E Soð   130 geceas] O he geceas
F mæden 'man'   131-2 CF he is god   132 leofode] CL he leofode
E 'deadlicum'   137 L [Eal – line 143 wuldre²]   138 C [unasmea-
gendlic. and]   139 F 'wuldre'

wuldre; Be his menniscum wuldre hé cwæð. Ic ne sece mín 140
wuldor. is swa ðeah se ðe secð. and toscæt; Se heofenlica fæder
wuldrað his bearn. and toscæt his wuldor fram oðra manna
wuldre. ðearle unwiðmetenlice; Be ðam godcundum wuldre
cwæð crist to ðam iudeiscum; Soð soð ic eow secge. swa hwá
swa min word hylt. Ne gesihð hé deað on ecnysse; Her sealde 145
crist bysne eallum láreowum. þæt hí ne sceolon for yfelra
manna ðwyrnysse. heora bodunge alecgan. ac swiðor geeacnian.
swa swa se hælend dyde. ða ða he ðæra iudeiscra hospword
gehyrde;
þa iudeiscan cwædon. Nu we oncnáwað. þæt ðu eart wód; 150
Abrahám forðferde and witegan. and ðu segst swa hwá swa min
word hylt. ne onbyrigð hé deaðes on ecnysse; Crist mænde
ðone ecan deað. to þam ne becumað. þa ðe his bebodu healdað.
and ða iudeiscan mændon þisne andweardan deað. ðam ne
ætwint nán eorðlic mann; Hwæt is godra manna deað buton 155
awendednys. and færr fram deaðe to ðam ecan life? Se lichama
awent / to eorðan. and anbidað æristes. and on ðam fyrste nán
ðing ne gefrét; Seo clæne sawul anbidað eac þæs ecan æristes.
ac heo wunað on wuldre. on ðære hwíle mid halgum; þæs
mánfullan mannes deað is. þæt his sawul færð fram ðissere 160
scortan blisse to ðam ecum witum. on ðam heo sceal écelice
cwylmian. and swa ðeah næfre ne ateorað; Ðisum deaðe
genealæhton ða iudeiscan. and ða gíu hí wæron deade. þa ða hí
to criste hósplice wórd wédende spræcon; Se bið dead écum
deaðe. se ðe is forestiht to ðam ecum deaðe; He leofað on 165
lichaman. and is swa ðeah soðlice dead; Abraham forðferde
and witegan gemænelicum deaðe. ac hí lybbað on ecnysse mid
gode;
/ Hí befrunon crist. hwilcne wyrcst ðu ðe sylfne? Drihten
andwyrde; Gif ic me sylfne wuldrige. þonne bið min wuldor 170
naht; Min fæder is ðe me wuldrað. be ðam ge secgað þæt hé
eower god sy. and ge hine ne oncneowon; His wuldor hé

140 C menniscnysse   NO menniscnyssum   Ic ne sece] CEFMN
ne sece ic   O ne sette ic   141 C Seo heofonlice   143 C wiðunmeten-
lice   C godcundan   144 cwæð crist] L He cwæð   145 swa]
F 'swa'   146 CL sceoldon   F sceoldon < sceolon   147 O
[heora]   ac] O a   151 min] L þin   152 F gehylt   153 becumað] C
me cymað   þa ðe] CM þa þa   154 O 'ne'   156 CL færð   F fær⟨ð⟩
159-60 þæs manfullan] L þære synfullan   160 NO [mannes]   161 C ecan
wite   F he'o'   162 Ðisum] L To þisum   163 L [and – line 168 gode]
þa ða] E ða   165 C ecan   166 dead] N deadlice   167 C gemealicum
170 L an'd'swerede   L þonne 'ne'   172 L [His – line 175 gaste]

tealde to his fæder. of ðam ðe hé is. eall þæt he is; Hé wuldrað
his fæder. and se fæder wuldrað hine. for ðan ðe him is án
175 wuldor gemǽne. and án godcundnyss. mid ðam halgum gaste;
He cwæð be his fæder. ge secgað þæt hé eower god sy. and ge
hine ne oncncowon; Gif hí soðlice þone halgan fæder
oncneowon. ðonne underfengon hí mid geleafan his ancennedan
sunu. þe hé asende to middanearde; He cwæð ic hine cann.
180 and gif ic secge þæt ic híne ne cunne. þonne beo ic leas eow
gelic; þas wórd mihton beon geðuhte flæsclicum mannum.
swylce hí mid gylpe geclypode wæron; Witodlice gylp is to
forbugenne. ac swa ðeah na swá þæt soð sy forlæten;
Drihten cwæð; Abrahám eower fæder blissode þæt hé minne
185 dæg gesawe. and hé geseah. and þæs fægnode; Abrahám se
heahfæder underfeng þry englas on his gesthuse. on hiwe ðære
halgan ðrynnysse. to ðam hé spræc swa swa to anum. for ðan
ðe seo halige ðrynnyss gecyndelice wunað on ánre godcund-
nysse. æfre án god untodæledlic; þa geseah abraham drihtnes
190 dæg. þa þa he ðas gerynu tocneow; Eft is oðer ðing. þe abraham
mid micelre getacnunge gedyde; Ða ða hé ealdode. and his
sunu wifian sceolde. þa clypode he his yldestan cniht him to.
and het hine settan his hand under his ðeoh. and swerian ðurh
ðone heofenlican god. þæt hé næfre ne geðafode þæt his sunu
195 Isáác. on hæðenre mægðe wifian sceolde. ac of ðam geleaffullum
folce þe abraham on afedd wæs; Hwæt belámp abrahámes ðeoh
to ðam heofenlican gode? Oððe hwæt mænde se áð swa
gesworen buton þæt mid ðære dæde wæs getacnod se heofenlica
god toweard on lichaman of abrahámes cynne; Witodlice þæt
200 ðeoh getácnode his cynn. / and abraham ðurh witegunge   MS. 180ᵛ
stafode þone áð. þa ða he geseah drihtnes dæg toweard of his
sæde; His sǽd he getacnode / mid þam worde ðe hé cwæð. sete   Th. 236
ðine hand under minum ðeo; His drihten he getacnode þa þa
hé cwæð. swera ðurh ðone heofenlican god;

173 tealde] C tæhte   MNO [ðe]   174 se] CF his   CF [wuldrað]
175 CO halgan   176 He – secgað] L ge secgeð (< ic secge) be mine
fæder   C [he]   178 LNO acennedan   180 leas] CF leas and   181 L
mihte   185 geseah] O seah   L geseah hine   Before Abraham] F 'læt'
186 on¹] NO to   gesthuse] L getelde   187–8 C [to ðam – ðrynnyss]
189 E untodæledlice   190 ðas] C þa   E oncneow   L [Eft – line 204
god]   191 EF dyde   193 hine] C him   194 C heofonanlice   M heo-
fonlice   195 O mæðe   sceolde] MNO ne sceolde   197 EFMN
heofonlicum   (C -lice)   F 'gode'   199 E abrames   201 C [ða]
203 C [he]   E tacnode   204 E [he]   F 'þone'   F heofon'lican'

Hwæt ða iudeiscan yrsigende cwædon to criste; Hwæt la.   205
Gít ðu ne eart fiftig geara. and gesawe ðu abrahám? Drihten
him andwyrde; Soð soð ic eow secge. ær ðan ðe abraham
gewurde. Ic eom; Abrahám wearð gesceapen. swa swa gesceaft.
Crist hine gesceop swa swa scyppend. se ðe toweard wæs on
flæsce of abrahames ofspringe; Ne cwæð se hælend. ær ðan ðe   210
abraham wære ic wæs. ac he cwæð. ær ðan þe abraham gewurde.
Ic eom; þæt word belimpð synderlice to gode anum. Ic eom.
for ðan ðe he is ana buton anginne. and ende. swa swa hé sylf
cwæð to moysen; Ic eom. se ðe eom. and sege Israhela bearnum.
se ðe is. sende me to eow; Gesceafta sind þæt þæt hi sind. ac   215
ðis word ne mæg soðlice beon be him gecweden. ðonne hí
nabbað nane wununge þurh hí sylfe. ac ðurh god. se ðe ana is
þurh hine sylfne wunigende. and ealle gesceafta healdende buton
geswince; He mæg soðlice cweðan. Ic eom. þæt is on læden.
Ego sum;   220
Hi ða namon stanas. þæt hí hine torfodon; Hí hæfdon stænene
heardnysse on heora heortan. and for ði to ðam stanum urnon
ðam ðe hí gelice wæron; Se hælend soðlice hine behydde. and
eode of ðam temple; He forbeah heora stanas. swa swa mann.
swa swa eadmod. se ðe mihte þurh his godcundnysse gedon.   225
þæt seo eorðe hí forswulge. oððe þæt hí færlice feallende
swulton. ac his geðyld wæs to ðan micel. þæt hé nolde nænne
dom ða gesettan ða ða hé to ðrowigenne com; Eac is sum ðing
dígele on þære dæde; He behydde hine lichamlice wið þæra
iudeiscra stæninge. and he behydde hine gastlice fram heora   230
stænenum heortum; Lucas se godspellere awrát on oðre stowe.
þæt ða Iudei læddon crist æt sumum sæle to anum clife. and
woldon hine niðer ascufan. ac hé eode betweonan heora
handum aweg. swa þæt heora nan nyste hwær he becom; He
Th. 238 nolde ðone / deað þrowian ðe hí gecuron. ac ðone ðe ær   235
gewitegod wæs. and ðone ðe hé sylf gecwæð;

---

226 oððe] oð (cf. CF)

205 *Before* Hwæt¹] F 'Lege'   Hwæt¹] F ⟨Hwæt⟩   Hwæt¹ – cwædon] L þa
cwædon ða iudeiscan O [Hwæt la]   206 fiftig] L feowertig (*altered*)
210 F abra'ha'mes   Ne] L Ne < He O He   211 gewurde] C wære
213 L [sylf]   214 eom²] L com   L bearna   215 L asende   L [Ge-
sceafta – *line 220* sum]   219–20 F ⟨þæt – sum⟩   221 L Hi naman ða
222 for ði – urnon] L for dan hi urnon to þam stanum   223 F 'se hælend'
L [Se hælend – *line 236* gecwæð]   226 oððe] CF oð   229 C hine
behydde   230 E 'he'   231 oðre] E ðære   235 C curon   236 F 'he'

Iohannes se godspellere awrát þæt drihten cwæde to Nicho-
deme. an ðæra Iudeiscra ealdra. ða ða he mid geleafan his lare
sohte; Swa swa moyses ahóf ða næddran on ðam westene. swa
240 gedafenað þæt ic beo ahafen. þæt ælc ðæra þe on me gelyfð
ne losige. ac þæt he hæbbe þæt ece lif; On ðisum wordum is
micel getacnung. ac eow eallum nis cuð. naðor ne seo getacnung.
ne hú hit gedón wæs; þæt Israhela folc. / ða ða hit ferde fram MS. 181ʳ
egypta lande wearð on ðam westene wiðerræde ongean god. þa
245 sende he betwux him fyrene næddran. þa totæron ðæs folces
fela manna. and to deaðe geættrodon; þa clypode þæt folc to
moysen ðisum wordum; We syngodon ongean god. and ongean
ðe. bide for ús þæt se ælmihtiga god þas næddran fram ús
afyrsige; Hwæt ða moyses for ðam folce gebæd. and God
250 þærrihte bebead moyse þæt he geworhte ane ærene næddran.
and sette up to tácne. and þæt hé manode þæt folc þæt swa hwá
swa fram ðam næddrum abiten wære. besawe up to ðære
ærenan næddran. and he wurde gehæled; Hit wearð swa
gedón; Ða næddran hí totæron. and hí besáwon to ðære ærenan
255 næddran. and hí wurdon gehælede fram ðam deadbærum
attre. þæra fyrenra næddryna;
      Hwæt getacnodon þa terendan næddran. buton synna on
urum deadlicum flæsce; Hwæt wæs seo upahafene næddre.
buton cristes deað on rode; Seo ærene næddre hæfde næddran
260 gelicnysse. ac heo wæs buton ælcum attre; Swa eac crist hæfde
ure gelicnysse. ac he næfde nane synne on his leomum. ac ðurh
his upahafennysse on ðære rode he gehælde ure synna; þurh
næddran us becom deað. and for ði wæs þurh ðære næddran
gelicnysse cristes deað getacnod; Ðæra nædrena geslit wæs
265 deadlic. Cristes deað wæs líflic; Nu behealde we ða næddran.
þæt seo næddre us ne derige; Hwæt gemænð þæt? We be-
healdað cristes deað. þæt us se deað ne derige. þe of ðære
næddran asprang. seo ðe Adám forspeon; Hwæs deað behealde
we? Lifes deað; Hwá is líf buton crist? Se ðe / cwæð. Ic eom Th. 240

237–8 C nichodemo   241 losige] L losie on wite   242 ne] C na   F
'ge'tacnung   243 C [hu]   hit¹] E hi   245 he] C god   O tæron
247 ongean²] O gean   248 F bide 'nu'   249 ðam folce] ELMNO
þæt folc   250 E moysen   O moyses   251 L [and²]   E 'þæt he'
253 F wearð 'þa'   254 besawon] O besawon up   255 F wurdon 'sona'   O
gehæled   259 næddran] E næddrena   261 M [ac¹ – line 264 gelicnysse]
ac²] L and   262 CL [his]   C upahæfednysse   265 deadlic] F
deadlic.' 'and'   L deadlic. and   ða] O up to þære   267 us se deað]
L ðe deað us   C [of]   268 Hwæs deað] F hwæt 'deaðe'

ǽrist. and líf. se ðe gelyfð on me. þeah ðe hé dead beo. he 270
leofað. and ælc ðæra þe leofað and on me gelyfð. ne swelt hé
on ecnysse; Crist is líf. and swa ðeah he wæs on rode ahángen;
He is soð líf. and swa ðeah he wæs dead on ðære menniscnysse.
na on godcundnysse; On cristes deaðe wæs se deað adydd. for
ðan þe þæt deade líf acwealde ðone deað. and he wæs fornumen 275
on cristes lichaman;
   Mine gebroðru uton behealdan þone ahangenan crist. þæt we
beon fram ðam ættrigum synnum gehælede; Witodlice swa swa
þæt israhela folc besawon to ðære ærenan næddran. and wurdon
gehælede fram ðæra næddrena geslite. swa beoð nu gehælede 280
fram heora synnum þa ðe mid geleafan behealdað cristes deað.
and his ærist; Hí wæron gehælede fram deaðe to hwilwend-
licum lífe. and her is gecweden þæt we sceolon habban þæt ece
líf; Swa micel is betwux þære gehíwodan anlicnysse. and ðam
soðan ðinge; Seo gehiwode anlicnys getiðode þam toslitenum 285
mannum hwilwendlic / líf. þæt soðe ðing þe ðurh ða ǽrenan
næddran getácnod wæs. þæt is cristes deað getiðað ús þæt ece
líf; Þurh treow us com deað. þa ða adam geæt þone forbodenan
æppel. and ðurh treow us com eft líf. and alysednyss. ða ða crist
hangode on rode for ure alysednysse; Ðære halgan rode tácn 290
is ure bletsung. and to ðære rode we ús gebiddað. na swa ðeah
to ðam treowe. ac to ðam ælmihtigum drihtne. ðe on ðære
halgan róde for ús hángode. Sy him lof and wuldor his ormǽtan
eadmodnysse. on ealra worulda woruld:, amen:—

MS. 181ᵛ

279 'to'   292 Ac

270 F [ðe²]   271 C swent   275 ðone] C ⟨þone⟩ þone   280 gehælede¹]
O gehæled   nu] L hi   281 F 'synnum'   282–3 L [hwilwendlicum]
284–5 L [Swa – ðinge]   285 F soðum (C soðe E soðam)   287 deað]
L deað ðe   289 M lesednyss   292 CEFLMNO ælmihtigan
294 worulda] F woruld'a'

XIV

DOMINICA PALMARUM
DE PASSIONE DOMINI

DRIHTNES ðrowunge we willað gedafenlice eow secgan on
engliscum gereorde. and ða gerynu samod. Na swa ðeah to
langsumlice. gif we hit swa gelógian magon; / Crist foresæde Th. 242
gefyrn. mid feawum wordum. his agene ðrowunge. ær ðan
5 ðe hit gewurde. for ðan ðe he ealle ðing eallunge wiste. ær
ðan ðe ðeos woruld wurde gesceapen; Moyses and Elias eac
swilce sædon his ðrowunge on ǽr uppon anre dune. ðe se
hælend astah. mid ðrim leorningcnihtum. and his ansyn ætforan
him eal scean swa swa sunne. and his gewǽda scinon on snawes
10 hwítnysse; þa wolde petrus slean. sona ðreo geteld. for ðære
gesihðe. ac ðær swegde ða stemn. ðæs heofonlican fæder.
healice of wolcne. ðes is min leofa sunu. on ðam me wel licað.
gehyrað hine. and þæt wolcn ða toglád;
    þa genealæhte se dæg. his deorwurðan ðrowunge. and ða
15 iudeiscan ealdras. geornlice smeadon. hu hí hælend crist.
acwellan mihton; Ondredon him swa ðeah. þæs folces fore-
steall; Hwæt ða se deofol. into iudan bestop. an ðæra twelfa.

Manuscripts: C, F, K, M, N, O, R, T, X^e (a very corrupt and interpolated
text, printed in full below, Appendix; selected variants only are given here).

---

5 ðe he ealle ðing] ealle ðing 'he'

Title C De passione domini nostri iesu christi Secundum Iohannem   F
DOMINICA IN RAMIS PALMARUM. PASSIO DOMINI NOSTRI
IESU CHRISTI SECUNDUM IOHANNEM   M DOMINICA. DE
PASSIONE DOMINI   NO FERIA II DE PASSIONE DOMINI   X^e
no title

1 *Before* DRIHTNES] R 'L̄'   T Men þa leofestan   NO eow gedafenlice
2 C ængliscere   Na] C naht   5 CX^e [eallunge]   7 ðe] CFX^e
þær   NO þa   8 mid] CF mid his   T mid 'his'   X^e mid petre. and
iohanne and iacobe   9 C wæda   10 slean. sona] CFNOR sona slean
T sona 'þær' slean   X^e sona se halga apostol slean   11 ða stemn] O stefn
þa   12 wolcne] CF þam wolcne   X^e þæm wolcnum   13 gehyrað
hine] OT gehyrað him   X^e gehæraþ   NO [ða]   14 M deorwurðran
15 hælend] CFNOX^e þone hælend   16 Ondredon him] CFX^e hi ondredon
him   NO Ondredon hi   17 into] CFX^e on   R ⟨. . . . .⟩   T 'into'
TX^e iudam   R iudā

drihtnes ðegena. and he sona eode. to ðæra iudeiscra ræde. and
openlice befrán. hwæt hi him feos geuðon. gif he ðone hælend
him belǽwan mihte; Hi ða þæs fægnodon. and þæt feoh 20
gesetton. on ðrittig scillingum. gif he ðone unscæððigan
belæwde;
þa com se hælend. on assan sittende. into hierusalem. ær
ðam symbeldæge. and geheold ða eastertid. æfter ðære ealdan
.ǽ; On æfnunge hí æton. ealle ætsomne. on ðam fiftan dæge. 25
ðe ge ðunres hatað. þa aras drihten of ðam gereorde. and
awearp his reaf swiðe ricene. wearð þa bewǽfed. mid anre
wæterscytan. and his gingrena fét. eadmodlice aðwóh. and eft
his reaf. ardlice genam. and hi sittende. ðisum wordum gespræc;
Ic gesette eow nu. soðe gebysnunge. þæt eower ælc sceole. 30
oðres fét aðwean. swa swa ic láreow. eow liðebig aðwóh; Se
hælend hí aðwoh. mid þweale wiðutan. fram fenlicere fulnysse.
mid his fægerum handum. and wiðinnan eac. heora andgit
aðwóh. fram eallum horwum. healicra leahtra. and hét ge-
MS. 182ʳ hwilcne. / oðerne aðwean. fram fulum synnum. mid fore- 35
ðingunge. and eac wiðutan. eadmodnysse cyðan. mid geswǽsre
ðenunge. symle gebroðrum;
Th. 244   Hé eode eft sittan. siððan mid his ðegnum. and on his /
gereorde. hi geunrotsode. cwæð þæt heora án. hine belǽwan
wolde; Hi ða ealle mid angsumum mode ænlipige cwædon. 40
Eom ic hit drihten; þa andwyrde se hælend. him sona ðus;
Se ðe bedypð on disce mid me his hláf on lǽpeldre. he is min
læwa; Wa ðam men. þe me belæwð. betere him wære. þæt he
geboren nære; þa befran iudas. gif he hit wære; Ða cwæð se
hælend. ðu hit sædest; Drihten sæde mid soðum worde. mihte 45

30 'ge'sette

---

21 NO þrittigon   RT þrittigum   unscæððigan] CF unscæððigan god   Xᵉ
unscyldigan god   25 NO [ealle]   26 ge] CNO we   CFMNORTXᵉ
þunresdæg   drihten] CFNORTXᵉ ure drihten   27 swiðe ricene] F
erasure R˺swiþe recene: Í *hrædlice*   wearð] NORTXᵉ and wearð   be-
wæfed] O begyrd   29 ardlice] F ⟨. . . . . . .⟩   and hi sittende] R and
'he' hi sittende 'mid' T ⟨. .⟩ and hi sittende mid   Xᵉ and he sittende þa
30 Xᵉ sette   OXᵉ bysnunge   N æl sceolde   31 CFNXᵉ [swa]
CM [eow]   T 'eow'   32 fulnysse] C fylne   FXᵉ fylnysse   33 hand-
um] NO fingrum   34 horwum] CFXᵉ hospum   34-5 NO æighwylcne
36 CFXᵉ swæsre   39 gereorde] O gereorde he   39-40 NO wolde hine
belæwan   42 R 'be'dypð   NO his hlaf on disce mid me   44 nære]
NO næere. þonne he min læwere wære   Xᵉ nere þonne he wære   iudas]
CFXᵉ se iudas   gif he] C hwæðer he gif   F gyf 'hwæðer' he   45 mid]
C mid his

ic hæbbe mine sawle to syllenne. and ic eaðelice mæg. hí eft
genyman; He genam ða hlaf. and hine liflice gehalgode.
todælde his ðegnum. and hi ðicgan het. cwæð þæt hit wære
his agen lichama. to husle gehalgod. him to alysednysse; Eft
50 swa gelice gelæhte ænne calic. sénode mid swiðran. and sealde
his gingrum. of to supenne. æfter gereorde. sæde þæt hit wære
soðlice his blód. ðære niwan gecyðnysse. þæt he for mannum
ageat. on synna forgyfenysse. ðær ðær se geleafa bið;
        Drihten cwæð soðlice be ðam swicelan iudan. þæt him selre
55 wære. þæt he geboren nære; Nis þæt na to understandenne
ænigum gesceadwisum swilce he awar wære. ær ðan ðe he
geboren wære; Ac hit is anfealdlice gecweden. þæt him betere
wære. þæt he næfre nære. ðonne he yfele wære; Forwel fela
manna onscuniað iudan belǽwinge. and swa ðeah nellað
60 forwándian þæt hí ne syllon soðfæstnysse wið sceattum; Se
hælend sylf is. eal soðfæstnys. and se ðe soðfæstnysse beceapað
wið feo. he bið iudan gefera. on fyrenum witum. se ðe crist
belæwde. for lyðrum sceatte; Æfter gereorde. crist bletsode
husel. for ðan ðe hé wolde. ða ealdan .ǽ. ær gefyllan. and siððan
65 ða niwan gecyðnysse halwendlice onginnan; Hí æton þæt
lamb. æfter ðam ealdan gewunan. and he syððan sona senode
husel. se ðe hine sylfne for urum synnum geoffrode. líflice
onsægednysse. his leofan fæder;
        Eft se hælend sæde. soðlice his gingrum; Ealle ge me ǽswi-
70 ciað. on ðissere anre nihte; Hit is soðlice awriten. Ic ofslea
ðone hyrde. and ða scép siððan sona beoð tostencte; Æfter
ðan ðe ic arise of deaðe gesund. ic eow eft gemete. on / galileis-   Th. 246
cum earde; þa andwyrde petrus ana mid gebeote. Ic ðe næfre

48 todælde] CNOXᵉ and todælde   F 'and' todælde   O [cwæð]   hit]
NO þæt   50 swa] C þa   gelice] CFNORTXᵉ gelice he   gelæhte]
CNORTXᵉ genam   F gelæhte: ī -nam   calic] CXᵉ calic. and   F calic 'and'
mid] CXᵉ mid his   F mid 'his'   51 æfter] F æfter 'hyra'   Xᵉ efter þam
51–2 M [hit – þæt]   wære – blod] CF soðlice hys blod wære   Xᵉ soþlice
his agen blod wære   52 C niwre   53 se] C seo   O þe   54 NORT
Drihten soðlice cwæð   T iudam   55 þæt na] C naht   FXᵉ na
NORT þæt   56 gesceadwisum] O gesceadwisum men   Xᵉ gescadwisan
men   57 him betere] C betere him   N hit ⟨. . . . .⟩ betere   O hit betere
58 CNO yfel   F ⟨. . . .⟩ 'yfel'   61 F 'ys'   T [eal]   62 R feo. 'swa
swa þa unrihtwisan deman doð þe for mettsceattum fylstað þam þe woh
drifeð. and þæs onsprecan beoð þe riht habbað. gif hi þone sceat nabbað him to
syllene. and hine fordemað þonne and to erminge maciað.' (in upper margin)
63 lyðrum] NO lytlum   64 RT ærest   67 husel] CF þæt
husel   Xᵉ þæt halige husel   69–70 æswiciað] O swiciað   R ⟨æswicað⟩
'wiðsacað'   T wiðsacað   71 tostencte] C stenicte

ne geáswicige. ðeah ðe ealle oðre dón; Drihten eft andwyrde.
ánrædlice petre. þu me wiðsǽcst ðriwa. on ðissere nihte. ær 75
MS. 182ᵛ ðan ðe se hana. hafitigende crawe; / Petrus cwæð þæt hé nolde
hine næfre wiðsacan. ðeah ðe hé sceolde samod mid him
sweltan. and ealle ða oðre. eal swa cwædon; Iudas se swicola.
swiðe hraðe eode. to ðam arleasum ehterum. þe he ær gespræc.
and genam him fultum. æt ðam phariseum. and hi ða eodon 80
ealle gewæpnode. and mid leohtfatum to ðam lifigendum
drihtne; þa cwæð se læwa. to ðam laðum flocce. swa hwilcne
swa ic cysse. cepað his sona. and he ða mid cosse crist beláwde;
Hwæt ða se hælend. him togeanes stóp. and unforht axode.
hwǽne hi sohton; Hi ða cwædon. þæt hí crist sohton; Ða 85
sæde he him. ic hit soðlice eom; Hi ða mid þam worde. wendon
underbæc. feallende to eorðan. mid fyrhte fornumene; Eft þa
siððan axode se hælend. hwæne hí sohton swa swiðe gewæp-
node; Hí eft andwyrdon mid ðam ærran worde. cwædon þæt hí
ðone hælend. habban woldon; þa andwyrde he. mid þam ylcan 90
worde. Ic eow sæde ær þæt ic se eom; Gif ge me secað. lætað
mine gyngran aweg; Ða abrǽd petrus. bealdlice his swúrd.
and gesloh heora anum þæt swiðre eare of. ac crist him styrde
mid stiðum wordum. and het hine hydan þæt hearde isen;
Cwæð þæt hé mihte ða. ma ðonne twelf eoroda heofenlicra 95
engla. æt his fæder abiddan. gif hit weorðan ne sceolde. swa swa
wítegan cwædon. and se hælend ðærrihte. þæt eare gehælde;
Wise men tealdon án eorod to six ðusendum. and twelf eorod
sind. twa and hundseofontig ðusend; Swa fela ðusend engla.
mihton eaðe bewerian crist. wið þam únmannum. mid heofen- 100
licum wæpnum. gif he ðrowian nolde. sylfwilles for ús; Ne hé
nolde ða gyt. his gingrena deað. ac heold hí to láreowum. eallum

76 hafitigende < -a

74 geǽswicige] CFN æswicige O swicie Xᵉ ægeswicige R ⟨geæswicie⟩
'wiþsace' T wiðsace   ealle] O ealle þa Xᵉ ealle þas   75 ðissere]
NOXᵉ þyssere anre   76 TXᵉ [hafitigende] NO hafiende   76–7 nolde –
wiðsacan] R hyne næfre wiðsacan 'nolde' T hine næfre wiðsacan nolde
78 eal swa] C mid him   79 C gespæc   F gesp⟨.⟩æc   80 N farisei-
scum   81 MNORTXᵉ lifigendan (C lifigende)   82 flocce]
CFNOXᵉ folce   83 mid] NO mid þam   Xᵉ mid anum   88 hi] NO hy
þær Xᵉ 'hi' þar   90 F 'hælend'   mid] CFXᵉ him   91 CFMNORT
ær sæde   93 F 'of'   95 CXᵉ [ða]   eoroda] C weorode F 'w'eoroda
96 CFMNOXᵉ gewurðan   98 eorod¹] C weorod F ⟨'w'⟩eorod   eorod²]
C werod F 'w'eorod   99 ðusend¹] C þusende FMTXᵉ þusenda R
þusend'a'   NO [ðusend²]   100 C þa unmannum MNORT þa unmenn
102 NO gingran

leodscipum. and het ða ehteras. hí ealle forlætan. He geswute-
lode his mihte. on ðam mánfullum. ða ða hé mid anum worde
105 hi ealle astrehte. forhte to eorðan feallende un/derbæc. and   Th. 248
þæs arleasan eare. eaðelice gehælde. to geswutelunge. his
únscæððignysse. and to seðunge soðre godcundnysse; Næs
petrus gewunod to nanre wæpnunge. ac ðær wæron twa swurd.
siðlice gebrohte. to ðam wiðerstealle. gif hit swa crist wolde; Ac
110 he forbead þæt gewinn. mid wordum ðearle. þæt nan godes
ðeow ne sceolde. on him sylfum truwian. ne mid wæpnum
winnan wið woruldlicum cempum. gif hé cristes fotswaðum
filigan wile;
    Se hælend ða geðafode. þæt hí hine namon. and gelæddon
115 on bendum to heora ealdorbiscope. and his geferan ða. mid
fleame ætburston. ac petrus him filigde. feorran sarig; Ða
heoldon ða Iudei. þone hælend ofer niht. and mid anum wæfelse
his neb bewundon. sleande mid handbredum. huxlice / and   MS. 183ʳ
gelome. and heton hine rǽdan. hwa hine hrepode. and mid
120 menigfealdum hospe hine gegremedon. and mid leasum gewit-
um. forleogan woldon; þa axode hine. se ealdorbiscop and mid
aðe gehalsode. þæt he openlice sæde. gif he godes sunu. soðlice
wære; Se hælend him cwæð to. Ic eom swa ðu sædest. and ic
sittende beo æt mines fæder swiðran. and on wolcnum ic cume.
125 on ðissere worulde geendunge; Ða cwæð se ealdorbiscop. mid
orgelworde. hwæt ðincð eow nu be ðissere segene? Hí ealle
andwyrdon mid anre stemne. þæt hé scyldig wære. witodlice to
deaðe. and hi hine bespætton. húxlice sprecende; Drihten
soðlice us sealde hǽlu. þurh ðam earplættum. and ece alysedny-
130 sse. and ða spætlu aðwogon. ure sweartan gyltas;
    Petrus stod ofcalen. on ðam cauertune. æt micclum fyre. mid
manegum oðrum; Ða cwæð him an wyln to. þæt he wære mid
criste. ac he sona wiðsóc þæt hit swa nære; þa eft ymbe hwile.
cwæð sum oðer wyln. þæt he mid ðam hælende. on hyrede

107 CFXᵉ [and to – godcundnysse]   seðunge] NO gebeacnunge   108 C
anre   109 NO swiðlice   110 NO [ðearle]   111 R þeow`a´   T þeowa
M on hine sylfne   112 MNRT woruldlice cempan   O wordlice cempan
113 C folgian   114 NO genamon   116 C folgede   feorran] CFXᵉ swa
þeah feorran   117 F `and´   118 bewundon] NO bewæfdon   sleande]
C beatende   F sleandum: beatende   Xᵉ sleandum   119 F `mid´
120 NO hospum   128 bespætton] NO bespætton mid spatle   Xᵉ be-
spettan mid heora spatle   sprecende] NO sprængde   129 MNORTXᵉ
þa earplættas   130 CFXᵉ spætlunga   aðwogon] C alesdon
131 Petrus] NORT Petrus þa   133 ac] CFXᵉ and

wære. and he eft wiðcwæð. þæt he hine ne cuðe; þa genealæh- 135
ton má. hine meldigende. ac petrus wiðsóc. gyt ðriddan siðe.
and se hána sona. hlúdswege sang; Ða becyrde se hælend. and
beseah to petre. and he sona gemunde. his micclan gebeotes.
Th. 250 and mid biterum wope. his wiðersæc behreowsode; / Hwí
wolde æfre geðafian. se ælmihtiga wealdend. þæt his gecorena 140
ðegen. þe hé eallum gesette. geleaffullum leodum. lareow and
hyrde. þæt he hine for yrcðe. swa oft wiðsoce? Ac se mild-
heorta crist. wolde him æteowian. on his agenum gylte. hu he
oðrum sceolde. mannum gemiltsian. on mislicum gyltum. nu
he eallunge hæfð. heofonan rices cæge. þæt he nære to stíð. 145
unstrangum mannum. ac gemiltsode oðrum. swa swa se
ælmihtiga him;
    Eft ða on dægerede. drihtnes ehteras comon. ealle tosomne.
to heora sunderspræce. and hine þa læddon. to ðære leode
ealdre. mid micelre wrohte. hine wregende; Ac se hælend nolde. 150
hine betellan. mid nanre soðsegene. ðeah ðe hé unscyldig wære;
Iudas ða geseah. ðone reðan dóm. and gebrohte þæt feoh. þe
hé mid facne genam. to ðam ealdorbiscopum. gebolgen swiðe.
and hine sylfne aheng. sona mid grine. and rihtlice gewrað. ða
forwyrhtan ðrotan. seo ðe lytle ǽr. belæwde drihten; Ða 155
noldon ða Iudei þæt feoh gelecgan. on heora fætelsum. swilce
hí fæcne næron. ac gebohton ænne æcer ælðeodigum to byrgel-
sum. þæt ðæs witegan word. wurdon gefyllede. þe ær be ðam
feo eal swa witegode; Yfele behreowsode. se arleasa læwa. his

<hr>

136 Ac

135 wiðcwæð] NO cwæð Xᵉ wiþsoc O [he²] hine] NO hine næfre
135–6 genealæhton] C gelæhton Xᵉ geneale 136 gyt] CFXᵉ þa gyt
137 sona] NO þa sona hludswege] N hludum swege OXᵉ hlude MNO
gecyrde 138 sona] NOXᵉ sona petrus 139 RT [and] 141 NO [he]
141–2 lareow and hyrde] N to lareowe and to hyrde O to lare. and to hyrde
R lareow`e´. and `to´ hyrde T `to´ lareowe `and´ to hyrde 144 CFXᵉ
oðrum mannum sceolde 145 CFXᵉ heofona OXᵉ cægan nære
to stið] NO næfre to stið ne beo 146 NO miltsige RT mildsode
147 ælmihtiga him] CFXᵉ ælmihtiga dyde him NO ælmihtiga god him
gemildsode RT ælmihtiga god him 148 on dægerede] CFMNORT on
dægred Xᵉ angrede tosomne] C togædere 149 leode] C þeoda
151 soðsegene] NO soðfæstnesse 152 Xᵉ [Iudas – line 163 gerestað.
on] cf. Appendix, lines 173–7 gebrohte] N gebrohte þa þe] C þæt
153 C ealdorbisceope 154 aheng sona mid grine] O þaræfter sona mid
grine aheng 155 seo] CF se drihten] O þone drihten 157 O
[ænne] ælðeodigum] O ælþeodigum mannum 158 F `word´ R
wurd⟨on⟩`e´ gefylled⟨e⟩ T wurde gefylled 159 C witegoden NO
gewitegode behreowsode] NO he hreowsode

160 manfullan dǽda. mid his agenum deaðe; On criste hé syngode.
and swiðor on him sylfum. for ðan þe agenslaga. on ecnysse
ðrowað; Se gebohta ǽcer. belimpð to us. we ðe on ðyssere /   MS. 183ᵛ
worulde. ælðeodige wuniað. we ús gerestað. on ðam líflicum
wurðe. and Iudas ne moste. ðæs landes brucan. ac tobærst
165 on émtwá. and his innoð tofleow. nateshwón gelógod. on nanre
byrgene;
　　Se hælend ða stód. on ðam dómerne gelædd. þa axode
pilatus. hine orgollice. gif hé iudeiscre ðeode cyning. on eornost
wære; Ða andwyrde se hælend. ðu hit sædest; þa gemunde se
170 ealdormann þæt herodes wæs on ðære scire ða. and asende
crist him to; Herodes soðlice. wæs swiðe geblissod. mid ðære
gesihðe. for his swiðlicum tacnum. and wolde geseon. sum
wundor fram him. ac crist him nolde. nan ðing to gecweðan.
ne on ðam timan nane tacna wyrcan; / Ða forseah herodes.   Th. 252
175 hine swiðe mid his hirede. and be his hwitum reafum. húxlice
spræc. and asende hine sona. to ðam foresædan pilate. and
hí wurdon ða gefrynd. for ðære dæde. swa swa hí næron.
næfre ǽr on lífe; þa clypode pilatus. eft to ðam folce. cwæð
be ðam hælende. þæt he unscyldig wære. for ðan ðe herodes.
180 ne hé eac ne mihte. nænne gylt on him. to deaðe afindan.
cwæð þæt hé wolde. hine beswingan. and to lífe alætan. gif him
swa gelicode;
　　Ða heoldon ða iudei. on healicum gewunan. þæt hí ælce
geare ænne scyldigne abǽdon. æt ðam ealdormenn. to heora
185 eastertíde. and hæfdon ða on bendum. ænne bealdne ðeof.
Barraban gecígedne. for manslihte to slege; þa befrán pila-
tus. þæs folces menigu. hwæðerne hí gecuron. hælend oððe
barraban; þæt folc him to cwæð. þæt hí gecuron barraban; Ða
axode pilatus eft æt ðam folce hwæt he be drihtne gedón
190 sceolde; þa cwædon hí ealle mid anre stemne. Sy hé ahangen. on
healicere rode; Ða geseah pilatus. ðæra Iudeiscra gehlyd. and

162 ðrowað] NO þrowað mid awyrgedum gastum   F 'þe'   163 NOXᵉ
liflican (C liflice)   165 C ymne twa   CF anre   167 O dome
NORT [gelædd]   168 F gyf: hwæðer   NO [ðeode]   NOXᵉ [on
eornost]   171 wæs swiðe geblissod] O swiðe geblissode   173 ðing]
NO word   175 C [swiðe]   C reafe   176 C sænde   C pilatum
178 NO [cwæð − line 189 folce]   179 he] CFXᵉ he sylf   183 ælce]
C ealie   185 F 'þa'   186 gecigedne] C gehaten   FXᵉ geciged
187 gecuron] CFMXᵉ gecuron. þe   hælend] CFMXᵉ þone hælend   RT
crist   188 M him cwæð to   189 F 'be'   drihtne] O criste   gedon]
O ⟨ge⟩don⟨e⟩   Xᵉ don   191 T gehlyd: uel -dwyld

aðwoh his handa on heora gesihðe. cwæð þæt he únscyldig. his
sleges wære; þa cwædon ða iudei. him to andsware. beo his
blodes gyte. ofer urum bearnum. and eal seo wracu. on us
wunigende; Ða het pilatus ðone hælend beswingan. and betæhte 195
hine ða. to heora benum swa. þæt he wælhreawlice. wurde
ahangen; Hwæt ða his cempan. hine gelæhton. on ðam domer-
ne. mid dyrstigum anginne. and hine unscryddon. his agenum
gyrelum. and mid wolcnreadum wæfelse. hine bewæfdon. and
mid þyrnenum helme. his heafod befengon. and for cynegyrde. 200
him hreod forgeafon. bigende heora cneowu. and cweðende
mid hospe. Sy ðu hál leof. iudeiscra leoda cyning; Hi ða hræd-
lice. eft hine unscryddon. þam readan wæfelse. and his reaf him
on dydon. and woldon þærrihte. hine to rode gelædan;
  þæt iudeisce cyn. is yfele bebunden. mid þam ðe hi cwædon. 205
be cristes blode. þæt seo wracu wære. on him wunigende. and

MS. 184ʳ on heora bearnum. nu bið hit eac swa; Ær hí / sind gebundene.
ær hí beon geborene; Hí gecuron manslagan. na metoda drihten.

Th. 254 for ðan hí habbað / nu. þone hetolan deofol. him to hlaforde. na
ðone lifigendan crist; þæra cempena hosp. hæfde getacnunge. 210
on gastlicum ðingum. þæt hí him to gamene gedydon; Se wolcn-
reada wæfels. wíslice getácnode. ures drihtnes deað. mid ðære
deage hiwe; Soðlice ðurh ðornas synna beoð getacnode. swa
swa ælmihtig god to adáme cwæð; Ðornas. and bremelas. þe
sceolon wexan. for ðan ðe ðu wære þinum wife gehyrsum. 215
swiðor þonne me. mihtigum drihtne; Nu wurdon ure synna.
eft adylegode. ðurh ðone ðyrnenan helm. on ðone hælend

199 gyr‘e′lum   202 iudeiscre

192 aðwoh] C weos   heora] NO heora ealra   cwæð] NOXᵉ and cwæð
194 ofer] N ofer us and   OXᵉ ofer us and ofer   MNORT ure bearn
195 wunigende] O wuniende ‘si′   Xᵉ wunigende si æfre ma and on urum
bearnum   T ‘be′swingan   196 swa] CFXᵉ swa. swa   197 C gehangen
197–8 N dome   198 O dyrstlicum   200 N holme   heafod] N handa
201 O cneow   R cneo‘wa′   202 NO [leoda]   203 eft hine] NOXᵉ hine
eft   RT hine   CFM readum   204 RTXᵉ adydon   þærrihte. hine]
CF hyne þærrihte   Xᵉ hine þa þærrihte   205 CFMNORTXᵉ gebunden
207 N [on]   NO [hit]   O [hi]   208 na metoda drihten] CF na
metodan drihten   NORT and na þone mildan crist   Xᵉ and fordemdan
middangeardes helend   209 hlaforde] NO hlaforde. and   210 crist]
NORT hælend   211 þæt hi] R þæ⟨t⟩‘h′ hi ‘hit′   T þeah hi hit: uel þæt hy
to gamene] NO togeanes   NO dydon   212 wislice] NORT witodlice
213 hiwe] N hwile   NORT beoð synna   214 ælmihtig] CMNORT se
ælmihtiga   215 F [ðe]   217 NO gedilegode   C þyrnenne
on ðone hælend] CF on hælende   Xᵉ on þam hælende

beslagen; Hí cwædon mid hospe. þæt hé cyning wære. se ðe
soðlice is þeoda wealdend; Hi hine unscryddon. and eft gescryd-
220 don. for ðan ðe he wolde. his lichaman forlætan. and siððan
undeadlicne. eft aræran;
Hwæt ða cempan ða. hine gelæddon. to ðære cwealmstowe.
þær man cwealde sceaðan. and him budon drincan. gebitrodne
wíndrenc. ac he hit asceaf. sona fram his muðe. nolde his
225 onbyrian. for ðære biternysse; þes gebiteroda drenc. hæfde
getacnunge. his deaðes biternysse. ðe he ða onbyrigde. ac he
hine hrædlice. mid his æriste awearp; Ðær wæron gelædde.
mid ðam lifigendan drihtne. twegen scyldige sceaðan. for
heora synnum to hónne; þa hengon ða cempan. crist on æle-
230 middan. and þa twegen sceaðan. him on twa healfa. and pilatus
awrát. þæs wites intingan. on anre tabelan. mid þrim gereordum.
Ebreiscum. and Greciscum. and Ledenum samod; þes is se
hælend. Iudeiscra cyning. and asette ðis gewrit. sona to ðære
rode. bufon cristes heafde. healice to tácne. þæt ðær hangode
235 se hælend on rode. iudeiscra cyning. welhreawlice gefæstnod;
þa dældon ða cwelleras. cristes reaf on feower. heora ælcum
his dǽl. swa him demde seo tá. and heoldon his tunecan.
úntoslitene. for ðan ðe heo wæs. eal buton seame. and seo
getacnode ða soðan annysse ðære halgan gelaðunge. seo ðe
240 æfre bið. wið gedwolmannum. þurh drihten gescyld;
      Drihten wæs gefæstnod. mid feower nægelum. to westdæle
awend. / and his wynstra heold. ðone scynendan suðdæl. and   Th. 256
his swiðra norðdæl. eastdæl his hnol. and he ealle alysde mid-
daneardes hwemmas. swa hangiende; Ða reðan iudei. beheol-
245 don feorran. and mid hospe clypodon. to hælendum criste. gif

222 cw'ca'lmstowe

---

218 NORT beslagenne   221 undeadlicne] M undeadlice   NO undeadlicne
hine   Xᵉ hine undeadlice   222 NOT [ða²]   R ⟨..⟩   223 C menn cweal-
dan   C [him]   drincan] C drihten   224 windrenc] NO drenc   T sceaf
225 onbyrian] C onbrucon   ORT abyrigan   Xᵉ anbitan   CNRT gebi-
terode   226 R 'ge'tacnunge   227 O [hine]   228 NO [scyldige]
229–30 on ælemiddan] C on ealle middan   F on eale middan   RT ælemiddan
Xᵉ to ælemiddæs   230 O [þa]   C twam healfe   232 CF grecum
CNOTXᵉ þis   F þys   234 M heafod   235 F 'se'   C cyninge 236–7
C ælcum his dæl < his dæl ælcum   237 swa] NORT swa swa   237–8 Xᵉ
[swa – seame]   237 NO gedemde   238 untoslitene] NO gehale   RT un-
forcorfene   seo] C se   240 gedwolmannum] M lease gedwolmenn
NORT ealle gedwolmen   242 NO gewænd   F wynstran   Xᵉ swiþran
243 FXᵉ swyðran   norðdæl] NO þone norðdæl   244 hwemmas] C
wæmmes   F ⟨h⟩wemmas   Xᵉ synna   245 CNRT hælende   O hælend

ðu godes sunu sy. ga of ðære rode. and we siððan swa. on ðe
gelyfa ð; Se mildheorta drihten. cwæð to his fæder; Min heofen-
lica fæder. ic ðe nu bidde. forgif ðas dæde. þisum gedwolman-
MS. 184ᵛ num. for ðan ðe hí nyton. / hwæt hí nu dóð; An ðæra sceaðena.
eac swilce clypode. Gif ðu hælend crist sy. gehǽl ðe and us; þa 250
andwyrde se oðer. hine ðreagende; Hwæt ðu lá earming. ne on-
drǽtst ðu ðe god. wít synd gewítnode. for welhreawum dædum.
and þes halga hælend. hángað hér unscyldig; Eft ða se ylca.
clypode to criste. Gemún ðu min drihten. þonne ðu mihtig
becymst. to ðinum agenum rice. roderes wealdend; Se hælend 255
him cwæð to. mid soðum beháte. nu todæg ðu bist. on neor-
xenawange mid me; þes sceaða gesælig. siðode to heofenum.
and se oðer gewende. welhreaw to helle; On ðisum twam
sceaðum. wæron getacnode. seo Iudeisce ðeod. and þæt hæðene
folc; þæt iudeisce folc. nolde on crist gelyfan. ðone ðe hí mid 260
hospe. on hengene fæstnodon. and þæt hæðene folc. on hine
gelyfde. þreagende ða oðre. þearle mid geleafan;

Seo halige Maria þæs hælendes moder. stód wið ða rode.
ðearle dreorig. and Iohannes samod. hire swuster bearn; Ða
clypode drihten. to his dreorian meder; Efne her hangað nu. 265
ðin sunu fæmne; Swilce hé cwæde. þis is ðin gecynd. ðus
ðrowigendlic. ðe ic of ðe genám; He cwæð to Iohanne. her
stænt ðin modor; þa hæfde Iohannes. hire siððan gymene. mid
geswæsum ðenungum. á on ðisum life; Eft ða cwæð se hælend.
þæt him hearde ðyrste. ða arn to ðam ecede. sum arleas cempa. 270
and bedypte ane spincgan. and bær to his muðe; Hwæt ða
ymbe midne dæg. wearð middaneard aðeostrod. and seo sunne
behydde hire hatan leoman. oð ða nigoðan tid. ðe we non hata ð;
Th. 258 Ða clypode drihten. and / cwæð to his fæder; Ic betæce fæder.
þe nu minne gast. and hé ahyldum heafde. hine sona ageaf; 275

248 dæd⟨a⟩'e'

246 CFXᵉ þu si godes sunu   247 drihten] NO hælend   249 An] NOXᵉ
Oðer   254 min] NO me   Xᵉ me me min   drihten] NO hælend   255 NOXᵉ
rodera   256 NO soðan   259 C wæs getacnod   F wæs getacnod <
wæron getacnode   N [þæt]   260 folc. nolde] CF folc noldon   Xᵉ þe
noldon   NO belyfan   260–2 Xᵉ [ðone – geleafan]   261 hengene] N
rode   NO gefæstnodon   NO [on hine]   262 NO gelyfdon   263–4 RT
[Seo – bearn]   263 ða rode] CFXᵉ þære rode   268 ðin] NO min
CF syððan hyre   270 NO [hearde]   arn] O arn me   cempa] N man
273 CF oð ðære nigoðan tide   274–5 fæder. þe nu] CFXᵉ þe fæder
275 C [he]

Efne ða tobærst. þæs temples wahryft. fram ðære fyrste ufan.
oð ða flor neoðan. and eal eorðe bifode. and toburston stanas.
byrgenu openodon. mid deadum banum. and halgena lichaman.
leohtlice arison. comon to ðære byrig. cuðlice æteowode.
280 manegum mannum. swa swa matheus awrat; Se hundredes
ealdor soðlice clypode. æfter ðisum tacnum. þes is soð godes
bearn. and seo oðer menigu. ðe ðær mid stodon. beoton heora
breost. bugende to gode;
          þæt iudeisce folc. wæs on ealdum dagum. gode gecoren. swa
285 swa gód win. ac hí wurdon awende. to ðam wyrstum ecede. and
for ði gebudon. eced ðam drihtne. unwynsumne wætan. swa
swa hi sylfe wæron; Seo swearcigende sunne. and ða gesceafta
samod. ealne middaneard. endemes aðeostrodon. mid sweartre
nihte. for heora scyppendes ðrowunge; Ne ðorfte se hælend.
290 for ðam nægelum gewitan. ða gyt swa hrædlice. ac hé ageaf his
gast. ðurh godcundre mihte. swa swa godes sunu; Ða bifode seo
eorðe. and toburston / stanas. þæt eal middaneard. eft wurde   MS. 185ʳ
astyred. þurh cristes ðrowunge. to soðum geleafan. and ða
heardheortan. hæðenra ðeoda. to heora scyppende. siððan
295 gebigde; þæs temples wáhryft. eac wearð toborsten. ðe ða
digelnysse. eallunge bedyrnde. þære ealdan .ǣ. on ðam ærran
timan. oð þæt drihten sylf. ða dígelnysse cydde. eallum geleaf-
fullum. æfter his ðrowunge; Eac swilce geopenodon. ealdra
manna byrgenu. and hí ansunde arison. mid heora scyppende.
300 on ecum æriste. and orsorge deaðes. and heofenan rice. mid
hælende astigon. swa swa wise lareowas. geleaflice secgað; Se
hælend for his ehterum eadmodlice gebæd. his ælmihtigan
fæder. on ðære menniscnysse. se ðe æfre mid him. ealle ðing

286 unwymsumne

---

276 tobærst. þæs temples wahryft] N þæs temples wahre'a'f tobærst   O þæs
temples wah. and se hrof tobærst   277 ða] CXᵉ þone   eorðe] NO seo
eorðe   stanas] NORTXᵉ stanas. and   278 halgena] NO haligra manna
R halgera   Xᵉ halige   280–1 Se hundredes ealdor] NO þæs hundrædes
ealdorman   282 bearn] NORT sunu   285 NORTXᵉ wyrstan
286 ðam drihtne] NO urum drihtne   Xᵉ drihtne   287 sylfe] N yfele
CFXᵉ spearciende   288 NO sweartum   289 NO þrowungum
291 ðurh] NO for   godcundre] CM godcunde   F godcund⟨r⟩e   NORT
his godcundan   293 N soðan   O þoðan   294 NO eardheortan
295 NOXᵉ gebugon   wahryft] N reaf   O hrof   N [eac]   297–8 ge-
leaffullum] NO þam geleaffullum mannum   298 ealdra] CFNOXᵉ ealra
300 and²] NORT and to   CFXᵉ heofona   301 hælende] NORTXᵉ þam
hælende   C larðeowes   302 gebæd] R gebæd 'to'   TXᵉ gebæd to

getiðað. on þære godcundnysse. godes willan mannum. and his
bén ða gebígde. ðe ydel beon ne mihte. ðone hundredes ealdor. 305
and eahta ðusend manna. ðe æfter his ðrowunge. ealle gecyrdon.
Th. 260 ðurh petres bodunge. mid soðre dædbote. / þeah ðe ða heafod-
men. hearde wiðcwædon. and mid forsewennysse. symle
ðwyrodon;
Ða wælhreowan Iudei. noldon geðafian. for ðam symbeldæge. 310
þæt hi swa hangodon. cuce on ðam rodum. ac woldon hí
acwellan. and bædon pilate. þæt man heora sceancan tobræce.
ær þære eastertide. and of ðam rodum awurpe; þa comon ða
cempan. mid cwylmbærum tolum. and sona ðæra sceaðena.
sceancan tobræcon. ðe ða gyt cwylmigende. cuce hangodon; Hi 315
gemetton ða crist. middanearde deadne. and his halgan scean-
can. scænan ne dorston. ac an ðæra cempena. mid cwealm-
bærum spere. his sidan geopenode. and of ðære utfleow. blod
and wæter samod. mid soðre gerynu; þæt utflowende blod. wæs
ure alysednys. on synna forgifenysse. mid soðum geleafan; 320
þæt wæter witodlice wæs ure fulluht. on ðam beoð aðwogene.
ðeoda menigu. fram fyrnlicere synne. ðæs frumsceapenan
mannes; Of geswefedum adame. wæs eua gesceapen. and
drihten on rode mid deaðe wæs geswefod. þæt seo halige gela-
ðung. eac gesceapen wurde. ðurh ða gerynu. ðære readan 325
wunde. seo ðe halwende wæs. soðfæstum gehwilcum. þe on
godes gelaðunge. mid geleafan drohtniað; God ælmihtig ge-
sceop. man on ðam sixtan dæge. þa ða he gesceafta. scyppende
gedihte. and on ðam seofoðan dæge. hine sylfne gereste. geendo-
dum weorcum. swa swa he sylf wolde; Eft soðlice se scyppend. 330
on ðam sixtan dæge. on rode hangiende. his handgeweorc
MS. 185ᵛ alysde. / Adames ofspring. mid his agenum deaðe. and on

304 C ge⟨t⟩'c'yðeð   willan] NO willan to   305 NO bena   NOXᵉ
ealdorman   308 NO heard   310 Ða wælhreowan Iudei. noldon] F
þa ⟨'noldon'⟩ wælhreowan iudei ⟨noldon⟩   geðafian] NO geþafian þæt þa
scaðan   311 NO þære rode   312 and] C ac   C pilatum   F pilat⟨e⟩'us'
315 ðe ða] RT þa þe   Xᵉ þa þa   315–16 Hi – deadne] NORT þa gesa-
won þa cempan þæt crist wæs forðfaren   316 gemetton] C gefunden
middanearde] CXᵉ middaneardes hælend   F middaneardes 'hælend'   and]
NO and hy   C hangan   317 scænan] C getacan   318 N sperum   NO
utafleow   319 NO [samod]   Xᵉ ætsomne   C gefynu   320 CXᵉ
soðan   321 witodlice] M soðlice: Í   witodlice   326 seo] CFXᵉ se
327 geleafan] NO soðfæstum geleafan   328 man] T 'þone ærestan' mann
329 and] NO and þa   330 soðlice] NO þa   se scyppend] CF scip-
pend   N ure syppend   OXᵉ ure scyppend

byrgene siððan. anbidiende læg. on ðam seofoðan dæge. ðe ge
sæternes hata<del>ð</del>;

335   þa sum rice ðegen. ðearle wæs gelyfed. dearnunge on drihten.
for ðam dyrstigum folce. his nama wæs Ioseph. and he geneal-
æhte ða. hrædlice on æfen. to ðam ealdormen. bæd þæt he
moste. drihtnes lic bebyrian; þa wundrode pilatus. þæt he swa
hraðe gewát. and geðafode ðam ðegene. þæt he hine behwurfe;
340   Ða com eac Nichodemus. mid gemengedre sealfe. of myrran.
and alwan. managra punda gewyht. and hí bewundon his lic.
mid linenre scytan. gedéced / mid wyrtum. swa swa heora ge-   Th. 262
wuna wæs; þa stód on ðære stowe sum stænen ðruh. on ðære
næfre ne læg. nan eorðlic mann; Ða ledon ða þegenas. ðone
345   hælend ðæron. and mid hlide belucon. ure ealra alysend;
Rihtlice wæs seo byrgen. swa níwe gefunden. and nænne oðerne.
næfre ne underfeng. swá swá maria wæs. moder cristes. mæden
and modor. and oðerne ne gebǽr; Hwæt ða Iudei. eodon to
pilate. bædon þæt he bude. ða byrgene besettan. mid wacelum
350   weardum. þæt hé ne wurde forstolen. and ðam folce gesǽd.
þæt hé sylf aryse; þa geðafode pilatus. þæt hi hine besǽton. mid
ymtrymmincge. and ða ðruh geínnsegelodon. ac crist arás swa
ðeah. of ðam deaðe gesund. on ðam ðriddan dæge. æfter his
ðrowunge. oferswiðdum deaðe. Sy him .á. wuldor mid his
355   heofonlican fæder. and ðam halgan gaste. on ánre godcund-
nysse. on ecere worulde; amen:—

NE MOT NAN MAN SECGAN SPELL. ON ÞAM ÐRIM SWIGDAGUM

333 NO [siððan]   C seofoðum   ge] C we   334 CMNORTXᵉ sæter-
nesdæg   335 C þa wæs sum rice þegen þearle gelefed   336 dyrstigum]
C dyrstegum for þam dyrstegum   RT dyrstigan   337 æfen] NO hæfen
340 NORT [eac]   341 and¹] CFXᵉ and of   punda] CF wyrta   Xᵉ
punda werþ werta   NXᵉ gewihte   NO [hi]   C wunden   Xᵉ gewundan
342 O linenre linenre   344 NO [næfre]   345 hlide] C bliðe   346 F
'ge'funden Xᵉ fundæn   347 T 'ne'   348 M [and²]   ne] NOXᵉ
næfre ne   Iudei] NO þæt iudeisce folc   349 besettan] NO utan be-
setton   351 CNO besetton   351–2 mid ymtrymmincge] O ymbe
trymminge   354 oferswiðdum] C ofer swiðum   NO [a]   wuldor]
N wuldor and lof   Xᵉ wuldor and werþmynd   354–6 O [mid – god-
cundnysse]   355 RT halgum   355–6 godcundnysse] N godcund-
nesse. a   356 on ecere worulde] O on necnesse   amen] RT continue
L We habbað oft gesæd etc. (17 lines identical with the end of First Series
homily XIV)   357 CFNORTXᵉ [NE – SWIGDAGUM]

XV

SERMO DE SACRIFICIO IN DIE PASCAE

MEN þa leofostan gelóme eow is gesæd ymbe ures hælendes
æriste. hú hé on ðisum andwerdan dæge æfter his ðrowunge.
mihtiglice of deaðe arás. Nu wille we eow geopenian þurh godes
gife be ðam halgan husle ðe ge nú to gán sceolon. and gewissian
eower andgit ymbe þære gerynu. ægðer ge æfter ðære ealdan 5
gecyðnysse. ge æfter ðære niwan. þy lǽs ðe ænig twynung eow
derian mage. be ðam líflicum gereorde;
    Se ælmihtiga god bebead moysen ðam heretogan on egypta
lande. þæt hé sceolde bebeodan israhela folce. þæt hí namon æt
ælcum heorðe anes geares lámb. on ðære nihte ðe hí ferdon of 10
ðam lande to ðam behatenan earde. and sceoldon þæt lamb gode
Th. 264 geoffrian. and siððan sniðan. and wyrcan / rodetacn on heora
gedyrum. and oferslegum. mid ðæs lambes blode. etan siððan
ðæs lambes flæsc gebræd. and ðeorfe hlafas mid feldlicere
lactucan; God cwæð to moysen. ne ete ge of ðam lambe nan 15
MS. 186ʳ ðing hreaw. ne on wætere gesoden. ac / gebræd to fyre; Etað
þæt heafod and ða fét. and þæt innewearde. ne his nan ðing ne
belífe. oð merigen. gif ðær hwæt to lafe sy. forbǽrnað þæt;
Ðicgað hit on ðas wison; Begyrdað eowere lendenu. and beoð
gesceode; Habbað eow stæf on handa. and etað ardlice. þeos 20
tid is godes færeld; And wearð ða on þære nihte ofslegen on
ælcum huse geond eal pharaones rice þæt frumcennede cild. and
wæs þæt godes folc israhel ahredd fram ðam færlican deaðe.
ðurh ðæs lambes offrunge. and his blodes mearcunge; þa cwæð
god to moysen. healdað þisne dæg on eowerum gemynde. and 25

Manuscripts: E, F (abbreviated extracts, lines 76–85, 101–16, 159–73, used
in a composite homily not by Ælfric), K, M, N, O (lines 38–158 omitted and
lines 325–37 lost).

---

3 'eow'

Title SERMO – PASCAE] E IN DIE SANCTO PASCE
2 NO [andwerdan] M andweardum   4 O [ðam]   13 O lamb
16 gebræd to] N gebrædað hit on O gebrædd æt Etað] N and etað
20 E heardlice   22 O ealle

freolsiað hine mærlice on eowerum cynrenum. mid ecum big-
gencge. and etað þeorfne hláf symle seofon dagas æt ðissere
freolstide; Æfter ðissere dæde lædde god þæt israhela folc ofer
ða readan sǽ mid drium fotum. and adrencte ðæron pharao. and
30 ealne his here samod. ðe heora ehton. and afedde siððan þæt
israhela folc feowertig geara mid heofenlicum bigleofan. and
him forgeaf wæter of heardum stánclude. oð þæt hí comon to
ðam behatenan eðele;
    Sume ðas race we habbað getrahtnod on oðre stowe. sume
35 we willað nu geopenian. þæt þe belimpð to ðam halgan husle;
Cristene men ne moton healdan nu ða ealdan .ǽ. lichamlice. ac
him gedafenað þæt hí cunnon hwæt heo gastlice getacnige;
þæt unscæððige lamb þe se ealda israhel ða ofsnáð. hæfde
getacnunge æfter gastlicum andgite cristes ðrowunge. se ðe
40 unscæððig for ure alysednysse. his halige blod ageat; Be ðam
singað godes ðeowas æt ælcere mæssan. Agnus dei qui tollis
peccata mundi. miserere nobis; þæt is on urum gereorde. þu
godes lamb ðe ætbretst middaneardes synna. gemiltsa us; Ðæt
Israhela folc wearð ahredd fram þam færlican deaðe. and fram
45 pharaones ðeowte þurh þæs lambes / offrunge ðe hæfde getac-   Th. 266
nunge cristes ðrowunge. ðurh ða we sind alysede fram ðam
ecum deaðe. and þæs reðan deofles anwealde. gif we rihtlice
gelyfað on ðone soðan alysend ealles middaneardes hælend
crist;
50   þæt lamb wæs geoffrod on æfnunge. and ure hælend ðrowade
on þære sixtan ylde þyssere worulde. seo yld is geteald to
æfnunge þises ateorigendlican middaneardes; Hí mearcodon
mid ðæs lambes blode on heora gedyrum. and oferslegum.
Tau. þæt is rodetacen. and wurdon swa gescylde fram ðam
55 engle. ðe acwealde þæra egyptiscra frumcennedan cild; And we
sceolon mearcian ure forewearde heafod. and urne lichaman
mid cristes rodetacne. þæt we beon ahredde fram forwyrde.
þonne we beoð gemearcode ægðer ge on foranheafde. ge on
heortan mid blode þære drihtenlican ðrowunge; Ðæt Israhela
60 folc ætt þæs / lambes flæsc on heora eastertide þa þa hí ahredde   MS. 186ᵛ
wurdon. and we ðicgað nú gastlice cristes lichaman. and his blod

---

26–7 E bigencg⟨um⟩‘e’   29 O drencte   32 of] MNO on   O
stancludum   33 E behatenum   eðele] N earde: eðele   34 E rice
35 MNO [halgan]   37 E tacnie   O getacnað   38 O [þæt – line 158
gedon sy]   42 E mudi   gereorde] MN geþeode   44 E færlicum
45 E pharoes   54 Tau] E tua   56 urne] N ure

drincað. þonne we mid soðum geleafan þæt halige husel
ðicgað;
þone timan hi heoldon him to eastertide seofon dagas mid
micclum wurðmynte ðe hí ahredde wurdon wið pharao. and of 65
ðan earde ferdon. swa we eac cristene men healdað cristes ærist
ús to eastertide þas seofon dagas. for ðan ðe we sind þurh his
ðrowunge and æriste alysde. and we beoð geclænsode þurh ðæs
halgan huselganges. swa swa crist sylf cwæð on his godspelle;
Soð soð ic eow secge. næbbe ge líf on eow. buton ge eton min 70
flæsc. and drincon min blód; Se ðe et min flæsc and min blod
drincð. hé wunað on me. and ic on him. and he hæfð þæt ece
líf. and ic hine arære on ðam endenextan dæge; Ic eom se
liflica hláf. ðe of heofonum astah. na swa swa eowere forð-
fæderas æton þone heofenlican mete on westene. and siððan 75
swulton; Se ðe et ðisne hláf. he leofað on ecnysse; He halgode
hláf ær his ðrowunge. and todælde his discipulum. þus cwe-
ðende; Etað þisne hláf. hit is min lichama. and doð þis on
minum gemynde; Eft he bletsode wín on anum calice. and
cwæð; Drincað ealle of ðisum. / þis is min blod. þæt ðe bið for 80
manegum agoten. on synna forgifenysse; þa apostoli dydon swa
swa crist het. þæt hi halgodon hlaf and wín to husle. eft siððan
on his gemynde; Eac swilce heora æftergencgan. and ealle sacer-
das be cristes hæse halgiað hláf. and wín. to husle on his naman.
mid þære apostolican bletsunge;   85
    Nu smeadon gehwilce men oft. and gyt gelóme smeagað. hu
se hlaf þe bið of corne gegearcod and ðurh fyres hætan abacen.
mage beon awend to cristes lichaman. oððe þæt wín ðe bið of
manegum berium awrungen. weorðe awend þurh ænigre
bletsunge to drihtnes blode; Nu secge we swilcum mannum. 90
þæt sume ðing sind gecwedene be criste þurh getacnunge.
sume ðurh gewissum ðinge; Soð þing is and gewiss. þæt crist
wæs of mædene acenned. and silfwilles ðrowade deað. and wæs
bebyriged. and on ðisum dæge of deaðe arás; He is gecweden
hláf þurh getacnunge. and lamb. and leo. and gehú elles; He is 95

Th. 268

70 næbbe 'ge'

66 E [we]   68 E ærist   73 N onrære   74 ðe] M he   75 mete]
E hlaf   76 He halgode] F begins   77–8 þus cweðende] F and þus cwæð
79 Eft] N Efne   80 F [ðe]   81 E manega   þa apostoli] F Eft
syððan þa apostolas   82 and win to husle. eft siððan] F to husle. and
win   83–4 and ealle sacerdas] F ealle bisceopas and sacerdas
86 F [Nu – line 101 gehaten is]   90 swilcum] N gehwilcum

hlaf geháten. for ðan ðe hé is ure líf. and engla; He is lamb
gecweden. for his unscæððignysse; Leo for ðære strencðe. þe he
oferswiðde þone strangan deofol; Ac swa ðeah æfter soðum
gecynde. nis crist naðor ne hlaf. ne lamb. ne leo;
100 Hwí is ðonne þæt halige husel gecweden cristes lichama.
oþþe his blód. gif hit nis soðlice þæt þæt hit gehaten is; Soðlice
se hláf and þæt win ðe beoð ðurh sacerda mæssan gehalgode.
oðer ðing hí æteowiað / menniscum andgitum wiðutan. and MS. 187ʳ
oðer ðing hí clypiað wiðinnan geleaffullum modum; Wiðutan
105 hí beoð gesewene hláf and win. ægðer ge on híwe. ge on swæcce.
ac hi beoð soðlice æfter ðære halgunge cristes lichama. and his
blód þurh gastlicere gerynu; Hæðen cild bið gefullod. ac hit ne
bret na his hiw wiðutan. ðeah ðe hit beo wiðinnan awend; Hit
bið gebroht synfull þurh adames forgægednysse to ðam fant-
110 fæte. ac hit bið aðwogen fram eallum synnum wiðinnan. þeah
ðe hit wiðutan his híw ne awende; Eac swilce þæt halige
fantwæter þe is gehaten lífes wylspring. is gelic on híwe oðrum
wæterum. and is underþeod brosnunge. ac þæs / halgan gastes Th. 270
miht genealæhð þam brosniendlicum wætere. ðurh sacerda
115 bletsunge. and hit mæg siððan lichaman and sawle aðwean fram
eallum synnum. ðurh gastlicere mihte;
    Efne nu we geseoð twa ðing on ðisum anum gesceafte. æfter
soðum gecynde. þæt wæter is brosniendlic wǽta. and æfter
gastlicere gerynu hæfð halwende mihte; Swa eac gif we scea-
120 wiað þæt halige husel æfter lichamlicum andgite. þonne geseo
we þæt hit is gesceaft. brosniendlic and awendedlic; Gif we ða
gastlican mihte ðæron tocnawað. þonne undergyte we þæt
ðær is líf ón. and forgifð undeadlicnysse ðam þe hit mid geleafan
þicgað; Micel is betwux þære ungesewenlican mihte þæs halgan
125 husles. and þam gesewenlican hiwe agenes gecyndes; Hit is on
gecynde brosniendlic hláf. and brosniendlic wín. and is æfter

117 gesceafte æfter

96 N [ðe]   102 sacerda] F heora   107 EFM gastlice   bið –
line 116 mihte] F þe man fullað. ne bryt hyt na his hiw wiðutan. ac hit bið
swa ðeah wiðinnan awend. and aþwogen on þam fante fram eallum syn-
num; Swa is eac þæt halige fantwæter oðrum wæterum on hiwe gelic. ac
þurh þæs sacerdes bletsunge genealæcð þæs halgan gastes miht and hit syð-
ðan aþwyhþ þa sawle fram eallum synnum þurh gastlice mihte   ac] E a
108 wiðutan] MN utan   109–10 M fantwætere   110 aðwogen] M
awrogen   113 MN wætere   114 E brosnigend⟨. .⟩'licum' N brosnien-
dum   116 EF gastlice   117 F [Efne – line 158 gedon sy]   120 N
andgitum   122 ðæron – we] N undergytað   124 E 'ðicgað' over erasure

mihte godcundes wordes. soðlice cristes lichama and his blód.
na swa ðeah lichamlice. ac gastlice; Micel is betwux þam
lichaman þe crist on ðrowade. and ðam lichaman þe to husle
bið gehalgod; Se lichama soðlice ðe crist on ðrowode wæs   130
geboren of Marían flæsce. mid blode. and mid banum. mid
felle. and mid sinum. on menniscum limum. mid gesceadwisre
sawle gelíffæst. and his gastlica lichama ðe we husel hata ð is of
manegum cornum gegaderod buton blode. and bane. limleas.
and sawulleas. and nis for ði nan ðing þæron to understandenne   135
lichamlice. ac is eall gastlice to understandenne; Swa hwæt swa
on ðam husle is þe us lífes edwist forgifð. þæt is of ðære
gastlican mihte. and ungesewenlicere fremminge; For ði is þæt
halige husel gehaten gerynu. for ðan ðe oðer ðing is ðæron
gesewen. and oðer ðing undergyten; þæt þæt ðær gesewen is   140
hæfð lichamlic híw. and þæt þæt we ðæron understandað
hæfð gastlice mihte;

    Witodlice cristes lichama ðe deað ðrowade. and of deaðe
arás. ne swylt næfre heononforð. ac is ece and unðrowiendlic;
þæt husel is hwilwendlic. na éce; Brosniendlic. and bið sticmæ-   145
MS. 187^v lum todæled; / Betwux toðum tocowen. and into ðam buce
asend. ac hit bið þeahhwæðere æfter gastlicere mihte. on
Th. 272 ælcum dæle eall; Manega under/foð þone halgan lichaman.
and he bið swa ðeah on ælcum dæle eall æfter gastlicere
gerynu; þeah sumum men gesceote læsse dæl. ne bið swa ðeah   150
na mare miht on ðam maran dæle þonne on ðam læssan. for
ðan ðe hit bið on æghwilcum menn ansund æfter ðære ungese-
wenlican mihte; þeos gerynu is wedd. and híw. cristes lichama
is soðfæstnyss; Ðis wed we healdað gerynelice. oð þæt we be-
cumon to ðære soðfæstnysse. and ðonne bið þis wedd geendod;   155
Soðlice hit is swa swa we ǽr cwædon cristes lichama and his
blód. na lichamlice. ac gastlice; Ne sceole ge smeagan hu hit
gedón sy. ac healdan on eowerum geleafan þæt hit swa gedón sy;

    We rædað on ðære béc ðe is gehaten Uita patrum. þæt twegen
munecas bædon æt gode sume swutelunge be ðam halgan   160

---

132 N [mid sinum]   133 N gelíffæste   136 MN [is]   N gastlic
137 of] MN on   140 N [þæt]   141 N [þæt²]   ðæron] M ðær
146 into] N to   147 þeahhwæðere] M þeah   150 E sume   151 na]
N nan   152 æghwilcum] E ælcum   157 ge] N we   hu] N þæt
158 ac healdan] N ⟨.⟩ healdan   eowerum] N urum   159 We rædað]
F and O resume   ðære] E oð`æ´re   O [bec]   O uitas   160 MNO
abædan   O god

husle. and æfter ðære bene gestodon him mæssan; Ða gesawon
hí licgan an cild on ðam weofode þe se mæssepreost æt mæssode.
and godes engel stód mid handsexe anbidiende oð þæt se
preost þæt husel tobræc; þa toliðode se engel þæt cild on ðam
165 disce. and his blod into ðam calice ageat; Eft ða ða hi to ðam
husle eodon. ða wearð hit awend to hláfe and to wíne. and hi
hit ðygeden. gode ðancigende þære swutelunge; Eac se halga
gregorius abæd æt criste. þæt hé æteowode anum twynigendum
wife. embe his gerynu. micele seðunge; Heo eode to husle mid
170 twynigendum mode. and gregorius begeat æt gode þærrihte
þæt him bám wearð æteowed seo snæd þæs husles ðe heo
ðicgan sceolde. swilce ðær læge on ðam disce anes fingres lið. eal
geblodgod. and þæs wifes twynung wearð ða gerihtlæced;
   Uton nu gehyran þæs apostoles word embe ðas gerynu;
175 Paulus se apostol cwæð be ðam ealdan folce israhel. ðus writen-
de on his pistole to geleaffullum mannum; Ealle ure forðfæderas
wæron gefullode on wolcne. and on sæ. and ealle hí æton þone
ylcan gastlican mete. and ealle hí druncon þone ylcan gastlican
drenc; Hí druncon soðlice of æfterfiligendum / stane. and se   Th. 274
180 stan wæs crist; Næs se stán ðe þæt wæter ða offleow lichamlice
crist. ac hé getacnode crist. ðe clypode þus to eallum geleafful-
lum mannum; Swa hwám swa ðyrste. cume to me. and drince;
And of his innoðe fleowð líflic wæter; þis hé sæde be ðam hal-
gan gaste. ðe ða underfengon ðe on hine gelyfdon; Se apostol
185 paulus cwæð þæt þæt israhela folc æte ðone ylcan gastlican
mete. and drunce ðone ylcan gastlican drénc. / for ðan ðe se   MS. 188ʳ
heofenlica mete þe hí afedde feowertig geara. and þæt wæter þe
of ðam stane fleow hæfde getacnunge cristes lichaman. and his
blodes. þe nu beoð geoffrode dæghwomlice on godes cyrcan;
190 Hit wæron ða ylcan ðe we nu offriað. na lichamlice. ac gastlice;
We sædon eow hwene ær. þæt crist halgode hláf and wín ær

161 and] F and þa   bene] F bene. hi   162 an – mæssode] F on
ðam weofde an cild   on] O onuppan   163 handsexe] F anum sexe
164 MNO mæssepreost   165 F geat   Eft ða ða] F And þa   O Eft þa þe
166 awend] F awend sona   167 F ʻgeʼswutelunge   se halga] F we
rædað þæt sanctus   168 F tweonigendan   169 embe – seðunge] F
micele ʻgeʼswutelunge be þam halgan husle   F [mid]   170 and gre-
gorius begeat] F þa abæd se halga gregorius   NO [æt gode]   171 O
[seo]   172 MNO [on ðam disce]   173 geblodgod] F blodig   MNO
beblodegod   ða] F sona   gerihtlæced] Fʼs extracts end   174 O [nu]
179 E æfterfiligendan   E ʻseʼ   180 M offleow ða   182 O hwa
185 MNO [þæt]   O æt   186 se] E se ylca

his ðrowunge to husle. and cwæð. þis is min lichama. and min
blod; Ne ðrowode he ða gýt. ac swa ðeah hé awende ðurh
ungesewenlicere mihte þone hláf to his agenum lichaman. and
þæt wín to his blode. swa swa hé ær dyde on þam westene. ær 195
ðan ðe hé to men geboren wurde. ða ða hé awende ðone heofen-
lican mete to his flæsce. and þæt flowende wæter of ðam stane
to his agenum blode;
    Fela manna æton of ðam heofonlican mete on ðam westene.
and druncon þone gastlican drenc. and wurdon swa ðeah deade. 200
swa swa crist sǽde; Ne mǽnde crist ðone deáð þe nán man for-
bugan ne mæg. ac he mænde þone ecan deáð. þe sume of ðam
folce for heora geleafleaste geearnodon; Moyses. and AAron.
and manega oðre of ðam folce þe gode gelicodon æton þone
heofenlican hlaf. ac hí næron deade þam ecum deaðe. ðeah ðe 205
hí gemænum deaðe forðferdon; Hí gesawon þæt se heofonlica
mete wæs gesewenlic. and brosniendlic. ac hí understodon gast-
lice be ðam gesewenlican ðinge. and hit gastlice ðigdon; Se
hælend cwæð. se ðe et min flæsc. and drincð min blod. he
hæfð ece lif; Ne het hé etan þone lichaman ðe hé mid befangen 210
wæs. ne þæt blod drincan ðe hé for ús ageat. ac hé mænde mid
Th. 276 þam worde þæt halige husel þe gastlice is his / lichama and his
blod. and se ðe þæs onbyrigð mid geleaffulre heortan. he hæfð
þæt ece líf; On ðære ealdan .ǽ. geleaffulle menn offrodon gode
mislice lác. ðe hæfdon towearde getacnunge cristes lichaman. 215
ðe he sylf for urum synnum siððan geoffrode. his heofenlican
fæder to onsægednysse; Witodlice þis husel ðe nu bið gehalgod
æt godes weofode is gemynd cristes lichaman. þe hé for us
geoffrode. and his blodes þe he for us ageat. swa swa he sylf het.
doð þis on minum gemynde; Ǽne þrowade crist ðurh hine 220
sylfne. ac swa ðeah dæghwomlice bið his ðrowung geedniwod
þurh gerynu þæs halgan husles. æt ðære halgan mæssan; For
ði fremað seo halige mæsse micclum. ge þam lybbendum. ge
ðam forðfarenum. swa swa hit foroft geswutelod is;
    Us is eac to smeagenne þæt þæt halige husel is ægðer ge 225

192 M [to husle]   194 E ungesewenlice   196 NO wurde to men geboren
201 nan man] E ⟨sume⟩ 'nan mann'   203 N ungeleafneste O geleafneste
208 E gesewenlicum   210–11 O [Ne het – ageat. ac]   210 he¹] E
he na   212 gastlice] E gastlic O soðlice   212–13 his blod] O þæt
win and þæt wæter. þe byð gemenged togædres and gehalgod þæt is his blod
216 E [he]   220 Ǽne] O Ǽfne   222 E hal⟨. . . . .⟩'gan husles'
224 O forðfarendum   foroft] MO oft   225 E [husel]   ge] N 'ge'

cristes lichama ge ealles geleaffulles folces æfter gastlicere
gerynu. swa swa se wisa Augustinus be ðan cwæð; Gif ge
willað understandan be cristes lichaman. / gehyrað þone MS. 188ᵛ
apostol paulum. þus cweðende; Ge soðlice sindon cristes lic-
230 hama. and leomu; Nu is eower gerynu geléd on godes mysan.
and ge underfoð eower gerynu. to ðan þe ge sylfe sind; Beoð
þæt þæt ge geseoð on ðam weofode. and underfoð þæt þæt ge
sylfe sind; Eft cwæð se apostol paulus be ðisum. we manega
sindon án hláf. and an lichama; Understandað nu. and blissiað.
235 fela sind an hláf. and án lichama on criste; He is ure heafod.
and we sind his lima; Ne bið se hlaf of anum corne. ac of mane-
gum; Ne þæt win of anre berian. ac of manegum; Swa we sceo-
lon eac habban annysse on urum drihtne. swa swa hit awriten is
be ðan geleaffullan werode. þæt hi wæron on swa micelre
240 annysse. swilce him eallum wære an sawul. and an heorte;
Crist gehalgode on his beode þa gerynu ure sibbe. and ure an-
nysse. se ðe underfehð þære annysse gerynu. and ne hylt ðone
bend þære soðan sibbe. ne underfehð he na gerynu for him
sylfum. ac gecyðnysse togeanes him sylfum; Micel gód / bið Th. 278
245 cristenum mannum. þæt hi gelome to husle gán. gif hí unscæð-
ðignysse on heora heortan berað to ðam weofode. gif hí ne
beoð mid leahtrum ofsette; þam yfelan menn ne becymð to
nánum góde ac to forwyrde. gif he ðæs halgan husles unwurðe
onbyrigð; Halige bec beodað þæt man gemencge wæter to ðam
250 wine ðe to husle sceal. for ðan ðe þæt wæter hæfð þæs folces
getacnunge. swa swa þæt wín cristes blodes. and for ði ne
sceal naðor buton oðrum beon geoffrod. æt ðære halgan mæs-
san. þæt crist beo mid us. and we mid criste. þæt heafod mid
þam leomum. and ða leomu mid ðam heafde;
255 We woldon gefyrn trahtnian be ðan lambe þe se ealda Israhel
æt heora eastertide geoffrodon. ac we woldon ærest eow gerec-
can ymbe ðas gerynu. and siððan hu hit man ðicgan sceal;
þæt getacnigendlice lamb wæs geoffrod æt heora eastertide.
and se apostol paulus cwæð on ðisum dægþerlicum pistole.
260 þæt crist is ure eastertid. se ðe for us wæs geoffrod. and on

226 folces] NO folces lima   231 MNO eowere   232 E weofeofode
234–5 MNO [Understandað – lichama]   237–8 M eac sceolon   240 O
wære eallon   241–2 E 'ure sibbe and ure annisse' (over erasure)   242 ne]
MO he   245 O [hi¹]   246 NO berað on heora heortan   E [ne]
248 O [to]   MNO [unwurðe]   249 O bebeodað   251 NO
[win]   256 E 'woldon ærest' (over erasure)   258 NO tacniendlice

þisum dæge of deaðe aras; Israhel ðigde þæs lambes flæsc swa swa god bebead mid þeorfum hlafum. and feldlicum lactucum. and we sceolon ðicgan þæt halige husel cristes lichaman. and his blod buton beorman yfelnysse. and mánfulnysse; Swa swa se beorma awent þa gesceafta of heora gecynde. swa awendað eac 265 leahtras þæs mannes gecynd fram unscæðððignysse to gewem-

MS. 189ʳ   mednysse; Se apostol tæhte þæt we sceoldon wistfullian. / na on yfelnysse beorman. ac on þeorfnyssum. syfernysse. and soðfæstnysse; Lactuca hatte seo wyrt þe hí etan sceoldon mid þam ðeorfum hláfum. heo is biter on ðigene; And we sceolon 270 mid biternysse soðre behreowsunge ure mod geclænsian. gif we willað cristes lichaman ðicgan;

Næs þæt israhela folc gewunod to hreawum flæsce. þeah ðe god him bebude þæt hi hit hreaw ne æton. ne on wætere geso-den. ac gebræd to fyre; Se wile ðicgan godes lichaman hreawne. 275 se ðe buton gesceade wenð þæt he wære anfeald man ús gelic. and nære god; And se ðe æfter menniscum wisdome wile smea-gan ymbe ða gerynu cristes flæsclicnysse. he deð swilce he seoðe

Th. 280   þæs lambes / flæsc on wætere. for ðan ðe wæter getacnað on þyssere stowe mennisc ingehyd; Ac we sceolon witan þæt ealle 280 ða gerynu cristes menniscnysse wæron gefadode þurh mihte þæs halgan gastes. þonne ðicge we his lichaman gebrædne to fyre. for ðan ðe se halga gast com on fyres hiwe to ðam aposto-lum. on mislicum gereordum; Israhel sceolde etan þæs lambes heafod. and ða fét. and þæt innewerde. and þær nan ðing 285 belífan ne moste ofer niht. gif þær hwæt belife. forbærnan þæt on fyre. and ne tobræcon ða bán; Æfter gastlicum andgite we etað þæs lambes heafod. þonne we underfoð cristes godcund-nysse on urum geleafan; Eft ðonne we his menniscnysse mid lufe underfoð. þonne ete we þæs lambes fet. for ðan ðe crist is 290 angynn and ende. God ær ealle worulda. and man on þyssere worulde geendunge; Hwæt is þæs lambes innewerde buton cristes digelan bebodu. ða we etað þonne we lifes word mid

292 worulde] woruld⟨a⟩ˋeˊ

266 E ˋgecyndˊ (over erasure)   267 E sceol⟨.⟩ˋdonˊ MNO sceolon   NO gewistfullian   268 NO þeorfnesse   268–9 M [and soðfæstnysse] 269 etan sceoldon] O ætan < æton   271 mid] O mid þam   274 E ˋgod himˊ (over erasure)   277 O [ðe]   280 Ac] M And   284 mis-licum] N mistlicum < mennisclicum O mennisclicum   286 NO [hwæt] forbærnan] NO forbærne man   287 MNO tobrecan   291 ealle worulda] O þissere worulde   293 E ˋcristesˊ

grædignysse underfoð; Nan ðing ne moste þæs lambes belifan
295 oð merien. for ðan þe godes cwydas sind to smeagenne mid swa
micelre carfulnysse. swa þæt ealle his beboda mid andgite. and
weorce beon asmeade on nihte ðises andwerdan lifes. ær ðan þe
se endenexta dæg. þæs gemænelican æristes æteowige; Gif we
ðonne ealle ða gerynu cristes flæsclicnysse ðurhsmeagan ne
300 magon. ðonne sceole we þa lafe betæcan þæs halgan gastes
mihte mid soðre eadmodnysse. and na to dyrstelice embe ða
deopan digelnyssa ofer ures andgites mæðe smeagan;
     Hí æton þæt lamb mid begyrdum lendenum; On lendenum is
seo galnys ðæs lichaman. and se ðe wile þæt husel ðicgan hé
305 sceal gewriðan þa galnysse. and mid clænnysse ða halgan
ðigene onfón; Hí wæron eac gesceode; Hwæt sind gescy. buton
deadra nytena hyda; We beoð soðlice gesceode. gif we geefen-
læcað / mid urum færelde and weorce forðfarenra manna líf. MS. 189ᵛ
þæra ðe gode geðugon þurh gehealtsumnysse his beboda; Hí
310 hæfdon him stæf on handa æt ðære ðigene. se stæf getacnað
gymene. and hyrdrædene; þa ðe bet cunnon and / magon. Th. 282
sceolon gyman oðra manna. and mid heora fultume under-
wryðian; Ðam gemettum wæs beboden þæt hí sceoldon caflice
etan. for ðan ðe god onscunað þa sleacnysse on his ðegnum.
315 and ða he lufað þe mid godes cafnysse þæs ecan lifes myrhðe
secað; Hit is awriten. ne elca ðu to gecyrrenne to gode. ðy læs
þe se tima losige. þurh ða sleacan elcunge; þa gemettan ne
moston þæs lambes bán scænan. ne ða cempan ðe crist ahengon
ne moston tobrecan his halgan sceancan. swa swa hí dydon þæra
320 twegra sceaðena. ðe him on twa healfa hangodon. Ac drihten
arás of deaðe gesund. buton ælcere forrotodnysse. and hí sceo-
lon geseon æt ðam micclan dome hwænc hí gewundodon.
wælhreawlice on rode;
     þeos tíd is geháten on ebreiscum gereorde pascha. þæt is on
325 leden transitus. and on englisc færeld. for ðan ðe on ðisum dæge
ferde godes folc fram egypta lande ofer ða readan sǽ. fram
ðeowte to ðam behatenan earde; Ure drihten ferde eac on

---

297 'li'fes   324 is¹] 'is'

295 NO asmeagenne   E [swa]   296 and] O and mid   297 nihte]
NO mihte   298 þæs] O þæ   306 E ðig'e'n⟨. . .⟩'e onfon'   307–8 E
efenlæcað   311 E hyrdnysse   bet] MNO bec   313–14 sceoldon
caflice etan] MNO caflice æton   315 E [he]   godes] E modes   320 N
sceaðan   O sceaða   M ha⟨1⟩'n'godon   325 ðisum dæge – end] lost
from O   327 N behatenum

þisne timan swa swa se godspellere Iohannes cwæð. fram ðisum
middanearde. to his heofonlican fæder; We sceolon fyligan
urum heafde. and faran fram deofle to criste. fram ðissere 330
unstæððigan worulde. to his staðelfæstan rice. ac we sceolon
ærest on urum andwerdan life faran fram leahtrum to halgum
mægnum. fram unðeawum to godum ðeawum. gif we willað
æfter ðisum lænan lífe. faran to ðam écan. and æfter urum
æriste to hælende criste; He us gelæde to his lifigendan fæder. 335
þe hine sealde for urum synnum to deaðe; Sy him wuldor and
lof. þære weldæde. on ealra worulda woruld; amen:—

331 MN unscæððigan   332 MN andweardum   333 we] N ge

XVI

ALIUS SERMO DE DIE PASCHAE

Hit is swiðe gedafenlic. þæt ge on ðisum drihtenlicum æriste.
sume lárlice word æt eowerum lareowum gehyron; Lucas se god-
spellere awrát on cristes béc þæt on ðisum / easterlicum dæge. Th. 284
eodon twegen drihtnes leorningcnihtas to anre byrig. seo wæs
5 fíf mila fram hierusalem. Emmaus gehaten; þa eodon hí spre-
cende ymbe þæs hælendes þrowunge him betwynan. and se
hælend sylf genealæcende eode him mid. ac hí ne mihton hine
oncnawan; Ða befran he hí. hwæt hí him betwynan spræ-
con. oððe hwi hí dreorige wæron; Him andwyrde ða heora
10 oðer. his nama wæs cleophas / and cwæð; Eart ðu ána ælðeodig MS. 190r
mann on hierusalem. þæt ðu ne gehyrdest be ðam nazareniscan
hælende. hu he wæs belæwed. and to deaðe fordemed? We
hópodon þæt hé wære israhela alysend. nu todæg is se ðridda
dæg þe ðis gedon wæs; Sume wimmen of ure geferrædene
15 eodon to his byrgene. and þær englas gesawon. ðe cyddon þæt
he leofode; Sume eac ure geferan to ðære byrgene comon. and
swa gemetton swa swa ða wimmen him sædon. ac hí ne gemet-
ton his líc. ac æmtige byrgene; þa cwæð se hælend him to and-
sware; Eala ge stuntan. and latheortan to gelyfenne. on eallum
20 ðam ðingum þe witegan spræcon; La hú. ne gedafonode criste
swa ðrowian. and swa faran into his wuldre; Begann ða him to
reccenne fram moyse. and eallum witegum. ða halgan gewritu.
þe be him wæron gesette;
  Ða genealæhton hí ðære byrig þe hí towearde wæron. and
25 hine gelaðodon to heora gesthuse. þus cweðende; La leof wuna
mid us. for ðan ðe hit æfenlæhð. and ðes dæg is nu ahyld; þa

Manuscripts: E, K, M, N, U, fᵃ (lines 96–207 omitted, and lines 223–5 lost).

Title PASC'H'AE   4 Eodon   16 ðæ⟨.⟩re

Title E Item alia de Sancto pasce   U ITEM ALIUS SERMO DE DIE
PASCHE   fᵃ FERIA SECUNDA   M *no title*

8 Mfᵃ tocnawan   10 ðu] EU þu la   15 N eode   19 Mfᵃ lætre
heortan   N leahtre heortan   U laðheortan   20 spræcon] U big
spræcon

5838C76   M

eode he to heora inne. swa gelaðod; Ða ða hí to gereorde sæton.
ða genam he hlaf and bletsode. and tobræc. and sealde him;
þa wurdon heora eagan geopenode. and hí oncneowon ðone
hælend þe him ær bedigelod wæs; Drihten ða gewat of heora 30
gesihðe. and hi siððan him betwynan spræcon; La hú. næs ure
heorte byrnende on ús. ða ða hé us be wege gespræc. and us ða
halgan gewritu geopenode; Hí arison on ðære ylcan tide. and
gecyrdon to hierusalem. and gemetton ða endlofan apostolas.
and ða ðe him mid wæron. secgende þæt drihten soðlice of 35
deaðe arás. and hine æteowode Simone Petre; Hi sylfe eac
cyddon þæt hi crist be wege gespræcon. and hú hí on heora
gereorde hine oncneowon;
   On ðisum andwerdan dæge gelamp ðis. þeah ðe þis godspel.
æt oðre mæssan gerædd sy; Gregorius se halga papa ure apostol 40
trahtnode þis godspel mid sceortre trahtnunge. and cwæð; Mine
gebroðra ða leofostan. efne ge gehyrdon þæt ure drihten æfter
his æriste hine æteowode on siðfæte his twam leorningcnihtum.
na fulfremedlice be him gelyfendum. ac be him sprecendum.
and hé nolde for ðære twynunge him æteowian his oncnawen- 45
nysse; Swa dyde drihten on heora gesihðe. swa swa hí sylfe
dydon on heora heortum; Hi soðlice hine lufodon wiðinnan.
and swa ðeah him twynode be his æriste; Drihten him wæs
andwerd wiðutan. and swa ðeah him ne geswutelode hwæt hé
wæs; He gefylde his behát. þe he ær his ðrowunge gecwæð; Swa 50
hwær swa beoð twegen / oððe ðry gegadrode on minum naman.
þær ic sylf beo him tomiddes; Hé ðreade heora andgites heard-
nysse. and him geopenode ða halgan gewritu þe be him wæron
gesette. and swa ðeah he wæs him geðuht swilce ælðeodig for
ðære twynunge; Be ðison we magon tocnawan. þæt us is 55
twyfeald neod on boclicum gewritum; Anfeald neod us is. þæt
we ða boclican lare mid carfullum mode smeagan. oðer þæt we
hí to weorcum awendan; Gif moyses and ealle witegan witogoden
þæt crist sceolde ðurh nearunysse his ðrowunge into his heo-

49 'him'

---

27 swa] N þa   hi to gereorde] N 'hi' gereordode   28 U 'ge'nam
31 U sp'r'æcon   35 him] U hig   39 MNfᵃ andweardum E
-⟨a⟩'u'm   fᵃ dæg   40 U 'æt'   42 fᵃ [ða leofostan]   E þa leofan
44 gelyfendum] N gefendum   46 U [swa²]   47 fᵃ 'on'   48-9 U
'tweonode – þeah hym'   50 E fylde   fᵃ þrowunge ge gecwæþ   52 He]
M ⟨N⟩ 'h'e   57 E 'þæt we'   58 E weorce   EMNUfᵃ witogodon

60 fonlican wuldre faran. humeta mæg ðonne se beon cristen
geteald. se ðe nele be his andgites mæðe þa boclican gewritu
aspyrian. hu hí to criste belimpað. ne ðurh nanre earfoðnysse.
þæt ece wuldor mid criste geearnian;
Hi ða gelaðodon hine to hcora gesthuse. and him mete
65 gebudon. and hine on ðam gereorde oncneowon. þone ðe hí ne
mihton on onwrigennysse haliges gewrites oncnawan; Næron
hí onlihte þurh þæt þæt hí godes beboda gehyrdon. / ac hí   Th. 286
wurdon onlihte þa ða hí godes beboda to weorce awendon.
þurh ða cumliðnysse. for ðan ðe hit is awriten. þæt ða ne beoð
70 rihtwise getealde mid gode. þa ðe buton weorce his beboda
gehyrað. ac ða beoð rihtwise getealde. þe mid weorcum his
beboda gefyllað; Efne ure drihten næs oncnawen ða ða hé on
siðfæte hí gespræc. ac ða ða hé mid him gereordode þa wearð hé
oncnawen. þurh heora cumliðnysse; Mine gebroðra lufiað
75 cumliðnysse. and soðre lufe weorc. swa swa se apostol paulus ða
geleaffullan ðeode þisum wordum tihte; Wunige betwux eow
lufu soðre broðerrædene. and ne forgymeleasige ge cumliðny-
sse; Sume gecwemdon englum on heora gesthusum under-
fangenum. þurh cumliðnysse; Be ðisum eac cwæð se apostol
80 petrus; Beoð cumliðe eow betwynan. buton ceorungum; Drih-
ten sylf cwæð. Ic wæs cuma. and ge me underfengon;
Witodlice cumliðnys is swiðe hlisful ðing. and asteald ðurh
halgum heahfæderum; Sum hiredes ealdor beeode cumliðnysse
mid micelre gecneordnysse. and dæghwomlice ælðeodige men
85 æt his mysan gereordode; Hwæt ða on sumum dæge. com sum
ælðeodig man betwux þam oðrum to his mysan. and se hiredes
ealdor swa swa his gewuna wæs bær him wæter to handum;
þa færlice fordwán se foresæda ælðeodiga of his gcsihðum. and
he ðæs micclum wundrode; Eft on þære ylcan nihte. cwæð se
90 hælend ðurh onwrigennysse / to ðam híredes hlaforde. Oðrum   MS. 191ʳ
dagum þu underfenge me on minum lymum. gyrstondæg þu

60 wuldre] MNfᵃ fæder   N mæg se þonne cristen beon   U crist   62 EU
nane   65 hine] E hi‘ne’   66 EN [on]   haliges] U halignysse
68 MNfᵃ [ða]   weorce] U godes weorce   70 U rihtwisnysse
70–1 MNfᵃ [mid gode – getealde]   72 gefyllað] MNfᵃ ne gefyllað
74 M gecnawen   75 N paululus   76 N geaffullan   77 for-
gymeleasige] U forgite   E [ge]   79–80 N cwæð eac se apostol petrus
U eac se apostol petrus cwæð   80 N ceorunge   81 E ‘me’
82 U [swiðe]   83 EU halige heahfæderas   84 E [mid micelre ge-
cneordnysse]   86 E ‘his’   87 handum] M heora handum   91 under-
fenge] U onfenge   U gyrstendæge

underfenge me on me sylfum; Smeagað nu mine gebroðra. hu
micel miht stent on cumliðnysse. gif heo bið orhlyte ydeles
gylpes; Drihten gelæste þam hiredes hlaforde. þæt þæt he on
his godspelle gecwæð. se ðe underfehð ænne lytling on minum 95
naman. he underfehð me sylfne; Sy lof and wuldor. á. ðam
welwyllendan hælende. Amen;

Th. 288 / Gelome æteowode ure drihten hine sylfne his leorningcnih-
tum æfter his æriste. and mid him ðigde lichamlice bigleofan.
and hí mid his lare getrymde; Sume his geswutelunge we eow 100
sædon on oðre stowe. sume we willað eow nu secgan. nu ge
her gegaderode syndon; We wenað þæt ge ealle on andwerd-
nysse her ne beon to ðam dæge. þe we þæt godspel rædan
sceolon;

Iohannes se godspellere awrat. on þære feorðan cristes bec. 105
ðus cweðende; Manifestauit se IESUS ad mare tyberiadis. ET
RELIQUA; Se hælend hine geswutelode æfter his æriste æt ðære
sæ tyberiadis. his seofon leorningcnihtum on fixnoðe; þær
fixode Petrus. and Thomas. and Nathanael. Iacobus. and
Iohannes. and oðre twegen. þæra naman ne némde se godspel- 110
lere; Hí swuncon ealle ða niht on idelum fixnoðe. and nænne
fisc ne gelæhton; Ða on merigen stod se hælend on ðam strande.
and swa ðeah hí ne mihton hine oncnawan; Se hælend him
cwæð to; Gecnawan. hæbbe ge ænige syflinge begyten; Hí
cwædon. Nese; Drihten cwæð; Wurpað eower net on ða 115
swiðran healfe þæs rewettes. and ge gemetað; Hi ða wurpon
þæt net on ða swiðran healfe. and hit sloh sona swa ful fixa. þæt
hí hit earfoðlice ateon mihton; þa cwæð Iohannes to petre. þæt
hit wære se hælend þe on ðam strande stód; Hwæt ða petrus
hine begyrde. and swam to lande. ða oðre six comon mid 120
rewette; Ða gesawon hí on ðam lande licgan gleda. and fisc
onuppan. and hlaf ðær onem; þa cwæð se hælend; Bringað of

92 'mine'

92 U ⟨. .⟩'under'fenge   U [on me]   E [nu]   93 heo] E he   96 N
syfne   fᵃ [Sy – *line 207* se his]   U [a]   97 MN welwillendum
U AM⟨. .⟩   98 *Before* Gelome] E alia de sancta pasce   N FERIA .IIII.
IN PASCHA EBDOMADA   U FERIA .IIII.   99 MU lichamlicne N
lichamlic⟨.⟩ne   100 U [hi]   101 eow nu] E nu eow   103 U ⟨ne⟩
106–7 ET RELIQUA] N ET RELIQUA. EUANGELIUM   107 æt] U
on   109 E nathaniel   Iacobus] EN and iacobus   110 U [naman]
N nama   112 U morgene   E [se]   113 U hine ne mihton
113–14 E ⟨on ðam⟩ 'him cwæð to'   116–17 U [þæs – healfe]   117 hit]
M hit þa   EU gesloh   119 E 'wære'   122 onuppan] U þær onuppan

ðam fixum þe ge nu gelæhton; Petrus ða teah þæt net to lande.
mid micclum fixum afylled; þær wæron on oðer healf hund fixa.
125 and ðry fixas. and þæt net swa ðeah aðolode; Se hælend cwæð
to him; Cumað. and gereordiað eow. and he sealde him ða
hláf. and fisc; Heora nán ne dorste hine axian. hwæt hé wære.
for ðan þe hí ealle wiston þæt hé wæs se hælend. and him nán
ðing þæs ne twynode;
130   Gregorius trahtnode ðis godspel. and smeade hwí petrus
oððe heora ǽnig to ðan eft fenge. þe hé ær forlét; Witodlice
petrus wæs fiscere ær his gecyrrednysse. and matheus wæs
tollere; Petrus gecyrde eft to his fixnoðe. / and matheus næfre   MS. 191ᵛ
æfter his gecyrrednysse æt tollsetle ne sǽt. for ðan ðe oðer is
135 þæt man him ðurh fixnoðe bigleofan tilige. and oðer þæt man
ðurh toll feoh gegadrige; Sume teolunga sind þe man began
mæg buton synnum. sume sind ðe man earfoðlice mæg. oððe
nateshwon buton synnum begán; Is for ði neod þam ðe to gode
ánrædlice bihð. þæt his mód ne geedlæce ða teolunga þe hine
140 fram gode wemað; Petrus hæfde unpleolice teolunge ær his
gecyrrednysse. and he eac for ði eft buton pleo to his fixnoðe
gecyrde; Se hælend stod on ðam strande ða ða he hine geswute-
lode his leorningcnihtum æfter his æriste. and nolde gán upon
ðam sælicum yðum. swa swa he dyde ær his ðrowunge; Seo sæ
145 getacnað þas andwerdan woruld. and þæt strand getacnode ða
ecan staðolfæstnysse. þæs towerdan lifes; Hí swuncon on ðære
sæ. for ðan ðe hí wæron ða gyt on geswincfullum yðum þises
deadlican lifes; Se hælend stod on ðam strande. / for ðan ðe   Th. 290
he hæfde ðurh his ærist ealle deadlicnyssa aworpen. swilce hé
150 mid weorcum hí gespræce. nelle ic on sæ eow æteowian. for
ðan ðe ic ne eom mid eow on geswincfullum yðum andwerdre
deadlicnysse;
    Heora fixnoðe gelamp micel earfoðnys. þæt cristes tacne
gelumpe micel mærsung; We rædað on cristes bec þæt drihten
155 hete tuwa awurpan net on fixnoðe. æne ær his ðrowunge. and
oðre siðe æfter his æriste; He het ær his ðrowunge wurpan. ac

---

134 tol'l'setle   152 deaðlicnysse

124–5 hund fixa. and ðry fixas] N hund cynna fisca   126 him¹] EU him
eallum   133 his] MN þam   135 EU fixnoð   136 þe] MN þæt
137 ðe] N þæt   138 N 'ði'   139 þæt] U and   hine] E he
140 NU weniað   unpleolice] U untweolice   146 U toweard⟨an⟩'es'
147 N swincfullum   149 U 'he'   U æriste   E eall   MN [he]
151 U andweardnysse   153 N fiscnoð   U earfoðnysse   156 U [siðe]

hé ne scyrde on hwæðere healfe hi þæt net wurpan sceoldon;
Æfter his æriste he het wurpan þæt net on ða swiðran healfe
þæs rewetes. for ðære getacnunge; Seo swiðre healf getacnað
ða godan. and seo wynstre ða yfelan; Se ærra fixnoð ær cristes 160
ðrowunge. getacnode þas andwerdan gelaðunge ðe we on sin-
don. and se æftra fixnoð æfter drihtnes æriste getacnode ða
towerdan gelaðunge gecorenra manna. to ðam ecan life; On
ðam ærran fixnoðe wurdon swa fela gelæhte þæt þæt net
tobærst. and swa fela manna gebugað to geleafan on ðissere 165
andwerdan gelaðunge. þæt hi sume eft út berstað. ðurh
wiðercorennysse and leahtrum heora ðwyran lifes; On ðam
æftran fixnoðe wurdon gelæhte micele and manega fixas. and
þæt net swa ðeah aðolode. for ðan ðe nán man ne ætberst út
of ðære toweardan gelaðunge. siððon hé to godes rice becymð. 170
ac hí wuniað æfre siððan ealle on singalre sibbe. on écere
staðolfæstnysse;
      Petrus teah þæt net to lande. for ðan ðe him is sinderlice
betæht hyrdræden ofer eallum cristenum mannum. swa swa
MS. 192ʳ drihten him to cwæð ðríwa. æt ðisum ylcan gereorde; / He 175
cwæð; Petrus. Lufast ðu me? He cwæð; Drihten ðu wást ealle
ðing. and þu wast þæt ic ðe lufige; Drihten cwæð him to. gif ðu
me lufige. læswa mine scep; Drihtnes scep. sindon cristene
men; Swilce he cwæde. gif ðu me lufige. cyð þa lufe ðe ðu to me
hæfst minum folce. mid ðinre gymene; Witodlice petrus tihð 180
ða geleaffullan of yðigendre sǽ þyssere worulde. and fram
Th. 292 flæsclicum lustum. to ðære ecan / staðolfæstnysse ðurh his
lare. ðurh tacna. ðurh ðingrædene. þurh miltsunge him forgy-
fenre mihte; þæt getel ðæra fixa. hæfð maran getacnunge.
ðonne ge understandan magon; 185
      Hí gemetton fyr. and fisc onuppon. and hláf onem. ða ða hí
to lande comon; Se gebrædda fisc. and se hlaf hæfdon ane
getacnunge; Se fisc getacnode þone hælend. þe wæs on ðære

157 EMNU ascyrde   157–8 MN [hi – swiðran healfe]   159 U 'ge'tac-
nunge   160 cristes] U drihtnes   167 EU leahtras   168 U [micele and]
170 he] U heo   171 sibbe] MN blisse   ecere] U ælcere   174 E ealle
cristene menn   175 N ylcum   176 He] EU Petrus   177 E [ic]
U to him   177–8 gif – scep] M læswa mine scep. gif ðu me lufie
178 læswa] U læswa swa   182 U [lustum]   183 tacna] U tacna. and
184–5 þæt – magon] U On ðissum getele sindon. þreo fiftugu. and þry fiscas.
for ðære getacnunge. þære halgan þrynnysse. and eac mid ðam getæle. synd
getacnode ealle godes gecorenan. þe to his rice becumað   184 M
'ge'tacnunge   186 onuppon] U ðær onuppan   onem] U þær onemn

earfoðnysse his ðrowunge gebræd; And hé is se líflica hláf. ðe
190 afétt ægðer ge englas. ge menn; þæt fyr getacnode ðone halgan
gast. ðurh ðone we beoð gehalgode. and ealle synna beoð
ðurh hine forgyfene; We rædað on oðre stowe. þæt crist æte
æfter his æriste gebrædne fisc. and hunies beobread; Hwæt
getacnode se gebrædda fisc. buton ðone geðrowadan crist;
195 Hwæt ðæs hunies beobread. buton his godcundnysse swetnysse;
Beobread is on twam ðingum. on weaxe. and on hunie; Crist
is on twam edwistum. on unagunnenre godcundnysse. and on
ongunnenre menniscnysse; He wæs us geworden on his ðro-
wunge gebræd fisc. and on æriste hunies beobread;
200   He gereordode hine æfter his æriste mid seofon leorningcnih-
tum. for ðan ðe he geswutelode mid þære dæde. þæt ða men
becumað to his ecan gereorde þe on andwerdum life ðurh
geearnungum becumað to seofonfealdre gife þæs halgan gastes.
þa sind wisdom. and andgit. ræd. and strengð. ingehyd. and
205 arfæstnys. Godes ege is se seofoða; þurh ðas seofon mægenu.
bið þæt ece lif geearnod; Witodlice se ðe cristes gast on him
næfð. nis se his;
    Eow is to witenne þæt ðeos wucu is geteald to anum dæge.
æfter gastlicere gerynu; Be ðam dæge cwæð se witega; Hęc
210 est dies quam fecit dominus. exultemus et lętemur in ea; Ðes
is se dæg þe drihten worhte. uton blissian and fægnian on
ðam dæge; We sceolon blissian on urum drihtne. and on ure
alysednysse. Na on hígleaste. oððe on woruldlicum gedwyldum;
Uton beon swa swa we singað. dæg. and na ðeostru; Forwel
215 fela sind þe wyllað on ðisum dagum drincan oð speowðan. and
fracodlice him be/twynan sacian. ac ðillice ne magon singan   Th. 294
þone lofsang. þes is se dæg ðe drihten worhte; Him andwyrt
þærrihte drihten. Ge sind þeostru. and na leoht; Gif ge willað
beon se dæg þe ic worhte. / lybbað þonne rihtlice. þæt ge   MS. 192ᵛ

204 þa] þ *larger than usual and filled in with red*

190 E getacnode < getacnað   191 E we beo   192 E forgife   193 E
ærist   195 Hwæt] MN Hwæt wæs   198 ongunnenre] MU ungunnenre
N unagunnenre   199 MN [fisc]   202 E andweard⟨.....⟩'um life'
203 E geearnunga   U 'ge'earnunga   205 E se ⟨...⟩'seofoða'   ðas]
U þa   207 se] N he   208 Eow] fᵃ *resumes*   210 E [est]   in
ea] fᵃ in ea. Ðæt is on urum geþeode   Ðes] EN þæt   U þis   fᵃ þæs
210–12 fᵃ 'þæs is se (d)æg – on þam dæg'   211 E [drihten]   213 U
alysedne   E n⟨e⟩'a'   214 fᵃ þeostrum   215 fela] E fea'la'
E drican   fᵃ dri'n'can   oð speowðan] U oð ðæt hy spiwan   217 U
andwyrde   218 drihten] U ure drihten   219 þæt] U and

habbon soðfæstnysse leoht on eowerum heortum. and þæt ne 220
beo næfre ðurh leahtras acwenced; þæt soðe leoht hælend crist
ðe onlihte ealne middaneard. onlihte ure mod his godcundan
leohte. and þæt ne beo næfre ðurh ðone laðan deofol adwæsced.
þæt we mid leohte ures geleafan. and gódum geearnungum to
ðam ecum life becumon moton; amen:—   225

220–1 þæt ne beo] U ne beon   221 leoht] U leoht is   fᵃ hælende
222 ðe] N he   U se   E onliht   MNfᵃ [ealne middaneard. onlihte]
onlihte²] U onlihte he   223 leohte] N mihte   NU [and]   deofol –
end] *lost from fᵃ*   225 MN ecan   U [amen]

KALENDAS MAI. APOSTOLORUM PHILIPPI.
ET IACOBI

PHILIPPUS. se godes apostol ðe we on ðisum dæge wurðiað.
bodade godspel anrædlice hæðenum þeodum. geond twentig
geara fæce æfter cristes ðrowunge. on ðam lande þe is gehaten
Sciðða; Ða gelæhton hine þa hæðenan. and gelæddon to heora
5 deofolgylde þær ðær wæs án ormæte draca. se ofsloh ðærrihte
ðæs hæþengildan sunu. se ðe bær þa storcyllan to ðære off-
runge; Se draca ofsloh eac twegen gerefan ðære ylcan scire. on
þæra hæftnedum wæs se apostol philippus gehæfd; Witodlice
ðurh ðæs dracan blæd. eal seo menigu micclum wearð geuntru-
10 mod; þa cwæð se apostol philippus. to ðam ymbstandendum
folce; Hlystað mines rædes. and eower hæl bið geedniwod. and
þas deadan beoð arærede. and se draca ðe eow derigendlic is.
bið aflýged on mines godes naman; Hí ealle cwædon. Hwæt
tæcst ðu us to ræde; Se apostol cwæð; Towurpað þis deofolgild
15 and tocwysað. and arærað cristes rodetacn on ðære stowe. and
gebiddað eow to ðære; Ða ongunnon ða hryman. þe ðurh þæs
dracan blæde alefode wæron; Wurde ure miht ge/edniwod. Th. 296
þonne towurpe we ðis deofolgild; Þa cwæð se apostol. to ðam
dracan; Ic ðe bebeode on naman hælendes cristes. þæt ðu
20 gewite of ðyssere stowe. and far to westene ðær ðær manna
drohtnung nis. and þu nanum men on ðinum framfære ne
drece; Ða ferde se reða draca ardlice aweig. and nahwar siððan

---

Manuscripts: D, E, K, L, T, f^k (opening lost; begins line 3).

Title: KALENDAS – IACOBI] T PASSIO SANCTI PHILIPPI APOS-
TOLI APOSTOLORUM] D NATALE APOSTOLORUM E In na-
tale apostolorum f^k Natale Sanctorum Apostolorum (*from Wanley*)

1 *Before* PHILIPPUS] T 'M' we] T we '*sculan*' 3 geara] f^k *begins*
f^k fec (?) 5 f^k [ðær] 6 L hæþengyd⟨an⟩ '*esta*⟨n⟩' 7 T eac
ofsloh gerefan] D gerefan on L gerefan '*on*' 8 T gehæft
11 rædes] E wordes 12 þas] D þa 13 L aflymed Hi] E þa
16 ðære] T þære '*rode*' ða] f^k þa to 17 DETf^k blæd alefode] f^k
awyrde wæron] D wurdon f^k wæron. and cwædon 19 L beode
20 manna] T nanes mannes 20–1 manna drohtnung nis] f^k mann ne
wunige 22 drece] DETf^k derige L '*h*'ardlice

ne æteowode; Se apostol philippus arærde ða of deaðe on godes
naman þa ðry deadan. þe se draca acwealde. and ealle ða menigu
gehælde. þe ðurh þæs dracan blæd geuntrumod wæs;   25
  Hwæt ða ongunnon ealle his ehteras mid soðre dædbote to
him gebiddan. wendon þæt hé wære witodlice god; þa ongann
se apostol hí ealle læran ofer twelf monað. ða deopan lare be
drihtnes tocyme. to ðyssere worulde on soðre menniscnysse.
and hu he mid his deaðe middaneard alysde. and æfter his   30
æriste hine sylfne æteowode his leorningcnihtum. and him
geedniwode þa ylcan lare þe he ær hí mid lærde. and hú hé
to heofenum astah. on heora ealra gesihðe. and him siððan
MS. 193ʳ sende þone soðan frofer þæs halgan / gastes. swa swa he him
ær behet; Nu com ic to eow þurh ðæs ælmihtigan sande. and ic 35
dyde eow witan ðurh drihtnes mihte. þæt ðas deofolgild. eow
sind derigendlice. ða ðe ge mid ydelnysse. oð þis wurðodon;
Ðurh þas bodunge gelyfdon fela ðusend manna. on ðone soðan
god þe se apostol bodade. and wurdon gefullode binnon feawum
dagum;   40
  þa gehadode se apostol on ðam earde gehwær. biscopas and
mæssepreostas. diaconas. and godes ðeowas. and góde cyrcan
arærde; Gewende ða to Asiam ðurh onwrigenysse godes to
anre byrig. seo is Geropolis gecíged. and he ðær adwæscte ða
deofellican lare. þe gedwolmen arærdon dyrstiglice ongean 45
god; Se apostol hæfde twá dohtra gestryned. ær ðan ðe he
gecure crist to lareowe. þa ðurhwunodon on mægðhade. mærlice
drohtniende. on ðære ylcan byrig. þe we ær namodon. ða ða se
Th. 298 fæder philippus ðider feorran com; þurh ða mædenu begeat /
se ælmihtiga wealdend fela oðre mædenu. to his mæran wuldre; 50
Philippus se apostol æfter ðisan gecygde his gingran him to.
and þære leode biscopas. sæde þæt he sceolde on ðam seofoðan
dæge. gewítan of worulde. and lærde hi georne þæt hi on gelea-

47 lareowe; þa   48 drohtniende. On < drohtniende; On

23 arærde ða] fᵏ rærde ða eac   25 DE [gehælde]   Dfᵏ geun-
trumode wæron   27 T he witodlice wære   28 fᵏ monðum
30 deaðe] fᵏ deorwurðan deaðe   and²] fᵏ and hu he   32 DE [þa ylcan
lare]   D ʻþa ðingʼ   DE hi ær   34 D ʻheʼ   37 T yfelnysse
40 dagum] D dagum ʻ(fe)la þusandaʼ   41 þa] T Ða ʻæfter ðamʼ   42 mæs-
sepreostas] fᵏ mæssepreostas and   T mæssepreostes ʻandʼ   gode cyrcan] T
gode ʻto lofeʼ cyrcan   fᵏ cyrcean gode   44 Geropolis geciged] L geciged
Geropolis   fᵏ Geropolis (with one word possibly lost before Geropolis)   48 L
[ylcan]   48–9 D ⟨þa ða – com;⟩   51 L ge⟨cigde⟩ ʻclypodeʼ

fan ðurhwunedon. and gewát siððan. seofon and hundeahtatig
55 geara. to ðam lifigendan drihtne. þe he on life folgode; His lic
wæs bebyriged on ðære foresædan byrig. and his twa dohtra
siððan gewiton æfter feawum gearum fægre geendode; Hi
wæron geléde on twa healfa his byrgene; þær getiðað drihten
ðurh ða deorwyrðan halgan. micele weldæda and wundra
60 gelome. geleaffullum mannum. se ðe leofað .á. Amen:—

DE SANCTO IACOBO APOSTOLO.

We wurðiað eac on ðissere andwerdan freolstide. oðerne
apostol IACOB þone rihtwisan. se wæs on ðisum dæge gemar-
tirod; He wæs haliges lifes mann. fram his cildhade; Ne dránc
65 he wines drenc. ne nan ðæra wætena þe druncennysse styriað.
ne nan ðing ðe æfre cucu wæs. ne com on his muðe. ne he næs
geefesod. ne eac bescoren. oððe gebaðod be ðan ðe béc secgað;
He feng to cristes setle æfter his ðrowunge. and gymde þæs
halgan hiredes ðe ðam hælende filigde. and ðæra geleaffulra
70 manna ðe on hine gelyfdon; He geheold cristes setl geond
ðrittig geara fæc. and gelome ðingode for ðæs folces gyltum.
bigende his cneowu on gebedum symle. swa þæt him weoxon.
wearrige ylas. on olfendes gelicnysse. on his liðegum cneowum;
þa ongunnon pharisei him betwynan ðwyrian on hierusalem.
75 for cristes geleafan; Sume hí / gelyfdon ðurh Iacobes lare. sume   MS. 193ᵛ
wiðsócon. ðone soðan hælend; þa com seo burhwaru samod
to ðam apostole. cwædon þæt hí woldon his lare gehyran.
sege ðisum folce soð be ðan hælende; Ðu eart eal rihtwis. and
nanum ne onbihst. we biddað þæt þu astige / to ðam sticelan   Th. 300

---

70 gelyfd⟨e⟩'on'   71 ðri't'tig

54–5 seofon and hundeahtatig geara] D 'þa he wæs' Seofon and hundeahtatig
wintra   E Seofan and hundeahtatig wyntra   T 'on þam' vii an'd' hunde-
ahtatig 'eðan' wintre   fᵏ þa ða he wæs on (seofon) and hundeahtatig wintra
ylde   55 he] fᵏ he ær   T gefolgode   56 wæs] E wearð   fᵏ
lacking   57 geendode] fᵏ geendode on godre drohtnunge   58 wæron]
fᵏ wæron ða   fᵏ twam healfe   60 se ðe leofað a] DE se ðe leofað
and rixað a buton ende   T Se ðe leofað and ricsað. a on ecnysse fᵏ ðam
si wuldor and lof a to worulde   61 DE SANCTO IACOBO APOS-
TOLO] T PASSIO SANCTI IACOBI APOSTOLI   fᵏ DE IACOBO
APOSTOLO   DE no rubric   62 DETfᵏ [andwerdan]   64 DE [his]
65 E styrað   67 fᵏ beefesod   71 D fæc'e'   73 ylas] L bylas
fᵏ [on olfendes gelicnysse]   74 pharisei] T þa pharisei   fᵏ ða sundor-
halgan   75 Sume hi] fᵏ For ðan ðe sume   76 samod] fᵏ eal samod
77 gehyran] fᵏ gehyran. and clypodon   79 T abyhst   T sticelum

scylfe. þæt we ðe ealle geseon. and ðine stemne gehyron. hwilce 80
cyðnysse ðu wilt. cyðan be criste; Hwæt ða boceras ða hine up
gebrohton. to þæs temples scylfe. and him siððan to clypodon;
Ðu rihtwisosta wer þe we wyllað gehyran. cyð us nu be criste.
ðe acweald wæs on rode; þa andwyrde se apostol mid ormætre
stemne. To hwi áxige ge me. be ðam hælende ðus. Efne hé 85
sitt on heofenum æt his fæder swiðran. and hé cymð on wolc-
num on ðissere worulde geendunge. þæt hé gehwilcum deme.
be his ærran dædum; Ða wurdon ða geleaffullan. æfter þissere
clypunge micclum gegladode. and wuldrodon god. cweðende
Osanna. ðam soðan hælende;   90
    þa cwædon ða gedwolmen ðe drihten wiðsocon. yfele we
dydon mid þissere axunge. ac uton upastigan. and hine
underbæc sceofan. þæt oðre forhtian and fram criste bugan;
Ða ongunnon ða clypian. þe þæt gedwyld lufodon. þæt se
rihtwisa dwelode. þe swa be drihtne spræc; Hi ða upastigon. 95
and hine underbæc scufon. and mid stanum torfodon þone
soðfæstan Iacob; Ac hé næs acweald ðurh ðam healican fylle.
ac gebigde his cneowu on gebedum sona. and bæd þone ælmih-
tigan for ðam arleasum cwellerum. þæt he him forgeafe þa
fyrnlican synne; þa ongunnon ða Iudei. hine eft torfian. mid 100
heardum stanum. and heora án hine sloh. mid ormætum
stencge. inn oð þæt bragen; þus wearð gemartirod se mæra
apostol. and on ðære stowe bebyriged. wið þæt miccle tempel.
binnon hierusalem. Iudea cynestol;
    Se mildheorta god. wolde ða gyt gebígan. ðæra iudeiscra mod. 105
mid micclum tácnum. to ðam soðum geleafan. gif hí sylfe woldon.
þæt hí mid dædbote adwæscton heora synna. and asende him to.

---

102 stencge. < stencge;   107 adwæscton] (. . .)æscton

80 geseon] T geseon 'magon'   83 E 'rihtwisaste' (over erasure)
D 'we'   83–4 D [cyð – rode]   85 stemne] fᵏ stemne. and cwæð
D Efne 'he'   87 fᵏ deme'ð'   88 ærran dædum] fᵏ agenum
gewrihtum   89 D wundrodon   E wu⟨n⟩'l'drodon   fᵏ wuldrodon on
90 D osanna⟨n⟩   E osannan   92 fᵏ upstigon   93 oðre] fᵏ ðas oðre
T 'ge'bugan   94 lufodon] fᵏ lufedon. and cwædon   95 E ⟨cwæð⟩ 'spræc'
97 Iacob] fᵏ apostol iacobe   DE þa healican fylle   T þone healican fyll
98 fᵏ cwe'o'wu   DE [on gebedum]   fᵏ on gebedu   98–9 ælmihtigan] fᵏ
ælmihtigan god   99 he] fᵏ hi   100 D ongunnon þa ⟨ongunnon þa⟩
fᵏ totorfian   101 hine sloh] fᵏ arn to ðam apostole and sloh hine
102 bragen] T brægen. 'and he swa gewat of worulde to gode'   103 apostol]
T apostol. 'on ðissum dæge'   E [and]   104 hierusalem] fᵏ hierusalem.
(þ. .) is   D cynestol'e'   105 fᵏ 'ge'big(an)   106 Efᵏ soðan

syllice tacna. swa þæt an steorra stód. se wæs swurde gelic.
bufon hierusalem. beorhte scynende; Eac án cometa ofer ealne
110 gear. scean mid egeslicum lige. æfre byrnende; An cú wearð
gebroht. eft to ðam temple. þæt man hí geoffrode. on ða ealdan
wison; Ða wolde heo cealfian. on / gesihðe þæs folces. ac heo   Th. 302
eanode lámb. ongean hire gecynde; Eft siððan wearð gesewen.
wið sunnan setlunge. geond ealne ðone eard. yrnende here. up
115 on ðam wolcnum. mid ormætre wæpnunge; Eft on ðære byrig.
begann sum uplendisc mann. egeslice hrýman. to ðam arleasum
burhwarum. fram eastdæle stemn. fram westdæle stemn. fram
feower windum stemn. wá ðissere burhware; / þa árn se ceorl   MS. 194ʳ
geond ealle ða strǽt. dæges and nihtes. dreorig hrymende. oð
120 þæt ða heafodmen hine hetelice swungon. æne. and oðre siðe.
oð þæt ða bán scinon. ac hé nolde biddan. nánre miltsunge. ne
næfre mid wope his wunda bemænan. ac symle clypode mid
swiðlicere þoterunge. swa swa we ær sædon. and wá ðissere burh-
ware; Fela oðre tacna. wurdon eac gesewene. on iudeiscre leode.
125 þe nu sind lange to reccenne; Hwæt ða se ælmihtiga. ðe ealle
ðing wát. geseah þæt hí noldon heora synna behreowsian. þæt hí
æfre dorston. heora drihten ahón. and siððan his apostolas sume
eac adyddon; Ða asende he him to. ðone scearpan here. of
romana rice. mid reðum wæpnum; þa wearð þæt earme men-
130 nisc. for heora mándædum. sum mid hungre acweald. sum mid
heardum ísene. and seo burh toworpen. swa swa gewritu secgað.
and þæt micele templ. mid eallum his mærðum;

Uton nu gebroðru biddan geornlice. ðas halgan apostolas.
ðe we todæg wurðiað. þæt hí us ðingian to urum scyppende. se
135 ðe ana rixað on ecnysse god; amen:—

---

108 swurde] (. . . .)de   109 beoʼrʼhte   110 mid] (. .)d   132 mi⟨.⟩d

108 stod – gelic] fᵏ seo wæs swurde gelic stod   109 an] fᵏ ac   111 ge-
broht] T gebroht 'on þære tide'   ða] L þam   112 fᵏ ðæs folces gesihðe
115 Eft] E Eft syððan   116 hryman] fᵏ to hryman   118 fᵏ seo
121 scinon] fᵏ scinon ut   123 fᵏ 'we'   D ⟨and⟩ fᵏ [and]   124 leode]
Tfᵏ þeode   125 T 'a' reccenne   ælmihtiga] T ælmihtiga 'god'   127–8 fᵏ
eac sume   129–30 mennisc] fᵏ folc   130 DET sume   T acwealde
ET sume   132 templ] fᵏ temple eac   133 T [geornlice]   fᵏ georne
134 we] E we nu   135 ana rixað on ecnysse god] T leofað and ricsað
.a. on ecnysse

XVIII

V. NOŃ. MAI. INUENTIO SANCTAE CRUCIS

Men ða leofostan nu todæg we wurðiað þære halgan rode
gemynd. ðe ure drihten on ðrowode. for ðan ðe heo wæs
Th. 304 geswutelod on ðisum dæge mannum; / Hieronimus se wisa
mæssepreost awrat on ðære bec ðe we hátað ecclesiastica
historia. þæt sum romanisc casere wæs Constantinus geháten. 5
se wæs eawfæst on ðeawum. and arfæst on dædum. cristenra
manna fultumigend. and næs ðeah gyt gefullod; þa wánn him
ongean. sum wælhreow heretoga. Maxentius gehaten. mid
micclum ðrymme. wolde him benǽman. his lifes and his rices;
þa ferde se casere. swiðe carful mid fyrde. and gelome beheold 10
wið heofonas weard. biddende georne godcundne fultum; Ða
geseah hé on swefne. on ðam scinendan eastdæle. drihtnes
rodetacn. deorwurðlice scinan. and him cwædon ða to gesewen-
lice englas; þu casere constantine. mid ðisum tacne oferswið
ðinne wiðerwinnan. and hé awóc ða bliðe. for ðære gesihðe. 15
and for ðan behatenan sige. and mearcode him on heafde halig
rodetacn. and on his guðfanan gode to wurðmynte; He het eac
smiðian of smætum golde. ane lytle rode. ða he lædde on his
swiðran. biddende georne þone ælmihtigan wealdend. þæt se
swiðra ne wurde. æfre gewemmed. ðurh readum blode. roman- 20
iscre leode. ðam ðe hé geuðe. ælcere dugeðe. gif maxentius ana.
him wolde abugan. ðe ða burh geheold. mid hételum geðance;
    þa hét maxentius. mid micclum swicdóme. oferbricgian ða
éa. eal mid scipum. and syððan ðylian swa swa oðre bricge.

Manuscripts: D, E, K, T, fᵏ (many minor losses at edges of leaves).

2 ðrow⟨a⟩'o'de   13 (cwæd)on   15 (ðinne)   16 (si)ge   19 seo

---

Title: T [V. NOŃ. MAI]   D V. NONA MAI   E V. NOŃ. KL̄. MAI
4 D mæssepreost 'and se mæra abbud'   9 him] DE hine   fᵏ *defective*
DE his rices and his lifes   13 T deorwurðe scinende   T [ða]
14 oferswið] DE þu oferswiðst   15 D þine   16 halig] T 'þæt' halig'e'
19 DE [georne]   20 DE næfre   T 'n'æfre   readum blode] T þæt
reade blod

25 / þæt se casere sceolde ðæron becuman. ac him sylfum getimode MS. 194ᵛ
swa swa hé ðam oðrum gemynte; Se arleasa gewende. ána of
ðære byrig. and het ðone here him æfter ridan; He ne gemunde
ða for ðam micclum graman ðære leasan bricge. þe hé alecgan
het. ac rád him ana to. ormǽte caflice; þa scipu toscuton. and
30 he ðone grund gesohte. mid hórse mid ealle. and se hére
ætstod. ahréd fram frecednysse. for his anes deaðe; Swa wearð
gefylled þæs caseres bén. þæt his hand næs besmiten. þe ða
rode heold. mid agotenum blode. his agenre burhware; Ða
wearð eal þæt folc. micclum gegladod. þæt hí moston gesunde.
35 cyrran to ðære byrig. and underfengon ðone casere. swa swa
him ge/cynde wæs. and he mid sige gesæt. siðða his cynestol. Th. 306
gefullod on criste. þe his folc geheold;
His modor wæs cristen. Elena gehaten. swiðe gelyfed mann.
and ðearle eawfæst; þa ferde heo to hierusalem. mid fullum
40 geleafan. wolde ða rode findan. ðe crist on ðrowade; Heo becom
to þære stowe swa hire geswutelode god. þurh heofenlicere
gebicnunge. and afunde ðreo roda. an wæs ðæs hælendes. and
ða oðre ðæra ðeofa; Ða nyste heo gewiss. hwilc wære cristes
rod. ær ðan ðe hé mid tacnum hí geswutelode; þa wearð seo
45 cwen micclum gegladod. þæt heo moste ðone maðm on moldan
findan. and siðða ðurh tacnum swutelunge oncnawan; Arærde
ða cyrcan on ðære cwealmstowe þær seo ród on læg. þam leofan
drihtne. and bewánd ænne dæl ðære halgan rode mid hwitum
seolfre. and hi ðær gesette. and ðone oðerne dæl. lædde to hire
50 suna. and ða isenan næglas þe wæron adrifene þurh cristes
folman. ða ða hé gefæstnod wæs; Ðus wrát hieronimus. se wisa
trahtnere be ðære halgan rode. hu heo wearð gefunden; Gif
hwa elles secge. we sceotað to him; Cristene men sceolon
soðlice abugan to gehalgodre rode on ðæs hælendes naman.
55 for ðan ðe we nabbað ða ðe hé on ðrowade. ac hire anlicnys
bið halig swa ðeah. to ðære we abúgað on gebedum symle. to
ðam mihtigan drihtne þe for mannum ðrowade. and seo ród is

51 h'i'eronimus

---

28 DE micclan   31 fram] E fram ðam fᵏ *defective*   36 T [siððan]
(fᵏ *defective*)   38–9 fᵏ [swiðe – hierusalem]   41 T heofonlice
42 afunde] DE funde þa Tfᵏ funde   43 T þeofa: *uel sceaðena* (fᵏ *defec-*
tive) gewiss] T geara   44 T he'o'   46 T tacna   DE oncneowon
51 DET awrat   D hieronimus 'se haliga abbud and'   52 T afundon
55 fᵏ 'he'   56 T symle. 'and'   57 D ælmihtigum   E ælmihtigan
T mihtigum

gemynd. his mæran þrowunge. halig ðurh hine. ðeah ðe heo
on holte weoxe; We hí wurðiað .a. for wurðmynte cristes. se
ðe ús alysde mid lufe ðurh hí. þæs we him ðanciað. symle on   60
life;

Th. 308 / EODEM DIE SANCTORUM ALEXANDRI. EUENTII. ET
THEODOLI.

On ðisum dæge þrowode. sum arwurðe papa Alexander
geháten. mid twám mæssepreostum. Euentius. and Theodolus.   65
MS. 195ʳ ætforan ðam casere Aurelianus / genamod þe hí gemartirode;
Hé wæs welhreaw cwellere cristenra manna and fela belífode.
gelyfedra manna; þa het hé gelangian þone halgan lareow. and
cwæð him sona to mid særwigendum mode; Alexander papa.
Ic sece ærest æt ðe. þæt þu me ardlice secge. hwæt se intinga   70
sy. þæt ge wyllað sweltan sylfwilles for criste. ær ðan ðe ge æfre
his geleafan wiðsacan; þa andwyrde se papa. ðam cwellere ðus;
þæt þæt ðu axast is swiðe halig ðing. ac crist us forbead. þæt
hundum to syllanne; Ða cwæð aurelianus. eom ic hund geðuht;
Alexander ða wiscte. eala gif ðu wære hund; Hund is sawulleas.   75
and on helle ne ðrowað. se man þe forsihð. his scyppend on
life. sceal æfre ðrowian on ecum tintregum;
     þa ðywde se casere. hine to swingenne. gif he him ne sæde
swa hwæs swa he axode; Alexander cwæð. þæt he ondrede
god. and nænne oðerne on andwerdum life; þu dwelast casere.   80
þurh dyrstignysse. gif ðu buton geleafan æt ús leornian wylt.
ða halgan gerynu. ðurh heardum swinglum; Aurelianus and-
wyrde orgelice swiðe. Ic ana gewealde. ealles middaneardes.
and ðu sprecst ðus dyrstiglice. swilce to sumum deman. ac ðin
sawul sceal. swiðe getintregod. gewitan of ðam lichaman. ær ic   85
ðe forlæte; Alexander sæde. hwæt dest ðu niwes nu. ða ane

84 specst

---

61 life] ETfᵏ life. AMEN   62–3 EODEM – THEODOLI] D
PASSIO ALEXANDRI PAPAE   E Eodem die passio alexandri. euenti.
et ðeodoli T PASSIO SANCTORUM MARTYRUM ALEXANDRI.
EUENTII. ET THEODOLI.   fᵏ PASSIO SANCTORUM   ·   66 T
aureliane   genamod] E gemanod   67 T [cristenra manna]   68 lareow]
T papan   68–9 and cwæð] E þa cwæð he   69 Tfᵏ syrwiendum
Alexander] T Insertion sign (for Pope XXIII)   74 aurelianus] D aurelius
E ualerius   79 he¹] T he hine   80 E weardum   82 T hearde
swingla   E aurelius

ætwundon þinum welhreawum handum. ðe for ðinum tintre-
gum heora drihten wiðsocon; Ic soðlice sceal. æt ðe sweltan
deaðe. for ðan ðe ic nelle. næfre crist wiðsacan; Æfter ðisum
90 wordum. het se wælhreowa hine hón. on heardre hengene. and
his sidan bærnan. mid hátum ligum. and mid hengene ðrawan.
to langere hwile. ac he naht ne ge/cwæð; þa befran se arleasa. Th. 310
hwí he suwade; þa sæde se halga. þæt he spræce ʼto criste; Eft
hine axode. se arleasa casere. humeta he wolde. his geogoðe
95 amyrran. cwæð þæt he ða wære geðuht. þrittig geara; þa wiscte
se biscop. þæt se wælhreowa ne sceolde. his sawle amyrran.
ðurh his mándædum;
    Ða sende seo cwen. ðis ærende him to. beorh ðe ic bidde. and
forlæt ðone biscop. elles ðu earma scealt. yfelum deaðe sweltan.
100 and ic beo forlæten. wudewe on life; þa cwæð se casere. þæt hi
wæron gesibbe. and for ði spræce þillice word him fore; He het
swaðeahhwæðere ðone halgan forlætan. and gelangian ða
preostas. to his laðan andwerdnysse. and befrán ðone papan.
hwæt hí wæron gehæfde; þa sæde se biscop. þæt hi soðlice
105 wæron. halige mæssepreostas. ðam hælende ðeowigende; þa
axode se casere. þone ænne preost. hu his nama wære. oððe hú
gefyrn he gelyfde. / Hé cwæð þæt he hatte Euentius. fram MS 195ᵛ
iugeðe. and wære gefullod for hundseofontig geara. and to
mæssepreoste gehalgod for manegum gearum; þa het se casere
110 hine crist wiðsacan. and hé moste beon mærlice mid him; Euen-
tius him sæde ða mid soðre lare þæt he sceolde behreowsian.
his reðan dǽda. and gelyfan on crist þæt he his miltse
begeate;
    þa hét se wælhreowa. him gelangian tó. ðone oðerne preost.
115 and him sona to cwæð; Eart ðu þeodolus. ðe mine hæse for-
sihst; Ða sæde ðeodolus þæt he forsáwe his hǽse. and eac hine
sylfne. for nahte tealde. for ðan ðe hé godes halgan. hynde mid
witum; Aurelianus cwæð. to ðam arwurðan preoste. ne bist ðu
orhlyte. eallunge ðæra wítena; þeodolus sæde þæt he truwode

89 T criste   90 E worde   T hearde   92 E cwæð   94 T
[casere]   95 T [ða]   96 biscop] E halga biscop   97 DETfᵏ
mandæda   98 DE asende   fᵏ se   fᵏ to him   99 E yfele
101 him fore] E for hine   102 T swa ʻþæhʼhwæðere   103 DE laðre
104 T [gehæfde]   104–5 E wæron soðlice   107 heʳ] E ʻheʼ gelyfde]
T gelyfde on god   108 E and wære ⟨and wære⟩   DETfᵏ hundseo-
fontigum gearum   108–9 DE [and to – gearum]   110 T criste
T [and – him]   114 DE [to]   116 D ʻhisʼ   117 forʳ] E to
118 E Aurelius   E [to – preoste]   119 E getruw⟨a⟩ʻoʼde

on god. þæt hé nære ascyred fram soðum martirdome. þæs 120
halgan weres his holdan papan; Ða het se wælhreowa. gewriðan
ðone papan. and ðone oðerne preost to his hricge hindan. and
wurpan hí begen. into byrnendum ofne. and het ðeodolum.
standan æt ðam muðe. þæt hé for ðam ógan. him abugan
Th. 312 sceolde; Hí wurdon ða aworpene. swa se / wælhreowa hét. into 125
ðam byrnendum ofne. gebundene ðwyres. ac se lig him ne
mihte. nateshwon derian; Ða clypode se papa. to ðam oðrum
preoste. Broðor ðeodole. Gang hider into ús. se ylca is herinne.
ðe gíu ær ahredde. ða gelyfedan cnihtas. wið nabochodonosor.
ðe hí gebundene wearp into byrnendum ofne; þa sceat 130
ðeodolus. sona to ðam papan. unforht on ðam fyre. fægnigende
mid sange; Drihten ðu afandodest ús. on ðisum fyre. and nis on
ús gemett. ænig unrihtwisnys; þis wearð ða gecyd þam casere
sona. and he wearð geangsumod. mid ormætum graman. and het
beheafdian ða halgan preostas. and ðæs papan lima. gelome 135
prician. oð þæt hé swulte. ðurh swylcum pinungum;
Æfter ðisum wearð gehyred of heofonum. clypung to ðam
casere. ða ða he heora deaðes fægnode; þu aureliane. ðe is hell
geopenod. and ðisum martyrum. is myrcð gegearcod; Ða
cwacode hé sona. and cwæð to his wife; Sum mære iungling. 140
com mid gyrde to me. seo wæs eal isen. and eac byrnende. and
wearp hí ða to me. ðas word cweðende. hafa ðe aureliane swa
ðu sylf gecure. and ic siððan cwacode eal on fefore. gebide nu
for me. þone god ðe ðu wurðast; þa andwyrde þæt wif. Seueri-
ana gehaten. Ic wille ða halgan bebyrian. þy læs ðe me swa 145
getimige. and heo sona swa dyde. mid soðum geleafan. and
mid arwurðnysse hí ealle bebyrigde; Efste hám siððan. to ðam
earman casere. ða læg se earming. his yrmðe bemænende. and
bát his tungan. þæt heo on blode fleow; He gewát ða of worulde
MS. 196ʳ to wælhreawum cwicsuslum. and Seueriana / gecom to ðæra 150
halgena byrgenum. mid hæran gescrydd. and þær wunade swa.
oð þæt Sixtus biscop com fram eastdæle. and þær be hire bene

137 h'e'ofonum

---

123 D þeodolus   124 for] E of   DE onbugan   127 D 'nates'hwon
128 T herinne. 'þæt is crist'   129 E ⟨wæs⟩'iu'   131 T to þam papan
sona   132 D afandest   E onfandodest   133 D ca'se're   135 T
gelomlice   139 DE [is]   E myrhðe   T gegearcod. 'on heofenum'
141–2 E 'seo wæs – to me'   142 T [ða]   143 fᵏ syððan (cw)acode ic
146 E [swa]   148 E bemænde   149 on blode] E flode   151 ET [swa]

biscop gehadode. ðe mihte behwyrfan. ða halgan martiras. mid
gastlicum sangum. and godes gerihtum; Seo stow hæfde
155 siððan. symle hire biscop. oð þisne andweardan dæg. Sy ðam
ælmihtigan lof. se ðe ana ricsað. on ecnysse god; amen:—

154 E rihtum   156 E rixað. a   T [god]   D AMEN; EXPLICIT
HIC LIBER.

Th. 314 FERIA SECUNDA. LETANIA MAIORE

Læwede menn behófiað. þæt him lareowas secgon. ða godspel-
lican lare. ðe hí on bocum leornodon. þæt men for nytennysse
misfaran ne sceolon; Ure drihten sæde. to sumum lareowe. ða
ða he hine axode. be ðam hehstan bebode. Lufa ðinne drihten
mid ealre ðinre heortan. and mid eallum móde. þis is þæt mæste 5
bebod; Is eft oðer bebod. ðisum swiðe gelíc. Lufa ðinne
nextan. swa swa ðe sylfne. þas twa bebodu. belucað ealle bec;
Nis us nán gemet on ðam ærran bebode. for ðan ðe we sceolon
urne scyppend lufian. ofer ealle magas mid unametenre lufe;
On ðam oðrum bebode. we habbað gemet. þæt we oðerne 10
lufian swa swa us sylfe. þa ðe ðurh geleafan. us gelenge beoð.
and ðurh cristendóm. us cyððe to habbað; Se ðe hæfð ða
soðan lufe. he hylt ealle gewritu. ðe sind gelógode. on lang-
sumum cwydum; He hylt þæt þæt him cuð is on cristes gewri-
tum. and þæt þæt him digele is on heora deopnysse. gif he ða 15
soðan lufe. hylt on his ðeawum; Ne fremað cristenum menn.
þeah he fela gód wyrce. buton hé symle hæbbe. ða soðan lufe
on him; Manega sind beboda. mannum gesette. ac hi ealle
hangiað on ðisum twam wordum; Swa swa of anum treowe.
springað manega bogas. swa gað of anre lufe. manega oðre 20
mihta;

Manuscripts: D, F, K, M (extracts used in two composite homilies, lines
1–7, 189–91, 204–11, 244–5, 268–9), P, f^b (lines 31–212 erased and mainly
illegible; where variants from other MSS. are recorded in this portion f^b
is not a witness unless specifically cited).

9 magas: *þinc*   16 menn '*naht*'

Title: FERIA – MAIORE] DM Sermo in letania maiore. FERIA II. P DE
DILECTIONE DEI ET PROXIMI f^b LARSPELL F *no title*

1 Læwede] F MEN ÐA LEOFESTAN '*uton hlystan þære godcundan lare.*
for þon' LÆWEDE   3 F sceol⟨d⟩on   5 þis] F þæt   6 D
þin'n'e   7 bec] M *continues* Uton ealle gemænelice *etc.* (long passage
not by Ælfric; beginning written over erasure, with traces of lines 8–9
still visible)   14 P [him]   16 fremað] D fremað '*nanum*' F
fremað ænegum   17 þeah] f^b ðeah þe   DF god'a'   DF hæbbe
symble D symble: *l̄ æfre*   18 on] D mid   mannum] D on mannum
20 D g⟨æ⟩'a'þ   f^b manegra

Eft cwæð se hælend. to his leorningcnihtum. se ðe me
lufað. he hylt min bebod. and min fæder hine lufað. for ðære
hyrsumnysse. and wit cumað him to. and him mid wuniað;
25 Gehyrað mine gebroðra. hwæt se hælend cwæð. se ðe me
lufað. he hylt min bebod; þære lufe fandung. is þæs weorces
fremming; Iohannes se apostol. eac be ðisum cwæð; Gif hwa
cwyð þæt he lufige. þone lifigendan god. and his beboda ne
hylt. he bið leas ðonne; Soðlice we lufiað. ðone / leofan drih-   Th. 316
30 ten. gif we ure unðeawas. geemnettað be his hæsum. and ure
wohnysse. be his wordum gerihtað. and þurh unlustum. his
lufe ne wiðcweðað; Seo halige ðrynnyss. ðe is ðrymwealdend
god. cymð ungesewenlice. to geswæsre heortan. þe gehyrsum
bið. his hæsum mid weorce. and heo bið geglenced. þurh
35 godes neosunge. and mid his onwununge. wiðinnan onliht;
Menn dæftað heora hus. and wel gedreoglæcað. gif hí sumne
freond. onfon willað to him. / þæt nan unðæslicnyss. him ne   MS. 196ᵛ
ðurfe derian. and we sceolon ús clænsian. fram unclænum
dædum. þæt se mihtiga god. on urum mode wunige. se ðe
40 ænne gehwilcne. þurh his gast geneosað. and ða fulan forlæt.
for heora fracodnysse. leohtes bedælede. for ðan ðe hí ne
lufiað hine;
    Ure drihten sæde. on ðisum soðum spelle. se ðe me ne lufað.
ne hylt hé mine word; Godes lufu geswutelað. hí sylfe mid
45 weorcum. gif heo ydel bið. nis heo ðonne lufu; Se ðe god ne
lufað. ne lufað he hine sylfne. for ðan ðe he ne geðyhð.
næfre buton gode; Drihten soðlice. sæde on his bodunge. ge
beoð mine frynd. gif ge wyrcende beoð. ða ðincg ðe ic bebeode.
eow to gehealdenne; Micel mildheortnys. þæs metodan driht-
50 nes. þæt we beon gecigede. swa gesæliglice. ures scyppendes
frynd. gif we his hæse gefyllað. we ðe næron wurðe. beon his
wealas gecigde. and we habbað swilce geðincðe. þurh ða gehyr-
sumnysse; We blissiað on mode. for ðære micclan geðincðe.
ac we sceolon hogian. hu we hi begyton; Ne ortruwige nan man

39 ur⟨e⟩'um'   45 weorcum. 'and'   48 frynd. < frynd;   'gif'

24 F gehyrsumnyss'e' Pfᵇ gehyrsumnysse   25 fᵇ 'ðe'   28 P lifigen-
dan < luf-   31 wohnysse – 212 and] fᵇ erased and mainly illegible   P
unlustas   35 F 'ge'neosunge P geneosunge   D oninnan   39 DFP
ælmihtiga   40 F ænne: l̄ ure   41 D fracednyssum   45 ydel] D
yfel   47 D 'his'   48 D fr⟨eo⟩'y'nd   F freond   49 DF mildheortnys
'is'   D þæs: l̄ ures   metodan] P mihtigan   51 D fr⟨eo⟩'y'nd   F freond

for ormætum synnum. þæt he geearnian ne mæge. þone micc- 55
lan wurðmynt. and beon godes freond. þurh gódum geear-
nungum. gif hé ne geedlæhð his ærran misdæda; For synfullum
mannum sealde crist his líf; Ortruwige se ana ðe endeleaslice
syngað. and ær his endenextan dæge dǽdbote ne gewyrcð;
    Uton lufian god mid gódum ingehyde. and eac ure nextan 60
swa swa us sylfe; God wunað on ús. gif we ús betwynan lufiað.
and his soðe lufu. bið swa on ús gefylled. and we magon his

Th. 318 .ǽ. mid ðam ánum gefyllan; / Hwá is ure nexta? Uton axian
crist; Witodlice he cwæð be eallum cristenum. Ge ealle sind
gebroðra. and ænne fæder habbað se ðe on heofonum is healice 65
sittende; Nu is eow gesæd þurh ðone soðan crist. þæt ge sind
gebroðra. gif ge ðone bénd healdað. soðre broðerrædene
untobrocenne; Hwa is me nú néar. þonne min broðor? Ic hine
eac lufige. and hé is min nexta; Iohannes se apostol awrát on
his pistole. and cwæð þæt we oncneowon cristes lufe on ús 70
þurh þæt. þæt he sealde hine sylfne for ús. and we sceolon
syllan ús sylfe for gebroðrum; Se ðe speda hæfð. and ða
aspendan nele hafenleasum breðer. næfð he soðe lufe; Gif ðu
gyt swa micel ne miht ðurhteon. þæt ðu sylf swelte for sumes
broðer life. syle ðine æhta him to fultume; Gif ðu swa ne dest. 75
on sibbe for gode. hwænne wylt ðu syllan. ðe sylfne for hine. on
earfoðre ehtnysse arleasra cwellera; Ús gedafenað to dónne
dugeðe on sibbe. mid estfullum mode. menniscum gesceafte.

MS. 197ʳ and eft on ehtnysse. ure lif syllan. for ðone soðan god. / oððe
for sumne broðer. swa swa se hælend sealde hine sylfne for ús; 80
Ac se swicola feond sæwð ungeðwærnysse betwux mancynne
þurh mislice intingan. and tyht oðerne mann to urum æhtum.
and ure mód ontent mid micclum graman ongean ðæne oþerne.
ðe ure ehtan wile; þonne forleose we ðurh ða lytlan æhta ða
soðan lufe þe is selost æhta; Ac we sceoldon gescyldan þa soðan 85
lufe .á. seo ðe ús gelæt to ðam lifigendan gode. swiðor þonne ða
æhta ðe ús ateoriað; Soðlice ne mæg ure sawul gefleon to

72 Se ðe ‘ða’
_____

55 D ormætum: ĺ mycelum   D mæg‘e’   56 D ⟨and⟩ ‘þæt he’ beo
56–7 P gode geearnunga_   58 F endeleaslice: æfre   63–4 F ⟨Hwa
– crist;⟩   64 F he: ĺ crist   D cristenum ‘mannum’   65 habbað]
D ge habbað   65–6 F ⟨healice sittende⟩   67 F ‘ge’   69 is]
D is eac   F wrat   72 gebroðrum] D urum gebroðrum   73 P
soðan   74 DFP ne miht swa micel (fᵇ as K)   75 life] D lufe
80 F sumum breðer   85 F sceolon

heofonan rice. buton heo hæbbe fiðera þære soðan lufe scyp-
pendes and manna. ðe má ðe ænig fugel his flihtes gewylt. gif
90 his oðer fiðere forod bið on ǽr;
  Smeage nu gehwá hwæt his hade gedafnige. for ðan ðe menn
magon þurh modes gecnyrdnysse on ælcere endebyrdnysse
ðam ælmihtigan gecwéman; Cyninge gerist. rihtwisnyss and
wisdom. him is nama gesett of soðum reccendome. þæt he hine
95 sylfne. and siððan his leode mid wisdome wissige. and wel
gerihtlæce; þæt folc bið gesǽlig þurh / snoterne cyning. sige-   Th. 320
fæst. and gesundful. ðurh gesceadwisne reccend; And hí beoð
geyrmede ðurh unwisne cyning. on manegum ungelimpum. for
his misræde;
100 Biscop sceal læran. his leoda symle. mid boclicere lare. and
him bysnian wel. ðreagan ða ðwyran. and ða ðeawfæstan lufian.
beon heora hyrde. hold under criste. ealle ofersceawigende. swa
swa his nama swegð. and yfel ne forsuwige. ne unriht ne
geðafige; Biscopas and mæssepreostas sind to bydelum gesette
105 þæt hi læwedum folce geleafan bodion. and him eac geðingion.
to ðam ælmihtigum gode; For ði him gedafenað þæt hí dugeðe
habbon. and mid fægerum ðeawum gefrætewode beon; Hu
mæg se ungelæreda láreowdóm healdan. and læwedum folce
fægre bodian. be ðan cwæð se hælend to his discipulum. gif se
110 blinda man bið oðres blindan latteow. þonne befeallað hí begen.
on sumum blindum seaðe; Lange sceal leornian. se ðe læran
sceal. and habban geðincðe. and þeawfæstnysse. ðy lǽs ðe he
forlǽde. ða læwedan mid him; Se lareow hæfð lytle geðincðe.
þe mid yfelre gebysnunge his bodunge towyrpð; Se bið mære
115 lareow. ðe mannum bodað. and eac mid weorcum. him wel
gebysnað; Ne mæg se preost. mannum ðingian. ne eac him
sylfum. gif he synnum underlið. and mid fulum dædum. hine
fracodne gedeð. buton hé ærest arise. of ðam reocendum meoxe.
and mid soðre dædbote. hine sylfne aðwea. þæt hé clypunge
120 hæbbe. cuðlice to drihtne; God cwæð be láreowum. on his
larspelle; / Se ðe eow gehyrð. he gehyrð me. and se ðe eow   MS. 197ᵛ
forsihð. he forsihð me; For ði gedafenað eow. þæt ge drihten

---

100 sym⟨b⟩le   101, 106, 115 h⟨i⟩ʸyʹm   105 geðingi⟨a⟩ʹoʹn

---

93 D rihtwisnys⟨. .⟩ʹseʹ   95 DFP gewissige   96 F rihtlæce   97 D
reccendʹomesʹ   98 DF unwisum cyninge   106 FP ælmihtigan
111 P sumne blindne seað   D blindan   121 P [ðe²]   122 P
eow gedafenað   DFP drihtne

gehyron. ðurh halige lareowas. þe his gespelian sind; Hí beoð
orsorge. ðeah ðe hí man forseo. and cweðað mid þam witegan.
to weroda gode; Ic ne forsuwade drihten þine soðfæstnysse. ne 125
ic on heortan behydde. ðine rihtwisnysse. ac hí me forsawon.
forð mid þære segene;
    Sum witega clypode. to eallum demum; Lufiað rihtwisnysse.
ge ðe on eorðan demað. oncnawað eowerne god. mid gódnysse
symle. and mid heortan anfealdnysse. secað hine / georne; Eft 130
oðer witega. be ðam ylcan cwæð; Ge manna bearn. demað
rihtlice; Eac ure drihten. on his godspelle cwæð; Beoð mild-
heorte. swa swa eower fæder is; Eow bið ameten. swa swa ge
amǽton. on ðam ylcan gemete. ðe ge mannum doð; Iacobus se
apostol be ðan ylcan sæde; Se ðe dóm geset buton mildheort- 135
nysse. him bið eft gedemed. buton mildheortnysse; Isaías
manað eac. manna deman. helpað ofsettum. and steopcildum
demað. beweriað wydewan. wið wælhreawum ehterum. and
ðreagað me siððan; þis sæde drihten. and gif eowere synna
wæron wolcnreade ær ðan. hi beoð scinende on snawes hwitnysse; 140
Gif ge me gehyrað. ge etað þære eorðan gód. Gif ge me geyr-
siað. eow fornimð min swúrd; Wá ðam ðe talað mid treowlea-
sum mode yfel to góde. and gód to yfele. þeostru to leohte. and
leoht to ðeostrum; Wá ðan ðe stráng bið. to swiðlicum dren-
cum. and to gemencgenne. ða micclan druncennysse; Swilce 145
gerihtwisiað. þone arleasan for sceattum. and þam rihtwisum
ætbredað his rihtwisnysse swa; For ði hí fornimð helle fyr swa
swa ceaf. and heora wyrtruma bið swa swa windige ysla; Eft
cwæð Salomon be swilcum gedwolum. hí blissiað on yfelnysse.
and on arleasum dædum. and hí slæp ne underfoð. buton hi yfel 150
gefremmon; And rihtwisra siðfæt is swilce scinende leoht. and
weaxende symle. oð soðre fulfremednysse;

---

125 -suwade: *swigade*   126 -sawon: *segon*   130 sym`b´le
139 siððan.ʲ < siððan;   drihten; < drihten.   141–2 geyrsiað: *wræððieð*

---

123 DFP spelian   126 heortan] D heortan `ne´ Pfᵇ heortan ne   127 D
sægene: *l spæce*   129 DP [on]   132 rihtlice] P rihtlice; Eft cwæð se
witega on oðre stowe; Se ðe unrihtwisnysse lufað. he hatað his sawle (*Also in*
fᵇ)   133–4 F ⟨swa swa ge ametað⟩   134 P Iacob⟨us⟩   136 D `him
bið (`eft´ gede)mæd but(on) mildheo(rt)nesse;´   137 F eac manað   deman]
DFP deman þus   138 P wælhreowe ehteras   142–3 P getreowleasum
143 F `mode´   yfele] P yfele. woh to rihte. and riht to wo (*fᵇ illegible, but*
sufficient space)   146 DFP rihtwisan   147 swa¹] P swa. for þan ðe hi
swa demað. swa swa him wissað se sceat (*also in fᵇ, but* fᵇ gewi(ssað))
149 on] D ⟨i⟩`o´n    151 F swi⟨ðe⟩`lce´   152 oð] D on Fo⟨f⟩`n´ fᵇ oð

Se apostol awrát be eawfæstum werum; Lufiað ge weras
eowere wif on æwe. ne beo ge bitere him. ungebeorhlice. and
155 healdað eowere æwe swa swa eow licað. þæt eowere wíf healdon.
hí wið forligre. þæt þæt se wer gewítnað on eawbræcum wife.
þæt gewítnað drihten on eawbræcum were; Wif sceolon gehyr-
sumian. heora werum gedafenlice. and hí symle arwurðian.
swa swa agene hlafordas; Ure drihten forbead. mid his agenum
160 muðe. ða yfelan twæmincge. betwux twam æwum ðus; Swa
hwa swa his æwe forlæt. and oðer genimð. he bið þonne eaw-
bræce. and eac forligr; Eac se ðe wifað on ðam / forlætenum   MS. 198ʳ
wife. bið unrihthæmere. geháten fram gode; / Eft gif wif   Th. 324
awyrpð hire agenne wer. and oðerne gecyst. heo bið soð
165 eawbræce. ac gif hí æne togáð. hí sceolon eft gegadrian. oððe
siððan wunian. symle buton hæmede; Twæming is alyfed. þam
ðe lufiað swiðor. ða healican clænnysse. þonne ða hóhfullan
galnysse; Eac hí magon on sinscipe. hí sylfe bedyglian. and
hæmed forgán. gif him swa god gewissað;
170   God soðlice fordemð þa dyrnan forlíras. and ða unriht-
hæmeras on helle forðeð. buton hi ær geendunge. heora yfel
gebeton; Ne gesceop se ælmihtiga god. men for galnysse. ac
þæt hí gestrynon. mid gesceade heora team. and eft on heora
ylde. mid ealle þæt forlæton. ðonne ðæs wifes innoð. unwæstm-
175 bære bið gehæfd; God forgeaf gescead. menniscum gesceafte.
and ungesceadwisum nytenum. asetne timan. þæt men sceoldon
lybban. heora lif mid gesceade. swa swa ða clænan nytenu
cepað heora timan; Se mann is gesceapen to his scyppendes
anlicnysse. and soðlice ða nytenu sindon sawullease; Nu bið
180 mannum sceamu. þæt hí mislybban sceolon. and ða nytenu
healdað. heora gesetnysse. Ne sæwð nan yrðling. ænnc æcer
túwa; Ne nán wer ne sceal. his wife genealæcan. siððan heo
mid bearne. swærlice gebunden gæð. ðe læs ðe hí amyrron.
heora gemæne cild; þis is swiðe hefigtyme. eow to gehyrenne.
185 gif we hit forsuwian dorston. ne sæde we hit eow;

155 heald⟨a⟩'o'n   160 twam æwum: *were and wife*   162 forlæten⟨an⟩'um'

153 Pfᵇ [ge]   155 wif] P fff   156 F forligre. '*for þi*' P forliger
161 DF oðere   162 D [eac¹]   F forlætenan   (fᵇ -um)   163 bið]
F he bið   164 F '*ge*'ceost   F ⟨soð⟩   165 F A⟨nd⟩ '*c*'   eft] D
eft'*hi*' P hi eft   167 F swiðor lufiað   169 DFPfᵇ god swa   176 D
ungescead⟨wisum⟩   177 P [ða]   182 F 'genealæcan' D genealæcan
'*æfter ri*( )'   183 P s'w'arlice (fᵇ sw. . . . . .)   184–5 P 'þis – hit eow'
(*fᵇ as K*)

Se ðeoda láreow. lærde manna bearn. þæt hí gehyrsume beon.
heora fæderum .á. and ðam fæderum he bead. þæt hí heora
bearn ne geæbiligdon. þæt hí ne wurdon gewæhte. ðurh
wácmodnysse; Eft is awriten on oðre stowe. Arwurða ðinne
fæder. and eac ðine moder. and se ðe fæder oððe modor. 190
mánlice wyrigð. he sceal deaðe sweltan. þis sæde drihten;
Godes wisdom sæde þurh Salomones muð. Styr ðinum cilde.
and sleh hit mid gyrde. and ðu swa alyst. his sawle fram deaðe;
Se ðe sparað his gyrde. he hatað his cild; And se ðe hit lufað.
lærð hit anrædlice; Cildru behofiað. swiðlicere steore. and 195
Th. 326 godre gymene. to gódum ðeawum. þæt se wisdom / mage. on
him wunigende beon. se ðe nele wunian. on yfelwyllende sawle.
ne eac on ðam lichaman. ðe lið under synnum; Se wisdom is
hálig. and hine sylfne ætbret. fram modes hiwunge. and mynd-
leasum geðohtum; Rihtwis wæs Eli. and he forwearð swa ðeah. 200
for his bearna synnum. ða begen swulton. under sweordes ecge.
for heora synlicum dædum. and heora fæder feoll. foredum
MS. 198ᵛ swyran. on ðam / ylcan dæge. þurh drihtnes wrace. for ðan ðe
hé ne styrde. heora stuntnysse ær; Be sumum cilde we rædað
þe wæs receleaslice afedd; Hit wolde wyrian. wælhreawlice 205
drihten. and se fæder ne rohte. his receleasnysse; þa æt nextan
comon cwelmbære deoflu. swutellice gesewene. on sweartum
hiwe. into ðam cilde. and hit sona hrymde; Fæder min. fæder
min. me nimað þas deoflu. and behydde his heafod. on his
fæder bosme. and wyrigde drihten. and swa gewát sona. mid 210
þam sweartum deoflum. forscyldgod to helle; Ða cild ðe beoð
syferlice afedde. and wið unðeawum eallunge gestýrede. hí
geðeoð gode. swa swa god sylf gecwæð. ða ða he bletsode. ða
gebrohtan cild. and sæde his gyngrum. swilcra is godes rice;
þeowe men manode. eac se mæra apostol. þus toclypigende; 215
Eala ge ðeowan. beoð gehyrsume eowerum hlafordum. swa
hwæt swa ge wyrcað. wyrcað mid móde. swa swa gode sylfum.

194 lufað. 'he'   215 manode: *mynegade*   217 móde: *eadmodnesse*

---

187 he bead] DFP bebead   189 M *begins* Drihten cwæð. on sumere
stowe. arwurða *etc.*   191 M [manlice]   F man'*ful*'lice   (fᵇ manlice)
M [þis – *line 204* ær]   197 Pfᵇ yfelwillendre   198 lið] D bið
201 F swulten begen   (fᵇ *as* K)   204 *M resumes* Swa swa we be sumum
cilde rædaþ *etc.*   206 F 'ne'   208 hit sona] D his sunu   (fᵇ *as* K)
211 M [Ða – *line 244* Hi]   212 wið] fᵇ *mainly legible from here to end*
Pfᵇ unþeawas   eallunge] D eallum   F eall*ū* < eallun   213 fᵇ cweð
D gebletsode   214 F '*rice*'

and hé sylð eow mede; Ne ðeowige ge to ansyne. ac mid
anfealdre heortan. ne swilce beforan mannum. ac mid godes
220 ogan; þa hláfordas hé manode. þæt hí milde wæron. heora
ðeowum mannum. mid þæslicnysse; Se hlaford and se ðeowa.
gelice clypiað. to ðam heofonlican fæder. on heora paternostre;
Begen hí sind men. on middanearde acennede. and hi habbað
æt gode swa hú swa hí geearniað; Ælc ðeowt bið geendod. on
225 ðisum andweardan life. buton ðæra anra. þe synnum ðeowiað.
hi habbað ecne ðeowt. and ða oðre beoð frige. ðeah ðe hí on
life. lange ær ðeowdon;
    Eft se ðeoda lareow lærde ða rican. þæt hí hí ne onhebbon.
on healicere modignysse. ne heora hiht ne besetton. on ðam /   Th. 328
230 swicelum welum. ac hihton on god. þæra góda syllend; Fela
spræc se hælend. and héfiglice be ricum. ac he hi eft gefre-
frode. ðus fægre tihtende. syllað ðone ofereacan. eow to ælmes-
dædum. and efne ealle ðing. eow beoð geclænsode; Hwæt
fremað ænigum men. ðeah ðe he ealne middaneard to his
235 anwealdum gebige. gif hé ana losað; Cýpmannum gedafenað.
þæt hí soðfæstnysse healdon. and heora sawla ne syllon. ðurh
swicele aðas. ac lofian heora ðing buton laðre forsworennysse;
God soðlice fordeð. ða swicolan and leasan; Ealle we sceolon
standan. æfter ðisum life. ætforan cristes domsetle. þæt ælc
240 ðær underfó. swa hwæt swa he on lichaman adreah. oððe
gód oþþe yfel; Se ylca apostol manode eac ða medeman. þæt
hi beon gehealdene. on heora bigleofan and scrude; þearfan
he lærde. þæt hí on lifes wædlunge. geðyldige beon. and /   MS. 199ʳ
symle blissian; Hí beoð gesælige. gif hí soð lufiað. and buton
245 híwunge him andlyfan biddað; Gif hwa ðearfan forsihð. he

218 to ansyne: *unlustlice*   219 anfealdre: *eadmod(..)*   n⟨e⟩'a'
220 ogan: *eian*   221 þæslicnysse: *eadmodnesse*   224 hf] hí 'her'
ðeowt'men'   230 welum < welan

219 ne] F ⟨eac⟩'na'   219–20 F ⟨ac mid godes ogan⟩ '*swilce beforan godes*
e'a'gen'   D ac ⟨mid⟩ '*beforan*' godes eagan   220 ogan] Pfᵇ ogan; We
secgað eac to soðan þæt se ðe scæcð his hlaforde. and his feoh him ætbyrð. ne
byð he na wyrðe æniges cristendomes. ne clænre licreste;   221 D þeowe
mannum   225 P andweardum   fᵇ 'andweardum'   228 D '*lareow*'
F [hi] P ahebbon   231–2 P frefrode (*fᵇ illegible*)   233 F [efne]
234 to] D on   235 D gebige: *Ī habbe*   237 P lufion   238 and]
FPfᵇ and þa   leasan] Pfᵇ leasan; Se þe gelome swerað *etc.* (*passage
printed as Pope XXIV*)   238–9 sceolon standan] F standað   241 ða
medeman] D þam medeman mannum   243 D [on]   244–5 Hi – bid-
dað] *cf.* M Hit is geræd þæt þa beoð gesælige þe soðfæstnysse lufiað. and
buton hiwunge farað

tælð his scyppend; Be untrumum mannum. se ælmihtiga
cwæð. Ic ðreage and swinge. þa ðe ic lufige; Paulus se apostol
eac be ðisum cwæð. ne forgym ðu min bearn. þines drihtnes
steore. ne ðu ne beo gewæht. þonne he ðe þreað. ðone ðe
drihten lufað. þone he ðreað. and soðlice beswingð. ælcne sunu. 250
ðe he underfehð;
      Gif we untrume beoð. uton beon geðyldige. swa swa se
eadiga Iob. us eallum bysnode. be ðam is nu langsum. on
ðisum lytlum cwyde eow to gereccenne. ac we rædað þis eft;
Gif us ungelimpas. on æhtum getimiað. þonne sceole we 255
niman. geðyld æfter Iobe. se ðe ealle his æhta. anes dæges
forleas. ac he hæfde geðyld. þus cweðende sona; God forgeaf
ða æhta. and god hi eft ætbræd. sy his nama gebletsod. and
forbær ðus eaðelice; Menigfealde beoð. þæs metodan drihtnes.
egsan and swingla. ofer scyldigum mannum. þæt ða sceortan 260
witu. ðises geswincfullan lifes. forscyttan ða toweardan. þe
Th. 330 næfre ne ateoriað; / Se ælmihtiga god. cýð his gódnysse ús. and
hwilon us geolæhð. and hwilon eac beswingð; Nære nan tihting.
gif he us ne olæhte; Nære nan rihting. gif he us ne ðreade; Se
ðe god herian wille. on his healicum weldædum. herige eac on 265
edleane. and on egeslicum swinglum; Manega tacna. and micele
yrmða. becumað on middanearde. ofer manna bearnum.
máran and máran. oð þam gemænan ende; Se ðe æfre ðurh-
wunað. on anrædum geleafan. se bið gehealden. swa se hælend
sæde; 270
      He het us eac beon. on gebedum wacole. gelomlice us
biddende. mid bealdum geleafan. þæt we moton forfleon. ða
toweardan frecednysse. and standan on gesihðe. his soðan men-
niscnysse; Micel magon gebedu. mannum fremian. be ðam
spræc se pistol æt ðyssere mæssan. þæt we sceolon andettan. ure 275

258 Sy   265 eac 'hine'   266 edleane < edleanum

248 D for⟨nim⟩'gym'   255 Pfᵇ ungelimp   P getimað (fᵇ illegible)
257 forleas] F forlet   F 'he'   259 metodan] P mihtigan   fᵇ ælmihtigan
265 D [eac]   F ⟨eac⟩   266 and¹] F and 'eac'   267 Pfᵇ bearn   268 Pfᵇ
oð ðæne gemænelican ende   268–9 cf. M and geþencan hu hit is gerædd
on bocum. se ðe æfre þurhwunað on anrædum geleafan. se byð gehealden
269–70 swa se hælend sæde] DPfᵇ þis sæde se hælend   F ⟨þis sæde⟩ se
hælend ⟨; He⟩ het etc.   271 He het – line 284 gyt] fᵇ Augustina se wisa
etc. (as XXVI, lines 110–33)   wacole] D wacole. and   F wacole. 'and'
272 biddende] D 'ge'biddan   F biddende: gebiddan   275 spræc –
mæssan] F 'me rædde nu on þisum pistole'

synna gelome. and ælc for oðerne gebiddan. þæt we beon
gehealdene; Helias se witega wæs ús mannum gelic. ðrowiendlic
swa swa we. and he swa ðeah abæd. þæt ren wæs forwyrned.
ðam wiðerweardum folce. to ðreora geara fyrste. and syx
280 monða fæce; He abæd eft siððan. æt ðam soðan gode. þæt he
rénas forgeaf. and eorðlice wæstmas; Gif hwilc man gebigð
oðerne fram gedwylde. he alyst his sawle soðlice fram deaðe.
and fela synna adylegað. þurh ðæs gedwolan rihtinge; / þis is   MS. 199ᵛ
sceortlice gesǽd. uton secgan forð gyt;
285   Se ðeoda láreow sæde mancynne. þæt dyrne forlígeras. oððe
deofolgyldan. sceaðan and reaferas. oððe reðe manslagan.
gytseras and drinceras. þe dollice lybbað. nabbað godes rice. on
rodorlicere heofonan; Eac swylce drymen þe mid dydrunge
farað. and feondlice wiccan. and oðre wigeleras beoð to helle
290 bescofene. for heora scincræftum; Oft únmen secgað þæt hí
unsynnige beon. ðeah ðe hí leohtlice mettas him on muð
bestingon. on swilcum fæstendagum mid fræcere gyfernysse.
and nellað understandan. hu adám us forpærde. ðurh anes
æpples ðigene. þe hé æt forboden; Nis nán man fæstende þe
295 underfehð mid muðe æniges gesceaftes. sǽ. oþþe eorðan. ac ða
beoð scyldige ðe ða gesetnysse tobrecað þære halgan gela-/   Th. 332
ðunge. mid unalyfedre ðigene. and fyllað heora wambe
fracodlice ær timan; Uton we geearnian þæt ece líf mid gode.
ðurh geswicenysse yfeles. and ðurh fremminge gódes; þæs us
300 getiðige se ælmihtiga wealdend. se ðe .á rixað on ecnysse.
AMEN:—

276 'ge'biddan   285 láreow 'paulus'   286 manslagan 'and unrihtde-
meres'   287 rice. 'ne nane wununge mid him'   297 eora

279 P wiðerweardan   280 DP bæd   282 D oðer'ne'   283 P
gedwollican   283–4 DF ⟨þis – gyt⟩   P [þis – gyt]   283 D 'is'
284 F sceortlic   285 fᵇ resumes Se þeoda lareow etc.   286 fᵇ [reðe]
287 D git'se'ras   þe dollice] P gedwollice   290 fᵇ [Oft – line 298
timan]   292 D ⟨s⟩'h'wilcum   F ⟨s⟩'geh'wilcum   296 D geset'ed'nysse
298 fᵇ resumes Uton we geearnian etc.

ITEM IN LETANIA MAIORE.

FERIA TERTIA

Men ða leofostan Paulus se apostol ealra ðeoda lareow awrat be
him sylfum þæt hé wære gelædd up to heofonum. oð þæt hé
becom to ðære ðriddan heofonan. and he wæs gelæd to neorxna-
wánge. and þær ða gastlican dygelnysse gehyrde and geseah.
ac hé ne cydde na eorðlicum mannum ða ða hé ongean com. 5
hwæt hé gehyrde. oððe gesawe. ðisum wordum writende be
him sylfum; Scio hominem in christo ante annos quattuor-
decim. Raptum usque ad tertium cęlum; Et iterum; Quoniam
raptus est in paradisum. Et audiuit archana uerba. quę non
licet homini loqui; þæt is on englisc. Ic wat ðone mann on 10
criste. þe wæs gegripen nu for feowertyne gearum. and gelæd
oð ða þriddan heofenan. and eft hé wæs gelæd to neorxnawange.
and ðær gehyrde ða digelan word þe nán eorðlic mann sprecan
ne mót; Humeta rædað sume men. ða leasan gesetnysse. ðe hí
hatað paulus gesihðe. nu hé sylf sæde. þæt he ða digelan word 15
gehyrde. þe nán eorðlic mann sprecan ne mót; We wyllað nu
eow gereccan oðres mannes gesihðe. ðe únleas is. nu se apostol
paulus his gesihðe mannum ameldian ne moste;
     Sum scyttisc preost wæs gehaten Furseus. æðelboren for
worulde. arwurðes lifes. and gelyfed swiðe; He wæs fram cild- 20
hade / gelæred. on clænnysse wunigende. estful on móde. /
lufigendlic on gesihðe. and on halgum mægnum dæghwomlice
ðeonde; þa forlét he fæder and modor. and magas. and on

MS. 200ʳ
Th. 334

Manuscripts: D, G, K, P.

---

19 scyttisc: *Scoticus*   23 mod⟨e⟩'o'r

Title ITEM – TERTIA] D In Letania maiore. FERIA .III.   G S̄ Furseus
gesihðe   P DE VISIONIBUS FURSEI ET DRITHELMI

1 G larðeaw   3 D becom ⟨to ðære⟩ to ðære   G [gelæd]   5 na]
G ne   7–10 G [Scio – englisc]   8 iterum] P CETERA   13 D
specan (*so G, regularly*)   14 Humeta – men] G Sume rædeð   ðe]
D þa   16 mot] DG mot; 'ac'   G [nu]   17 D gereccan 'sumes'
20 D lifes 'man'

oðrum earde. ælðeodig leornode; Æfter ðisum arærde mynster.
25 and þæt mid eawfæstum mannum gesette; Eft æfter fyrste
getimode him untrumnys. swa þæt he wearð to forðsiðe ge-
broht; þa genamon twegen englas his sawle. and fleogende mid
hwítum fyðerhaman betwux him ferodon; An ðridda engel
fleah him ætforan. gewæpnod mid hwitum scylde. and scinen-
30 dum swurde; Ða ðry englas gelicere beorhtnysse scinende
wæron. and ðære sawle wunderlice wynsumnysse mid heora
fiðera swege on belæddon. and mid heora sanges dreame
micclum gegladodon; Hí sungon. Ibunt sancti de uirtute in
uirtutem. uidebitur deus deorum in sion; þæt is on englisc.
35 Ða halgan farað fram mihte. to mihte. ealra goda God bið
gesewen on sion; Ða gehyrde hé eft oðerne sáng. swilce
uncuðne. managera ðusenda engla þus cweðende; Exierunt
obuiam christo; þæt is hí eodon togeanes criste;
    Hwæt ða án engel of ðam upplicum weredum bebead ðam
40 gewæpnodum engle ðe ða sawle gelædde. þæt hi eft ongean hí
gelædan sceoldon. to ðan lichaman þe heo of gelæd wæs; þa
cwæð se engel him to. ðe him on ða swiðran hand fleah; Ðu
scealt eft ðinne lichaman underfón. and agyfan gode þinre
carfulnysse weorc. and fremmincge; þa cwæð se halga furseus.
45 þæt hé nolde his willes. heora geferrædene forlætan; Se engel
him andwyrde; Æfter ðinre carfulnysse gódre fremmincge. we
cumað eft to ðe. and ðe genimað to us; Hi ða sungon. and seo
sawul ne mihte undergitan. hú heo on ðone lichaman eft becom.
for ðæs dreames wynsumnysse; þa betwux hancrede læg se
50 halga wer geedcucod. mid rosenum hiwe ofergoten. and ða
lícmen his neb þærrihte unwrugon; Ða befrán furseus. hwí
heora gehlyd swa micel wære. oððc hwæs hí swa micclum wun-
drodon; Hi ða him andwyrdon. and sædon þæt hé on æfnunge
gewite. and þæt his lic læge on flora ealle ða niht oð hancred;
55 He ða up gesæt. smea/gende his gesihðe. and het hine huslian. Th. 336
and swa untrum leofode twegen dagas;

28 h⟨i⟩'y'm   37 managa   50 roseum

24 P 'earde'   D leornode: ferde   arærde] G he hrærde   28 D feðer-
hamum (G -en)   An] GP And an   33-4 G [Ibunt – englisc]
34 D [on englisc]   36 D swiðe   37-8 G [Exierunt – is]   39 G
werode   40 DGP gewæpnodan   hi¹] D he < hi   DGP hi ongean
41 G læden   45 G gewilles   46 P him < hi   47 genimað] G
genymeð eft   48 DP ðam lichaman   G þan lichame   51 P þærrihte
his neb   53 P [him]

Eft ða on ðære þriddan nihte middan. astrehte his handa on
gebedum. and bliðe gewát of ðisum geswincfullum life; þa
comon eft ða ðry foresædan englas. and hine gelæddon; Hwæt
ða comon ða awirigedan deoflu on atelicum hiwe ðære sawle 60
togeanes. and heora án cwæð. uton forstandan hí foran mid
gefeohte; þa deoflu feohtende scuton heora fyrenan flán
ongean ða / sawle. ac ða deofellican flán wurdon þærrihte ealle
adwæscte þurh ðæs gewæpnodon engles scyldunge; þa englas
cwædon to ðam awirigedum gastum; Hwí wille ge lettan ure 65
siðfæt? Nis þes man dælnimend eoweres forwyrdes; Ða
wiðerwinnan cwædon þæt hit unrihtlic wære. þæt se man ðe
yfel geðafode sceolde buton wite to reste faran. ðonne hit a-
writen is. þæt ða beoð eal swa scyldige ðe þæt unriht geðafiað.
swa swa ða ðe hit gewyrcað; Se engel ða feaht ongean ðam 70
awyrigdum gastum. to ðan swiðe þæt þam halgan were wæs
geðuht þæt þæs gefeohtes hréam. and ðæra deofla gehlyd.
mihte beon gehyred geond ealle eorðan;
þa deofla eft cwædon. ydele spellunge he beeode. ne sceal hé
ungederod þæs ecan lifes brucan; Se halga engel cwæð; Buton 75
ge ða heafodleahtras him on befæstnian. ne sceal hé for ðam
læssan losian; Se ealda wregere cwæð; Buton ge forgifon man-
num heora gyltas. ne forgifð se heofenlica fæder eow eowere
gyltas; Se engel andwyrde; On hwam awræc þes man his
teonan? Se deofol cwæð; Nis na awriten þæt hí wrecan ne 80
sceolon. ac buton ge forgyfon of eowerum heortum wið eow
agyltendum; Se engel cwæð. us bið gedemed ætforan gode; Se
ealda sceocca eft cwæð; Hit is awriten. buton ge beon swa
bilewite on unscæðððignysse swa swa cild. næbbe ge infær to
heofenan rice; þis bebod hé nateshwon ne gefylde; Se godes 85
engel hine beladode. and cwæð; Miltsunge he hæfde on his
heortan. ðeah ðe hé manna gewunan heolde; Se deofol and-
wyrde; Swa swa he þæt yfel of ðam menniscum gewunan
underfeng. underfo he eac swa þæt wite fram ðam upplican
deman; Se halga engel cwæð; We beoð / ætforan gode gesémde; 90

64 gewæpnod⟨a⟩ʼoʼn   66 man ʼnahtʼ

57 D [ða]   G amiddan   58 G swyncfulle   63 D þære sawle
64 scyldunge] GP gescyldnysse   68 yfel] P unriht   70-1 GP þa
awyrigedan gastas   79 G wræc   81-2 wið eow agyltendum] G þan
þe wið eow agylteð   87 G [ðe]   88 D ʼheʼ   of] P on   89 un-
derfo he eac swa] D underfo he eac   G swa underfo he eac

þa wiðerwinnan wurdon ða oferswiðde. þurh ðæs engles ge-
winne. and ware;
 Ða het se halga engel þone eadigan wer. beseon to middan-
earde; He ða beheold underbǽc. and geseah swilce án ðeostor-
95 ful dene. swiðe niðerlic. and geseah ðær feower ormǽte fyr
atende. and se engel cwæð him to; þas feower fyr ontendað
ealne middaneard. and onælað þæra manna sawla. þe heora
fulluhtes andetnysse. and behát ðurh forgægednysse awægdon;
þæt án fyr ontent þæra manna sawla. ðe leasunge lufedon; þæt
100 oðer ðara. ðe gitsunge filigdon; þæt ðridde þæra. þe ceaste and
twyrednysse styredon; þæt feorðe fyr forbærnð þæra manna
sawla þe facn. and arleasnysse beeodon; Ða genealæhte þæt fyr
ðam halgan were. and he sona afyrht to ðan engle cwæð; þæt
fyr genealæhð wið min; Se engel andwyrde; Ne byrnð on ðe
105 þurh wite. þæt þæt ðu on life ne onældest / ðurh leahtras;   MS. 201ʳ
þeah ðe þis fyr egeslic sy. and micel. þeahhwæðere hit onælð
ælcne be his gewyrhtum; Swa swa se lichama bið ontend ðurh
unalyfede lustas. swa eac byrnð seo sawul ðurh neadwis wíte;
Se gewǽpnoda engel ða fleah him ætforan todælende ðone líg.
110 and ða oðre twegen him flugon on twá healfa. and hine wið
þæs fyres frecednysse gescyldon;
 Þa deoflu ða mid gefeohte ongean ða sawle scuton. and heora
an to ðam englum cwæð; Se ðeowa ðe wát his hlafordes willan.
and nele hine gefremman. sceal beon gewitnod mid micclum
115 witum; Se halga engel befrán; Hwæt ne gefylde þes man his
hlafordes willan? Se sceocca andwyrde; Hit is awriten þæt se
healica god hatað unrihtwisra gife; He hæfde genumen lytle ǽr
sumne cla ð. æt anum swyltendum men; þa cwæð se engel. he
gelyfde þæt gehwilc ðe him ænige gife sealde. behreowsunge
120 on life gedyde; Se deofol andwyrde. ærest hé sceolde heora
dædbote afandian. and siððan heora sylene underfón; Se engel
andwyrde; Uton sceotan to godes dome; Se awyrigeda gast
andwyrde; God gecwæð. þæt ælc synn ðe nære ofer eorðan
121 sylene: *gyue*

91–2 GP gewinn   98 G behǽse   P apægdon   101 þæt] G And
þæt   104 min] G me   105 D leahtrum   106 G [ðe]   107 P
gewyhtum   GP [swa]   108 neadwis wite] G neadwite   110 G
[and¹]   111 gescyldon] G aredden. and gescillden   113 D engle
114 hine] G heo   114–15 G mycele wite   115 engel] D engel hine
P fylde   117 D haliga: *l̄ healica*   118 anum] G sumen   119 G
æighwylc   sealde] G geafen   120 on] G on his   gedyde] G dyde.ᶴ
þæt he swa mihte   123 DG cwæð

gebet. sceolde beon on ðissere worulde gedémed; þes mann ne

Th. 340 geclænsode / his synna on eorðan. ne her nan wite ne under- 125
fehð. hwær is nu godes rihtwisnys? Se engel hí ðreade. and
cwæð; Ne tǽle ge to dyrstelice. for ðan ðe ge nyton godes
digelan domas; Se deofol andwyrde; Hwæt is her bedigelod?
Se engel cwæð; Æfre bið godes mildheortnys mid þam men.
þa hwile ðe ðær bið gewéned ænig behreowsung; Se deofol 130
andwyrde; Nis nu his tima to behreowsienne. on ðyssere stowe;
Se engel andwyrde; Nyte ge ða micclan deopnysse godes
gerynu. weald þeah him beo alyfed gyt behreowsung;
þa cwæð sum oðer deofol; Hit is awriten. Lufa ðinne nextan.
swa swa ðe sylfne; Se engel andwyrde; þes wer dyde gód. his 135
nextan; Se wiðerwinna andwyrde; Nis na genóh þæt man his
nextan gód dó. buton he hine lufige. swa swa hine sylfne; Se
halga engel andwyrde; þa gódan dæda sind geswutelunga ðære
soðan lufe. and God forgylt ælcum men be his dædum; Hwæt
se deofol ða mid hospe cwæð; þes mann behet þæt hé wolde 140
ealle woruldðing forlǽtan. and hé siððan lufode woruldðing
ongean his agen behát. and ongean þæs apostoles bebode þe
cwæð; Ne lufige ge ðisne middaneard. ne ða ðing ðe on mid-
danearde sind; Se halga engel andwyrde; Ne lufode he woruld-
lice æhta. for his neode ana. ac to dælenne eallum wædliendum; 145

MS. 201ᵛ / Se ealda wregere eft cwæð; Hit is awriten buton þu gestánde
ðone unrihtwisan. and him his unrihtwisnysse secge. Ic ofgá
his blodes gyte. æt ðinum handum; þes mann nolde cyðan ðam
syngigendum. heora synna; Se engel cwæð; Hit is awriten
ðam yfelum timan. þæt se snotera sceal suwian. ðonne he gesihð 150
þæt seo bodung næfð nænne fórðgáng;

On eallum ðisum geflitum wæs ðæra deofla gefeoht swiðe
stiðlic ongean ða sawle. and ða halgan englas oð þæt ðurh
godes dom. ða wiðerwinnan wurdon gescynde. and se halga
wer ða wearð mid ormætum leohte befangen; þa beseah he up. 155
and geseah fela engla werod. on micelre beorhtnysse scinende.
and ðæra halgena sawla wið his fleogende mid unasecgendlicum

127 Ne tæle ge] D Nelle ge tælan 'god' DGP [to dyrstelice] 128 P
gediglod 133 G get alefd 137 sylfne] G sylfne. and him fore
gebidde (on erasure) 138 G [halga] 142 agen behat] D agenum
behate G behǽse P behat D beboda G bebodan þe] D þe he
GP þe ðus 143 D 'ge' 145 P anum G wædlinge 147 G
and his unrihtwisnysse him 150 DP yfelan (G yfele) 153 D
ongean þære sawle. and þam halgum englum 154 P gescylde 155 G
gewearð 157 G wið him

leohte. and afligdon ða deoflu him fram. and þæs / fyres ógan   Th. 342
him fram adydon; þa gecneow hé betwux ðam halgum twegen
160 arwurðe sacerdas. þe ær on life wæron his landes menn swiðe
namcuðe; Hi ða genealæhton. and him cuðlice to spræcon; An
ðæra hatte beanus. oðer meldanus; þær wearð ða geworden
micel smyltnys ðære heofenan. and twegen englas flugon
swilce ðurh anre dura into ðære heofenan. and ða sloh ðær
165 micel leoht út æfter ðam englum. and wæs gehyred feower
engla weroda sáng ðus cweðende; SANCTUS. SANCTUS. SANCTUS.
Dominus deus sabaoth; Ða sæde se engel ðam eadigan were.
þæt se dream wære of ðam upplicum werode. and het hine
georne þæs heofonlican sanges hlystan. and cwæð; Soðlice on
170 ðisum heofenlicum rice ne becymð næfre unrotnys. buton for
manna lyre;
   Eft ða comon fleogende of ðære heofenlican digelnysse
englas. and cyddon þæt he sceolde eft to worulde gecyrran;
Furseus ða wearð þurh ðas bodunge ablicged. and ða twegen
175 foresǽdan sacerdas abǽdon æt ðam englum þæt hí moston hine
gesprecan. and cwǽdon him to; Hwæs ondrǽtst ðu ðe? Anes
dæges færeld. þu hæfst to siðigenne; Furseus ða befrán. be
geendunge þises middaneardes; Hi cwædon. ne bið seo geen-
dung þyssere worulde na gyt. ðeah ðe heo gehende sy. ac man-
180 cynn bið geswenct mid hungre and mid cwealme; þurh feower
ðing losiað manna sawla. þæt is ðurh leahtras. and ðurh
deofles tihtinge. and ðurh láreowa gymeleaste. and ðurh yfele
gebysnunge. unrihtwisra heafodmanna; Ofer ðam láreowum is
godes yrre swyðost astyred. for ðan ðe hí forgymeleasiað. þa
185 godcundan bec. and ymbe ða woruldðing eallunge hogiað;
Biscopum and sacerdum gedafenað. þæt hí heora lare gymon.
and ðam folce heora ðearfe secgan; Mynstermannum gedafenað.
þæt hí on stilnysse heora líf / adreogon; þu soðlice cyð þine   MS. 202ʳ
gesihðe on middanearde. and beo hwiltidum on digelnysse. and

---

158 ógan: *egean*   164 dura] duna

158 G deoflen fram heom   162 þær] D and þær   164 GP þurh ane
duru   G and þær sloh þa   168 D upplican   (G uplice)   169 G
heofonlices   174 G gewearð   178 þises middaneardes] G þysser
wurlde   178–9 D þyssere worulde seo geendung   179 G [na]
G [ðe]   180 bið] G wurð swyðe   181 D leahtrum   182 G
larðeawes   D yfelre   183 G larðeawen   188 hi] P hi heora
lare gymon. and þam folce   on stilnysse heora lif] D heora lif on
stilnysse `and on clænnesse'   GP heora lif on stilnysse

hwíltidum betwux mannum; Ðonne ðu on digelnysse beo. heald 190
þonne geornlice godes beboda. and eft ðonne þu ut færst betwux
Th. 344 mannum. far for / heora sawla hælu. na for woruldlicum ge-
streonum; Ne beo ðu carful ymbe woruldlicum gestreonum. ac
miltsa eallum ðinum wiðerwinnum mid hluttre heortan. and
agyld gód for yfele. and gebide for ðinum feondum; Beo ðu swa 195
swa getreowe dihtnere. and nan ðing ðe ne geahnige. buton
bigleofan and scrude; Aféd ðinne lichaman mid alyfedum
mettum. and ælc yfel forseoh;
Æfter ðisum mynegungum. and menigfealdum oðrum larum.
gewende eal þæt heofenlice werod up to ðam heofonlicum 200
ðrymme. and ða twegen sacerdas Beanus. and Meldanus. sam-
od; Furseus soðlice. mid ðam ðrym englum gewende to eorðan;
Hí becomon ða eft to ðam witniendlicum fyre. and se gewæp-
noda engel rymde him weg þurh þæt fyr. todælende ðone líg
on emtwa; Hwæt ða deoflu ða scuton of ðam fyre. and awurpon 205
ane unrihtwise sawle byrnende uppon ðam eadigan were fur-
seum. swa þæt his sculdor and his hleor wurdon ontende mid
þam witniendlicum fyre; Furseus oncneow sona ða sawle. se
wæs his túnman ær on life. and he genám æt his lice sumne
clað. swa swa we lytle ær eow sædon; þa englas ða gelæhton 210
ða sawle. and wurpon eft into ðam fyre; Ða cwæð sum ðæra
deofla; Swa swa ðu underfenge ær his gód. swa ðu scealt beon
his efenhlytta on his witum; Godes engel andwyrde; Ne under-
feng hé his ðing for nanre gytsunge. ac for his sawle alysednysse.
and þæt fyr sona geswác; þa cwæð se godes engel to ðam were 215
furseum; þæt þæt ðu sylf onældest. þæt barn on ðe; Gif ðu
ne underfenge þises synfullan mannes reaf æt his forðsiðe. ne
mihte his wite ðe derian; Boda nu eallum mannum dǽdbote to
dónne. and andetnysse to sacerdum. oð ða endenextan tide
heora lifes. ac swa ðeah nis to underfonne nanes synfulles 220
mannes æhta on his geendunge. ne his lic ne sy on haligre stowe
bebyriged. ac beo him gesǽd ær hé gewite ða teartan witu. þæt

196 'ðe'

---

191 GP georne   192–3 gestreonum] GP gestreone   193 D [Ne –
gestreonum]   G embe wurldlicen gestreon   P embe woruldlice gestreon
198 G mete   203 D witniendum   206 ðam eadigan were] G þone
eadigen   P þone eadigan wer   208 DGP sona oncneow   211 wur-
pon] D awurpon hi   GP awurpon   P [eft]   212 P ær underfenge
213 G wite   219 G [ða]   220 D synfullan   221 æhta] G æhte
ne scrud   222 ær] G ær þone

his heorte mid ðære biternysse beo gehrepod. þæt hé eft mage
æt sumon sæle beon geclænsod. gif he his unrihtwisnysse huru
225 on his forðsiðe behreowsað. and genihtsumlice ælmessan / Th. 346
dælð; Ne underfo se sacerd swa ðeah nan ðing þæs synfullan
mannes æhta. ac hí man dæle ðearfum æt his byrgene;
    Æfter ðissere spræce comon ða englas mid þære sawle. and
gesæton uppon ðære cyrcan hrofe. þær þæt líc læg mid mannum
230 besett. and ða englas hine heton oncnáwan his agenne / licha- MS. 202ᵛ
man. and hine eft underfón; Furseus ða beseah to his lichaman
swilce to uncuðum hreawe. and nolde him genealæcan; Se
halga engel cwæð; Hwí onscunast ðu to underfonne þisne
lichaman. þone ðe ðu miht buton leahtra gewinne heononforð
235 habban; Soðlice þu oferswiðdest on ðissere gedrefednysse þa
unalyfedlican lustas. þæt hí heononforð. ongean þe naht ne
magon; Þa geseah hé geopenian his lichaman under ðam breo-
ste. and se engel him cwæð to; Ðonne ðu geedcucod byst.
ofergeot ðinne lichaman mid fantwætere. and þu ne gefretst
240 nane sarnysse buton ðam bærnette þe ðu on ðam fyre gelæh-
test; Do well on eallum ðinum life. and we siððan æfter ðinum
weldædum bliðne ðe eft genimað to us; Se halga wer furseus
arás ða of deaðe oþre siðe. and geseah him onbuton micele
menigu læwedra manna and gehadodra. and mid micelre geo-
245 merunge heora mennisce anginn and dysig bemænde; He gesæt
ða and sæde be endebyrdnysse ealle his gesihðe. þe him ðurh
godes englum on ðære hwile geswutelod wæs; He wearð bego-
ten mid fantwætere swa swa se engel het. wæs ðeah þæt bærnet
þe he gelæhte æt ðam unrihtwisum were. on his sculdre. and on
250 ansyne æfre gesewen; Micel wunder þæt hit wearð gesyne on
ðam lichaman. þæt þæt seo sawul ana underfeng;
    He ferde ða geond eal ýrrland. and scótland. bodiende ða
ðing þe he geseah. and gehyrde. and wæs mid godes gife
wunderlice afylled. nanes eorðlices ðinges wilnigende; Eallum
255 gódum mannum he wæs lufiendlic. unrihtwisum and synfullum

---

236 lu(st)as   240 bærne'ṭ'te   245 dysi(g)

224 D sumum (G sume)   D 'un'rihtwisnysse   225 P [ælmessan]
226 G synfulles   227 hi man] G me heo   229 uppon] D uppon on
230 DGP heton hine   232 hreawe] G reafe P ⟨h⟩reafe   233 G
þinne   234 G gewinne 'and'   235 G oferswyððest   239 gefretst]
G gefelst   240 G bute þa   bærnette] D bærnette anum   243 G
abuten   244 and²] D and he   246 ða] D þa up   247 GP englas
252 DGP [and scotland]   254 wilnigende] G wilnigende næs

egeslic; On godcundum wundrum he scean. and afligde deoflu
fram ofsettum mannum. and ðearfan gehyrte; Ferde ða twelf
gear swa bodiende. betwux yrum and scottum. and siððan ofer
Th. 348 eal angelcynn. / and eac sum mynster on ðisum iglande arærde;
Wende siððan suð ofer sǽ. to francena rice. and ðær mid mic- 260
elre arwurðnysse underfangen wæs. and mynsterlíf arærde; þa
æfter lytlum fyrste wearð he geuntrumod. and gewat to heo-
fenan rice. to ðære ecan myrhðe þe hé ær geseah; On ðære he
lyfað gesælig. simle mid gode; And his lic wearð bebyrged mid
micelre arwurðnysse. and eft ymbe feower gear ansund buton 265
gewemmedlicere brosnunge. on oðre stowe bebyriged; þær
beoð æteowde. his geearnunga þurh wundrum. þam ælmihti-
gum to lofe. se ðe is ealra leoda wealdend; Amen:—

256 D fligde   258 G [swa]   259 D eallum angolcynne   262 P
[fyrste]   264 gesælig. simle] D gesæliglice   gode; And his] DGP gode.
Amen; His   265 buton] D buton ælcere   267 G wundre P
wundra   268 DGP [Amen]

XXI

ALIA VISIO

BEDA ure lareow awrát on ðære bec þe is geháten historia
anglorum. be sumes mannes æriste. on ðisum iglande. þisum
[wordum reccende; On ðam timan wæs sum ðegen drihthelm
gehaten on norðhymera lande / bylewite on andgyte. gemetegod   MS. P 54^r
5 on þeawum. eawfæst on life. and his hiwrædene to þam ylcan
gewissode; Ða wearð he geuntrumod. and to ende gebroht;
He ða gewat on æfnunge and his lic læg ealle þa niht inne beset.
ac he aras of deaðe on ærnemerigen; Ða lícmen ða ealle mid
fyrhte fornumene flugon aweg. buton þam wife anum. þe hine
10 swiðost lufode. belaf ðær afyrht; He ða hi gefrefrode. and cwæð;
Ne beo ðu afæred for þam þe ic aras of deaðe; Me is alyfed eft
to libbenne mid mannum. na swa þeah swylcum life swa ic ǽr
leofode; He aras þærrihte. and eode to cyrcan. and þurhwunode
on gebedum ealne þone merigen; Dælde syððan his æhta on
15 þreo. ænne dæl his wífe. oðerne his cildum. þriddan þearfum;
Forlet syððan ealle woruldþing. and beah to ðam mynstre þe is
magilros gehaten. and wearð besceoren. and þam abbode
aðelwolde underþeodd. and be his lare his lif adreah on sumere
digel/nysse on micelre forhæfednysse modes and lichaman. oð   Th. 350
20 his lifes ende;

He sæde his gesyhðe þære leode cyninge ælfride. and ge-
hwylcum eawfæstum mannum þus reccende; Me com to an

Manuscripts: D, G, K (one leaf lost, lines 3–81), L (lines 112–end omitted), P.

---

3 wordum – *line 81* fulum] *K lost.*   *Text from P*

Title ALIA VISIO] G Of drihtelme   P DE VISIONIBUS DRIHTHEL-
MI   L *no title*

1 BEDA – *line 7* æfnunge] L Her wæs drihthelm sum æþele þegen on
norðhumbra lande on æfnunge of þissum life gelead.   G larðeaw
3 reccende] D writende   4 G Norðhumberlande   5 G [ylcan]
8 Ða] L and þa   L [ða]   10 belaf] G heo belaf   11 P of deaðe
aras   Me] L and me   12 P lybbende   13 aras] D aras þa
15 oðerne] D oðerne dæl   16 Forlet] L and forlet   18 P dreah
21 þære – ælfride] L Æþelrede þam æþelan kyninge   21–2 G æighwylcen
æwfeste manne   22 reccende] L cweðende

scinende engel on ðam æfene þe ic gewat. and gelædde me to
eastdæle suwigende; Ða become wyt to anre dene seo wæs
ormætlice deop and wid. and fornean on lenge ungeendod; 25
Seo wæs weallende mid anðræcum ligum on anre sidan. on
oðre sidan mid hagole and grím/licum cyle. blawende butan
toforlætennysse; Seo dene wæs afylled mid manna sawlum. þa
scuton hwiltidum of þam weallendum fyre. into ðam anþræcum
cyle. and eft of ðam cyle into þam fyre. buton ælcere tofor- 30
lætennysse; Ða þohte ic þæt þæt wære seo helle þe ic oft on
life embe secgan gehyrde. ac min lateow andwyrde þærrihte
minum geþance. and cwæð nis þis wite seo hel ðe þu wenst;

Se engel me lædde þa furþor to anre þeostorfulre stowe. seo
wæs to þan swiðe mid þiccum þeostrum oferþeaht þæt ic nan 35
þing geseon ne mihte. buton mines latteowes scinende hiw. and
gewædu; Efne þa færlice æteowdon gelomlæcende ligas. sweartes
fýres upastigende and min latteow me þær ana forlet on þam
þeostrum middum; Ic þa beheold þone ormætan lig. þe of
þære neowelnysse astah; Se lig wæs mid manna sawlum afylled. 40
and hi asprungon upp mid þam fyre swa swa spearcan. and eft
ongean into þære nywelnysse. and þær sloh út of þære nywel-
nysse ormæte stenc mid þam æðmum. se afylde ealle þa þeoster-
fullan stowe; Ða ða ic þær lange stod. ormod and ungewiss
mines færeldes. þa gehyrde ic þæt þa deoflu gelæddon fif 45
manna sawla hreowlice gnornigende and grimetende into þam
sweartum fýre; Sum ðæra wæs preost. sum læwede man. sum
wimman. and þa / deoflu scegdon hlude hlihende. þæt hi ða
sawla for heora synnum habban moston; Betwux ðam ascuton
þa awyrigedan gastas sume of þære nywelnysse wið min. mid 50
byrnendum eagum. and of heora muðe and nosþyrlum stod

23 DL lædde   26 on²] L and on   28 G forlætenysse   29 P
scutum   L wallendan (G wellinde)   L [anþræcum]   30-1 L
[buton ælcere toforlætennysse]   G forlætenysse   31 þæt²] L hit   seo
helle] L helle wite   32 L geandwyrde   33 L [wite]   35 L [þeo-
strum]   36 P [scinende]   37 L æteowdan færlice   39 G þeostre
L ⟨of⟩   40 L upastah   41 eft] L oft   42 G [þær]   42-3 L [of
þære nywelnysse]   43 ormæte] L ormæte yfel   L [mid þam æðmum]
se] GP and se   L and   44 Ða ða] L and þa   lange] L lange hwile
L unwis   46 L [and grimetende]   47 L sweartan (G swearte)
48 scegdon] G sæigden   48-9 L þæt hi moston ða saulum for heora
synna habban   49 Betwux] L þa betwyx   L scuton   50 L [sume of
þære nywelnysse]   min] L me ward   51 eagum] L eagon. and eges-
licum teþum.   G muðen   L [muðe and]

MS. P 54ᵛ

MS. P 55ʳ

stincende steam. and woldon me gelæccan / mid heora byrnen- Th. 352
dum tangum. ac hi ne mihton þurh godes gescyldnysse me
hreppan;
55   Efne þa færlice æteowde min latteow swa swa scinende
steorra feorran fleogende and wið min onette; Ða toscuton ða
deoflu sona. þe me mid heora tangum gelæccan woldon; Se
engel me lædde þærrihte to eastdæle on miccles leohtes smylt-
nysse into anre byrig. þærbinnan wæs swyðe smeðe feld and
60 brad. mid blowendum wyrtum and grennysse eal afylled. and
mid beorhtran leohte þonne ænig sunne scinende; Binnan þam
weallum wæron ungerime meniu hwittra manna on mycelre
blisse; Ic ða betwux þam werodum þam engle fyligende. þohte
þæt hit wære heofonan ríce. ac min latteow cwæð þæt hit swa
65 nære; He lædde me ða gyt furðor. and ic geseah þær ætforan
us myccle mare leoht. and ic þær wynsume stemne ormætes
dreames gehyrde and wundorlices bræðes swæc of ðære stowe
utfleow; Hwæt ða min latteow lædde me ongean to þære blostm-
bæran stowe. and me befran hwæðer ic wyste / hwæt þa   MS. P 55ᵛ
70 þing wæron þe ic gesewen hæfde; Ic cwæð þæt ic nyste; He
andwyrde and cwæð; Seo mycele byrnende dene þe þu ærest
gesawe is witnungstow. on þære beoð þæra manna sawla gewit-
node and geclænsode. þe noldon heora synna þurh andetnysse.
and dædbote gerihtlæcan. on gehalum þingum.· hæfdon swa
75 þeah behreowsunge æt heora endenextan dæge. and swa
gewiton mid þære behreowsunge of worulde. and becumað on
domes dæge ealle to heofonan rice; Eac hi sume þurh freonda
fultum and ælmysdæda. and swyðost þurh halige mæssan.
beoð alysede. of ðam witum ær þam mycclum dome;
80   Witodlice seo swearte nywelnyss þe ðu gesawe mid þam

52 and] L and hi   53 þurh] L for   54 G ⟨.⟩ʳ′ereppen L
gehreppan   56–7 wið – sona] L to me efeste. Ac þa deoflu sona toscuton
57 tangum] L fyrenum tangum   58–9 L [to – smyltnysse] P swyl-
tnysse   59 L aswiðe   60 L [and grennysse eal]   61 L beorhtan
Binnan] L and binnon   62 G wealle   63 L [þam werodum]   engle]
L halgan engele   fyligende] G folgede and   L geþohte   64 rice] L
rice ðe ic ofte ær ymbe gesecgan hyrde   latteow] L lateow me to
65 nære] L ne wære   L he ða geleadde me   and] L þæt   L
[þær – us]   66 L [ic þær]   67 gehyrde] L ic gehyrde   swæc]
L swetnesse   68 L utafleow   L me gelædde   70 He] DL He me
72 D [þæra]   73–4 D [þurh – dædbote]   74 þingum] L life. ac hi
77–8 freonda – mæssan] L holdra monna fultume and þurh ealmesdædum
ðe hi mon fore doð. and ealra swiðost þurh þa halige messan hí   78 DL
ælmesdædum

MS. 204ʳ   ormætum þeostrum and fulum] stence. seo is helle muð. and se
ðe æne þæron befylð. ne wyrð he næfre on ecnysse ðanon
alysed; þeos wynsume and ðeos blostmbære stow. is ðæra
sawla wunung ðe on gódum weorcum geendodon. and swa
ðeah næron swa fulfremede þæt hí ðærrihte moston into heo-   85
fenan rice. ac swa ðeah hí ealle becumað to cristes gesihðe.
Th. 354   and myrhðe. æfter ðam micclum dome; Witodlice ða ðe fulfre-/
mede beoð on geðohte. on worde. on weorce swa hráðe swa
hí of worulde gewitað. swa becumað hí to heofenan rice; Of
ðam ðu gesawe þæt micele leoht mid ðam wynsumum bræðe.   90
and þonon ðu gehyrdest ðone fægeran dream; þu soðlice. nu
ðu to lichaman gecyrst. gif ðu wylt ðine dæda and ðeawas
gerihtlæcan. ðonne underfehst ðu æfter forðsiðe þas wynsuman
wununge. þe ðu nú gesihst; Ða ða ic ðe ana forlét on ðam
ðeostrum. to ðy ic dyde swa. þæt ic wolde witan ymbe ðin   95
fær. hu se ælmihtiga embe ðe wolde; þa ða se engel ðus gereht
hæfde. ða oflicode me ðearle þæt ic eft to ðam lichaman sceolde
fram ðære stowe wynsumnysse. and ðæra halgena geferrædene.
ne dorste ic swa ðeah nán ðing wiðcweðan; Æfter ðisum ic
wearð gebroht. and geedcucod betwux mannum;   100

Drihtelm wunode ða on ðæs mynstres digelnysse. oð his
lifes ende stiðlice drohtnigende; Hé eode gelome on winter-
licum cyle to ðære éá. and stód on his gebedum on ðam wætere.
hwilon to his gyrdle. hwilon to his swuran; Eode him siððan
mid ðam ylcum claðum. oð þæt hí on his lichaman wearmodon   105
and adruwodon; Ða ða hine man axode hu he mihte ðone
micclan cyle forberan. hé andwyrde; Maran cyle ic geseah. and

81 stence] K resumes   88 geðohte. 'and' on worde. 'and'   95 to ðy:
for þan   96 ælmihtiga 'god'   97 ðearle: swiðe   98–9 geferrædene ne
107 forberan. Hé

81 G stæncen   seo] G se   L þe   82 G þærinn   87 DL [and
myrhðe]   L myclan (G mycele)   87–8 L fulfrede   88 geðohte]
DL geðohte. and   worde] DGLP worde. and   91 þonon] DG þanon
þe   G fægerne   92 lichaman] DL ðinum lichaman   93 D æfter
'þinon'   94 gesihst;] L gesyhst. and   DGP ic ana þe   95 to ðy] G
þeo   dyde swa] P þæt dyde swa   L swa dyde   96 ælmihtiga] L
ealmihtiga godd   wolde] L gedon wolde   96–7 þa – ðearle] L and
þa se halga godes engel þus gecweden æfde. þa ofþuhte me swyðe
97 G mislicode   98 stowe wynsumnysse] L wynsuman stowe   L haligra
99 ne dorste ic] L and ic ne dorste   Æfter] G þa æfter   100 wearð] L
wearð eft   101 D [ða]   103 ea] L sæ   105 G gewearmeden   106 D
[and adruwodon]   L [ða]   G mænn him axxedan   L geaxode   107 G
mycelne   forberan] G adrigen   L swa forberan   andwyrde] G andswer-
ede. Mycele   L andwyrde and cwæð   L [Maran – line 109 andwyrde]

wyrsan; Eft ða ða hí axodon hú hé mihte swa stearce forhæfed-
nysse healdan. hé andwyrde; Stiðran and wyrsan ic geseah;
110 Swa hé hit macode on his life. and manega oðre gerihtlæhte.
mid worde and gebysnunge;
We rǽdað gehwær on bocum. þæt oft and gelome men
wurdon of ðisum life gelædde. and eft to life arærde. and hí fela
wítnungstowa. and eac halgena wununga gesawon. swa swa
115 gregorius se halga papa awrát on ðære bec þe is gehaten diale-
gorum. be ánum men þæt his sawul wearð gelædd of ðisum
life. and fela ðing geseah; þa betwux ðam oðrum geseah hé
hwær man bytlode ane gebytlu eal mid smætum golde. and ða
wyrhtan worhton ða gebytlu on ðam sæternesdæge. and wæs ða
120 fornean geendod; He befrán ða hwam ða gebytlu gemynte
wæron. swa mærlice getimbrode; / Him wæs gesæd. þæt hi   Th. 356
wæron gemynte anum sutere on romana byrig. and hine eac
namode; / Æfter ðisum arás se deada. and axode geornlice   MS. 204ᵛ
ymbe ðone sutere hu hé geworht wære. on woruldlicere droht-
125 nunge. and man afunde ða þæt his gewuna wæs. þæt he worhte
his weorc to seofon nihtum. and sealde on ðone sæternesdæg.
Nam ða of his cræfte him bigleofan. and dælde ðone ofereacan
þearfum mid estfullum mode. and wæron for ði þa gebytlu on
ðam dæge swiðost geworhte. ðe hé ða ælmessan gewunelice
130 dælde; Micel is godes mildheortnys ofer mancynne. þam ðe
wel willað; We on ðisum life magon helpan þam forðfarenum
ðe on witnunge beoð. and we magon us sylfe betwux ús on life
ælc oðrum fultumian to ðam upplican life. gif we ðæs cepað.
and ða ðe fulfremede wæron and to godes rice becomon.
135 magon fultumian ægðer ge ús. ge ðam forðfarenum þe on
wítnunge sind. gif hí mid ealle forscyldgode ne beoð; Sy wuldor
and lof. ðam welwillendum gode. A. on ecnysse. amen:

109 Hé   Ic

---

109 healdan] G forberen   ic] L he: ic   110 gerihtlæhte] L he geriht-
leahte   111 G worden   and gebysnunge] G and mid gebisnunge
L ge mid bysnonge to rihtan geleafan. Gerihtlæce us drihten hælend crist
þurh þinran myclan mi'l'dheortnesse swa swa þin willa sy amen (L ends)
112 G æighware   113 D gelædde of ðisum life   115–16 G dialogum
118 P gebyttlunge   119 wyrhtan worhton] G worhten heo   D [ða²]
127 him] D his   128–9 DGP on ðam dæge þa gebytlu   129 ðe]
D þa   130 G mancynn   133 G he þæs cepð   134 ðe] G þa
136–7 G [Sy – amen]   137 D wellwillendan

Hortatorius Sermo de Efficacia Sanctae Missae.

We rǽdað gehwær on halgum gewritum þæt seo halige 140
mæsse micclum fremige. ægðer ge ðam lybbendum. ge ðam
forðfarenum. swa swa Beda se snotera lareow awrat on historia
anglorum be sumum ðegene. þisum andgite reccende; On
ðære tide þe ehfrid norðhymera cyning. and æðelred myrcena
cyning wunnon him betwynan. ða æt sumon gefeohte wearð án 145
ðegen æþelredes cyninges. mid oðrum cempum afylled. se wæs
Ymma geháten; Se læg dæg. and niht geswógen. betwux ðam
ofslegenum; He wearð ða gehyrt. and his wunda gewráð. and
wolde him sum genér secan; Hine gelæhton ða sume þæs

Th. 358 norðernan folces. and to heora / ealdormen brohton; Hé ða 150
het hine lácnian. and ða ða he hál wæs het hine gebindan. ðy
læs ðe hé fleames cepte; Ac his bendas toburston. swa hráðe
swa he gebunden wæs; He hæfde ænne broðor Tuna geháten
mæssepreost and abbud. and ða ða he his broðor slege ofá-
xode. þa ferde he to ðam wæle his líc secende. and gemette 155
ænne oðerne him swiðe gelicne. ferode ðone to his mynstre mid
arwurðnysse. and gelomlice for his sawle alysednysse mæssan
sang. and þurh ða halgan mæssan toburston þæs broðor
bendas; Þa áxode se ealdorman þone hæftling hwæðer he ðurh
drycræft. oððe þurh rúnstafum his bendas tobræce; Hé and- 160
wyrde and cwæð þæt he ðæs cræftes nán ðing ne cuðe; Ac ic
hæbbe ænne mæssepreost to breðer on minum eðele. and ic
wát þæt hé wenð þæt ic ofslagen sy. and gelóme for mine

MS. 205ʳ sawle mæssan / singð; Witodlice gif ic nu on oðre worulde
wære. þær wurde min sawul fram wítum alysed. þurh ða halgan 165
mæssan;

Æfter ðisum sealde se ealdorman hine sumum frýsan of
lundene; Se frysa hine gewrað eft gelomlice. ac hine ne mihte
nanes cynnes hæftnung gehealdan; Ymbe underntíd þa ða se

---

165 þær] þæt   169 hæftnun‘g’

138–9 G [HORTATORIUS – MISSAE]   140 G æghwar   G se
142 G larðeaw   144 ehfrid] GP ælfryd   147 betwux] G onmang
150 G gebrohten   151 G binden   154–5 D geaxode   156 oðerne]
G oðerne mann   ferode] GP and ferode   157–8 G sang mæssen
160 GP runstafas   162 D [and]   163 G minre   165 fram witum]
G of wite   168 eft gelomlice] P eft oft and gelomlice   G ⟨.⟩'o'ft 'and'
oft and gelomen

170 broðor wæs gewunod to mæssigenne. toburston ða bendas
oftost; Se frysa ða. þa ða he hine gehæftan ne mihte. lét hine
faran on his truwan æfter ðam feo ðe he him fore gesealde. and
hé swa dyde; He ða cóm to his breðer. and his sið be endebyrd-
nysse sæde; þa tocneowon hí þæt his bendas toburston on
175 ðære tide þe se broðor mid estfullum mode for his sawle
alysednysse þam ælmihtigum gode þa liflican lác geoffrode; Eac
se halga papa Gregorius awrát on ðære bec dialegorum. hú
micclum seo halige mæsse manegum fremode. Seo boc is on
englisc awend. on ðære mæg gehwá be ðison genihtsumlice
180 gehyran. se ðe hí oferrædan wile;

171 DGP [ða¹]   D hæftan   let] D het   172 G treowðan   him
fore] G for him   174 G gecneowen   176 D ælmihtigan (G
-gen)   179 ðære] G þan   G æighwa   180 wile] G wyle. gyf he
þæt andgit understandan cann.

IN LETANIA MAIORE. FERIA .IIII.

Iohannes se godspellere awrat on ðisum dægðerlicum god-
spelle hu se hælend fundigende of ðissere worulde to his
heofenlican fæder spræc; Subleuatis Iesus oculis in cęlum
dixit; Pater. uenit hora. clarifica filium tuum. ut filius tuus
clarificet te. Et reliqua; þæt is on urum gereorde. Se hælend 5
cwæð to his fæder. upaháfenum eagum to heofenum; Fæder
mín. se tíma cóm. mærsa ðinne sunu. þæt ðin sunu ðe mærsige;
Swa swa ðu forgeafe him andweald ealles flæsces. þæt hé
forgife éce líf ðam eallum þe ðu him forgeafe; þis is soðlice
ece líf. þæt hí ðe ænne oncnawon soðne god. and ðone ðe ðu 10
asendest hælend crist; Ic mærsode ðe ofer eorðan. ic geendode
þæt weorc þe ðu me forgeafe to donne; Mærsa me nu fæder mid
ðe sylfum. mid ðære mærsunge þe ic hæfde mid ðe ær ðan ðe
middaneard wære; Ic geswutelode ðinne naman ðam mannum
þe ðu me forgeafe. of middanearde; Ðine hí wæron. and ðu hí 15
me forgeafe. and hí heoldon ðine spræce; Nu hí oncneowon
þæt ealle ðing þe ðu me forgeafe sindon fram ðe. for ðan ðe
ic him forgeaf ða word ðe ðu me forgeafe; Hí underfengon.
and oncneowon soðlice þæt ic fram ðe ferde. and hí gelyfdon
þæt ðu me sendest; Ic bidde for hí. ne bidde ic for middanearde. 20
ac for ða ðe ðu me forgeafe. for ðan þe hí sind ðine; Ealle mine
ðing sind þine. and ðine sind mine. and ic eom gemærsod on
him; Ne eom ic heononforð on middanearde. hí sind on
middanearde. and ic cume to ðe;
þis godspel belimpð swiðe þearle to ðære mæran freolstide 25

Manuscripts: C, D, K, M, R, and a few words legible in f^b (see Pope, p. 90).

10 oncnaw⟨a⟩ˋoˊn

Title CD FERIA IIII In letania maiore M EUUANGELIUM IN UIGI-
LIA ASCENSIONIS DOMINI R UIGILIA ASCENSIONIS DOMINI
1 R dægþerlicā (C -lice)   5 C [þæt – gereorde]   7 þæt] M and
9 soðlice] M soðlice þæt   10 C ˋþeˊ   M [ænne]   13 C [mid ðe]
C [ðe]   14 C swutelode   C ˋþan manenˊ   15 of] CD on   17 ealle]
CD ealle þa   20 R asendest   bidde¹] CDMR gebidde

þe tomerigen bið. for ðan ðe on ðam dæge astáh se hælend
æfter his ǽriste up to his heofenlican fæder; Nu todæg is se
uigilia þære mæran / freolstide. ðe tomerigen bið. and for ði   MS. 205ᵛ
rǽdað godes ðeowas ðis godspel nu todæg þe sprecð ymbe his
30 fundunge. and hú hé betæhte ealle ða geleaffullan his fæder. ær
ðan ðe hé upastige; We nimað nu þone wisan Augustinum to
ðissere trahtnunge. ðam ðe we wel truwiað to swa micelre
deopnysse;
    Drihten cwæð; Fæder. se tíma cóm. mærsa ðinne sunu. þæt
35 ðin sunu ðe mærsige; Hé wæs acenned of ðan ecan fæder buton
ælcere tide. and ðurh hine sind ealle tida gesette; He geceas him
timan to acennenne on menniscnysse. to ðrowigenne. to arisenne
of deaðe. to astigenne up to heofenan. mid þam lichaman ðe
he on middanearde gefette; þa wæs his mærsungtima þæt se
40 fæder hine mærsode swa þæt he hine sette to his swiðran on
heofenan rice. and him forgeaf andweald on heofenan and on
eorðan. and eac ofer hellwarum; Ðeos is cristes mærsung.
æfter ðære menniscnysse; Witodlice æfter ðære godcundnysse
he hæfde æfre þisne andweald buton anginne. nu forgeaf se
45 ælmihtiga fæder his ancennedan suna ðone ylcan andweald
æfter ðære menniscnysse. and hine swa mærsode. þæt ealle
gesceafta. heofonwara. / eorðwara. helwara. onbugað gebigedum   Th. 362
cneowe. ðam hælendum criste. soðum men. and soðum gode.
on ánum háde;
50   Hu mærsode se sunu ðone fæder. ðonne his mærsung næs
næfre gewanod þurh menniscum híwe. ne eac ne mæg beon
geýht on his godcundan fulfremednysse? Soðlice ðæs fæder
mærsung. wæs æfre fulfremed on heofenan rice. ac hit nyston
eorðlice men. ær cristes ðrowungc; Se ælmihtiga god wæs cuð he
55 sumon dæle on Iudea folce ðurh moyses .ǽ. ac ðurh cristes men-
niscnysse wearð se fæder cuð eallum ðeodum. fram eastdæle

55 Ac

26 þe] C þæt   tomerigen] C to morgen   M on merien   28 ðe] C þæt
C to morgen   31 CD augustinus   34 Fæder] M fæder min
37 CD cennenne   C mennisse   C þrowiende   38 DR heofonum
(C -nen)   39 CD fette   43 C mennisse   45 C acennede   D
acennedan   46 C mennisse   47 heofonwara] CD heofonwara and
D eorðwara 'and'   48 D cneow⟨e⟩'um'   M cneowum   50 Hu] DM
Nu   51 C mennissen hiwen   MR mennisc hiw   52 geyht] C gehet
53 C 'hefene'   D heo'fo'nan

middaneardes. oð westdæl; Ðus mærsode se mennisca crist his
heofenlican fæder. on eorðlicum mannum ðe hine ær ne cuðon;
þæt godspel cwyð. swa swa ðu forgeafe him andweald ealles
flæsces. þæt hé forgife ece líf ðam eallum ðe ðu him forgeafe; 60
Hér is gesett sum dæl for eallum. eal flæsc for eallum mancynne.
swa swa se apostol Paulus. on oðre stowe sette dǽl for eallon ða
ða hé cwæð; Ælc sawul sy underðeod healicrum anwealdum.
þæt is beo ælc man underðeod. mihtigran men. ðonne hé sylf
sy; Eallum ðam forgifð crist ece líf. þe his fæder him forgeaf; 65
MS. 206ʳ þeos gifu is to under/standenne be cristes menniscnysse. swa
swa we ǽr cwædon;
    þis is soðlice ece líf. þæt hí ðe ænne oncnawon. soðne god.
and ðone ðe ðu asendest hælend crist; Augustinus geendebyrde
ðas word þus. þæt hí ðe. and ðone ðe ðu asendest hælend crist 70
oncnawon ænne soðne god; Herto bið understanden se halga
gast se ðe is þæs fæder gast. and þæs suna. heora begra lufu. and
willa. him bám efenedwistlic; Ne sind hí ðry godas. fæder. and
sunu. and halig gast. ac seo ðrynnys is án soð god; Nis swa
ðeah fæder se ðe sunu is. ne se sunu. se ðe fæder is. ne heora 75
naðor halig gast. for ðan ðe hí sind ðry. fæder. and sunu. and
halig gast. ac seo ðrynnys is án god; Ðeos tocnawennys is ece
lif. for ðan ðe we habbað þæt ece líf. ðurh geleafan. and on-
cnawennysse. þære halgan ðrynnysse. gif we ða oncnawennysse
Th. 364 mid arwurðnysse healdað; / Witodlice gif godes oncnawennys 80
ús gearcað þæt ece líf. swa miccle swiðor we efstað to lybbenne
swa micclum. swa we swiðor on ðissere oncnawennysse ðeonde
beoð; Soðlice ne swelte we on ðam ecan lífe. þonne bið ús
godes oncnawennys fulfremed. þonne þær nán deað ne bið.
þonne we god geseoð. and butan geswince ecelice heriað; Ac we 85
sceolon on andwerdum life leornian godes oncnawennysse. and
hine mid estfullum mode herian. þæt we moton becuman to his
fulfremedan oncnawennysse. and to ðære swincleasan herunge;

75 ne¹] Ne   76 sunu. 'and'

59 D cwæð (C cwð)   60 C [eallum]   62 CDMR gesette   dæl]
R sumne dæl   C allen ⟨þan⟩   63 Ælc] M Ac   M healicum
66 C mennisse   69 C þe þu < þu þe   70 ðas] C þa   M [ðe²]
71 oncnawon] C oncnawen enne helend crist and   73 hi] CD hi na
74 seo] CDR seo halige   C þrimnesse   75 C [se²]   76–7 M [for
ðan – gast]   77 R oncnawennys   79 CD [þære halgan – oncnawen-
nysse]   80 CDR [mid arwurðnysse]   85 ecelice] C ece lif
86 sceolon] C sulen ⟨oncnawnesse⟩   CD andweardan   87 C [hine]
88 swincleasan] CD unswincfullan R ungeswincfullan

Drihten cwæð; Ic mærsode ðe ofer eorðan. ic gefylde þæt
90 weorc ðe þu me forgeafe to wyrcenne; Ne cwæð he ná. ðu
héte me. ac forgeafe me; Mid ðam worde is seo gifu geswutelod.
þe hé on ðære menniscnysse underfeng; Seo menniscnys wæs
underfangen fram ðam godcundum worde. þurh þæt ðe ealle
ðing sind geworhte; Heo is underfangen to annysse anes hades.
95 and nan ðing yfeles ne gefremode. ac ealle góde ðing. ðurh ða
godcundan gife; Drihten gefylde þæt weorc. þe his fæder him
forgeaf. ða ða he ðurh his ðrowunge mancyn alysde. and siððan
sigefæst oferswiðdum deaðe astah to heofenum. on ðam dæge
þe tomerigen bið;
00   He cwæð. mærsa me nu fæder. mid þære mærsunge þe ic mid
þe hæfde. ær ðan þe middaneard gewurde; Seo godcundnys
wæs mid ðam fæder ær ðan ðe middaneard gewurde æfre
ælmihtig. and seo menniscnys næs. ær ðan ðe hé hí genám of
ðam mædene MARIAN. ac swaðeahhwæðere seo menniscnys
05 wæs æfre forestiht. on ðam godcundan ræde ær middaneardes
gesetnysse. swa swa paulus / se apostol cwæð; Qui predestina-   MS. 206ᵛ
tus est filius dei in uirtute; þæt is se ðe is forestiht. Godes
sunu; Æfter ðissere forestihtunge wæs seo menniscnys gemær-
sod mid þam fæder. ær ðan ðe middaneard wære; Se tíma com.
10 þæt crist hæfde lybbende on his fæder swiðran þa mærsunge.
þe he hæfde mid him. on forestihtunge his menniscnysse; Eac
swilce be ús cwæð se ylca apostol Paulus. þæt we wæron fore-
stihte ðus writende; Quos autem predestinauit. illos et uocauit;
þæt is ða / ðe hé forestihte. þa hé eac clypode him to. and ða ðe   Th. 366
15 hé him to clypode. ða hé gerihtwisode; And ða ðe hé geriht-
wisode. þa hé gemærsode; Eft cwæð se ylca; Swa swa he ús
geceas on criste. ær middaneardes gesetnysse;
    Manifestaui nomen tuum hominibus; Ic geswutelode ðinne
naman mannum. ðam þe ðu me forgeafe of middanearde; He
20 geswutelode his fæder naman. ærest his leorningcnihtum. and
syððan eallum geleaffullum mannum. þe hé ofmiddaneardlicum
gedwyldum ætbræd. to his rice þurh his fæder gife; He cwæð

---

89 ðe] C þe feder   92 C mennisse (*twice*)   93 CD godcun-
dan   ðe] C he   94 CD [sind]   99 C to morgen   102 CD [mid]
C gewuðe   103 M [he]   105 ær] C se ðe 'er'   108 sunu] MR
sunu on mihte   110 C [hæfde]   111 C mennisse   113 uocauit] M
magnificauit   114 C [ða¹]   115 C rihtwisode   115–16 C rihtwisode
116 CD [swa]   118 M Manifestauit   C [tuum]   119 of] CD on
121 of] C on   122 fæder] C fede

þine hí wæron. and ðu hí me forgeafe; Næfde se fæder næfre.
nán ðing synderlices buton his suna. se ðe æfre mid him wæs
ælmihtig god buton anginne of him acenned. ac hé underfeng 125
ús ðurh his fæder gife on ðære menniscnysse. for ðan ðe hé
næs æfre man. ðeah þe hé æfre ælmihtig god wære; Cristes
gewuna wæs þæt hé tealde ealne his wurðmynt to his fæder. for
ðan ðe hé is of ðam fæder eal þæt hé is; Se fæder forgeaf ús his
bearne. and þæt bearn sylf æfter mihte þære godcundnysse 130
forgeaf ús him sylfum. mid þam fæder. and ðam halgan gaste.
ðæra weorc is symle untotwæmed; Se hælend cwæð on oðre
stowe to his leorningcnihtum. Ic eow geceas of middanearde;
Soðlice ða gecorenan þe crist geceas of middanearde mid þam
fæder. ða ylcan hé nam to gife on ðære menniscnysse. æt ðam 135
fæder of middanearde;
    Hé cwæð. hí heoldon ðine spræce. and hí oncneowon þæt
ealle ðing þe ðu me forgeafe sind fram þe. for ðan ðe ic forgeaf
him ða word ðe ðu me forgeafe. and hí hí underfengon. and
oncneowon þæt ic fram ðe ferde. and hí gelyfdon þæt ðu me 140
sendest; Ðas word magon beon sceortlice getrahtnode; Crist
sealde ða heofenlican láre his leorningcnihtum. and hí forð
eallum geleaffullum ðeodum. and hí underfengon his beboda.
and oncneowon. þæt drihten fram his fæder ferde. and gelyfdon
þæt he hine to middanearde sende;   145

MS. 207ʳ   Hé cwæð; Ic / bidde for hí. ne bidde ic for middanearde. / ac
Th. 368 for ða ic bidde þe ðu me forgeafe; Drihten nolde biddan for
middanearde. þæt is for ðam mannum þe beoð begriwene on
middaneardlicum lustum. and mid maran gewilnunge þæs
ateorigendlican lifes hógiað. ðonne ðæs ecan; Se godspellere 150
awrát her beforan. þæt se hælend cwæde to his fæder. ne bidde
ic na for ðisum anum. ac eac swilce for ða ðe on me gelyfað.
þurh heora word; Mid þære bene he beleac ealle ða geleaffullan
þe ðurh ðæra apostola bodunge gebugon to cristes geleafan.
and gýt bugað dæghwomlice oð þissere worulde geendunge; 155
Hé cwæð eac swiðe holdlice be ús; Fæder min. ic wille þæt ða

---

123 C [næfre]   124 C na þang   æfre mid him] C we mid him efre
131 D halgum   (C halga)   132 oðre] C þere   138 ealle] CDMR ealle þa
139 CDR [hi]   141 R asendest   142 C leornigcnihte   143 CDMR
[geleaffullum]   hi] C hu   144 C [fram his]   145 R asende   146 bidde¹]
R gebidde   147 ða] R þam   bidde] R gebidde   148 M ða menn
149 C middanlicen   150 CD ateorigendan   151 C cwæð   MR
gebidde   152 C [swilce]

þe ðu me forgeafe beon mid me. ðær ðær ic beo. þæt hí mine
mærðe geseon. ðe ðu me forgeafe. for ðan ðe ðu lufadest me
ǽr middaneardes gesetnysse; Hwæt mæg beon mare bliss to
160 gehyrenne. þonne þæt we moton wunian mid þæs ælmihtigan
godes suna on his heofenlicum ðrymme ecelice. gif we hit nu
on ðisum scortan life geearnian willað;
He cwæð. ealle mine ðing sindon ðine. and ðine ðing sindon
mine; Ic eom gemærsod on him. and ic on middanearde ne
165 eom; Hí sindon on middanearde. and ic cume to ðe; Sumne
dæl þises andgites we trahtnodon hwene ǽr. þæt ealle ðing sind
gemæne þam fæder. and his suna. and heora begra lufe þæt is se
halga gast; þeos halige ðrynnyss hylt us. and ealle gesceafta;
Na hwiltidum se fæder. ne hwiltidum se sunu. ne hwiltidum se
170 halga gast. ac swa swa hí ðry sind an god untodæledlic. swa is
eac heora hyrdræden untodæledlic ofer ús. and ofer eallum
gesceaftum. þe ðære anre godcundnysse hyrsumiað; On mid-
danearde wæs se hælend andwerd his leorningcnihtum. ða ða he
ðus be his gecorenum spræc. and hé astah siððan up to his
175 heofenlican fæder. swa swa hé cwæð Ic cume to ðe; He ferde to
heofenum mid þam lichaman þe he on eorðan gefette. ac hé is
ðurh his godcundan mihte ægðer ge hér. ge ðær. swa swa he
behet ær ðan ðe hé upastige; Efne ic beo mid eow eallum
dagum. oð gefyllednysse ðyssere worulde;
180 / Mine gebroðra arwurðiað þisne æfen. and ðone mæran freols-   Th. 370
dæg þe eow tomerigen becymð mid soðum geleafan. on ðam
dæge abær se ælmihtiga godes sunu urne lichaman to ðam
heofonlican eðle. þær ðær næfre ær ne becom nán ðing ðæs
gecyndes; Settað eowerne hiht on ðam hælende. and on ðam
185 wordum. þe he be us eallum spræc. ær ðan ðe he heonon
siðode; Nis ðeos lár þe we eow secgað niwan aræred. ac sind þa

166 þ⟨a⟩'is'es

157 C [ðær]   158 C me lufodost   161 CD heofonlican   we] C þe
162 DR sceortum (C sceorten)   willað] R wyllað; Be þyson cwæþ se
hælend etc. (passage of 24 lines printed Pope XXVa)   164 M and 'ic'
169 C Naht   171 untodæledlic] C untodelend   D untodæled   171–2 M
ealle gesceafta   172 hyrsumiað] CDM gehyrsumiað   R gehyrsumiaþ;
Eall swa micel cræft etc. (passage of 5 lines printed Pope XXVb; formerly also
in fᵇ)   175 D swa swa − ðe deleted   D cwæde   178 behet] R
behet us   179 worulde] R worulde; Ure hælend sitt etc. (passage of 23
lines printed Pope XXVc; also in fᵇ formerly)   181 C to morigen
182 CD [dæge]   183 C [næfre]   C [nan]   184 Settað] R Settað nú
184–5 M þone hælend.' and on ða word   185 heonon] C to heofonan

MS. 207ᵛ ylcan word þe crist mid his agenum muðe spræc. and siððan /
onwreah wisum láreowum. þurh gife ðæs halgan gastes; þeos
lár stent on cristes béc mid ledenum gereorde eow bidigelod.
and ealle lareowas þe þæt leden cuðon. sædon godes folce þa 190
boclican láre. þa ðe hit ne cuðon. hi hit forsuwedon; Nu be-
hófige ge læwede men micelre lare on ðisne timan. for ðan ðe
þeos woruld is micclum geswenct ðurh menigfealdum gedref-
ednyssum. and swa near ende þyssere worulde swa mare ehtnys
þæs deofles. and bið unstrengre mennisc ðurh maran tydder- 195
nysse; Nu behófige ge ðæs þe swiðor þæs boclican frofres. þæt
ge ðurh ða lare eowere mod awendon of ðisum wræcfullum life
to ðam ecum þe we ymbe sprecað; Se mann ðe bið dreorig. he
behófað sumes frofres. swa eac we wyllað eow þurh ðas bóclican
láre gefrefrian. for ðan ðe we geseoð þæt ðeos woruld is on 200
micelre earfoðnysse gelogod; Awurpað for ði hire lufe fram
eowerum heortum. and gewilniað þæs heofonlican rices. ðe ús
crist on ðisum godspelle behét. Se ðe leofað and rixað. mid
fæder. and ðam halgum gaste. A on ecnysse. amen:—

187 CD gespræc   188 C unwreah   C haliges   189 C gereordede
190 sædon] C reden   192 R læwedan   193–4 MR menigfealde
gedrefednyssa   194 C [and]   ehtnys] C hetenesse is   R ehtnyss biþ
196 behofige ge] C behofi ge < behofige   197 CD eower   198 DM
ecan   (C ecen)   199 M [eow]   200 D gefre⟨m⟩'fr'ian   202 C
eower heortan   heofonlican rices] C heofon rices blisse   203 D on
ðisum godspelle *deleted*   M ⟨þisum⟩'his'   C rixlad   204 M halgan
(C halga)

XXIII

DOMINICA .III. POST PENTECOSTEN

Homo quidam fecit cenam magnam. et uocauit multos. Et
reliqua;
 Se hælend sæde þis bigspel his leorningcnihtum and cwæð;
Sum man gearcode micele feorme. and ðærto manega gelaðode;
5 And sende his ðeowan to ðam gelaðodum het secgan þæt hí
comon. for ðan ðe he hæfde ða ealle his ðing gegearcode; þa
ongunnon ða gelaðedan ealle hí beladian; Se forma sæde; Ic
bohte ænne tún. and me is neod to farenne. and ðone sceawian.
Ic bidde ðe. þæt ðu me beladige; Sum oðer cwæð; Ic bohte fif
10 getymu óxena. and ic fare cunnigan hyra. Ic bidde ðe. þæt ðu
me beladige; Se ðridda cwæð; Ic wifode nu niwan. and for ði
ic ne mæg to ðære feorme gecuman; Ða gecyrde se bydel ham.
and cydde þus his hlaforde; Se hyredes ealdor ða yrsode. and
cwæð to his ðeowan; Far nu hraðe geond ðas strǽt. and wíc.
15 and gegadera ðearfan. and wannhale. blinde and healte. and
lǽd hider inn; Se ðeowa ða dyde swa. and cwæð; Hlaford. hit
is gedón swa ðu héte. and gít her is rymet; Se hlaford cwæð;
Gá geond wegas and hegas. and nyd hí in to farenne. þæt min
hus beo gefylled; Ic secge eow to soðan. þæt nán ðæra wera ðe
20 gelaðode cuman noldon. ne onbyrigð minre feorme;
 / Gregorius papa us sæde. þæt se man ðe ða micclan feorme   Th. 372
worhte. is ure hælend crist. se ðe is god. and mann. on ánum
hade. se ðe gearcode ðurh his tocyme. ús ða ecan feorme on his

Manuscripts: C, D, E, F, H (second part separate and incorporated into
Pope xvii; there is frequent loss of text at the edges of leaves), M (second
part only), U (first part only).

Title E Dominica .II. post octafas pentecosten   H DOM(INICA) II POST
pentec(osten)   C *no title*

1 EH [H]omo   CDEU [et – multos]   7 C agunnan   8 ðone
sceawian] C to sceawian hine   9 Sum] CDE Se   10 hyra] U heora. and
12 F becuman   HU cuman   14 C strest   16 lǽd] HU lǽd hi
ða dyde] CDEFU dyde   H dide þa   16–17 hit is gedon] CDEF ic dyde
17 swa] CD swa swa   18 HU geond hegas and wegas   20 DE onbyriað
U onbyr`i´gað   C brucað   21 papa] C se halga papa   D se papa   EF
[us]   23 ecan] C ecan ⟨blisse⟩

MS. 208ʳ

rice. gif we ða gesecan willað; Hé sende his ðeowan to laðigenne
mancynn to ðære ecan feorme. þa ða hé asende / his bydelas 25
geond ealne middangeard to bodigenne geleafan. and heofonan
rices myrhðe. and ælc ðæra þe þæt bodað. is godes bydel. þeah
ðe heora sum wáclic geðuht sy; þære feorme tíd is seo geendung
þises middaneardes. on ðære we sind. swa swa paulus se apostol
cwæð; We sind. ða ðe worulda geendunga on becomon; Hé 30
cwæð ealle mine ðing sind gegearcode. for ðan ðe ðurh cristes
ðrowunge wurdon ðæra witegena gyddunga gefyllede. and þæt
ece lif gegearcod eallum geleaffullum; God bead mancynne.
þæt hí hine biddan sceoldon. and he wile syllan únabeden.
þæt þæt we ús ne wendon þurh ure bene; He cyð gearwe 35
estmettas þæs ecan gereordes. and swa ðeah hí ealle samod hí
beladiað;
  Se forma cwæð; Ic bohte ænne tún. and me is neod to farenne.
and ðone geseon. Ic bidde ðe. belada me; Hwæt is ðurh ðone
tún getacnod buton eorðlice æhta? Se færð to sceawienne his 40
tún. se ðe ymbe ða eorðlican speda singallice hógað. and ða
ecan gestreon ne teolað;
  Sum oðer cwæð; Ic bohte fif getymu oxena. and ic wille
faran fandian ðæra; Ða fif getyma getacniað ða fíf andgitu
ures lichaman. þæt sind Gesihð. Hlyst. Swæcc. Sténc. Hrepung; 45
þas fíf andgitu hæfð. se ðe hal bið; We geseoð þurh ure eagan.
and ealle ðing tocnawað; Ðurh ða earan we gehyrað. On ðam
muðe we habbað swæcc. and tocnawað hwæðer hit bið þe
wered. ðe biter. þæt we ðicgað; þurh ða nosu we tostincað.
hwæt clæne bið. hwæt fúl; On handum. and on eallum licha- 50

38–9 farenne. 'and'

24 C laðiende   25 C sende   26 C heofen   F heofona   27 U and 'eft'
28 U waclice   29 þises] U 'of' þisses   30 ðe] C ða   worulda
geendunga on] CEF on worulde geendunge   D 'on' worulde geendunge
H woru(. . .) geendunga on   U 'on' worulda geendunga on   31 H [ðe]
32 F witega   U gyddunga: word   33 bead] C he bead   DEFHU
bebead   mancynne] CDEF eallum mancynne   34 syllan] C gyfen
35 U [þæt]   C 'ne'   CDEF [ure]   H defective   36 hi¹] D hi <
he   E he   HU [hi²]   41 ða¹] CDEF þas   43 Sum] U Se
44 faran] CDEF faran and   45 Gesihð] CDEF gesihð. and   Swæcc]
C spece   U spæc   Stenc] CDF and stenc and   E stenc and   46 U
[þas – bið]   DEF urum eagum   47 C gecnawad   48 swæcc] C spec
F sp⟨r⟩æc   U swæc < spæc: weordnesse   U tocnawað: ge-   49 wered.
ðe biter] C biter þe suwete   ðicgað] C notigað   U ðicgað: notiað   C
gestincad   U tostincað: ge-   50 hwæt¹] C þæt   hwæt ful] C oððe
þæt ful bið

man we habbað hrepunge. þæt we magon gefredan hwæt bið
heard hwæt hnesce. hwæt smeðe. hwæt unsmeðe. and swa
gehwæt; þas andgitu sind rihtlice wiðmetene fif getymum ox-
ena. for ðan ðe hí beoð getwyfylde on twam hadum. þæt is on
55 werum. and on wifum; / Se færð and fandað þissera fif andgita.   Th. 374
se ðe þurh fyrwitnysse. and unstilnysse hí aspent on unnyt;
Hefigtyme leahter. is ungefoh fyrwitnys; Ac we sceolon awendan
urne léc. fram yfelre gesihðe; Urne hlyst fram yfelre spræce;
Urne swæcc. fram unalyfedum ðigenum; Ure nosa. fram deri-
60 gendlicum stencum; Ure handa and ealne lichaman. fram fúlli-
cum. and leahterlicum hrepungum. gif we willað becuman to
ðam estum þæs ecan gereordes;
    Hí bædon ðone bydel. þæt he hí beládode; þonne he cwyð.
Ic bidde ðe þæt ðu me ladige. and forsihð to cumenne. ðonne
65 swegð eadmodnys on his stemne. and modignys bið æteowod
on his dæde; þonne se lareow þe is godes bydel gestent sumne
ðwyrne and unrihtwisne. and hine manað to rihtwisnysse and
to godes rice. gif he ðonne cwyð on his / geðance. ne mæg ic   MS. 208ᵛ
þære stiðnysse befeolan. þe ðu me to tihst. ic eom synful man.
70 gebide for me. hwæt déð hé ðonne buton bítt. and hine beládað;
Se ðridda cwæð; Ic hæbbe nu gewifod. and for ði to ðære
feorme cuman ne mæg; þurh ða wifunge sind getacnode þæs
lichaman lustas. and se ðe ungemetlice his flæsclicum lustum
gehyrsumað. him ðincð æðryt to gehyrenne ymbe ða clæn-
75 nysse ðe god lufað. oððe ymbe ða heofenlican bodunga. ðe his
lustum wiðcweðað;

---

63 beládode. þonne   70 me; Hwæt

---

52 C [hwæt hnesce]   HU hwæt byþ hnesce   54 C 'is'   56 U
fyrwitnysse: gewilnesse C sotnesse   U [and unstilnysse]   aspent] C
aspent on unriht and   57 U Hefigtyme leahter: heui sunne   U un-
gefoh fyrwitnys: uuele gewillnunge   C [we]   58 F ure   U lec: egen
D Ure   spræce] C spece E ⟨. . . .⟩ce   59 C Ure   swæcc] C spece
U swæcc: muð   ðigenum] CU þingum   59–60 U deriendlicum: fule
60 ealne] E ealne ure   FH ealne urne   U ealne 'hurne'   F 'fram'
60–1 fullicum] C fullice þingen   U fullicum 'sunne'   62 U ⟨þæs⟩ 'of þere'
U gereordes: forme   63 EF cwæð   D cweð < cwæð (C cwð)
64 CDEF [ðe]   CDEFHU beladige   and forsihð] F forðsið   U
⟨and forsihð to cumen'e'⟨ne⟩⟩   66 dæde] C claðe   þonne] C þa
gestynt: rihtleceð   67 U þwyrne: uuele mon   68 U rice. 'and'   H
þance   69 CDE [to]   C tahst   D t⟨y⟩'æ'hst   U 'ge'tihtst   70 F
'deð'   U þonne 'þe larþeau'   U bit 'for him'   71 U cweð   73 H
unmetlice   74 U æðryt: eþelic   C herd

Se ðeowa gecyrde hám. and sæde his hlaforde ðæra gelaðodra
forsewennysse; Se hlaford ða geháthyrt. cwæð to his ðeowan;
Far ardlice geond þas strǽt. and wíc. and gegadera ðearfan. and
alefede. blinde and healte. and gelǽd hider inn; þearfan sind 80
gecwedene. and wannhale. ða ðe hí sylfe wáce taliað. and
unstrange. to wiðmetennysse geðungenra halgena; þa sind
blinde. þe þæt leoht ðæs lárlican andgites nabbað; þa beoð
healte. ðe rihtne gáng on godum weorcum nabbað; Soðlice ða
gelaðedan þe cuman noldon wæron synfulle. and ðas ðearfan þe 85
ðær cumað sindon eac synfulle. ac ða modigan synfullan beoð
forsewene. and ða eadmodan synfullan beoð gecorene; Ða
Th. 376 gecýst god þe middaneard / forsihð. swa swa paulus se apostol
cwæð; God gecýst ða untruman þises middaneardes. þæt he
ða strangan gescynde; þearfan. and wánnhale. blinde. and healte. 90
beoð gelaðode to godes gereorde. and hí cumað. for ðan ðe
gehwilce untrume. and forsewenlice on ðisum middanearde.
swa miccle hraðor godes stemne gehyrað. swa micclum swa hí
lytle lustfullunge on ðisum life habbað;
    Se ðeowa cwæð; Hlaford. hit is gedón swa ðu héte. and her 95
gyt is rymet æmtig; Micel menigu geðeah gode of iudeiscre
ðeode. fram ealdum dagum oð cristes tocyme. heahfæderas
and witegan. ac ða gyt wæs ure rymet æmtig. we ðe of eallum
middanearde to ðære feorme cumað. be ðan cwæð se hlaford to
ðan ðeowan; Far nu geond wegas and hégas. and nyd hí inn 100
to farenne. þæt min hus beo gefylled; Ær hé het faran to
strætum. and to wícum. getacnigende þæt iudea folc. þe ðurh
cyððe þære ealdan .ǽ. on gehendnysse wæron; Nu he het faran
to wegum and to hegum. getácnigende þæt wilde folc. ðe hé
gegaderode of eallum middanearde; Sume sind gelaðode. and 105
forhogað to cumenne. sume sind gelaðode and cumað. sume
sind geneadode þæt hí cumað; Se bið geneadod to cumenne.

77–8 U þæra gelaðodra forsewennysse: *þet þa gelaþede nolden cumen*   78 CD
forsennysse   80 U alefede: *wanhole*   81 U taliað: *haldeð*   82 U
wiðmetennysse geðungenra halgena: *godes hese to donne*   83 U leoht 'of'
86 ac] C and eac   U 'and' eac   88 U gecyst: *gecheosð*   U þe 'þene'
C forsoið   D forsi⟨h⟩'o'ð   F forsi⟨h⟩þ   U forseoð   89 U utruman
'men of'   91 U gereorde: *forme*   F ⟨hi⟩   F [ðe]   92 U untrume
'men'   94 CDEFH gelustfullunge   U ⟨lustfullunge⟩ 'blisse'   95 U
cweð   96 CDEFH is gyt   U iudeiscum   97 F eallum   H
heahfædera   98 U wi'te'gan   101 hus] C us   105–6 U [and –
gelaðode]   106–7 E [sume¹ – cumenne]   107 þæt] F and   C
cuman   D cuma⟨ð⟩'n'   Se] U He

se ðe ðurh ungelimpum þissere worulde oððe þurh untrumny-
sse beoð ætbroden his lustum. and idelnyssum andwerdes lifes.
110 and ðurh godes gife / bið onbryrd to ðan écan lífe;   MS. 209ʳ
   Se hiredes ealdor cwæð; Ic secge eow to soðan þæt nán
ðæra wera ðe gelaðode cuman noldon. ne onbirigð mines
gereordes; Efne god gelaðað us þurh hine sylfne. he gelaðað
þurh englas. ðurh heahfæderas. þurh witegan. ðurh apostolas.
115 þurh lareowas dæghwomlice; He gelaðað us forwel oft þurh
wundrum. hwilon ðurh swinglum. hwilon ðurh gesundfulnysse
þises lifes. hwilon ðurh ungelimpum; Ne forseo nán man godes
stemne. and his gearcunge. þy læs ðe he hine nu beladige. and
eft wylle þonne he ne mæg; Ge/hyrað hu godes wisdom   Th. 378
120 clypode þurh ðone snoteran SALOMON; þonne hi clypiað to me.
and ic hí ne gehyre; Hí arisað on ærnemerigen. ac hí ne geme-
tað me;
   Ðis godspell is nu scortlice getrahtnod. uton biddan ðone
ælmihtigan drihten. þæt he ús gebringe to his ecan gebeorscipe.
125 se ðe þurh his tocyme us ðærto gelaðode:—

ALIA NARRATIO DE EUANGELII TEXTU.

   Mine gebroðru we wyllað eow gereccan sume cristes wundra.
to getrymmincge eoweres geleafan; We sind gecnæwe þæt we
hit forgymeleasodon on ðam dæge þe mann þæt godspel rædde.
130 ac hit mæg eow nu fremian. swa micclum swa hit ða mihte;
Ure drihten astáh on scip. and him filigdon his leorningcnihtas;
Efne ða færlice arás micel styrung. and hreohnys on ðære sǽ.

113 us] us ⟨. . .⟩

108 H ungelimpas   U ungclimpas 'of'   109 U ætbroden 'of'   U and
'of þese'   U andwerdes: þisses wreckes   110 U onbryrd: bicumen
111 ealdor] CDE hlaford   U cweð   112 U wera: monnen   U gelaðode
'weren and'   H nolde   CD onbyriað   U onbyrigð: bruceð heo   113 U
gereordes: formes   U Efne: Æfre   U [gelaðað¹]   U ⟨he⟩ gelaðað 'and'
115–16 F 'þurh wundrum – swinglum. hwilon'   116 HU wundra   HU
swingla   U gesundfulnysse 'of'   117 H ungelimpas   U ungelimpas 'for
þon'   118 D geear⟨.⟩'c'unge   E geearnunge   U beladige 'of godes
laþunge'   119 D h⟨i⟩'u'   120 F 'þone'   123 uton] HU Uton
nu   125 us ðærto] D 'us' þærto   E þærto   F þær us to   gelaðode]
F gelaþode; Si him lof and wuldor. a on ecnysse amen.   U gelaðode. AMEN
H and U end, but H includes the remaining text as part of Pope XVII (lines
203–76 in Pope)   126 M begins   ALIA – TEXTU] C Ewangelium
EHM no title   127 H [Mine gebroðru]   eow – wundra] E sume
cristes rinda eow gereccan   128–30 FHM [We – mihte]   129 þe] C
þe 't'   131 H stah

swa þæt þæt scip wearð mid yðum oferðeht; Se wind him stód
ongean mid órmætum blæde. and se hælend wearð on slæpe on
ðam steorsetle; þa genealæhton his leorningcnihtas. and hine 135
awrehton þus cweðende; Drihten gehelp ure. we losiað; He
andwyrde. Eala ge lytles geleafan. To hwí sind ge afyrhte? Hé
aras ða and ðiwde þone wind. and ða sǽ. and het hí stille beon;
Hwæt þa sona wearð geworden micel smiltnyss on ðære sǽ. swa
þæt ða reðran micclum wundrigende cwædon; Hwæt la. hwilc 140
is ðes. þæt ægðer ge wíndas. ge sǽ. him gehyrsumiað;
    Se hælend geswutelode mid ðam slæpe his soðan mennisc-
nysse. and mid þam wundre his godcundan mægenðrymnysse;
He slép swa swa soð man. and hé ða yðigendan sǽ mid ánre
hǽse gestilde swa swa ælmihtig scyppend. þe ǽr gesette ðære 145
sǽ gemæru. þæt heo nateshwón ne mót middaneard ofergán;
    Hí ða oferreowon ðone brym. and gelendon. on ðam lande
þe is geháten Gerasenorum; Efne ða ða hí up eodon. arn án wód
man togeanes ðam hælende. se hæfde wununge on hæðenum
MS. 209ᵛ byrgenum. and hine ne mihte / nán man mid racenteagum. ne 150
mid fótcopsum gehæftan. for ðan þe hé eaðelice tobræc ða íse-
nan racenteagan. and ða fótcopsas ealle tocwysde; Hé wunode on
dúnum dæges and nihtes. and on byrgenum. hrymende. and
beatende hine sylfne mid stanum. and nán man ne mihte ðæs
weges faran; He árn ða to ðam hælende ða ða hé híne geseah. 155
and feoll to his fotum. mid micelre stemne clypigende; Eala ðu
hælend þæs hehstan godes sunu. Ic ðe hálsige þæt ðu me ne
tintregie; Se hælend him cwæð to; þu unclæna gast. gewít of
ðam menn; And he hine befrán hwæt his nama wære; þa and-
wyrde se unclæna gast þurh ðæs wódan muð. and cwæð; Mín 160
nama is eorod. for ðan ðe we her manega sind. and bæd hine
ða micclum þæt he hine of ðam earde ne adræfde; Ða stód
þær onémm ða dúne micel heord swyna. and ða deoflo bædon

149 hælende; Se   159 wære. þa

---

133 F swa ⟨swa⟩   wind] H wind witodlice   136 E 'a'wehton M
awehton   C gehel   137 D sind 'ge'   140 wundrigende] E wun-
dredon and   141 þæt] F þe   D þæt < þe(?)   142 his] CDEFH þa
143 E [and – mægenðrymnysse]   144 CDEF yðiende   145 F 'ge'sette
148 CD hierasenorum   arn] EF þa arn   H arn þær   150 racenteagum]
H racenteagum gehealdan   152 DEFH racenteaga   CDEF [ða]   H eall
155 C faras   157 ðe halsige] CDEF þe nu halsige   H halsige þe
158 E tregie   M getintregie   159 hine] H hine þa   163 onemm]
C onnen   D onnem   F on'n'em   M ða onemn   heord] M eorod

þæt hí moston into ðam swynum; þa geðafode se hælend þæt
165 ðam deoflum. and hí gewiton of ðam men. into ðam swynum;
þa swyn ða ealle endemes scuton into ðære sǽ. sume twa ðus-
end and ðær adruncon þurh ðone deofellican scyfe; þa swánas
flugon afyrhte to ðære byrig. and cyddon be ðam swynum. and
be ðam wittseocan men; Ða comon ða ceastergewaran sona to
170 ðam hælende. and gesawon ðone wódan wel gescrydne. and
gewittiges modes. se ðe ǽr awedde; þa gewende crist to scipe.
and se gewittseoca hine bæd þæt he moste mid him; Drihten
him andwyrde. far ðe hám to ðinum. and cyð hú micele mihte
drihten on ðe geworhte. and hu he ðe gemiltsode; He ða ferde
175 swiðe bodigende drihtnes wundra. and men ðæs wundro-
don;
   An eorod is on bocum geteald to six ðusendum. and swa fela
awyrigedra gasta wæron ðam ánum men getenge. oð þæt se
mildheorta drihten. to ðam lande reow. and hine ahredde; / þa   Th. 380
180 deoflu oncneowon urne drihten crist. and þæt iudeisce folc hine
dwollice wiðsóc. and sind for ði wyrsan ðonne ða awyrigedan
deoflu. þe feollon to his fotum. mid fyrhte fornumene; Ne
dorston ða deoflu. ða ða hí adræfde wæron into ðam swynum.
gif he him ne sealde leafe. ne into nanum men. for ðan ðe se
185 metoda drihten. ure gecynd hæfde. on him sylfum genumen;
Ða swyn hí gecuron. for ðam sweartum hiwe. and for ðære
fúlnysse. fenlices adelan; Se man ðe hæfð swynes ðeawas. and
wyle hine aðwean. mid wope fram synnum. and eft hine befy-
lan. fúllice mid leahtrum. swa swa swýn deð. ðe cyrð to meoxe.
190 æfter his ðweale. þeawleas nyten. / þonne bið hé betæht. þam   MS. 210ʳ
atelicum deoflum. for his fulum dǽdum. þe hé fyrnlice geed-
læhð; Se ðe oft gegremað. god þurh leahtrum. and ǽfre geed-
læhð. his yfelan dæda. he bið swyne gelíc. and forscyldgod wið
god; Uton we hérian. urne drihten symle. on his micclum

---

164 swynum. þa   165 deoflum; And

164–5 H [þa – swynum;]   165 CDEF [of ðam men]   167 and] EF
and hi   169 CDEF witseocum   F com'*un*'   F ceaster⟨ge⟩waran
170 wódan] H wodan mann   173 ðinum] H þinum hiwum   cyð] H
cyþ heom   174 F ferde þa   179 CD [drihten]   H hælend   180 F
ur '*n*'e   drihten] CDEFH hælend   M [hine]   181 CDEF wiðsocon
182 þe] M þa   183 D '*þan*'   184 he him] C him god   D him '*god*'
nanum] M anum   185 metoda] H ælmihtiga   186 ðam] H heora
M sweartan   192 EFHM leahtras   194 F on his ⟨on his⟩

wundrum. and ús miltsunge biddan. and yfel forlǽtan. and eft 195
ne geedlæcan. þæt we moton ætwindan. ðam wælhreawum deo-
flum. and gode geðeon. þurh gódre gehealtsumnysse; þam sy
wuldor and wurðmynt. A to worulde. amen:—

196 M [ne]   197 H þurh gode   197–8 þam – amen] H We wyllað
eow gyt secgan *etc.* (*Pope xvii, lines 277–314*)   M [amen]

XXIV

IN FESTIUITATE SANCTI PETRI
APOSTOLI. III. KALENDAS IULII

LUCAS se godspellere ús sæde on ðissere pistolrǽdinge. þæt
Heródes cyning wolde æfter cristes upstige to heofenum ge-
swencan sume of ðære gelaðunge. and sende werod ymbe þæt;
þa ofslóh hé IACOBUM. IOHANNES broðor þæs godspelleres. and
5 geseah þæt hit gelicode þam iudeiscum. and wolde gelæccan
Petrum; He ða hine gefeng. and on cwearterne gebrohte. and
betæhte hine on ðam hæfte sixtyne cempum to healdenne; Hit
wæs ða eastertíd. and for ði hé elcode his sleges; Petrus ða wæs
gehæft on ðam cwearterne. / and eal seo geleaffulle gelaðung   Th. 382
10 buton toforlætennysse him fore bædon; þa lǽg petrus on ðære
nihte þe herodes wolde hine on merigen forð lædan betwux
twám cempum slapende. mid twam racenteagum getíged. and
ða weardas heoldon þæs cwearternes duru swa swa him gebo-
den wæs; Efne ða com godes engel scínende. and þæt blinde
15 cweartern eal mid leohte afylde; He cnyste ða petres sidan. and
cwæð; Aris hraðe. and ða racenteagan feollon ðærrihte of petres
handum; Se engel cwæð; Begyrd þe. and sceo ðe. and filig me;
Petrus ða him filigde. and ðuhte him swilce hit swefen wære;
Hí ða ofereodon ða twa weardsetl. oð þæt hí becomon to ðam
20 isenan geate. and þæt tosprang þærrihte him togeanes; Hí

Manuscripts: B (lines 1–52 omitted), D, E, G (lines 53 onwards omitted),
K, fᵈ (fragment, parts of lines 1–50 preserved; the fᵈ reading is always
specifically cited if it is legible where variants from other manuscripts are
recorded).

Title D III. KALENDAS. IN FESTIUITATE SANCTI PETRI E
III. KALENDAS. JULII. In natale. Sancti petri apostoli G Kalendas
Augusti. Ad UINCULA SANCTI PETRI APOSTOLI fᵈ *title lost*

2 G heofone   8 DEG Petrus wæs þa   9 E laðung   10 G
abuten forlætenysse   D gebædon   12 twam¹] EG þam (fᵈ twam)
13–14 DEG beboden   14 ða] D þa on niht (fᵈ þa)   blinde] G þeostre
15 leohte] G leome (fᵈ leohte)   DEG petrus   16 DE racenteaga
17 G folge   18 G folgede (fᵈ fyligde)   20 G irene (fᵈ isenan)
G þa tosprang *heo* < þæt tosprang

eodon forð. oð þæt hí comon to anre wíc. and se engel him
gewát fram; Petrus ða beðohte hine sylfne and cwæð; Nu ic
wát to soðan þæt drihten asende his engel. and me ahredde
fram herodes handum. and fram ælcere anbidunge Iudeisces
folces; 25
He becom ða to his geferum. and cnucode æt ðære dura; Him
arn to sum mæden þæs geleaffullan weredes. hire nama wæs
geciged Rode. and ða ða heo oncneow petres stemne. ne mihte
for ðære blisse ða duru geopenian. ac cyrde ongean sæde þæt
petrus þær stode; þa geleaffullan cwædon þæt hit nære petrus. 30
ac wære his engel; Petrus cnucode forð. oð þæt hí hine inn
MS. 210ᵛ léton. and micclum his wundrodon; Hé / rehte ða him. hu god
hine ahredde þurh his engel of ðam cwearterne. and cwæð;
Cyðað þis Iacobe. and urum gebroðrum. and eode ða to sumere
oðre stowe; Hwæt ða on merigen wearð micel styrung betwux 35
ðam cempum. þe hine healdan sceoldon. and herodes gewende
to cesaream. and ðær hæfde gemót wið tirum. and sidoniscum;
Ða mid þam ðe hé swiðost motode on his dómsetle sittende mid
cynelicum reafe gescryd. þa stop him to godes engel and hine
ofsloh. for ðan ðe hé ne sealde gode nænne wurðmynt. and hé 40
ðærrihte mid wyrmum fornumen. gewát of life;
Th. 384 þry herodes we rædað on bocum. An wæs se ðe ða cild /
acwellan hét on cristes acennednysse; Oðer wæs his sunu. se ðe
Iohannes þone fulluhtere beheafdian het. and geðwærlæhte
wið pilate. æt ures drihtnes ðrowunge; þridda is ðes herodes 45
ðe we nu embe reccað. hí ealle ðry forferdon. and eac pilatus
wearð swa micclum geangsumod. þæt he hine sylfne acwealde.
swa swa seo bóc ecclesiastica historia recð; Eow læwedum
mannum mæg ðeos anfealde racu to trymminge. þeah ðe ge ða
digelnysse ðæron ne cunnon; Næs swa ðeah ðis gedón on ðisum 50
andwerdan dæge. ac we hit healdað on ðære nihte. þe ge hátað
hláfmæsse;

37 tirum < tyrum   37–8 sidoniscum. ða

21 DEG becoman   26 Him] E Him þa (fᵈ him)   28 G he'o'   E gecneow
G petrus   ne mihte] D þa ne mihte heo   G ne mihte heo   29 G gecerde
ongean] DEG ongean and   31 fᵈ e(ngel;) 'Heo soðlice mid worde 'ge'fæst-
node þæt hit swa wære and'   32 G heom þa   37 ðær] G þær he
44 G iohannem (fᵈ iohannes)   48 recð] G sæigð (fᵈ recð)
49 G [ðe]   50–2 Næs – hlafmæsse] G þiss wæs gedon on þysser nihte. and
on þan andweardan dæige þe we hateð hlafmæsse (fᵈ as K)   51 DE
andweardum (fᵈ andwear(d)an)   fᵈ ends   52 hlafmæsse] G ends

Item de Sancto Petro.

Matheus se godspellere awrát on cristes béc. hu se halga pet-
55 rus eode uppon ðære sǽ mid criste þus cweðende; Iussit
IESUS discipulos suos ascendere in nauiculam. et precedere
eum trans fretum. donec dimitteret turbas; Et reliqua; Se
hælend wæs gebysgod betwux micelre menigu on anum westene.
þa het he his leorningcnihtas faran to scipe. and oferrowan
60 ðone brym. oð þæt he ða menigu forlætan mihte; He ða æt
nextan forlét þæt folc. and astáh ana up to anre dune. wolde
hine gebiddan. and abád þær ana oð æfen; þa arás wiðerræde
wind ongean his leorningcnihta rewette. and þæt scip wearð
getorfod mid yðum onmiddan þære sǽ;
65 Ða on ðære feorðan wæccan þære nihte þæt is wið hancred.
com se hælend gangende upon ðære sǽ; Hí hine gesawon
gangende upon ðære sǽ. and wurdon astyrede. cweðende þæt
hit sum gedwimor wære. and hrymdon swiðe afyrhte; Se
hælend þærrihte hí gespræc. and cwæð; Habbað eow truwan.
70 ic hit eom. ne beo ge ofdrædde; þa andwyrde petrus and cwæð;
Drihten gif ðu hit sy. hát me gán to ðe upon ðam wætere;
Drihten cwæð; Cum to me; þa astáh petrus of ðam scipe. and
eode to ðan hælende; Mid ðam ða geseah he ðone strangan
wind. and ongann to forhtigenne; þa deaf hé. and clypode
75 to ðam hælende; / Drihten. help mín; Se hælend ðærrihte   MS. 211ʳ
astrehte his hand. and gelæhte petrum and cwæð; þu lytles
geleafan hwí twynode þe? Drihten ða astáh into ðam scipe. and
petrus samod. and se wind sona gestilde; Soðlice ða scipmen
comon to drihtne. and feollon to his fotum þus cweðende; To
80 soðan. þu eart godes sunu; Hí ða reowon oð þæt hí comon to
ðam lande Genesar; Hwæt ða þæt landfolc geaxodon his to-
cyme. and sendon geond ealne ðone eard. and brohton him to
ealle hyra untruman. and hine georne bædon þæt hí huru
moston hreppan his reafes fnædu; Se hælend þæt geðafode.

---

59 oferr⟨é⟩owan   74 forhtigenne. þa   79 driht'n'e

53 *B begins*   ITEM – PETRO] B IN OCTAUA APOSTOLORUM
PETRI ET PAULI   D ITEM DE PETRO   E Item alia de petre
57 E domitteret   61 dune] BD dune. and   63 B rowænda   64 B
totorfod   onmiddan] DE on midere   66–7 BE [Hi – sæ]   67 wur-
don astyrede] B heo wurdon alle astyrede. and   68 B [and – afyrhte]
69 hi] B wið heom   BDE [and cwæð]   71 DE gangan   B cumon
B þa wæteru   71–2 D 'gif – Drihten'   74 forhtigenne] B ondrædenne
77 astah] B eode   82 B [him to]   84 B reaf   þæt] BE þa   D þa 'þæt'

and swa fela swa his reaf hrepodon. wurdon ðærrihte gehælede; 85
Se mǽra Augustinus us onwreah þissere rædinge andgit. and
cwæð þæt seo sǽ getacnode þas andwerdan woruld. þe is
swiðe yðigende for mislicum styrungum. and costnungum;
On ðære sǽ swuncon cristes leorningcnihtas on nihtlicum
rewette. for ðan ðe godes gelaðung swincð on ðissere worulde 90
styrungum. and hreohnyssum. hwilwendlice. oð þæt heo becume
to staðelfæstnysse þæra lybbendra eorðan; Crist ana astah up
to ðære dune. þæt he hine gebæde; Seo heage dún getacnað
þære heofenan heahnysse. to ðære astah se hælend ana. swa
swa þæt godspel segð; Nemo ascendit in cęlum. nisi qui de 95
cęlo descendit. filius hominis / qui est in cęlo; þæt is on englisc.
Nan man ne astihð to heofonum. buton se ðe of heofenum
astah. mannes bearn se ðe is on heofenum; Ðis fers is swiðe
deoplic eow to understandenne; Crist is ana mannes bearn.
anes mannes. and na twegra. mædenes. and na weres; He wæs 100
on eorðan wunigende þa ða he ðis cwæð. and his lichama ne
com ða gyt to heofenan rice. and swa ðeah he cwæð mannes
bearn þe of heofenum astah. and on heofenum is; Ne astáh his
menniscnys of heofenum. ne ða gyt to heofenum ne com. ða ða
hé ðis gecwæð; Ac he cwæð þis unleaslice. for ðære soðan 105
annysse his hádes; He is on twám gecyndum án crist. soð man.
and soð god. and se mannes sunu is godes sunu. and se godes
sunu is mannes sunu. anes mannes swa we ær cwædon. Marian
þæs mædenes; Rihtlice is gecweden for ðære annysse þæt se
mannes sunu of heofenum astige. and on heofenum wære ær 110
his upstige. for ðan ðe he hæfde on ðære godcundnysse ðe hine
underfeng. þæt þæt he on menniscum gecynde habban ne
mihte; Witodlice seo godcundnys þe on ðam men sticode wæs
ægðer ge on heofenum. ge on eorðan. and seo gefylde þysne
earfoðan cwyde ðurh ða annysse cristes hades; 115
Gyt her is oðer cnotta. eal swa earfoðe; / þæt is nán man ne
astihð to heofenum. buton se ðe of heofenum astáh. and crist
cwæð on oðrum godspelle. þær ðær ic sylf beo. þær bið min

Th. 386

MS. 211ᵛ

86 B [us]   87 B [is]   88 B mislice sturunge and costnunge   90 B
rowunge   91 B styrunge   B becumon   93 B betacnæð
97 E [astihð – of heofenum]   98 bearn] B sunu   99 D understan-
dende   is ana] B ane wæs   DE ana   101 cwæð] B sæde   102 to]
D on   cwæð] E and his lichama – he cwæð repeated   104 to] B on
105 gecwæð] B sæde   106 B twa icynd   106–7 B soð god. and soð
mon   108 swa] BDE swa swa   cwædon] B sædon   111 B [he]
117 crist] B crist sylf   118 B [ðær]

ðén; Witodlice cristes ðenas þæt sind Apostolas. and martyras.
120 andeteras. and halige fæmnan becomon to heofenan rice swa
swa he sylf cwæð. and ealle ða þe ðurh clænre drohtnunge and
gódum geearnungum criste ðeniað. becumað untwylice to his
rice; He is ealra geleaffulra manna heafod. and we sind his
lyma. swa swa se apostol paulus cwæð. Ge sind cristes lichama.
125 and his lyma; þæt heafod ana astah mid his lymum. and eft on
domes dæge þonne hé ús gegaderað and ahéfð to heofenum. hé
astihð swa ðeah ana. for ðan ðe þæt heafod mid his lichaman is
án crist; Augustinus dixit. quod christus etiam in die iudicii
solus ascendit / in cęlum. quamuis sua membra secum eleuet. Th. 388
130 quia caput cum corpore suo unus est christus;
　　　He astah ana up to ðære dune hine to gebiddenne. for ðan ðe
hé astah to heofenum þæt hé wolde ús ðingian to his ælmihtigan
fæder. and swa ðeah ða hwile ðe hé for ús gebitt on ðære hean-
nysse. swincð þæt scip þæt is seo gelaðung. on ðam deopum
135 yðum þyssere worulde; Seo gelaðung mæg beon gedrefed on
ðam sælicum yðum ðyssere worulde. ac heo ne mæg beon
besenced. for ðan ðe crist for hí gebitt; þeah þeos woruld wede.
and wíndige ehtnysse astyrige ongean cristes gelaðunge. ne bið
heo swa ðeah besenced; Drihten com to his leorningcnihtum
140 þær ðær hí on rewette gedrefede wæron. on ðære feorðan wæc-
can; An wæcce hæfð þreo tída. feower wæccan gefyllað twelf
tida. swa fela tída hæfð seo niht; He com ða on ðære nihte
geendunge. and he cymð on ende þyssere worulde. geendodre
nihte unrihtwisnysse. to demenne cucum and deadum; He
145 com nu wunderlice. gangende upon ðære sǽ; þa yða arison. ac
hé hí oftræd; Se brym hwoðerode under his fótswaðum. ac
swa ðeah he hine bær. woldc hé. nolde hé; þeah ðe arlease
woruldmenn aríson ongean ús. swa ðeah ure heafod crist oftret
heora heafod. gif we ús sylfe ne forwyrcað wið hine;

147 he; þeah] he. þeah

119 D apostol⟨a⟩ʼiʼ　　　120 fæmnan] B wifmen　　　121 BDE [ealle]
BD clæne　　　122 B gode earnunge　　　BDE þenodon　　　his] BDE cristes
124 cwæð] B sæde　　E lichaman　　　125 E [hisı]　　　126 D gegaderad hefð <
gegaderað ahefð　　E gegaderað ahefð　　　128–30 BDE [Augustinus – unus est
christus;]　　　134 B swicð　　　B deopum < ðeowum　　　135–6 E [Seo –
worulde]　　　137 BDE gesenced　　　gebitt] E gebit. and　　　139 E [heo]
140 on rewette] B rowænde　　　141 feower] B and feower　　　144 B
rihtwisnesse　B cwice　D cuce　E cucu　DE deade　　　146 fotswaðum] BDE
fotum　ac] BDE and　　　147 B aber　arlease] B þa arleasan　　　149 E ʼneʼ

Ða ða drihten ðam scipe genealæhte. ða wurdon hí afyrhte. 150
wendon þæt hit sum gedwimor wære; Drihten cwæð him to.
Habbað eow truwan. ic hit eom. ne beo ge ofdrædde.
ne eom ic
na scinnhíw. swa swa ge wénað. oncnawað þone þe ge geseoð;
Petrus him andwyrde; Drihten gif ðu hit sy. hát me gán to ðe.
bufon ðam wætere; Petrus wæs fyrmest on ðam werede. and 155
cafost on cristes lufe; He wolde gelóme ana andwyrdan for hí
MS. 212ʳ   ealle. / swa swa hé dyde ða ða crist hí befrán. hu men cwyddo-
don be him. and syððan axode hí. hu cweðe ge be me; þa
cwæð petrus; Ðu eart crist. þæs lifigendan godes sunu; An
andwyrde for manegum. for ðan ðe annys wæs on him mane- 160
Th. 390   gum; Crist / cwæð to him. betwux oðrum wordum; Ic secge
ðe þu eart petrus. and ofer ðisne stán ic getimbrige mine cyrcan;
Augustinus tractauit quod petrus in figura significat ecclesiam.
quia christus petra. petrus populus christianus; Ær ðan fyrste
wæs his nama Simon. ac drihten him gesette þisne naman 165
Petrus. þæt is stænen. to ði þæt he hæfde getacnunge cristes
gelaðunge; Crist is gecweden Petra. þæt is stán. and of ðam
naman is gecweden Petrus. eal cristen folc; Crist cwæð þu
eart stænen. and ofer ðisne stán þæt is ofer ðam geleafan þe ðu
nu andettest. ic getimbrige mine cyrcan; Ofer me sylfne ic 170
getimbrige mine cyrcan. ofer me ic getimbrige ðe. na me ofer
ðe; Ic eom seo trumnyss ðe ðe healdan sceal. and ealle ða getim-
brunge cristenre gelaðunge;
Nu berð petrus þæt hiw oððe getacnunge þære halgan
gelaðunge. on ðære he is ealdor under criste. and mid his gange 175
getacnode ægðer ge ða strangan. ge ða unstrangan. on godes
folce; Cristes gelaðung hæfð on hire ægðer ge trume ge un-
trume; Heo ne mæg beon buton strangum. ne buton unstran-
gum; þa ða petrus caflice stop upon ðam sǽlicum yðum. þa
getacnode he ða strangan; Eft ða ða him twynode. and be 180
sumon dæle deaf. ða getacnode he ða unstrangan; Hwæt sind
ða strangan. hwæt ða unstrangan? Ða beoð strange and trume.

154 E [him]   BDE gangan   157–8 E cwiddon   159 cwæð petrus]
B sæde simon   An] BDE ane he   160 B monige   160–1 mane-
gum] B alle   161 him] B simonem   162 ðe] BD þe þæt   E þe
þæt þæt   163–4 BDE [Augustinus – christianus]   170–1 B [mine –
getimbrige²]   171 ofer²] B of   172 D 'ge'healdan   174 Nu]
BE Ne   D N⟨e⟩'u'   176 getacnode] B he tacnode   177 BDE ægðer
on hire   B [ge¹]   180 E ⟨un⟩strangan   him] B he   182 stran-
gan] B strange. and

ðe þurh geleafan and gódum geearnungum wel ðeonde beoð;
Ða sind unstrange. þe slawe beoð to godum weorcum; Be ðam
185 cwæð paulus se apostol; We strange sceolon beran. ðæra
unstrengra byrðene; On petres gange soðlice wæron getacnode
swá swá we ær sædon ægðer ge ða truman. ge ða untruman. for
ðan ðe godes gelaðung nis buton naðrum ðæra;
    Petrus cwæð. Drihten hát me gán to ðe upon ðam wætere.
190 þæt ic ne mæg dón þurh me. ac ic mæg þurh ðe. gif þu hætst.
ðonne mæg ic; Drihten cwæð. Cum to mé; And petrus þærrihte
buton ælcere twynunge eode of ðam scipe swiðe gebyld
þurh drihtnes hæse. and eode upon ðam wætere swa swa his
drihten. na ðurh hine sylfne. ac ðurh ðone ælmihtigan / drihten; Th. 392
195 Ða geseah he færlice þone strangan wind. and begann hine to
ondrædenne. and mid þam ðe hé deaf clypode to drihtne;
Drihten. / gehelp min; He gedyrstlæhte to gánne upon ðære sæ MS. 212ᵛ
þurh crist þæt he mihte ðurh god. ac him twynode swa swa
men; Ne bið nan man trum ðurh god. buton se ðe hine under-
200 gyt untrumne. þurh hine sylfne; Se ðe wile ðurh his agenum
cræfte. godes rice astigan. he sceal feallan underbæc; We sceo-
lon cweðan mid ðam witegan; Si dicebam motus est pes meus.
misericordia tua domine adiuuabat me; þæt is gif min fót
aslád. drihten ðin mildheortnys geheolp me; Ne forlét drihten
205 petrum. ðeah ðe he ðurh his twynunge bedufe. ac astrehte his
hand and hine geheold. for ðan ðe hit is awriten. ælc ðæra
manna þe godes naman clypað. bið gehealden; Witodlice se
ðe ortruwað godes mildheortnysse. se losað; Drihten ðreade
petrum and cwæð. þu lytles geleafan. hwy twynode þe? Se is
210 lytles geleafan se ðe hwæthwega gelyfð. and hwæthwega twy-
nað. se ðe mid ealle twynað. he is geleafleas. and swa swa se
geleafa strengra bið. swa bið þæs costneres miht læsse;
    Mine gebroðra behealdað ðas woruld. swa swa sæ; We
sceolon beon on ðissere worulde hreohnyssum strange on

186–7 getacnode 's'wá   203 miscidia

183 ðe] B þa ðe   DE þa   B gode earnunge   186 petres] B wæteres
187 sædon] B cwædon   B [ða¹]   188 E naðer   189 B [Drihten]
190 B hast   191 B [And]   þærrihte] B þa   193 E up of   194 B
drihten. 'bad'   drihten²] B god   195–6 hine – deaf] B to ofdrædenne
þurh ða egeslice yðan. and eardlice   198 mihte] B mihte don   god]
B god. na þurh him sylfne   203 DE adiuuabit   205 E [ac]   B
[his]   206 B [and]   208 se] B he   212 B beleafa   213 be-
healdað – sæ] B haldæð þas word swa swa on sæ   214 B reohnesse

geleafan. and eft on hire smyltnysse swiðe wære; Seo hreohnys 215
is open costnung. and seo smyltnys is stulor. and digele swica;
Gif ðu lufast god. þonne fortretst ðu þa woruldlican styrunga;
Gif ðu lufast þas woruld. heo béséncð þe. for ðan ðe heo ne
cann aberan hire lufigendras. ac cann bepæcan; Gif ðin heorte
floteraðð on ðissere worulde gytsunge. oððe on yfelre gewil- 220
nunge. and þu wylle hí oferswyðan. clypa to cristes fultume;
Ne cép ðu swa swiðe þises middaneardes stylnysse. ac asmea
ðine heortan hwæðer heo on stilnysse sy. háwa þæt se inra wind
þe ne towende; Micel gesælð bið þe. þæt ðu on ðinre gesælðe
ne forfare; Leorna þæt ðu cunne fortredan ðas woruld. trua on 225
crist. and gif ðu hwilon dyfst þurh woruldlicum lustfullungum.
Th. 394   cweð to / ðinum drihtne; Drihten. Ic losige help min; Cweð
ic losige. ðy læs ðe ðu losige; Drihten astrecð his hand and ðe
gehylt. gif ðu anrædlice his fultumes gewilnast;
        Drihten ða ða he to lande becom. gehælde ealle ða untruman 230
þe him to gelædde wæron. þurh his reafes hrepunge; Deor-
wurðe wæron ða fnædu. þe swa eaðelice þa untrumnyssa aflyg-
don; Swa swa we rædað be sumon wife. þe wæs twelf gear
geuntrumod ðurh blodes ryne. ða eode heo betwux þære meni-
gu ðe se hælend on ferde. and cwæð to hire sylfre; Gif ic huru 235
his reafes gefnædu hreppe. ic beo sona hál; Heo creap ða
MS. 213ʳ   betwux ðam mannum bæftan þam hælende. / and forstæl hire
hǽlu. swa þæt heo hrepode his reafes fnædu. and hire blodes
gyte sona ætstod; þa cwæð se hælend; Hwa hrepode me?
Petrus him andwyrde; La leof. þeos menigu ðe ofðrincð. and 240
ðu axast hwa ðe hrepode; Drihten cwæð; Sum man me hrepode.
witodlice ic gefredde þæt ðære hælðe miht of me eode; þæt
folc hine ðrang. ac þæt wif hine hrepode synderlice mid geleafan;
Heo geseah ða þæt hit digele næs. and feol bifigende to ðæs

215 wære] B ðwære   218 heoʳ] D h⟨e⟩'io'   E he   besencð] B beswicð
DE beswi⟨n⟩cð   219 BDE [cann²]   221 B ofercumæn   222 B
[swa swiðe]   226 B criste   dyfst þurh woruldlicum lustfullungum]
B dydest þurh weorldlice lustfullunge ænig yfel   227 cweð] B cw̄
DE gehelp   B Cwæð   228 B stræcð   229 B [ðu]   B fultumæs
'þou'   230 E [becom]   BD com   231 B to him   reafes] B claþes
232 fnædu] B scryd   D þe 'swa'   234–5 þære menigu] B þam folce
235 cwæð] B sæde   236 his reafes gefnædu] B hir⟨e⟩ claðes hem   DE
his reafes fnadu   238 hrepode] B aran   240 þeos menigu] B þis
folc   241 DE [Drihten – hrepode]   241–2 B [Sum – witodlice]
242 gefredde] B ifelde: fredde   D gefredde 'cwæð se (hæ)lend'   243 B
ofþrang   B mid beleafan synderlice

245 hælendes foton. and sæde ætforan eallum ðam folce hwi heo
hine hrepode. and hu heo ðærrihte gehæled wearð; Drihten
hire cwæð to; Dohtor. ðin geleafa þe gehælde. Gang ðe nu on
sibbe;
    We biddað nu ðone ælmihtigan drihten. þæt he us fram
250 synnum geclænsige. and ure sawla gehæle. and fram eallum
frecednyssum ahredde. ðurh his apostola ðingrædene. Petres
and Paules. þa ðe we todæg wurðiað; Sy him wuldor and lóf.
on ealra worulda woruld. AMEN : ,

245 ðam folce] B þæt folces mannum   247 B ga   250–1 B alle
freccednesse   251 ahredde] B abrægde   251–2 B Petri and Pauli
253 woruld] BE woruld a to widan feore   D woruld ⟨a to widan feore⟩ 'a
buton e⟨nde⟩'

XXV

DOMINICA VIII. POST PENTECOSTEN

Cum multa turba esset cum iesu nec haberent quod manducar-
ent. ET RELIQUA; Marcus se godspellere cwæð on ðisum
dægðerlicum godspelle. þæt on sumere tide wæs micel menigu
Th. 396 mid þam / hælende on anum westene meteleas; þa clypode se
hælend his leorningcnihtas him to. and cwæð; Me ofhreowð 5
þissere menigu. for ðan þe hi nu for ðrim dagum her min
andbidodon. and nabbað hwæt hí etað; And gif ic hí forlæte
fæstende ham gecyrran. þonne ateoriað hí be wege. for ðan þe
hi sume sindon feorran cumene; Ða andwyrdan his leorning-
cnihtas; Hwá mæg æfre on ðisum westene þas micclan menigu 10
mid hlafum gefyllan? He befrán hí. Hwæt hæbbe ge hlafa?
Hí sædon. Seofan; þa het se hælend þa menigu sittan. and
genam ða seofan hlafas. Bletsode. Tobræc. Sealde his leorning-
cnihtum. and het beran þam folce; Hí hæfdon eac ane feawa
fixa. þa he bletsode. and het todælan; Hí gereordodon hi ða. 15
and wurdon gefyllede. and man gegadorode of ðære lafe.
seofan spyrtan fulle; Ðær wæron soðlice feower ðusend manna
æt ðam gereorde. buton wifum and cildum;
On oðre stowe we rædað þæt se hælend gereordode mid fíf
berenum hlafum. and mid twam fixum fíf ðusend manna. and 20
ðær wæron to lafe ðæra crumena twelf wylian fulle; Æt ðisum
gereorde wæron seofon hlafas. and feawa fixa; Her wæron

Manuscripts: B (last 12 lines lost), C, D, F, H (frequent loss of text at edges
of leaves), K, and U.

Title V⟨III⟩   11 'h'æbbe

Title C Ewangelium in dominica   H Dominica Septima post octabas pente-
costen. XXXIIII.

1 F esse   2 D ⟨i⟩'o'n   4 D 'mid'   5 ofhreowð] B ofþincð
6 þissere] U þeos   7 B abidon   etað] C etan   H eton   D eta⟨ð⟩'n'
F ⟨a⟩eta⟨ð⟩'n'   9 sume sindon] BCDF synd sume   11 hi] H hi þa
B ge 'be'   13 hlafas] B hlafas. 'brosten' and   CDFH hlafas and   Blet-
sode] BFH bletsode and   Tobræc] BCFH tobræc. and   D tobræc 'and'
15 U 'he'   BCDFU dælan   20 BCDF [mid]   21 wæron] CD
wurdon   22 Her] H and her

gereordode feower ðusend manna. and seofan spyrtan afyllede
mid þam bricum; On ðam ærran gereorde wæs getacnod seo
25 dihle lár þe stód on fif Moyses bocum. þurh ðam fif berenum /   MS. 213ᵛ
hlafum. þe ða menigu gereordodon; þæra fíf boca andgit geopen-
ode se ælmihtiga lareow crist his leorningmannum. and hí siððan
oðrum. oð þæt hit to us becom; Soðlice on ðisum gereorde
wæs getacnod seo soðfæstnyss and seo gifu. ðe ðurh crist
30 gefremod wearð. on ðære niwan gecyðnysse; Drihten cwæð;
Me ofhreowð þyssere menigu. for ðan ðe hí nu for ðrim dagum
her min andbidodon. and hí nabbað hwæt hí etað; Ðurh his
soðan menniscnysse him ofhreow ðæs folces meteleast. and
þurh his ælmihtigan godcundnysse hé hí eaðelice gereordode;
35   þæt folc anbidode ðry dagas mid ðam hælende for hælðe
heora untrumra. and nu dæghwomlice godes gecorenan mid
geleafan þære halgan ðrynnysse anbidiað. biddende heora
sawla hælðe. and heora freonda. and awendað heora geðohtas.
and word. and weorc to gode; He cwæð gif ic hí forlæte fæst-
40 ende hám gecyrran. þonne ateoriað hí be wege; Drihten nolde
forlǽtan ða menigu fæstende him fram gecyrran. ðy læs ðe hí
be wege gewæhte ateorodon. for ðan ðe he fétt ða ðe ðurh
dædbote him to bugað. mid bigleofan þære halgan lare; Gif hé
hí forlǽt buton ðam godspellican fódan on heora andgite.
45 þonne ateoriað hí be wege ðises andwerdan lifes;
   Sume hí comon feorran; Sume men sindon on godes gela-
ðunge ðe on lytlum ðingum wið god agylton. and siððan mid
soðre dædbote to gode / gecyrdon. þyllice ne comon na feorran.   Th. 398
for ðan ðe hí ðurh heora unscæððignysse him gehende wæron;
50 Sume sindon þe æfter fyrnlicum leahtrum. sume æfter facne
and æfter leasgewitnysse. sume æfter stale. sume æfter reaflace.
sume æfter manslihte. to soðre dædbote gecyrrað. and to ðam
wynsuman geoce godes þeowdomes. þas ðyllice cumað feorran.

---

24 F þam brycum: *þære lafe*   25–6 HU þa fíf berenan hlafas   27 F
ælmihtig`a´   C leorningcnihtum   D -mannum: *cnihtum*   F ⟨-mannum⟩
`cnihtum´   28 hit] BF hi   C heo   D hi`o´   F becomon   29 BCDF
criste   31 þyssere] U þeos   32 H eton   U etan   33 ðæs]
C þæs þæs   BCDF meteleaste   (*H defective*)   35 þæt] F `And´
þæt   U ⟨and⟩ þæt   41 F cyrran   43 BCDF to him   U gebugað
44 B [buton]   47 F god⟨e⟩   49 wæron] B for gode gewitað
50 B [sindon þe]   F fyrnlicum: *fullicum*   D sume `æfter´ facne
50–1 B [sume² – æfter¹]   51 BCDF leasre gewitnysse   52 B manslihte
53 CDU wynsumum   B [þas]   C þas and   D þas `and´

for ðan ðe swa hi‾swiðor dwelodon on ðwyrlicum dædum. swa
hí swiðor fram ðam ælmihtigan gode fyrr gewiton; Him bið swa 55
ðeah foda forgifen. for ðan þe ðam gecyrredum synfullan bið
gegearcod mete ðære halgan lare. þæt hi geedniwian magon on
gode ða mægenu. þe hí on leahtrum forluron; Eac ða ðe of
iudeiscum folce on crist gelyfdon. comon him nean to. for ðan
ðe hí wæron be him gelærede. þurh ða ealdan .æ. and ðæra 60
witegena cwydum; þa soðlice ðe gelyfdon on crist of hæðenum
folce. ða comon him feorran to. for ðan ðe hí næron ðurh
nánre boclicere lare be his geleafan gemanode;
 Ðas seofon hlafas æt þisum gereorde sind gesette on geryne
ðære niwan gecyðnysse. for ðære seofonfealdan gife þæs halgan 65
MS. 214ʳ gastes. þe godes gecorenum bið onwrigen. and forgifen; / þa
seofonfealdan gife we sædon eow hwilon ǽr. and gýt wyllað;
Án is se halga gast þe sylð gecorenum mannum ða seofonfealdan
gife. þæt is wisdom. and andgit. ræd. and strengð. ingehyd.
and arfæstnys. godes ege is seo seofoðe; Se ðe þissera gifa 70
orhlyte eallunge bið. næfð he gemanan mid godes gecorenum;
Ǽt ðam ærran gereorde sæt seo menigu uppon ðam gærse. and
on ðisum gereorde nis þæs gærses nan gemynd. ac crist hi het
sittan uppon þære eorðan. for ðan ðe ús is beboden ðurh
gewritu ðære ealdan .æ. ofsittan and fortredan ða gewilnigend- 75
lican lustas. and on ðære niwan gecyðnysse us is beboden þæt
we sceolon forlætan þas eorðan. and ða hwilwendlican æhta.
gif we willað fulfremede beon; þis is swa ðeah feawra manna
dǽd. þæt hí ealle eorðlice ðing sæmninga forlætan magon; Se
ðe eallunge ða eorðlican gestreon forlætan ne mæg. forlǽte hí 80
swa ðeah mid his geðance swa þæt hé ne besette his hiht on
Th. 400 ðam ateorigendlicum spedum. ac on / ðam ælmihtigan drihtne.

58 ða¹] 'ða' 75 gewrite

54-5 dwelodon – swiðor] C 'synagede swa hi swiðor' 56 CDFHU syn-
fullum 58 þe] C þæt U þa 'ðe' 59 F criste B neah 61 BU
witena soðlice ðe] B þe soðlice U soðlice 63 HU nane boclice
64 Ðas] HU Ða F geryne: tacnunge 69 U is ⟨se⟩ andgit] BF
andgyt. and U strengð. ⟨and⟩ (H defective) 70 BCDHU [seo] C
seofoðe ⟨and⟩ 72 C gereordade 73 H næs 74 U ⟨for ðan⟩ for
ðan 75 HU gewrita æ] F æ. þæt we sceolon fortredan] BCDF
oftredan 77 F eorðlican ða] F þas 78 F beon 'mid gode'
79 dæd] C dæð BD semninges C semminges F sæmninges HU
sæmtinges 80 ða] CDF þas 81-2 HU on þa ateorienlican speda ac
on þone ælmihtigan drihten 82 spedum] C spedum to swiðe D spedum
'to swiðe' BCDF ælmihtigum

and fremige hafenleasum mid his hæfene; We rædað on
cristes bec. þæt sum welig mann cóm to ðan hælende. and feoll
85 to his fotum ðus cweðende; Eala ðu góda lareow. hwæt sceal ic
dón. þæt ic hæbbe þæt ece líf; Drihten him andwyrde; Gif ðu
wylt becuman to ðan ecan life. heald þas bebodu. ne ofslih ðu
mann. ne unrihthæm ðu. ne stala ðu. ne beo ðu leas gewita.
arwurða þinne fæder. and ðine modor. and lufa ðinne nextan.
90 swa swa ðe sylfne; Ða andwyrde se rica and cwæð; Ealle ðas
ðing ic heold symle. fram minum geogoðhade; Him andwyrde
eft se hælend. and cwæð; Anes ðinges ðe is wana. far nú and
beceapa wið feo ealle ðine æhta. and dæl ðearfum. and þu
hæfst ðonne þinne goldhord on heofonan rice. and cúm. and
95 filig me; þis is swa we ær cwædon feawra manna dæd. and swa
ðeah fulfremedra;

   Drihten ðancode ær ðan ðe he ða hlafas tobræce. swuteli-
gende hú micclum he blissað for mancynnes hælu. and ús mid
ðan tihte þæt we sceolon him ðancian. swa oft swa we urne
100 lichaman mid eorðlicum bigleofan. oððe ure sawle mid hal-
wendre lare gereordiað; Se hælend ða tobræc ða hlafas. and
sealde his leornerum. þæt hí hit ðam folce dælan sceoldon. for
ðan ðe hé ða gastlican láre him forgeaf. þæt hí hí dældon eallum
geleaffullum ðeodum; Be ðam gedále cwæð sum witega. oðrum
105 andgite; Paruuli petierunt panem. nec erat qui frangeret eis;
þæt is on urum gereorde. ða lytlan cild bædon him hlafes. ac
þær næs nán mann. ðe þone hlaf him betwynan tobræce; þæt
is. þa úngelæredan sohton ðone bigleofan godes wordes. ac hí
næfdon ðone lareow. ðe him cuðe þa digelan láre geopenian. / MS. 214ᵛ
110 and hí to soðfæstnysse wege gewéman; Hlaf is ðæs lichaman
biglcofa. and lár is ðære sawle foda; þa fixas on ðisum gereorde.
getacnodon ða láreowas ðe ða lárlican béc awriton. be dihte
þæs halgan gastes;

---

84 feol 'l'   109 geopenian;   111 sawle < sawla

---

83 hafenleasum] F hafenleasum mannum   86 H andswarode   87 D
ofslihð F ofselh   89 ðinne] CDF þine   90 H [swa]   H andswarode
and] F and þus   91 C geheold   D 'ge'heold   94 BC heofonum
B [rice]   CD [and²]   98 for] BCDF on   99 BCDF [him]
100 sawle] B swale   102 B leornigcnihtum   þæt] U and   hit] C
hi D hi⟨t⟩   H hig   104 ðeodum] H ma⟨nnum⟩   106 CDF
hlafas   107 D 'næs'   FU 'to'bræce   H bræce   109 C larðeow
ðe] C þæt   110 F weg gewenian   111 on] B on ðam   112 C larðewes

þæt folc æt. and hí wurdon ealle gefyllede; Ða gereordiað of
drihtnes hlafum. and beoð gefyllede. þa ðe his láre gehyrað. 115
Th. 402 and ðurh ða hí sylfe gerihtlæcað. for ðan þe / seo lar bið on ydel
gehyred. buton heo beo to weorcum awend; þeah ðe þe man
bere mete toforan. hwonlice ðe fremað þæt ðu hine geseo.
buton ðu his onbirige; Swa eac ðe ne fremað þeah ðe ðu þa
halgan lare gehyre. buton ðu hí to godum weorcum awende; 120
Of ðære lafe wæron gefyllede seofan spyrtan; þa seofan spyrtan
habbað þa ylcan getacnunge. þe ða seofon hlafas hæfdon;
Spyrte bið swa swa ge sylfe witon of rixum gebroden. oððe of
palmtwygum; Rixe weaxst gewunelice on wæterigum stowum.
and se palm is sigebeacen. and godes gecorenum gedafenað 125
þæt hí heora heortan wyrtruman on ðam liflicum wylle þæt is
god gelógian. þy læs ðe hí forsearian fram his ecan lufe. and hí
sceolon mid sige þæs gastlican gecampes to him eft gecyrron.
þe hí to ðam gefeohte ær asende; Se ðe wile campian ongean
ðam reðan deofle mid fæstum geleafan. and gastlicum wæpnum. 130
he begýt sige ðurh godes fylste. and se ðe feohtan ne dear mid
godes gewæpnunge ongean ðone ungesewenlican feond. he
bið þonne mid ðam deofellicum bendum gewyld. and to tintre-
gum gelædd; þær wæron gereordode feower þusend manna;
Mid ðan feowerfealdum getele wæs getacnod. seo feowerfealde 135
cristes bóc. þe ða geleaffullan þurh hire láre dæghwomlice
gereordað;
   Mine gebroðra ne ðince eow to hefigtyme. þæt ge ðas god-
spellican lare gehyron; We aweriað us mid þære segene.
aweriað eow mid þære lare fremminge. þæt we ealle habban 140
moton ða mede þe mannes eage ne geseah. ne eare ne gehyrde.
ne on mannes heortan ne astah. þa ðe god gearcað ðam eallum
þe hine lufiað. Se ðe leofað and rixað on ealra worulda woruld.
amen:—

114 B Ð[æt]   of] F on   114–15 B [Ða – gefyllede]   117 BU [þe]
118 D 'ge'seo   119 D hi⟨re⟩'s'   BC [þa]   F 'ða'   121 CD
afyllede   122 þe] H þa   124 BFH Rixan weaxað   CD Rixan
weaxeð   U Rixa weaxað   B wæterlicum   125 B sigebeam < -beacn
126 hi heora heortan] B syn heora heortan   D hi heor'a heor'tan   F 'hi'
heo'ra' heortan   on] CD of   BU liflican   (C lyflicen)   is] U is on
127 lufe] H life   129 B campian wile   130 HU þone reðan deofol
fæstum] B strangum   131 H begyte   HU fylst   dear] C dær þone
132 U 'ge'wæpnunge   ongean] B ends (remainder lost)   137 CDFU
gereordiað   140 aweriað] C weriað   D ⟨.⟩weriað   142 þa] H þa ðing
HU gegearcað

DOMINICA. NONA. POST PENTECOSTEN Th. 404

Adtendite a falsis prophetis qui ueniunt ad uos. ET RELIQUA;
Drihten cwæð to his leorningcnihtum. Behealdað eow wið
leasum witegum. þe to eow cumað on sceapa hiwum. hí
soðlice syndon wiðinnan reafigende wulfas. ge oncnawað hí be
5 heora wæstmum; Hwá gaderað æfre wínberian of ðornum.
oþþe fícæppla of bremelum? Ælc gód treow wyrcð góde wæst-
mas. and yfel treow wyrcð yfele wæstmas; Ne mæg þæt góde
treow wyrcan yfele wæstmas. / ne þæt yfele treow gode wæst- MS. 215ʳ
mas; Ælc treow þe ne wyrcð godne wæstm bið forcorfen. and
10 on fyre aworpen; Witodlice ge oncnawað hí. be heora wæst-
mum; Ne færð into heofenan rice ælc ðæra þe cweð to me.
Drihten drihten. ac se ðe wyrcð mines fæder willan þe on
heofonum is. se færð into heofenan rice;

þis godspel is nu anfealdlice gesǽd; Ða leasan witegan þe
15 crist foresæde his leorningcnihtum. wæron gedwolmen. on
halgum hiwe drohtniende. and woldon awendan þone soðan
geleafan þe god sylf tæhte of ðam rihtan regole to heora
gedwyldum. and setton lease bec ongean ðam soðum geleafan.
to bepæcenne ða unscæððigan cristenan; Nu sind oðre lease
20 witegan. þæt sind ealle ðe on halgum híwe yfele weorc begáð.

Manuscripts: B (lines 1–110 lost), C, D, H (some loss of text at edges of
leaves), K, U, an extract (lines 108–33) in B (cited here as B*) and R, and
an extract (lines 110–33) in fᵇ, incorporated in fᵇ's text of XIX and partially
erased.

---

2 -cnihtum: mannum

Title C Ewangelium in dominica H Dominica viii. post octabas pente-
costen. XXXV U DOMINICA VIII⟨I⟩ POST PENTECOSTEN
1 ad uos] CDFH ad uos in uestimentis ouium U ⟨ad uos⟩ in uestimentis
ouium 3 H lease (witegan) U lease witegan CDF eow to (*H
defective*) 4 F 'soðlice' 5 F gegaderað 7 F [and – wæstmas]
9 CDF gode wæstmas 10 FHU fyr ge] D 'ge' H we 11 U færð
⟨he⟩ into – ðæra] H ælc þæra inn(to heo)fenan rice 12 þe] CD se
ðe 16 CF halgan D -an < -um 17 of] F on D *of* < on
18 CDF þam soðan HU þone soðan 20 witegan] F gewitan H
[sind ealle] ealle] CU ealle þa D ealle 'þa' C halgan

and hiwiað hí wiðutan mid eawfæstum ðeawum. and wiðinnan
sind geættrode mid arleasnysse; Be swilcum cwæð se hælend
on oðre stowe; Ge rihtwisiað eow ætforan mannum. and god
cann eowere heortan; Eft he cwæð. Wá eow hiwerum. ge sind
gelice. gemettum ofergeweorcum. þe beoð wiðutan wlitige   25
mannum æteowode. and seo byrgen ðeah bið afylled mid
deadum bánum. and forrotodnysse; Swa sind ge eac æteowode
wiðutan rihtwise on manna gesihðum. and ge sind wiðinnan
afyllede mid híwunge and unrihtwisnysse;

Drihten cwæð. behealdað eow wið leasum witegum. swilce   30
he cwæde warniað eow georne wið swilcum licceterum. for
ðan ðe hí ne sind na scep. ac sind wulfas on sceapa híwum; Hí
sind wiðutan eawfæste. ac hí sind wiðinnan buton soðfæstnysse.
cristenra manna ehteras. and reaferas. swa swa reðe wulfas;
Ge oncnawað hí. be heora wæstmum; Ne behealde ge heora   35
nebwlite. ne gyme ge heora eawfæstum gyrlum. ne hlyste ge
heora geswæsan lyffetunge. ac behealdað heora weorc; Hi
mærsiað godes halgan mid heora muðe. ac hí wiðcweðað godes
halgum mid heora þwyrlicum dædum; Hí ofsettað þa geleaffull-
Th. 406   lan. and ðeah ðe hí god mid wordum / ne tælon. hi tælað hine   40
swa ðeah mid yfelum ðeawum;

Hwa gaderað æfre wínberian of ðornum. oþþe fícæppla of
bremelum? Hwa mæg æfre of leahterfullum mannum oððe of
ðwyrum ænige godnysse gegaderian? Be ðisum ðornum and
bremelum cwæð se ælmihtiga god to adame æfter ðan ðe he of   45
ðan forbodenan treowe ðigde; Seo eorðe þe is awyriged on
MS. 215ᵛ   ðinum weorce. agifð þe ðornas and bremelas; Ælc gód / treow
wyrcð góde wæstmas. and yfel treow wyrcð yfele wæstmas; Ne
mænde ure drihten mid þisum wordum ða treowa þe on æppel-
tune wexað. þa ðe sind líflease. sawullease. and andgitlease. ac   50
þurh heora híw he gebicnode þa gesceadwisan men ðe andgit
habbað. and be agenum willan wyrcað swa gód swa yfel; Gód

25 ofer‛ge’weorcum

---

25 þe] FU þa   26 F byð þeah   27 CDF forrotodnyssum   H
Swa eac ge synd   D ‛ge’   28 C mannum   U innan   30 HU
lease witegan   31 HU swilce licceteras   33 ac] CDF and
35 ge²] F ge hi be   37 H geswæsum lyffetunga   U geswæsum lyffetungum
39 C hagum   U ‛ð’wyrlicum   45 æfter ðan ðe] F ⟨...⟩‛sið’þan
⟨ðe⟩   47 agifð þe] C agyfðe agifðe   48 U [and yfel – wæstmas]
H [wyrcð]   49–50 C æppeltima   50 D weaxað < wexeð   F wexeð
líflease] F leaflease ‛and’   U liflease and   (H defective)

bið þæt treow ðe gódne wæstm forðbrincð. yfel bið þæt ðe
unwæstmbære stent. wyrse bið þæt ðe yfelne wæstm byrð. and
55 se man bið herigendlic ðe mid gódum weorcum hine sylfne
bysgað. and oðrum gebysnað; Se bið unherigendlic. ðe unnyt
leofað; Se bið cwealmbære and twyfealdlice dead. swa swa se
apostol cwæð. se ðe on gódnysse unwæstmbære bið. and on
yfelnysse æfre growende and wæstmbære;
60   Ne mæg þæt gode treow wyrcan yfele wæstmas. ne þæt yfele
treow góde wæstmas; Ne cwæð se hælend þæt se yfela ne
mihte gecyrran. and beon gód. ac swa lange swa hé yfel bið. ne
mæg hé wyrcan gódne wæstm; Ærest sceal se mann hine sylfne
awendan fram yfele. þæt his weorc magon beon awende; Soðlice
65 gif se man þurhwunað yfel. ne mæg he habban gode weorc; And
gif se góda man ðurhwunað on his gódnysse. ne mæg he yfele
wæstmas forðbringan; For ðí sette god lare and het læran ða un-
gelæredan. þæt men sceolon yfel forlætan. and to góde gebugan.
and on godnysse ðurhwunian;
70   Ælc treow ðe ne wyrcð gódne wæstm bið forcorfen. and
on fyre aworpen; Be ðisum cyrfe spræc se hælend on oðre
stowe ðurh bigspel. þus cweðende; Sum híredes hlaford hæfde
aplantod án fictreow binnon his wingearde. and / com æfter   Th. 408
fyrste to ðam treowe. sohte wæstm ðæron. and nænne ne
75 gemette; He cwæð ða to þæs wingeardes biggengan; Efne nu
ðreo gear ic sohte wæstm on ðisum fíctreowe. and nænne ne
funde; Forceorf hit. to hwí hremð hit ðisne stede? Se biggenga
him andwyrde; Hlaford. Lǽt hit standan gearlanges. oð þæt ic
hit bedelfe. and mid meoxe bewurpe. and hit witodlice wæstm
80 wyrcð; Gif hit ðonne beran nele. ðu cymst and forcyrfst hit; þa
ðreo gear getacnodon ðry timan. ðissere worulde; Ante legem.
Sub lege. Sub gratia; þæt is. ær .ǽ. under .ǽ. under godes gife;
Se tima is agán þe wæs ǽr moyses .ǽ. and se tima is agán ðe
wæs under moyses .ǽ. se tima stent gýt ðe is under godes gife.
85 þæt is fram cristes tocyme on menniscnysse. oð þyssere worulde
geendunge; On ðisum ðrym timan andbidað god mancynnes

53 forðbrincð] H forðbringð. and   CDF [bið²]   54 yfelne wæstm]
F unwæstm   56 H abysgað   and] U and on   56–7 ðe unnyt leofað]
H (...)riht lufað   58 H [on¹]   61 Ne cwæð se hælend] F 'Se hælend
cwæð' (over erasure)   D 'ne'   F [ne]   62 U byð yfel   65 yfel]
C on yfelne   67 H gesette   C lare (for ði)   68 CDF sceoldan
71 HU fyr   spræc] F cwæð   72 hlaford] F ealdor   79 F be'we'orpe
80 DF forceorf'st'   82 gratia] F gratia dei   83 ær] H under
85 oð] C on

rihtinge. and góde wæstmas; Hwæs bið þæt unwæstmbære

MS. 216^r treow wyrðe æfter / ðisum þrim timum. buton scearpre æxe;
Se biggenga bæd þam treowe fyrst æt ðam hlaforde. swa swa se
apostol paulus cwæð; Ic bige mine cneowu to ðam ælmihtigan   90
fæder for eow. þæt ge beon on soðre lufe gewyrtrumode. þæt
ge magon underfon mid eallum halgum hwæt sy bradnyss.
langnyss. heahnyss. and deopnys. on godes gesetnyssum. and
tocnawan eac ða oferstigendan soðan lufe. drihtnes cristes. þæt
ge beon gefyllede on ealre godes gefyllednysse; Se apostol   95
ðingað for ús bigende his cneowu to ðan ælmihtigan hlaforde.
þæt we ne beon forcorfene; Uton beon wæstmbære on godum
weorcum. þi læs ðe se hlaford ús wæstmlease gemete. and hate
ús mid deaðes æxe forceorfan. and siððan into ðam ecum fyre
awurpan;   100
þæt treow bið bedolfen. and mid meoxe beworpen. þonne se
cristena man mid soðre eadmodnysse his synna behreowsað;
Ðæs treowes ymbgedelf is seo eadmodnys. þæs behreowsiendan
mannes; þæt meox is þæt gemynd his fulan dæda. on ðære
dædbote; Hwæt is fulre ðonne meox? And swa ðeah gif ðu his   105
wel notast. hwæt bið wæstmbærre? Awend þine heortan mid

Th. 410 soðre dædbote. and ðin weorc bið / awend; Awyrtwala grædig-
nysse of ðinre heortan. and aplanta þæron ða soðan lufe; Seo
grædignys is. swa swa se apostol Paulus cwæð wyrtruma ælces
yfeles. and seo soðe lufu is wyrtruma ælces godes; þu mann   110
wylt habban gód. ðu wilt habban hælu þines lichaman. ac swa
ðeah ne tala ðu þæt to micclum góde. þæt ðe hæfð eac swilce se

101 'be'dolfen   106 Hwæt

87 U godes wæstmes   89 F 'bæd'   90 C gebige   D 'ge'bige (H
defective)   CD ælmihtigum   94 F forstigendan   U [soðan]
96 CDF us to ðam ælmihtigan hlaforde bigende his cneowa   99 H [fyre]
101–2 H [þæt treow – behreowsað]   104 F 'his'   106 hwæt] CH hit   D
hit < hwæt   107 Awyrtwala] CDFH Awurp þa   108–9 Seo grædignys]
B* begins AVARUS þæt is gytsere on englisc. auaricia is gytsunge. sume
men hit hatæð grædignesse þissere worlde. þ (sic) is þæt ðe mon beo gredig
goldes and seolures and worldlicræ istreonæ. Ðeo grædignesse etc.   R
begins Auarus. þæt is gytsere on englisc. Auaritia. is gitsung. þa hatað sume
menn grædignysse þissere worulde þæt se mann beo grædig goldes and
seolfres and woruldlicra gestreona. ægðer ge rihtlice. ge unrihtlice; Se
grædignyss etc.   109 B* apĪs   109–10 cwæð – yfeles] B* sæde rotæ
of ylc ufel   110 wyrtruma]B* rotæ   þu mann] H þu mann þu   f^b begins
Augustinus se wisa (and) se w(ur)þ(fu)lla biscop manede us ealle on sumum
trahte ðus cweðende; Ðu mann etc.   111 habban god] B begins
f^b [habban²]   112 ðe] F ⟨he⟩   B*R [swilce]

yfela; Ðu wilt habban gold and seolfor. efne ðas ðing sind
góde. gif ðu hí wel notast. gif ðu sylf yfel bist. ne miht ðu hí wel
115 notian; Sind nu for ði gold and seolfor yfele yfelum. and góde
gódum; Hwæt fremað þe þæt ðin cyst stande ful mid gódum.
and ðin ingehyd beo æmtig ælces godes? Ðu wilt habban gód.
and nelt ðe sylf beon gód; Sceamian ðe mæg þæt ðin hus
hæbbe ælces gódes genoh. and hæbbe þe ænne yfelne; Soðlice
120 nelt ðu nan ðing yfeles habban. on ðinum æhtum; Nelt ðu
habban yfel wíf. ne yfele cild. ne yfele ðeowe men. ne yfel
scrud. ne furðon yfele sceos. and wylt swa ðeah habban yfel
líf; Ic bidde þe þæt ðu læte huru ðe ðin líf deorre. þonne ðine
sceos; þu wilt habban ealle fægere ðing and acorene. and wilt ðe
125 sylf beon wáclic and unwurð; Ðine æhta mid stylre stemne.
wyllað þe wregen to ðinum drihtne; Efne ðu forgeafe þisum
men þus fela góda. / and he sylf is yfel; Hwæt fremað him þæt   MS. 216ᵛ
þæt hé hæfð. þonne hé ðone næfð þe him ða gód forgeaf þe hé
hæfð? Gif nu eower sum onbryrd þurh ðisum wordum smeað
130 hwæt gód sy. þonne secge we þæt þæt is gód þe ðurh nanum
ungelimpe forloren beon ne mæg; þu miht forleosan unðances.
ða ðing ðe ateorian magon. ac gif ðu sylf for gode gód byst.
þæt ðu ne forlyst næfre unðances; Drihten cwæð. ne færð into
heofonan rice ælc ðæra ðe cweð to me drihten drihten. ac se ðe
135 wyrcð mines fæder willan þe on heofonum is. se færð into
heofonan rice; Ða ðe mid twyfealdum geðance clypiað drihten
drihten. and cweðað þæt hí god cunnon. and hine swa ðeah
wiðsacað mid heora yfelum dædum. nabbað hí infær to heofonan
rice. ac / þa ðe wyrcað þæs heofonlican fæder willan farað into   Th. 412
140 heofenan rice; Crist cwæð on sumere stowe; Hoc est opus dei.
ut credatis in eum quem misit ille; þæt is godes weorc. þæt ge

114 ðu sylf] B* þet þu   C [hi²]   115 B* [nu]   116 mid godum] B* of
gode   117 beo] B* stonde   119 B* [genoh]   B* [hæbbe]   120 B*
þin æhte   B* þu nelt   121 B* yfel child   F yfel`e´ cild   C [yfel²] B
yfel⟨e⟩   B* yfele   122 BB* forþan   123–4 U '(I)c – scos;'   B* hure
læte   124 B* icorene   124–5 B* wult beon waclic þe seolf   126 wregen]
B*R wregan þus   drihtne] fᵇ drihtne ⟨ðinum drihtne⟩. þus cwæðende
forgeafe] B* gyfæ   127 goda] B* æhtæ and godæ   H æhta   128 þæt] B*
ðe   B [hæfð – he²]   B* geaf   129 B [onbryrd]   CDFH bið onbryrd
B*HRUfᵇ þurh þas word   smeað] CDF and smeað   130 B nannum <
mannum   130–1 RUfᵇ nan ungelimp   H na(n un)gelimp   B* nan un-
limpe   131 B* ne mæg beon forloren   132 sylf] B* þe sylf   133 B* ne
forleost þu   U 'næfre'   unðances] extract in B*Rfᵇ ends   134 B
heofena   138 to] F into   (H defective)   F heofona   139–40 C [ac – rice]
139 willan] B willan. þa   140 F heofona⟨.⟩   sumere] H sumere oðre

on ðone gelyfan þe hé asende; Ðis is þæt fyrmeste weorc and
se fyrmesta willa. þæt we gelyfon on ðone ancennedan godes
sunu hælend crist. þone ðe se ælmihtiga fæder for ure alysed-
nysse asende. and ðone geleafan we sceolon mid hluttrum mode   145
and eawfæstum ðeawum geglengan. þæt we habbon infær to
heofenan rice. swa swa crist sylf eallum geleaffullum behet;
Hwilc eorðlic man dorste æfre gewilnian þæt hé moste to
heofenan rices myrhðe becuman. gif hit crist sylf us ne behete.
and for ði to middanearde gewende. þæt he us to him gefette;   150
Sy him wuldor and lof. mid fæder. and halgum gaste. on ealra
worulda woruld. Amen:—

142–3 C [þe he – gelyfon]   142 Ðis] B Ðæt   H Ðuss   143 CD acænne-
dan   FU [godes]   144 C [ðe]   146 C þeawe   F gegencgan
to] C into   147 F heofona⟨.⟩   B [sylf]   geleaffullum] C gefeallum
149 BF heofona   151 and²] FH and mid

VIII. KALENDAS AGUSTI. NATALE SANCTI IACOBI APOSTOLI

O<small>N</small> þisum dæge we wurðiað on urum lofsangum and on freolse
ðone mæran apostol I<small>ACOBUM</small>. Iohannes broðor þæs godspel-
leres; Hí begen sind cristes moddrian suna. þas hé genám
oftost. and petrum to his sunderspræce. swa swa we on cristes
5 bec gehwær rædað;
    þes apostol iacobus bodode on iudea lande. and on ðære
byrig þe is samaria gehaten; Ða gelamp hit þæt sum dry herm-
oines gehaten asende his gingran philetum to ðam foresædan
apostole. þæt he his lare ðurh drycræft adwellan sceolde;
10 Philetus ða com mid sumum phariseum to ðam apostole. and
begann to wiðcweðenne ðam geleafan þe se apostol tæhte;
Hwæt ða iacobus se apostol gebyld þurh ðone halgan gast
aydlode ealle þæs dryes seðunge. and / geswutelode ðurh
witegena seðunge. þæt crist is / soð godes sunu; þa gecyrde se
15 philetus. to his dwollicum láreowe hermogenem and cwæð;
Wite þu þæt ðu nateshwon ne miht ðurh ðinum drycræftum
þone godes apostol iacobum oferswiðan; Soðlice ic geseah þæt
hé on cristes naman deoflu adræfde of wodum mannum. and

Th. 414
MS. 217^r

Manuscripts: B, D, E, G, K, L, f^k (defective, lines 58–111 only); B, E, L,
and f^k all omit the second part, lines 182–end, and G omits the first part,
lines 1–181.

Title VIII] IIII   2 Ioh̄s

Title VIII – APOSTOLI] B Iacobi apostoli E PASSIO NATALE
SANCTI IACOBI APOSTOLI L VIII Kalendas Augusti passio sancti
iacobi apostoli f^k VIII Kalendas Augusti Natale Sancti Iacobi Fratris
Iohannis (*reported by Wanley*)

1 B ure lofsange   2 E iacob   4 sunderspræce] D spræce   7 B
[byrig]   7–8 hermoines] D hermogenes wæs   8 B sende   E
philetan   9 B apostolum   drycræft] B his drycræfte   adwell ın] E
adwescean   10 DE phareseiscum   B apostolum   11 B þa leafan
12 E iacob   apostol] D apostol wearð   D '(g)ast'   13 aydlode] B
adilegede D and aidlode E adiglode B [ealle] E eall   seðunge] E
unriht   14 seðunge] E giddunga   15 DE dwollican (B -ce)
16 DE þinne drycræft   18 L 'on'

þæt he blinde onlihte. and hreoflige geclænsode. and eac me
holde frynd sædon. þæt hí gesawon hwær hé ða deadan to life 20
arærde; Ealle halige gewritu he hæfð on gemynde. þa soðlice
seðað þæt se is hælend crist. and nis nan oðer godes sunu buton
se ðe fram iudeum on rode ahangen wæs; Genim ðe nu minne
ræd. and gecum to ðam apostole iacobe. and gebide ðe milt-
sunge þines gedwyldes; Gif ðu þus ne dest. wite ðu þæt ðin 25
drycræft ðe to nanre freme ne becymð; Ic wylle to him gecyr-
ran. and biddan þæt ic mote heononforð his leorningman
beon;
    Ða wearð se dry hermogenes mid graman afylled. and geband
þone philetum swa þæt he hine bewendan ne mihte. and 30
cwæð; We sceolon geseon hwæðer ðin iacobus ðe alyst fram
ðisum bendum; þa asende se philetus of ðam bendum his
cnapan ardlice to ðam apostole. and he him asende sona his
swátclað. and cwæð; Nime he þisne clað and cweðe; Drihten
crist arærð þa forscrenctan. and he alyst ða gecypsedan; Phile- 35
tus wearð ða alysed fram þæs dryes bendum. swa hraðe swa se
swátclað hine hrepode. and hé arn to ðam apostole bysmrigende
þæs dryes yfeldædum; Hwæt ða hermogenes se dry clypode
him deoflu tó. and asende to ðam apostole þus cweðende;
Farað nu ardlice to iacobe. and gebringað hine to me. and 40
philetum samod minne leorningcniht. þæt ic minne teonan
on him gewrece. þæt mine oðre leorningmen me swa ne
gebysmrian; Ða deoflu ða becomon to ðam apostole. þær
hé on his gebedum stod. and ongunnon hryman up on ðære
lyfte þus cweðende; Eala ðu iacob godes apostol gemyltsa us. 45
for ðan ðe we nu efne byrnað ær ðan ðe se tima come ure
Th. 416 ontendnysse; / Se apostol him cwæð to; Hwí come ge to me?
Ða deoflu andwyrdon; Hermogenes us asende. and het us

39 deofl⟨e⟩'u'

20 B [to life]   21 hæfð] E hæfþ him   22 seðað] DE secgað   L
se⟨þ⟩'g'að   crist] E crist þe he bodaþ   23 Genim] E Ac genim
24 gecum] E gecum þe   B to þene apostolum iacobum   25 þus] E þis
þæt] E ne ofercymstu næfre his mihta. and eac   27 E leorninccniht
29 E [se dry]   31 B alyse   32 BE sende   E [se]   33 B heardlice
L 'h'ardlice   33-4 he him – swatclað] E se apostol him onsende ardlice
ænne his claþa   33 B sende   34 E [he]   35 DE [he]
37 swatclað] E clað   38 yfeldædum] D yfeldæde   E bedyderunga and
yfeldæda   39 B sende   40 B heardlice   B iacobum   42 B
[on him]   E on him on   43 B apostolum   44 E [up]   46 B
[efne]   B [se]   E cume   48 B sende

lædan him to. ðe and philetum. ac godes engel us gewrað mid
50 fyrenum racenteagum swa hraðe swa we hider comon. and we
nu cwylmiað; Se apostol iacobus cwæð; On naman þæs ælmih-
tigan fæder. and his suna. and haliges gastes. unbinde eow godes
engel. swa þæt ge faron to hermogenem. and hine gewriðenne
buton ælcere dare hider gebringan;
55 þa deoflu ða gecyrdon / ongean to ðam drye. and gewriðon
his handa to his hricge. and swa læddon to ðam apostole þus
cweðende; þu asendest ús ðær we wæron ontende and ge-
wriðene. and unaberendlice fornumene; Ða cwæð se apostol to
ðam dry. þu dysegost manna. þu hópast þæt ðu hæbbe ðoftræ-
60 dene to ðam awyrigedan deofle. mancynnes feonde. þone ðu
bæde þæt he ðe asende his deofellican englas to minre dare.
hwi nelt ðu besceawian þæt ic him gyt ne geðafige. þæt hí
heora hatheortnysse on ðe æteowian; þa deoflu eac swilce
cwædon; Lǽt hine on urum anwealde. þæt we magon ðinne
65 teonan wrecan. and ure ontendnysse; Se apostol cwæð. efne
her stent ætforan eow philetus. Hwí nelle ge hine niman swa
swa hermogenes eow het? Ða deoflu andwyrdon. Ne mage we
hreppan furðon ænne wyrm binnon ðinum clyfan; þa cwæð se
apostol to philetum; Hermogenes þe gewrað. unbind þu hine.
70 þæt ðu oncnawe ures drihtnes regol. þæt men leornion agyldan
gód for yfele; He ðe wolde fram deoflum gebundenne to him
alædan. alýs ðu hine nu fram deoflum gehæftne. and læt hine
gán frigne; Philetus ða alysde his dwollican lareow fram ðam
deofellicum bendum. and se dry þær stód eadmod and ofscea-
75 mod; Ða cwæð se apostol; Far ðe frig swa hwider swa ðu wille.
nis na ure gewuna þæt ǽnig man unðances to gode gecyrre;
Hermogenes him andwyrde; Ic cann georne þæra deofla
hátheortnysse. buton ðu me sylle sum ðinra þinga mid me. hí
gelæccað me. and mid mislicum witum acwellað; Se apostol

49 B to him þe   E þe to him   E philetan   ac] B and   D An   gewrað]
B bond   51 BE iacob   51-2 B [ælmihtigan]   52 DE [his]
55 BEL dry   57 B sendest   58 and unaberendlice] fᵏ begins
59 dysegost manna] B dusigesta mon. a   E dysegost and gedwealdost manna
59-60 E geþoftrædene   60 B awarigedum   BE feond   61 fᵏ abæde
B [ðe]   his] B þis   63 ðe] B þe ne   65 Efᵏ gewrecan   66 fᵏ phile-
tus ætforan eow   67 L hæt   68 B forþan reppan   69 gewrað] B
bond   unbind þu] E unbind þu nu   fᵏ nu unbind þu   70 drihtnes] E
drihtnes mihta and   leornion] B leornigan hu heo magen   Efᵏ leornion
to   B gylden   70-1 agyldan − yfele] E forgyldanne yfel mid gode
72 alædan] E hatan lædan   B [nu]   73 D gangan   75 ðe] E þe nu
77 E ermonigens   79 B mislice wite

Th. 418 cwæð; Hafa ðe / minne stæf on handa. and gáng ðe orsorh swa 80
hwider swa ðu wille;
Se drý ða nám þone stæf and gewende hám. and genam ealne
his drycræft. and brohte to ðam apostole. and begann hí to
forbærnenne; Se apostol cwæð; þy læs ðe se smíc heora ontend-
nysse derige ðam únwarum. awurp stanas and lead samod into 85
ðam pusum. and besénc hý on sælicum yðum; Hermogenes
swa dyde. and siððan þæs apostoles fét gesohte. biddende and
cweðende; þu sawla alysend. underfóh me nu behreowsiendne.
þone ðe ðu oð þis andigendne and tælendne forbære; Iacob se
apostol him andwyrde; Gif ðu gode soðe dædbote geoffrast. his 90
soðan miltsunge þu begytst; Hermogenes cwæð; To þan swiðe
ic geoffrige gode soðe behreowsunge. þæt ic ealle mine béc on
ðam þe se drycræft onstod awearp. and ic wiðsóc eallum deofles
cræftum samod; Se apostol andwyrde; Far nu geond þæra
manna hús ðe ðu mid þinum drycræfte forlærdest. and gebig 95
MS. 218ʳ hí / eft to heora drihtne; Sege him þæt þæt is soð. þæt ðu ǽr
awægdest. and þæt þæt is leas þæt ðu ǽr him to soðan tæhtest;
þæt deofolgyld þe ðu ær wurðodest tobrec. and þæt feoh ðe
ðu mid yfelum cræfte begeate. aspend on godes ðearfum. and
swa swa ðu ær wære deofles bearn him geefenlæcende. swa ðu 100
bist nu godes bearn gode geefenlæcende. se ðe dæghwomlice
getiðað weldæda unðancwurðum. and hine forseondum bigleo-
fan gearcað; Gif se mildheorta god ðe gód wæs ða ða þu yfel
wære. hu miccle swiðor bið hé ðe welwyllende gif ðu yfeles
geswicst. and hine mid godum weorcum gegladast; Hwæt se 105
drý ða on eallum ðingum þæs apostoles lare gehyrsumode. and
swa on godes ege geðeah. þæt he fela wundra worhte on godes
naman;

84–5 ontendnyss

82 nam] D genam   gewende] E gewænde him   83 and²] E and he
84 D smic 'mid'   84–5 D ontendnys'se'   L ontendnys   85 B þan
unwarre derige   86 E ermoniges   87 swa] Efᵏ þá swa   88 BEfᵏ
behreowsiende   89 ðu] B nu   andigendne] E arleasne   D tælende
Iacob] E Iacob þa   92 E ofrige   93 awearp] E ic awearp   fᵏ awærp
into sælicum yðum   B alle deofles cræftes   94 Se apostol andwyrde]
fᵏ Se eadiga apostol ða hine fullode on naman fæder. and sunu. and ðone
haligan gast. and bebead him þus cweðende   95 hus] B ús   96 him]
E him on   97 þæt.þæt] BE þæt   D ⟨þæt⟩ þæt   BE him ær   98 tobrec]
E tobræc hit eal   E [and]   99 ðu] DEfᵏ þu ær   godes] fᵏ godes
nam(an) on   100 B bearn deofles   E deofles bearn and   101 bearn]
E bearn and   dæghwomlice] E ælce dæg   102 hine] E his   103 L
þa 'ða'   106 E on eallum þingum þa   fᵏ gehyrsume

Ða gesawon ða iudeiscan þæt se dry swa to gode gecyrde.
110 and ealle his frynd and leorningcnihtas samod ðurh iacobes lare
on crist gelyfdon. sealdon ða feoh þam twam hundredes
ealdrum þe ða burhware bewiston. and gebrohton þone
apostol on cwearterne; Wearð þa micel styrung on ðam folce.
and / wearð gerædd þæt hé æfter þære .ǽ. hine betealde; þa   Th. 420
115 cwædon ða sunderhalgan; To hwí bodast ðu crist þone man
þe betwux sceaðum ahangen wæs? Hwæt ða Iacobus se apostol
wearð afylled mid ðam halgan gaste. and him swutellice sæde
þæra witegena seðunge be criste. be his acennednysse. be ðam
wundrum þe hé on ðyssere worulde gefremode. be his ðrow-
120 unge. be his æriste of deaðe. be his upstige to heofenum. be his
tocyme on domes dæge. þæt he ælcum men agylde be his
agenum gewyrhtum; To þyssere gereccednysse genám se
apostol menigfealde gyddunga. and gewitnyssa. heahfædera.
and witegena. to oferdrifenne ða arleasan iudeiscan and cwæð;
125 Wene ge mine gebroðru gif ge þyses ne gelyfað. þæt ge magon
ætwindan þam egeslicum witum þæs ecan fyres. ðonne ða
hæðenan leoda gelyfað ðæra witegena gesetnyssum be criste;
Bewepað ic bidde eower fyrnleahtras mid heofigendum stem-
num. þæt se arfæsta miltsigend eowere behreowsunga underfó.
130 þi læs ðe eow getimige. swa swa getimode Dathan. and Abirón.
ða ða hí moysen on þam westene forsawon. and ðone ælmihti-
gan god þearle gegremodon. swa swa hit geræd is; Seo eorðe
geopenode. and forswealh dathan. and heo oferwreah abiron.
and his gegaderunge. and heofenlic fyr bárn on heora gesam-
135 nunge. and ða synfullan forbærnde;
Hwæt ða æfter þyssere / bodunge forgeaf se mildheorta   MS. 218ᵛ
drihten swa miccle gife his apostole. þæt hí ealle mid anre
stemne clypodon; We syngodon. we dydon unrihtlice. syle ús
forgifennysse; Hwæt sceole we dón? Se apostol andwyrde;

---

118 criste; Be   139 forgife'n'nysse

110 and²] E and his   111 BD criste   sealdon ða] fᵏ Namon ða (?)
fᵏ ends   E hundres   113–14 E [micel – wearð]   116 B ahon
118 seðunge] E cwidas   be²] BE and be   be³] B and be   E eac be
120 be¹] E and be   121 E dæg   ælcum] D æghwylcum   B [men]
122 þyssere] B swilce   125 E [mine gebroðru]   126 B þam egeslice wite
127 B setnesse   128 BD eowere   fyrnleahtras] E hreowlican leahtras
128–9 B hofigendlice stefne   129 E hreowsunge   130 and] B and
horeb. and   132 B i⟨....⟩ 'ræd'   eorðe] D eorðe 'hi'   E eorþe hi
136–7 æfter – drihten] E se mildheorta god æfter þissere bodunge forgeaf
136 þyssere] B þissere micele   B geaf   139 Hwæt] B hwæt la

Mine gebroðra. nelle geortruwian. gelyfað on crist. and beoð 140
gefullode. and ealle eower synna beoð adilogode; Æfter ðisum
ymbe feawa dagas geseah Abiathar ðæra iudeiscra heafodbiscop.
þæt swa micel mennisc iudeiscre mægðe on crist gelyfde. and
wearð mid andan afylled. and sealde sceattas. and astyrede
micele ceaste on ðære menigu. swa þæt án sunderhalga geband 145
Th. 422 þone apostol. and hine ge/lædde to þæs cynges domerne
herodes. se wæs þæs ealdan herodes suna sunu. and he het hine
ða beheafdian; Se sunderhalga ða Iosias lædde þone apostol to
þære cwealmstowe. and þær læg be ðam wege án bedreda
clypigende to ðam apostole; Eala ðu iacob cristes apostol. 150
alýs me fram minum sarnyssum. for ðan ðe ealle mine lymu
sindon micclum gecwylmode; Se halga apostol him cwæð to;
On mines drihtnes naman aris hál. and bletsa ðinne hælend;
Hwæt ðærrihte arás se bedreda. and arn blissigende. and cristes
naman bletsigende; 155
þa ða se sunderhalga Iosias þæt tacn geseah on ðam bedredan
men. þa feol he to þæs apostoles fotum. and cwæð; Ic halsige
ðe þæt ðu me dó miltsunge. ðæs ðe ic wið ðe agylte. and dó
þæt ic beo dælnimend on drihtnes halgan naman; Ða undergeat
se apostol þæt his heorte wæs geneosod þurh godes gast. and 160
cwæð. Gelyfst ðu þæt drihten hælend ðone ðe iudei on rode-
hengene acwealdon is þæs lifigendan godes sunu? Iosias cwæð;
Ic gelyfe. and þes is min geleafa fram ðissere tide. þæt crist is
þæs lifigendan godes sunu; þa het abiathar se ealdorbiscop
geniman ðone Iosiam. and cwæð him to; Gif ðu ðe hraðor ne 165
gewitst fram iacobe. and buton ðu wyrige cristes naman. þu
scealt beon beheafdod samod mid him; Ða cwæð Iosias. Sy
ðu awyriged on ðinum gedwyldum. and sy gebletsod hælendes
cristes nama á to worulde; Abiathar ða het cnucian his muð.

140 nelle geortruwian] E ne geortruwiað. ac   B criste   141 B eowre E
eowra   142 DE daga   143 D belyfde   143–4 and wearð] E þæt wæs
fela þusenda. wearþ ða   144 B styrede   145 micele ceaste] B micele
ceastæs L micele cease E eall þæt folc   146 D 'þæs' cyninge's'
147 BDE [suna]   147–8 DE he ða het hine   149 and þær læg] BE þa
læg þær   150 B apostolum   B [ðu]   D iacobus   cristes] DE
godes   151 B mine sarnesse   E minum sarignyssum   152 B [micclum]
154–5 blissigende – bletsigende] B bletsigende cristes namæ mid blisse
154 and²] E on   156 ða] B ðe   B underhalga   157 B aposto-
lum   157–8 Ic – þæt] B þæs   158 E agylte wiþ þe   L [do²]
161–2 rodehengene acwealdon] B rode hanginde acwealdon   E rode ahengon
163 þes] D þis   E þæs   165 E [ðone]   166 B iacobum   168 B
awarited   169 B het þa

170 and sende to ðam cyninge herode. and begeat þæt hé moste
hine beheafdian samod mid Iacobe; Hí becomon ða to ðære
cwealmstowe. and se apostol abæd him wæter beran. him wearð
ða geboren tó bucful wæteres. and he cwæð to Iosian; Gelyfst
ðu on ðone ælmihtigan fæder. and on his ancennedan sunu. and
175 on ðone halgan gast? Iosias cwæð. / ic gelyfe; Se apostol hine   MS. 219ʳ
begeat mid ðam wætere. and cwæð; Syle me sibbe coss; He
hine cyste ða. and se apostol hine bletsode mid / rodetacne. and   Th. 424
he swa fulfremed on godes geleafan underfeng beheafdunge
mid þam apostole. and hí sigefæste samod ferdon to criste.
180 ðam is wuldor and wurðmynt on ealra worulda woruld.
Amen:—

VI. Kalendas Agusti. Sanctorum Septem Dorm-
ientium.

We willað eow eac gereccan sceortlice þæt nu æfter twam
185 dagum is ðæra seofon slapera gemynd. þæra naman sind ðus
gecwedene; Maximianus. Malchus. Martinianus. Dionisius.
Iohannes. Seraphion. Constantinus; þas seofon geleaffullan
godes cempan wæron on Decies dagum þæs caseres wunigende
on ðære byrig Ephesum; Hí wæron æðelborene for worulde.
190 and wurdon to ðam hæðenan cwellere gewrehte. for heora
cristendome; Ða nolde hé hí sæmtinges acwellan. ac lét him
fyrst for heora æþelborennysse þæt hí hí beðencan sceoldon.
and bugan to his hæðengylde. þonne hé eft come. oððe heora
lichaman sceoldon beon mid mislicum tintregum gecwylmede;
195 Decius ða gewende to oðrum burgum to tintregienne ða cristen-
nan. and ða seofan godes ðegenas beceapodon heora æhta wið
feo. and þæt ðearfum digellice dældon. and eodon of ðære byrig
into anum micclum screafe under anre dune. and þær on gebe-
dum ðurhwunodon. dæges and nihtes; Eft ða ða decius com
200 ða het hé hí gelangian; þa wearð him gesæd þæt hí on ðam
scræfe behydde wæron. and he ða geháthyrt het fordyttan þæs
scræfes muð mid ormætum weorcstanum; Ac se mildheorta

170 B sende 'to'   B herodes   171 B iacobum   172 D ⟨a⟩bæd
B bed   wæter beran] B beron wæter to   173 BEL iosiam
174 DEL acennedan   176 begeat] E begeat þa   177 bletsode]
B bletsode þa   D 'ge'bletsode   181 Amen] BEL end   182 VI] G
begins   182-3 D [VI – DORMIENTIUM]   187 þas] G þa
190 DG cwelmere   191 sæmtinges] G swa higendlice   201 D gehydde

god hæfde lytle ær hí ealle geswefode binnon ðam scræfe. and
hí swa slapende lagon ðreo hund geara. and twa and hundseo-
fontig geara. oð þæt cristendom becom ofer ealne middaneard; 205
    Eft ða æfter ðisum fyrste on ðæs caseres dagum Theodosies
Th. 426 se ðe micclum / on crist belyfde. getimode þæt sume wyrhtan
afundon ðone stán æt þæs scræfes muðe. and hine aweg awilig-
don; Hwæt ða se ælmihtiga scyppend forgeaf þam seofon hal-
gum þe on ðam scræfe lagon líf and ærist. æfter swa langum 210
slæpe. and hí wurdon ða ameldode þam burhwarum; þis
wundor wearð ða þam cristenum casere theodosie gecyd. and
hé mid bliðum mode ðider siðode. mid ealre þære burhware
and biscopum and heafodmannum; Ða halgan martyras ða
út eodon of ðam scræfe togeanes ðam casere. and heora neb- 215
MS. 219ᵛ wlitu scean swa swa sunne; Se casere ða theodosius feoll /
ætforan him. and heora ælcne synderlice cyste. micclum blissi-
gende and cwæð; Swa ic geseo eow. swilce ic gesawe hælend
crist. þa ða he lazarum of his byrgene arærde; þa cwæð se
yldesta Maximianus to ðam casere; Gelyf us. for ðe arærde se 220
ælmihtiga god us of eorðan ær ðam micclum dæge. þæt ðu
buton twyn gelyfe. þæt deadra manna ærist bið. nu we arison of
deaðe. and we lybbað; Stande nu ðin cynedom on sibbe. and
on soðum geleafan. and crist hine gescylde wið deofles cost-
nungum; Æfter ðison feollon hí eft ealle ætforan þam casere. 225
swa swa god bebead. and heora gast ageafon; þa wolde se casere
wyrcan him eallum gyldene scryn. ac hí æteowodon him on
ðære ylcan nihte. and sædon; Of eorðan we arison. læt us on
eorðan gerestan. oð þæt god us eft aræreg; Se casere ða and his
biscopas arærdon mære cyrcan ofer heora lichaman to lofe ðam 230
ælmihtigum gode. se ðe leofað and rixað. á. on ecnysse. amen:—

222 bið; Nu

206 G theodosius   207 G criste   211 G h⟨e⟩ˈiˈ   G gewurden
212 D cristenan   (G -ne)   218 Swa – eow] G Me is nu   223 G
[we]   224–5 G costnunge   227 him¹] D hi   D scrinan   G scrine
230 lichaman] G byrigena   231 G ælmihtigan

XXVIII

DOMINICA XII. POST PENTECOSTEN

Dixit iesus ad quosdam qui in se confidebant tamquam iusti.
et aspernabantur ceteros. parabolam istam; ET RELIQUA;
Drihten sæde þis bigspel be sumum mannum þe on him / Th. 428
sylfum truwodon þæt hí rihtwise wæron. and oðre forsawon.
5 þus cweðende; Twegen men eodon into godes temple hí to
gebiddenne. An wæs sunderhalga. and oðer wæs openlice
synful; þa stód se sunderhalga. and hine ðus gebæd; God ic
ðancige þe. þæt ic ne eom na swilce oðre men. reaferas. and
unrihtwise. forlígras. oððe swilce þes manfulla ðe hér stent;
10 Ic fæste twegen dagas on þære wucan. and ic teoðige ealle mine
æhta; Ða stod se synfulla feorran ne dorste his eagan upaheb-
ban. ac beot his breost þus cweðende; God ælmihtig. miltsa me
synfullum; Nu cwæð se hælend be ðisum; Soð ic eow secge.
þes eode ham gerihtwisod. swiðor ðonne se sunderhalga. for
15 ðan ðe ælc þe hine onhefð bið geeadmet. and se ðe hine sylfne
geeadmet. bið ahafen;
  þis godspel mæg beon twyfealdlice getrahtnod. ærest be
iudeiscum folce. and be hæðenum ðeodum þe to cristendome
gebugon. and eft siððan be ælcum menn. ðe hine sylfne godne
20 talað. and oðre forsihð; þæt iudeisce folc wæs upahafen swilce
þurh rihtwisnysse þære ealdan .æ̇. and on ðære hí sylfe herodon.

Manuscripts: B, C, D, F, G, H, K, R, and f^b (defective, lines 1–22 only).

---

8 men; Reaferas   21 rihtwisnyssum

Title DOMINICA – PENTECOSTEN] B Dominica X post pentecosten
C Ewangelium Dominica   H DOMINICA XI. XLIIII   R SERMO AD
POPULUM QUANDO UOLUERIS   f^b *defective*

4 BG [and]   6 BC biddenne   BCDFG [and]   C [openlice]
8 R [na]   9 G unr⟨e⟩'i'wis   F 'þes'   11 ne] B and ne   12 beot]
H beod   13 eow] H heom   14 þes] CD þes man   15 F [ðe¹]
R [ælc þe]   CDG ælc þæra þe   BG ahæfð   16 bið] H h(e) byþ
18 R folce < folcum   19 G [menn]   20 B tellæþ   f^b talaþ <
telaþ   R oðerne

and þæt hæðene folc feor fram gode. andette mid eadmodnysse
his synna. and wearð gode genealæht and ahafen. and þæt
iudeisce folc gewát fram gode forsewen þurh heora upahefed-
nysse. and agenre bogunge; Ælc man ðe hine gódne talað and 25
oðre forsihð. bið fram gode for/sewen. swa swa se sunderhalga
wæs. þe hine sylfne ðurh agenum geearnungum gódne tealde.
and ðone oðerne hyrwde; Hé eode into godes temple hine to
gebiddenne. þa nolde he hine gebiddan ac herian. tealde his
gódan dæda. swilce god hí nyste; He cwæð; God ic ðancige 30
ðe. þæt ic ne eom na swilce oðre menn; Ealles to micel clypung.
þæt hé nære oðrum mannum gelic; Huru gif he cwæde þæt
hé nære sumum oðrum mannum gelic. ac he cwæð. ic ne eom
swilc swa oðre men. swilce hé cwæde. Ic ana eom rihtwis. and
ða oðre sind synfulle; Ic fæste twegen dagas on ðære wucan. 35
and ic teoðie ealle mine æhta; Nis her nan gebed on ðisum
wordum. ac is gylp;

Se synfulla stod feorran gecnæwe his misdæda. and ne dorste
his eagan upahebban. ac sloh his breost þus cweðende; Deus.
propitius esto mihi peccatori; þæt is god ælmihtig. gemiltsa me 40
synfullum; Her is gebed on ðisum wordum. and her is synna
andetnys; Betere bið þæt se man mid feawum wordum mid
onbryrdum mode to ðam ælmihtigan gode clypige. þonne he
menigfealdlice sprece. and his worda ne gyme; Mid anre cly-
punge wearð þes synfulla / gerihtwisod. swa swa drihten be 45
him cwæð; Soð ic eow secge. he eode ham gerihtwisod. fram
ðam oðrum; Is swa ðeah swiðe fremfullic. þæt gehwa hine
gelome. and geornlice to gode gebidde. gif his mod bið to ðan
swiðe onbryrd; Elles man sceal hine sceortlice. mid onbryrd-

MS. 220ʳ

Th. 430

22 hæðene folc] fᵇ heþet hæþene folc   fᵇ ends   feor] B feorran   G feor-
rene   C wæs feor   D ʿwæsʾ feor   F ʿgewatʾ feor   R þe feor wæs   gode]
CDF gode. ac þes synfulla   22–3 B his synnæ mid eadmodnesse
23 G [gode]   R to gode   24–5 FG upahafennysse   25 andᴵ]
CDFG on   BGH bodunge   man] H þæra manna   F ʿhyneʾ   B tellæð
26 F ʿforsawenʾ   BCDG gesewen   27 CHR agene geearnunga   D agene
geearnunga < -gum   F agen⟨e⟩ʿumʾ geearnungum (B agene earnunge   G
agene geearnunge)   29 tealde] H tealde þær   30 R [God]
30–1 BCDFG þe þancie   31 F clypung ʿwæsʾ   32 B men   33 nære]
F wære   BGH menn   eom] BCDFGH eom na   36 R [ic]
37 F is ʿmycelʾ   38 feorran] B feor and   B cneow   R gecneow
39 ac] B and   41 her is] B eac   H defective   42 feawum wordum]
B lyt worde   mid] CH and mid   D ʿandʾ mid ⟨and⟩   FG ʿandʾ mid
43 CDF ælmihtigum (B -ga   G -gen)   47 G æighwa   48 H georne
49 Elles] G Eall   49–50 BCDFGR sceal sceortlice mid onbryrdnysse
and behreowsunge hine

50 nysse. and behreowsunge gebiddan; Ne sceole we tellan gif
we hwæt lytles to góde gedoð. ac we sceolon geríman ure mis-
dæda mid wope and geomerunge. and þæra miltsunge gebid-
dan; þeah ðe hwá micel to góde gedó. and siððan mid gylpe
ætforan gode his weldæda geríme. þonne beoð hí gode swa
55 gecweme. swa him wæron þæs gylpendan sunderhalgan; Nis
gode nan neod ure godan dæda. ac hí fremiað us sylfum to ðan
ecan life. gif hí buton ydelum gylpe for his lufon beoð gefre-
mode; He secð godne willan on urum dædum. na his neode;
Ðeah ðe hwa fede ænne ðearfan oððe má for godes naman. hu
60 mæg hé þæt to micclum tellan. þonne god afett hine and ealne
middaneard; Gif hé sum hus gode arærð. hwæt mæg þæt to
wiðmetennysse þære healican heofenan. and ðære ecan wun-
unge þe god him gearcað on his rice. to edleane þæs lytlan huses;
Se witega Ezechiel awrat be ðam feower nytenum þe him
65 æteowode wæron. þæt hí hæfdon eagan him on ælce healfe; An
þæra nytena wæs on menniscre ansyne him æteowod. / oðer MS. 220ᵛ
on leon ansyne. þridde on cealfes. feorðe on earnes; þas feower
nytenu getacnodon ða feower godspelleras. Matheus. Marcus.
Lucas. Iohannes. and eac ealle godes bydelas þe ða godspellican
70 lare bodedon; þa feower nytenu hæfdon eagan on ælce healfe
heora lichaman. for ðan ðe godes gecorenan sceolon foresceā-
wian heora dæda on ælce healfe. swa þæt hí symle gód gewil-
nian. and wið yfel hí gewarnian; Ac hit getimað oft for ure
tyddernysse. þæt we sume ðing forgimeleasiað. þa hwile þe
75 we ymbe sume hogiað. and buton twyn næbbe we nan eage
þær ðær seo gymeleast bið; Efne þes sunderhalga þe we ǽr
ymbe spræcon. hæfde opene eagan to forhæfednysse. to ælmes-
dædum. to ðancigenne / gode. ac hé næfde nænne wærscipe Th. 432
þæt he ða soðan eadmodnysse on his weldædum geheolde; La
80 hwæt fremað ðære burhware þeah ðe þæt port beo trumlice on
ælce healfe getimbrod. gif ðær bið an hwem open forlæten.
þæt se onwinnenda here þurh ðam infær hæbbe?

50 H sceolde   51 BCDG doð   52–3 BHR biddan   53 G [ðe]   BG
do   54 CD arime   56 B uræn   DF ura⟨n⟩   57 for his lufon] C fram us
D *fram us* < for his   58 na] CD na for   59 G [ðe]   60 afett] B
fæt   G ⟨a⟩fett   C hæfð   61 F 'mæg'   R [mæg]   63 on] BG to
64 B wrat   69 C Lucas. ⟨and⟩   þe ða] B þa ðe   70 G ælcere
72–3 B wilnedon   G gewilnodan   73 B yfele   BCDFHR warnion
74 þa] BD þe   76 BCDFGR [ðær]   77 to²] BCDFG and to   H
defective   78 to] BDFG and to   80 G [ðe]   þæt] H se   BGR
trumlic   82 G ⟨..⟩winnen⟨..⟩'de'   ðam] H (þ)ene   R þone

We sceolon on urum weldædum blissian mid soðre eadmod-
nysse. and urum drihtne geornlice ðancian his gife. þæt he ús
geuðe þæt we moston his willan gewyrcan. ðurh sume weldæde; 85
Ne mæg nan man naht to góde gedón buton godes gife. swa
swa se apostol paulus cwæð; þu mann. hwæt hæfst ðu þæs þe
ðu fram gode ne underfenge? Hwí wuldrast ðu swilce ðu nan
ðing ne underfenge; Be ðan ylcan cwæð eac ure drihten; Ne
mage ge nan ðing to góde gedón. buton me; þeah ðe ure dæda 90
beon góde geðuhte. to hwán magon hí gif hí gode ne liciað?

Ælc ðæra ðe hine onhefð bið geeadmet. and se ðe hine
sylfne geeadmet. se bið ahafen; Ne bið þes cwyde na symle
sona gefylled. on manna gesihðum. bið swa ðeah forwel oft.
swa swa we on bocum gehwær rædað. þæt se ælmihtiga scyp- 95
pend foroft ða ofermodan unðances geeadmette; An ðæra wæs
nabochodonosor. Oðer wæs his sunu Balthasar. and manega
oðre him toeacan þeah ðe we ðas sinderlice namian; Nabocho-
donosor se hæðena cyning gehergode on godes folce on iudea
lande. and for heora mándædum god þæt geðafode; Ða genam 100
he ða maðmfatu gyldene and sylfrene binnon godes temple.
and to his lande mid him gelædde; Hit gelamp eft siððan þæt
he on swefne ane gesihðe be him sylfum geseah. swa swa him
syððan aeode; Æfter ðison ymbe twelf monað eode se cyning
MS. 221ʳ binnon / his healle. mid ormætre upahéfednysse. herigende his 105
weorc and his mihte. and cwæð; Hu ne is þis seo miccle babilon
ðe ic sylf getimbrode. to cynestole and to ðrymme me sylfum.
to wlite and to wuldre. mid minum agenum mægene and stren-
cðe; Ac him clypode þærrihte to. swiðe egeslic stemn of heofe-
Th. 434 num. þus cweðende; þu nabochodonosor. þin rice / gewit fram 110
ðe. and þu byst fram mannum aworpen. and ðin wunung bið
mid wildeorum. and þu etst gærs swa swa oxa seofon gear. oð

90 ⟨..⟩'ge'   102 'eft'   112 willdeorum
_____

83 B [soðre]   84 þæt] BG swa   D ⟨swa⟩ 'ðe'   F ⟨swa⟩ 'þæt'   85 H
[gewyrcan]   86 BG don   88 B [ne]   88–9 F [Hwi – under-
fenge]   88 CD wundrast   89 F eac cwæð   90 BG don   G [ðe]
91 G gelicigeð   92 BFG ahefð   93 BCDFGHR [se]   94 BG wel
95 B [gehwær]   G æghware   96 H forwel oft   G ofermodige   H ofer-
modigan   98 B toecan heom   GH [ðe]   B næmnien   99 on
godes folce] H þæt godes folc   104 B oneode   G aneode   ymbe
twelf monað] H binnan twelf monðum   105 BG upahefennysse   F
upahafennysse   106 G babilonia   107–8 C [and – wlite]   108 F
wu⟨n⟩'l'dre   109 þærrihte to] B to þærrihte   R to   109–10 BG heofene
111 C [byst]   112 C widedeorum   B wildedeor

þæt ðu wite þæt se healica god gewylt manna ricu. and þæt he
forgifð rice ðam ðe he wile; Witodlice on þære ylcan tide wæs
115 þeos spræc gefylled ofer nabuchodonosor. and hé arn to wuda.
and wunode mid wildeorum. leofode be gærse. swa swa nyten. oð
þæt his feax weox swa swa wimmanna. and his næglas swa swa
earnes clawa; Eft siððan him forgeaf se ælmihtiga wealdend his
gewitt. and he cwæð; Ic nabuchodonosor ahóf mine eagan up to
120 heofonum. and min andgit me wearð forgifen. and ic ða bletsode
þone hehstan god. and ic herode and wuldrode þone ðe leofað on
ecnysse. for ðan ðe his miht is ece. and his rice stent on mægðe.
and on mægðe; Ealle eorðbugiende sind to nahte getealde. on his
wiðmetennysse; Æfter his willan he deð ægðer ge on heofonan
125 ge on eorðan. and nis nan ðing þe his mihte wiðstande. oððe
him to cweðe. hwí dest ðu swa; On ðære tide min andgit
gewende to me. and ic becom to wurðmynte mines cynerices.
and min mennisce hiw me becom; Mine witan me sohton. and
min mærð wearð geeacnod; Nu eornostlice ic mærsige and
130 wuldrige ðone heofonlican cyning. for ðan ðe ealle his weorc
sind soðe. and his wegas rihtwise. and he mæg geedmettan.
þa ðe on modignysse farað; þus geeadmette se ælmihtiga god.
ðone modigan cyning nabuchodonosor;

Balthasár his sunu feng to rice æfter his fæder geendunge.
135 and næs gemyndig his fæder swingle. ac wearð aháfen mid
modignysse ongean ðam ælmihtigum; On sumere tíde he
feormode ealle his witan. and het beran forð þa gyldenan and
sylfrenan maðmfatu þe his fæder on godes temple binnon Hierus-
alem genam; Hí druncon ða of ðam halgum fatum. and herodon
140 heora hæðenan godas. ac þærrihte wearð gesewen swilce anes
mannes hand writende on ðære healle wáge. ætforan ðam
cyninge þas word; Mane. / Thechel. Phares; þa wearð se Th. 436
cyning to ðan swiðe afyrht. þæt he eal scranc. and him man

114 B gifð   ðam] B hwam   115 þeos] B ðeo   G þeos ilca   116 BC
wildedeorum   leofode] BH and leofode   G `and´ leofode   118 C erarnes
B geaf   120 G heofone   G gebletsode   122 mægðe] BFG mærðe
D mæ⟨.⟩`g´ðe   123 eorðbugiende] B eorðþing   124 BH heofonum
(G -ne)   127 R [to²]   128 F [and min – becom]   me becom]
C me becom. to.   D me `to´ becom   129 wearð] G wæs   C getacnod
129–30 mærsige and wuldrige] B herige and blissige   135 mid] BG
on   136 BCDGR þone ælmihtigan   F þone ælmihtigan `god´ H þone
ælmihtigan god   137 and²] BCDFGHR and þa   143 F `ge´scranc
G `a´scranc   HR gescranc   143–4 G and man him lædde to þone
wytege

MS. 221ᵛ lædde / þone witegan to Danihel; He cwæð to ðam witegan;
Rǽd me þis gewrit. and ic ðe forgife eal purpuran reaf. and 145
gyldenne swurbeah. and þu bist se ðridda mann to me on
minum rice; Danihel him andwyrde; Gif ðam þe ðu wille ðine
sylene. ðis gewrit ic ðe gerecce; Ðu noldest ðe warnian þurh
ðines fæder ðreale. ac drunce of godes maðmfatum. and hero-
dest ðine hæðenan godas. dumbe. and deafe. nu asende se 150
ælmihtiga god þe ðis gewrit. þe on ðinre healle wáge stent;
Mane. Thechel. Phares; Mane. þæt is god hæfð geteald þin
rice. and geendod; Thechel. þæt is hé awæh ðin rice on wægan.
and he hit afunde gewanod; Phares. þæt is ðin rice is todæled.
and forgifen medum. and persciscum; þa het se cyning syllan 155
ðam witegan danihele purpuran reaf. and gyldenne swurbeah.
and het cyðan geond eall. þæt he wære se ðridda man to him;
On ðære ylcan nihte comon medas. and ofslogon þone bal-
thasar. and darius meda. feng to his rice;

Fela bysna we mihton eow gereccan be ðison andgite. hu se 160
ælmihtiga foroft ða modigan geeadmette. and þa eadmodan
geuferode. and ahóf. ac ge magon be ðison gif ge wyllað micel
understandan. and ðurh þas race ge magon eow sylfe geriht-
læcan to soðre eadmodnysse. gif ge gesælige beoð; Geunne eow
se ælmihtiga þurh his mægenðrymme. on ðyssere worulde 165
gesundfulnysse. and soðre eadmodnysse. and eow ahebbe to
his heofonlican rice. se ðe ána gewylt ealra gesceafta. Amen:—

---

152 Tʰ'echel

144 cwæð] H cwæð þa   145 B gife   146 BG [to me]   147 F 'him
and' wyrde   148 sylene] G welen   150 B sende   151 H [þe¹]
F gewrit ⟨'to'⟩   ðinre] R þissere   152 R Thelthel   153 R Thelthel
C wæh   154 BCDF funde awanod   G fand awanod   155 F for-
gyfen 'þam twam ðeodum' B igifen   BCDFG persum   H persiscum
157 eall] C eall his rice   D eall 'his rice'   159 meda] F meda 'cyng'
H meda cyning   G mede's'   to] R þa   (H defective)   rice] HR rice; Gyt
we wyllað eow secgan etc. (long passage printed Pope XXVI)   160 gereccan]
B tellæn   R secgan   161 ælmihtiga] CD ælmihtiga god   C [ða]
162 ac] BCDFG eac   F ge: we (twice, and in lines 163–4)   163 DF þa's'
BCG ða   F eow: us (and in lines 164, 166)   164 beoð;] G byð.
On þære ilcan burh etc. (passage from Pope XXI, lines 300–496 and variants)
164–7 G [Geunne – gesceafta. Amen]   165 F ælmihtiga 'god'   HR
mægenþrymm   167 rice.] R rice; Ge hyrdon nu þæt þiss godspell
hrepode hwæthwega be þære teoðunge þe man gode syllan sceal. be þam
we willað eow sceortlice secgan; God sylf bebead on þære ealdan æ etc. (long
passage as Pope XXXb).   R [se ðe – Amen]   F 'ana'   gesceafta] C
gesceafta þe leofað   D gesceafta. 'þe leofað and'

XXIX

VIII. X. KALENDAS SEPTEMBRIS. ASSUMPTIO SANCTĘ MARIĘ UIRGINIS

Men ða leofostan hwilon ær we rehton eow ðone pistol þe se
halga Hieronimus sette be forðsiðe þære eadigan Marian cristes
meder. þurh þone hé adwæscte ða dwollican gesetnysse þe
samlærede men sædon be hire forðsiðe; Nu wylle we eow
5 gereccan be ðam halgum godspelle þe man æt ðyssere mæssan
eow ætforan rædde;
  Intrauit iesus in quoddam castellum. Et reliqua; Se hælend
becom into sumere eaðelican byrig. and an wif martha gehaten
gelaðode hine to hire gereorde; Heo hæfde ane swuster maria
10 gehaten. seo sæt æt drihtnes fotum and georne his lare hlyste;
Martha soðlice hire swuster eode carful. ymbe drihtnes ðen-
unge; Heo stod ða. and cwæð to ðam hælende; Drihten. hwi
nelt ðu hogian. þæt min swuster me læt ana ðenian. sege hire
þæt heo me fylste; Hire andwyrde se hælend and cwæð;
15 Martha. martha. þu eart carful and bysig ymbe fela ðing;
Witodlice. an ðing is nydbehof; Maria geceas / þone selestan MS. 222ʳ
dæl. se ðe ne bið hire næfre ætbroden;
  Ne sprecð þis godspel nan ðing sinderlice be cristes meder.
ac man hit ræt swa ðeah gewunelice æt hire mæssan. for ðære
20 cyrclican gesetnysse; Augustinus trahtnunge we fyliað. on

Manuscripts: B, G (omits last 11 lines), H (defective at edges of leaves),
K, T.

Title VIII. X – UIRGINIS] B EUUANGELIUM H EODEM DIE
EU(ANGELIUM EIUSDEM DIEI) (lost words reported by Wanley) T
IN ASSUMPTIONE SANCTĘ MARIĘ UIRGINIS G no title (possibly
erased)
1 Men – line 7 Se hælend] H Ðis dægðerlice godspell þæt man gewunelice
ræt æt þissere halgan mæssan. on þysum healican freolsdæge geond ealle
godes cyrcean. segð þæt ure hælend T [Men – line 6 rædde]   rehton]
B sæden   G gerehten   5 gereccan] B sæcgen   6 B ætforen eow
7 castellum] B castellum et mulier quedam martha nomine excepit illum
in domum suam   reliqua] G reliqua. OMELIA   9 gelaðode] BG
gelogede   13 T lætt me   16 GT nydbehefe   H nydbehefost
19 H hit man ræt   20 BT Augustines   G folgieð

ðisum godspelle; þas twa wif martha and maria wæron þæs
lazares geswustru. þe se hælend of deaðe arærde; Hí wæron butu
þæs hælendes leorningmen. and hé gelome æt heora huse hine
gereordode. mid his leorningcnihtum; Hi wæron gecyrrede to
micelre eawfæstnysse ðurh cristes lare and wundrum. and he 25
hi lufode for ði; He underfeng heora ðenunga. for ðan ðe hé
hæfde soðne lichaman. þurh ðone ðe him hingrode and þyrste;
Se underfeng þæra wimmanna þenunge. in ðam huse. se ðe on
westene wæs fram englum gereordod; Nu ðencað sume men
þæt ða wif wæron gesælige. þæt hí swilcne cuman underfen- 30
gon; Soð þæt is. gesælige hí wæron. ac swa ðeah ne ðurfe we
ceorian þæt drihten nis lichamlice on ðyssere worulde wuni-
gende nú swa swa he ða wæs. þæt we mihton hine eac to us
gelaðian. for ðan ðe he cwæð. swa hwæt swa ge doð on minum
naman anum ðam læstum. þæt ge doð me sylfum; 35
Martha wæs swiðe bysig ymbe drihtnes ðenunge. and hire
Th. 440 swuster maria sæt stille æt drihtnes fotum. heorcnigende / his
lare; Martha swanc. and Maria sæt æmtig; On ðisum twam
geswustrum wæron getacnode twa líf. þis geswincfulle ðe we
on wuniað. and þæt ece ðe we gewilniað; þæt án lif is wræcful. 40
þæt oðer is eadig; An hwilwendlic. oðer ece; Martha spræc
cuðlice to ðan hælende. wolde þæt hé hete hire swuster hire
fylstan æt ðære ðenunge þe heo micclum ymbhogode. þa
beladode drihten marian and cwæð; Martha. martha. þu eart
carful and bysig ymbe fela ðing. witodlice an ðing is nydbehóf; 45
An ðing bið geset. toforan eallum; Nis þæt an ðing fram mane-
gum. ac manega ðing sind fram ðam anum; Fela ðing sind
geworhte. ac an is se ðe geworhte heofenas and eorðan. sǽ and
ealle gesceafta. þa ealle gescop and geworhte an god. se ðe ana
is soð god. on ðrim hadum wunigende; Efne ða gesceafta 50

---

21 god's'pelle   26 'lu'fode   35 læstum < læstan

---

21 BGHT [þæs]   22 G lazarus   BGT arærde of deaðe   23 þæs
hælendes] BGT cristes   T [he]   BG [huse]   25 T wundra (B
wundræ)   26 underfeng] B wæs under   heora] BG þære wifmanna
27 B [ðe]   28 Se] B He   in] BGHT on   28–9 BG wæs on westene
30 B swylce gumen   G swylce cumen   32 nis] G seo   32–3 T [wuni-
gende]   33 BGHT we hine mihton   39 B þisses swincfules   40 ðe]
H þæt   B [lif]   (H defective)   41 þæt] T and þæt   An] B and
oðer] B oððe   BGT spæcc   42 G hælende. 'and'   45 GT nydbehefe
H nydbehefost   46 toforan eallum] G beforan eallen oðren   48 H
[ac – geworhte]   BGH eorðe   sæ] BG and sæ   49 þa] BG þe
ealle – god] B he an god alle isceop and iwrohte   T [ðe]   B an

sindon swiðe góde. ac se ana is betere ðe hí ealle gescop;
þises anes gewilnode maria. ða ða heo gesæt æt godes fotum
his word heorcniende;
    Martha wæs geornful hu heo mihte god fedan. maria hogode
55 swiðor hu heo mihte þurh godes lare hire sawle gereordigan.
for ðan þe ðæs modes gereordung is betere. þonne ðære
wámbe; Seo swuster hí wolde habban to hire bysegan. ac
drihten wæs hire forespreca. and heo sæt ða orsorhgre; / MS. 222ᵛ
Drihten cwæð; Maria geceas þone selestan dæl. se ðe ne bið
60 hire næfre ætbroden; Gód wæs marthan ðenung ða ða heo
ðam ælmihtigan þenode. ac swa ðeah maria geceas þone selran
dæl; Hwí selra? For ðan ðe hit ne bið hire næfre ætbroden;
Witodlice þæt þæt martha geceas. is hire nu ætbroden; Heo
geceas geswinc. ac hire is þæt ætbroden. for ðan ðe crist hí
65 gebrohte to ecere reste on his rice. swa swa hé behét eallum him
ðeniendum. þus cweðende; Ðær ðær ic sylf beo. þær bið min
ðen; Martha swanc ða swilce on rewette. and maria sæt stille
swilce æt ðære hyðe; Heo wæs bysig ymbe anum ðinge. and
heold þæs witegan cwyde þe cwæð; Me is gód þæt ic me to
70 gode geðeode. and sette minne hiht on drihtne; Swiðe gód
ðenung is and heri/gendlic. þæt gehwá godes ðearfum ðenige. Th. 442
and swiðost ðam eawfæstum godes ðeowum. ac swa ðeah mare
is þæt man þa heofenlican lare secge þam ungelæredum. and
heora sawla gereordige þe næfre ne ateoriað. þonne man ðone
75 deadlican lichaman mid brosniendlicum mettum afylle; Ægðres
men behófiað. ge bigleofan ge lare. ac swa ðeah hwonlice
fremað þæs mannes lif. ðe bið nytene gelíc. ðe háwað symle to
ðære eorðan þæt is to eorðlicum ðingum. and for andgitleaste
ne cann his mod awendan to ðam upplicum ðingum ne to ðam
80 ecan life; Paulus cwæð. Se ðe ne cann. hine man eac ne cann;

62 Hwí selra. for   74 þo‘n’ne

51 BG [se]   B an   ðe] B þe ðe   52 BGHT sæt   58 ða] H ðe
60 T [hire]   BG [ða]   62 H Hwi selran   63 BGH [Witodlice –
ætbroden;]   65 G eallen ‘þe’   66 T [sylf]   67 on rewette] G ore-
witte   68 BG [swilce]   HT an þing   69 þe] B þe he   cwæð]
BGHT cwæð. Michi autem adherere deo bonum est ponere in domino
deo (B meo) spem meam   (T continues þæt is on englisc)   70 T drihten
71 G æghwa   74 BHT ateorað   75 BG mete   76 B behofæð
77 hawað] B locæð   79 B wenden   80 ne cann – ne cann] H god
ne cann. ne cann eac god hine   80–1 T [ne cann. hine – þa ðe]

Eft he cwæð; þa ðe buton godes æ. syngiað. ða losiað eac
buton godes .æ;
On ðisum wræcfullum life we sceolon earmra manna helpan.
we sceolon ða hungrian fedan. nacode scrydan. cuman under-
fón. hæftlingas út alysan. ða ungeðwæran gesibbian. untrume 85
geneosian. deade bebyrian; Ðas ðenunga sindon on ðisum lífe.
þe martha getacnode; Witodlice on ðam toweardan life ðe
maria getacnode ne beoð ðas neoda. ne ðas ðenunga; þær we
beoð gefedde. and we ðær nænne ne afedað. þær bið fulfremed
þæt maria her geceas; Be ðan lífe cwæð se hælend. þæt hé deð 90
his halgan sittan. and he sylf farende him ðenað; Ðam hé
ðenað þonne. ðe him nu ðeniað. þurh ðearfena ðenunge; For
ði is marthan ðenung swiðe herigendlic. ðurh hí wæs maria
geherod; þeah ðe se láreow halig beo. hraðe asleacað his tunge
to ðære godcundan bodunge. gif hé næfð þone lichamlican fo- 95
dan. is swa ðeah selre þæt þæt ece is; We sædon eow and gýt
secgað. þæt ðas twa geswustru hæfdon getacnunge ðises and-
werdan lifes. and ðæs ecan; On ðam anum huse wæron twá líf.
and þæt soðe líf crist; On marthan wæs getacnung ðises and-
MS. 223r   werdan lifes. / on marian ðæs toweardan; þæt þæt martha dyde. 100
þær we sind; þæt þæt maria dyde. to ðam we hopiað; Ægðer
líf is herigendlic. ac þæt an is swa ðeah geswincful; Ne beo se
carfulla leahterful. ne se ne lufige idelnysse se ðe on stilnysse is;
Th. 444   Ða ðe / ymbe oðra manna bigleofan and scrude hogiað. þa
geefenlæcað marthan; þa ðe gymað þære heofenlican lare ða 105
geefenlæcað marian. ðe drihten swiðor herode; Witodlice swa
oft swa we ymbe oðra manna neode hógiað. we geefenlæcað
marthan. and swa oft swa we to godes huse gáð his lof to gehyr-
enne. and ús to gebiddenne we geefenlæcað marian;
  þis godspel is nu sceortlice getrahtnod. and we secgað eow 110
þæt nan man hine ne sceal beladian þæt he godes cyrcan ne

81 ðe] G þa   T singað. he losað   84 B cumende   87–8 T
[Witodlice – getacnode]   89 T [ðær]   BG fedæð   90 þæt¹] T þæt
þæt   T [her]   BG ceas   91 B [farende]   92 nu] B nu her   T
þenað   94 G [ðe]   95 T [ðære]   B þone lichames   G þæs lichames
96 eow] T ær   97 ðas] BG ða   97–8 T andweardes (B -de H defective)
98 H huse anum   99 G ⟨and⟩   H getacnod   99–100 G andweardes
100 ðæs toweardan] BG wæs þæt towearde   101 sind] B beoð. and
101–2 G ægðer is herigendlic lif   102 T [swa ðeah]   103 se¹] G ⟨se⟩
104 ðe] G þa   105 T [þa ðe – line 108 marthan]   ðe] G þa   108 B
[lof]   111 H mann ne sceal hine

gesece. ðeah ðe hé fyrlen sy; Swa hé feorran godes hus gesecð.
swa his méd mare bið; Nis nan twyn þæt eow ne beo forgolden
ælc ðæra stapa ðe ge to godes huse stæppað. ymbe eowere sawle
115 ðearfe; Hwæt wille we eow swiðor secgan be ðisum symbel-
dæge. buton þæt maria cristes modor wearð on ðisum dæge of
ðisum geswincfullum middanearde genumen up to heofenan
rice. to hire leofan suna. ðe heo on life abær. mid ðam heo
blissað on ecere myrhðe. á to worulde; Gif we mare secgað be
120 ðisum symbeldæge þonne we on ðam halgum bocum rædað þe
ðurh godes dihte gesette wæron. ðonne beo we ðam dwol-
mannum gelice. þe be heora agenum dihte oððe be swefnum
fela lease gesetnyssa awriton. ac ða geleaffullan lareowas
Augustinus. Hieronimus. Gregorius. and gehwilce oðre þurh
125 heora wisdom hí towurpon; Sind swa ðeah gýt ða dwollican bec
ægðer ge on leden. ge on englisc. and hí rædað ungerade menn;
Genóh is geleaffullum mannum to rædenne and to secgenne
þæt þæt soð is. and feawa is ðæra manna ðe mage ealle ða hal-
gan bec. ðe þurh godes muð. oððe ðurh godes gast gedihte
130 wæron fulfremedlice þurhsmeagan; Læte gehwá aweg ða
dwollican leasunga ðe ða unwæran to forwyrde lædað. and ræde
gehwá oððe hlyste þære halgan lare ðe us to heofenan rice
gewissað. gif we hí gehyran wyllað;
    Uton nu geornlice biddan. þa eadigan marian. þe nu todæg
135 wæs aháfen. and geuferod. bufon engla ðrymme. þæt heo us
ðingige. to ðam ælmihtigan gode. se ðe leofað and rixað. on
ealra worulda woruld. amen:—

112 ðe he fyrlen sy] B ðe he feorenful beo   G heo him feorr beo   114 G
eower   115 G [eow]   H eow nu   116 wearð] B wæs   117 mid-
danearde] BGT life   118 B ber   G gebær   120 G [ðam]   121 T
diht   121–2 T gedwolmannum   122 BG [be²]   123 G larðeawes
124 G æighwylce   126 menn] G *ends*   127 to¹] B ðæt to
128 feawa] B fela   128–9 T [halgan]   134 B biddan geornelice
135 B ahofen wæs   136–7 on ealra worulda woruld] H a on ecnysse

Th. 446

DOMINICA .I. IN MENSE SEPTEMBRI.
QUANDO LEGITUR IOB

Mine gebroðra. We rædað nu æt godes ðenungum be ðan
eadigan were Iob. nu wille we eow hwæt lytles be him gereccan.
MS. 223ᵛ for ðan þe seo deopnys ðære race / oferstihð ure andgit. and eac
swiðor þæra ungelæredra; Man sceal læwedum mannum secgan
be heora andgites mæðe. swa þæt hí ne beon ðurh ða deopnysse 5
æmode. ne ðurh ða langsumnysse geæðrytte;
  Sum wer wæs geseten on þam lande þe is gehaten hús. his
nama wæs Iob; Se wer wæs swiðe bilewite and rihtwis. and on-
drædende god. and forbugende yfel; Him wæron acennede seo-
fan suna. and ðreo dohtra; He hæfde seofon ðusend sceapa. and 10
ðreo ðusend olfenda. fíf hund getymu oxena. and fíf hund assan.
and ormæte micelne hired; Se wer wæs swiðe mære betwux
eallum easternum. and his suna ferdon. and ðenode ælc oðrum
mid his gódum on ymhwyrfte æt his huse. and þærto heora
swustru gelaðodon; Iob soðlice arás on ðam eahteoðan dæge on 15
ærnemerigen. and offrode gode seofonfealde lác. for his seofon
sunum. ðy læs ðe hí wið god on heora geðance agylton; Ðus
dyde Iob eallum dagum for his sunum. and hi swa gehalgode;
  Una translatio dicit filii dei. et altera dicit angeli dei; Hit
gelámp on sumum dæge. ða ða godes englas comon. and on his 20
gesihðe stodon. ða wæs eac swylce se scucca him betwux; To
ðam cwæð drihten; Hwanon come ðu? Se sceocca andwyrde;

Manuscripts: B, G (lines 157–9 also copied separately, f. 74ᵛ), K, L.

Title B De patientia Iob and Constantia. quomodo in dolore firmus in fide
perseuerauit G Forbisne of job L Bi þam eadige iobe (*written after
Latin incipit*)

1 Mine gebroðra] L Vir erat in terra hus.ʲ nomine iob. Et erat uir ille simplex
et rectus ac timens deum.ʲ et recedens a malo. Mine gebroðra 4 un-
gelæredra] B leawædræ G læwedre. ʾmannʾ 5 B [ða] 7 geseten]
B wuniende 8 Se] B Ðes 9 god] L on god 11 L assena
12 ormæte micelne] L ormætne 13 suna] B childræn G bearn B þeno-
den 14 L [on ymhwyrfte] 17 L suna (B -æs, G -en) B gode
19 BGL [Una – angeli dei] 20 ða ða] L þæt þa 21 B betwyx heom

Ic ferde geond þas eorðan. and hí beeode; Drihten cwæð; Ne
beheolde ðu lá minne ðeowan iob. þæt nan man nis his gelica
25 on eorðan. bilewite man and rihtwis. ondrædende god. and
yfel forbugende; Swa stod se deofol on godes gesihðe. swa swa
déð se blinda on sunnan; Seo sunne ymbscinð þone blindan.
and se blinda / ne gesihð þære sunnan leoman; God geseah   Th. 448
ðone deofol. and se deofol swa ðeah wæs bedæled godes gesihðe.
30 and his wuldres; Eorðe is gecweden godes fótsceamel. and seo
heofen is his ðrymsetl; Nu stód se sceocca swilce æt godes
fótsceamele upon ðære eorðan. ða ða se ælmihtiga hine axode
hwanon hé come; He cwæð þæt hé ferde geond þas eorðan. for
ðan ðe hé færð swa swa petrus se apostol cwæð; Beoð syfre and
35 wacole. for ðan ðe se deofol eower wiðerwinna. færð onbutan
swa swa grymetende leo. secende hwæne hé abite. wiðstandað
þam. strange on geleafan;
Micele wæron þises mannes geearnunga. þa se ælmihtiga be
him cwæð. þæt his gelica nære on eorðan; Ge magon gehyran
40 sume his ðeawas. swa swa hé be him sylfum awrát; Iob cwæð. Ic
alysde hrymende þearfan. and ðam steopbearne þe buton
fultume wæs ic geheolp. and wydewan heortan ic gefrefrode; Ic
wæs ymbscryd / mid rihtwisnysse. Ic wæs blindum men eage.   MS. 224ʳ
and healtum fót. and þearfena fæder; Of flýsum minra sceapa
45 wæron gehlywde ðearfena sidan. and ic ðearfum ne forwyrnde
þæs ðe hí gyrndon. ne ic ne æt ana minne hlaf buton steop-
bearne. ne ic ne blissode on minum menigfealdum welum; Ne
fægnode ic on mines feondes hryre. ne læg ælðeodig man wiðu-
tan minum hegum. ac min duru geopenode symle wegferen-
50 dum; Ne behydde ic mine synna. ne ic on minum bosme ne
bediglode mine unrihtwisnysse; Ne sæde iob ðis for gylpe. ac
for ðan ðe hé wæs eallum mannum to bysne geset; þus mærne
man wolde se manfulla deofol þurh ðam micclum costnungum

44 þea'r'fena

24 la] B na   25 rihtwis] G rihtwis. and   26 L [swa]   27 Seo] L þe
30 L [and his wuldres]   31 B þrymselt   sceocca] B scuccæ þa
34 B [swa]   cwæð] B sæde   37 þam. strange] L him stranglice
39 cwæð] B sæde   40 BL [swa]   B wrat   41 B steopbearnum
42 B fultum   wæs] L wæron   43 G gembscryd   44 L þearfenum
(B -næ, G -ne)   46–7 BL steopbearnum   G -en   48 fægnode ic]
B ic ne fægnode   49 L duru 'wære'   symle] L æfre   51 L
unrihtwysse   53 B ða micclu costnungæ   G þa mycele costnunge
L ða micelan costnunga

ðe he him to dyde fram gode geweman. and cwæð to drihtne;
Ne ondræt iob on idel god. þu ymbtrymedest hine. and ealle his 55
æhta. and his handgeweorc þu bletsodest. and his æhta weoxon
on eorðan; Ac astrece hwon ðine hand. and getill ealle ða ðing
þe hé ah. and he ðe on ansyne wyrigð; Drihten cwæð to ðam
sceoccan; Efne nu ealle ða ðing þe he ah sindon on ðinre handa.
buton ðam anum þæt ðu on him sylfum ðine hand ne astrecce; 60

Ne / derode Iobe naht þæs deofles costnung. ac fremode. for
ðan ðe he wæs fulfremedre on geðincðum. and gode near æfter
þæs sceoccan ehtnysse;

Se deofol gewende ða fram godes gesihðe. and acwealde ealle
his æhta anes dæges; Sum ærendraca com to Iobe. and cwæð; 65
þine syll eodon and ða assan wið hí læswodon. þa færlice comon
Sabei. and hí ealle us benamon. and ðine yrðlingas ofslogon.
and ic ana ætbærst þæt ic ðe þis cydde; Mid þam ðe se yrðling
þis sæde. ða com sum oðer and cwæð; Fyr com færlice of
heofenum. and forbærnde ealle ðine scep. and ða hyrdas 70
samod. and ic ana ætwand þæt ic ðe ðis cydde; þa com se
ðridda ærendraca. and cwæð; Ða chaldeiscan comon on ðrim
floccum. and ure olfendas ealle gelæhton. and ða hyrdas mid
swurde ofslogon; Ic ana ætfleah. þæt ic ðe þis cydde; Efne
ða gýt com se feorða ærendraca inn. and cwæð; Ðine suna and 75
ðine dohtra æton and druncon mid heora yldestan breðer. and
efne þa færlice swegde swiðlic wind of ðam westene. and tosloh
þæt hus æt ðam feower hwemmum. þæt hit hreosende ðine
bearn ofðrihte. and acwealde; Ic ana ætbærst. þæt ic ðe þis
cydde; Hwæt ða Iob arás and totær his tunecan and his loccas 80
forcearf. and feol to eorðan. and cwæð; Nacod ic com of minre

modor innoðe. and nacod ic / sceal heonan gewendan; Drihten
me forgeaf ða æhta. and drihten hí me eft benam. swa swa him
gelicode swa hit is gedon. beo his nama gebletsod; On eallum
ðisum ðingum ne syngode Iob on his welerum. ne nan ðing 85
dyslices ongean god ne spræc;

59 hand⟨e⟩ˋaˊ

---

55 B idelum   BG eall   58 wyrigð] B wyrð   60 G hande   62 B
fulfremed   64–5 B al his æhtæ G his æhte eall   70 G heofone
71 L þæt ˋicˊ   74 Ic] B and ic   ætfleah] B fleah L ætwand
75 L [inn]   76–7 and efne – swegde] L þa com færlic sweg   78 hwem-
mum] L hyrnum   83 B geaf   me eft benam] B eft nam G eft
genam L eft me benam

Eal ðis dyde se ealda deofol to gremienne þone gódan man.
and symle he læfde ænne cucenne him to cyðenne his æhta lyre.
þæt his mod wurde fram gode awend. ða ða he ða ungelimp
90 geaxod hæfde; þæt fyr com ufan ðe þa scep forbærnde. ac hit
ne com ná of heofenum þeah ðe hit swa gehíwod wære. for ðan
ðe se deofol næs on heofenum næfre siððan hé ðanon þurh
modignysse afeol mid his geferum; / Eall swa deð antecrist   Th. 452
ðonne he cymð. he asent fyr ufan swilce of heofenum. to
95 bepæcenne þæt earme mancynn ðe he on bið; Ac wite gehwá.
þæt se ne mæg nan fyr of heofenum asendan. se ðe on heofenum
sylf cuman ne mót; On eallum ðisum ðingum ne syngode Iob
on his welerum; On twa wison men syngiað on heora welerum.
þæt is gif hí unriht sprecað. oþþe riht forsuwiað. ac iob ne
100 syngode on his welerum. for ðan ðe hé dyslice ongean god ne
spræc. ne eac godes herunge ne forsuwade; He cydde þæt he
buton gytsunge swa micele æhta hæfde. ða ða hé hí swa eaðelice
buton unrotnysse forlet;

Eft siððan on sumum dæge þa þa godes englas stodon on his
105 gesihðe. þa wæs eac se scucca him betwynan. and drihten him
cwæð to; Hwæt la. Ne beheolde ðu minne ðeowan Iob. þæt
his gelica nis on eorðan. and gýt he hylt his unscæððignysse;
þu astyredest me togeanes him. þæt ic ðearfleas hine geswencte;
Se scucca andwyrde; Fel sceal for felle. and swa hwæt swa man
110 hæfð. he sylð for his life; Astrece nu ðine hand. and hrepa his
bán and his flæsc. ðonne gesihst ðu þæt he ðe on ansyne wirigð;
Drihten cwæð to ðan scuccan; Efne he is nu on ðinre handa.
swaðeahhwæðere heald his sawle; Ne geðafode god þis to
forwyrde þam eadigan were. ac þæt hé wære to bysne eallum
115 geleaffullum mannum. and wurde swiðor gemærsod þurh his
miccle geðyld. and earfoðnyssum; Ða gewende se deofol of
drihtnes gesihðe. and sloh iob mid þære wyrstan wunde fram

90–1 ufan – heofenum *in second hand*   112 ðinre] ðire

---

87 deofol] BG feond   G gegremigenne   G godne   (B gode)   88 symle]
L æfre   læfde] L hæfde   89 ða ða] B þa ðe   91 G
heofone   G [ðe]   92 G heofene   93 B feol   94 B sent
BG heofone   95 he on bið] B him on bið   G him on belefð   G
æighwa   96 se¹] B he   nan fyr of heofenum] BGL na of heofo-
num (G -ne) fyr   B senden   G heofone   97 sylf] BG him sylf
100 dyslice] B noht dysilices   102 BG [hi]   103 forlet] B alle forlet   G
heo forlet   106 beheolde] L beo heolde   108 B sturedest   G
ongeanes   ðearfleas] B neodeles   109 man] B ðe mon   110 L [nu]
114 were] B iob   115 L geleafum   116 B earfoðnys   GL earfoðnysse

his hnolle ufewerdan. oð his ilas neoðewerde; Iob sæt ða
sarlice eal on anre wunde. upon his mixene. and ascræp ðone
wyrms of his lice. mid anum crocscearde; His wif him cwæð to; 120
Gyt ðu þurhwunast on ðinre bilewitnysse. Wyrig god and
swelt; Iob hire andwyrde; þu spræce swa swa án stunt wíf. Gif
MS. 225ʳ we gód underfengon of godes handa. Hwí ne sceole we eac /
yfel underfon? On eallum ðisum ðingum ne syngode Iob on his
Th. 454 welerum; Se swicola deofol genam þæt wif him to gefyl/stan. 125
þæt he ðone halgan wer ðurh hí beswice. swa swa he ær Adam
þurh euan beswac. ac se ylca god ðe geðafode þæt hé swa
gecostnod wære heold hine wið þæs deofles syrwungum. and
wið his sawle lyre;

Witodlice ða geaxodon þry cyningas ðe him gesibbe wæron 130
eal his ungelimp. and comon him to of heora rice. þæt hí hine
geneosodon; Heora naman wæron ðus gecigde. Elifaz. Baldað.
Sofár; Hí gecwædon þæt hí samod cumende hine geneosodon.
and gefrefrodon; Hí ða comon and hine ne oncneowon for
ðære ormætan untrumnysse. and hrymdon þærrihte wepende; 135
Hí totæron heora reaf. and mid duste heora heafod bestreo-
wodon. and him mid sæton manega dagas; Hit wæs swa gewun-
elic on ealdum dagum. þæt gif hwam sum færlic sár become.
þæt he his reaf totære. swa swa Iob dyde. and eac ðas ðry
cyningas; Hi comon hine to gefrefrigenne. ða awendon hi 140
heora frofer to edwite. and hine mid heora wordum tirigdon.
swilce hé for his synnum swa getucod wære. and cwædon; Wite
com ofer ðe. and ðu ateorodest. Sarnys ðe hrepode. and ðu
eart geunrotsod; Hwær is nu ðin godes ege. and ðin strencð?
Hwær is ðin geðyld. and ðinra dæda fulfremednys; And mid 145
manegum ðrafungum. hine geswencton; Iob cwæð; Eala gif
mine synna and min yrmð þe ic ðolige wæron awegene on anre
wægan. þonne wæron hí swærran gesewene ðonne sandcorn on
sǽ; To ðreagenne ge logiað eowere spræce. and ge ðencað to

119–20 ðone wyrms] B ðone wyrsum   G þa weormes   123 B honden   L
handan   125 deofol] BG feond   B fylstæn   G fylste   127 geða-
fode] B gedafenode   128 gecostnod] B ifondet   L syrwunga (B -gæ,
G -gen)   131 B to him   132 L [ðus]   gecigde] B icwædene
133 gecwædon] B sædon   G cwæðen   133–4 geneosodon. and gefrefrodon]
B neosiæn wolden. and frefræn   135 G þærrihte 'and'   136–7 BG
strewoden   137 B mid him   138 sar] B sar on   139 ðas] L þa
140 G frefrigen   B frofren   141 G tregedon   144 nu] B nu ðin
rihtwisnys and   145–6 B and hine mid monige þrafungum swæncton
147 G mine eremðen   awegene] B iwægene   G gewegen   149 G eower

150 awendenne eowerne freond; Mannes lif is campdom ofer
eorðan. and swa swa medgildan dagas. swa sind his dagas; He
cwæð þæt mannes lif wære campdom ofer eorðan. for ðan þe
ælc ðæra ðe gode geðihð bið on gewinne. wið ðone ungesewen-
lican deofol. and ongean his agenum lustum. þa hwile ðe hé on
155 life bið; And swa swa se hyrman his edleanes anbidað. swa
geanbidað se gastlica cempa his edleanes æt ðam ælmihtigum
gode; Godes gecorenan sind on gewinne on ðyssere worulde.
and ða arleasan on hire blissiað. ac ðæra rihtwisra / gewinn   Th. 456
awent to blisse. and ðæra arleasra bliss. to biterum sarnyssum
160 on ðære ecan worulde þe gewelgað ða þolmodan;
    Ealle ðas costnunga deofles and ðæra æhta lyre. his bearna
deað. and his agen untrumnys. his wifes gewitleast. and his
freonda edwit. ne mihton awecgan Iob of his modes anræd-
nysse. ne fram his micclan geleafan. ðe he to þan ælmihtigan
165 gode / symle hæfde. ac se scucca wearð gescynd. þe hine   MS. 225ᵛ
beswican wolde; Iob cwæð eft; Min flæsc is ymscryd mid for-
rotodnysse. and mid dustes horwum; Min hýd forsearode. and
is forscruncen; Me habbað geswencednysse dagas. and on niht
min bán bið mid sarnysse ðurhðyd. and ða ðe me etað ne
170 slapað; Ic eom lame wiðmeten. and yslum and axum geanlicod;
Eft hé cwæð; Ara me drihten. ne sind mine dagas nahte; Eft
he cwæð; Ic wat soðlice. þæt min alysend leofað. and ic on ðam
endenextan dæge of eorðan arise. and ic beo eft mid minum
felle befangen. and ic on minum flæsce god geseo. ic sylf and na
175 oðer; þes hiht is. on minum bosme geled;
    We sædon eow and gyt secgað. þæt we ne magon ealle ðas
race eow be endebyrdnysse secgan. for ðan ðe seo boc is swiðe

---

161 costnunga deofles] costnunga. deofol   (cf. G and L below)   162 gewit-
least − line 165 hæfde] in second hand   163 mi'h'ton

151−2 L [and − eorðan]   153−4 G ungeseowenlicne (BL -lice)   154 L
agene lustas   155 G hyringman   155−6 swa geanbidað] B swa eac abidæþ
156 L elmihtigan (B -gæ, G -gen)   157 Godes − line 159 sarnyssum]
also copied separately in G (cited as G*)   gewinne] B fæhte   158 riht-
wisra] B wisræ   G wisra manna   G* rihtwisera manna   159 G gewænt
bliss] G* blisse awænt   BGG* bitere sarnysse   161 costnunga deofles]
G ⟨costnunge⟩ 'deofles' costnunge   L costnunga deoful   bearna] B chil-
drene   162 untrumnys] B sæcnesse   163 awecgan] G awændan
166 B wolde biswicon   167 forsearode] B ⟨f⟩is forsearod   G is for-
searod   168 Me] BG Eft he cwæð. Me   169 GL mine   ðe]
G þa   170 L [eom]   174−5 B [ic sylf − oðer]   177 seo] B þa

micel. and hire digele andgyt is ofer ure mæðe to smeagenne;
Ða ðry cyningas þa hæfdon langsume spræce wið þone gedreh-
tan iob. and gewendan him ham syþþan; Ac god hí gespræc þa 180
and cwæð þæt he him eallum ðrim gram wære. for þan ðe hí
swa rihtlice ætforan him ne spræcon. swa swa Iob his ðegen;
God cwæð him to; Nimað eow nu seofon fearras. and seofon
rammas. and farað eft ongean to minum ðeowan Iobe. and
geoffriað þas lac for eow; Iob soðlice min ðeowa gebit for eow. 185
and ic his ansyne underfo. þæt eow ne beo to dysige geteald.
þæt ge swa rihtlice to me ne spræcon. swa swa min ðeowa Iob;
Hit wæs gewunelic on ealdum dagum. þæt man gode ðyllice
lac offrode on cucan orfe. and ða acwealde. ac seo offrung is nu

Th. 458 unalyfedlic æfter cristes / ðrowunge; Elifaz ða and baldað and 190
sofár. ferdon ongean to heora mæge iobe. and didon swa swa
him god bebead. and drihten underfeng IOBES ansyne. and
heora synne ðurh his ðingrædene forgeaf; Ðeah þe iobes ansyn
wære atelice toswollen. and his lic eal maðan weolle. swa þeah
is awriten þæt se ælmihtiga underfeng his ansyne. þa þa hé for 195
his freondum gebæd; Drihten eac ða gecyrde to Iobes behreow-
sunge. ða ða he for his magum gebæd. and hine gehælde fram
eallum his untrumnyssum. and his æhta him ealle forgeald be
twyfealdum; Be ðisum is to understandenne. þæt se ðe for
oðrum gebit fremað him sylfum micclum. swa swa þæt halige 200
gewrit segð. þæt ða ða Iob for his freondum gebæd. þa gecyrde

MS. 226ʳ god to his behreowsunge. and swa eaðelice / hine eft gehælde.
swa hé hine ǽr geuntrumode;
    Iob hæfde ær his untrumnysse. seofon ðusend sceapa. and
ðreo ðusend olfenda. fif hund getyme oxena. and fif hund 205
assan; Him wæron eft forgoldene feowertyne þusend sceapa.
and six ðusend olfenda. þusend getyme oxena. and ðusend

---

178 of`er´        179 þa – *line 181* for þan] *in second hand*        187 `un´rihtlice

178 B smeatenne   179 Ða] G þas   þa] BGL þe   180 G [and] L
⟨and⟩   Ac] L And   hi gespræc þa] B spæc to heom   181 him –
wære] L himan gram wære. eallum þrim   L h⟨e⟩`i´   182 L [swa³]
183 B to heom   BG [fearras. and seofon]   184 farað] BG faræð eow
187 L srecon   L [swa³]   190 BL [ða]   191–2 swa him god] L god him
192 B bead   193 G [þe]   194 maðan] B mid maðen   196 B
þa eac   197 L [ða²]   198 BGL untrumnysse   B [æhta]   BG
eall   B geald   200 him] B his   L [swa]   201 ða ða] B þa ðe
206 BL assena   B igeolden   feowertyne] B xii`ii´   207 þusend] B a
þusend GL and þusend   G `and þusend getemen oxen´   ðusend²]
B a þusend

assan. and drihten hine bletsode swiðor on ende. ðonne on
angynne; He hæfde seofon suna and ðreo dohtra ær. and siððan
210 eft eal swa fela; Hwí nolde god him forgyldan his bearn be
twyfealdum. swa swa hé dyde his æhta? Hé nolde for ði þe
his bearn næron forlorene. swa swa his æhta wæron; His æhta
wæron ealle amyrrede. and his tyn bearn acwealde. ac ða
bearn wæron swa ðeah gehealdene on ðam digelan life. betwux
215 halgum sawlum. and he for ði underfeng þæra bearna getel be
anfealdon. for ðan þe ða oðre him wæron gehealdene. ðe þurh
þæs deofles ehtnysse acwealde wæron; Hwæt ða Iobes gebroðra
and geswustru and ealle ða ðe hine ær cuðon comon him to. and
hine gefrefrodon. and his micclum wundrodon. and him gife
220 geafon; Næron gemette on ealre eorðan swa wlitige wimmen.
swa swa wæron Iobes dohtra; He soðlice leofode æfter his
swingle an hund geara. and feowertig geara. and geseah his
bearna bearn. oð ða feorðan mægðe; / On eallum his life he   Th. 460
leofode twa hund geara. and eahta and feowertig geara; He
225 wæs se fifta man æfter abrahame þam heahfædere. on ðam
timan wæs swiðe langsum líf on mancynne;

Gif hwilc gelæred man þas race oferræde. oððe rædan ge-
hyre. þonne bidde ic þæt he ðas scyrtinge ne tæle; Him mæg his
agen andgyt secgan fullice be ðisum. and eow læwedum man-
230 num is ðis genoh. ðeah ðe ge ða deopan digelnysse ðæron ne
cunnon; Hit gelamp ðus soðlice be iobe. swa swa hé sylf awrat.
ac swa ðeah seo gastlice getacnung þære gereccednysse belimpð
to cristes menniscnysse. and to his gelaðunge. swa swa lareowas
trahtnodon; Gif ure ænigum sum ungelimp becume. ðonne
235 sceole we beon gemyndige þises mæran weres. and geðyldige
beon on ðam ðwyrnyssum þe ús se ælmihtiga on besent. and
habban maran care ure sawle. þonne ðære scortan gesælðe. þe
we sceolon forlætan; Sy wuldor and wurðmynt ðam welwyl-
lendan scyppende. ealra his wundra. and his weldæda. se ðe
240 ana is god .á. on ecnysse. amen:—

208 L assena   G gebletsode   209 angynne] L fruman   210 B geldæn
211 L [swa]   212–13 L [His æhta wæron]   217 ehtnysse] B costnunge
218 geswustru] L his geswustra   BG [and²]   B to him   219 his] B of
him   221 BGL [swa]   222 BL [and feowertig geara]   geseah] L
he seah   223–4 L He lifode on eallum his life   223 he] G heo   227 B
gehwylc   230 BG [ðe]   231 sylf] B him sylf   232 seo] B þare
233 G larðeawes   234 becume] L on becume   236 B þwyrnysse
B þe ðe ælmihtigæ on us   237 ure] B of ure   ðære] B of þare
238 B forlæten sceolon   L forlætan seolon   239 ealra] B on alle

XXXI

DOMINICA SEXTADECIMA.
POST PENTECOSTEN

MS. 226ᵛ / Nemo potest duobus dominis seruire; Et reliqua;
Drihten cwæð on sumne timan to his leorningcnihtum. Ne
mæg nán man twám hlafordum samod ðeowian. oððe hé ðone
ænne hata. and ðone oðerne lufað. oððe hé hine to ðam anum
geðeot. and ðone operne forsihð; Ne mage ge soðlice þeowian 5
gode. and eowres feos gestreone; For ði ic secge eow þæt ge to
swiðe ne hógian embe eowerne bigleofan. and eowerum scrude;
Mare is seo sawul and betere. ðonne se mete. and se lichama
betera ðonne ða gewæda; Behealdað þas fugelas. þe ne sawað.
ne ne ripað. ac eower heofenlica fæder hí afet; La hú ne sind 10
ge beteran þonne ða fugelas? Hwilc eower mæg geican ane elne
to his agenum wæstme. and hwí sind ge carfulle be eowerum
scrude; Behealdað þas lilian hu heo weaxst. heo ne swincð. ne
ne spinð; Ic secge eow to soðan. þæt furðon Salomon on eallum
his wuldre. næs swa fægere ymscryd. swa swa lilian beoð; Gif 15
god ða wyrta þe nu todæg beoð. and tomerigen beoð forswǽ-
lede. swa fægre frætewað. hu miccle swiðor mæg hé eow scry-
dan; Eornostlice. ne beo ge hógigende and cweðende. hwæt
sceole we etan. oððe hwæt drincan. oððe mid hwam beo we
ymbscrydde. ealle ðas ðing secað þa hæðenan; Soðlice eower 20
heofenlica fæder wát. þæt ge ealles ðyses behófiað; Secað
ærest godes rice. and his rihtwisnysse. and ealle ðas ðing eow
beoð þærto geeacnode;
    Beda trahtnode sceortlice ðis godspel. and cwæð þæt we
sceoldon ða hwilwendlican ðing to urum bricum habban. na on 25

Manuscripts: B (lines 1–93 lost), C, D, F, H (defective at edges of leaves), K.

9 beter⟨e⟩'a'   20 ym'b'scrydde

Title DOMINICA – PENTECOSTEN] C Ewangelium in dominica H
DOMINICA .XV. POST OCTAVAS PENTECOSTEN. XLVI.

1 H domini   3 H [samod]   5 forsihð] H forlæt   9 þas] CD
þa F þa⟨s⟩   12 his] C hi   13 þas] CDF þa   15–16 H [Gif – beoð]
17 D frætewad < frætewað H gefrætewað   25 ða] CDFH þas

ure heortan lufe healdan; Drihten sylf geopenode hwæt ða
twegen hlafordas sind. mid þam ðe hé cwæð. ne mage ge gode
ðeowian. and eoweres feos gestreone; Gehyre se / gytsere ðas   Th. 462
word se ðe leaslice is cristen gecweden. gehyre he þæt hé ne
30 mæg his gytsunge ðeowian. and criste samod; Nis swa ðeah
gecweden se ðe welan hæfð. ac se ðe ðeowað ðam welum;
Witodlice se ðe is þæra æhta ðeow. he ðeowað him swa swa
hlaforde. and se ðe is þæra æhta hlaford. hé dælð hí swa swa
hlaford; Se ðe gytsunge him hæfð to hlaforde. se forsihð his
35 scyppend. and se ðe his scyppende ðeowað mid lufe swa swa
hlaforde. hé forsihð ða feondlican gytsunge. seo ðe is wyrtruma
ælces yfeles; Drihten ús manode þæt we næron ealles to carfulle
ymbe urne fodan. oððe embe ure gewæda; We sceolon mid
geswince ús metes tilian. / for Adámes ofergǽgednysse. ac we   MS. 227ʳ
40 sceolon ða ymhídignysse fram ús awurpan; Betere is seo sawul
ðonne se mete. and se lichama betera ðonne his scrud; Swilce
he cwæde. se god ðe eow þa beteran ðing þæt is sawle and
lichaman forgeaf. and eow to men gesceop. se ylca mæg eow
eaðelice foresceawian bigleofan and hleowðe. gif ge his willan
45 gefremmað; Wite gehwá þæt seo sawul is gast. and be eorðli-
cum mettum ne leofað. ac ure hwilwendlice líf bið mid mettum
gefercod; For synnum oftihð se ælmihtiga wealdend hwilon
mannum bígleofan. ac swa ðeah se ðe hungre acwelð we gely-
fað þæt hé gegǽð gode. buton hé þe swiðor forscyldgod wære;
50   He cwæð; Behealdað þas fleogendan fugelas ðe ne sawað ne
ne ripað. ac eower heofonlica fæder hí afet; Gif ða wácan fuge-
las þe nu todæg beoð. and beoð tomerigen to nahte awende.
habbað butan care bigleofan ðurh heora scyppendes fore-
sceawunge. hu miccle swiðor wile god foresceawian urne bigleo-
55 fan we ðe sind ece on urum sawlum. and eac beoð on lichaman
unateorigendlice. æfter ðam gemænelicum æriste; Drihten
cwæð. þæt we sind micele rottran þonne ða fugelas. for ðan þe
se man ðe gode geðihð is ealra gesceafta rotost. and gode leo-
fost. buton ðam heofenlicum englum þe næfre ne syngodon;

54 Hu   58 is ðe gode geðihð

---

27 F god   28 and] H and eac   gytsere] C ritsere   29 heⁱ] C
⟨g⟩ʻhʼe   32 ðeow] H þeowa   33 F ʻand – hlafordʼ   39 D mites
42 F ʻþæt isʼ   42–3 þæt – forgeaf] H sealde (?) þæt is sawle and lichaman
44 C [gif]   45 C se   45–6 C eorðlice mete   46 C mete
50 C fleoʻgeʼnde F fleogende   55 lichaman] H urum lichaman
57 rottran] H snoteran

Mannes gecynd is micclum gewurðod. þurh þæt þe se ælmih- 60
Th. 464 tiga godes sunu hine sylfne gemede/mode þæt gecynd to
underfonne; He cwæð; Hwilc eower mæg geícan ane elne to
his lenge? Witodlice ne becóme we þurh ure foresceawunge
to ðam wæstme þe we on urum lichaman habbað. uton for ði
lætan þæs reafes ymhídignysse. to ðæs dihte þe ðam lichaman 65
ða lenge forgeaf;
  Wyrta sind eaðelice gesceafta. and ðurh winterlicne cyle
symle forseariað. swa ðeah þæs ælmihtigan cystinys. hí ge-
glencð mid swa wlitigum blostmum. þæt hí oferstigað. mid heora
fægernysse ealle eorðlice gebleoh; Ne mihte se wuldorfulla 70
Salomon ne nan eorðlic cyning. swa wlitige deagunge his hræg-
lum begytan. swa swa rose hæfð. and lilie. and fela oðre wyrta
þe wunderlice scinað; Ða wyrta beoð nu todæg blowende on
wynsumnysse. and tomerigen beoð forbærnde; Merigen is
geteald on bocum for toweardre tide. þeah ðe ge ða bysne ne 75
cunnon; Hwi forgifð god þam wacum wyrtum swa fægerne
wlite. and us forbyt þæt we ne sceolon hógian ymbe ure frætu-
MS. 227ᵛ wunge. buton for ðan ðe we sceolon mid / wácnysse. and soðre
eadmodnysse. þa heofenlican fægernysse and frætewunge geear-
nian. þe adam forleas for ðan ðe hé wolde þurh ðæs deofles 80
tihtinge. mærra beon þonne he gesceapen wæs; Ne sceole we
wuldrian on woruldlicere frætewunge. for ðan þe seo fræte-
wung. and se lichama sind brosniendlice. swa swa ðæra wyrta
blostm;
  Drihten bead þæt we næron bysige and carfulle cweðende. 85
hwæt sceole we etan. oððe hwæt drincan. oððe mid hwam beon
ymscrydde. and cwæð; Witodlice eower heofenlica fæder wát
þæt ge þyssera ðinga behofiað; Secað ærest godes rice. and his
rihtwisnysse. and ealle ðas ðing eow beoð þærto geeacnode; We
sceolon ærest secan godes rice. and his rihtwisnysse. þæt is 90
þæt we sceolon swiðor hógian embe þæt ece líf. þonne ymbe
ðone ateorigendlican bigleofan ðone us geeacnað god ðærtó.
gif we ðæs oðres swiðor cepað; Ne cwæð he na þæt us beoð þa

---

73 scinað. ða   75 'ðe'   76 fæger'n'e

60 CF [þe]   64 C wætme   65 F forlætan   F 'dihte'   67 Wyrta]
H Witodlice wyrta   CDF winterlicum   70 H bleoh   72 H wyr-
tan   73 D blowe'n'de   76 H fægere   82 woruldlicere] H
wuldorlice   84 H blosman   85 næron] F wæron   92 geeacnað]
CDF gearcað   93 swiðor] B begins   C [þa]

ateorigendlican bigleofan forgyfene. ac þærto geeacnode. for
95 ðan ðe he talað þæt ece líf to his gife. and ðone eorðlican bigleo-
fan to / hwilwendlicere læne. þæt ece lif us forgifð god. and   Th. 466
ðurh his genihtsumnysse us ðone hwilwendlican fodan ðærtoea-
can wyrpð. swuteligende þæt se foda nis na ure med. ac þæt ece
lif is ures geswinces edlean; Dæghwomlice we sceolon gewil-
100 nian þæs ecan lifes. and ure synna symle wanian. for ðan ðe hí
beoð gegaderode to micelre hypan. gif we hí weaxan lætað. oft
of ðinnum renscurum flewð seo eorðe;
þis godspel ðincð dysegum mannum sellic. ac we hit secgað
swa ðeah. weald ðeah hit sumum men licige; God us geriht-
105 læce. and to ðam ecan life gelæde. swa swa hé behet ðam ðe
hine lufiað; Sy him wuldor and wurðmynt. on ealra worulda
woruld. Amen:—

DE SANCTA MARIA

Hwæt wylle we secgan ymbe Marian gebyrdtide. buton þæt
heo wæs gestryned þurh fæder. and ðurh moder. swa swa oðre
men. and wæs on ðam dæge acenned þe we cweðað Sexta Idus
Septembris; Hire fæder hatte Ioachim. and hire moder Anna.
5 eawfæste men on ðære ealdan ǽ. ac we nellað be ðam na swiðor
awritan þy læs ðe we on ænigum gedwylde befeallon; Eac þæs
dæges godspel is swiðe earfoðe læwedum mannum to under-
standenne. hit is eal mæst mid / haligra manna naman geset.   MS. 228ʳ
and hí habbað swiðe langsume trahtnunge. æfter ðam gastlicum
10 andgite. ði we hit lætað unsǽd;

96 læne þæt

94-5 C [geeacnode - to]   97-8 F þærto eac   99 B [is]   edlean] H
edlean. Ðis godspell - licie (as below lines 103-4)   100 ecan] D ean   B
wanian 'þurh soðe detbote' (over erasure)   101 hypan] C hywan   F 'hi'
102 BCDF [ðinnum]   103-4 þis - licige] H substitutes a long passage
printed Pope XXVII (first few words lost)   103 ðincð] F þing

De Sancta Maria
Manuscripts: C, D, F, K.

Title C De Natiuitate Sancte marie   D DE MARIA   F no title

2 D meder   F modor < meder   4 Hire] F and hyre   6 D
awriton: ⟨secgan⟩   D þæs: is (for þises?)   9 F langsum   CDF
gastlican   10 unsæd] C unræd ne gebera þys naht þærto. buton for
ydelnysse   D unsæd; 'ne geberaþ ðys naht þærto. buton for ydelnysse.'

XI. KALENDAS OCTOBRIS. NATALE SANCTI
MATHEI APOSTOLI ET EUANGELISTÆ

Se godspellere matheus þe we todæg wurðiað awrát be him
sylfum hu se hælend hine geceas to his geferrædene þus cweð-
ende; Cum transiret iesus. uidit hominem in thelonio seden-
tem. matheum nomine; ET RELIQUA; þa ða se hælend ferde
on sumere byrig. ða geseah hé sittan sumne mannan. æt tollsetle 5
matheus gehaten. and he cwæð to him. folga me; Matheus aras
þærrihte fram his tolle. and filigde ðam hælende. and gelaðode
hine þæs dæges. to his huse; Efne ða comon fela gerefan. and
synfulle men. and sæton æt ðam gereorde mid þam hælende
and his leorningcnihtum; Hwæt ða. þa iudeiscan sunderhalgan 10
and boceras þæt gesawon and mid ceorunge cwædon to cristes
leorningcnihtum; Hwæt la. hwi gereordað eower lareow hine
mid ðisum manfullum mannum and synfullum? Ða ofhyrde
þæt se hælend. and cwæð; Nis nan neod þam strangum nanes
læces. ac ðam ðe yfele sind gehæfde; Farað nu and leorniað 15
hwæt ðis mæne. Ic wylle mildheortnysse. and na offrunge; Ne
com ic na to clipigenne ða rihtwisan. ac ða synfullan to dæd-
bote;

We nimað þæt andgit þises godspelles ægðær ge of mathees
gesetnysse ge of lucas; Matheus is ebreisc nama þæt is on leden 20
donatus. and on englisc forgifen oððe gegodod; God hine

Manuscripts: K, f^a (lines 72–190 lost), f^k (defective at edges of leaves);
first part (lines 1–79) in G; second part (80–end) in B and L.

Title XI] G IN XI   NATALE – EUANGELISTÆ] G De Sancto
Matheo apostolo   f^a SANCTI MATHEI APOSTOLI EWANGELISTE
f^k natale Sancti Mathei Apostoli

3 Cum] G Dum   f^a transisset   5 sumne mannan] G ænne mann
f^k *defective*   6 matheus^1] f^a matheum   7 G follgode   8 gerefan] G
geferen   9 ðam gereorde] G þære þenunge   10–12 f^a [Hwæt –
leorningcnihtum]   10 sunderhalgan] G ealdres   11 and mid ceorunge]
G heo þa acsoden and   12 gereordað] G ett   G larðeaw   G [hine]
15 yfele sind gehæfde] G yfel þoligeð is mycel neod   19 Gf^{a}f^k of
matheus

gódode. swa þæt he hine awende of tollere to apostole. and him
forgeaf ða gife þæt he awrat ða forman cristes boc. and is god-
spellere þurh godes micclan cyste; He hine geseah sittan æt
25 tolle. he hine geseah. na þæt án mid lichamlicere gesihðe. ac
eac swilce mid incundre miltsunge. swa þæt he hine geceas to
heofonlicere geðincðe. and cwæð. folga me; Folga me na þæt án
on fotlicum gange. ac eac swilce on góddra ðeawa geefenlæ-
cunge. swa swa se apostol cwæð. Se ðe cweð þæt hé on criste
30 wunige. he sceal faran swa swa crist ferde; Matheus arás and
forlét his tollscire. and filigde criste. for ðan ðe hé mid ungese-
wenlicere onbryrdnysse his mod lærde. swa swa he mid his
worde. wiðutan hine clypode;
        Matheus þa gearcode micel gereord ðam hælende. and hine
35 to his huse gelaðode; / Hé gearcode him gebeorscipe on his   MS. 228ᵛ
huse. ac he gearcode him micele þancwurðran gereord on his
heortan. ðurh geleafan and soðre lufe. swa swa hé sylf cwæð. Ic
stande æt ðære dura cnucigende. and swa hwá swa mine stemne
gehyrð. and ða duru me geopenað. ic gange in to / him. and   Th. 470
40 mid him gereordige. and hé mid me; God afándað ælces
mannes heortan. and se ðe underfehð his neosunge mid godum
willan se bið gereordod wiðinnan þurh gife þæs halgan gastes.
and god wunað mid him gif hé on godum weorcum ðurhwu-
nað; þa sunderhalgan and ða boceras þe beciddon þæt crist mid
45 þam synfullum mannum hine gereordode wæron mid twyfeal-
dum gedwylde befangene. for ðan ðe hí þæs hælendes mild-
heortnysse on ðam synfullum hyrwdon. and hí sylfe rihtwise
tealdon; Drihten him cwæð to. ne behófiað ða halan nanes
læces. ac ða untruman; He is hælend geháten. for ðan ðe hé
50 hælð ægðer ge manna lichaman ge heora sawle. and for ði hé

31–2 ungewenlicere

22 godode] Gfᵃ gegodade   23 is] fᵃ is nu   24 cyste] G mihte
25 fᵃ tollsetle   geseah] G ne geseh   26 fᵃ [mid – line 28 swilce]
31 G folgede   31–2 fᵃ ungewenlicere   32 fᵃ [swa]   32–3 he –
clypode] G he hine mid his worde wiðuten clypode   fᵃ he hine mid his
worde clipode wiðutan   34 micel gereord] G mycele feorme   35–6 fᵃ
'geladode – his huse'   36 fᵏ [he]   G [him] (fᵏ defective)   gereord]
G feoreme   37 sylf] G sylf crist   40 gereordige] G wunige
41 his neosunge] G hine   42 gereordod] G geðened   44 sunder-
halgan] G ealdres   þe] G þa   Gfᵃ cyddon   45 hine gereordode]
G wæs etende. Heo   47 hyrwdon] G huxlice tælden   48 fᵃ halgan
49 untruman] G untrume doð   50 and] fᵃ and and

com to mancynne þæt hé wolde ða synfullan gerihtlæcan. and
heora sawla gehælan; Se ðe wenð þæt he hal sy. se is unhál;
þæt is. se ðe truwað on his agenre rihtwisnysse. ne hógað he
be ðam heofenlican læcedome;
   He cwæð. farað and leorniað hwæt þæt mæne ic wylle mild-   55
heortnysse. and na offrunge. þis cwæð sum witega ær ðan ðe
crist to men geboren wurde; Ne bið gode nán offrung ne nán
lac gecweme buton mildheortnysse; Ðeah þe sum wælhreowa
gode lác geoffrige. ne bið heo gode andfenge. buton he his
wælhreawnysse awurpe. and mildheortnysse lufige; þa iudeis-   60
can wuldrodon on heora ælicum offrungum. and crist sæde þæt
him wære leofre liðe heortan. and het hí for ði leornian hwæt se
witega mænde mid þære clypunge; Gode is swiðe leof þæt hé
mancynne myltsige. and him is leofre þæt he us miltsige ðurh
sumne intingan. ðonne he us for urum scyldum geniðerige. and   65
ða mildheortnysse þe him is gecyndelic. ða hé wile habban æt
ús swiðor þonne ure lác; He cwæð; Ne com ic na to clypigenne
ða rihtwisan. ac ða synfullan to dædbote; Ða synfullan he ge-
bigð to dædbote. and ða rihtwisan he geeacnað mid maran
rihtwisnysse; Ne clypað he ða him to ðe hí sylfe rihtwise   70
taliað. swilce / swa ða sunderhalgan wæron þe mid andan ceoro-
don þæt hé mid ðam synfullum æt; Eal mennisc / wæs synfull.
ac drihten gerihtwisode buton geearnungum ðurh his gife ða
ða he geceas. swa swa hé dide þysne godspellere. matheum.
ðe we nu todæg wurðiað; He wæs bedofen on deoppre nytenny-   75
sse woruldlicra gewilnunga. ac drihten hine ætbræd of ðam
fenlicum adelan. to heofenlicum geðincðum. and hine gesette
eallum ðeodum to godspellere; Sy him ðæs wuldor. á on
ecnysse. Amen:—

Th. 472
MS. 229ʳ

78 godspelle're'

53 G agene   G rihtwisnysse.' 'and'   G ⟨he⟩   56 fᵃ [na]   ðan ðe]
G þone   58 G [þe]   wælhreowa] Gfᵏ wælhreowa man   fᵃ wælhreow
man   59 G ofrige   andfenge] G na gecweme   60 awurpe] G ge-
swica   fᵃ ær awurpe   61 on – offrungum] G for heora mycelen ofrunga
63 fᵏ [he]   65 sumne intingan] G sumer (< sumen) weldæde   urum
scyldum] G ure gylte   68 G [ða¹]   synfullan] fᵃ synfullan ⟨to
dædbote⟩   70 G him þa   71 taliað] G telleð   G [swa]   G
[sunderhalgan]   72 fᵏ synfunlum   Eal – line 191 folc] missing from
fᵃ (one leaf lost)   73 gerihtwisode] G gerihtwisode hit   74 G ceas
79 Amen] G ends

80 PASSIO EIUSDEM.

Ðes ylca apostol and godspellere becóm þurh godes sande
æfter drihtnes upstige to heofenum to ethiopian þæt is ðæra
Silhearwena rice. and gemette ðær twegen drýmen. Zaroes.
and Arfaxað. dweliende þæt folc mid heora drycræfte; Hwæt
85 ða MATHEUS arasode heora deofles cræft. and ealle ða
gehælde þe hí alefedon. and fela oðre untrume ðærtoeacan.
þurh þæs hælendes naman þe hine ðider asende; An þæs
cynges cnihta wæs ær afaren to hierusalem. and wearð be wege
ðurh godes apostol Philippum gefullod. se underfeng þone
90 godspellere matheum mid ealre estfulnysse and hine axian
ongann; La leof sege me humeta canst ðu nu ðu eart ebreisc
grecisc gereord and egyptisc. and eac ethiopisc? Matheus
andwyrde. eal middaneard hæfde ane spræce ær ðan þe seo
dyrstignys asprang æfter Noes flode. þæt men woldon him
95 aræran swa heahne stypel þæt his hrof astige to heofenum. ac
se ælmihtiga towearp heora anginn. swa þæt hé forgeaf ælcum
ðæra wyrhtena synderlic gereord. and heora nán nyste hwæt
oðer gecwæð; Eft syððan þæs ælmihtigan godes sunu þa ða hé
wolde com to middanearde. and tæhte mid hwilcere getim-
100 brunge we sceolon to heofonum astigan. and asende us his
apostolum þone halgan gast of heofenum on fyres hiwe. se ús
onælde swa / swa fyr deð isen. and us forgeaf ingehyd ealles   Th. 474
wisdomes. and ealra gereorda. þyssere worulde; And to swa
hwilcere leode swa we cumað we cunnon ðære gereord na
105 medemlice. ac fulfremedlice;
Æfter þyssere spræce comon ða drymen and hæfdon him
mid twegen ormæte dracan. ðæra orðung acwealde þæt earme
mennisc. ac se apostol matheus þa dracan geswefode. and siðð-
an of ðam lande adræfde. swa þæt hí næfre siððan þær gesewene

---

83 Zoroes   87 A⟨.⟩'n'   97 synderlic < synderlice

80 BL begin   fᵏ [PASSIO EIUSDEM]   B PASSIO SANCTI MATHEI
APOSTOLI. X KALENDAS OCTOBRIS   L xi. kalendas octobris passio
sancti Mathei apostoli et ewangeliste   81 Ðes ylca apostol] BL SE
APOSTOL Matheus   82 B heofene   86 B alæwedon   87 B
sende   88 B ifaren   89 se] B he   91 me] B me nu
92 Matheus] B Matheus him   93 B [ane]   B [seo]   95 aræran]
B aræren an   96 B geaf   97 synderlic gereord] B sunderlice spæce
99 com] B he com   100 B heofene   B sende   B us 'and'
102 B geaf   103 ealra gereorda] B alle þe spæce   104 leode] B
ðeode   106–7 B mid heom   108 B aswefode   109 L h⟨e⟩'i'

næron; Æfter ðisum þærrihte gewát þæs cynges sunu. and ða 110
drymen stodon æt his forþsiðe leasetende þæt hí woldon hine
eft to life aræran; Ða ða / him þæs ne speow ða sædon hí ðam
cyninge þæt hé wære gelæht to heora godum. and sceolde beon
an ðæra goda. and hé wurðe wære þæt him man worhte anlic-
nysse and templ arærde; þæs cynges cniht ða se ðe hæfde 115
geinnod þone godspellere matheum æt his huse. sæde ðære
cwene be him; Se cyning ða Eglippus sende his arwurðoston
ðegenas to ðam apostole. and he com ða and þone æðeling
Eufranón on drihtnes naman of deaðe arærde; To ðyssere dæde
wearð þæs cynges heorte ablicged. and he het his leode cuman. 120
and hí gebiddan to ðam apostole. cwæð þæt hé god wære on
mannes híwe lutiende; Ða com þæs landes menigu mid leoht-
fætum. and mid taperum. mid store. and mid mislicum of-
frungum. woldon ðam godspellere swa swa gode offrian; Hwæt
ða matheus hí ðisum wordum gespræc; Ne eom ic na god. ac ic 125
eom godes ðeowa. se asende me to eow þæt ge bugon fram
eowerum hæðengilde to ðam soðan scyppende. se ðe ana is
god; Nimað eower gold and eower seolfor þe ge me beodað.
and farað and ærærað þam ælmihtigan gode tempel. and gad-
riað eow ðær to gehyrenne godes word;   130

Hwæt ða sixtig ðusend manna ferdon to ðan weorce. and
binnon ðritig daga þæt tempel geendodon; Matheus ða se
apostol sceop ðære cyrcan naman. Resurrectio. þæt is ærist. for
ðan ðe ðurh ðæs æðelinges ærist wæs se intinga þære cyrcan
getimbrunge; / On þære cyrcan wunode se godspellere ðreo 135
and twentig geara. and gehadode mæssepreostas. and diaconas.
and on gehwilcum burgum biscopas gesette. and fela cyrcan
arærde; Se cyning eglippus wearð gefullod. and his gebedda
eufenissa. and heora sunu eufranon se ðe þær aræred wæs. and
his swuster effigenia. seo ðurhwunode on mægðhade. for cristes 140
lufon; þa twegen drymen Zaroes and Arfaxað. wurdon ge-
scynde of ðam earde. swa hraðe swa se æþeling of deaðe aras;
Langsum is to reccenne. hú fela blinde se apostol onlihte. oþþe

112 B [eft]   speow] B spedde   114 and] B and þæt   B mon him
117 Se] B Ant þe   119 fᵏ [Eufranon]   B [of deaðe]   120 B
[he]   121 and hi gebiddan] B biddan heom   122 B comen þæs
londes men   123 mid²] B and mid   123–4 B mislice offrunge
124 B [swa]   125 hi] fᵏ hi þa   wordum gespræc] B worde to spæc
126 se] B he   B sende   132 Matheus ða] B Hwæt þa matheus
136 and²] B and he   140 seo] B þe   for] B þurh   141 wurdon]
B wæron   142 earde] L lande   143 fᵏ gereccenne

hú fela bedredan he gehælde. hú fela reoflige geclænsode. hú
145 fela wode he gebrohte on gewitte. hú fela deade he arærde. and
hú cristen se cyning wearð. and hú eawfæst seo æþele cwén.
and hú estfull eal þæs cyninges folc; Ðas race we lætað for
ðære langsumnysse. and we willað eow secgan þæs halgan
godspelleres ðrowunge;
150 Se cyning eglippus leofode his líf on eawfæstre drohtnunge. / MS. 230ʳ
and on fulre ylde ferde to gode. and his broðor sunu Irtacus
yfele geworht man feng to his rice; Se wolde niman his magan
to wife þæs cyninges dohtor. seo ðe wæs to abbudissan gehádod.
ma ðonne ofer twam hund mædenum. and behet þam apostole
155 healf his rice gif hé mihte hí gebigan to his synscipe; þa het se
apostol ðone cyning cuman to cyrcan mid his folce. and ealle
ða mædenu samod; Hí ða comon swa heora gewuna wæs. and
se apostol him eallum sæde. hwæt gebyrað to sinscipe. hwæt to
wydewan hade. hwæt to mægðhade. and hwæt to ælces mannes
160 ðeawum þe on godes gelaðunge mid geleafan wunað; And
cwæð ða æt nextan þæt gif hwá þæs cyninges bryde gewemde.
þæt he wyrðe wære þæt hine man on byrnendum ligum be-
scufe; þu min leofe bearn Irtace. nu ðu wast þæt effigenia ðines
foregengan dohtor is þæs heofenlican cyninges bryd. and mid
165 haligrefte gehalgod. Hu miht ðu þam ælmihtigan his bryde
beniman. and ðinum sinscipe geðeodan? Irtacus ða wearð
swiðe geyrsod. and ðonon swa gewát;
Ða astrehte seo abbudisse effigenia hí æt þæs apostoles / Th. 478
fotum. ætforan eallum ðam folce and cwæð; Ic bidde ðe þurh
170 ðone god ðe ðe to apostole geceas. þæt ðu asette ðine hand ofer
me. and ofer ealle ðas gehadodan mædenu. and gebletsa us þæt
we magon ætberstan ðan ðe us gebysmrian wile; Matheus ða
truwigende on his drihtne lede haligreft. ofer hire heafod. and
ofer ealra ðæra mædena heafdu þe hire mid wæron. mid þyssere
175 bletsunge; God ælmihtig lichamena scyppend. and sawla

---

160 wun⟨i⟩að   (BLfᵏ wuniað)   164 cyn‘in’ges   174 ealr⟨e⟩‘a’

---

144 reoflige] B reoflige he   146 B þe kyng cristene   147 B [eal]
BL forlætað   148 B [halgan]   152 B yfel   Se] B he   153 B
[seo]   154 B twa hund mædene   and] Lfᵏ and he   B þone apostle
156 B coman þone kyning   158 hwæt², 159 hwæt¹] B and hwæt
159–60 ælces mannes ðeawum] B godes þeowum   161 B [þæt]
fᵏ gewemme   162 fᵏ wære wyrðe   B mon hine   B leige
164 B heofenlices   166 ða wearð] B wearð þa   fᵏ wearð   173 halig-
reft] B þa haligræft   174 fᵏ ealla (B alle)   B mid hire

blawend. þu ðe náne ylde. ne nænne hád ne forsihst. ac ðu eart
ealra scyppend. and gelice alysend. geheald þas ðine þinena
wið ælcere gewemmednysse. and gestranga hí on halgum
mægnum. þæt hí mid wulderbeage eces mægðhades to ðines
suna hælendes cristes clænan geðeodnysse becuman moton; 180
Æfter þissere bletsunge and menigfealdre tihtinge. mæssode se
apostol ðam folce. and hí siððan hám gewendon. ac se apostol
belaf binnon ðam temple. hine gebiddende æt ðam halgan
weofode; þa sende se wælhreowa cyning Irtacus. ænne cwellere
to ðam apostole. þæt he hine acwellan sceolde; Witodlice ða ða 185
hé stod on his gebedum astrehtum handum. þa ðyde se cwellere

MS. 230ᵛ hine bæftan mid atogenum / swurde. and hine swa gemartirode;
þus wearð se apostol and godspellere matheus on ðisum dæge
gemartirod. and his halige sawul gewende to heofenan rice to
hælende criste; 190

Ða wearð þæt cristene folc swiðe astyred for ðæs apostoles
slege. and woldon forbærnan inne þone arleasan cyning. ac ða
eawfæstan mæssepreostas and diaconas hí earfoðlice gestildon;
þæt halige mæden effigenia aspende hire gold and hire seolfor.
and arærde cyrcan ðam apostole to wurðmynte. and ða lafe 195
ðearfum dælde; Ða asende se cyning Irtacus æðelborene wif
to ðam mædene effigenian. þæt hí hí forspeonon to his lustum.
ac ða ða hí ne mihton hire mód to ðan gebigan. þa clypode se
cyning him drymen to. and wolde mid drycræfte hí to his
willan geweman; Eft ða ða him þyses ne speow. ða hét hé 200

Th. 480 ontendan eal hire botl þær heo mid hire mædenum on ge- /
bedum ðurhwunode; Hwæt þæt fyr ða barn onbutan þam
botle. ac ðærrihte æteowode godes engel mid ðam apostole
matheo. and cwæð to ðam mædene. Beo ðe anræde effigenia
and unforht. ðis fyr sceal gecyrran to þam þe hit asende; Hwæt 205
ða drihten arærde micelne wind. and se gelæhte ealne ðone lig.
and abær hine to ðæs cyninges botle. swa þæt him ne belæfde

176 nane] L 'geogeþe' ⟨..⟩ne   177 B [ðine]   179 mægnum] B monnum
180 B [clænan]   182 apostol²] B apostol ham ne wende and   184 B
[wælhreowa]   185 þæt] L and   186 astrehtum] B mid astræhte
187 B itogene   191 swiðe] fᵃ resumes   192 B [arleasan]   194 B
spende   195 B apostolum   196 fᵃ þearfendum   Ða–Irtacus] B Ðe
kyng þa yrtacus 'sende'   197 B forspeonnon 'sculde'   198 L [ða]
199 B drymen to him   200 ða ða] B þa ðe   þyses] fᵃ þæs   B þis
speow] B spedde   201 hire²] B hire mid   202 þam] fᵃ þa   204 B
matheum   205 Bfᵃ cerran   asende] B to þe sende   fᵃ þe asende
206 fᵏ micele   (B mycel)   B [se]   207 B ber   him] fᵏ hine

nan ðing unforburnen. and he sylf earfoðlice þam fyre ætbærst;
Him wære swa ðeah betere. þæt he forburne þonne he ætburste.
210 for ðan ðe his ancenneda sunu sona awedde. and hine sylfne ge-
stod seo miccle coðu þe læcas hataðelefantinus morbus. mid ðære
he wæs ofset fram ðam hnolle ufan oð his fótwylmas neoðan;
He geseah ða þæt hine ne mihte nan læce gehælan. and sette
his swurdes ord togeanes his innoðe. and feol him onuppon.
215 þæt him ðurheode; Rihtlice swa þæt he him ætforan under-
fenge. æt his agenum handum. þæt þæt he dón het þam halgan
apostole æt his bæce; þæt folc ða gesette effigenian broðor
Ueor geháten to cyninge. se ðe wæs ær gebletsod æt þæs
apostoles handum; Se rixode on ðam cynerice. ðreo and sixtig
220 geara. and siððan sette his anne sunu to ealdormen. and oðerne
to cyninge; þæt rice wunode siððan on soðum geleafan. oð
þisne andwerdan dæg þam ælmihtigan to lofe. se ðe is ealra
leoda cyning; þær beoð gefremode fela wundra gelome. ðurh
geearnunge þæs eadigan apostoles. ðurh godes mihte. mannum
225 to frofre; Sy þæs gode lof .á. on ecnysse. Amen:—

210 B acennedan   sona awedde] fᵃ þær þa awedde   fᵏ awedde   B
bestod   211 seo] B þe   mid ðære] B and mid þam   213 and sette] BL
þa sette he   fᵃ and gesette   215 þæt¹] B þæt hit   217 B apostolum
ða gesette] B isette þa   fᵃ þa eall gesette   219 Se] B He   221 B [siððan]
222 fᵏ ælmihtigum   B almihtigæ gode   224 fᵃ geearnunga   mihte]
fᵃ dihte   225 a] B a buton ende

V. KALENDAS NOUEMBRIS. PASSIO
SANCTORUM / APOSTOLORUM SIMONIS.
ET IUDE

Men ða leofostan we wyllað eow secgan þæra apostola ðrowunge.
ðe we nu todæg wurðiað Simones and Iudan; / Hi ferdon ðurh
wissunge þæs halgan gastes. to ðam earde þe is geháten persida.
and þær gemetton ða twegen drymen. Zaroen. and Arfaxað.
þe ætflugon ðam apostole matheo. of ðæra silhearwena ₅
lande. and mid mislicum scyncræfton þæt folc dwelodon;
þa hæfde se cyning Xerxes gecweden gefeoht ongean ða
Indiscan. and sende his ealdorman þam here togeanes; Se
ealdorman ða offrode his lác þam hæðenum godum. ac ða
deoflu þe on ðam anlicnyssum sticodon. ne mihton nane ₁₀
andsware syllan. swa swa heora gewuna wæs; Ða ferdon hí to
oðrum deofolgilde. and þær befrunon hwi heora godas him
andwyrdan ne mihton; þa andwyrde se deofol and cwæð.
þæt heora godas ne mihton him andsware syllan. for ðam
twám apostolum ðe þær cumene wæron; An ðæra hatte ₁₅
simon. oðer iudas; Ðas habbað swa micele mihte fram gode.
þæt nan deofol ne dear on heora andwerdnysse sprecan;
þa het se ealdorman Uuarardah hi him to gelangian. and hi
befrán hwæt hi wæron. oððe hwanon hí comon. oþþe hwí hi
ðider comon; Ða apostoli cwædon; We sind ebreisce hælendes ₂₀
cristes ðeowan. and we comon híder for eowere hæle. þæt ge
eowere deofolgild forlæton. and oncnawan þone soðan god þe
on heofonum is; Ða dydon hí þurh þæs ealdormannes bene
þæt ða deoflu spræcon swa swa heora gewuna wæs. and sædon
þæt þær wære micel gefeoht toweard. and on ægðre healfe ₂₅

Manuscripts: K, L, fᵏ (fragmentary: lines 154–203 and 261–82 preserved
but only partly legible; title and incipit recorded by Wanley).

25 micel⟨e⟩

Title Lfᵏ [SANCTORUM]
1 þæra apostola ðrowunge] fᵏ be ðære apostola drohtnunga (*end of incipit
in Wanley*) 18 L barardah

sceoldon feallan; Hwæt ða apostoli ða hlogon þæra deofla
leasunga. and se ealdorman cwæð; Me stént ege þysse andsware.
and ge hlihað? Ða apostoli him andwyrdon; Ablinne ðin ege.
for ðan ðe sib com mid ús to ðissere scyre; Beo ðe stille dæg-
30 langes ðinre fyrdinge. and tomerigen ymbe undern cumað
þine ærendracan ðe ðu asendest. and cyðað þe þæt ða indiscan.
willað beon eower gafolgylderas. and mid ealre sibbe eow
underðeodan; Hwæt ða hæðengyldan ða ðe þæt tempel. and
þæra goda gymdon. cwædon to þam ealdormen mid micclum
35 graman; La leof ne scealt ðu ða arwurðan godas ðe ðe soð
secgað forseon. for ðissera leasra manna / and ælðeodigra   Th. 484
segene. ac hat hí healdan þy læs ðe hí fleames cepon; þa
andwyrde se heretoga. Ic hate healdan hí. and eow. oð þæt
heora sagu afandod sy. / siððan we witon hwilce we sceolon   MS. 231ᵛ
40 gearwurðian. hwilce fordéman;
    Hit wearð ða gelæst on merigen. swa swa ða apostoli behéton.
þæt ða bodan cómon fram ðam Indiscum mid gafole. and mid
fulre sibbe; þa het se ealdorman onælan ormæte ád. and wolde
ða hæðengildan forbærnan ðe ðam apostolum wiðcwædon. ac
45 ða apostoli begen hí astrehton æt þæs ealdormannes fotum.
biddende þæt hí næron for heora intingan acwealde; We comon
for manna hælðe hider. nu sind we geðuhte þæt we men acwel-
lon; Hi lagon forð astrehte. and dydon dust uppon heora heafod;
Ða cwæð se ealdorman; Wundor me ðincð eower ðingræden
50 and hi sealdon sceattas minum ðegenum. to ði þæt ic eow
cuce forbærnde; þa apostoli cwædon; þis is ures lareowes
cristes regol; Oðre men hátiað heora fynd. and yfel mid yfele
forgyldað; We soðlice lufiað ure fynd. and þam teala doð þe ús
hatiað; Ða andwyrde se ealdorman; Geðafiað huru þæt man
55 ealle heora æhta eow sylle. and he het ða mid þam worde
sceawian heora æhta; þa wurdon ðær getealde an hund ðæra
hæðengylda þe ðæs temples gymdon. and nan man ne mihte
heora æhta geriman. on golde and on seolfre. on orfe and on
reafe; Ða bead se ealdorman ða æhta þam apostolum. ac hí
60 wiðsocon. ðus cweðende; Nis ús alyfed æhta to hæbbenne ofer
eorðan. for ðan ðe ure æhta sind ece on heofonum þær ðær un-
deadlicnys ricsað; Se ealdorman cwæð; Underfoð sum ðing for
ðan ðe ge sind ælðeodige and ðearfan; þa apostoli andwyrdon;

32 L 'eow'   37 L [segene – cepon]

Ne sind we na ðearfan. for ðan ðe we habbað heofenlice
welan; Ac gif ðu wilt þæt ðis feoh becume to ðinre sawle 65
ðearfe. todǽl hit ðonne ðearfum. and wanhalum. wydewum
Th. 486 and steopbearnum. and hafenleasum gafelgyldrum. / we soðlice
ne behofiað þyssera eorðlicera æhta. ne hí ne magon ðam
sweltendan men heonon folgian;
    Se ealdorman ða þa apostolas mid him to ðam cyninge 70
Xerxes gelædde. and tealde him be endebyrdnysse hu hit
gedón wæs; þa wæron ða foresædan drymen ðær Zaroes. and
arfaxað. and yfele spræcon be ðam apostolum. and bædon þæt
hí moston heora mihte cyðan on sumum mannum. þæt se cyng
gesawe hwæðer hí soðfæste wæron; þa het se cyning clypian him 75
to unbesorge men. and het hi habban geflit wið ða drymen;
And hí dydon ða mid deofles cræfte þæt hí ealle wurdon adúm-
bode. and cwædon to ðam cyninge; þæt ðu wite þæt we sind
MS. 232ʳ of ðæra goda getele. / we lætað hí nu sprecan. ac we gedoð þæt
hi gan ne magon; þa ða hí ðis gedon hæfdon. ða cwædon hi eft; 80
We forgifað him nu gang. ac we doð þæt hí openum eagum
naht ne geseoð; Ða ða hí ðis dydon. þa forhtode ðæs cynges
heorte. and ðæs ealdormannes. and hyra frynd sædon þæt hí
ne scoldon ða drýmen forseon. þi læs ðe hí þas lefunge on
heora limum gebrohton;   85
    þa gebrohte se ealdorman ða alefedan men micclum gedrehte
to ðam apostolum. and cwæð; Ic hæbbe afunden þa menn þe
eow wyllað læran and tæcan. hú ge magon þæra drýmanna
scincræft oferswiðan. swa þæt hí gescynde heonon fleoð; Ða
astrehton hí ealle hí æt his fotum biddende þæt he þæt behát 90
mid weorcum gefylde; þa ongunnon ða apostoli hí to lærenne.
and to secgenne hú adam for his ofergægednysse. wearð on
deofles ðeowdome gebroht. and þæt se mildheorta god swa
ðeah forgeaf þam mannum ðe hine ænne wurðiað þæt se deofol
him derian ne mæg. nu sind ge ðurh deofl bepæhte þæt ge 95
gelyfað on ydelum anlicnyssum. and forlætað eowerne scyp-
pend þe eow geworhte. and he forlæt eow. and se deofol eow
tawode þurh his drýmen swa swa he wolde. for ðan ðe ge
ungebletsode wæron; Behátað nu þæt ge wyllað þam deofolgyl-
dum wiðsacan. and ðone soðan god þe eow gesceop wurðian. 100

79 getele; We (so L)

---

64 Ne] L na   65 L wille   90 L [hi²]   99 L unbletsode

and to / him eow gebiddan. and we mearciað eowere foran-
heafdu mid cristes rodetacne. and soðlice hí ne magon siððan
eow oferswyðan; Ða astrehton hí ealle hí æt ðæra apostola
fotum. þus cweðende; Doð huru þæt hí ne magon ure tungan
105 gehremman. ne ús alefian. and beo siððan godes grama ofer
ús. gif we æfre to hæðenum gylde bugað; þa apostoli ða æfter
ðisum behate gebletsodon þa gedrehtan men. and hí gode
betæhton. and se ealdorman hi gelædde to ðam drymannum;
Ða woldon hí dón swa swa hí ær dydon. ac hí ne mihton;
110   þa clypode an ðæra manna Zebeus gehaten. and cwæð to
ðam cyninge; Eala ðu cyning. þas fulan wuhta ðu scoldest
awurpan of ðinum rice. ðy læs ðe hí mid heora fylðe ús ealle
besmiton; Hí habbað mid him awyriedne engel. mancynnes
feond. and se hæfð andweald on ðam mannum ðe heora scyppend
115 forseoð. and to deofolgyldum bugað; Godes apostolas ús
bletsodon mid cristes rodetacne. and efne we nu ðurh þa
bletsunge ðas drýmen gebysmriað; Hí ealle cwædon. Gif ge
aht / magon. doð nu swa swa ge gyrstondæg dydon; þa drymen
ða wurdon geyrsode. and gemacodon ðurh heora scincræft
120 þæt him comon to creopende fela næddran; Ða cwædon hí
ealle to ðam cyninge; La leof hat clypigan ða godes apostolas;
Hí wurdon ða hrædlice gecigde. and gemetton ðæra drýmanna
basingas mid næddrum afyllede; þa apostoli ða heton ða
næddran on cristes naman. þæt hí scoldon ða drymen toslitan.
125 and hí ðærrihte ongunnon to ceowenne heora lichaman swa
þæt hí ðotorodon swilce oðre wulfas; Ða cwæð se cyning
xerxes. to ðam apostolum; Lætað hí abitan oð deað; Hí
andwyrdon; We sind asende to gecigenne mancynn fram deaðe
to life. na to scufenne fram life to deaðe; þa cwædon ða apostoli
130 to ðam næddrum; On cristes naman gewitað to eowere wununge.
and ateoð þæt atter út of ðisum dryum. þæt ge him ón aguton;
Ða ongunnon ealle ða næddran to ceowenne heora flæsc. and
heora blod sucan. þæt hí þæt attor ut átugon;
      þa ða / þa næddran aweg tugon. þa cwædon ða apostoli to
135 ðam drýmannum; Ge arleasan. gehyrað þæt halige gewrit ðe
þus cweð; Se ðe oðerne wyle beswican. ærest he beswicð hine
sylfne; Ðyssera næddrena geslit eow mihte to deaðe gebringan.
oþþe langlice geswencan. ac nu binnon ðrim dagum ge beoð
þyssera wunda gehælede. þæt ge huru eower arleasnysse

103 L [hi²]   128 L cigenne   131 L dryut

geswicon. ðonne ge godes gódnysse on eow sylfum afandiað; 140
þas ðry dagas ge beoð gedrehte þæt eow ofðince eower gedwyld;
Ða heton ða apostoli hí aberan to heora inne. and hí ðrim
dagum ne onbirigdon ætes. ne wætes. ac symle hrymdon. and
grimetedon. for ðam ormætum tintregum; Æfter ðan ðriddan
dæge þa þa hi fornean wæron adydde. ða comon begen þa 145
apostoli. and cwædon him to; Nele se ælmihtiga god habban
genydne þeowdom. arisað nu hále. and habbað eow agenne
cyre. to gecyrrenne fram yfele to góde. gif ge wyllað; Hí ða
þurhwunodon on heora geleafleaste. and ætflugon þam aposto-
lum swa swa hí ær ætflugon þam godspellere matheo. fram 150
ðæra silhearwena rice;

    þa bæd se cyning Xerxes. and his ealdorman uuarardah ða
apostolas þæt hí ðær wunian sceoldon. and hi ða wunodon
binnon ðære scire Babilonia. wyrcende miccle wundra. onlih-
tende ða blindan. and deafum hlyst forgeafon. reoflige geclæn- 155
sodon. and deoflu fram witt/seocum mannum afligdon; Hí
hæfdon him mid fela leorningcnihta. of ðam hí hadodon
mæssepreostas. and diaconas. and fela cyrcan arærdon; þa
wearð an ðæra diacona eufrosinus betogen forligres. ac ða
apostoli heton lædan forð þone diacon. and þæt cild forð 160
beran þe ðær acenned wæs. and wæs ða anre nihte eald; Ða
apostoli cwædon to ðam cilde; We halsiað þe on naman hælendes
cristes. þæt ðu sprece and secge gif ðes diacon þas unrihtwis-
nysse gefremode; Hwæt þæt cild ða getingelice spræc. and
cwæð; þes diacon is halig wer and clæne. and næfre his licha- 165
man ne besmát; Ða bædon ða magas / þæt hí sceoldon befrinan
hwa þæt forligr gefremode; þa apostoli andwyrdon; Us geda-
fenað þæt we ða únscæððigan alyson. and us ne gebyrað to
ameldigenne ða scyldigan;

    Æfter ðison gelamp þæt ðæs cyninges mæg Nicanor wearð 170
gescoten mid anre flá on ðam cneowe æt sumon gefeohte. swa
þæt nán man hí ne mihte of ðam bane ateon. ac se eadiga
apostol Simon on cristes naman hí út adyde. swa hraðe swa hé
hí hrepode. and seo wund wearð ðærrihte gehæled. swa þæt
ðær nán dolhswaðu næs gesyne; Eac siððan gelámp þæt twa 175
hreðe deor þe sind tigres gehatene þær urnon and abiton swa

MS. 233ʳ (margin)
Th. 492 (margin)

---

146 'god'   153 sc'e'oldon   161 niht'e'

146 L to him   152 L barardah   154 Babilonia – *line 203* tempel] *in*
fᵏ, *partly legible*   174 fᵏ gerepod(e)   gehæled] fᵏ hal

hwæt swa hí gemetton; þa fleah þæt folc eal to ðam apostolum.
and hí ðurh godes mihte ða deor swa getemedon. þæt hí him
fyligdon to heora inne. and mid him unscæððige wunodon;
180 Ða cwædon ða apostoli to ðam folce. þas reðan deor gehyrsu-
miað godes mihte. and sind eow to gewitnysse. þæt he is
ælmihtig god se ðe eow gesceop. and sylð eow renas of heo-
fenum. and hláf of eorðan. wín and ele of treowum. and eac
oðre wæstmas; Nu mynegiað þas deor eow mid sumon gemete
185 þæt ge nænne oðerne ne wurðion eow to gode. buton ðone ðe
we bodiað. þurh ðæs naman sind þas reðan tigres betwux eow
swa tame swa scep; We sceolon nu faran to oðrum scirum.
godspel bodigende. and ðone soðan geleafan;
    þæt folc ða weop. and bædon þæt hí. ðanon ne gewendon.
190 and hí ða be heora bene feowertyne monað þær wunodon. and
þæt folc gefullodon. and fela wundra geworhton. and eac ða
deadan to life arærdon; And gesetton ðær ænne biscop Abdias
geháten. se ðe mid him ferde fram Iudea lande. and se ylca
geseah þone hælend mid his eagum; þæt land wearð ða to
195 geleafan awend. and heora burh mid cyrcan afylled. and ða
apostoli ferdon / swa swa him godes gast gewissode to ðam   MS. 233ᵛ
twelf scirum on ðam earde persida. and ðær feowertyne gear on
heora burgum godes geleafan bododon. mid micclum tacnum;
þa foresædan drymen Zaroes. and arfaxað. ferdon him ætforan.
200 mid heora scincræfte. þæt folc dweliende; Swa lange / hí   Th. 494
wunodon on gehwilcere byrig. oð þæt hí geaxodon þa apostolas
towearde; Hí becomon ða æt nextan to anre heafodbyrig.
Suanir gehaten; On ðam wæs micel tempel. and hundseofontig
hæðengyldan þe ðæs temples begymdon. and heora ælcum
205 gesceat an pund goldes. swa oft swa man þære sunnan feorme
worhte; þa cwædon ðas drymen to þæs temples hæðengildum;
Her cumað to eow niwlice twegen ebreisce men. ða sind ealra
goda fynd. hí tæcað eow oðerne geleafan. and to oðrum gode
gewemað. þonne beo ge eower æhta bedælede. and to nahte
210 forsewene; Forsprecað hí foran to ðisum folce. þæt swa hraðe
swa hí becumað to ðyssere byrig. gehæftað hí and doð þæt hí
to eowerum godum bugon. oððe ge sceolon sylfe forfaran;
    Hit gelamp ða þæt ða apostoli becomon to þære foresædan

178 hi¹] fᵏ hi ða   179 fᵏ folg(edon)   L unscæþþigan   186 reðan
tigres] fᵏ deor   201 L wu⟨r⟩'no'don on gehwylcere on gehwylcere
203 and − line 261 hæðengildan] fᵏ's text completely illegible or destroyed
207 L ebreiscan

byrig. Suanir. and wunodon æt sumes mannes huse. se wæs
Semmeus geháten; Efne ða on ærnemerigen comon ða hæðen- 215
gildan mid ungerimum folce. and atugon ða apostolas mid þam
semmege to þære sunnan temple; þa ongunnon ða deoflu
grimetian and cweðan; Hwí come ge to us ðæs lifigendan godes
apostolas. for eowerum tocyme we sind mid ligum forswælede;
Ða stód þære sunnan cræt mid feower horsum of golde agoten. 220
on ane healfe þæs temples. on oðre healfe stód ðæs monan
cræt of seolfre agoten. and ða oxan ðærto; þa ongunnon ða
hæðengildan neadian ða apostolas. þæt hí sceoldon hí gebiddan
to ðære sunnan anlicnysse. and to þæs monan. and þa twegen
foresædan drymen ðærofer stodon; Ða betwux ðisum gesawon 225
ða apostolas drihten on heofenum. betwux his engla ðrymme.
hí clypigende. and sum engel him æteowode and cwæð; Beoð
gehyrte and geceosað eow oððe ðyssera hæðenra færlican deað.
oþþe ge mid bylde godes gewinnes efstað to wulderbeage
eoweres martirdomes; þa apostoli andwyrdon ðam engle ðe 230
him to spræc; Us is to biddenne drihtnes mildheortnysse. þæt
hé ðisum mannum miltsige. and us fultumige. þæt we moton
Th. 496   to ðam wulder/beage becuman; Ðas word ne gehyrde nan
man buton ða apostoli sylfe. and se engel ðe him to spræc;
MS. 234ʳ   þa ongunnon / ða hæðengildan hí þearle ðreatian. þæt hí 235
scoldon hí gebiddan to þære sunnan anlicnysse. and þæs
monan; þa apostoli bædon stilnysse. and cwædon; Gehyrað
ealle. we witon þæt sunne and mona sind godes gesceafta. and
on heofenum scinende his hæsum gehyrsumiað; We bebeodað
þam deoflum þe on ðisum anlicnyssum sticiað þæt hí út faron. 240
and ða anlicnysse tocwyson. þæt ge magon swa tocnawan. þæt
sunne and mona. ne sind on ðisum anlicnyssum. ac sind mid
deoflum afyllede; Hí ða ealle micclum wundrodon þyssera
worda. and se apostol simon cwæð to þære sunnan anlicnysse;
þu wyresta deofol ðises folces bepæcend. Ic ðe bebeode gewít 245
of ðære leasan anlicnysse. and tobryt hí eall and hire cræt
samod; Iudas se apostol cwæð eal swa to þæs monan anlicnysse.
and ðærrihte eodon út on ealles ðæs folces gesihðe. twegen
blace silhearwan of ðam anlicnyssum. and hí tobræcon. and
mid wanunge aweg flugon; Hwæt ða þa hæðengildan scuton 250

237 stylnisse

___

217–19 L [þa – forswælede]   230 L eower

endemes to ðam halgum apostolum. and hi acwealdon; Ða
eadigan apostoli ðancodon gode mid bliðum mode. þæt hí
moston for his naman ðrowian; Semmeus eac ðe hí ǽr under-
feng wearð mid him gemartirod. for ðan ðe hé nolde þam
255 deofolgyldum his lac offrian; On ðære tide wæs micel smyltnys
on ðære upplican lyfte. ac god asende færlice swa micel liget.
þæt þæt hæðene templ tobærst fram ufweardan. oð neoðe-
weardan. and ða twegen drymen wurdon mid þam lige for-
swælede. and awende to cola gelicnyssum;
260   Æfter ðrim monðum ðises asende se cyning xerxes. and
bereafode ealle ða hæðengildan heora æhta. and ðæra apostola
líc mid micclum wurðmynte to his byrig gebrohte; Hé arærde
ða on ðære ylcan byrig mære cyrcan. ofer ðæra apostola líc him
to wurðmynte; Seo cyrce wæs eahtahyrnede. an hund fota and
265 twentig fota heah. six hund fota. and feowertig. heo wæs
ymbeganges. eal of fiðerscitum marm/stanum geworht; Ealle Th. 498
ðas getimbrunge geendode se cyning xerxes binnon ðrim
gearum. and beworhte ða bigelsas mid gyldenum læfrum. and
worhte ane ðruh on hwitum seolfre to þæra apostola lice. and
270 gesette hí onmiddan þam temple mid micelre arwurðnysse;
On ðisum dæge wearð seo cyrce gehalgod. þam godes apostolum
to wurðmynte; On ðære stowe begytað þa ðe on god gelyfað
his weldæda þurh ðæra apostola ðingunge þe on ðisum dæge
for his naman ðrowodon;
275   / þas race awrát se biscop Abdías. se ðe þam apostolum MS. 234ᵛ
folgode fram Iudea lande; He awrat hí on ebreiscum gereorde.
and his leorningcniht eutropus hí awende eft on greciscum
gereorde. and africanus hí awrát eft on tyn bocum. ac ús
genihtsumað on urum gereorde þas scortan race to getrymminge
280 urum geleafan; Uton nu biddan þas eadigan apostolas Simon
and Iudan. þæt hí ús abiddon godes miltsunge. se ðe leofað
and rixað on ealra worulda woruld. amen:—

254 L [þam]   261 heora æhta – end] in fᵏ   264 an hund] L and
hunteontig fᵏ 'and' an hund   267 fᵏ serses   268 L geworhte
269 on] Lfᵏ of   278 hi] L he

III. IDUS NOUEMBRIS. DEPOSITIO
SANCTI MARTINI EPISCOPI

MARTINUS se wuldorfulla godes andetere wæs acenned of
æþelborenum magum. on ðam earde þe is geháten Pannonia. on
þære byrig ðe is gecweden Sabaria. and he wæs siððan afed on
Italia. þæt is Romana rice; His fæder wæs æðelboren. ærest
cempa. and siððan cempena ealdor. on hæðenscipe wunigende. 5
and his gemæcca samod; Ða gestryndon hí þone gecorenan
godes cempan martinum. and hé mærlice geðeah; Witodlice
ða ða hé tyn wyntre on ylde wæs. ða árn hé to cyrcan buton his
freonda foresceawunge fulluhtes biddende. and he wearð þa
Th. 500   gecristnod. and on / wunderlicum gemete gecyrred. smeagende 10
symle ymbe godes cyrcan. and hú he on westene wunian mihte;
þa aspráng þæs caseres gebán þæt ðæra cempena bearn þe
forealdode wæron. wurdon genamode to ðam ylcan gewinne
þe heora fæderas on wæron; Hwæt ða martinus wearð ameldod
fram his agenum fæder. ðe on his weorcum andode. and he 15
wearð þa gelæht to þam laðum gecampe. and on racenteagum
gelæd. þa ða hé fyftyne geara wæs; Ænne cniht hé hæfde to his
ðenungum forð. ðam he sylf ðenode swa swiðe swa he him;
Hé folgode þam casere ærest constantinum. and siððan Iuliane
þam wælhreowan wiðersacan. and he on ðam folgoðe ealle 20
fulnysse forbeah. lybbende swa swa munuc. na swa swa modig
cempa; He æteowode ða soðan lufe symle his geferum. and
ormæte eadmodnysse mid eallum geðylde. and his efencempan
ða hine endemes wurðodon; He wæs swiðe geswæs eallum
swincendum. and on mislicum yrmðum mannum geheolp. 25
wædligum and wanscryddum. and næs ðeah ða gýt gefullod;

Manuscripts: E, K, f^k (text missing at edges of leaves; title from Wanley).

---

1 ande'te're   19 constantium (f^k defective)

Title III] f^k IIII   DEPOSITIO] f^k natale
16 to – and] E and to þam laðum gecampe f^k defective   23 his efencem-
pan] E hio seofem cæmpan

Þa gemette martinus on middes wintres cyle ænne nacodne
ðearfan. and his nan man ne gymde. þeah ðe hé mid hreame.
ða riddan þæs bæde; Ða næfde martinus nan ðing to syllenne
30 þam nacedan ðearfan. þe ðær swa ðearle hrymde buton his / MS. 235ʳ
gewǽdum þe hé wel behófode. and hæfde ǽr his ðing þearfum
gedælede; Hé ne mihte swa ðeah on his mode afindan. þæt he
ðone nacodan mid nahte ne gefrefrode. ac tocearf his basing
on emtwa mid sexe. and sealde oðerne dæl þam earman wædlan.
35 and mid þam ofcyrfe hine eft bewæfde; Þa hlogon ða cempan
sume ðæs básinges. sume eac geomerodon swiðe on mode.
þæt hí naht ðyllices ðam ðearfan ne gebudon. ða ða hí eðelicor
hine mihton scrydan; On þære ylcan nihte æteowode crist hine
sylfne martine on swefne mid ðam basinge gescrydne. and het
40 hine sceawian gif he ða sylene oncneowe. and se hælend sona
his englum ðus sæde; Martinus me bewæfde efne mid ðyssere
wǽde. þeah ðe hé ungefullod gyt farende sy; Martinus ða
fægnode þære / fægeran gesihðe. and wearð þa gefullod Th. 502
forhraðe on criste ða ða he on ylde eahtatyne geara wæs;
45   Æfter ðisum gelamp on ðære leode gewinn. þæt Iulianus se
casere gecwæð to gefeohte. and dælde his cempum cynelice
sylene. þæt hí on ðam gewinne werlice ongunnon; Þa nolde
martinus geniman his gife. ne on ðam gefeohte his handa afylan.
ac cwæð þæt he wolde criste ðeowian. on gastlicum gecampe
50 æfter his cristendome; Ða cwæð se wælhreowa þæt he wære
afyrht for ðan toweardan gefeohte. na for criste eawfæst; þa
andwyrde martinus unforht ðam casere; Ic wille ðurhgán
orsorh ðone here mid rodetacne gewæpnod. na mid readum
scylde. oððe mid héfegum helme. oþþe heardre byrnan; Ða het
55 se hæðena cyning healdan martinum þæt hé wurde aworpen
ungewæpnod ðam here; Þa nolde se hælend his ðegen forlætan.
ac gesibbode þæt folc sona þæs on merien. þæt hí to ðæs
caseres cynegyrde gebugon;
     Hwæt ða martinus ðone wælhreowan forlet. and beah to
60 hilarium þam gelæredan biscope. se ðe ða on worulde wuldorful
wæs gehæfd. scinende swa swa tungel. on soðre lare; Mid ðam
he wunode on weligre lare to langum fyrste. oð þæt he his

---

33 nac⟨e⟩'o'dan   60 'h'ilarium

---

29 ða¹] E þam   30 fᵏ [ðearfan]   32 E findan   (fᵏ defective)
33 E frefrode   34 E mid sexe on emtwa   47 E ongunne   58 E
gebugon < -gen   60 E gelæredum   62 E oð ðæt 'he'

frynd geneosode on fyrlenum earde. wolde hí feondum ætbre-
dan. ðurh halwendum fulluhte. ðe ða gýt hæðene wunodon;
þa ða hé com to munton ða gemetton hine sceaðan. and heora 65
án hine slóh mid æxe on his heafod; He wearð þa gebunden.
and heora anum betæht; Ða befrán se sceaða þe hine onsundron
heold hwæt hé manna wære. oððe wære ofdræd; Martinus him
MS. 235ᵛ to cwæð. þæt he cristen / wære. and on eallum his life nære swa
orsorh; Begánn ða to secgenne þam sceaðan geleafan. and mid 70
boclicere lare hine læran ongann; Hwæt ða se sceaða sona
gelyfde. on ðone lifigendan god. and tolysde ða bendas. his
halwendan lareowes. and him swa filigde on eawfæstum ðeawum.
siððan .á. lybbende; Æfter ðisum gemette martinus þone
Th. 504 deofol. se áxode ard/lice hwider he siðode. sæde þæt he wolde 75
his wiðerwinna beon. on eallum his færelde. swa hwider swa hé
ferde; þa andwyrde se halga sona ðan deofle. Ne ondræde ic
ðe. Drihten is min gefylsta. and se sceocca fordwán of his
gesihðe ða; Martinus ða siððan siðode to his magum. and
awende his moder of mánfullum hæðenscipe. and manega hire 80
toeacan eac to gode gebigde. þeah ðe se fæder ána hæðengilda
wunode; Be ðam we magon tocnawan þæt gehwilce geðeoð to
heofenan rice. þeah ðe heora frynd losian. þa ða se mæra wer
swa micclum geðeah. and his fæder forwearð on fulum hæðen-
scipe;   85
    On ðam timan asprang Arrianes gedwyld wide geond eorðan.
þam martinus wiðfeaht. oð þæt he forwel oft yfele wearð
geswenct; He ðygde unlybban eac on his mete. ac he ða
frecednysse þæs færlican attres mid gebedum afligde. þurh
fultum drihtnes; þa cyrde martinus ongean to hilarium swa 90
swa he mid wope hine georne bæd. þæt hé æfter ðam siðe. hine
gesecan sceolde; Hilarius ða eft mid estfullum mode hine
underfeng. fægen his cymes. and martinus siððan him mynster
arærde. buton ðære byrig mid munuclicere onbryrdnysse;
Æfter ðisum geðeodde sum hæðen wer him to. and se binnon 95
feawum dagum swa færlice swealt. þæt hé on fulluhte under-
fangen næs. for ðan ðe martinus ða on neawiste næs. ac com ða

---

81 hæðengild á

64 ðe] E þa   66 his heafod] E þæt heafod   fᵏ heafod   68 E oððe
'gif he'   75 E siðode 'and'   81 fᵏ 'þe'   ana] E ana on   82 fᵏ
þeoð   83 E heofona'n'   84 E fullum   86 fᵏ arrianus gecwyld
91 fᵏ hine mid wope   95 fᵏ [and]   96 swealt] fᵏ forswealt

to huse hearde gedrefed. and hine sylfne astrehte. sona ofer
ðone deadan. dríhten biddende. þæt he him lif sealde. and he
100 wearð ða geedcucod æfter lytlum fyrste. and sona gefullod.
gesundful leofode to manegum gearum. and gewisslice sæde
þæt hé wære gelæd to leohtleasre stowe. and swærlice geswenct.
on sweartum witum; Ða comon þær fleogende twegen fægre
englas. and hine gelæddon ongean to life for martines bene.
105 swa swa he bæd æt gode; Sum ungesceadwis man hine sylfne
aheng þæt hé fotum span. and his feorh forlét. þæt wearð ða mid
wope þam halgan were gecydd. and hé genealæhte þam lifleasan   Th. 506
men. / and hine unwurðne of deaðe arærde. / þurh his ðing-   MS. 236ʳ
rædene wið þone soðan god;
110   þæt turonisce folc hine ða geceas him to leodbiscope. ðeah
ðe he lange wiðcwæde. and of mynstre nolde nawar beon
gemet. oð þæt sum fæmne hí facenlice hiwode sárlice seoce. and
asende wið his; Þa ferde martinus and þæt folc his cepte. and
hine gelæhton swa swa hí ær geleornodon ealle clypigende mid
115 anre stemne. þæt martinus wære wyrðe þæs hades. and þæt folc
gesælig ðurh swilcne biscop; He wearð ða gehalgod swa swa hí
ealle gecuron. and ðone hád geheold mid soðre eadmodnysse
on ðære ylcan anrædnysse þe hé ær on leofode; He heold his
ðeawas swa swa healic biscop. and his muneclice ingehyd swa
120 þeah betwux mannum; He arærde him munuclif on micelre
digelnysse twa mila fram ðære ceastre turoniscre ðeode;
þæt mynster he gelogode mid wellybbendum mannum. þæt
wæron hundeahtatig muneca. þe him anmodlice gehyrdon. and
him eallum wæron heora ðing gemæne. æfter regollicere
125 gesetnysse ne hi naht synderlices næfdon; Næs heora nanum
alyfed on ðam life ænig cræft. buton halgum gebedum. and
heora gewritum; Seo yld hí gebæd. and seo iuguð wrat;
Symle hí sæton ætsomne to gereorde. næs þær wines drenc
buton wannhalum mannum; Heora forwel fela wæron mid
130 waces olfendes hærum to lice gescrydde. and þær laðode
softnys; Of ðam mynstre geðugon æðele biscopas. þurh
martines lare gehwilcum leodum;
  Ðær wæs ða gehæfd gehende ðære byrig swilce halig stow.

100 fᵏ edcucod   E gefullod 'and'   104 E martinus   105 E æt gode
bæd (fᵏ defective)   112 E gehiwode   113 fᵏ Ða ⟨-⟩ MARTINUS
ferde   114 fᵏ leornodon   116 gesælig] E gesælig wurðe   132 E
martinus

mid healicum gedwylde. and weofod geset mid micclum wurðmynte swilce ðær gereste sum halig cyðere; þa befrán martinus   135
æt þam mæssepreostum ðæs martires naman. þe hí swa micclum
wurðodon; Ða nyste heora nán his naman to secgenne. ne on
hwæs timan he ðrowunge underhnige; Hwæt ða se biscop mid
his gebroðrum ferde to þære ylcan stowe. and þone ælmihtigan
bæd þæt hé geswutelode mid soðre gebicnunge. hwæne ðær   140
Th. 508 swa mærne þæt mennisc / wurðode; þa wearð þær æteowod án
atelic sceadu on sweartum hiwe. and sæde þæt he wære for
stale ofslegen. na for soðum geleafan. and wunode on wite mid
wælhreawum sceaðum. for his mándædum. na mid drihtnes
cyðerum; Ða towende se biscop þæt weofod sona. and þa   145
dwollican socne mid ealle adwæscte; Hit gelamp eac swilce on
MS. 236ᵛ oðrum timan. þæt anre wydewan sunu wearð to deaðe / gebroht.
and hrædlice gewát fram woruldlicum bricum. and se halga
martinus for hine gebæd on ðæs folces gesihðe. and hé sona
arás to ðam lænan life þe hé ær forlet; þurh ðam tacne gelyfdon   150
of ðære leode gehwilce on ðone lifigendan god. ðe hine to life
arærde; On ðære ylcan byrig he gehælde án mæden mid
halwendum smyrelse gehalgodes eles. þæt ðe fram cildháde
symle ær dumb wæs; He ferde eft siððan embe sumere neode.
þa ofseah hé feorran ða hæðenan ferian án lic to eorðan. mid   155
anþræcum gehlyde. and hé ealle gefæstnode heora fét to eorðan
on ðære stowe þe hí steppende bæron mid his strangan bene
swilce mid bende; Hí tyrndon mid bodige gebigedum sceancum.
and heora fótwylmas awendan ne mihton. oð þæt se halga hí eft
alysde. and lét hí forðgán. for his gódnysse;   160
   Se halga towearp eac sum hæðengyld. and wolde aheawan
ænne heahne pinbeam. se wæs ær gehalgod þam hæðenum
godum; Ða noldon ða hæðenan þam halgan geðafian. þæt hé
swa halig treow æfre hynan sceolde; Cwæð þeah heora án þæt
he hit underfenge feallende to foldan. and hí hit forcurfon. gif   165
hé on god truwode þurh trumne geleafan; þa geðafode martinus. þæt mid gebylde. and wearð gebunden under ðam

148 bricum] ⟨.⟩ricum

---

137 E gesæcgenne   138 underhnige] E underfenge   ða] E ða martinus
139 E ælmihtigne (fᵏ defective)   140 E bicnunge   hwæne] E hwæne hio
142 sceadu on] E scaða mid   fᵏ sweartan   145 cyðerum] Efᵏ martyrum
148 hrædlice] E hwætlice   150 ðam tacne] E þæt tanc (sic)   155 fᵏ
eorðe   156 E 'he'   158 tyrndon] fᵏ tyrndon þa   167 E [þæt]   fᵏ
gebund(en) 'and'

beame geset ðider ðe hé bigde mid healicum bogum. and næs
him nán wen þæt hé ahwár wende buton to ðam halgan. swa
170 swa he ahyld wæs; Hwæt ða ða hæðenan aheowon þæt treow
mid ormætre blisse. þæt hit brastliende sáh to ðam halgan were.
hetelice swiðe; þa worhte hé ongean ðam hreosendum treowe
þæs hælendes rodetácn. and hit ðærrihte / ætstód. wende ða   Th. 510
ongean. and hreas underbæc. and fornean offeoll ða ðe hit ær
175 forcurfon; þa awurpon ða hæðenan sona heora gedwyld. and
to heora scyppende sæmtinges gebugon mid micclum geleafan
ðurh martines lare;

Eft hé ontende sum hæðen templ. ða gewende se líg ðurh
þæs windes blæd to sumes mannes huse ðe þær gehende stód.
180 ac martinus astah on ðam sticelan hrofe. and sette hine sylfne
ongean ðam swegendum líge. and he sona ðreow ðwyres wið
þæs windes mid micclum gewinne for ðæs weres mihte. and
wæs ða geholpen ðam unscyldigum huse; Gelóme he towearp
gehwær hæðene gyld. þa wolde hé æne án eald hus tocwysan
185 þe wæs mid gedwylde. deoflum gehalgod. ac mennisce handa
hit ne mihton towurpan. / for ðam fæstum gefege þæs feondlican   MS. 237ʳ
temples; þa comon ðær fleogende færlice englas of healicre
heofenan. and hí þæt hús towurpon. þurh gastlicne cræft. ðam
gódan to blisse; Sum hæðen man wolde hine acwellan mid
190 atogenum swurde. and se halga aleat and astrehte his swuran
under ðam scinendan brande. ða feoll se cwellere afyrht under-
bæc arleas oð þæt. and ða bæd forgifenysse. gecnæwe his
mánes to ðam mæran were; Eac sum oðer arleas hine wolde
slean on his halgan heafde mid heardum isene. ac þæt wæpen
195 wánd aweg mid þam slege of ðæs reðan handum þe hine hynan
wolde; Sum mæden he gehælde mid gehalgodum ele. þæt þe
langlice læg on legerbedde seoc. toslopen on limum. samcucu
geðuht. and aras ða gesund on gesihðe þæs folces; Tetradius
hatte sum hæðen þegen his ðeowcnapena án wearð þearle
200 awed. þa sette martinus his handa him onuppon. and se feond
fleah forht for ðam halgan. and se ðeowa siððan gesundful

169–71 E [swa swa – halgan]   173 E rodetacne (*fᵏ* defective)   177 E
martinus   178 hæðen] E æðele   179 windes] Efᵏ liftes   181 E
swegendan   184 fᵏ hæþengyld   188 hi] E him   fᵏ gastlicum
cræfte   ðam] E þa   191 E þone scinendan bran (sic) fᵏ þam scinen-
dum brande   192 and] E he   fᵏ gecnæw   193 E mære
194 E halgum (*fᵏ* defective)   196 E gehalgodan (*fᵏ* defective)
199 E a⟨n⟩

leofode. and his hlaford beah mid geleafan to gode mid eallum
his hirede. þe ær ðan hæðen wæs;
    Martinus eac cóm to anes mannes huse his cnapa wæs awed
wunderlice ðurh deofol. and árn him togeanes mid gyniendum 205
muðe; þa bestáng se halga his hand him on múð. het hine
Th. 512 ceowan / mid scearpum toðum. his liðegan fingras. gif him
alyfed wære; Se wóda ða awende aweg his ceaflas fram ðære
halgan handa. swilce fram hátum isene. and se awyrgeda gast
gewát of ðam men út ðurh his gesceapu. mid sceandlicum 210
fleame; Martinus gelacnode mid ænlipium cosse ænne hreo-
flinne mannan fram his micclan coðe. and fram atelicum hiwe
his unsmeðan lices; Manega eac wurdon mettrume gehǽlede
þurh his reafes hrepunge. swa swa hit geræd is; Sumes gerefan
dohtor hé ahredde fram fefore. ðurh his ærendgewrit þe heo 215
adlig underfeng; Eft æt sumum sæle ætslád se halga wer on
ðam healicum gradum æt þam halgum weofode. swa þæt he
fornean eal wearð tocwysed. ac on þære nihte hine gelacnode
god ðurh his halgan engel to ansundre hæle; Oft hine geneoso-
don englas of heofenum. and cuðlice to spræcon for his clænan 220
life; Seo halige MARIA eac swilce gecom to ðam halgan were
on sumere tide mid twám apostolum. Petre. and Paule. mid
twám mædenum. Tecla. and Agna. and mid hire geneosunge
hine gearwurðode. and micclum gehyrte. þurh hire andwerd-
nysse; 225
MS. 237ᵛ   Eac se halga / biscop geseah gelome þa awyrigedan deoflu
mid mislicum gedwymorum; He nateshwón ne ondred heora
deofellican híw. ne hé næs bepæht ðurh heora leasungum;
Hwilon com se deofol on anre digelnysse mid purpuran gescryd.
and mid helme geglengd to ðam halgan were þær hé hine 230
gebæd. and cwæð þæt hé wære witodlice se hælend; þa beseah
martinus wið þæs sceoccan leoht. gemyndig on mode. hu se
metoda drihten cwæð on his godspelle be his godcundan tocyme.
and cwæð to ðam leasan mid gelæredum muðe; Ne sæde ure
hælend þæt hé swa wolde beon mid purpuran gehíwod. oþþe 235
mid helme scinende. þonne he eft come mid engla ðrymme;
Ða fordwán se deofol dreorig him fram. and seo stow ða stánc
mid ormætum stence. æfter andwerdnysse þæs egeslican gastes;

206 him on] E on his   210 of] E fram   211–12 E hreoflicne
man   212 E myclum   217 E halgan   219 E engle   221 fᵏ
Se   E com   222 mid²] E and mid fᵏ defective   232 E leoht
'and wæs'   237 fᵏ stanc ða

Martinus se halga scean on witegunge. and mannum witegode
240 manega towearde ðing. ðe wæron gefyllede swa swa hé /   Th. 514
foresæde; Hwilon æt his mæssan men gesawon scinan færlice æt
his hnolle swilce fyren clywen. swa þæt se scinenda líg his locc
up ateah; He wolde geneosian sumne adligne mannan æt sumon
sæle. se hatte Euantius. ac he wearð gehæled. ær se halga come
245 into his huse. þurh þæs hælendes gife; þa wæs ðær án cnapa
geættrod þurh næddran swiðe toswollen. þurh ðæs wyrmes
slege. unwene his lifes. ac he wearð ahred þurh martines hre-
punge fram ðam reðan attre;

    Se eadmoda biscop ðe we ymbe sprecað wæs swiðe geðyldig
250 wið þwyrum mannum. and him ne eglode heora hospspræc. ac
forbær bliðelice ðeah ðe him man bysmor cwæde; Hé nolde
olæcan ænigum rican mid geswæsum wordum. ne eac soð
forsuwian; Gif him ænig heafodman hwilces ðinges forwyrnde.
ðonne wende he to gode mid gewunelicum gebedum. and him
255 sona getiðode his scyppendes arfæstnys þæs ðe se woruldrica
him forwyrnde on ǽr; Hit gelamp hwilon þæt an wód man
gesæt þær ðær se eadiga wer hine ær gereste. and he wearð
gewittig ðurh þæs weres geearnungum þe on ǽr þæt setl swa
gebletsode; Menn hé gehælde fram mislicum coðum. and eac
260 swilce nytenum læcedom forgeaf ahredde fram wódnysse. and
hét faran aweg to þære eowode þe hí of adwelodon; Swa micel
mildheortnys wæs on martine. þæt hé het hwilon ða hundas
ætstandan. þe urnon on dræfe deorum getenge. and ahredde /   MS. 238[r]
ða déor. fram andwerdum deaðe; Sum earm wif wæs eallunge
265 geswenct. þurh blodes gyte. and heo ongann hreppan þæs
halgan gewǽdu. and wearð sona hál; Ne mage we awritan ealle
his wundra on ðisum scortan cwyde. mid cuðum gereorde. ac
we wyllað secgan hu se soðfæsta gewat;

DE EIUS OBITU:—   Th. 516

270 MARTINUS se eadiga wiste his geendunge gefyrn. ǽr hé ferde
fram eallum frecednyssum ðises lænan lifes to his leofan
drihtne. and hé cydde his forðsið sumum his gebroðrum; þa

---

252 'e'ac

241 E [færlice]   242 E 'se' gescinenda   243 E man   244 E euantris
247 E martinus   255 E seo   260 forgeaf] E forgeaf. and   f[k] forgeaf.
'and'   265 f[k] blodgyte   E he   267 E sortan   269 f[k] [DE
EIUS OBITU]   E 'de obitu eius' (13th century hand)

wæron on ðam timan. ungeðwære preostas. on anum his
mynstra. ða he wolde sibbian. ær his forðsiðe. and ðider siðode;
Ða geseah he swymman. scealfran on flode. and gelome 275
doppetan. adúne to grunde. ehtende ðearle. þære éá fixa; þa
cwæð se halga wer to his geferan; þas fugelas habbað feonda
gelicnysse. ðe gehwilce menn unwære beswicað. and grædelice
gripað to grimre helle; Ða het martinus ða mæðleasan fugelas.
ðæs fixnoðes geswican. and to westene siðian. and ða scealfran 280
gewiton. aweg to holte. ealle endemes. and ða éá forleton. be
martines hæse. þæs mæran weres; Æfter ðisum becom se biscop
to ðam mynstre. and ða ungeðwæran preostas ðreade for
gyltum. and on sibbe gebrohte mid geswæsre láre; Ða wearð
he geuntrumod eallum lymum. and sæde his gyngrum þæt he 285
sceolde gewítan; þa wurdon hí ealle endemes astyrede. and mid
micelre heofunge hine befrinon; Hwí forlætst þu fæder. ðine
forstorcild? Oððe hwam betæhst ðu ús nu forlætene? Soðlice
becumað ungesewenlice wulfas to ðinre eowode. and hwá
bewerað hí? We witon þæt ðu gewilnast to ðam wuldorfullan 290
drihtne. ac þe sind gehealdene ðine meda gewisse. gemiltsa
ús swiðor. and swa gýt ne forlæt; Martinus ða wende mid
ðisum wordum to gode. Ne wiðcweðe ic drihten to deorfenne
gyt. gif ic nýdbehefe eom gýt þinum folce. Ne ic ne beládige.
gýt me for ylde. beo ðin willa .á. weroda drihten; 295
Æfter ðisum gebede hé abád on ðam legere ane feawa dagas
mid fefore gewæht. þurhwacol on gebedum. on flore licgende.
bestreowod mid axum. on stiðre hæran upahafenum eagum.
Th. 518 and handum /to heofenum. and ne geswác his gebeda. oð þæt he
sawlode; He geseah ðone deofol standan swiðe gehende. and 300
hine orsorhlice axian ongann; þu wælhreowe nyten to hwí
MS. 238ᵛ stenst ðu þus gehende? Ne gemetst þu on me. aht / witniendlices.
Me soðlice underfehð se heahfæder Abraham. into his wununge
on ecere wynne; Æfter ðisum worde gewát seo sawul of ðam
geswenctan lichaman sona to gode; Hwæt ða gehyrdon gehwilce 305
on life halige englas singan on his forðsiðe. bliðe on heofenum

276 ðearl⟨a⟩'e'

275 E swinman   fᵏ smimman   277 E geferum   279 E 'ge'gripað
þa mæðleasan] E þam æðleasan   fugelas] Efᵏ scealfran   280 scealfran]
Efᵏ fugelas   282 E martinus   287 E ðu 'nu'   289 fᵏ [and]
293 E worde   294 gyt þinum folce] E ⟨gyt ðine⟩   299 E swac
302 þus] Efᵏ swa   witniendlices] E wiht n⟨e⟩'i'udlices

þæs halgan tocymes; His lic wearð gesewen sona on wuldre.
beorhtre ðonne glæs. hwittre ðonne meoloc. and his andwlita
scean swiðor þonne leoht. þa íu gewuldrod to ðam toweardan
310 æriste; Hundeahtatig geara hé wæs on his life. ða ða hé of
worulde gewat to heofenum; Eala hwilc heofung holdra. and
geleaffulra. hlude ða swegde. and swiðost ðæra muneca. and
mynecena wop. on martines deaðe;
    Is eac to gehyrenne hu ða leoda wunnon. ymbe þæs halgan
315 líc. him betwynan þearle; Seo burhwaru wolde ðe hé on biscop
wæs. þæt sind Turonisce ðone halgan geniman. and Pictauien-
scisce þearle wiðcwædon. woldon habban ðone ylcan þe hi ǽr
alǽndon to ðam biscopdome. of heora burhscire. cwædon þæt
hé wære heora munuc æt fruman. and woldon hine habban.
320 huru swa deadne; Betwux ðisum gewinne wearð se dæg geendod.
and butu ða burhwara besæton ðone halgan; Þa on middere
nihte. gewurdon on slæpe. pictauienscisce. bepæhte forswiðe.
þæt of ealre ðære menigu. án man ne wacode; Hwæt ða Turo-
nisce þone halgan gelæhton. and to scipe bæron mid swiðlicere
325 blisse. and mid gastlicum sange þone sanct ferodon. to ðære
ylcan byrig. þe hé on biscop wæs; Ða wurdon ða oðre. awrehte
mid þam sange. and gecyrdon him ham. hearde ofsceamode;
On ðisum dæge gewát se halga wer to gode. mærlice of worulde.
mid micclum wundrum geglencged; Uton hine biddan þæt
330 hé us ðingige to þam lifigendan gode. ðe hé on life gecwémde;
Sy ðam á wuldor on ecere worulde. ðe leofað and rixað þurh
hine sylfne god; AMEN:—

EXCUSATIO DICTANTIS:—   Th. 520

    Fela fægere godspel we forlǽtað on ðisum gedihte. ða
mæg awendan se ðe wile; Ne durre we ðas bóc na miccle
swiðor gelengan. ði lǽs ðe heo úngemetegod sy. and mannum
æðryt þurh hire micelnysse astyrige; We willað swa ðeah gýt.
329 geglen'c'ged

---

309 E [iu]   E 'ge'wuldrod   312 E geleafra   313 E martinus
318 alændon] E alæddon   E burhscipe   320 E gewearð   324 E
swiðlere
Excusatio Dictantis
Manuscripts: D, E, K.

---

1 E dihte

ane feawa cwydas on ðissere bec geendebyrdian. gemænelice 5
be apostolum. and martirum. andeterum. and halgum fæmnum.

MS. 239ʳ þam hælende to lofe; / Thomes ðrowunge we forlǽtað unawri-
tene. for ðan ðe heo wæs gefýrn awend. of ledene on englisc on
leoðwison. ac swa ðeah se wísa Augustinus sæde on sumore his
trahtnunge. þæt an ðing wære ungeleaflic on ðære race geset. 10
þæt is be ðam byrle þe ðone apostol earplætte. and be ðam
hunde ðe his hand eft inn abær; Be ðam cwæð augustinus. þis
rǽdað mid micelre gecneordnysse ða ðe wrace lufiað. ac ús is
alyfed be ðisum to twynienne. þæt se apostol wolde gewrecan.
swa wælhreawlice his teonan; For ðyssere twynunge nolde we 15
hreppan his ðrowunge; Heo is swa ðeah eall full geleaflic.
buton ðam anum þe augustinus wiðsæcð;

13 gecneordnysse: *care*

7 DE Thomas   8 D anwend   of] D on   DE læden   13 E [is]

XXXV

IN NATALE UNIUS APOSTOLI

þes apostolica freolsdæg manað us to sprecenne. and sum ðing
eow to secgenne. be ðam gesæligan heape. þe mid ðam hælende
on ðisum life drohtnode; On ðam wæron gecorene twelf
heahðegenas. Petrus. and Paulus. Andreas. and Iacobus.
5 Iohannes. and Thomas. se oðer Iacobus. and Philippus.
Bartholomeus. and Matheus. Simon. and Iudas; Na sé iudas
þe crist belǽwde; Mathias wæs gecoren on þæs forlorenan
iudan stede. oðer is matheus. oðer is mathias; Matheus is
godspellere. and apostol; Mathias is apostol. on iudan stede;
10 Paulus is se ðreotteoða ðyses heapes. hé næs na lichamlice / on   Th. 522
life mid criste. ac he hine geceas siððan of heofenum. and hé is
geendebyrd to petre for his micclum geearnungum. and gedeor-
fum. on drihtnes willan;
    To ðisum heape cwæð se hælend þisum wordum; Hoc est
15 preceptum meum ut diligatis inuicem. sicut dilexi uos; Et
reliqua; Ðis is min bebod þæt ge lufion eow betwynan. swa swa
ic eow lufode; Næfð nán man maran lufe. ðonne hé sylle his
sáwle for his freondum; Ge sind mine frynd. gif ge doð swa
swa ic eow bebeode; Ne háte ic eow ðeowan. for ðan ðe se
20 ðeowa nát hwæt his hlaford deð; Ic het eow mine frynd. for
þan ðe ic cydde eow swa hwæt swa ic æt minum fæder gehyrde;
Ne gecure ge me. ac ic geceas eow. and ic sette eow þæt ge
faron and beran wæstm. and eower wæstm ðurhwunige. and

Manuscripts: C, D, K, P, V.

---

8 iudas

Title IN – APOSTOLI] C Sermo de Apostolis
1 freolsdæg] P dæg   manað] C munegað   2 heape] C geferrede
4 heahðegenas] C heahþegnas. þæt wære   5 se] C and se   C [and²]
6 Na] C naht   7 D math⟨..⟩'ia's   8 C iudases   stede] V setle
matheus] C Mathias. and   CDPV [is²]   mathias] C matheus   9 C
iudases   D iudas   10 C [is]   ðyses heapes] C on þissere geferræde
C [na]   12–13 C gedeorfe   14 ðisum heape] C þissere geferræde
15–16 C [Et reliqua]   16 Ðis] C þæt   17 CV mare   sylle] C
gife   20 het] C cleopige   D hate   23 D foron   beran wæstm]
C bringan wæstm   D bæron wæstm   P wæstm beron

swa hwǽt swa ge biddað æt minum fæder on minum naman.
he sylð eow; Oft ge habbað gehyred be ðære soðan lufe. þæt 25
heo is fulfremednys. godes .ǽ; Se ðe god lufað and men. he
hylt ealle godes béc; Se ðe soðlice god lufað. nele hé wiðerian
MS. 239ᵛ ongean his bebodum. ac mid / estfullum mode hí geðwærlæhð;
Se ðe oðerne lufað buton híwunge. nele he him hearmes cepan.
ne his æhta him ætbredan; On ðam beoð cristene men tocna- 30
wene. gif hí rihtlice cristene beoð. swa swa drihten sylf cwæð;
Be ðam oncnawað ealle men þæt ge sind mine folgeras. gif ge
habbað lufe eow betwynan;
    Ealle gode ðing hæfð se ðe þa soðan lufe hæfð. witodlice se
ðe hí næfð. se is bedæled ælces gódes; Nis nán lufu mare. 35
þonne man for oðrum his lif sylle. swa crist dyde for us;
Drihten cwæð; Ge beoð mine frynd. gif ge ða þing doð þe ic
eow bebeode; þa apostoli. and ealle ða þe godes bebodum
gehyrsumiað. beoð his frynd gecigede; He cwæð; Ne háte ic
eow ðeowan. for ðan þe se ðeowa nát hwæt his hlaford deð; 40
Ne nymð se hlaford his ðeowan him to rædboran. ac nimð his
holdan frynd. and him geopenað his willan; Swa eac god
geswutelað his digelnyssa ðam ðe hine inweardlice lufiað. and
Th. 524 se / ðeowa þæt is se ðe synnum þeowað bið ascyred fram godes
ræde; Ege is twyfeald. and ðeowdom is twyfeald; An ege is 45
butan lufe. oðer is mid lufe. and se is halig and clæne; Swa is
eac oðer ðeowt neadunge buton lufe. oðer is sylfwilles mid lufe.
se gedafenað godes ðeowum; Drihten genam of us þæs ðeowan
naman. and hét us his frynd. gif we his willan gewyrcað; He
cwæð; Ic het eow mine frynd. for ðan ðe ic eow cydde ealle 50
ða ðing þe ic æt minum fæder gehyrde; Hwæt cydde crist his
leorningcnihtum. buton ða heofenlican digelnysse. and ða
micclan myrhðe þæs ecan lifes. þa hé eac dæghwomlice on his
geleaffulra heortan besét. þurh orðunge ðæs halgan gastes;
Ða word þe hé spræc to his apostolum. ða hé spræc to eallum 55

---

26 fulfremednys] C on fulfremednesse   C [æ]   28 PV bebodu (C
bebodan)   hi] P him   V he   29 D 'he'   D hearmas   30 ne –
him] C nele he him his æhte   P 'æt'brædan   32 ge¹] D hi: ge
34 ðing] C þing he   D þing ⟨he⟩   35 V næfð. se ⟨þe⟩   36 C oþerne
swa] CPV swa swa   39 C [his]   gecigede] C gecleopod   43 CV
lufað   44 ascyred] C ascofen   DPV bescyred   46 lufe¹] CD lufe.
and   46–7 CDPV eac is   48 se] PV and se   49 V wyrcað
50 P [eow²]   54 CD geleaffulre   PV þurh onorðunge   55 Ða]
V þas   V [þe]

cristenum mannum swa swa hé on sumere stowe sylf cwæð;
Quod autem uobis dico omnibus dico; þæt þæt ic to eow ge-
cweðe. þæt ic cweðe to eallum mannum; Ne sind godes frynd
ná feawa. ac sind fela swa swa se witega cwæð; Me soðlice sind
60 þine frynd god swiðe arwurðe. and heora ealdordom is swiðe
gestrangod; Ic hí gerime. and hí beoð gemenigfylde ofer ðære
sǽ sandceosol;
    Se hælend cwæð; Ne gecure ge me. ac ic geceas eow; Ðurh
ðas word is geswutelod þæt nán man ne mæg on him sylfum
65 wuldrian. þeah ðe hé gecoren sy to godes rice; Seo gecorennys
stent on godes foresceawunge. and we beoð ðurh his gife
gehealdene. swa swa se apostol cwæð; Ge sind on godes gife
gehealdene þurh geleafan; / þurh ða gife þe se mennisca crist   MS. 240ʳ
wearð godes bearn. þurh ða ylcan gife bið gehwilc cristenra
70 manna gode gecoren. fram ðam anginne his geleafan; Ðurh
ðone ylcan gast þe crist wæs acenned. ðurh þone ylcan his
gecorenan beoð geedcennede. on ðam halgum fulluhte; þurh
ðone halgan gast wearð se mennisca crist ælcere synne orhlyte.
and ðurh ðone ylcan gast ús beoð ure synna forgyfene; Ðus
75 we sprecað be cristes menniscnysse. ðe symle un/synnig   Th. 526
wunode. and hé wæs godes bearn swa hraðe swa he mannes
bearn wearð; Se mann is godes bearn. for ðan ðe se godes
sunu ðe æfre wæs acenned of ðam ælmihtigan fæder. underfeng
ða menniscnysse buton synnum to soðre annysse his hádes.
80 and þæt ylce godes bearn. is mannes bearn. for ðære under-
fangenan menniscnysse; Crist. cristenra manna heafod. ord-
fruma ælcere gife. dælð his gyfe his limum. be gehwilces mannes
mæðe. be ðan þe hé healdan mæg þurh his fultum. buton ðam
ne déð nán man naht to góde; Næfð nan man geleafan buton of
85 cristes gife. ne nan man ne ðurhwunað on geleafan buton þurh
cristes gife. for ðí sceal gehwá on his drihtne wuldrian. na on
him sylfum; Crist gelogode his apostolas. and ealle his gecorenan
ðurh his gife. þæt hí ferdon sylfwilles [and wæstm brohton.

88 [and wæstm – *line 89* sylfwilles]

56 P [sylf]   57–8 gecweðe] CDPV cweðe   58 C [to]   59 na] C naht
Me] CDPV Mid me   60 CDPV gearwurðode   65 D wundrian   C
[ðe]   67 V [swa]   72 ðam halgum] C halgan   D ðam halgan
73 V orlyhte   75 C mænnisse   ðe] CD se ðe   79 C synne
80 P 'is mannes bearn'   81 Crist] CDV Crist is   V [manna]   hea-
fod] CD heafod. and   82 C ægehwilces   83 healdan] C eaðan   P
gehealdan   ðam] CD þam þe   84 of] CD þurh   86 C æghwa
na] C naht   88 brohton] C brohton and

þurh góde weorc; Hi ferdon sylfwilles] be godes hǽse. and
ðurh his fultum wæstm brohton goddra weorca. swa swa god 90
sylf cwæð. þurh ðone witegan Ezechiel; Ic dó. þæt ge doð; Et
fructus uester maneat. þæt is eower wæstm ðurhwunað;
Ðæra apostola wæstm ðurhwunað on ecnysse. for ðan ðe ðurh
heora bodunge is þes middaneard gebiged to ðam soðum
geleafan. and to heora scyppendes biggengum. mid ðam 95
wuniað on ecnysse þa ðe wel geendiað; Eac swylce ure gehwæda
wæstm þæt sind ure gódan dæda þurhwuniað on ecnysse. and
hí underfoð anginn æt ure geendunge; þonne se deað. ure
andwerde líf geendað. þonne bið ús gehealden æfter ðam
deaðe swa hwæt swa we nu doð for gewilnunge þæs ecan lifes. 100
and ðonne onginð ure edlean. swa swa se sealmsceop cwæð;
Cum dederit dilectis suis somnum. hec est hereditas domini;
Ðonne god sylð his leofum slǽp. þæt is drihtnes yrfwyrdnys;
þonne godes gecorenan becumað to deaðe. ðonne gemetað hí
yrfwyrdnysse; Micel heap holdra freonda ure andbidað ðær. 105

MS. 240ᵛ   orsorh be him sylfum. carful gýt for ure hælðe; Uton for ði /
efstan to urum eðele. þæt we magon ure frynd geseon. and ure
siblingas gegretan;

Th. 528   Drihten cwæð; Swa hwæt swa ge biddað æt minum / fæder
on minum naman. he sylþ eow; Drihtnes nama is .Iesus. þæt 110
is hælend. and se bitt on ðæs hælendes naman. se þe þæs bitt
ðe belimpð to soðre hæle; Gif hwa ðæs bitt. þæs ðe him ne
fremaþ. ne bitt he on ðæs hælendes naman; Paulus se apostol
bæd æt gode þæt he afyrsode ðæs deofles ehtnysse him fram.
ac him næs þære bene getiðod. for þan ðe him fremede to 115
ecere hælþe seo hwilwende ehtnys; þonne we biddað ongean
ure agenre þearfe. þonne forwyrnð se mildheorta god ús þæs
ðe we ungesceadwislice biddað; Eft se man þe went his earan.

---

89 C godra weorca   D godum weorcum   C He   91 do] PV gedo
93 C þurhwunað   C [ðe]   94 CDPV soðan   96 C gewede
D gewæda   97 D uran   101 C [swa]   102 hec] C ecce
hec   C [domini]   103 sylð] C gifeð   P sylf   104 godes gecorenan]
C þa gecorene men   D þa gecorenan men   105 C yrfwealnesse   C us
C onbidað   DV anbidað   111 se¹] C he   112 C gelimpð   him]
P him naht   113 C fremiað   he] P he na   V [naman]   114 afyr-
sode] P dyde   117 CPV agene   D agen⟨r⟩e   C forwyrð   118 C
[we]   V unsceadwislice   biddað] C bið

þæt he ne gehyre godes .ǽ. his gebed bið gode andsæte; Gif we
120 for synfullum mannum gebiddað. and hi þære ðingunge
unwurðe synd. ne beo we swa ðeah bedælede edleanes ðæs
godan willan. ðeah þe we ðam forscyldegodan geðingian ne
magon; Ne sceal man swa ðeah ðingian to dyrstiglice þam
fordonum mannum. swa swa se apostol ús warnode ðissum
125 wordum; Est peccatum ad mortem. pro quó rogo ne quis oret;
Sum sýnn is ðe gebrincð to deaðe. ic bidde þæt nán man for
þære ne gebidde; Witodlice gif we þæs biddað þe ús to ecere
hælþe fremað. ús getiðað þæs se goda and se heofenlica fæder.
ðurh his suna þe mid him leofað and rixað. á on annysse þæs
130 halgan gastes. on ealra worulda woruld. amen;

126 sýn`n´   128 fremiað

---

119 ne gehyre] CD nele gehyran   æ] C laga   C gebeden beoð   Gif]
CD Eft gif   121 unwurðe synd] C bin unwurþe   122 V [þe]
123 ðingian] Cgeþingian   123–4 C þan fordonne man   124 CD [us]
warnode] C warnode be   125 oret] C oret. þæt is on ænglisc spræce
129 C rixlað   PV [a]   annysse] CD ecnysse

XXXVI

IN NATALE PLURIMORUM APOSTOLORUM

Designauit dominus et alios septuaginta duos. ET RELIQUA;
Se hælend geceas him toeacan þam twelf apostolum. twa and
hundseofontig leorningcnihta. and sende hí twám. and twám
ætforan him to ælcere byrig. and stówe. ðe hé sylf toweard
wæs. and cwæð; þæt gerip is micel. and ða ryfteras feawa; 5
Biddað þæs geripes hlaford. þæt he asende wyrhtan to his
geripe; Farað. efne ic asende eow swá swá lámb. betwux
wulfum; Ne bere ge mid eow pusan oððe codd. ne gescy. ne ge
nænne mannan be wege ne gecyrran; On swá hwilcum húse
swa ge in cumað. cweðað ærest; Wunige sibb. on ðisum huse; 10
And gif ðær bið sibbe bearn. eower sib wunað ofer ðam huse;
Gif on ðam huse ne bið sibbe bearn. eower sib gewent eft to
eow; Wuniað on ðam húse þe ge to cumað. etende and drin-

Manuscripts: C, D, K (lines 1–10, 16–92 in a second hand), P, Xᵃ, fᵏ
(fragment, lines 1–37 only).

Title APOSTO'LO'RUM   2 Twa   4 ælcere] ælc ðær⟨e⟩`a'
5 r⟨i⟩`y'fteras    7 eo⟨.⟩`w'   10 cweðað – *line 16* menigfealdlice] *in*
main hand

Title C De ewangelistis   D *no title, but Latin incipit treated as rubric*   P
Latin incipit treated as rubric, followed by AD UNUM SERMONEM   Xᵃ
SEQUENTIA SANCTI EUUANGELII SECUNDUM LUCAM   fᵏ
no title

1 Designauit] Xᵃ In illo tempore Designauit   C [Designauit – RELIQUA]
ET RELIQUA] Xᵃ misit illos binos ante faciem suam in omnem ciuitatem
et locum. quo erat ipse uenturus. Et dicebat illis. Messis quidem multa.⸍
operarii autem pauci. Rogate ergo dominum messis.⸍ ut mittat operarios in
messem suam. Ite.⸍ ecce ego mitto uos.⸍ sicut agnos inter lupos. Nolite
portare sacculum.⸍ neque peram. neque calciamenta. et neminem per uiam
salutaueritis. In quacumque domum intraueritis.⸍ primum dicite. Pax huic
domui. et si ibi fuerit filius pacis.⸍ requiescat super illam pax uestra. Sin
autem.⸍ ad uos reuertetur. In eadem autem domo manete.⸍ edentes et bibentes.
que apud illos sunt. Dignus est enim operarius.⸍ mercede sua.   2 C
apostla   fᵏ apostolas   3 C leorningcnihtes   5 C [þæt]   and² –
line 11 ðær] fᵏ *defective*   ryfteras feawa] C riperes feawa beoð   7 P ic
sende < i asende   8 C sceos   9 C 'nænne'   Xᵃ man   CD cyrran
10 on ðisum] C of þan   11 C [And – huse]

cende þæt þæt hí habbað eow to syllenne; Soðlice se wyrhta.
15 is wurðe his mede;

Gregorius spræc menigfealdlice / be ðissere rædinge. and MS. 241^r
cwæð þæt ure drihten ús manað hwilon mid wordum. hwilon
mid weorcum; Efne he asende his leorningcnihtas him æt- / Th. 530
foran twám and twám. for ðan ðe twa beboda synd þære soðan
20 lufe. godes lufu. and manna; Se sceal beon godes bydel se þe
hæfþ lufe to gode and to mannum. elles he ne sceal nateshwon
ða þenunge underfón; þis godspell belimpð to eallum halgum
lareowum.' þe on godes gelaþunge his folc læran sceolon; þa
twelf apostolas and ða twa and hundseofontig leorningcnihta.'
25 synd ða heafodwyrhtan þyssere getimbrunge. and we sceolon
him geefenlæcan; Drihten sende his bydelas ætforan him. and
he sylf com æfter. for ðam ðe seo bodung forestæpð. and drihten
cymð syþþan to þæs mannes mode ðe þa bodunge gehyrþ;
Be þissum cwæð se witega Isaias; Gearciað drihtnes weg. doð
30 rihte his siðfætu; Se lareow gearcað godes weg þonne he
mannum bodað lifes word. and æfter ðære bodunge god sylf
ðurh andwerdnysse his lufe þæra manna heortan onliht;

Drihten cwæð. þæt gerip is micel. and ða rifteras feawa; Ðis
we ne magon secgan. butan micelre gnornunge; Efne nu þes
35 middaneard is mid sacerdum afylled. ac swa ðeah on godes
geripe feawa heora beoð wyrcende; He cwæð. biddað þæs
geripes hlaford. þæt he asende wyrhtan to his geripe; Symle
sceal þæt læwede folc gewilnian and æt gode biddan. þæt he
him gode lareowas foresceawige. þe magon ðurh halwende lare
40 hí tihtan to þan ecan life; Gelome bið þam folce seo lar oftogen.
for heora lifes ðwyrnysse. swa swa drihten cwæð to þam
witegan ezechiel; Linguam tuam adherescere faciam palato tuo.
et eris mutus. nec quasi uir obiurgans. quia domus exasperans
est; Ic do þæt þin tunge clifað to ðinum góman. and ðu bist
45 dumb. na swa swa ðreagende wer. for ðan þe seo hiwræden is

---

15 is] ⟨h⟩is   16 be – *line 92* huse] *in second hand*   21 manum
22 þis⟨n⟩   31 'ðære'   41 drihten] '*god*'

---

14 syllenne] C gifene   17 manað] C munegeð   18 C weorca
21 nateshwon] C naht   23 C scolden   29 Isaias] C ysaias. Parate
uiam domini rectas facite semitas eius. þæt is on ænglis   31 X^a [man-
num]   32 his] X^a mid his   33 rifteras] C riperes   34 X^a [micelre]
37 he] C ⟨s⟩'h'e   geripe] *f^k ends*   38 CDPX^a [læwede]   gode] C
swilce gode   40 to] D on: *to*   41 C [cwæð]   42 X^a ezechiele
C adherere   45 C þreagene we   C hwilræden

swiðe ðwyr; Swilce he openlice cwæde. ðe bið seo bodung
oftogen. for ðan ðe þæt folc me mid yfelum dædum tyrigð.
and nis wyrðe þære soþfæstnysse tihtinge; Eac hwilon for ðæs
lareowes yfelnysse him bið seo lar oftogen. swa swa se sealm-
sceop cwæð; Peccatori autem dixit deus. Quare tu enarras 50
iustitias meas. et reliqua; God cwæð to ðam synfullum. Hwi
Th. 532 / bodast ðu mine rihtwisnessa. and mine gecyþnysse þurh
þinne muð? þu soðlice hatast ðeawfæstnysse. and ðu awurpe
MS. 241ᵛ mine word underbæc; Ðam lareowe sylfum derað / hwilon his
swigen. ac heo derað symle his underðeoddum. gif him bið seo 55
heofenlice lar oftogen;
  Drihten cwæð; Faraò. efne ic sende eow swa swa lamb
betwux wulfum; Lamb is unscæððig nyten. and godes lareow
sceal healdan unscæþþignysse on his lifes ðeawum. betwux ðam
reþan folce; Ne sceal he teran ne bitan swa swa wulf. ac sceal 60
forberan reðra manna angin. þæt he ðurh his liðnesse heora
graman geliþewæce; Gif he hwiltidum þam receleasum styrð
þonne sceal his steor beon mid lufe gemetegod. na mid wæl-
hreawnysse oferdón; Wel deð se ðe unwittigum styrð. mid
swinglum. gif he mid wordum ne mæg; Hit is awriten. ne bið 65
se stunta mid wordum gerihtlæced; Gif se sacerd ne mæg ðam
læwedum mannum lárspel secgan. huru he sceal þurh his lifes
unscę̀ððignysse him wel bysnian;
  Nolite portare sacculum. neque peram. Ne bere ge mid eow
pusan. oððe codd. ne gescy; Swa micelne truwan sceal se 70
lareow habban on god. þæt he wile foresceawian his lifes neode.
ðy læs þe he sylf ymbe þa hwilwendlican ðing hogie. and
hwónlice ða ecan oþrum mannum foresceawie; Hwæt mænð
se pusa butan woruldlice byrðene? Hwæt mænað þa gescý.
butan deadra manna gebysnunga; Se lareow ðe bodunge under- 75

46 seo] se   52 ‘ðu’   59 seal   unscæþþi`g´nysse   63–4 hwæl-
hreawnysse   68 b⟨i⟩`y´snian   74 se] se se

49–50 sealmsceop] Xᵃ sealm   51 D iustias   reliqua] C cetera   CD syn-
fullan   52 CDPXᵃ rihtwisnysse   C min gecyndnysse   P mine cyðnysse
53 ðeawfæstnysse] CD þa eawfæstnysse   (D þa < þe)   54 C þa lareow
55 C swigunge   symle] C æfre   57 CD eow sende   Xᵃ asende eow
60 Xᵃ reðum   63 na] C naht   65 wordum] C worde   D his wor-
dum   66 C gerihtlæcð   67 C manne   70 C scos   71 CDPXᵃ
gode   wile] CDPXᵃ wile him   74 C seo   woruldlice] C wurdlice
D wur⟨ð⟩`ld´lice   C scos

fehþ. ne sceal he hine sylfne mid woruldþingum bysgian. and
godes teolunge to gymeleaste dón; Him gedafenaþ þæt he
hogie hu manegra manna saula he mage gode gestrynan ðurh þa
godspellican lare. na hu micel he mage mid his ricetere him to
80 geteon; Ne sceal he yfele bysne niman æt forþfarenum
mannum. ne his agene weorc mid deadum fellum ymbtrymman;
Sume menn willað heora agene ðwyrnysse bewerian ðurh oþra
manna yfelnysse and wenaþ þæt hi magon butan pleo þa
unalyfedan dæda gefrem/man. for ðan þe hi gesawon heora   Th. 534
85 foregengan swa dón; Hwæt doð þas buton swilce hi heora fet
mid deadra nytena fellum beteon?

He cwæð. ne gecyrre ge nænne mann be wege; Mid þisum
wordum is geswutelod hu geornful se lareow beon sceal ymbe
þa ecan teolunge. þonne he ne mot for nanre gretinge intingan
90 of his wege gecyrran; On swa hwilcum huse swa ge in cumað.
cweðað ærest. wunie sib on ðisum huse. and gif ðær bið sybbe
bearn. eower sib wunað ofer ðam huse; / Gif on ðam húse ne   MS. 242ʳ
bið sibbe bearn. eower sibb gewent eft to eow; Seo sibb þe se
godes bydel bodað. wunað on ðam huse. gif ðær bið sibbe
95 bearn. gif ðær nán ne bið. seo sib gecyrð eft to ðam bydele;
Oððe þær bið sum man on ðam huse þe bið forestiht to ðam
ecan life. and þæt heofenlice word hylt ðe hé gehyrð. oþþe gif
ðær nan man ne bið þe ðære heofenlican bodunge hédan wille.
ne ætberst swa ðeah þam bydele his geswinces edlean æt gode;
100 Wuniað on ðam huse ðe ge to cumað. etende and drincende.
þæt þæt hi habbað eow to syllenne; Efne we gehyrað. þæt se
drihten ðe forbead þam bydelum to berenne pusan. oððe codd.
þæt he forgeaf him bigleofan of heora bodunge. and cwæð;
Soðlice se wyrhta is wurðe. his mede; Gif ðæs lareowes bodung
105 bið underfangen. þonne bið gedafenlic þæt hé on ðam huse
wunige. and ða eorðlican bigleofan æt ðam mannum underfó.
þe hé ða heofenlican myrhðe bodað; Be ðan cwæð paulus se

76 bysgian] bysnian   84 unalyfeda'n'   92 Gif – end] in main hand
104 wyrhta ⟨h⟩is

76 CDPXᵃ [sylfne]   C wur'l'ðþinge   bysgian] C bisigan ungemætelice
D bysgian 'ungemetlice'   Xᵃ gebysgian   C [and]   79 na] C naht
81 CD getrymman   83 butan] C wiðuten   85 D 'hi'   86 CD
beteoð   87 He cwæð] C Hwæt cweð   CD nanes mannes   87–8 þi-
sum – geswutelod] C þise worde he gesutelode   88 P [beon]   89 Xᵃ
[gretinge]   91–2 CD [ðær – Gif]   95 C [nan]   98 C nan man
þær   99 Xᵃ lean   100–1 C [etende – habbað]   103 C [him]
D 'heom'   105 Xᵃ [bið¹]   106 ða] CDPXᵃ þone   C eoðlice

apostol; Gif we eow þa gastlican sǽd sawaðˇ. hwónlic biðˇ þæt
we eowere flǽsclican ðˇing ripon; Twyfealde mede sylðˇ god his
bydelum. ane be wege. oðˇre on eðˇele; Ane ðˇe strangaðˇ þa   110
bydelas to ðˇære bodunge. oðˇre ðˇe hí gewelgaðˇ æfter ðˇam
gemænelicum æriste; Ne sceal se góda bydel for ðˇi bodian
þæt hé hér hwilwendlice mede underfó. ac for ðˇi bigleofan of
ðˇære bodunge niman. þæt hé æt ðˇære bodunge ne ateorige;
Soðˇlice swa hwá swa bodaðˇ for ðˇi þæt he her oðˇðˇe mede. oðˇðˇe   115
herunge underfó. buton twyn he bescyraðˇ hine sylfne fram
Th. 536   ðˇære ecan mede; Se ðˇe bodaðˇ for ðˇam intingan / þæt he his
drihtnes hæse and willan gefremme. and for his neode bigleofan
of ðˇære bodunge nimðˇ. ne deraðˇ him nan ðˇing on ðˇam ecan
eðˇele. þæt he on wege þyses lifes. andlyfene underfeng; Ac   120
ðˇam lareowum þæt is biscopum. and mæssepreostum. and
gehwilcum godes ðˇeowum is micclum to warnigenne. þæt him
ne belimpe se egeslica cwyde. þe se wítega Osee. be sumum
cwæðˇ; Peccata populi mei comedunt. þæt is. hí etaðˇ mines folces
synna; Godes ðˇeowas lybbaðˇ be ðˇam lácum ðˇe geleaffulle men   125
gode offriaðˇ for heora synnum. and gif hí etaðˇ ðˇa offrunga. and
forsuwiaðˇ þa gastlican lare. and ðˇa ðˇingrædene for ðˇam folce.
untwylice hí etaðˇ heora synna; Gehadode menn sind godes
bydelas. and hwá sceal bodian þone déman toweardne. gif se
bydel suwaðˇ?   130
MS. 242ᵛ   Drihten cwæðˇ to his leorningcnihtum. / and ðˇurh hí to
eallum lareowum; Uos estis sál terre; þæt is ge sind þære eorðˇan
sealt; Lareowum gedafenaðˇ þæt hí mid wisdomes sealte
geleaffulra manna mod sylton. þæt swa hwá swa him genealæhðˇ
beo geondstred. mid swæcce þæs ecan lifes; Swa swa sealt   135
hylt ælcne mete wiðˇ forrotodnysse. swa sceal ðˇæs wisdomes
bodung healdan manna heortan. wiðˇ brosnunge fulra leahtra;
þes traht is langsum eow to gehyrenne. ac we willaðˇ nu ure

---

124 cōmedunt (D co⟨m⟩medunt)   129 Gif

---

110 CDXᵃ gestrangaðˇ   111 oðˇre] CDPXᵃ and oðˇre   Xᵃ welegaðˇ
112 CD godes (D gode's' ?)   113 her] C þær   113–15 P 'bigleofan –
for ðˇi'   114 DPXᵃ geniman   C [niman – bodunge]   115 P Soðˇ   P
[swa²]   117 ðˇam] C þære   CDPXᵃ [his]   123 þe] Xᵃ þæt   124 C
'mei'   125 C lace   126 C synna   127 Xᵃ [for ðˇam]   127–8 CDXᵃ
folce? Untwylice   131 C leorningcnihtas   134 Xᵃ [him]   Xᵃ
nealæcðˇ   135 C gestred   C spæce   136 hylt – forrotodnysse] C
ælcne mete wiðˇ forroteðˇnesse gescilt

spræce her geendian; Se mildheorta drihten ðe þisne mid-
140 daneard alysde. and his apostolas. and leorningcnihtas ús to
lareowum gesette. gelǽde ús to ðam ecan life. ðider ðe hé us
gelaðode þurh hí. and ðurh heora æftergengan; Sy him á
wuldor and lof ealra his weldæda; amen:—

141 Gelæde   142 him .a

139 her] C he   P endian   142–3 a wuldor and lof] C selfe lof and
wuldor   D symle lof and wuldor   143 P 'wel'dæda

XXXVII

IN NATALE SANCTORUM MARTIRUM

Cum audieritis prǫlia et seditiones. nolite terreri. Et reliqua;

Se hælend foresæde his leorningcnihtum þises middaneardes

Th. 538 / frecednyssa. and ðæra martira gewinn. þus cweðende; Ðonne
ge gehyrað on middanearde gefeoht. and sace. ne beo ge
afyrhte; þas ðing sceolon ærest cuman. ac ne bið swa ðeah 5
þærrihte seo geendung; He cwæð eft; Ðeod aríst ongean ðeode.
and rice winð ongean rice. and micele eorðstyrunga beoð
geond stowa; Coðu and hungor beoð. and ógan of heofenum.
and micele tácna; Swa ðeah ær ðan þe ðas ðing gelimpað. man
éht eower. belæwende on gesomnungum. and teonde to cyne- 10
gum. and to ealdormannum. and to cwearternum. for minum
naman; þis eow gelimpð soðlice. on gewitnysse; Settað eornost-
lice on eowerum heortum. þæt ge ne ðurfon asmeagan hu ge
andwyrdan sceolon; Ic soðlice sylle eow muð and wisdom.
þam ne magon wiðstandan ne wiðcweðan. ealle eower wiðer- 15
winnan; Ge beoð belæwede fram fæderum. and gebroðrum.
and fram magum. and hí eow to deaðe gewæcað; Ge beoð
andsæte eallum mannum for minum naman. and swa ðeah ne
losað an hær of eowerum heafde; On eowerum geðylde. ge
geagniað eow eowere sawla; 20

We nimað to ðissere rædinge þæs halgan papan Gregories
trahtnunge; Ure drihten foresæde þa toweardan frecednyssa.
ðises losigendlican middaneardes. þæt hí ðy læs manna mód
gedrefon. gif hí beoð cuðe on ǽr; Eaðelicor we forberað þa
frecednyssa ðe we witon on ǽr. þonne ða ðe ús færlice becumað; 25

Manuscripts: B, C, D, E, K, P, V.

Title IN – MARTIRUM] B Plurimorum martyrum   C De martyribus
P NATALE SANCTORUM MARTIRUM   V IN NATALE PLURI-
MORUM SANCTORUM MARTYRUM

2 C leorningcnihtes   6 C [seo]   8 heofenum] B heofenum asende
9 B gelimpon   10 eht] C æt   B gesomnunge   10–11 B kinge
15 þam] C þe   19 eowerum[1]] C eower   20 geagniað eow] B geearniæð
eowere] C eower   21 BP gregorius   25 becumað] B on becumæð

/ Gif ðe man scotað to. þu gescyltst ðe gif ðu hit gesihst. gif
ðu únwær bist. þu bist ðe swiðor geswenct; Drihten us gehyrte
mid þam ðe he cwæð. þonne ge gehyrað on middanearde
gefeoht. and sace. ne beo ge afyrhte; Gefeoht belimpð to
30 feondum. and sacu to ceastergewarum; Mid ðam wordum he
gebicnode þæt we sceolon ðolian wiðutan gewinn fram urum
feondum. and eac wiðinnan fram urum nehgeburum. laðlice
ungeðwærnyssa; Nis na to understandenne. swilce ure drihten
þas frecednyssa ðurh hine sylfne gefremme. ac hé sæde hí
35 towearde. for ðan ðe he wát ealle ðing. ær ðan ðe hí gewurðon;
þas frecednyssa sceolon ærest cuman. ac ne bið swa ðeah
þærrihte seo geendung; Fela yfelu sceolon foreyrnan ær seo
geendung ðissere worulde cume. and hí sind ða bydelas þæs
ecan yfeles. þe yfelum mannum becymð for heora anwillan
40 yfelnysse;
    þeod arist ongean þeode. and rice winð ongean rice; Mid
ðisum wordum he foresæde manna ungeðwærnyssa. and
gedrefednyssa; Micele eorðstyrunga beoð. geond stowa; Efne
her is foresæd se upplica grama. þe ofer mannum becymð. to
45 wrace heora mándædum; Coða becumað; Efne her is manna
lichamana ungemetegung. and geswencednys; Hunger bið;
On hungre is geswutelod ðære eorðan unwæstmbærnys; Ogan
of heofenum. and micele tacna; Hér is þære lyfte fagetung.
ðurh mislice stormas þe ungelimplice becumað. betwux ðam
50 oðrum heofenlicum tacnum; Witodlice ealle middaneardlice
ðing beoð geendode. and ær / ðære geendunge hí beoð calle
gedrefede. and astyrede; And we mennisce men þe on eallum
woruldðingum syngiað. on eallum ðingum we beoð eft gewít-
node. swa swa hit awriten is; Pugnabit pro eo orbis terrarum.
55 contra insensatos; Eorðan ymbhwyrft fiht for gode. ongean ða

26 scotað to] B sceoc   PV sceotað   P ðe gescyltst   hit gesihst] B miht
27 bist¹] B bist:ʲ þu hit ne sihst and   C [þu bist]   29 C sace ⟨to⟩
P [ge]   30 BC ceasterwarum   B worde   31 C gewinnum
31-2 fram urum feondum] C of ure freondum   33 na to] C nan
34 þas] EP ða   C gefremode   D gefrem⟨m⟩'ed'e   CD sæ⟨n⟩de
36 þas] BCD þa   37 BE endung   CDP yfela   B yfelæ   foreyrnan]
B ofereornan þesne middaneard   P foreyrnan < forecyrran   38 BE
endung   39 C [anwillan]   D ⟨anwillan⟩   41 C [and]   42 ðisum]
B soðum   43 B Micel eorðsturung   44 C seo   V 'be'cymð   D 'to'
45 E mandæda   her] B he   45-6 C [Efne – lichamana]   48 C
fategung   49 CDE mistlicum stormum   50 B heafodlice   51 beoð¹]
C beoð ealle   BE endunge   52 B todræfede   54 E Pugna bið
55 contra insensatos] C et cetera   ymbhwyrft] C alabuten

andgitleasan; Ealle ða ðing þe se ælmihtiga us forgeaf to lifes
bricum. ealle we awendað to únalyfedlicum lustum; Ða stylnysse
middaneardlicere sibbe. we awendað to ydelre orsorhnysse;
Ure lichamana hælðe. we awendað to leahtrum; þære eorðan
wæstmbærnysse. and genihtsumnysse. we nellað habban ús to 60
lífes bricum. ac to oferflowednyssum; þære lyfte smyltnysse.
MS. 243^v we awendað to eorðlicere / lustfullunge; þis wræcfulle lif þe
we on sind. we lufiað for ðam heofenlican eðele; Rihtlice we
beoð for ði on eallum ðisum ðingum gewitnode. for ðan ðe we
nu hí ealle awendað ús to leahtrum;   65
   Swa ðeah ær ðan þe ðas ðing gelimpað. man eht eower.
belæwende on gesamnungum. and teonde to cynegum. and to
ealdormannum. and to cwearternum. for minum naman; þis
gelamp æfter cristes æriste. and upstige to heofenum. þa ða man
ða halgan martiras acwealde. mid mislicum tintregum. and hí 70
wæron swa anræde on cristes geleafan. þæt nanes cynnes tin-
trega hí ne mihte fram gode gebigan. ac sealdon heora agen lif
for criste. swa swa crist dyde for hí; Ærest ðrowodon þa
apostolas. and siððan fela þusend martira. and man towearp
godes cyrcan. and ælcne þæra acwealde. þe cwæð þæt he cristen 75
wære. and æfre swa man hí swiðor hynde. swa þær ma beah to
ðam soðan geleafan. þurh ðam tacnum and wundrum. þe ða
martiras worhton. swa þæt foroft ða reðan cwelleras wurdon
geleaffulle. and for drihtnes naman gemartirode; Ðeos ehtnys
wæs swiðe langsum on eallum leodum. and swa ðeah gýt bið 80
mare ehtnys. and earfoðre ðrowung on þæs arleasan Antecristes

56 B geaf   57 C bruce   57–8 P 'to unalyfedum lustum – awendað'
57 Ða stylnysse] B þas ymbhydignesse   C þa stilnesse þises   58 CD mid-
daneardlice   58–9 B [ydelre – to]   59 PV hæle   61 ac] B and 'ac'
B oferflowednysse   P oferflowednyssum; ⟨Ðære eorðan – oferflowednyssum⟩
(*lines 59–61 repeated*)   lyfte] C litle   62 lustfullunge] B lustfulnesse
teolunge   C gelustfullunge   D 'ge'lustfullunge   63 for] C 'to'for'e'
DPV heofonlicum   E -can < -cum   (BC -ce)   64 C [for ði]   D 'for ði'
(*possibly not main hand*)   B [on]   P [ðingum]   65 hi ealle] B alle
heom   B 'us'   66 B gelimpon   70 B acwalden   tintregum] B
pinungum   71 anræde] C anedde   71–2 cynnes tintrega] B cynnes
pinunga   C cinges tintregum   72 C ne mihte fram gode gebegan hi
sealdon] C gæfen   73 hi] P ði   74 B þusendæ martyras   75 E
ælc   þæra] B þær   cwæð] B sæde   76 P hi man   C [hi – ma]
B [þær]   B bugon   77 D soð⟨um⟩'an'   PV soðum   (B soðe)   ðam
tacnum and wundrum] B þam tacnu and wundrum   C þan tacnungum
and þurh þa wundrum   E ða tacna and wundrum   P þa tacna and wundra
V tacna and wundra   78 foroft] B ful ofte   80 leodum] B þeodum
81 B [arleasan]

tocyme. þonne hé and his folgeras mid deofles cræfte mancyn
dreccað;

   Drihten cwæð; þis eow gelimpð soðlice on gewitnysse;
85 Ðæra martira deað wæs / godes gecorenun bysn to ecere   Th. 542
hælðe. and ðam ðwyrum gewitnys. to ecum forwyrde. þæt hí
nane beladunge nabbað. for ðan ðe hí noldon ðurh heora
wundra gelyfan; Settað eornostlice on eowerum heortum. þæt
ge ne ðurfon asmeagan hu ge andwyrdan sceolon; Ic soðlice
90 sylle eow. muð and wisdom. þam ne magon wiðstandan ne
wiðcweðan. ealle eower wiðerwinnan; Swilce hé openlice
cwæde. Ne beo ge afyrhte. Ge genealæcað to ðam gewinne. ac
ic feohte for eow; þa word gað of eowerum muðe. ac ic eom se
ðe þær sprecð; Eft hé cwæð on oðre stowe; Ic secge eow minum
95 freondum. ne beo ge afærede for ðam ehterum ðe ðone licha-
man ofsleað. and siððan nabbað hwæt hí mare doð; Ic æteowige
eow hwæne ge sceolon eow adrædan; Ondrædað eow þone ðe
mæg þone lichaman ofslean. and siððan ða sawle on helle
susle asendan; He cwæð; Ge beoð belæwede fram fæderum.
100 and gebroðrum. and fram magum. and hí eow to deaðe gewæ-
cað; / We rædað gehwær on martira ðrowungum. þæt fæderas.   MS. 244ʳ
and gebroðru. and magas woldon geweman heora cristenan
frynd fram godes geleafan to heora gedwyldum for ðære ormæ-
tan ehtnysse þæra arleasra cwellera. sume eac burgon heora
105 feore. and ameldodon heora cristenan magas. and scufon hí
forð to heofenan rice. and ferdon him sylfe to helle wite;
þeos yfelnys bið eac on antecristes tocyme. and ðonne geniht-
sumað seo unrihtwisnys. and bið for ði manegra manna lufu
acolod. ac se ðe þurhwunað oð ende on geleafan. se bið geheal-
110 den; Ælc ehtnys bið earfoðe to þolienne. ac swa ðeah seo bið
ealra biterost þe bið fram siblingum oððe fram ðam þe getreowe
beon sceoldon;

   Drihten cwæð; Ge beoð andsæte eallum mannum for minum

84 B belimpð   85 wæs] C þæs   bysn] CD Hi synd   86 þæt] B swa
þæt   87 PV nabbon   88 wundra] C wuldra D wuldrum   C eower
heortan   91 B eowre   92 gewinne] B swince. ⟨and⟩   93 C
eower   95 E feondum   ðam] C þan þe D ða   96 B [mare]
EP don   æteowige] B sceawige   97 adrædan] BCDP ondrædan
99 susle] B pine   100 and¹] B and fram   100–1 B awæceð   102 BC
broðru   geweman] B ibegan   103 frynd] C weorc   104 B arleasan
cwælleræs   105 C meldedon   106 heofenan rice] B heofenum
C selfum   109 B acolad. ⟨and⟩   110 P þoliende   111 B
siblicum   V 'þam'

naman. and swa ðeah ne losað an hǽr of eowerum heafde;
Crist foresæde ða earfoðnyssa his halgena ðrowunge. and eac hí 115
gefrefrode mid hihte þæs toweardan æristes. ðus cweðende;
Swa ðeah ne losað an hǽr of eowerum heafde; Witodlice ne
losað þæt heafod. þonne ða hǽr beoð ealle geedstaðelode; Ne
Th. 544 bið þæs mannes / lichama næfre swa swiðe fornumen. on fyre.
oððe on sǽ. oððe þurh deora geslit. þæt he ne sceole eft arisan 120
ansund þurh ðæs scyppendes mihte ðe ealle ðing of nahte
gesceop; He cwæð; On eowerum geðylde. ge geahniað eow
eowere sawla; Soðlice geðyld is wyrtruma and hyrdræden.
ealra haligra mægna. and ungeþyld is ealra mægna tostencednys;
Hit is awriten. þæs mannes wisdom bið oncnawen þurh geðyld; 125
Eft cwæð Salomon; Selre is se geðyldiga wer þonne se stranga.
and se ðe his mód gewylt is betera. ðonne se ðe burh oferwinð;
Mare sige bið þæt se man hine sylfne ðurh geðyld gewylde.
ðonne hé wiðutan him burga oferfeohte; Witodlice ðurh
geðyld we magon beon martiras. þeah ðe we on sibbe godes 130
gelaðunge ure lif geendion;
   Twa cynn sind martirdomes. Án dearnunge. oðer eawunge;
Se ðe on ehtnysse for cristes geleafan his líf alǽt. se bið openlice
martir; Eft se ðe forberð ðurh geðyld hosp. and teonan. and
ðone lufað þe hine hatað. and his agene unlustas. and þæs 135
ungesewenlican deofles tihtinge forsihð. se bið untwylice
martyr on digelre dæde; þissere segene we nimað ús crist to
gewitnysse. se ðe cwæð to his twám apostolum. Iacobum. and
Iohannem; Mage ge drincan þone calic þe ic drincan sceall;
MS. 244ᵛ / Hí sædon þæt hí mihton; Drihten sæde. Witodlice ge drincað 140
minne calic; Hwæt is se calic þe crist dranc buton seo ðrowung
ðe he for mancynne ðrowade? Be ðære he cwæð to his heofen-
lican fæder; Fæder min gif hit gewurðan mæg afyrsa þisne calic
fram me; þas twegen apostolas Iacobus. and Iohannes. gehyr-
don æt cristes muðe þæt hí sceoldon his calic drincan. ac swa 145

141 dranc? Buton (so CDP; EV dranc? buton)

114 C eower   B hæfdum   116 C forweardan   117 C eower
118 B istaðolode   119 B [swa swiðe]   120 oððeʰ] B ne   B sceal V
sceolde   eft] C of   121–2 C gesceop of nahte   122 C eower geþyde
122–3 eow eowere] B eowræ agene   125 þæs] CD þæt   B geðylde
127 B awyld   burh] BCD þa burh   E burhga   B gewinð   128 B
awealde   129 burga oferfeohte] CD oferfeohte þa burga   EPV oferfeohte
burga   130 C [ðe]   131 geendion] B ne endian   136 deofles] B
feondes   137–9 crist – Iohannem] B iacobum and iohannem to witnesse.
Drihten cwæð heom to   141 seo] C se   142 ðære] V þam

ðeah hí begen næron geendode ðurh openne martirdom; We
witon þæt iacobus wæs beheafdod for þæs hælendes geleafan.
and Iohannes his broðor geendode his líf on sibbe unofslegen.
ac hé wæs ðeah martir. for ðan ðe hé heold ða digelan ðrowunge
150 on his mode. þeah ðe hé on lichaman gemartirod nære; And
we magon beon martiras ðeah ðe wé mid ísene acwealde ne /   Th. 546
beon. gif we þæt geðyld on urum mode unleaslice healdað;
Godes gelaðung hæfð on sibbe lilian. þæt is clæne drohtnung.
on ðam gewinne rosan. þæt is martyrdom;
155   Us is to witenne þæt on ðreo wisan bið geðyld æteowod. oðre
ðing sind þe we fram gode ðoliað. oþre fram ðam ealdan wiðer-
winnan. oðre fram urum nextum; Fram gode we þoliað
swingla. fram ðam deofle costnunga. fram urum nextum
ehtnyssa and teonan; Ac ús gedafenað þæt we mid wacelum
160 eagum. þas ðreo gemetu behealdan. swa þæt we nateshwon ne
ceorion. ongean godes swinglum. ne we eac ne geðafion ðæs
deofles tihtinga to urum forwyrde. ne we ures nextan yfel. mid
yfele forgyldon. þes is se digela martirdom. healde se ðe wille;
Gregorius awrat be sumum geðyldigan were Stephanus geháten.
165 se forlét ealle woruldðing. and forfleah manna gehlýd. beeode his
gebedu on sumum mynstre drohtniende; He hæfde swa micel
geðyld þæt hé ðancian wolde þam ðe him teonan dyde. and
þone hé tealde him to frynd þe him sume hefigtymnysse on
belædde. and ælc ungelimp he tealde him to gestreone. and
170 ealle his wiðerwinnan swa swa his gefylstan hæfde; Eft on
fyrste þa ða him forðsið getimode. þa comon ðær fela manna
for his mæran drohtnunge. and hí sume gesawon englas instæp-
pende. and wurdon swa ealle afyrhte. ge ða þe ða englas gesawon.

154 On   162 tihting⟨e⟩'a'   168 hefi'g'tymnysse

146 BC opene martyrdome   D open'n'e martyrdom⟨e⟩   E opene martyrdom
V openne martyrdome   147 E iabus   148 C [his líf]   149 ðeah] B
swa þeah   150 on²] V on his   152 P ⟨un⟩leaslice   153 E ðorhtnung
154 on] BCDPV and on   155 æteowod] B isceawod   158 ðam deofle]
B deoflu   159 Ac] B A   gedafenað] C bihofað   C waclice   D
wac'e'licum   160 we] P ge   161 C carian   B teorian   EPV
swingla   CD geþafiað   ðæs] V þæt   163 yfele] B yfelum   P yfele
ne   þes] B Ðis ðis   CDE þis   digela] B ædigæ   164 B ðyldigum
CDEPV geðyldigum   165 B fleah   gehlyd] P geðyld   V gehlyd. and
166 B bedum   C drohtnunge   E dohtniende   167 D þam 'þe'   teo-
nan dyde] C teonian wolde oððe teon⟨i⟩an   167–8 C [and – sume]
169 B belæwede   C beleigde   D belede   D un⟨be⟩'ge'limp   V 'ge'streone
170 B [hæfde]   171 þa ða] B þa   173 B [ge]

ge ða þe náne ne gesawon. þæt ðær nán æt his forðsiðe standan
ne mihte; 175
   Eft rehte Gregorius oðre bysne be sumere mynecyne.
Romula gehaten. seo wæs swiðe geðyldig. and þearle gehyrsum.
MS. 245ʳ / singal on gebedum. and swigan lufode; Hire becom æt nextan
seo coðu þe læcas hatað paralisin. and heo læg manega gear
alefed on micclum geðylde; Witodlice hire lima lyre hire 180
becom to eacnunge haligra mægna. for ðan ðe heo hí gebysgode
mid gebedum þæs ðe swiðor þe heo nán ðing elles dón ne
mihte; Ða on sumere nihte com færlice micel leoht of heofenum.
and gefylde ða cytan ealle ðe heo on læg; Hire gastlice modor
Th. 548 Redempta gehaten mid anre sweoster / stód hire ofer. micclum 185
afyrht. for ðam heofenlican leohte. and hí gehyrdon sweg
cnucigende þa duru swilce ðær micel menigu inn eode. and
wynsum bræð hí ealle gefylde. mid micelre swetnysse; þa cwæð
seo romula to hire gastlican meder. þe ðær afyrht stod; Min
modor ne ondræd þu ðe ne swelte ic gýt; Æfter ðisum gewát þæt 190
leoht aweg. ac se wynsuma bræð þær beláf; Eft siððan on ðære
feorðan nihte clypede heo hire to þa ylcan lærestran Redempta.
and bæd husles; Efne ða æfter þære huslunge stodon twá
heofenlice werod ætforan ðære cytan dura. singende heofenlicne
sang. and hí tocneowon þæt werhádes men ongunnon symle 195
þone dream. and wifhades men him sungon ongean and-
swariende. and seo geðyldige romula ageaf hire gast mid þam
heofenlicum sange; Ða gewende eal se sang upweard to heo-
fenum mid þære sawle. and swa hí ufor ferdon swa mihton ða
lícmen læs þæs sanges gehyran. oð þæt hé mid ealle heora 200
earum ætbroden wearð;
   Se ælmihtiga god beswingð and ðreað þa ðe he lufað. þæt

185 of⟨o⟩'e'r

---

174 nane ne] CD hi na ne P na ne   177 þearle] C swiðe   178 C
singale   swigan] C swingan hi D swigan 'heo'   180 hire lima
lyre] B on hire lim⟨a⟩en   181 C com   mægna] C manega ængles
C abisogode (B bisgode)   183 C heofone   184 B afylde   B [heo]
185 C reðeta   C stodon   D stoð < ston   C ofer hire   186 for – leohte]
CDPV þurh þæt heofonlice leoht   E heofonlicum   187 menigu]
C mænisc   192 B to hire   B redemptā   C reðentan   D redemtā <
-ta   193 B [ða]   195 P sant   B cneowæn   werhades] B ðer hades
196 B hine   198 DP heofonlican (BC -ce)   B sangum   se] B
þæt   199 swa¹] E sa   ferdon] B wæron   200 he] B heo   ealle] BC
ealle of D ealle 'of' V eallum   202 beswingð] B he swingæð   V
þreað þa⟨m⟩   ðe] C þa

hí ðurh ða hwilwendlican geswencednysse wuldorfulle becumon
to ðam ecan life. þe hé ǽr middaneardes frymðe his geleaffullum
205 gearcode. Sy him wuldor and wurðmynt on ealra worulda
woruld. Amen:—

203 hi] C he   C geswǽncennesse   D bec⟨o⟩‛u'mon   205 C gegear-
code   D ge‛ge'arcode   205–6 C wurolda worulda   P woruld woruld

XXXVIII

IN NATALE UNIUS CONFESSORIS

Homo quidam peregre proficiscens. Et reliqua;
  Ure drihten sæde þis bigspel his leorningcnihtum; He cwæð
þæt sum rice man wolde faran on ælðeodigne eard. þa clypode
he his ðeowan him to. and betæhte him his gód; Sumon he
betæhte fif pund. sumum twá pund. sumum án. ælcum be his   5
agenre mihte. and het hí mid þam feo him mare gestrynan. and
ferde siððan on ælðeodignysse swa swa he gemynt hæfde; Hi

MS. 245ᵛ   ða teolodon mid þam feo; / And se ðe fif pund underfeng
gestrynde þærto oðre fif pund. and se ðe twá pund underfeng.
gestrynde eac oðre twá; Ða ferde se ðridda se ðe þæt án pund   10
underfeng. and bedealf hit on eorðan. and swa his hlafordes
feoh bediglode; Eft ða æfter langsumum fyrste com heora
hlaford. and het him gelangian to þa ðeowan þe hé þæt feoh
áer befæste; þa genealæhte se ðe áer fif pund underfeng. and
cwæð; Hlaford. þu befæstest me fif pund. efne nu ic hæbbe þe   15
gestryned þærtoeacan oðre fif pund; Ða cwæð se hlaford him
to; Eala ðu góda ðeowa. and getrywe. þu wære getrywe on
lytlum ðingum. ic wille ðe settan ofer maran. far nu into ðines
hlafordes gefean; Ða com se oðer ðeowa se ðe twa pund under-
feng and cwæð; Hlaford. þu betæhtest me twa pund þines feos.   20

Manuscripts: B, C, D, E, K, P (lines 218–end lost), V, fᵏ (fragment; lines
83–end mainly preserved, but parts are illegible or lost).

Title IN – CONFESSORIS] B Unius confessoris   C Ewangelium de
confessoribus
  1 proficiscens] BCDEPV proficiscens. uocauit seruos suos et tradidit illis
bona sua (*part at least in fᵏ too originally, according to Wanley*)   V [Et
reliqua]   4 V [heʳ]   C [himʳ]   B Sum mon   5 B Sum
mon (*twice*)   P [pund²]   an] C an pund   6 E ⟨neode⟩'mihte'   7 he]
C we ær   D he `ær'   9 gestrynde] CDPV se gestreonde   E se 'ge'-
strynde   B [þærto]   E ⟨eac⟩ 'ðærto'   10 gestrynde] D se gestrynde
E he strynde   PV he gestrynde   twa] CD twa pund   B [se²]   11 on]
B under   12 C bedilogede   13 B langiæn him to   14 befæste] B
betæhte   B [ær]   fif] BCD þa fif   15 B [þe]   17 B [and
getrywe]   19 twa pund] CDPV þa twa pund   E 'twa pund'   20 be-
tæhtest] B befæstest

and efne nu ic hæbbe þe gestryned oðre twa þærto; Ða cwæð
se hlaford; Eala ðu goda ðeowa and getrywe. ðu wære getrywe
on lytlum ðingum. ic wille ðe settan ofer maran. far nu into
ðines hlafordes gefean; þa com se ðridda and cwæð; Hlaford.
25 efne her is ðin pund. þe ic hæfde behyd on minum swatclaðe. Ic
ondréd me for ðan þe ðu eart swiðe styrne. and wylt niman þæt
þe ðu ǽr ne sealdest. and wylt ripan þæt þæt ðu ær ne seowe;
Ða cwæð se hlaford. Eala ðu lyðra þeowa. Nu ic þe déme
æfter ðinre agenre tungan. wystest ðu þæt ic wæs styrne man.
30 nimende þæt ic ær ne sealde. and ripende þæt þæt ic ær ne
seow. hwí noldest ðu syllan min feoh myneterum to sleanne.
and ic wolde mid gafole hit ofgán æt him? He cwæð þa to ðam
ymstándendum. Nimað þæt pund him æt. and syllað þam þe
me brohte tyn pund; Hí cwædon la leof he hæfð tyn pund; Se
35 hlaford cwæð. Ic secge eow to soðan ælc ðæra ðe hæfð him bið
mare geseald and hé genihtsumað. se ðe næfð. him bið ætbroden
þæt þæt he hæfð;

/ Se eadiga Gregorius papa trahtnode þis godspel and cwæð;   Th. 550
Hwæt is se man ðe ferde on ælðeodignysse buton ure drihten
40 se ðe mid þam lichaman ðe hé on eorðan underfeng ferde to
heofenum? Witodlice flæsces wunung is eorðe. and cristes
lichama wæs gelæd swilce to ælðeodignysse ða ða hé wæs
ahafen to ðære heofenlican wununge. þær ðær næfre ær nan
lichama ne becom; Se mennisca crist dælde his gód his ðeowum.
45 for ðan ðe hé forgeaf his geleaffullum þa gastlican gife; Sumon
he betæhte fíf pund. sumon twa pund. / sumon án; þa fíf pund   MS. 246ʳ
getacniað þa fíf andgitu ures lichaman. þæt is Gesihð. and hlyst.
Swæcc. and Stenc. and hrepung; Ðas fíf pund underfehð ælc
þæra þe ða fíf lichamlican andgitu ansunde hæfð; On ðam
50 twam pundum is mare getacnung. þonne on ðam fíf pundum
sy; Witodlice on þam twam pundum is getacnod ægðer ge

---

21 B [and]   B [þe]   24 B gefean: blisse   25 B [efne]   26 C
ondræde   me] B þe   P 'ðan'   C [swiðe]   26–7 þæt þe]   B þæt
CDPV þæt þæt   27 þæt þæt] B þæt   30 þæt¹] P þæt þæt   þæt þæt]
BC þæt E þæt 'þæt'   E 'ær'   32 gafole] CDEPV þam gafole
æt] C ⟨of⟩ 'æt'   B [cwæð þa]   33 B þone pund æt him   34 C [Hi –
pund]   35 B to soðan eow   38 CD [papa]   41 CD gewunu
42 swilce to] P swylce ⟨swylce⟩ on   43 ahafen] B ilæd   43–4 B
nefre nan lichame ne becom ær   45 B geaf   B Sum mon
46 B Sum mon (twice)   an] BC an pund   47 B betacnæð
C betacniað   48 Swæcc] BC spæce   Ðas] B þa   49 B [ða]
51 C [sy]

þæt yttre andgit. ge þæt inre; On ðam anum punde is án
andgit getacnod;
   Se góda ðeowa þe ða fif pund underfeng. gestrynde his
hlaforde þærto oðre fif. for ðan þe sume læwede men sind swa 55
geworhte. þæt hí mid onbryrdnysse þæs upplican eðles syllað
gode bysne oðrum geleaffullum. and symle tæcað riht þæs ðe
hi magon tocnawan be ðam yttrum andgitum. þeah ðe hí ne
cunnon ða incundan deopnysse godes lare asmeagan; And
ðonne hí on heora flæsclicum lustum gemetegode beoð. and 60
on woruldlicum gewilnungum ne beoð to grædige. and eac
wið oðrum unðeawum þurh godes ege hí sylfe healdað. þonne
styrað hí eac oðrum mannum ðurh heora lifes rihtwisnysse. and
gestrynað gode sumne oðerne mannan oððe má. se ðe swa deð.
se gebrincð gode tyn pund. of ðam fif yttrum andgitum þe he 65
underfeng; Sume sind eac on godes gelaðunge þe sind mid
twam pundum gewelgode. þæt is þæt hí habbað þa fif yttran
andgitu. and ða incundan lare. ðurh ða hí asmeagað þone
heofenlican wisdom. and eac syllað gode bysne þurh ða yttran
andgitu. þonne hí awendað hí on godum ðeawum him sylfum 70
to ecere hælðe. and oðrum to bysne; þas ðyllice ðonne hí
Th. 552 oðrum bodiað and wel bysniað. bringað / þam heofenlican
hlaforde twyfealde gestreon. of ðære teolunge þe he him
befæste; Rihtlice is gecweden þæt heora án underfenge fif pund.
and oðer twa. for ðan ðe ða pund beoð getwyfylde. þonne hí 75
twam hadum þæt is werháde. and wifhade beoð befæste;
   Se lyðra ðeowa se ðe þæt an pund underfeng ferde and
bedealf hit on eorðan. and swa his hlafordes feoh behydde;
Se behit þæs heofonlican hlafordes feoh on eorðan. se ðe þæt
andgit þæt him god forgeaf awent eall to eorðlicum dædum. 80
and nele secan ða gastlican tylunga ne his heortan næfre
aræran of ðam eorðlicum smeagungum; Ðyllice habbað andgit.

52 B þæt yttre ge þæt inre andgit   V [an]   52–3 C [On – getacnod]
55 B [þærto]   58 B oncnawan   V andgyte (C andgetu)   59 D
gode's'   61 woruldlicum] C sorumlicum   P to grædige ne beoð
62 EP oðre unðeawas (B oðre unþeawe)   sylfe] C selfe on   CDPV
gehealdað   63 B [eac]   64 mannan] BC mon   C [ma]   65 C [fif]
68 lare] E la   69–70 CD þam yttrum andgytum   70 C þeawe
him] E hi   71 C oðre   þas] BCD þas and   73 of] CD on
74 B underfeng C underfengon   B [fif pund]   75 BC oðre   þonne
hi] C þonne hi þonne hi   76 twam] CD þam   77 B [se]   B [ferde]
78 his] CD þæs   79 behit] CD hyt   E [þæt]   80 þæt] BCDPV
þe   B geaf   awent] CDPV awænt hit   81 his] B þa

ac hi hit awendað eal to heora flæsclicum lustum; Be swilcum
cwæð se witega. Hí sind snotere þæt hí yfel wyrcon. and hí
85 soðlice ne cunnon naht / to góde gewyrcan;   MS. 246ᵛ
Witodlice se drihten ðe ða gastlican pund his ðeowum
betæhte. cymð to ðam micclum dome. and wile witan hu
gehwilc manna þa gife atuge ðe he him ǽr forgeaf. ðonne
cweð hé to ðam godum ðeowan. swa swa ðis godspell segð;
90 Eala ðu góda ðeowa and getrywe. þu wære getrywe on lytlum
ðingum. ic wylle ðe settan ofer maran. far nu into ðines
hlafordes gefean; Feawa sind ealle ðises andwerdan lifes gód.
þeah ðe hí fela geðuhte sind. ac ðonne bið se holda þeowa geset
ofer manegum gódum. þonne hé buton ælcere gewemmednysse
95 wuldrað mid gode on ðam heofenlicum setle; þonne hé bið
gelæd into his hlafordes blisse. þonne hé on ðam ecum eðele
betwux engla heapum be his edleane blissað wiðutan. swa þæt
him nan ðing wiðinnan ne eglað ænigre brosnunge oððe
gewæcednysse; Se asolcena ðeowa þe nolde tilian nan ðing
100 his hlaforde mid þam befæstum punde com him to. mid
beládunge and cwæð; La leof ic wát þæt ðu eart swiðe styrne
mann. and wilt niman þæt ðu ǽr ne sealdest. and wilt ripan
þæt ðu ær ne seowe. þa wearð ic for ði afyrht. and behydde
ðin pund on eorðan. efne ðu hæfst nu ðin agen; Forwel menige
105 sind on godes gelaðunge þe ðurh unge/cnyrdnysse þisum   Th. 554
ðeowan geefenlæcað. hi anðraciað to gefarenne lifes wegas.
and swa ðeah ne wandiað to licgenne on stuntnysse heora
asolcennysse; Hí geseoð þæt hí synfulle beoð. and þeah ne

104 hæf's't

83 B [heora]   84 witega – end] in fᵏ, but much lost or illegible   85 D
'cunnon' (fᵏ defective)   naht] CD nan þing (fᵏ defective)   BC wyrcan
(fᵏ defective)   88 gehwilc manna] BD gehwylc man   C ælc man   B
geaf (fᵏ defective)   89 C cwæð   cweð – ðeowan] B he to þam godum
þeowum spæcæð   90 þu] CD þu ðe   (fᵏ defective)   91 B [ic –
maran]   92 ealle – god] B gode on alles þises andweardes lifes   C on þises
andweardan lifes gode   94 B monige gode   B gewanednesse   95 D
heofonlican (B -cæn   C -cen)   fᵏ gesetle   B bið he (fᵏ defective)
96 ecum] B heofenlice   P ecan   98 eglað] C gegladað   99 C þe nolde
þe nolde   99–100 B [nan – hlaforde]   100 V [his hlaforde]   þam] fᵏ þæt
com] C ac com   B to him   101 V ladunge (fᵏ defective)   CD [and
cwæð]   102 þæt] CDEV þæt þæt (fᵏ defective)   102–3 C [sealdest – ne]
103 þæt] DEVfᵏ þæt þæt   þa] B and þa   B hydde   104 C [nu]
105 C [sind]   B ungecyrrednesse   106 B þeowum   geefenlæcað –
line 127 goddre] fᵏ defective except for odd words   B awraciæð   C ondraciað
E anðraciað < andredað   gefarenne] C faren on   D farenne on   (B farenne)
107 stuntnysse heora] B heora stundnesse. and   108 þeah] B naht

forhtiað to wunigenne on heora unrihtwisnyssum. swilce hí on
heora gedrefednysse nænne ræd nabbon. and sweltende him 110
lif ondrædon;
Se hlaford cwæð to ðam lyðran ðeowan; Ðu yfela ðeowa
and sleac. þe gedafenode þæt ðu befæstest min feoh myne-
terum to sleanne. and ic wolde min agen ofgán mid ðam
gafole; Se ælmihtiga god forbead þurh his witegan þæt nán 115
ðæra manna þe rihtwis beon wile. ne sceal syllan his feoh to
gafole; Ðis gafol þe we embe sprecað nis na woruldlic. ac is
gastlic. and mid gastlicum andgite to understandenne; Godes
feoh þæt is seo halige lár. bið befæst myneterum to sleanne.
þonne godes word bið ðam mannum gebodod. þe hit magon 120
mid wordum gemenigfyldan. and mid weorcum begán; Mine
gebroðra swa swa ge gehyrað ure frecednysse gif we godes
lare eow ofteoð. swa ge sceolon eac smeagan carfullice eowere
frecednyssa. for ðan þe god ofgæð his feoh æt eow mid þam
gastlicum gafole; / Ge gehyrað godes beboda æt lareowa muðum. 125
and ge agyfað hí eft gode mid ðam gafole. gif hi beoð þurh
eower gecnyrdnysse gemenigfylde. and ðurh góddre frem-
minge gode betæhte. and ge sylfe him gegað þurh gódum
geearnungum;
Se hlaford cwæð. Nimað þæt pund of ðam yfelan ðeowan. 130
and syllað þam ðe me brohte tyn pund; Hí cwædon. La leof
he hæfð tyn pund; Hit wære geðuht swiðe gedafenlic æfter
menniscum andgite. þæt þæt pund ðe wæs genumen æt ðam
yfelan ðeowan wære geseald ðam þe twa pund hæfde. swiðor
þonne þam ðe tyn pund hæfde; Ac ða twa pund hæfdon swa 135
swa we eow ær sædon maran getacnunge ðonne þa fif pund þe
he brohte his hlaforde getwyfylde; þurh ða twa pund wæs
getacnod ægðer ge þæt yttre andgit. ge þæt inre. and se ðe ða
fif pund hæfde wæs wiðutan geglenged mid ðam fif andgitum.

MS. 247^r (left margin, aligned with line 124)

109 on¹] CD of   BCDV unrihtwisnysse   111 B ondrædað   C ofdrædon
114 agen] CD agen feoh   115 C almihtig   E ælmihta   117 E [we]
118 E understanne   119 lar] B lare þe   120 E bebod⟨.⟩'ad'   121 wor-
dum] CD weorcum   gemenigfyldan – began] B and mid weorcum monig-
fea'l'den   123 B sceolen ge   P [eac]   carfullice] B arfullice emben
C eower   124 B [þam]   125 B bodum   B muðe   126 ge agyfað
hi] B gifæð hit   127 B eowre   goddre] BCDV gode   E god⟨a⟩'e'
128–9 EV gode geearnunga   (B gode earnungæ   C gode earnunge)   130 B
þeowum   131 tyn] B fif   133 E numen   134 twa] B ten   V þa twa
C hæfdon   135 E [ðe]   tyn] B þa twa   B [hæfdon]   136 BCDEV
[eow]   (f^k defective)   sædon] B cwædon hæfden   þa fif – line 146 under-
fengon] f^k defective   138 E [andgit]   139 wæs] CD se wæs

140 þæt is Gesihð. and hlyst. Swæcc. and / stenc. and Hrepung. Th. 556
and wæs ða gýt æmtig fram ðam incundan andgite. ða het se
hlaford for ði syllan þæt an pund. þæt þæt andgit getacnode
þam holdum ðeowan þe him gestrynde mid ðam fif yttrum
andgitum oðre fif pund; Ðis gelimpð dæghwomlice on godes
145 gelaðunge. þæt gehwilce geleaffulle ðe gode gecwemað mid
ðam yttrum andgitum ðe hí underfengon beoð gebrohte ðurh
maran godes gife to ðam incundum andgite. and ðonne geðeoð
on ðam gastlicum andgite. for ðan ðe hí ær ða yttran andgitu
getreowlice aspendon;
150 Se hlaford cwæð. Ic secge eow to soðan. Ælc ðæra ðe hæfð
him bið mare geseald. and hé genihtsumað. Se ðe næfð
him bið ætbroden. þæt þæt hé hæfð; Witodlice se ðe hæfð þa
soðan lufe. hé underfehð oðre gife æt gode; And se ðe ða soðan
lufe næfð. þæt he oðrum fremige on worde and on weorce. se
155 forlyst ða gife þe hé unnytwurðlice underfeng; Ealle gódnyssa
forlyst se ðe ða soðan lufe næfð. to Gode and to mannum; Se
únholda ðeowa wearð ða aworpen on ðam yttrum þeostrum.
for ðan ðe hé ðolode ðurh wite þa yttran blindnysse. se ðe ær
ðurh his gylt on ðam inrum þeostrum befeoll; Ðær hé ðolað
160 neadunge þeostra ðurh wrace. se ðe ær lustlice forbær his
únlustes þeostra;
Eow is soðlice to gewitenne þæt furðon nán asolcen man
nis orsorh. be onfangennysse godes feos; Ne mæg nan man
soðlice cweðan þæt he þæs pundes bedæled sy. and ne ðurfe
165 gode agyldan gescead þære sylene ðe hé underfeng; Sum
underfehð andgit bóclicere láre. and se sceal oðrum cyðan ða
gerynu / ðe hé of godes punde gleawlice oncneow; Sum MS. 247ᵛ
underfehð eorðlice æhta. and se sceal ðæs pundes spendunge
gode agifan of his æhtum; Sum ne underfeng naðor ne þæt

140 Swæcc] B spæce   C and spræc   141 P incundum   (C incunde)
142 þæt þæt] P þe þæt   B betacnode   143 C þa holdan   145 C æihwilce
147 BP incundan   (C -de   fᵏ defective)   geðeoð] CD ge beoð   149 B
spenden   151 B [he]   Se ðe] B and þe ðe   151-2 C [næfð –
se ðe]   153 oðre] C þa oðre   154 C fremian   C worden   and]
B oððe   P [on²]   C weorcen   155 Ealle] V and ealle   156 forlyst
se] B he forleost   Se] C Sum   157 on] CD to (fᵏ defective)   EV
ða (E ða⟨m′⟩ yttran ðeostru   159 EV ða inran ðeostru   B [þeost-
rum]   160 V þurh wrace þeostru   ær] DEVfᵏ her   161 D
unlustas þeostre   162 BCD witanne   BC forþan   165-6 C
[þære – andgit]   166 underfehð] V underfeng   boclicere] C þære
bo⟨b⟩'c′lican   D þære boclican   168 B underfeng   CDEVfᵏ [and]
B [se]   169 C [of his æhtum]

gastlice andgit ne ða eorðlican speda. leornode swa ðeah sumne 170
cræft þe hine afet. Witodlice se cræft him bið for ðæs pundes
onfangennysse geteald; Sum næfð nan ðyssera ðinga / begyten.
ac hæfð sume cyððe to ricum men. ðonne sceal se þær ðær hé
mæg earmum ðingian to ðam rican þe he cyððe to hæfð. þy
læs ðe he geniðerod beo. gif he ðæs pundes rihtlice ne bricð; 175
Hwæt wylle we furðor ymbe ðis smeagan. buton þæt we
secgað þæt nan ðearfa nis ðyses pundes bedæled. and for ði
sceal gehwá hógian þæt hé þæt gastlice feoh mid ðam gafole
gode agife; þonne se heofenlica dema cymð on egeslicum
mægenðrymme betwux engla. and heahengla werodum. þonne 180
sceal gehwá him æteowian hwæt hé mid ðam punde geteolod
hæfð; þær lætt Petrus se apostol forð. þæt iudeisce folc. ðe he
ðurh his lare to geleafan gebigde; Paulus ðeoda lareow þær læt
forð fornean ealne middaneard. Andreas ðær læt forð ðone
leodscipe ðe is gehaten Achaia. Iohannes. Asiam. Thomas. 185
Indiam. and swa gehwilc godes bydela þær betæhð ða gastlican
teolunge þam heofenlican deman. and hí underfoð æt him
heora mede be heora geswinces mæðe; Is nu for ði gehwilcum
men to hógienne þæt hé ydel ne cume his drihtne togeanes. on
ðam gemænelicum æriste. þær we ealle beoð gegaderode þe her 190
líf underfengon;

Ðis godspel we rædað on ðæra halgena mæssedagum þe we
hata ð Confessores. þæt sind Andeteras; Ða sind halige Ande-
teras þe cristes naman mid soðum geleafan andetton bealdlice
betwúx gedwolmannum. swa swa drihten on his godspelle 195
cwæð; Omnis ergo qui confitebitur me coram hominibus.
Confitebor et ego eum coram patre meo qui est in cęlis; þæt is
on englisc; Ælc ðæra þe me andet ætforan mannum. ic andette
eac hine ætforan minum fæder. se ðe is on heofonum; þa
halgan martiras wæron ærest andeteras. þa ða hí cristes naman 200
mid geleafan unforhtlice ætforan heora ehterum andetton. and
hí wurdon ðurh ða andetnysse gemartirode; Nu sind ða

170 leornode – line 177 ðearfa] f^k defective   171 B fedde   P cræt
173 ac] CD and   B [þær]   174 rican] B ilce   176 buton] B be þam
177 ðearfa] B wrecce   180 C mæigneþrymnesse (f^k defective)   B
werod   181 æteowian] B sceawiæn f^k defective   183 Paulus] CD
Paulus se f^k defective   C [þær] (f^k defective)   183–4 læt forð] B
forð læt   186 f^k hwylc   188 gehwilcum] C ælce   189 cume]
C cume to f^k defective   195 gedwolmannum] B weorldmannum
196 C [ergo]   197 C in celis est   201 ehterum] B andeterum
202 ða¹] B heoræ   sind – line 210 lichaman] f^k defective   B [ða²]

gehatene andeteras. þe godes naman andetton mid soðum
geleafan. and ða gedwolmen oferswiðdon. ac hí næron / swa
205 ðeah for ðam geleafan gemartirode; Nu / sind hí gearwurðode.
þurh heora geleafan. and ðurh heora clænan drohtnunge;
Godes ðeowas hí wurðiað on geleaffulre gelaðunge. and god
sylf hí wurðað mid ecum wurðmynte on his heofenlicum
ðrymme. for heora geearnungum; Hí leofodon on clænnysse.
210 and mid forhæfednysse heora lichaman gewyldon; Hí for-
sawon woruldlice gewilnunga. and ydelra manna herunge. and
fela oðre to gode gewemdon;
An ðæra is þes halga wer .ille. ðe we nu todæg wurðiað mid
urum gastlicum ðenungum. for ðan ðe hé aspende swiðe
215 herigendlice þæt feoh þe him god befæste; Se bið wurðe þæt
hine men arwurðian. se ðe of ðisum life færð to engla gefean.
and heofenlicum wurðmynte; Hit is awriten. Ne hera ðu
nænne man on his life; Wærlicor bið se man geherod þeah þe
hé halig sy æfter life. ðonne on life; Hwa mæg beon buton
220 forhtunge gehered on ðisum life. þa hwile ðe hé besargað his
ærran dæda. and eac him ondræt ða toweardan frecednyssa?
Ac se ðe herian wille haligne mannan. herige hine na on ðisum
life. ac æfter his geendunge. þonne ne derað nan lyffetung ðam
herigendum. ne nan upahefednys ne costnað þone geheredan;
225 Hera ðu hine æfter þære frecednysse. and cyð his geearnunga
ðonne hé orsorh bið; Hera ðone steorman. ac na swa ðeah ær
ðan ðe hé becume gesundful to ðære hyðe; Hera þæs heretogan
mihte. ac swa ðeah þonne hé sige begytt;
þisne halgan wer .ille. we magon orsorhlice wurðian and
230 herian. for ðan ðe he is nu orsorh ealra ðæra frecednyssa þe us

---

211 ydelra] yfelra   212 gewendon < gewemdon   (*cf. BCD readings*)

205 CD [geleafan]   206 V [geleafan – heora]   208 CD heofonlican
(B -lice)   209 ðrymme] B megenþrymme   geearnungum] E godum
gearnungum   212 B awendon   C gewendon   D gewendon < gewem-
don (*fᵏ defective*)   214 BC þenunge   P [ðe]   B spende   216 P
arwurðian < arwurðiað   gefean] B ferreddne   217 and] BP and to
B iwriten   (*fᵏ defective*)   218 se man geherod] C þæt se man geherod
beo   D 'þæt' se mann geherod 'beo'   P ends   220 gehered on ðisum life]
C on þise life geherod þeah þe he halig sy. Hwa mæg beon buton forhtunge
on þisen life geherod   D on ðisum life geherod þeah þe he halig sy. æfter
life þonne on life; Hwa mæg beon buton forhtunge on ðisum life geherod
V on þisum life geherod   222 mannan] B mon   herige] he herige he
227 he] B þu   C becymð   BC syndful   228 B [ac swa ðeah]
þonne] C na ær þan þe   D 'na' ær þan þe   229 B [ille]   C N   magon]
B sceolon   230 nu] C un   B [ðæra]

dæghwomlice costniað; Hwæt wæs eal his lifes ryne. buton
gewinn wið ðone wacolan feond; Fela blindra manna þe fram
soðfæstnysse wege dwelodon. hé onlihte þurh ða soðan lare;
Ða ðe þurh ungehyrsumnysse oððe geleafleaste deafe wæron.
þam he on ageat andgites hlyst. þæt hí gehyrdon ða heofenlican   235
beboda. to halwendre gehyrsumnysse; Fela incoða he gehælde
untrumra sawla mislicra manna. ðurh halige mynegunge. and
ðurh gebedum gebigde to soðre dædbote. oð þæt hé gebrohte
Th. 562   þam ælmihtigan scyppende his feoh / be twyfealdan. ðe he
him ær befæste. and hé wuldrað nu. on wynne mid him. Á to   240
worulde. for his weldædum; We hériað urne drihten. on his
halgena geðincðum. se ðe hí mærsað. mid micclum wundrum.
MS. 248ᵛ   on ðyssere worulde. / and swiðor on ðære ecan. for heora
hwilwendum geswince. þises sceortan lifes; þæs ðegenes lof
is. þæs hlafordes wurðmynt; Sy lof ðam hlaforde. ðe leofað   245
on ecnysse. æfre buton anginne. on endeleasum mægenðrymme.
amen:—

233 onlihte – *line 241* on] *fᵏ defective*   235 þam he on ageat] C þa he ongæt
D þam he 'on' ongeat   B þam he geaf   236 B bodæ   gehyrsumnysse]
B halsumnesse   B uncoða   238 gebedum] E gebedu   V geboda
⟨halige⟩   gebigde] C gebegde him   D gebigde hi   239 DV ælmihtigum
BDV twyfealdum   (C -den)   241 C weldæda   244 C hwilwændlice

IN NATALE SANCTARUM UIRGINUM

Simile est regnum cęlorum decem uirginibus. Et reliqua.
Se hælend sæde gelomlice bigspel be gehwilcum ðingum his
leorningcnihtum. Nu cwæð hé on ðisum bigspelle. þæt heo-
fenan rice wære gelíc týn mædenum. þa genamon heora leoht-
5 fatu and eodon togeanes ðam brydguman. and þære bryde;
þæra mædena wæron fif stúnte. and fif snotore; Witodlice ða fif
stuntan namon heora leohtfatu. and nænne ele to ðære lihtinge.
and ða snoteran genamon ele on heora fætelsum. mid heora
leohtfætum; Ða elcode se brydguma mid his tocyme. and ða
10 mædenu begunnon to hnappienne. oð þæt hí ealle slepon;
Ða on middere nihte wearð clypung gehyred. Efne her cymð
se brydguma. Gað him togeanes; þa arison ealle ða mædenu
and gearcodon heora leohtfatu. and þa stuntan cwædon to ðam
snoterum; Syllað us sumne dæl eoweres eles. for ðan þe ure
15 leohtfatu sind acwencte; Ða snoteran mædenu andwyrdon þam
stuntum. and cwædon; Ði læs ðe hit ne genihtsumige ús and
eow. farað to ðam syllendum and bicgað eow ele; þa mid ðam
ðe hí ferdon ymbe ðone ceap. þa com se brydguma. and ða fif
mædenu þe mid ðam leohte gearwe wæron. ferdon mid him
20 into ðam giftum. and þæt geat wearð belocen; Ða æt nextan
comon ða stuntan mædenu. and clypodon to ðam brydguman;
Hlaford. hlaford. hát geopenian þæt geat; He andwyrde; Soð
ic eow secge. ne cann ic eow; Waciað eornostlice. for ðan ðe ge
nyton þone dæg ne ða tide; þis godspel is nu anfealdlice
25 gesæd mid digelum andgite. Ac Augustinus se wisa us onwreah

Manuscripts: B, D, E (last 12 lines lost), K, P (lines 1–25 lost), V, and
extracts in M (lines 207–17, used in a composite homily) and R (lines 184–
98, used alone).

Title IN NATALE SANCTARUM] B Plurimarum

1 uirginibus] BDEV uirginibus que accipientes lampades suas exierunt
obuiam sponso et sponse   V [Et reliqua]   2 B bigspel ilomlice
3 ðisum] B summe   4 þa] E ðe   6 þæra mædena wæron] B þare
ten mædenum wæron þa   8 B [heora²]   16 E 'ne'   22 D geo-
penian 'us'   25 DE [Ac]   B unwreah

ða deopnysse. and eac se halga Gregorius ymbe ðis ylce awrát
þus cweðende; Ús is to gewitenne þæt gelomlice on haligre
spræce is ðeos andwerde gelaðung gehaten heofenan rice.
swá swá se hælend on sumere stowe cwæð; Mannes bearn asent
his englas. and gegaderað of his rice ealle æswicunga; Witodlice 30
on ðam upplican rice is healic sib. and ðær ne bið nán æswicung
gemet. ðe mage beon ðonon gegaderod; Ðeos andwerde
gelaðung þe underfehð yfele and góde. is wiðmeten ðam tyn
mædenum. ðæra wæron fif stunte. and fif snotere; On fif
MS. 249ʳ andgitum / swa swa we eow oft sædon. gehwilc man leofað þe 35
his hæle hæfð; þæt is Gesihð. and Hlyst. Swæcc. and Stenc.
and hrepung; Ðas fif andgitu gif hí beoð getwyfylde. ðonne
Th. 564 gefyllað hí tynfeald getel; Nu is for ði seo halige gelaðung /
gelic tyn mædenum. for ðan ðe seo gelaðung is gegaderod of
ægðres hades mannum. þæt is werhádes. and wifhades; Ælc 40
ðæra manna ðe hine forhæfð fram unalyfedlicere gesihðe. fram
unalyfedlicere heorcnunge. fram unalyfedlicum swæcce. fram
unalyfedlicum stence. fram unalyfedlicere hrepunge. se hæfð
mædenes naman. for ðære anwalhnysse; Gif gód is and halwend-
lic to forhæbbenne fram unalyfedlicum styrungum and for ði 45
hæfð ælc cristen sawul mædenes naman. hwí sind ðonne þa fif
underfangene. and þa fif aworpene; Ealle hí hæfdon leohtfatu.
ac hí næfdon ealle ele; Se ele getacnað þa soðan lufe. seo ðe
nafre ne ateorað; Eles gecynd is. þæt he wile oferstigan ælcne
wætan; Ageot ele uppon wæter. oððe on oðrum wætan. se ele 50
flyt bufon; Ageot wæter uppon ðone ele. and se ele abrecð up
and swimð bufon; Geot ðu ðone ele ær. geot ðu siððan. æfre
hé oferswið þone oðerne wætan. and seo soðe lufu næfre ne
fylð; On ðære forhæfednysse fram unlayfedlicum styrungum is

26 deopnysse < -nyssa   30 æswicunga: þa hifele menn   31 æswi-
cung: hifel men   46 Hwí

26 ða] DV þas   P begins   B wrat   27 BDP witanne   28–9 P
'gehaten – asent'   28 P heofona (B heofene)   29 V [stowe] B
stude   cwæð] B sæde   33 P [ðam]   34 ðæra] D ⟨....⟩   B [wæron]
35 D ⟨swa swa – sædon⟩   36 Swæcc] B spæce   37 Ðas] B þa
41–2 P 'unalyfedlicre gesyhðe – swæcce'   41 D unalyfedlice   42 swæcce]
B spece   E spræce   43 V alyfedlicum stence   44 for ðære
anwalhnysse] D ⟨for ðære andweardnysse⟩   Gif] B Gif þis   E [is]
44–5 halwendlic] D halwendlic is   45 B habbenne   and] B and þonne
46 hwi] D for hwi   46, 47 fif] EP wif   49 B ofersigan   50–1 B
[ele¹ – Ageot]   50 wætan] D wætum   51 wæter] B wæter and   B
[ðone]   D ⟨and⟩   se] B þæt   B brycð   52 ðu²] BE ðu hine   54 E
flið   P afylð

55 mædenes nama gehæfd. and on ðam leohtfatum sind ða gódan
weorc getacnode. be ðam weorcum cwæð ure drihten on his
godspelle; Sic luceat lux uestra coram hominibus. ut uideant
opera uestra bona. et glorificent patrem uestrum qui in cęlis est;
þæt is on urum gereorde; Scine eower leoht ætforan mannum.
60 swa þæt hí geseon eowere godan weorc. and wuldrian eowerne
fæder þe on heofenum is; Eft he cwæð; Beon eower lendena ymb-
gyrde. and eower leohtfatu byrnende; On ðam ymbgyrdum lend-
enum is se mægðhád. and on ðam byrnendum leohtfatum sind
ða godan weorc to understandenne; Ða snoteran mædenu namon
65 ðone ele on heora leohtfatum. for ðan ðe hí hæfdon þæt góde
ingehyd on heora heortan. þæt hí woldon gode anum gecweman.
and na cépan dysegra manna herunge. swa swa se apostol
Paulus cwæð; Ure wuldor is seo gecyðnys. ures ingehydes;
Eft cwæð se sealmwyrhta be ðære halgan gelaðunge. þæt eall
70 hire wuldor is wiðinnan on godes gesihðe. na on ydelra manna
herunge; Sume men sind swa bepæhte ðurh ydelne gylp. þæt
hí doð / for manna herunge swa hwæt swa hí doð. swiðor ðonne   Th. 566
for godes lufon. ðonne sind hí stunte. þæt hí cepað þæs ydelan
hlysan. na þæs ecan edleanes; / Be swilcum cwæð se hælend   MS. 249ᵛ
75 on sumere stowe; Amen dico uobis. receperunt mercedem
suam; Soð ic eow secge. hí underfengon heora mede. þæt is se
ydela hlisa ðe hí lufodon; Habbon hí ðone woruldhlisan þe hí
sohton. na ða ecan mede þe hí ne rohton; Nis na gewunelic þæt
mægðhád si gecweden on sinscipe. ac swa ðeah ðær is þæs
80 geleafan mægðhad. þe wurðað ænne soðne god. and nele
forligerlice to leasum hæðengylde bugan; Eal seo gelaðung ðe
stent on mædenum. and on cnapum. on ceorlum and on wifum.
eal heo is genamod to anum mædene. swa swa se apostol
Paulus cwæð. to geleaffullum folce; Disponsaui uos uni uiro

74 hlysan: *gelpes*   77 hlisa: *gelp*   -hlisan: *heru*[*n*]*ga*   79 on
sinscipe: *on eallum* (*for* eawum?)

---

58 B qui est in celis   59 V [þæt – gereorde]   gereorde] B spæce
60 wuldrian] B blissiæn   61 BEPV eowere   62 B eowra   P eowere
67 B kepton   B [swa]   69 B gesealmwurhtæ   þæt eall] B þeah
70 B innæn   on¹] E 'on'   ydelra] B dysigræ   72 doð¹] B 'doð'
74 B ætleanes   swilcum] B þissum   77 D Habba⟨ð⟩'n'   V habbað
78 rohton] B sohten   79–80 B þe geleafa   80 wurðað] B ðurh
B [and]   81 P gebugan   82 cnapum] BE cnapum and
83 B inemnod   84 to] E to ðam   Disponsaui] B Despondi enim
E Disponsa

virginem castam. exhibere christo; þæt is on englisc. Ic bewed- 85
dode eow anum were. þæt ge gearcian an clæne mæden criste;
Nis ðis na to understandenne lichamlice. ac gastlice; Crist is se
clæna brydguma. and eal seo cristene gelaðung is his bryd.
þurh ða he gestrynð dæghwomlice mennisce sawla to his
heofenlican rice; Seo gelaðung is ure modor and clæne mæden. 90
for ðan þe we beoð on hire geedcynnede to godes handa. þurh
geleafan and fulluht; Ða mædenu woldon gán togeanes ðam
brydguman. mid heora leohtfatum; We gáð togeanes criste.
ðonne we andbidiað mid geleafan his tocymes; Ac hé elcað his
tocymes. and on ðære anbidunge þa mædenu hnappiað. and 95
slapað; Gehwær on halgum bocum is se gemænelica deað
slæpe wiðmeten. swa swa se ðeoda lareow cwæð; De dormienti-
bus autem. nolo uos ignorare fratres; Mine gebroðra. Ic nelle
þæt ge nyton be ðam slapendum. þæt is be ðam deadum; Hwí
sind ða deadan slapende gecwedene. buton for ðan þe hí 100
sceolon arisan geedcucode. þurh ðone ælmihtigan scyppend;
Beon ða mædenu snotere beon hí stunte. ealle hí moton slapan

Th. 568 on ðam gemænelicum deaðe. ær ðan ðe se brydguma / crist
cume to ðam micclum dome; Media autem nocte clamor
factus est. ecce sponsus uenit. exite obuiam ei; On middre 105
nihte wearð clypung gehyred. efne her cymð se brydguma.
gáð him togeanes; Hwæt getacnað seo midniht. buton seo deope
nytennys. for ðan ðe seo geendung þyssere worulde cymð
þonne men læst wenað. swa swa se apostol cwæð; Dies domini
sicut fur in nocte. ita ueniet; Drihtnes dæg cymð. swa swa 110
ðeof on niht; Oft cweðað men. efne nu cymð domes dæg. for

MS. 250ʳ ðan ðe ða witegunga sind agáne. þe be ðam gesette wæron; / Ac
gefeoht cymð ofer gefeohte. gedrefednys ofer gedrefednysse.
eorðstyrung ofer eorðstyrunge. hungor ofer hungre. þeod ofer
ðeode. and þonne gyt ne cymð se brydguma; Eac swilce þa six 115
ðusend geara fram adame beoð geendode. and ðonne gýt elcað
se brýdguma; Hu mage we þonne witan hwænne hé cymð?

116 elcað < ælcað

85 B [on englisc]   87 DV [na]   88 E cristen   91 B ætcennede
B handum   94 B abidæð   E ⟨...⟩ ʻmidʼ   E tocyme   94–5 B
[Ac – tocymes]   96 is se] E ⟨h⟩is   97 D ʻdeʼ   98 gebroðra] E
gboða   101 ðone ælmihtigan scyppend] B god almihtigne   110 B sicð
D uenit   111 B nihte   112 E asette   114 P ʻeorðstyrung oferʼ
ofer¹] V of   116 elcað] B ne cymð   117 þonne witan] B witen þenne
DE witan   P nu witan   V witan nu

Swa swa hé sylf cwæð. on middre nihte; Hwæt is on middre
nihte. buton þonne ðu nast. and þu his ne wenst ðonne cymð
20 hé; Nis nan gesceaft þe cunne ðone timan þyssere worulde
geendunge. buton gode anum; Hwæt is se hream þe on middre
nihte cymð ætforan ðam brydguman. buton ðæra engla
blawung. swa swa se apostol awrát; In ictu oculi. in nouissima
tuba; Canet enim tuba. Et cetera; On anre preowthwile. on
25 ðære endenextan byman. Seo byme soðlice blæwð. and ða
deadan arisað ungebrosnode. and we beoð awende to ecum
ðingum on þam lichaman. swa swa we nu sind on ðære sawle;
Be ðisum cwæð se hælend; Se tima cymð þæt ealle ða ðe on
byrgenum beoð gehyrað godes suna stemne. and hí forð gað.
30 þa ðe gód worhton to lifes æriste. þa soðlice ðe yfel worhton to
geniðerunge æriste;
    Tunc surrexerunt omnes uirgines ille. et ornauerunt lam-
pades suas; þa arison ealle ða mædenu. and gegearcodon
heora leohtfatu; Ða mædenu arison. for ðan ðe ða gecorenan.
35 and ða wiðercorenan beoð ealle awrehte of þæs deaðes
slæpe; Hí gearcodon heora leohtfatu. þæt is hí / gearciað hí   Th. 570
sylfe. to agyldenne gescead þam cumendum deman. heora
dæda; Ðæra stuntra mædena leohtfatu beoð acwencte on þæs
deman tocyme. and hí nan edlean æt gode nabbað. for ðan ðe
40 hí underfengon manna herunga. þe him licodon; þa stuntan
mædenu cwædon to ðam snoterum; Syllað us sumne dæl
eoweres eles. for ðan þe ure leohtfatu sind acwencte; Hí ge-
sawon þæt hí sylfe wiðinnan æmtige wæron. þæs gódan ingehy-
des. and for ði sohton gewitnysse wiðutan; Hí wæron gewunode
45 to oðra manna herunge. and þæs gewilnodon swa swa heora
gewuna wæs. swilce hí cwædon. Nu ge geseoð þæt we æt us

124 preowt-: *prige*   126 deadan '*menn*'   129 hi: *þa men*   131 geni-
ðerunge æriste: *helle wites*   143-4 þæs godan ingehydes: *godes geban*
(*for* godes geþances? *cf. line 162*)

118-19 V [Hwæt–nihte]   119 his] B hit   120 þe] B þæt   121 anum]
PV anum; Paulus scripsit *etc.* (*passage of 13 lines, in Latin and English, printed
Pope XXVIII*)   123 E apostol ⟨cwæð⟩ awrat   ictu] D ⟨n⟩ictu   E istu
P ⟨.⟩ictu   124 E cetam   V preow⟨t⟩hwile   125 E se   131 B
arisæð   135 B [and ða wiðercorenan]   P 'and þa wiþercorenan'   E
and ða wiðer⟨winnan⟩'corenan'   P awreht   deaðes] V deofles
137 B geldene   139 B ætlean   140 E stunta   (B stunte)   141 D
sum'*ne*' E sum   143 B godcundan   144 E [wæron]   145 B
[swa]   146 B [æt]

sylfum naht nabbað. secgað nu hwǽt ge be urum weorcum
gesawon; Ða snotoran mædenu andwyrdon ðam stuntum. and
cwædon; þi lǽs ðe hit ne genihtsumige ús and eow. farað to
ðam syllendum. and bicgað eow ele; Soðlice on ðam micclum 150
dome. ælcum ænlipium men ðincð to lytel his agen ingehyd
him to gewitnysse. þeah ðe hé ne sceole oðrum to gewitnysse

MS. 250ᵛ beon; / Ne ðam heofenlican deman nis nán neod æniges mannes
gewitnysse. se ðe þurhsihð ælces mannes heortan. and gewiss-
licor wát þæs mannes mód þonne he sylf; Hí cwædon. farað 155
to ðam syllendum. and bicgað eow ele; Nis ðis na rǽd. ac is
edwit; Swilce hí cwædon; Ge ðe wæron gewunode to under-
fonne manna herunga for eowerum gódum weorcum. farað to
ðam lyffeterum þe eow ǽr leaslice olæhton. habbað æt him
swa hwǽt swa ge magon. ne sylle we eow nan ðing; Ge noldon 160
habban eowerne ele wiðinnan. þæt is ge noldon gode lician on
gódum ingehyde. ac for ðæra ídelra manna herunge ge worhton
herigendlice weorc. farað nu and bicgað. ne sylle we eow nænne;
þa mid ðam þe hí ferdon ymbe ðone ceap. ða com se bryd-
guma. and ða fif mædenu ðe mid þam leohte gearwe wæron. 165
ferdon mid him into ðam giftum. and þæt geat wearð belocen;
Ne bohton hí nænne ele. ne hí ne gemetton nænne ðe him ða
ele syllan wolde; Nis nán man swa dyrstig on þam micclum
dome. þæt hé durre oðerne betellan. ðonne adumbiað þa ydelan
Th. 572 lyffeteras. þe ǽr ðone ele / sealdon. þæt wæron þa smeðan 170
lyffetunga; Witodlice se rihtwisa on ðam dæge forhtað. ðeah ðe
he ðurh gód ingehyd Gode gelicode. þeahhwæðere cwacað þæt
ingehyd þær afyrht for ðam micclum brogan. þæs gemænan
domes; Ða æt nextan comon ða stuntan mædenu. and clypodon
to ðam brydguman; Hlaford. hlaford. hát geopenian þæt geat; 175
Drihten cwæð on oðrum godspelle; Cnuciað. and eow bið
geopenod; Ac we sceolon nu cnucian. and infær biddan to
heofenan rice. na ðonne; Nu is mildheortnysse tima. and

---

151 ingehyd: *wit*   152 oðrum 'men'   159 olæhton: *lęh*   161 lician:
gecwemen   162 ingehyde: *geþance*   169–70 ydelan 'men þe' lyffeteras 'weron'

---

147 B nabbæð naht   151 DE [to]   152 B sceolde   154 P [se]
155 þæs] DE ælces   P [mannes]   he] B him   156 na] D na'n'   BE
nan   157 B [ðe]   159 D olæhton 'and'   V orlæhton   161 þæt
is] B þæt is þæt   162 E inhyde   163 B herigendlic   bicgað] D
bicgað eow ele   164 mid ðam þe] P þa   166 B gifte   167 V
brohton   ða] E ðane   172 E lic⟨i.⟩'o'de   (B licode)   cwacað] B
cwak and   173 E brogum   177 V Ac nu we sceolon

ðonne bið domes tima; Se ðe nele nu on mildheortnysse timan
180 hine sylfne gerihtlæcan þurh soðe behreowsunge. þam bið
heofenes geat belocen on ðæs domes timan; Eala micel modes
biternys is on ðam worde. þæt geat wæs belocen; Hí behreowso-
don þæt hí ele næfdon. ac heora behreowsung wæs to lætt;
Sume gedwolmen cwædon þæt seo halige Maria cristes
185 modor. and sume oðre halgan sceolon hergian æfter ðam dome
ða synfullan of ðam deofle. ælc his dæl. Ac þis gedwyld asprang
of ðam mannum. þe on heora flæsclicum lustum symle licgan
woldon. and noldon mid earfoðnyssum þæt ece lif geearnian;
Ne hópige nán man to ðyssere leasunge. Nele seo eadige Maria
190 ne nán oðer halga lædan ða fulan. and þa mánfullan. and ða
arleasan. þe æfre on synnum þurhwunodon. and on / synnum   MS. 251ʳ
geendodon. into ðam clænan húse heofenan rices myrhðe. Ac
hí beoð deoflum gelice. and on ecnysse mid deoflum on helle
fyre cwylmiað; Ne mæg eal middaneard anum ðæra geðingian.
195 þe crist þus to cweð; Discedite a me maledicti in ignem aeter-
num. qui preparatus est diabolo et angelis eius; þæt is. gewítað
fram me ge awyrigedan into ðam ecan fyre. þe ðam deofle is
gegearcod. and his awyrigedum englum; Ða stuntan mædenu
clypodon. hlaford. hlaford. hát geopenian us þæt geat. and se
200 hlaford andwyrde; Soð ic eow secge. ne cann ic eow; Hwæt ne
cann. se ðe ealle ðing cann? He ne cann nænne leahter. and hí
wæron mid leah/trum afyllede; Drihten ne oncnæwð hí. for   Th. 574
ðan ðe hí sind oðre. oþre hí wæron; Hwæt is to cweðenne ne
cann ic eow. buton þæt ic ne worhte eow ðyllice; Ne cann
205 drihten leahtras. ac hé gewitnað leahtras; Ðæt godspel belicð
þus. waciað eornostlice. for ðan þe ge nyton þone dæg. ne ða
tid; Nát nan man þyssere worulde geendunge. ne furðon his

---

181 heofenas   Eala 'leofe menn'   203 sind oðre 'men'

179 B [nele]   180 gerihtlæcan] B rihtlæcen nele   181 ðæs] B þam
183 D e⟨al⟩le   184 Sume] R begins DE VANILOQUIO NEGLEGEN-
TIVM Sume etc.   185 ðam dome] R þam micclam dome on domes dæg
(micclam < -um)   186 B sprang   187 B [on]   symle licgan] B
fylian   189 B leasunge 'and his ære'   Nele] R ne   190 E 'oðer'
191 DE wunodon   194 anum ðæra geðingian] B þingian þer anum
men   195 BV cwæð   196 B [est]   197 B [ge]   PV ecum (B ece)
198 englum] R englum; Tunc iusti fulgebunt sicut sol in regno patris
eorum; Ðonne scinað þa rihtwisan swa swa sunne on heora fæder rice; R ends
199 B [us]   þæt] D þis   and se hlaford] B He   D se hlaford   202 B
leahtre ifyllode   B oncneow   207 Nat nan man] M begins For ðam
þe nan mann nat etc.   furðon] B for þan   E f⟨o⟩'u' rðon   his] E ends

agene geendunge; Menig man wolde þone maran dæl his lifes
aspendan on his lustum. and ðone læssan dæl on dædbote. gif
hé wiste hwænne hé geendian sceolde; Us is bedigelod ure   210
geendung. to ði þæt we sculon symle us ondrædan. ðone
endenextan dæg. þone ðe we ne magon næfre foresceawian;
We sceolon for ði wacian on ure heortan. and on geleafan. We
sceolon wacian on hihte and on soðre lufe. We sceolon wacian
on godum weorcum. and dón buton ydelum gylpe gif we   215
hwæt lytles to góde gedoð. þæt we moton faran into heofenan
rice mid ðam clænan brydguman hælende criste. Se ðe leofað
and rixað mid his heofenlican fæder. and þam halgum gaste. on
ealra worulda woruld. Amen;

209 aspendan: *libbe*

---

209 D [his]   MP [dæl]   210 Us] B ac us   212 M [ðe]   B
foresceawiæn nefre   213 B heortum   214 hihte] B nihte   216–17 B
heofenrice   217 B hælend crist   217–19 clænan – woruld] M
mildheortan gode. Se þe on ecnysse rixað on ealra worulda woruld a butan
ende   218 P halgan (B halga)

XL

IN DEDICATIONE ECCLESIAE

MINE gebroðra þa leofostan we wyllað sume tihtendlice
spræce wið eow habban. be ðyssere cyrclican mærsunge. and
eow læran þæt ge sylfe beon godes tempel gastlice. nu ge his
eorðlice tempel wurðiað; Witodlice on ðære ealdan .æ. wæs
5 anlipig hús þam ælmihtigan gode to wurðmynte aræred. on
Iudea rice binnon þære byrig Hierusalem. and ealle oðre þeoda
wurðodon mislice deofolgyld. and ðam fela templa arærdon.
and mid andgitleasum. and lífleasum anlicnyssum afyldon;
þæt anlipige godes tempel wæs wundorlice gecræft. þurh
10 gastlicum gerynum; Dauid se mæra cyning hæfde gemynt þæt
hé wolde þæt tempel aræran ðam ælmihtigan gode to wurð-
mynte. ac hé him sæde ðurh his wítegan Nathan. þæt his sunu /   MS. 251ᵛ
sceolde / þæt tempel aræran. and hé wolde him beon for fæder.   Th. 576
and him mid mildheortnysse gyrde styran. gif hé ahwár unriht-
15 lice dyde; Dauid þa rixode on Iudea lande feowertig geara. and
his lif leofode gode swiðe gecwemlice. and ðurh ðone halgan
gast þa sealmas sette. þe we æt godes lofsangum singað; Æfter
his geendunge feng Salomon his sunu to rice. se lufode god
sona on his geogoðe. and geoffrode him micele lác. þæt wæron
20 þusendfealde onsægednyssa. æt anre offrunge; Efne ða on
þære ylcan nihte æteowode him drihten on swefne þus cweð-
ende; Bide me loce hwæs ðu wille. and ic ðe sylle; þa cwæð
Salomon to drihtne; Ðu cyddest micele mildheortnysse ðinum

Manuscripts: B, D, J (lines 74–293 omitted and replaced by other material,
not all by Ælfric), K, P, fᵏ (lines 75–end completely lost, rest partially lost
or illegible).

Title B DEDICATIO ECCLESIE   fᵏ IN DEDICATIO(NE TEMPLI)
(*reported by Wanley*)

1 MINE gebroðra] D Men   tihtendlice] B drihtenlice   5 hus] BJ
templ   fᵏ ælmihtigum   7 B tempel   8 and¹] B and þa   B
[and lifleasum]   9 B wunderlice wæs   D ge⟨g⟩'c'ræft   10 DP gastlice
geryno (B gastlice geryne)   14 B [mid]   D 'mid'   gyrde] B georne
14–15 D unrihtlic'e'   15 geara – *line 23* ðinum] fᵏ *defective*   17 J we
singað æt godes lofsangum   23 cyddest] J cyddest me   B [micele]
ðinum] J and þinum

ðeowan dauide minum fæder. þæt hé on soðfæstnysse and
rihtwisnysse leofode ætforan ðe. and ðu geúðest his bearne his   25
cynerices; Nu eom ic cnæpling. and nytende mines færes. and
ic eom geset betwux þinum folce. þe ne mæg beon geteald for
ðære micclan menigu; Forgif me wisdom. þæt ic mage þin
miccle folc gewissian. and ic cunne tocnawan betwux gód and
yfel; Ða gelicode gode þeos bén. and cwæð to salomone; Ðu   30
ne bæde me langsum lif. ne miccle welan. ne ðinra feonda
deað. ac bede me wisdomes. nu forgife ic ðe eac wise heortan.
to ðan swiðe þæt nan eorðlic man næs ðin gelica. ær ðan þe
ðu wære ne eac æfter þe ne bið; And eac ic ðe forgife þæs ðe ðu
ne bæde. welan and wuldor. swa þæt nan cyning næs ðin   35
gelica on ærrum dagum; And gif ðu færst on minum wegum
and mine beboda hylst. swa swa ðin fæder dyde. ðonne gelenge
ic þine dagas; Salomon awóc ða. and his swefen understod. and
him forgeaf ða god swa micelne wisdom. and snoternysse. and
brádnysse heortan swa swa sandceosol on sǽstrande; Him   40
becomon eac swa micele welan to handa. þæt his bigleofa wæs
ælce dæg mid his hirede. þrittig mittan clænes melowes. and
sixtig mittan oðres melowes; Twelf fætte oxan. and twentig
feldoxan; Hunteontig weðera. buton huntoðe. and fugoloðe.
Th. 578   and gemæstra fugela; Feowertig geara / he rixode on hieru-   45
salem on sibbe. buton ælcum gefeohte; Feower hund and
ðusend cræta he hæfde. and twelf ðusend riddena; þreo ðusend
bigspella he gesette. and fif ðusend leoða. and asmeade be
ælcum treowcynne fram ðam heagan cederbeame. oð þæt hé
com to ðære lytlan ysopan; Eac swylce be nytenum. and fixum.   50
and fugelum hé smeade. and of eallum leodum comon menn to
MS. 252ʳ   ge/hyrenne Salomones wisdom; He arærde gode to wurð-
mynte þæt tempel þe his fæder gemynte to arærenne. swilc hús
swa nan oðer næs næfre on eorðan ar
æred; þæt tempel wæs on

24 and] D and on   *f* ᵏ *defective*   25 B bearnum (*f* ᵏ *defective*)   28 D
[micclan]   29 tocnawan] B oncnawan þe   29–30 B gode and yfele
30 B þis ben gode (*f* ᵏ *defective*)   31 me] B me na   J mycelne (*f* ᵏ
defective)   32 B gife (*f* ᵏ *defective*)   34 B gife   ðu] BJ þu me *f* ᵏ
defective   36 on ærrum – *line 52* arærde] *f* ᵏ *defective*   ærrum dagum]
D ærrum dædum   J ærdagum   B mine wege   37 B bodum   D
gehyl's't   38 J 'ic'   39 B geaf   40 heortan] B on his heortan   D his
heortan   B stanceosol   42 BD dæge   mid] B on   42–3 B [and –
melowes]   45 on] P binnan   46 DP [on sibbe]   BDJ [and]
47 B ridendræ   48 and²] P and he   50 B becom   51 DP
asmeade   52 Salomones wisdom] B salomone   52–3 to wurð-
mynte – hus] B swylc hus to wurðmente   54 J n⟨i⟩'æ's (*f* ᵏ *defective*)

55 lenge sixtig fæðma. on widnysse twentig fæðma. on heahnysse
ðritig fæðma; þæt east portic wæs on lenge twentig fæðma.
be þæs temples widnysse. and wæs tyn fæðma wid; Ðis weorc
wæs swa gefadod mid deorwurðum stanum. and readum golde.
swa we eow reccan ne magon. and wæs eall binnon syfon
60 gearum geendod; Salomon ða gegaderode ealle his witan to
ðæs temples halgunge. and þær geoffrode gode menigfealde lac;
þæt wæron getealde twa and twentig þusend oxena. and hund-
twelftig þusend sceapa. and se cyning gebigedum cneowum
ætforan ðam weofode hine lánglice gebæd. and þæt mære hus
65 gode betæhte. him and his folce to gebedhuse. and to trym-
minge. and to gescyldnysse. wið ælces yfeles onscyte; He
astód ða. and þæt folc gebletsode. and cwæð; Sy ure drihten
gebletsod. se ðe forgeaf reste. and stilnysse his folce Israhel.
æfter ðam wordum þe hé ær spræc. ðurh moysen his ðeowan;
70 Us is lángsum to gereccenne ealle ða bletsunga and ðancunga.
þe salomon ða gode sæde. on his folces gesihðe. and þæt folc
syððan mid bliðre heortan. on ðam eahteoðan dæge hám
gewende. ðancigende þam ælmihtigan ealra his góda; Ðeos
racu hæfð gastlice getacnunge; Soðlice Salomon is gereht
75 gesibsum. for ðan ðe he and ealle his leoda wunodon on fulre
sibbe þa hwile ðe his dagas wæron. þæt wæron feowertig geara;
He hæfde getacnunge ures hælendes cristes. / se ðe for ði astah Th. 580
of heofenum to ðisum middanearde. þæt he wolde mancynn
gesibbian. and geðwærlæcan to þam heofenlicum werode. swá
80 swá paulus ðeoda lareow cwæð; Ipse est pax nostra. qui fecit
utraque unum; Se is ure sib. se ðe dyde ægðer to anum. þæt
is engla werod and mancynn to anum werode; Be ðisum ylcan
cwæð se hælend sylf. to his leorningcnihtum; Pacem relinquo
uobis. Pacem meam do uobis; þæt is. ic forlæte eow sibbe. and
85 ic forgife eow mine sybbe; Se gesibsuma Salomon arærde þæt
mære hús of eorðlicum antimbre gode to wurðmynte. and se

55 on¹] D and on fᵏ defective on²] D and on 56 J leng 57 weorc]
J portic 58 P readan (B reade) 59 DPfᵏ gereccan 60–1 P
'ealle – geoffrode' 61 D [gode] 62 twa and twentig] D xxii
62, 63 þusend] BD þusenda 63 þusend sceapa – line 74 Salomon] fᵏ
defective except for odd words 68 B geaf B israele 69 P moyses
72 B liðræ on] J to 73 ælmihtigan] J ælmihtigan gode Ðeos –
line 293 halgum] J Nu hæbbe ge gehyred etc. (long section not by Ælfric; see
Ker, Catalogue, p. 345) 74 gereht] fᵏ ends 76 B sibsumnesse
77 hæfde] D hæfde eac B ure 80 paulus] D paulus se 82 B
[is] 84 sibbe] B on sibbe 85 B gife

gesibsuma Crist getimbrode ða gastlican cyrcan. na mid dea-
dum stanum. ac mid lybbendum sawlum. swa swa se apostol
Petrus awrat to geleaffulre gelaðunge; He cwæð. genealæcað to
ðam lybbendum stane. se ðe is fram mannum aworpen. and 90
fram gode gecoren and gearwurðod; And beoð ge sylfe ofer
ðam stane getimbrode. swa swa lybbende stanas on gastlicum
MS. 252ᵛ husum; Crist is se lybbenda stán. þone awurpon ða / ungeleaf-
fullan iudei. Ac se heofenlica fæder hine geceas æfter ðære
menniscnysse and gearwurðode. swa þæt he hylt ealle ða gebytlu 95
ðære geleaffullan gelaðunge; Ealle godes cyrcan sind getealde
to anre cyrcan. and seo is gehaten gelaðung. ða getacnode þæt
án tempel ðe salomon arærde. on ðære ealdan .æ; Nu sind we
cristene menn godes hús gehatene. swa swa se apostol paulus
cwæð; Templum dei sanctum est quod estis uos; þæt is. Godes 100
templ is halig. þæt sind ge; Eft cwæð se ylca apostol; Nyte ge
þæt eowere lima syndon þæs halgan gastes tempel. se ðe on eow
is; Fram ðære tide ures fulluhtes wunað se halga gast on ús.
and ealle englas. and ealle rihtwise men sindon his tempel; For
ði sceolon cristene men þa fulan leahtras forseon þe se swicola 105
deofol tæcð. þæt hí moton beon wurðe þæs halgan gastes on-
wununge. se ðe ða clænheortan lufað. and ða mánfullan for-
bihð; We sind ða liflican stanas. þe beoð ofer criste getimbrode
Th. 582 on gastlicum húsum. for ðan ðe manega cyrcan / sind swa swa
we ær sædon. to anre getealde; Fela sind nu godes hus. ac swa 110
ðeah án. for ðære annysse þæs soðan geleafan. þe hí ealle
andettað; Fela ðeoda sind þe mid mislicum gereordum god
heriað. ac swa ðeah hí habbað ealle ænne geleafan. and ænne
soðne god wurðiað. þeah ðe heora gereord and gebedhus
manega sind; Ealle ða menigfealdan cyrcan ateoriað. ac seo 115
gastlice gelaðung þæt sind ða halgan sawla þe gode geðeoð
þurhwuniað .á. on ecnysse mid gode on heofenan rices myrhðe;
Nu smeað sum man. hú men magon beon godes hus; We

101 'sind'

88 P [sawlum]   89 D ge'ge'nealæcað   90 B [se]   91 B gear-
wurðaþ   92 B itimbrod   95 gebytlu] B botle   96 B geleaf-
fulre   97 B [is gehaten]   B [ða]   98 æ] B lage   99 B [menn]
102–3 eowere – is] B ge beoð godes tempel þæs halgan gastes þe on heofenum
is   103 ures] B eowres   104 his] D godes   105 D forseo'n'
106–7 onwununge] B openunge   107 BD clænan heortan   107–8 for-
bihð] B forhygohð   108 þe] D þ⟨a⟩'e'   109 BDP [swa]   110 anre]
B ane circan   112 B reordum: speccum   113 heriað] DP andettað
ac] D and   B [ealle]   114 B [gereord and]

cweðað þæt godes hired is godes hús; To hwan mæg ðis
120 eorðlice hús gif hit ydel stent. hit ne bið na hús. buton hit beo
mid hírede afylled; Ne beo we to weallum oððe to wagum ge-
worhte on þære gastlican gebytlunge. ac we beoð swa ðeah
godes hús gecigede. þæt is his híred. and hé wunað betwux ús.
and we mid him on ðære ecan wununge. gif we hit nu geearn-
125 iað; On eorðlicere cyrcan lið stán ofer stáne. and ælc berð
operne; Swa eac on godes gelaðunge þa geleaffullan ælc hylt
his æftergengan up ðurh lare and geðylde. oð þæt seo getim-
brung becume to ðam endenextan rihtwisan. and se næfð
nænne æftergengan þe hé beran ðurfe; Soðlice se ðe ealle þa
130 gebytlu hylt. and hine nán ne berð. se is hælend crist þe us
ealle gehylt. and ure nan hine healdan ne þearf; Gif we deopli-
cor ymbe ðis sprecað. þonne wene we þæt hit wile ðincan ðam
ungelæredum to menigfeald; þa menigfealdan lác ðe salomon
geof/frode gode æt þære ealdan cyrchalgunge. hæfdon getac- MS. 253ʳ
135 nunge þæra gastlicra offrunga. þe dæghwomlice beoð nu geo-
ffrode on godes cyrcan. swa swa crist sylf hit astealde and
tæhte; Godes cyrcan gedafenað halignys. swa swa se witega
cwæð; Domum tuam decet sanctitudo domine. in longitudinem
dierum; þæt is. drihten þinum huse gedafenað halignys. on
140 daga langsumnysse; þæt andgit we understandað swa. þæt
godes huse gedafenað þæt his lof sy þærinne gesungen on
gesettum / timan. þurh clænum godes ðeowum; Swa ðeah ne Th. 584
magon manna herunga godes mærða gemicclian. ac ða halgan
lofsangas fremiað us to ecere hælðe; Godes cyrce is ure gebed-
145 hús. ac swa ðeah on ælcere stowe se geleaffulla mót hine gebid-
dan to ðan ælmihtigan. þe on ælcere stowe is andwerd. him to
clipigendum; Sum cwén wæs on ðam dagum on suðdæle SABA

140 langsumnys'se'

119 B [þæt]   120 B nan 'h'us   120–1 B hit mid hirede afylled beo
121 we] B ge   121–2 B weallum iwrohte oððe to wagum   122 B
botlunge   123 gecigede] B icleopede   125 lið] D bið   126 B [on]
B laðung   127 P geðyld   128 B to þam endenextan rihtwisan
becymeð   D cume   130 B botly   hine nan] B hi na   132–3 B
þa unlærede   D þam ungelæredan   134 B circe halgunge   D cyrc'an'
halgunge   hæfdon] B þa hæfdon   138 decet – domine] B domine
decet sanctitudo   D 'domine' decet sancti⟨..⟩tud⟨i..⟩'o'   DP longitudine
141 godes] B his   B lofsong þerinne isungen beo   142 DP clæne
godes þeowas   143 B haltan   145 D 'þeah'   P [ðeah]   P hine
mot   146 DP þe is on ælcere stowe andweard   147 Sum] B An
B saban   147–8 P [SABA gehaten]

gehaten. snoter and wís. ða gehyrde heo Salomones hlisan. and
com fram ðam suðernum gemærum to salomone binnon hier-
usalem. mid micelre fare; And hire olfendas bæron suðerne 150
wyrta. and deorwurðe gymstanas. and ungerim goldes; Seo
cwén ða hæfde spræce wið salomon. and sæde him swa hwæt
swa heo on hire heortan geðohte; Salomon ða hí lærde and
hire sæde ealra ðæra worda andgit. þe heo hine axode; Ða
geseah seo cwen Saba Salomones wisdom. and þæt mære templ 155
ðe he getimbrod hæfde. and ða lác þe man gode offrode. and
ðæs cynges menigfealdan ðenunga. and wæs to ðan swiðe
ofwundrod. þæt heo næfde furðor nænne gast. for ðan ðe heo
ne mihte na furðor smeagan; Heo cwæð þa to ðan cyninge;
Soð is þæt word þe ic on minum earde gehyrde be ðe. and be 160
ðinum wisdome. ac ic nolde gelyfan ær ðan ðe ic sylf hit
gesawe. nu hæbbe ic afandod þæt me næs be healfan dæle ðin
mærð gecydd; Mare is þin wisdom and ðin weorc. þonne se
hlisa wære. ðe ic gehyrde; Eadige sind þine ðegnas. and ðine
ðeowan ðe symle ætforan þe standað. and ðinne wisdom gehy- 165
rað; Gebletsod sy se ælmihtiga God. þe ðe geceas and gesette
ofer israhela rice. þæt ðu domas settest. and rihtwisnysse. Heo
forgeaf ðam cyninge ða hundtwelftig punda goldes. and un-
gerím deorwurðra wyrta. and deorwurðra gymstana; Salomon
eac forgeaf þære cwene swa hwæs swa heo gyrnde æt him. 170
toforan ðære cynelican láce ðe he hire geaf. and heo gewende
ongean to hire eðele mid hire ðegnum; Salomon ða wæs
gemærsod ofer eallum eorðlicum cynegum. and ealle ðeoda
gewilnodon þæt hí hine gesawon. and his wisdom gehyrdon.

Th. 586 and hí him menigfealde lác brohton; / Seo cwén hæfde getac- 175
nunge þære halgan gelaðunge ealles cristenes folces. þe com to
MS. 253ᵛ ðam / gesibsuman criste. to gehyrenne his wisdom. and ða
godspellican láre þe hé astealde. and be onlihtinge þæs soðan
geleafan. and be ðan toweardan dome. be ure sawle undead-

175 brohton;] brohton.

148 hlisan] DP wisdom   149 B [ðam]   152 B hæfde þa   B
salomone   B [him]   154 B [ðæra]   158 þæt] B þæt þæt
furðor] D furðon   P 'furðan'   B he   159 BD [þa]   160 þe] BD
þæt   161 hit] D hi   162 D gesawe 'and gehirde'   B ifonded   DP
healfum   (B halfen)   164 ðegnas] D magas   167 þæt – and] B to
hyrde and to   168 B geaf   B [ða]   goldes] B goldes. and seolfres
170 B geaf   BDP hwæt   171 toforan] B ætforen   BP forgeaf
172 D wæs þa   173 P ealle eorðlice cynegas   175 D [hi]   176 þe]
D þ⟨a⟩'e'   179 B [beᴵ]

180 licnysse. and be hihte. and wuldre. þæs gemænelican æristes;
Seo cwen com to Salomone mid micclum lacum. on golde. and
on deorwurðum gymstanum. and wyrtbræðum. and þæt
bæron olfendas; Seo geleaffulle gelaðung þe cymð of ælcum
earde to criste. brincð him ðas foresædan lác æfter gastlicum
185 andgite; Heo offrað him gold. þurh soðne geleafan; And
wyrtbræðas. þurh gebeda; And deorwurðe gymmas. ðurh
fægernysse goddra ðeawa and haligra mægena; Be þissere
gelaðunge cwæð se witega to gode; Adstitit regina a dextris
tuis. in uestitu deaurato. circumdata uarietate; þæt is. Seo cwen
190 stent æt ðinre swyðran. on ofergyldum gyrlan. ymbscryd mid
menigfealdre fahnysse; Seo gastlice cwén godes gelaðung is
geglencged mid deorwurðre frætewunge. and menigfealdum
bleo goddra drohtnunga and mihta; Heo sæde Salomone ealle
hire digelnysse. and seo gelaðung geopenað criste hire inge-
195 hyd. and ða digelan geðohtas on soðre andetnysse; Olfendas
bæron ða deorwurðan lác mid ðære cwene into hierusalem. for
ðan ðe ða hæðenan þe ær wæron gehóforode ðurh gytsunge.
and atelice ðurh leahtras. bæron ðurh heora gecyrrednysse.
and geleafan. ða gastlican lác to cristes handum; Seo cwén
200 wundrode Salomones wisdomes. and his getimbrunga. and
ðenunga. and seo gelaðung wundrað cristes wisdomes. for ðan
ðe he is sylf soð wisdom. and eal wisdom is of him; He getim-
brode þa healican heofenan and ealne middaneard. and ealle
gesceafta gesette on ðrim ðingum; In mensura. Et pondere.
205 Et numero; þæt is. On gemete. and on hefe. and on getele;
Cristes ðenung is ure hæl. and folca alysednys. and ða sind
gesælige ðe him ðeniað to gecwemednysse on ðam gastlicum
gerynum; Seo cwen sæde þæt hire nære be healfan dæle
gesæd be salomones mærðe. and seo / gastlice cwen godes gela-   Th. 588
210 ðung oððe gehwilc halig sawul ðonne heo cymð to þære heofen-
lican hierusalem. þonne gesihð heo micele maran mærðe. and
wuldor. ðonne hire ær on life ðurh witegan oþþe apostolum

202 is[1]] 'is'

181 BD lace   B goldum   182 B [and[2]]   183 of] B fram   185 D
Hi offriað   186 D gebedum   188 a] D ad   190 DP gyrlum
191 D fægernysse   D cwen 'þæt is'   192 deorwurðre] DP menigfealdre
frætewunge] B fægernysse   197 DP hoforode   198 bæron] B heo
weron   199 D ha'n'dum   200 B wisdom   201 seo] B þe
202 of] B on   203 þa] B þe   204 gesette] B he sette   210 B
[halig]   212 DP on life ær   D apostol⟨um⟩'an'   P apostolas

gecydd wære; Ne mæg nán eage on ðisum life geseon. ne nán
eare gehyran. ne nanes mannes heorte asmeagan. ða ðing þe
god gearcað þam ðe hine lufiað; Ða ðing we magon begytan. 215
ac we ne magon hí asmeagan. ne ús næfre ne aðryt þæra góda
genihtsumnys; Crist is ealra cyninga cyning. and swa swa ealle
ðeoda woldon geseon þone gesibsuman Salomon. and his
MS. 254ʳ wisdom / gehyran. and him mislice lác brohton. swa eac nu of
eallum þeodum gewilniað men to geseonne þone gesibsuman 220
Crist þurh geleafan. and ðone godspellican wisdom gehyran.
and hí him dæghwomlice þa gastlican lác geoffriað on menig-
fealdum gemetum; We wyllað eac secgan hu se apostol paulus
spræc be ðære getimbrunge. þære geleaffullan gelaðunge; He
cwæð be ðam grundwealle; Fundamentum aliud nemo potest 225
ponere. preter id quod positum est quod est christus iesus;
þæt is. ne mæg nán man lecgan oþerne grundweall on ðære
halgan gelaðunge. buton ðone þe ðær geled is. þæt is hælend
crist; He is se grundweall þære gastlican cyrcan. swa swa we
eow ær sædon; Se apostol cwæð; Swa hwa swa getimbrað 230
ofer ðisum grundwealle gold oððe seolfor. oððe deorwurðe
stanas. oþþe treowa. streaw. oððe ceaf. ánes gehwilces mannes
weorc bið swutel; Godes dæg hí geswutelað. for ðan þe hé bið
on fyre æteowod. and þæt fyr afandað hwilc heora ælces weorc
bið; Gif hwæs getimbrung ðurhwunað and ðam fyre wiðstent. 235
þonne underfehð se wyrhta edlean æt gode his weorces; Gif
hwæs weorc forbyrnð. he hæfð þone hearm. and bið swa ðeah
gehealden. ðurh þæt fyr; Ðas word we ne magon buton
micelre fyrhte trahtnian; Ðurh þæt gold we understandað
geleafan. and gód ingehyd; þurh þæt seolfor rihtlice spræce. 240
and getingnysse on godes lare; þurh ða deorwurðan gymstanas.
Th. 590 halige mihta. and se ðe þyllic weorc / getimbrað on godes
gelaðunge. ne mæg þæt fyr on domes dæge his getimbrunge
forniman. for ðan ðe þæt fyr ne derað þam gódum þeah ðe hit
tintregige þa unrihtwisan; Gold and seolfor and deorwurðe 245

239 micele

214 B ismeagen   215 D lufað   216 B [þæra]   218 D ʻgeʼsibsuman
(B sibsume)   220 geseonne] P gesomne   222 B [hi]   B offrian
223 eac] B eow   227 B nan mon ne mæg   228 B [halgan]   230 B
[eow]   231 B þissum grundweallum   P þysne grundweall   232 B
gimstanæs   B treow   235 D and wiðstent þam fyre   B æstænt
236 edlean] DP his edlean   239 B [micelre]   241 gymstanas] D stanes
242 B gemihtæ   B [and – weorc]   243 his] B on his

stanas beoð on fyre afandode. ac hí ne beoð swa ðeah mid ðam
fyre fornumene. Swa eac ða ðe habbað góde weorc. ne þoliað
náne pínunge. on þam bradum fyre þe ofergǽð ealne middan-
eard. ac hí farað þurh þæt fyr to criste buton ælcere dare.
250 swilce hí on sunnan leoman faron; Se ðe getimbrað ofer ðam
grundwealle treowa. oþþe streaw. oððe ceaf. untwylice he mæg
witan þæt his weorc sceal on ðam micclum fyre forbyrnan. and
hé hæfð þonne hearm his weorces. and bið swa ðeah gehealden
þurh þæt fyr; Ðurh ða treowu. and ðam streawe. and þam
255 ceafe. sind getácnode leohtlice synna. þe beoð þurh þæt fyr
afeormode. and se wyrhta hæfð wíte þæs weorces. bið swa ðeah
afeormod ðurh þæt fyr. and siððan becymð ðurh maran ear-
foðnysse to godes rice; Soðlice se ðe ða heafodleahtras wyrcð
and on ðam geendað. he mót forbyrnan on ðam ecum fyre. and
260 swa ðeah þa swǽran synna ne beoð næfre / afeormode. for   MS. 254ᵛ
nánes fyres ǽlincge; þa leohtan gyltas sind ydele sprǽca. and
þæt man underfó on ǽte and on wǽte mare ðonne his lichaman
neod sy. and þæt hé oftor wifes bruce. ðonne he dó for bearnes
gestreone. and þæt man cyde buton steore intingan. oþþe
265 oðrum ólæce mid leasre lyffetunge. oþþe man biddendne
ðearfan misrǽce. oððe ær mǽle hine gereordige. oððe ungemet-
lice gæmnige; Ðas and ðyllice sind ðas lytlan gyltas þe magon
beon ðurh ðam fyre fornumene. swa swa treowa. oþþe streaw.
oððe ceaf; Ðas þyllice gyltas ne magon ure sawla ofslean. ac hí
270 magon hí awlætan and gode laðettan. and gif we hí sylfwilles on
andwerdum life ne gebetað. we sceolon neadunge on þam
witniendlicum fyre hí geðrowian; Nu us ðincð swiðe teart wíte
þæt án ure fingra on fýr becume. and hwæt bið þonne eal se
lichama and seo sawul samod ðrowiað on þam bradum fyre. þe
275 ealne middaneard ofergǽð? Fela sind eac wítniendlice stowa.
þe manna sawla for heora gymeleaste / on ðrowiað. be heora   Th. 592
gylta mæðe ær ðam gemænelicum dome. swa þæt hí sume
beoð fullice geclænsode. and ne þurfon naht ðrowian on ðam

264 cyde buton steore intingan: *inti[n]ge fi[n]de on mannum*

246 afandode. ac hi ne] B ifondode aheo   248 B bradæn   250 P foron
250-1 P ofer þone grundweall   253 B [he]   254 ðam streawe] P þæt
treow   254-5 P þæt ceaf   255 B itacnod   D [þæt]   257 becymð
D he cymð   261 sind]   B þæt beoð   264 cyde] B dyde   B
[intingan]   266 B [ær]   267 Ðas] D þa's'   ðas] BDP þa   268 BDP
þurh þæt fyr   streaw] P treow   269 Ðas] BD þas and   270 D gif we
sylfwilles 'hi'   272 D witniendum   273 B fyre   B [and]   bið]
D bið hit   274 samod] B samod togadere

foresædan fyre; þa heafodleahtras sind. Mansliht. Cyrcbræce.
and þæt man oðres mannes wif hæbbe. and leasgewitnys. Stala. 280
reaflac. Gitsung. ydel gylp. Modignys. anda. and singal ofer-
drenc. Hæðengyld. drycræft. wiccecræft; Ðas synna and oðre
ðyllice ne beoð na afeormode on ðam witnigendlicum fyre. ac
ða þe on swilcum leahtrum heora líf geendiað. beoð betæhte
to ðan ecan fyre þonne crist cwyð; Discedite a me maledicti. 285
Et reliqua; Gewítað fram me ge awyrigedan into ðan ecan
fyre. þe ðam deofle is gegearcod and his awyrigedum englum;
Is nu for ði micel neod gehwilcum men þæt he his gyltas ægðer
ge ða læssan ge ða maran sylfwilles gebéte. and mid soðre
behreowsunge his scyppend gegladige. þone ðe hé ær mid for- 290
sewennysse geǽbiligde. þæt hé ne ðurfe becuman to ðam
teartum bryne. ne huru to ðan ecan forwyrde. ac geearnige
swiðor þæt ece líf mid gode. and mid eallum his halgum; Wite
gehwá cristenra manna þæt nán man ne sceal sceattas niman for
godes cyrcan; Gif hit ðonne hwá deð þæt hé godes bryde þæt 295
is seo cyrce wið feo sylle. ðonne bið hé Iudan gelíc þe for criste
æt ðam Iudeum feoh genam. and he sceal mid iudan on ecnysse
ðrowian. buton hé hit on life wið god ǽr gebete; Ne gedyrst-
læce nán læwede man þæt he wissunge oððe ealdordom healde
ofer godes ðeowum; Hú mæg oððe hú dear ænig læwede man 300
MS. 255ʳ   him / to geteon þurh riccetere cristes wican? Ne furðon nán
gehádod man ne sceal him to geteon þæt hé crist spelige ofer
his halgan hired buton him seo notu fram godes lareowum
betæht sy; Gif se læweda man wile sum mynster aræran. oððe
gegodian. betæce hé gode swa hwæt swa hé þærto deð. and ge- 305
sette ðone híred be healicra láreowa ræde. and næfre se læweda

280 leasgewitnysse   285 'c'wyð

---

279 Cyrcbræce] B circebruce and lafordswice   280 B [mannes]   B lease
witnesse   Stala] BD stala and   281 Gitsung] B gitsung and   Modig-
nys] B modignesse. and   282 Hæðengyld. drycræft] B Hæðengild. and
dreocræft. and   282–3 Ðas synna and oðre ðyllice] D þas and þyllice   P
Ðas þyllice   283 P afeormod   284 B swylce leahtræs   beoð] B
heo beoð   285 B cwæð   maledicti] BDP maledicti in ignem æternum
286 B [Et reliqua]   into] B to   D [ecan]   287 DP [ðam]   B
igearcod is   288 gyltas] B gyltæs beten   289 B [and]   292 B
teartan   D geearnian   293–4 Wite gehwa] J resumes   294 J 'man'
295–6 J [þæt is – cyrce]   298 B gode   B [ær]   gebete] J gebete.
Nu doð swa þeah ealles to feala manna þæt hi syllað heora cyrcan to hyre.
swa swa waclice mylna etc. (as LS XIX, lines 249–54)   300 P þeowas
301 furðon] B forþan   P furfon < þurfon   303 DP hirede   306 ðone]
B þer   J þar

man ne healde ealdorscipe ofer gehádodum godes ðeowum;
Gif hit ðonne hwá deð. wite he þæt hé déð ongean cristes
gesetnysse. and ealra / his halgena; For worulde he mót godes Th. 594
310 ðeowum fylstan. and lætan hí lybban be heora boca wissunge.
and heora gastlican ealdres tæcunge; We habbað nu gesæd
be godes cyrcan. ægðer ge be ðære ealdan. ge be ðære niwan;
Nu bidde we ðone ælmihtigan hælend. þæt he ús ðurh his
mildheortnysse geclænsige fram urum synnum. and us geléde
315 to ðære ecan gelaðunge heofenan rices. on ðam þe hé rixað mid
his gecorenum halgum. mid his ælmihtigan fæder. and ðam
halgan gaste. on ealra worulda woruld; Amen:—

Explicit Liber Secundus. Catholicorum Ser-
monum Anglice. Deo Gratias. amen;

Oratio

Ic ðancige þam ælmihtigum scyppende mid ealre heortan. þæt
hé me synfullum þæs geúðe. þæt ic ðas twá bec him to lofe and
to wurðmynte angelcynne onwreah ðam ungelæredum. ða
gelæredan ne beðurfon þyssera boca. for ðan ðe him mæg
5 heora agen lár genihtsumian; Ic cweðe nu þæt ic næfre heonon-
forð ne awende godspel. oþþe godspeltrahtas of ledene on eng-
lisc; Gif hwá má awendan wille. ðonne bidde ic hine for godes
lufon þæt hé gesette his bóc onsundron. fram ðam twám bócum
ðe we awend habbað we truwiað þurh godes diht. Sy him .á.
10 wuldor on ecnysse; Her æfter fyligð án lytel cwyde be géarli-
cum tidum. þæt nis to spelle geteald. Ac elles to rædenne. þam
ðe hit licað;

311 heo'ra'

307 P gehadode godes þeowas   308 J [ðonne]   deð²] B hit deþ   J þæt
deð   311 B tægunge   312 B [ge¹]   315 DP [þe]   J 'he'
316 mid] J and mid   317 BP halgum   ealra] P heora   woruld] J
worold. a. butan ende
EXPLICIT and ORATIO: in K only

TEXTUAL NOTES

THESE notes are intended to summarize the manuscript situation for each homily, to explain emendations to the main text, and to comment on variant readings which are likely to be authentic or are particularly significant for other reasons. The statements about the textual character and relationships of the manuscripts refer back to the section on the manuscript tradition in the Introduction and are not separately referenced. Any known or probable relationships outside Ælfric's scriptorium are specified; apart from these it is to be assumed that the manuscripts are independent witnesses. In assessing the authenticity of the variant readings I have taken into account manuscript distribution, scribal tendencies, the Latin sources, parallels with Ælfric's other writings, his style and language, and the known tendencies of his revision. With many variants involving matters of detail no firm decision as to authenticity can be reached. I have mentioned in the notes primarily those variants for which there is positive evidence, but without elaborating the evidence for the revision of cases after prepositions, since this is such a regular feature (cf. above, pp. xxi–xxii, lxxviii–lxxxi), or for variants that are supported simply by their occurrence in two or more independent manuscripts. The manuscript distribution of revisions does not always follow a consistent pattern: small corrections and improvements seem to have been made rather sporadically in different manuscripts, and do not always appear in other manuscripts belonging to a later stage.

I   J, K, T(b2)

All three versions probably belong to the first recension. There are differences of case, perhaps due to the author's revision, at 71, 81, 265, and 294. For details of the composite homily in which J's extract is used see Ker, *Catalogue*, p. 344.

88–9. The punctuation, taken from T, makes better sense than K's.

222. T's additional comment, perhaps based on Isidore (PL 83, col. 309), is intelligent but can hardly be by Ælfric since he has left unchanged his treatment of Sybilla as a proper name.

255. *godes*: omitted by T here and peculiarly prone to omission by scribes; cf. IV 268, V 44, 111, 223, XI 105, XXVI 143, and XXXV 104.

II   K, f^k

Both manuscripts belong to the first recension. There is no evidence of authentic revision.

88. *hire foton*: in f^k only but probably omitted from K in error, since there is an equivalent in the Latin source.

169. K *godes,* fᵏ *cristes*: the source has *christi* at this point and *cristes* fits the context better. K's *godes* may be an unconscious scribal substitution.

III B(e), K, R

K belongs to the first recension. B and R belong to the second recension and probably have a common source at some remove from Ælfric. They incorporate four small additions that would seem to be by Ælfric, at 1, 196, 212, and 294, and revisions of case at 32, 129, 150, 153, 165, 212, 222, and 279–80 (not all of these in fact appear in B, but B is a very late and linguistically unreliable manuscript and has probably reverted to the original forms independently).

1. BR *Epiphania ðæt is swutelungdæg*: the addition makes the text correspond closely with the beginning of the First Series homily for Epiphany: *Ðes dæg is gehaten Epiphania domini, þæt is godes swutelungdæg.*

18. K *wætan*: almost certainly an error, since the genitive plural is always *wætena* in the *Catholic Homilies* and that is the BR reading here (cf. especially the closely parallel statement at II XVII 65).

75. K *and he,* BR *þe*: the latter reads better and matches Ælfric's wording at III 115 and IV 163; it could be Ælfric's revision.

83. The manuscript punctuation, making *gif* the start of a new sentence, must be wrong since *forbærnan* depends on *het* three lines earlier; yet it remains in all three manuscripts.

164–5. *ofer him*: B's *heom* is its normal form for both accusative and dative functions of the third person plural pronoun and so could reflect an earlier *hi* here, as in R.

212. BR's additional sentence is probably based on Augustine's *Tractates on John,* chapter IV (chapters V and VI being Ælfric's main source for the homily); cf. PL 35, col. 1412: *baptizatus est Dominus baptismo Joannis, et cessavit baptismus Joannis.* It is difficult to believe that anyone but Ælfric could have added it.

223. K *cristes,* BR *godes*: perhaps an unconscious change by a scribe; cf. II 169.

294. BR's additional sentence is in Ælfric's rhythmical alliterating prose.

IV B(f), E(a), F, K, M, N

The six manuscripts all belong to the first recension, with E and F having a common source and M and N belonging to later stages than EF and K (B is a little uncertain; see above, p. xl). There are revisions of case after prepositions in N at 56–7, 74, 123–4, 126, 127, 176–7 (shared by K), and 292 (shared by M, which does not begin until line 289); B in fact agrees with N in all these readings too, but it is a late manuscript with levelled endings and its evidence is unreliable.

Other variants that probably go back to Ælfric's scriptorium occur at 129–30 (where K alone has the Latin note), 251 (N), 269 (EFN), 293 (M), 295, 296, and 304 (MN).

132. EFN *gename*: probably the correct reading, since B regularly drops the *ge-* prefix and K's scribe could have dropped it here.

165. *sparode*: K has a dative object, EFN the accusative. *Sparian* does not occur elsewhere in the *Catholic Homilies* or in Pope's collection, but Bosworth-Toller records both dative and accusative objects for it.

240. B *seolfe*, K *sylfe* (corrected): an easy mistake for *symle* if written *sȳle*, and the agreement may be coincidental.

251. N's extra clause corresponds to what Ælfric wrote in his letter on the Old and New Testament (Crawford, *Heptateuch*, p. 38).

268–9. K *æfter hundseofontig geara*, EFN *æfter hundseofontigum gearum*: Ælfric normally treats numerals above nineteen as nouns but his usage after prepositions requiring the dative may have differed; the only other examples that I have found are at Pope XXI 503, where the numeral is treated as an adjective, as in EFN here, and at XVIII 108 in the Second Series, where precisely the same variation occurs as here.

293. The addition of *dæghwamlice* and *halgan*, both appearing in M alone, produces characteristic Ælfrician expressions: for the former cf. I 116, IV 35, and XV 189, and of course the addition clarifies the sense; for the latter one might note that *seo halge gelaðung* is a very common expression for the Church in Ælfric's writings, representing plain *ecclesia* in his sources.

304. MN *ðe* for *þa ðe*: for similar changes in M, N, and O see V 4, 157, and 199 and VII 51. The change probably goes back to Ælfric's scriptorium and looks a very considered one, but I have seen no evidence in Ælfric's later writings that he abandoned the *seþe* form of the relative pronoun.

325. The last word and a half of the text are not visible in M but would have been written on the first line of the next page and may have been erased to make room for the subsequent addition of a title to the next piece in the manuscript.

V   B(d), C(a), D (plus separate fragment), E(a), F, K, M, N, O

B, C, D, E, F, and the fragment at the end of D have a common source at some remove from Ælfric, and so do N and O. All the manuscripts belong to the first recension but M and NO reflect a later stage than K and the B–F group. There is one revision of case, at 24, and M has a probably authentic addition at 194. If, as seems generally likely, M is independent of NO (see above, p. xlix) the variants shared by these three manuscripts (at 20, 86, 91, 157, 199, 241, and 283) must also go back to Ælfric's scriptorium, but they may not all have been initiated or approved by Ælfric himself. Apart from these ten copies there is also a fragment of a substantially rewritten version of the homily, corresponding to lines 5–44 in this text (MS. Bodmer 2, Bibliotheca

Bodmeriana, Cologny-Genève, Switzerland). It has been printed in full by N. R. Ker, with a detailed discussion, in 'The Bodmer fragment of Ælfric's homily for Septuagesima Sunday', *English and Medieval Studies presented to J. R. R. Tolkien*, ed. Norman Davis and C. L. Wrenn (London, 1962), pp. 77–83, and I have not attempted to cite variants from it here. It shows textual similarities to the B–F group rather than K or MNO, as Ker showed, but its relationship to the other manuscripts cannot be ascertained any more precisely than that.

54. On the contamination of F and M evident here and at lines 137, 138, 146, 191, and 287, see above, p. xlvii.

62, 63. K *fram adam, fram abraham*: perhaps an authentic form rather than an error, despite the lack of support from other manuscripts here, since similar undeclined forms occur in E and F at IV 84 and 86 and in K at XII 9.

91. K *ylda*: the genitive plural is possible here (and hence the text has not been emended) but all other manuscripts have the genitive singular, *ylde*, which would seem preferable.

98 *asihð, astihð*: *asihð* is the rarer word but is recorded in Bosworth-Toller with reference to the sun and in fact has rather better manuscript support here, since BDEF and NO represent just two sources, both at some remove from Ælfric, whereas K's *asihð* is supported by C, representing another branch of the tradition drawn on by BDEF, and M (before alteration). The error or alteration is an obvious one and may have been made more than once.

122. K *cweð*, others *cwæð*: *cweð* is probably correct, with *se hiredes ealdor* used here as a term for Christ (cf. line 138); the source has *dicitur*. *Cwæð* must be an error, but it is easily made and may have arisen in the B–F group independently of MNO.

131. *wite*: not in K but omitted in error, since the source has *per poenam*.

141. K *on ðam timan*, others *on ðone timan*: the accusative is rare in such phrases in Ælfric but does occur; it is probably the original reading here, with K reverting to the more normal dative.

157. MNO *ðe* for *se ðe*: cf. IV 304 and note.

162. KM *for ðan we ðe*, others *for ðan ðe we*: the construction of the sentence and comparison with the source show that the KM reading is correct. It is probably not the original reading, though, because *for ðan* is extremely unusual as a conjunction in the Second Series, *for ðan ðe* being Ælfric's normal form. What Ælfric probably wrote originally was *for þan þe we þe*; the final *þe* must have dropped out and the error been subsequently corrected by transposing *þe* and *we* in the sources of K and M.

165. *ealdfæderas* occurs only in K, the others having *ealdan fæderas*, but it seems to be an authentic form since it occurs in most manuscripts at V 157–8 and also appears at Thorpe I, 524/2.

172. KE *ceas*, others *ceast*: *ceas* does not otherwise occur in the *Catholic Homilies* or Pope's collection; it is probably a scribal slip occurring in E independently of K.

194. M's additional clause is probably by Ælfric since he made the same point in a very similar context at Thorpe I, 536/31: *On ðisum andweardan life sind þa gecorenan feawa geðuhte ongean getel þæra wiðercorenra, ac þonne hi to ðam ecan life gegaderode beoð, heora tel415 415 swa menigfeald, þæt hit oferstihð, be ðæs witegan cwyde, sandceosles gerim.*

199. MNO *þam þe* for *se þe*: cf. IV 304 and note.

214. *gefylsta*, 215. *andfenga*, 220. *mildheortnyss*: K is consistent here in its use of the nominative, whereas the other manuscripts vary, all having *gefylstan*, all except N and O having *andfengan*, but C and D alone having *mildheortnysse*. The nominative is used in the parallel sentence at Pope XV 227.

241. MNO *hundseofontigra* for *hundseofontig*: cf. IV 269 and XVIII 108 for similar variants.

246–7. K's *forgægednyssum* is not supported by the other manuscripts, which all have the singular, and may be an error, but the plural is used in the same context at IV 213.

VI   B(d), C(a), D, E(a), F, K, M, N, O

B, C, D, E, and F have a common source, and so do N and O. All nine manuscripts belong to the first recension but M and NO belong to later stages than K and the B–F group. Brief additions by Ælfric, perhaps originating as marginal notes, occur in K alone at 117 and 125–7, and there is a revision of case at 69–70.

16. *þam* has been altered to *þa* in both D and F; other examples of matching alterations in these two manuscripts occur in XIX.

54. KM *læfde*, BCDEFNO *lærde*: *læfde* is correct, since the source has *dereliquit*.

72. K's *be ðisum and sæde* is plausible but comparison with the source (Bede) shows that the reading of the other manuscripts, *be ðisum sæde* (= 'concerning this seed'), is the correct one; Bede has *de hoc semine*.

117, 125–7. The Latin note and the sentence at 125–7, both unique to K, probably refer to the intervening passage, a matter on which Ælfric was insistent but seemed to expect resistance (cf. XIX 184–5, and also Pope XIX 106–18). The ideas are indeed in Augustine, as Förster pointed out (*Anglia*, xvi, p. 38), but there is no close parallel and the interpretation of the thirtyfold crop is also in one of Ælfric's main sources for this homily, Bede's commentary on Luke (perhaps used through the medium of adaptations by Haymo or Smaragdus); there is no other indication that Ælfric used Augustine for this homily.

158. CKMNO *petrus*, BDEF *paulus* (in F added by another hand over an erasure): *petrus* must be the correct reading and the change to *paulus*

is difficult to explain. Possibly it originated as a mere slip and was then
entered in F to bring F into agreement with D (cf. note to line 16).
This would suggest that B, D, and E share a source not common to F,
which otherwise seems unlikely, but with a variant reading of this kind
there may well have been contamination in the source of B and E as
well.

165. BK *he*, others *se*: both *he* and *se* are common in the main clause
following a *se ðe* clause (cf., e.g., xxxviii 152–5) and they seem to have
been added sometimes when the main clause originally had no pro-
noun; cf. xxviii 16, 93 and xxxviii 9–10 and 139. Perhaps here too
Ælfric originally had no pronoun and *he* was added in K's source and
se in the sources of the other manuscripts (with B having *he* for *se*
because of its late date).

197–8. *edleanes æcre*: a miscopying of *æcre* as *ecre* seems to have caused
confusion in both the B–F group and NO.

vii   D (plus separate fragment), E(a), F, K, M, N, O, R, T(b3), f^p

D, E, F, f^p, and the part at the end of D have a common source; so
have N and O; and so have R and the extracts in T. The D-group and
K belong to an early stage of the first recension, M and NO to a later
stage. R and T belong to the second recension and have an extra
sentence probably added by Ælfric at line 28. The variants shared by
M and NO (at 17, 51, 99, and 172) probably go back to Ælfric's
scriptorium but may not be due to Ælfric himself. In f^p the leaves were
trimmed soon after writing, cutting off a little of the text at the outer
edge of the rectos, and the words or parts of words lost in each line
were rewritten, in what looks like the main hand, in the inner margin
at the beginning of the next line. I have not recorded this in the
variants. It seems to affect the textual history only at 120, where the
scribe has turned his original *soðlice* (agreeing with D, E, and F) into
soð (the reading of the other manuscripts) by rewriting *soð*, cut off at
the end of the line, *on* the erased *-lice* at the beginning of the next line
instead of in front of it. This suggests that the scribe may have used
to correct the binder's damage not the original exemplar but a manu-
script of a quite different tradition; if the rewriting really is by the main
scribe, though, this would seem unlikely and it may be that the agree-
ment with K and other manuscripts at this point is coincidental. The
rewriting was probably responsible for the omissions at lines 1 and 34.
   Apart from these eleven manuscripts there are three brief extracts
from the homily in X^e, in a short address for use in connection with
confession that has been printed by H. Logeman in 'Anglo-Saxonica
Minora', *Anglia*, xii (1889), pp. 513–15. The appropriate part of
Logeman's text reads:

þe his leof ful cuð þeos halige. and þeos clæne tid læntenfæstenes on
þære þu scealt þine gymealæste. and forgægednyssa þinum gaslicum
scrifte geandettan. and mid fæstene. and mid wæccum. and mid
gebedum. and mid ælmesdædum. fram synum þe aþwean þæt þu

bliðelice mid gastlicre blisse þa easterlican mærsunge cristes
æristes. gebidan mote. and þæs halgan husles þigene mid gelefan
underfon. to forgifenysse ealra þinra synna. and to geclænnysse
deoflicra costnunga. þis feortig daga fæsten. . . . Drihten on him
sylfum astealde þis fæsten. and fæste on an þurh his godcundan mihte
feowertig daga. and nihta fram eallum eorðlicum biglefum. witodlice
on eallum tidum gedafenað cristenum mannum þæt hi gode weorc
began. and ælmesdeda and swa þeah swyþost on þissere halgan tide.

Cf. lines 1–10, 18–20, and 29–31 of this homily.

17. MNO *deofles* for *þæs deofles*: *deofol* occurs both with and without
the demonstrative in the *Catholic Homilies* and the homilies in Pope's
collection, and there is nothing to indicate that Ælfric himself would
have deleted it.

26. *galnysse, galscipe*: the former is common in the *Catholic Homilies*,
the latter does not occur there at all.

28. The extra sentence in R and T corresponds closely with Ælfric's
remarks at Thorpe I, 178/34–5 and in a piece on abstinence (Thorpe II,
608).

50. EKfᵖ *dom*, DFMNOR *dom gedemed*: the former is closer to the
biblical text (James II 13) and is probably Ælfric's original reading.
D and F are here independent of Ælfric since in D *gedemed* is a
subsequent addition to the manuscript and F's reading is not supported
by the related manuscripts E and fᵖ (or D); D's addition may in fact
be due to collation with F—see the note on VI 16 and 158. The MNOR
reading could be due to Ælfric.

51. MNO *ðe* for *se ðe*: cf. IV 304 and note.

71. K *dælere*, others *to dælere*: K's usage, with *dælere* as an accusative
in apposition to *welegan*, occurs elsewhere in the *Catholic Homilies* but
caused difficulty at III 164 and XIV 141–2 and was simplified there by
adding *to* (the latter change is certainly not due to Ælfric, and the
former may not be). K's reading is probably the original here too, as
the harder reading, but the addition of *to* must this time go back at
least to Ælfric's scriptorium. Cf. also *to dælere gesette* at line 103.

81. The Latin text of the biblical quotation is in all manuscripts except
K. It may have been left out by the scribe of K but it is more probably
Ælfric's addition, with K representing the original text, since K is
generally reliable and such an addition would correspond with the
general pattern of Ælfric's practice, Latin quotations being used much
more in his later work than in his early writings. Cf. the similar addition
at XXIX 69.

101. K *gebide*, others *gebitst*: Ælfric always uses the subjunctive after
hwæðer in the homilies edited by Pope but occasionally uses the indica-
tive in the *Catholic Homilies*. *Gebitst* is perhaps the original reading
here.

109. EKMNO *goldhord*, DFf^pRT *hord*: there seems no reason for a scribe to have miscopied *goldhord* as *hord*, and the latter could well be Ælfric's deliberate variation on *goldhord* in the previous line. E's reading at least must go back to an earlier *hord* since it has the same source as D, F, and f^p.

128. K *ða wædligendan*: the other manuscripts all have the dative, which is Ælfric's normal usage with *fultumian*.

145. *gebletsode mines fæder*: the difficulty caused by this expression, evident here in the manuscripts of the DEF group, is also apparent in M at Pope XI 409, where the same alterations have been made.

172. MNO *lytlingum* for *lytlum*: the same variation occurs in the same sentence in M's text of Pope XI 429. With the addition of *þearfum* by F and apparently T, cf. the same addition by T at Pope XI 429 and by T and U at Pope XI 450.

179. The continuation in F reads:

Us is þonne swyðe micel neadþearf men þa leofestan. þæt we a dæges and nihtes sin swiðe þancfulle. þam ælmihtigan drihtne. ealra his are and miltse. þæt he dæghwamlice us cyþeð; Uton geþencan hwilc‘e′ eadignysse þa forleosað. þe ⟨a⟩‘for′gymeleasiað and forhicgað godes bebodu; And us gedafenað. þæt we geearnion þa beorhtestan stowe. and þa wlitegestan eadignysse mid englum. and mid heahenglum. and mid eallum his halgum on heofona rices dreame; þær is þæt singale and þæt ece life; þær is ealra cyninga cyning. and ealra wealdenda wealdend. and scippend ealra gesceafta; þær is sib buton sare. and þær is leoht buton þeostrum. and dream buton ende; And þær is þære ecan eadignysse fruma. and ealra haligra wlite and wynsumnys. and geogoð buton ylde on gestaþeledum wuldre. on þam hehstan þrymme. on friðe. and on frofre. on þære hehstan hælo. and on þam selestan setle. and on þam beorhtestan blæde. and on ðam mæstan mægene mid urum drihtne hælendum criste. se leofað and rixað. a buton æghwilcum ende. amen.

VIII   C(a), E(b1), F, H, K, M, N, O

C and F have a common source and so do N and O. CF and K belong to early stages of the first recension, E, M, and NO to later stages. H belongs to the second recension but in this homily shows no advance over E, M, and NO. All five of these manuscripts have revisions of case at 33–4 and 78–9. M and NO share two other variants, at 41 and 122, probably both errors.

63. K *manode*, CFEMNO *namode*, H defective: either word would fit but *namode* is probably correct, with *manode* as a scribal slip. The other six manuscripts are unlikely to agree in error and *manode* is less appropriate, since Ælfric always uses it in the sense of admonishing an inferior. Cf. the similar error of *gemanod* for *genamod* in E at XVIII 66.

106, 109. The words *falles* and *etes* in H are added in a fourteenth- or fifteenth-century hand. The second looks as if it could have been taken from M's text, given that the two manuscripts were probably together at Tavistock in the early sixteenth century; but the dialect is northern, of course, not south-western.

127. KE *nyten*, CFHMNO *nytende*: the one other recorded example in Old English of *nyten* as an adjective, meaning 'ignorant', is in Ælfric too, so that it must be authentic here, as a peculiarly Ælfrician form unlikely to be produced by a scribe in error. In this context, though, it could have been mistaken for its synonym, *nyten* = 'animal', which may explain the alteration to *nytende*. The manuscript distribution of *nytende* suggests that it was Ælfric who made the change.

IX   D, E(a), K, L(e), T(b4), X^c, f^k

D and E have a common source, from which the extracts in X^c also derive. All seven manuscripts belong to the first recension. Variations going back to Ælfric's scriptorium occur at 33, 81, and 161.

33. *burh*, in K and L, is probably an error, since apart from this *binnon* always takes the dative in the *Catholic Homilies* and the homilies in Pope's collection.

81. *sona*, present in KL but not in DET, could have been accidentally omitted by one of Ælfric's scribes or added by Ælfric.

161. KL *sungon*, DET *sang*: Ælfric generally uses a singular verb after *folc* but there are exceptions, mainly in the First Series, and it may be that *sungon* is the original reading here.

X   D, E(a), K

D and E have a common source and belong, like K, to the first recension. Any of the numerous variant readings shared by D and E could be authentic but there is no positive evidence in favour of any of them (except perhaps the use of the accusative after *þurh* at 333, which is characteristic of Ælfric) and K's reading is often supported against D and E by the Latin sources (e.g. at 16–17, 30–1, 53, and 297).

281. DE *þære adle*: the dative is recorded after *stillan* in Old English but Ælfric always uses the accusative in the *Catholic Homilies*.

332. *lindisfarnensiscere*, in DE, is supported by line 259 but may be influenced by that reading.

XI   D, E(a), K, L(c), f^k

The five manuscripts all belong to the first recension, with D, E, and L having a common source (and E and L sharing a source against D). There is no evidence of authorial revision, except possibly the change of case at 283.

24. *woruldlice*, in K and f^k, is probably an error since the accusative is not otherwise used by Ælfric with *cepan* in this sense; DEL's *woruldlicre* (with *herunga* for *herunge*) is preferable but may be an independent correction.

137. K *þone snæd*, DELf^k *þæt snæd*: this is the only recorded example of the word, meaning the handle of a scythe, in Bosworth-Toller, though it is apparently common in modern dialects. Both forms here may well go back to Ælfric's scriptorium.

180. *wedende*, preserved only in K, is nevertheless correct, for the source has *saevire*.

224. *metes*: K's use of the genitive after *ðicgan* here would seem to be an error, perhaps by association with *onbyrigan*, since Ælfric's normal usage is the accusative.

313. DEL *se profost*: K's *his profost* is supported by the *eius praeposito* of the source.

387. DEL *for ðan þe*, K *for ðan*: the former is probably correct, since although *for þan* = 'because' occurs twenty times in the First Series it does not otherwise occur in the Second Series except at II 200 and XIV 5, where it is also confined to K. K's omission of *þe* here was no doubt caused by the following *þæt*.

429. *on his gebedum*: lacking in DEL but supported by the source's *in orationem*.

443, 451, 456, 460. K reads *thesalla* or *þesalla* on all four occasions as the name of the tyrant, although the Latin text has *Zalla* and *salla* must be what Ælfric intended at 443. The mistake, presumably caused by a scribe misunderstanding the construction at 443 and altering the other instances to fit, must have occurred in Ælfric's own scriptorium and been copied more than once, since it is also in D. E and L have the correct reading but this must be due to subsequent correction by reference to the Latin source (or perhaps the Old English translation), by someone quite independent of Ælfric, since E, L, and D have a common source at some remove from Ælfric.

558. *stiðlicum*: K's *swiðlicum* is possible but *stiðlicum* has the support of both DEL and f^k, which do not appear to be related.

563. Kf^k *leorningcnihtum*, DEL *gebroðrum*: the latter is probably the original reading since the source has *fratribus* at this point, a word which Ælfric regularly translates in this homily as *gebroðra* and never as *leorningcnihtas* (though he uses both words as translations of *discipuli*). Alteration of one form to the other seems pointless; perhaps the Kf^k reading is an unconscious substitution by a scribe.

XII   F, K, M, N

All four manuscripts belong to the first recension but M and N belong to a later stage than F and K. There are revisions of case in M and N at 238, 447, 465, 535, and 569, and in K, M, and N at 174 and 337. The handful of variants shared by F, M, and N, which must go back to Ælfric's scriptorium, seem to be partly scribal in origin (e.g. 53, 74, 88, and 269) but a few look more considered and are more probably due to early revision by Ælfric, particularly the alternative titles to the two parts of the homily and perhaps the variants at 368–9, 527, and 557.

9. FMN *adame*: K's *adam* would seem to be an acceptable usage for Ælfric; cf. the dative form *adam* at IV 84 (in E and F) and V 62 (in K).

53. K *sceole*, FMN *sceolde*: scribal variation between these two forms, especially past for present, is common. K's reading seems to fit better.

74. FMN *becom*: an error, for *ðeostru* is generally plural in Ælfric and this is confirmed here by the form of the adjectives.

108. *moyses*, in F and K, is irregular, since the accusative form is *moysen* elsewhere in the *Catholic Homilies* (except, curiously, after *het* at Thorpe I, 134/13). The MN reading, *moysen*, could be a correction by Ælfric or his scribe.

121. FK *leaffulran*, MN *geleaffulran*: FK seem to be in error, since *leafful* does not otherwise occur in the *Catholic Homilies* or Pope's collection, whereas *geleafful* is common. The MN reading could be a correction of the earlier error rather than a survival of the original reading.

131. The addition of *for þam*, in M and N, is probably not due to Ælfric himself, since he uses *for þam þe* for the conjunction in texts later than the First Series.

368–9. K *ælcum lacum*, FMN *ælcere lace*: K's reading is the only instance in the *Catholic Homilies* of *ælc* in the plural (and hence meaning 'all'); it could be either a scribal slip or an original reading subsequently corrected by Ælfric.

373. M's additional sentence, providing a conclusion to the first part of the homily, is probably the work of the compiler of the two composite homilies in M; see my article in *Anglo-Saxon England*, iv.

485, 510, 554. *weamet*, *weamodnys*: K has *weamet* each time, F *weamodnys* each time and M *weamet* at 485 but *weamodnys* at 510 and 554. Ælfric uses *weamodnys* in his later works and may have substituted it here, but the variation could simply be due to scribal changes to the more common word *weamodnys*.

557. K *leane*, FM *edleane*: *edlean* is common in Ælfric while *lean* occurs a little in the First Series but not after that. K's reading is probably original with F and M showing Ælfric's revision to his later form.

XIII C(a), E(b1), F, K, L(a), M, N, O, T(c3)

C and F have a common source, and so do N and O. The eight main manuscripts all belong to the first recension but E, M, and NO belong to later stages than CF and K. The eighth manuscript, L, generally shows a text very similar to K's but here has links rather with M, N, and O and perhaps has a different source for this item. There are revisions of case at 53, 62, 63, 69, 74, and 249: L, M, N, and O have all of these, E has all but one (69), K has only one (74) and C and F have none at all. The brief extract in T, simply explaining the significance of the occasion, is unplaceable.

15. The omission of *uos* by C and L brings them into line with the Vulgate, whereas Ælfric's reading corresponds to his source, Augustine. C and L are unrelated, however.

24. LMN *Soðlice*: probably a scribal variant, emanating from Ælfric's scriptorium, since the *Soð soð* of the other manuscripts corresponds to *Amen, amen* in the Vulgate and recurs at 37, 144, and 207.

82, 94. The sentence added to F at 82 is a very close rendering of part of the homily by Gregory the Great which was Ælfric's other main source for this piece (see PL 76, col. 1150B). The addition at 94, up to *begymenne*, is from the same source, col. 1150C. The two additions are in the same mid-eleventh-century hand, probably the one responsible for the brief addition at the end of VIII. It is conceivable that they were taken from another version of the homily containing additions by Ælfric, but their vocabulary and style are not like his and they are more probably the work of an intelligent reviser. The remainder of the addition at 94 was made earlier, by a different scribe, probably the one responsible for the addition at the end of XII. It is in a passable imitation of Ælfric's alliterative style but not at all in his manner and quite inappropriate here. In the process of fitting in the additions part of the original text was erased and rewritten, with *iudei* for *iudeiscan* at 95.

XIV   C(a), F, K, M, N, O, R, T(b3), Xᵉ

C and probably Xᵉ derive from F, though Xᵉ shows some contamination with the NO tradition; N and O have a common source; and T derives from R, perhaps directly. CFXᵉ, K, and M belong to the first recension, with M belonging to a later stage than the others. R and T belong to the second recension. N and O draw for the most part on a late form of the first recension and show a similar text to M, but in this homily they show no links with M and agree very closely with R and T, with even one minor error in common (167). It may be that N and O draw on a different source here, one shared by R, but in view of the general character of their collection it seems more probable that XIV goes back to the same archetype as the rest of the homilies in N and O, a more up-to-date version of this homily having been substituted in that archetype, possibly on Ælfric's instructions (see above, pp. xlviii–l). There are revisions of case in MNORT at 100, 112, 129, 194, and 240 and in KMNORT at 217, 263, and 273, and revisions of wording in NORT at 208, 282, and 315–16. Other small revisions are indicated in the notes. Many of the revisions correct anomalous or poetic usages that were probably introduced by Ælfric as part of his early experiment in alliterative, rhythmical prose, particularly usages that served to restrict the proportion of unstressed syllables; the revisions no doubt reflect the development of a looser style evident in Ælfric's later works (on developments in the length of the 'half-line' see Pope, pp. 113–16).

5. K's *for ðan ealle ðing*, with *he* added after *ðing* by another hand, is probably an error since all the other manuscripts agree in reading *for ðan ðe he ealle ðing* and K's *for ðan* is so rare a form for the conjunction

in the Second Series (*for ðan ðe* is normal) as to be suspect in any case; but K could preserve here an anomalous construction used for rhythmical reasons.

7. KMRT's *ðe* is probably the only authentic reading, the other manuscripts showing scribal alterations to make *astah* intransitive (the more common usage). Cf. Thorpe I, 548/18 *seo dún þe se Hælend astah*.

26. K's *ðunres* instead of *ðunresdæg* is unsupported by any other manuscript but makes sense and may well be authentic, since it is the harder reading, inevitably prompting the addition of -*dæg*, and K's similar *sæternes* at 334 is supported by F. Different scribes may have independently added -*dæg*.

26. CFX^eNORT *ure drihten*: *ure* is possibly an addition by Ælfric since *drihten* occurs much less frequently without a demonstrative or possessive in his later work than in the *Catholic Homilies*; but it is a fairly common kind of addition (cf. lines 15, 286 and 330).

33. NO's *fingrum* was presumably substituted for *handum* for the sake of alliteration, but probably not by Ælfric, since it does not occur in RT and it produces what for Ælfric would be excessive alliteration.

50. *gelice he*: KM's reading, without *he*, may well be the original wording, such compression being common in this homily, with *he* perhaps being added independently to the other two groups, CFX^e and NORT.

50. C(F)X^eNORT *genam* for *gelæhte*: CFX^e are here independent of NORT, since C and X^e simply inherit the alteration to *genam* made in their source F (though there may have been contamination between F and a manuscript of the NORT tradition). Ælfric probably chose *gelæhte* originally as an elegant variation on *genam* in line 47 and for its alliteration with *gelice*, but it is not a very appropriate word in the context (otherwise being used by Ælfric nearly always with a suggestion of force, and normally with a sense of malicious intent), and NORT's *genam* is possibly his own substitute, leaving *eft* and *ænne* to provide alliteration.

111. M *hine sylfne*: M's use of the accusative here instead of the dative is suspect since the accusative occurs only once after *truwian on* in Pope's collection and only twice in the *Catholic Homilies* (II XVIII 119–20 and XXXIV 166), but the similar change after *gelyfan on* is well authenticated.

148. K *on dægerede*: probably a scribal variant for *on dægred*, the reading of all the other manuscripts here and at Pope XXI 323.

187. K *hælend*, CFX^eM *þone hælend*, RT *crist*: K's reading is unusual since *hælend* as a term for Christ generally has a demonstrative or possessive in the *Catholic Homilies*—the only comparable examples are in this homily, lines 217 and 301. These three are probably deliberate departures from normal usage to reduce the number of syllables in the 'half-line'. The *þone* of CFX^e and M could be Ælfric's second thoughts or the work of others. RT's *crist* could easily be scribal, but it does preserve alliteration.

205. K *bebunden*: probably a scribal variant for *gebunden*, the reading of all the other manuscripts, though *bebunden* does occur in Ælfric (Pope XIX 50).

208. NORT *þone mildan crist*: almost certainly Ælfric's substitution for the poetic phrase *metoda drihten*; see above, p. lxxxii. The substituted phrase here preserves alliteration and improves the contrast with *manslagan*. NORT's variant *hælend* for *crist* in the next line is a change consequent on this one.

212. NORT *witodlice* for *wislice*: quite possibly Ælfric's change, since *wislice* is another peculiar usage for Ælfric (he otherwise uses it only in the sense 'wisely'), no doubt occasioned by the attempt to limit the proportion of unstressed syllables.

214. KFX^e *ælmihtig god*, CMNORT *se ælmihtiga god*: the former reading is yet another rare usage for Ælfric (the only parallel is at X 169–70, in another Second Series alliterative homily), and MNORT probably have Ælfric's revision here. C's agreement must be coincidental.

217. CF's *on hælende* is probably the original reading, using the dative after *on* and *hælend* without a demonstrative (cf. above, line 187 and note). The other manuscripts (except X^e) show Ælfric's change to the accusative and his addition of the demonstrative. X^e, deriving from F, has *þam* independently of Ælfric.

235. F's original reading, *hælend* without the demonstrative, may have been Ælfric's original reading too; see above, lines 187 and 217.

240. *wið gedwolmannum*: Ælfric's change to the accusative after *wið* would have reduced the rhythmic unit to a mere four syllables—*wið gedwolmen*. The words *lease* (in M) and *ealle* (in NORT) are probably additions made by Ælfric to two different exemplars to restore the length of the phrase.

244. X^e *synna*: a substitute for F's altered reading, *wemmas*, rather than its original reading, *hwemmas* (= 'corners').

245. *hælendum criste*: NORT (C's agreement must be coincidental) treat *hælend* as a noun instead of an adjective here. Both usages are frequent in the *Catholic Homilies* but the adjectival form is otherwise confined to the First Series except for one example at II XXII 48; hence it may well be Ælfric who made the change.

282. NORT *sunu* for *bearn*: almost certainly Ælfric's revision. The same alteration from *bearn* is made in the First Series (cf. Sisam, *Studies*, p. 180), and *sunu* is always used for Christ in preference to *bearn* in Pope's collection. Ælfric's second version of the Life of St. Martin, *Lives of Saints* XXXI, has *suna* (line 31) where his first version has *bearn* (II XXXIV 12), and the same change occurs at XXX 13. Helmut Gneuss mentions this preference for *sunu* over *bearn* as a feature of Winchester usage (see *Anglo-Saxon England*, i (1972), p. 76).

291. *ðurh godcundre mihte*: M's *godcunde* probably reflects Ælfric's

change to the accusative after *þurh* (but F's alteration, picked up by C, must be independent of Ælfric). NORT's *his godcundan mihte*, an expansion probably by Ælfric, obscures any change to the accusative. NO's *for* for *þurh* is probably not authentic, since it is not supported by R and T.

300. NORT *to*: quite possibly Ælfric's addition since it makes *astigan* intransitive, which is the normal usage in Pope's collection.

301. NORTX^e *mid þam hælende*: for the addition of the demonstrative cf. lines 187, 217, and 235. X^e's agreement with NORT is probably coincidental.

315–16. NORT *þa gesawon þa cempan* etc.: a syntactically clearer clause has been substituted, no doubt by Ælfric, for the originally very compressed wording (note F's independent attempt, picked up by C and X^e, to clarify it). The new clause preserves alliteration in Ælfric's fashion, but on a different letter.

334. FK *sæternes*: probably the original reading, with *-dæg* being added by several scribes independently. See line 26 and note.

354–6. O's scribe has probably abbreviated the ending to save space, since the homily ends on the very last line of the page in O.

357. *Ne mot nan man* etc.: this final prohibition was no doubt deliberately omitted by the copyists of N, O, and F (hence its absence from C and X^e) or their sources because these three manuscripts all have homilies for at least one of the *swigdagas*; and it was not needed in R or T because a similar note by Ælfric comes at the end of the passage from the First Series homily for Palm Sunday which is used as a conclusion to this homily in R and T.

xv E(b1), F, K, M, N, O

N and O have a common source and in this homily agree particularly closely with M, with shared readings, many of them errors, at 32, 35, 108, 113, 136, 137, 160, 172, 185, 234–5, 248, 311, and 331, though the over-all evidence would suggest that the common source of M and NO lay within Ælfric's scriptorium. The five main manuscripts all belong to the first recension, with E, M, and NO belonging to a later stage than K. E has revisions of case at 107, 116, and 194 but these are not shared by M and NO, except for M's perhaps unauthentic agreement with E at 107. F, with extracts used in a composite homily, generally draws on the same source as D and shows an early form of the first recension, but these extracts could have a different source, for they share two of the revisions of case that occur in E.

267. *sceolon*, in MNO, is possibly correct, since *sceoldon* is often miswritten for the present and is here supported only by K.

313–14. EK *sceoldon etan*, MNO *æton*: Ælfric uses both the auxiliary *sceoldon* and the subjunctive in clauses introduced by *beodan þæt* in the *Catholic Homilies*, though only the subjunctive is recorded in the homilies in Pope's collection. The MNO reading could thus be Ælfric's own improvement, but the evidence is very weak.

XVI   E(b1), K, M, N, U, f^a

E, K, M, and N all belong to the first recension, with E, M, and N belonging to a later stage than K. U belongs to the second recension. There is a substantial revision in U at 184–5 and several small revisions, shared by E and U, at 10, 62, 83, 126, 135, 167, 176, and 203. As in the previous homily M and N share a number of incorrect readings (60, 68, 70–1, 72, 149, 157–8, 171, 199, and 222) and show no advance over K. f^a probably has a common source with M.

60. MNf^a *fæder* for *wuldre*: the source reads *gloriam*.

98. Titles to the second part: N and U are wrong, since lines 102–4 show that this piece is not for Wednesday in Easter Week although it treats the passage appointed for that day. E's title could go back to Ælfric, but it is quite possible that the second part never had a separate title.

99. *lichamlice bigleofan*: the plural of *bigleofa* is unusual but fits the context. U's change to the singular is probably independent of the change in M and N.

126. EU *eallum*: no doubt Ælfric's addition, to prevent *him* being read as singular, referring to Peter.

157. *ascyrde* is probably the correct reading, with K's scribe dropping the *a-* (cf. Thorpe I, 298/32).

171. MN *blisse* for *sibbe*: *sibbe* corresponds better with the argument in Ælfric's source (St. Gregory) and has much better manuscript support; *blisse* is presumably an unthinking change to a common phrase.

184–5. U's substitute sentence is entirely in Ælfric's manner and style (note the rhythm and alliteration) and briefly summarizes St. Gregory's lengthy and difficult discussion of the number symbolism in Ælfric's original source.

XVII   D, E(a), K, L(e), T(b4), f^k

All six manuscripts belong to the first recension, with D and E having a common source and the others being probably all independent. T has a possibly authentic revision of case at 97 and D, E, T, and f^k together show one revision of case (line 17) and one other minor revision (lines 54–5) not in K or L.

22. KL *drece*, DETf^k *derige*: the latter is probably the original reading, since all manuscripts have the object in the dative case, which is appropriate for *derige* but not for *drece*. The change to *drece* seems pointless; both words are common in Ælfric and carry the same meaning. It may simply be a slip by one of Ælfric's scribes.

54–5. KL *geara*, DETf^k *wintra*: the latter is probably Ælfric's revised reading. Both words are used in this type of context elsewhere in

Ælfric, but *wintre* occurs three times after a numeral in *Lives of Saints* XXXI (lines 36, 90, 1372) where the equivalent passage in Ælfric's earlier rendering of the life of St. Martin, II XXXIV, has *geara* (lines 17, 44, and 310). Alliteration is probably not a factor here: *wintra* alliterates with *gewat*, but there is already alliteration between *siððan* and *seofon*.

62. *andwerdan*, in KL only: the manuscript distribution shows that the variation here goes back to Ælfric's scriptorium. It could be due to an accidental omission by a scribe (cf. the same omission at XV 2) or an addition by Ælfric to the source of K and L.

102. The additional clause entered in T is very reminiscent of Ælfric; cf. II X 302–3, XVIII 149–50, XXXIV 310–11, and Thorpe I, 598/26 for similar expressions. It is conceivable that the clause was taken from another copy which incorporated revisions by Ælfric, like the long addition to II XVIII entered separately in T.

XVIII   D, E(a), K, T(b4), f^k

All five manuscripts belong to the first recension, with D and E having a common source. T shows some possibly authentic revisions of case after *þurh* at 20, 41, 46, and 82, and D, E, T, and f^k together show one revision of case not in K at 97. T also includes, as an early addition in another part of the manuscript, Pope XXIII, Ælfric's long addition to the story of Alexander, Eventius, and Theodolus, designed to replace lines 64–9 of this homily and so marked in T. It was presumably copied from a second-recension version of the homily, otherwise unknown. Three brief extracts from the first part of the homily also occur in an anonymous legend of the Cross printed by Morris from a later eleventh-century manuscript, Bodleian Library Auct. F. 4. 32 (*Legends of the Holy Rood*, ed. R. R. Morris (EETS os 46, 1871), pp. 3–17):

> He wæs eawfæst on þeawum. and arfæst on dædum. cristenra manna
> fultumend. and næs þeah þagyt gefullod . . . þa on þam sixtan gære þe
> constantinus rixode þa wæs gesamnod micel ælþeodig folc to þære
> ea. þe is gehaten danubia. and wæron gearwe to fihtane ongean þone
> kasere. and on[gean] þa romaniscan leode. þa wearð hit sona þam
> mæran constantine þam kasere gecyd. and he þa sone gegaderode
> micele fyrde. and ongæn his fiond *ferde mid carfullum mode. and
> gelome beheold wiþ heofenas weard. biddende giorne godcundne fultum*
> . . . . Constantinus on þisum tacne ðu ofercymst and ofer-swiðest
> ealle þine fiond; *he awoc þa bliþelice for þære fægeran gesihðe. and for
> þære mæran behatenan sige. and mearcode him on heafde halig rode
> tacen. and on his guðfanan gode to wurðmynte*; Ða sone on mergen
> het se kasere constantinus gewyrcan ane gyldene rode . . . (pp. 3–5).

With the italicized lines compare lines 6–7, 10–11, and 15–17 of this homily. The extracts were probably interpolated into an already existing account since the third involves some duplication and none of them is essential to the narrative; the anonymous piece in fact tells a quite different story from Ælfric. There was once another copy of XVIII, now destroyed, in f^i; see above, pp. lvii–lviii.

19–20. K *seo swiðra*: the reading is impossible and must be emended to the *se swiðra* of the other manuscripts but it may reflect an earlier *seo swiðre*. The noun appears as feminine at Thorpe I, 28/11 and 314/31 and at II XL 190, but as masculine at II I 205 and XIV 243 and *Lives of Saints* VII 32 and (originally) XXVI 101. It looks as if Ælfric himself changed to the masculine form as his work progressed.

20. T *þæt reade blod* for *readum blode*: Ælfric may have added *þæt* to restore to the rhythmic phrase the syllable lost by his change to the accusative after *þurh*.

84. K *specst*: probably a scribal error since *specan* does not otherwise occur in the *Catholic Homilies* or the homilies in Pope's collection.

108. K *for hundseofontig geara*, DETf^k *for hundseofontigum gearum*: cf. the similar variation at IV 268–9, and note.

XIX   D, F, K, M, P, f^b

D and F have a common source for most of their homilies and although there is no positive evidence in this homily (except the minor error at 212) it is probably the case here too, since there are no authentic differences between the two manuscripts. DF and K belong to the first recension. The other two main manuscripts, P and f^b, belong to the second recension. They show authentic additions (not always surviving in the fragmentary f^b) at 132, 220, and 238, and probably 143 and 147; minor revisions of wording at 49, 259, and perhaps 255 and 268; and revisions of case at 31, 56–7, 111, 138, 156, 212, 267, and 268 and possibly 197. The further changes towards the end of the homily, occurring in f^b but not in P, are very intelligent and can most probably be ascribed to Ælfric too. The two passages omitted by f^b (271–84 and 290–8) are somewhat out of tune with the rest of the homily, being exhortations to all men and not to particular classes, and little connected with the context. The passage added from homily XXVI is self-contained and would have left no obvious gap in that homily, and is introduced in f^b by a unique sentence entirely in Ælfric's manner (see Pope, p. 89 and note) and accurate in its knowledge of Ælfric's source (in fact a Pseudo-Augustine homily, PL 32, cols. 1362–3). It fits the context in this homily very well too, continuing the theme of loss of possessions. The failure of P to show these changes is no obstacle since there is no evidence that these two manuscripts have the same source. At a few points P (and f^b where it survives) agrees with D and F against K; see 122, 123, 137, and 269–70. These readings must go back to Ælfric's scriptorium but those at 122 and 123 seem to be merely scribal.

For the use of six extracts from this homily in two composite homilies in M see my article 'Old English composite homilies from Winchester', *Anglo-Saxon England*, iv, 1975. The extracts offer no means of placing M relative to the other manuscripts. N. R. Ker has also noted a correspondence between part of this homily and a passage in an anonymous composite homily in T (Ker, *Catalogue*, p. 396). There are certainly similarities of wording but the passage in T can hardly be directly based on this homily since it is much closer to the biblical source. The compiler may have introduced reminiscences from this homily while translating the biblical text afresh, or possibly adapted another treatment by Ælfric of the same text, now lost. The passage reads:

Se halga apostol iacobus mynegode us ealle freondlice. on þam pistole þe man ær rædde. and us eac luflice lærde. þæt we georne began ure agene þearfe. He cwæð. Confitemini Alter utrum peccata uestra. Ðæt is on englisc. Anddettað georne `he cwæð.' eowre synna eow betweonan. and ælc for oðerne he cwæð gebidde georne. þæt eow god ælmihtig gesundfulnysse geunne. For ðam ic secge eow. þæt rihtwises mannes gebedu. fremiað swyðe mycclum. Elias on ealddagum. se halga wæs man eall swa we synd. and he abæd þeah æt gode þæt he forwyrnde þam wiðerweardan folce þe he mid wunode. feorðe healf gear ælces renes. and he abæd eft syðþan. æt þam soðan gode. þæt he renas forgeaf. and eorðlice wæstmas. Ðær is swutol þæt haliges mannes gebedu magan mycles wealdan. Se halga apostol sæde eac on þissum pistole. þæt gyf hwylc man gehwyrfeð oþerne fram gedwylde. þæt is fram deofles larum. he alyst witodlice his sawle fram deaðe. and fela synna fordiligað. (Hatton 114, ff. 98ᵛ13–99ʳ11)

Cf. lines 274–83 of this homily.

39. DFP *ælmihtiga*, K *mihtiga*: Ælfric uses *mihtig* in phrases of this kind, instead of *ælmihtig*, only in his alliterative prose in the *Catholic Homilies* (II x 325, XIV 216, XVIII 57, and here), but there is no evidence that he later rejected this usage (it occurs, for instance, at Pope XI 286 and is allowed to stand in second recension manuscripts at II XIV 216) and the change to *ælmihtiga* could be scribal; cf. the similar variants at II XVIII 57 and Pope XI 286.

49. P *mihtigan* for *metodan*: a revision by Ælfric, eliminating the poetic phrase *metoda drihten* as in other homilies; see above, p. lxxxii.

122. DFP *drihtne*: a scribal error. The dative is very rare after *gehyran* in Ælfric, with only one example in the *Catholic Homilies* and one in Pope's collection, and even then is only used when *gehyran* means 'obey' as it probably does not here (*gehyrð* in line 121 translates the Vulgate *audit*).

123. DFP *spelian* for *gespelian*: probably an error, since *spelia* is not recorded in Bosworth-Toller.

132. Pfᵇ *Eft cwæð* etc.: a further biblical citation, no doubt added by Ælfric himself since it shows his rhythm and phrasing and neatly fits the context.

137. DFP *þus*: probably added by Ælfric to lengthen the rhythmic unit and clarify the syntax; see XIV for other instances of the 'half-line' being lengthened.

143. P(f^b) *woh to rihte* etc.: this addition has no equivalent in the passage from Isaiah being quoted (5, 20–4), unless it is meant as a rendering of *amarum in dulce et dulce in amarum*, but it does reinforce the connection with justice and is perhaps by Ælfric.

147. Pf^b *for þan ðe* etc.: the addition is again an insertion, without biblical support, in a quotation from Isaiah. One wonders whether Ælfric would add to an explicit quotation in this way, but the phrasing and rhythm are not uncharacteristic of him and P and f^b do not otherwise share any serious corruptions. For the thought cf. XIV 60–3 and the comment added at that point in R.

197. Pf^b *yfelwillendre*: this reflects Ælfric's normal usage, since the dative is regular after *wunian on* in the *Catholic Homilies* and in Pope's collection. DFK's accusative must at least go back to Ælfric's scriptorium.

219–20. *ac mid godes ogan*: D's mid-eleventh-century reviser has attempted to make sense of the original miscopying of *ogan* as *eagan* by changing *mid* to *beforan*; *ac beforan godes eagan* makes perfectly acceptable sense, though it is not Ælfric's point. F had the correct reading originally and the alteration to *swilce beforan godes eagan* (in a hand probably of the middle or second half of the eleventh century) must be due to comparison with D in its corrected state. For other examples of contamination between D and F see lines 265, 271, 272, and 283–4.

220. Pf^b *We secgað eac* etc.: an addition in Ælfric's alliterative style.

238. Pf^b *Se þe gelome swerað* etc.: an addition entirely in Ælfric's manner and printed as Ælfric's by Pope.

255. Pf^b *ungelimp*: conceivably intended as a change to the neuter form (the usual gender of *gelimp*) but P at least also has a change in the verb, to the singular, which suggests that *ungelimp* was meant, or at least understood, as singular.

259. Pf^b *mihtigan* (f^b *ælmihtigan*) for *metodan*: a revision by Ælfric, identical to that in line 49. The addition of *æl-*, evident in f^b, may not be authentic however; cf. the note on line 39.

268. Pf^b *gemænelican* for *gemænan*: the former is Ælfric's usual word in such phrases but *gemænan* does occur in this context (at Thorpe I, 382/3 and at II XXXIX 173); Ælfric may have preferred it here initially in order to limit the proportion of unstressed syllables in the phrase, and substituted *gemænelican* later after he had started using a longer 'half-line'.

269–70. K *swa se hælend sæde*, DFPf^b *þis sæde se hælend*: the manuscript distribution shows that the variation goes back to Ælfric, but which is the original reading and which the revised form is not clear. Cf. *þis sæde drihten* at line 139.

xx D, G, K, P

D and K both belong to the first recension and P to the second recension. G draws most of its homilies from the same first-recension source as D but in this and the next homily it agrees not with D but with P, and probably derives from the same source as P. There is much revision of cases after *þurh* and other prepositions. K, G, and P have the accusative where D retains the dative at 63, 105, 142, 153, 181, 182, and 259, while G and P also have the accusative at 70–1, 91–2, 164, 193, 206, 247, and 267 (though K has one revision missed by G and P as well as D, at 48). Other variations probably arising from the author's revision occur at 252 and 264 and perhaps 127.

48. *on ðone lichaman*: K's accusative here (D, G and P have the dative) is in line with Ælfric's later usage; the only examples of *on* with the dative after verbs of motion cited in Pope's glossary mean 'upon' or 'among', not 'into'.

50. K's *roseum* is the only recorded example of an adjective *rosig*, and is probably a scribal error for the *rosenum* of the other manuscripts.

127. The absence of *to dyrstelice* from DGP could be due to scribal error arising within Ælfric's scriptorium, but the phrase has no equivalent in the Latin source and may be not the original reading but a later addition by Ælfric, confined to K.

164. K's *duna* is an obvious error for *dura*; the source has *ostium*.

252. *and scótland*. The coupling with *yrrland* shows that by *scotland* Ælfric meant modern Scotland rather than Hibernia, and this is indeed his normal usage. Ælfric's main source, the *Vita Fursei*, does not mention Scotland but refers at this point to Hibernia and its inhabitants the *Scotti*. Bede (not definitely consulted for this homily by Ælfric, but certainly available to him) says that Fursey was in *Scotia*, clearly meaning Ireland. Ælfric's error in placing Fursey in Scotland as well could have been induced by either the *Vita* or Bede (Scotia could apparently mean modern Scotland by the end of the tenth century). The omission of *and scotland* by D, G, and P presumably reflects Ælfric's correction of the error, unless we assume that one of his scribes coincidentally dropped the phrase by accident. *Yrum and scottum* is allowed to stand at 258 in all manuscripts; perhaps Ælfric missed this phrase, or perhaps he felt that, with *and scotland* deleted, the reference to *scottum* could be allowed to stand, for the sake of the rhythm, as a term for the inhabitants of Ireland.

264. DGP *mid gode. Amen*: this looks like a concluding formula, suggesting that the remaining lines, on Fursey's burial, are a subsequent addition by Ælfric (he need not have returned to the *Vita Fursei*, since the details are in Bede). K shows a further improvement by Ælfric, with the *Amen* moved to the end and a connecting *And* added.

xxi D, G, K, L(e), P

As in the previous homily D and K belong to the first recension and

G and P to the second, probably with a common source at some remove from Ælfric. The one extra manuscript, L, has a heavily adapted version concerned only with Drihthelm. For most homilies L has a text similar to K's but here it shows links with D and perhaps draws on the DEF tradition, as it does for XI. There are revisions of case in G and P at 78 and 160. For the text missing from K I have used P as a base in preference to the much earlier D since P is generally more reliable and closer to K in its spellings.

1. L's opening is curiously abrupt, suggesting an annal in a larger collection, but there is no trace of such a collection in the manuscript.

3. D *writende*, GP *reccende*: either word is possible, but *reccende* is the word used in an identical context at line 143.

64. L's extra clause corresponds with the *de quo praedicari saepius audivi* of Bede (Ælfric's source) at this point. It could be an original reading subsequently dropped by Ælfric, but it does not appear in D and since L's version is an adapted one anyway and its other differences do not look remotely authentic it seems more likely that the clause is a subsequent addition, not by Ælfric but prompted by comparison with Bede (*Historia Ecclesiastica* V. xii).

144. GP *ælfryd*: an error, since Bede supports DK's *ehfrid*.

168. P *oft and gelomlice*: not an Ælfrician phrase, though he does occasionally use *oft and gelome*.

XXII   C(d), D, K, M, R

C and D have a common source. CD, K, and M belong to the first recension, with M reflecting a later stage than the others. R belongs to the second recension and has three extra passages by Ælfric, at 162, 172, and 179, printed by Pope as items XXV A, B, and C. Traces of this expanded version of the homily also occur in the fragmentary manuscript f^b. Revisions of case occur in M and R at 51 and 193–4 and in M alone at 148, 171–2, and 184–5, and there is another small revision in M and R at 108. The variants shared by C, D, and R, at 74, 80, 88, and 139, must go back at least to Ælfric's scriptorium.

74. CDR *seo halige þrynnys*: *halige* could be either an addition by Ælfric (since he often adds this word when translating) or an original reading accidentally omitted in a manuscript from which K and M derive (it does drop out elsewhere, e.g. III 248, VI 195, and X 60, and the scribe's eye could have been caught by *seo ðrynnys* at line 77).

80. *mid arwurðnysse*: the absence of this phrase from CDR could again be due either to a slip by one of Ælfric's scribes or to an addition by Ælfric. C and D do in fact omit the preceding words as well but that looks like a separate error caused by a scribe skipping from one *oncnawennysse* to the next.

88. KM *swincleasan*, CDR *un(ge)swincfullan*: which is the original reading and which the later one is not clear; neither word is otherwise recorded in Bosworth-Toller.

108. MR *sunu on mihte*: probably Ælfric's completion of the quotation, since M and R are unrelated, though it could have been added coincidentally in two different manuscripts.

113. M *magnificauit* for *uocauit*: a curious substitution, not corresponding to anything in the Vulgate or Augustine, Ælfric's source.

138. CDR *ealle þa*: probably coincidental agreement, since CD but not R have *ealle þa* in the same sentence at line 17.

143. *geleaffullum*, present only in K, is probably Ælfric's addition rather than an accidental omission by CDMR, since these four manuscripts are unlikely to agree in error against K and Ælfric often adds *geleafful* when translating.

162, 172, 179. The three additional passages in R are entirely in Ælfric's manner, as pointed out by Pope, and must have been composed for this homily.

XXIII   C(d), D, E(a), F, H, K, M, U

D, E, and F have a common source, and C derives from D. These four and K derive from fairly early forms of the first recension. M, which generally derives from a later form of the first recension, has only the second part of this homily, the *Alia Narratio*, used as an independent homily for the 4th Sunday after Epiphany; it is possible that Ælfric was responsible for this arrangement (see above, pp. lxxxvi–lxxxvii). H and U belong to the second recension and may have a common source. Both have the homily in its later form, without the *Alia Narratio*, and H also contains Pope XVII, the homily in which Ælfric reused the *Alia Narratio* (Pope XVII may well have been in the lost part of U too). There are small revisions in H and U at 108, 116, 117, and perhaps 123, and in H (in the second part) at 185, 192, and 197. There is also a change of case at 46.

33. K *bead*: probably a slip for the *bebead* of all other manuscripts except C (whose *he bead* must be a miscopying of *bebead*); *bebead* is the more common form in the Second Series.

64. K *ladige*: probably an error for *beladige* (the reading of the other manuscripts), since *ladian* does not otherwise occur in the *Catholic Homilies* or in the homilies in Pope's collection.

94. CDEFH *gelustfullunge*: the form with the prefix is probably not authentic, despite its manuscript support, for it otherwise occurs only once in the *Catholic Homilies* and a clear example of an independent addition of the prefix occurs at XXXVII 62. H's agreement with CDEF may be coincidental.

108, 117. HU *ungelimpas*: *gelimp* is normally neuter in Ælfric, but for the masculine cf. XIX 255.

111. CDE *hlaford* for *ealdor*: F ought to share this variant but may have independently reverted to *ealdor*, as at XXVI 72.

128–30. *We sind – mihte*: omitted in H and M as part of their independent adaptations of the *Alia Narratio*, and omitted independently in F.

149. K's punctuation, ending the sentence with *hælende*, is possible, but all the other manuscripts continue the sentence here and it would be more usual for *se* to be a relative pronoun.

152. DEFH *racenteaga* for *racenteagan* (acc. pl.): strong and weak forms of this noun are both attested elsewhere in the *Catholic Homilies* —strong at Thorpe I, 510/1, weak at II xxiv 16 (in K only, D and E have the strong form there). The variation here seems to go back to Ælfric or his scribes, but either form may be original. C's agreement with K and M must be coincidental.

179. H *hælend* for *drihten* (CD omit), 180 CDEFH *hælend* for *drihten*: the variation looks as though it goes back to Ælfric's scriptorium but the reason for the change, if deliberate, is not clear.

185. H *ælmihtiga* for *metoda*: Ælfric's characteristic deletion of this poetic word. See above, p. lxxxii.

xxiv   B(e), D, E(a), G, K, f^d

The five main manuscripts all belong to the first recension, with B, D, E, and G having a common source. Apart from the two Latin notes at 127 and 163, occurring only in K and probably never included in the archetype of the B–G group, there is no positive evidence of authentic variation. The fragment f^d offers no significant readings except that it does not share the EG variant at line 12.

16. DE *racenteaga* for *-gan*: both strong and weak forms of this noun seem to have been used by Ælfric; cf. note on xxiii 152. G's *-gen* is unreliable since G often has *-en* as the plural ending for normal Old English strong nouns.

122. BDE *þenodon*: the change to the past tense misses Ælfric's point.

xxv   B(a), C(d), D, F, H, K, U

B, D, and F have a common source, and C derives from D. These four belong, like K, to the first recension. H and U belong to the second recension and may also have a common source. There are revisions of case after prepositions in H and U at 25–6, 63, 81–2, 130, and 131, and in K, H, and U at 29.

28. BCDF *hi, heo*, for *hit*: an error, since the referent is *andgit*, which is always neuter.

32. H *eton*, U *etan*: the change to the subjunctive may not go back to Ælfric since in the same sentence at line 7 H has the subjunctive but not U and both D and F are altered to the subjunctive.

56. K *synfullan* (dat. pl.): the *synfullum* of most of the other manuscripts is of course preferable, but emendation is scarcely justified.

70. *seo seofoðe*: the absence of *seo* from B, C, D, U, and probably H (the text is barely legible at this point) looks like an error going back

to Ælfric's scriptorium, unless the agreement is coincidental. The equivalent sentence at XVI 205 has *se seofoða*.

75. K *gewrite*: the plural form of the other manuscripts must be correct, since Ælfric hardly ever uses *gewrit* in the singular without a demonstrative and then only in the abstract sense.

79. K *sæmninga*, BCDF *sæmninges*, *semninges*, HU *sæmtinges*: *sæmtinges* is Ælfric's usual form; *sæmninga* is common in Old English but does not seem to occur anywhere else in Ælfric, while *sæmninges* or *semninges* is not in Bosworth-Toller at all and is presumably a hybrid of the other two forms.

124. K *Rixe weaxst*: the plural form of all the other manuscripts seems slightly preferable but there are no strong grounds for treating K's reading as an error.

XXVI   B(a), C(d), D, F, H, K, U; B(g), R, f^b

As in the previous homily B, D, and F have a common source and C derives from D. These four and K belong to the first recension. H and U belong to the second recension and may also have a common source. They have revisions of case at 3, 10, 18, 30, 31, 71, 129, and 130–1; the only other HU variant is a minor scribal error at 37. f^b's use of an extract from this homily in XIX is quite possibly due to Ælfric himself; see the notes to that homily. There is nothing, though, to suggest that the use of virtually the same extract, in B(g) and R, as an independent piece on avarice is due to Ælfric. R and f^b generally draw on the second recension and in this extract share, along with B(g), the revisions of case occurring in H and U at 129 and 130–1.

2. K *leorningcnihtum* glossed -*mannum*: hardly an explanatory gloss since *leorningcniht* is an extremely common word in Ælfric. *Leorningman* is itself a very rare word for Ælfric: it does not occur at all in Pope's collection and appears only four times in the *Catholic Homilies*, all in homilies very close to this one (at XXV 27, XXVII 27 and 42, and XXIX 23). It may be that K's scribe miscopied the unfamiliar *leorningmannum* as *leorningcnihtum* (cf. the variants at XXV 27 and XXVII 27) and added the correct form above the line when he saw his error; the other manuscripts all have *leorningcnihtum* however.

37. HU *geswæsum lyffetungum* (H -*ga*): Ælfric elsewhere always uses the genitive after *hlystan*.

87. U *godes wæstmes*: preferable to the accusative plural of all the other manuscripts, since *andbidian* otherwise takes the genitive in the *Catholic Homilies* (except at Thorpe I, 618/33) and in Pope's collection, but the change may not be by Ælfric.

107. KU *Awyrtwala*, CDFH *Awurp þa*: the former is probably correct since it continues the planting imagery which dominates the homily. *Awurp þa* looks like a corruption or scribal substitution, but the agreement of H with CDF is surprising.

xxvii B(e), D, E(b3), G, K, L(e), f^k

All seven manuscripts belong to the first recension. D and E may have a common source, for they share variant readings at 10, 16, 22, 35, 38, 52, 142, and 150, but some of these could well be due to Ælfric and none are serious corruptions; E has mixed origins and there are no other Second Series homilies in this section of it to serve for comparison. G (containing only the second part of xxvii) has the same source as D for most of its homilies and probably has for this one; the only shared variant is a minor one at 190. The manuscripts are otherwise probably all independent.

16. DE *þinne drycræft*: perhaps Ælfric's improvement on the dative plural of BKL, since the change to accusative after *þurh* is a frequent revision and BKL's reading is the only example of *drycræft* in the plural in the *Catholic Homilies* (there are similar phrases using the singular).

38. *yfeldædum*: D and E have an accusative object instead, which is much more common with *bysmrian*; the only other instance of the dative in the *Catholic Homilies* is at Thorpe I, 432/13 (MS. A).

94. f^k *Se eadiga apostol* etc.: a thoughtful addition, but nowhere else in the Second Series does f^k show any authentic changes of substance and the grammar is not good enough for Ælfric.

111. *sealdon*: f^k definitely has some other word but it is very blurred and nothing more survives after the next word, *ða*. No equivalent of *sealdon* seems to fit and it may be that this was the beginning of another substantial variation like that at 94.

222. *nu*: D agrees with K in giving this a capital but it seems unlikely that Ælfric intended a new sentence here.

xxviii B(d), C(d), D, F, G, H, K, R

B, D, F, and G have a common source, with C deriving from D. They belong, like K, to the first recension. H and R belong to the second recension. They have an authentic addition at 159 and revisions of case after prepositions at 27, 82, 136 (shared by the B–G group), and 165, but no other significant variants in common. At the end, replacing the closing words, R has another long passage, on tithes, which is probably by Ælfric too; for the attribution see Pope, pp. 800–1. Pope sees this as an early addition by Ælfric and, because it is not in H, argues that Ælfric later 'issued a version in which the earlier addition on tithes was cancelled and the original ending restored' (p. 65). This seems somewhat unlikely: there would have been no need for Ælfric to recover and restore the original ending since it is just a standard doxology and the closing words of the passage on tithes or a new phrase would have done equally well. H must belong to a textual tradition in which the ending had never been altered. The passage on tithes may well be early work but there is no reason to think that it was designed as an addition to this homily, and it could well have been composed for some other purpose and then added here later. It need not have been added by Ælfric himself, for I am not convinced that the linking sentence is by him. If it was added by him, it need not have been added to all versions of the homily.

21. *rihtwisnysse*: K's *rihtwisnyssum* is probably a scribal error since the other manuscripts all have the singular and the *on ðære* that follows seems to refer to this noun (less probably to *æ*).

27. *ðurh agenum geearnungum.* H and R have the expected change to the accusative. D and F originally had an accusative adjective and dative noun and each has been altered, differently, to make it consistent. C simply inherits D's altered reading, and B and G have twelfth-century levelled endings not otherwise recorded and of no textual significance here.

93. *se*: in K only and probably not original, since it spoils the balance with the first half of the sentence and does not appear in the same sentence at line 16. Similar additions occur at line 16 and at xxxviii 8 and 139.

159. additional section in HR: composed in Ælfric's rhythmical style and designed for this context; see Pope, pp. 760–1.

164. addition in G: the material is by Ælfric and is rather neatly linked to the context in rhythmical prose very like Ælfric's. But the addition is not at all appropriate (it deals further with Daniel but is not an illustration of pride) and its absence from manuscripts B, C, D, and F, to which G is very closely related, shows that Ælfric cannot have been responsible for the addition. It is in fact taken, as Pope pointed out (pp. 759–60), from Ælfric's *De Falsis Deis*.

167. The addition to D is probably meant for *þe leofað and rixað a buton ende* or the like (cf. the end of xi), but C, which derives from D, has copied too mechanically.

xxix B(d), G, H, K, T(ci)

B, G, and K all belong to the first recension, with B and G having a common source. The other two manuscripts are difficult to place. H is primarily a second-recension manuscript but this homily may not have the same origin as the others, since it is the only one for a saint's day and H fails to show the usual changes to accusative after *þurh* at 25 and 121. T has homilies belonging to both recensions and it is not clear to which of them this item (which occurs among the early additions to T) belongs. There are revisions of case in T after prepositions at 25, 70, and 121, and in H and T at 68. I have not noted the rather frequent alterations in spelling made to H; they involve mainly changes by erasure from *æ* to *a* or *e* and from *eo* to *e*.

1. The recasting of the opening sentences in H is no doubt due to the occurrence of the First Series homily on the Assumption, which is referred to in Ælfric's first sentence, immediately before this one in H; the two are probably meant to be taken together.

21–2. *þæs lazares*: the demonstrative, appearing only in K, is unusual before a proper name but is needed here to correlate with the relative clause. It must have been omitted during copying within Ælfric's scriptorium: cf. the similar omissions by E at xxvii 32, B and U at Pope xii 218, and L at Pope xxi 470, and the similar reading at Thorpe I 206/19.

23. HK *þæs hælendes*, BGT *cristes*: the variation probably goes back to Ælfric or his scribes, because of the manuscript distribution, but it is not clear which is the original reading.

28. K *in*, BGHT *on*: *in* is no doubt a scribal error since this is the only example of it as a preposition in K's text of the Second Series or A's of the First Series.

69. The Latin text of the Scriptural quotation is probably an authentic addition since it occurs in B, G, H, and T and Ælfric tended to quote the Latin text increasingly often in the progress of his work.

116, 134, 135. K has been altered by a later hand to make the homily suitable for use on the Nativity of the Virgin, an occasion for which no homily is provided in the *Catholic Homilies*, whereas there are two for the Assumption.

117. HK *middanearde*, BGT *life*: as at 23 the variation probably goes back to Ælfric's scriptorium, but there seems no point to the change. Since *life* balances less well with *heofonan rice* and is repeated in the next line it may be an unconscious substitution by a scribe, *geswincful lif* being a very common phrase in Ælfric.

xxx   B(c), G, K, L(e)

All four manuscripts belong to the first recension, with B and G having a common source. There are probable revisions in K and L at 13 and 168, revisions of case in L at 128 and 154, and the Latin note at 19, in K alone, is presumably an addition by Ælfric.

13. KL *suna*, G *bearn*, B *childræn*: B's *childræn* must go back to an earlier *bearn* rather than *suna* since it substitutes for *bearn* at 161 and the late twelfth-century scribe of B would hardly have bothered to alter the very common *suna*. Ælfric probably wrote *bearn* originally and then corrected to *suna*, for he made the same change elsewhere (see note on xiv 282) and here in particular *bearn* might have been ambiguous (sons rather than children are meant). If *suna* were the original reading there is nothing to induce a change to *bearn* in the common source of B and G.

53. *þurh ðam micclum costnungum*: L at least has the Ælfrician change to the accusative. B and G are less certain since they frequently (but by no means always) drop final -*m* and -*n* anyway.

96. K *nan fyr of heofenum*, BGL *na of heofonum fyr*: the latter is probably the original reading, since it provides a better balance with the next clause, putting the emphasis on *heofonum* rather than *fyr*, and *nan* is also substituted for *na* at xxxix 156.

161. KL *costnunga deofol*: the error must go back to Ælfric's scrip-
torium and seems to have been in the ancestor of G too, at least as far
as the odd word-order is concerned. Perhaps *deofles* was an afterthought
by Ælfric.

168. BG *Eft he cwæð*: probably the original reading, though absent
from K and L, since the phrase introduces a biblical quotation which
is in fact separated by several chapters in the Book of Job from the
preceding one and no one is likely to have carefully compared Ælfric's
text with the biblical source and then added the phrase to mark the
separation. The phrase may simply have dropped out of the text of K
and L or Ælfric may have deleted it to avoid excessive repetition (it
also occurs at lines 170 and 170–1) without remembering that the two
closely connected quotations are in fact widely separated in the Bible.

xxxi   B(a), C(d), D, F, H, K

B, D, and F have a common source, with C deriving from D. These
four and K belong to the first recension. H is primarily a second
recension manuscript but in this homily shows no advance over K
(though it does share with K one revision of case that is not in the
others, at 67). The long extra section introduced at the end is only
partly by Ælfric and could not have been added by him, as Pope has
shown (pp. 770–4).

25. K *ða*, CDFH *þas*: K is perhaps in error, since *þa* is often mis-
written for *þas* (cf. lines 9 and 13 in this homily).

99. The transposition of the sentence *Ðis godspel* etc. from line 103 to
this point in H is connected with the inclusion of the long extra
passage, as Pope points out, and is therefore not authentic.

De Sancta Maria   C(d), D, F, K

All four manuscripts belong to the first recension, with D and F having
a common source and C deriving from D. K has a revision of case at
line 2. Ælfric presumably cancelled this piece when he wrote his
homily for the Nativity of the Virgin, Assmann iii, and incorporated
it in the First Series.

xxxii   B(d), G, K, L(e), f^a, f^k

B, G, and f^a have a common source, all drawing on the DEF tradition.
All the manuscripts belong to the first recension.

81. Kf^k *Ðes ylca apostol*, BL *Se apostol Matheus*: the BL reading stems
from the adaptation of the second part of xxxii as a homily on its own,
beginning at this point. It suggests a very close relationship between
B and L, since B and G are themselves closely related and yet their
common source could not have had the adaptation (G has only the first
part of the homily, f^a has fragments of both parts). There is no other
evidence of such a close relationship, though L does derive one or two
homilies in other parts of the manuscript from the DEF tradition, and
it may be that the agreement here is coincidental.

83. *Zaroes*: K reads *Zoroes* here but *Zaroes* elsewhere, and the other three manuscripts all have *Zaroes*.

XXXIII K, L(e), f^k

The three manuscripts all belong to the first recension. They are independent of each other but show no revision.

146. *se ælmihtiga god*: the addition of *god* above the line in K, by the main scribe, is not simply a correction of an error in copying, since Ælfric frequently uses *se ælmihtiga* alone and scribes often supply *god* (cf. XII 55, 60, 88, 226, 255, XIV 147, XVII 125, XXVIII 161 and 165). L's inclusion of *god* could well be coincidental.

269. K *on*, Lf^k *of*: scribal variation between these two words is common. Either word would fit but manuscript distribution slightly favours *of*.

XXXIV E(b2), K, f^k

K and f^k belong to the first recension. E probably does too: this is the only Second Series homily in section (b2) of E but E does not otherwise draw on the second recension. Indeed, it is quite possible that the homily was discarded before the second recension, since Ælfric had by then produced a longer life of St. Martin, *Lives of Saints* XXXI. Variations probably going back to Ælfric occur in E and f^k at 66, 145, 179, 279–80, and 302, and there are revisions of case in E at 150 and 191, and in E and K at 188.

19. K *constantium*: Ælfric's later version of the story, LS XXXI, has *constantinum*, which is supported here by E (f^k is illegible).

66. K *on his heafod*, E *on þæt heafod*, f^k *on heafod*: the threefold variation is best explained if f^k's is the original reading with E and K showing separate expansions of a somewhat compressed phrase—a compression which is quite characteristic of Ælfric's early alliterative prose.

145. K *cyðerum*, Ef^k *martyrum*: probably Ælfric's change, with *martyrum* as the later reading, since LS XXXI reads *martyrum* at the corresponding point (line 359) and the same change occurs a little earlier, with *cyðere* at line 135 of this homily (in all manuscripts) corresponding to *martyras* in LS XXXI at line 343. Ælfric seems to have developed a preference for *martyr* over *cyðere*: *cyðere* occurs thirty-eight times in the *Catholic Homilies*, against forty-eight instances of *martyr*, but only twice in the *Lives of Saints* against forty-nine examples of *martyr*, and not at all in Pope's collection, against five examples of *martyr*. Alliteration is probably not a factor here: *martyrum* alliterates with *mandædum* but there was already alliteration between *-dædum* and *drihtnes*.

179. K *windes blæd*, Ef^k *liftes blæd*: the change probably goes back to Ælfric's scriptorium but it is not clear which form is the earlier or why the change was made. *Windes blæd* also occurs at Thorpe I, 502/17 and at II x 129 but I have found no other instances of *lyftes blæd* in Ælfric or in Old English generally. Both phrases alliterate with the matching

phrase *ða gewende se lig*. LS xxxi has simply *wind* at the corresponding point.

247. *ahred* is somewhat obscured by a stain in K, and *ahredde* has been written above it by a later hand.

260. *forgeaf* is faded and *forgeafe* has been written above it by a later hand.

269. The rubric added to E is in the well-known tremulous hand of Worcester, belonging to the thirteenth century; it must have been taken from another copy of the homily since it corresponds with the title in K.

279. K *fugelas*, Ef[k] *scealfran*; 280 K *scealfran*, Ef[k] *fugelas*: LS xxxi follows this homily closely in this last section, and agrees with E and f[k] rather than K here. It seems unlikely, though possible, that the double alteration was made accidentally, and yet there seems no point to it.

302. K *þus*, Ef[k] *swa*: either word would do and it is impossible to say which is the original and whether Ælfric himself was responsible for both readings. LS xxxi does not help us here.

Excusatio Dictantis D, E(b2), K

D and K belong to the first recension and so, probably, does E. There is no evidence of authentic variation since the agreement of D and E at lines 7 and 8 could well be coincidental.

xxxv C(c), D, K, P, V

C, D, and K belong to the first recension, with C deriving from D. P and V belong to the second recension. There are revisions of case in P and V at 28, 89, and 117, and one other probable revision, shared by C, D, P, and V, at 59–60.

8. K *iudas*: probably a scribal error for *iudan*, the normal oblique form of *iudas* in the *Catholic Homilies*. Cf. the identical error in D at line 9.

8. *is²*: present only in K and perhaps not the original reading but a scribal addition, since it is like Ælfric to do without the unnecessary repetition and characteristic of scribes to add the verb (it could, indeed, have been picked up by accident from the preceding clause).

28. CDK *hi*, P *him*, V *he*: Ælfric normally uses the dative after *geðwærlæcan* in this sense, so that CDK's accusative is either an irregular usage or an error by Ælfric's scribe. P's dative could be Ælfric's correction but it may be independent. V lends no support to P, since its *he* is more likely to be an attempt at correcting *hi* than a corruption of *him*.

54. PV *onorðunge*: the word is not otherwise recorded from Ælfric but it could be his revision, to give a better equivalent to *inspiratio* than simple *orðunge*.

59–60. CDPV *Mid me – gearwurðode*: a rendering of the Psalm quotation (Ps. 138, 17, *Mihi autem nimis honorificati sunt amici tui, Deus*) quite distinct from that in K. Both must be due to Ælfric, given K's general reliability. The CDPV reading is slightly closer to the Latin and could be the earlier form.

88. K's omission is an obvious case of scribal error due to the repetition of *sylfwilles*. The text is taken from P.

xxxvi   C(c), D, K, P, Xᵃ, fᵏ

C, D, K, and fᵏ belong to the first recension, with C deriving from D. P and probably Xᵃ belong to the second recension but in this homily show no advance over C and D. Variations probably going back to Ælfric's scriptorium occur in the title and at 38, 71, 76, 106, and 117.

Only K has an authentic title, D and fᵏ having none at all and C, P, and Xᵃ supplying titles which are quite different from Ælfric's normal usage. This can hardly be a coincidence, for D, P, and fᵏ do not otherwise omit or alter Ælfric's titles to the homilies in this sequence for the common of saints. Ælfric himself must have issued versions of this homily without a title, despite his statement in the preface that each homily had a *swutelung* in Latin. K's title is not in fact an obvious one for the homily, since there is nothing in the text to indicate that it is for the feastday of several apostles, except that it deals with preaching and teaching, and the only occasions in the year on which two apostles are honoured (the festivals of Philip and James, and Simon and Jude) are already covered in the Second Series. It looks as if Ælfric intended this as a general homily, directed at the clergy, and placed it here because it is virtually a continuation of xxxv. The use of the Latin gospel *incipit* as a heading in D and P could be due to Ælfric's scribe adding the *incipit* in the space left blank for the title (these *incipits* were not originally included in the A manuscript of the First Series but were squeezed in later).

4. K *ælc ðære*: probably a scribal miscopying of *ælcere* (this second scribe is much less accurate than the main scribe of K).

38. *lædwede*: present in K only and perhaps an addition by Ælfric, since it adds to the sense but is not essential and there is nothing to cause its omission in the other manuscripts.

41. The late addition of *god* in K is no doubt a guess at the word omitted by the scribe in error; the other four manuscripts all have *drihten*.

71. K *god*, CDPXᵃ *gode*: the dative is Ælfric's normal usage in this construction but there is one example of the accusative in a late addition to the First Series, also with the noun *god*, so that K's reading could be authentic.

106. K *ða bigleofan*, CDPXᵃ *þone bigleofan*: the noun mainly occurs in the singular but there are examples of the plural in Ælfric and in some cases these are changed to the singular by scribes, presumably because the plural was so unfamiliar; for other examples of the plural see vii 20

and XI 43, and for instances of scribal change to the singular see XI 414–15 and XVI 99. A scribal change to the singular may be involved here too, though within Ælfric's scriptorium.

117–18. K *his drihtnes*, CDPXᵃ *drihtnes*: *drihten* very often occurs without a possessive in the *Catholic Homilies* but rather rarely, it seems, in Ælfric's later homilies. Ælfric may have added *his* here.

127. CDXᵃ *folce?*: the question mark is quite inappropriate and may be a miscopying of the *punctus elevatus* sign ⁊ used by some of Ælfric's scribes. Its absence from P need not mean that Xᵃ is more closely related to CD than to P since the error could have been corrected in an ancestor of P.

XXXVII   B(e), C(c), D, E(bı), K, P, V

B, C, D, E, and K all belong to the first recension, with C deriving from D and E reflecting a later stage than the others. P and V belong to the second recension. There are revisions of case at 49, 77, and 161 and a minor variation going back to Ælfric at 186.

26. PV *sceotað*: the omission of *to* is probably an error, since the sense required is 'shoot at' (cf. XXXIII 250–1).

136. B *feondes* for *deofles*: the substitution is probably due to a distaste for *deofol* with the demonstrative plus an adjective; cf. XXX 87 and 125.

146. *openne martirdom*: the manuscripts show some variation in case here after *þurh* but are not very consistent.

186. BKE *afyrht for*, CDPV *afyrht þurh*: the variation may well be due to Ælfric's revision, with *þurh* as the original reading. Both constructions occur in the *Catholic Homilies* but *þurh* is mainly early (it is slightly more common in the First Series than in the Second and is not recorded in the homilies in Pope's collection) whereas *for* is late (the two examples in the *Catholic Homilies* are both in the Second Series, at XXXIV 51 and XXXIX 173, and there are two further examples at Pope XIV 35 and Pope XX 254).

XXXVIII   B(e), C(c), D, E(bı), K, P, V, fᵏ

B, C, D, E, K, and fᵏ all belong to the first recension, with C deriving from D. E reflects a later stage than the others, and here shows revisions of case at 62, 69–70 (compare C and D), 127, 128–9, 157, 159, and 238. P and V generally belong to the second recension. V shows the same revisions of case as E, except for the one at 62, but no further revision. P's text is peculiar: it shows the expected revisions and agreement with V (and with C and D) up to a point (lines 9, 19, 26–7, 32, 62, 69–70, and 80) but then lacks the remaining revisions (at 127, 128–9, 157, 159, and 238) and shows agreement instead with B and K (at 102, 136, 160, and 168). It very much looks as if this second half of the homily derives from a different tradition; in the next two homilies P reverts to its normal character, so the aberration is only brief. The switch could have occurred at any stage in transmission or within Ælfric's scriptorium (where a copy of the homily with a different textual tradition behind it would have been most readily available). Variations going back to Ælfric's scriptorium, apart from revisions of case, occur at 8, 80, 136, and 160 but seem to be scribal in origin.

9, 10. *gestrynde*: EPV agree in including the pronoun *se* in the first half of the sentence and the pronoun *he* in the second half. It is a common type of addition but must here go back at least to Ælfric's scriptorium. D's *se* at both points may be independent of the other three manuscripts (cf. line 139).

80. CDPV *awænt hit*: the addition of *hit* seems to be due to a misunderstanding of Ælfric's syntax but it must have been made within Ælfric's scriptorium.

160. BCKP *ær*, DEVf^k *her*: *her* makes a better match with *Ðær* and is probably the correct reading. *Ær* could have been picked up in error from the previous sentence or could be a simple miscopying of *her*. C's *ær* is independent of BKP since C probably derives from D.

211. K *yfelra*: a simple error for *ydelra*, which is the reading of all the other manuscripts and is better suited to the context.

212. *gewemdon* is correct, the various alterations to *gewendon* (*awendon* in B) being scribal in origin; *gewendan* is never used in the sense 'convert' in the *Catholic Homilies* and there is only one example, in one manuscript, in Pope's collection.

XXXIX B(e), D, E(b1), K, M, P, R, V

B, D, E, and K all belong to the first recension. E(b1) generally reflects a later stage than the others but in this homily shows no advance over them and agrees rather closely with D (see 25, 117, 141, 151, 155, and 191); the shared readings do not, though, include any major corruptions. P and V belong to the second recension and include an authentic addition (printed Pope xxviii) at 121; see Pope, pp. 782–8, for discussion. Their only other shared variant is at 117. For the use of an extract in a composite homily in M, see my article 'Old English composite homilies from Winchester', *Anglo-Saxon England*, iv, 1975. M's text contains nothing of textual significance. R's brief extract shows no textually significant readings either.

117. *þonne witan*: the variants *nu witan* (PV) and *witan* (DE) probably go back to Ælfric's scriptorium but it is difficult to explain the variation.

198. R's last sentence corresponds with Ælfric's rendering of the same biblical quotation at the end of I xiv (an extract from which is used in R at the end of II xiv).

XL B(f), D, J, K, P, f^k

B, D, J, K, and f^k belong to the first recension, with B and J possibly having the same source. P belongs to the second recension. There are revisions of case at 10, 127, 142, 173, 186, 212, 231, 250–1, 254–5,

268, 300, 303, and 307, mostly in P alone but sometimes in other manuscripts. The variant readings shared by D and P (46, 51, 113, 138, 145, 148, 158, 192, 197, 236, 282–3, 287, and 315) must go back to Ælfric's scriptorium but seem to be mainly scribal in origin.

113. BK *heriað*, DP *andettað*: *andettað* makes for a rather awkward repetition; it was perhaps picked up in error from the previous sentence.

138. DP *longitudine*: the Vulgate has *longitudinem*, like B and K.

148. BK *hlisan*, DP *wisdom*: again the Vulgate reading supports B and K. The DP reading is perhaps affected by the occurrence of the phrase *Salomones wisdom* at line 155.

158. BK *furðor*, D *furðon*, P *furðan*: the Vulgate text supports B and K.

170. K *hwæs*, BDP *hwæt*: K takes its case from the subordinate clause (*gyrnan* takes the genitive) while BDP take theirs from the main clause —unless they simply show a scribal change to the more common form of the pronoun. K's usage is paralleled at xv 182 and xviii 79.

192. BK *deorwurðre*, DP *menigfealdre*: the latter reading is probably picked up in error from the previous sentence, since it makes an awkward repetition with the following *menigfealdum*.

239. K *micele*: Ælfric seems always to use the dative after *buton*, and D and P have *micelre* here.

282–3. *Ðas synna and oðre ðyllice*: there is nothing to cause DP's omission of *synna and oðre* and it may be that Ælfric added the words to indicate that the list of capital sins is not fixed or complete (cf. note on Pope xvii 73 for other lists; there is much variation). D's *and* is probably an independent addition; cf. line 269.

287. BK *ðam deofle*, DP *deofle*: other quotations by Ælfric of this sentence have *ðam deofle* at II vii 162, II xxxix 197 and Pope xi 438 but *deofle* at Thorpe I, 396/32, the earliest example of the four. Thus it could be that Ælfric originally wrote *deofle* here and subsequently added the demonstrative. But the variation may simply be due to scribal omission: cf. II vii 17, where the advanced manuscripts M, N, and O have dropped *þæs* before *deofles*.

306. DKP *ðone*, BJ *þer*, *þar*: the BJ reading is attractive but probably not authentic, since it is unlikely that D, K, and P agree in error.

APPENDIX

The Text of X^e's Version of Homily XIV

For the character and history of this version see above, pp. lv–lvi. In order to indicate the composite nature of the text, words and passages that are additional to the text of F (X^e's probable source) are italicized; substantial omissions, compared with F, and parallels with *Vercelli* I are indicated in the footnotes. Editorial additions to restore the sense are enclosed in square brackets, and alterations and manuscript readings (where the text has been emended) are recorded in the footnotes. Some editorial punctuation has been added.

Ðas *ures* drihtnes þrowunge we willaþ gedafenlice eow secgan *nu*. an engliscan gereorde and *ærst* þa gerynu *þar mid* samod. næ swa þeah to langsumlice gif we hit swa gelogian mægan *þurh godes willan swa ure þearf wære*. *and þæt hit eow to lang ne þince*. Crist foresæde gefyrn mid feawan wordum his agene þrowunga ær þan *timan* þe hit gewurde 5 for þon. þe he ealle þing wiste *soþlice* ær þan *byre* þe þeos woruld wurde gescapen. Moyses *se mæra heretoga* and elias *se witega*. sædan his þrowunga ær uppæ on anre dune. þær se hælend *to* astah mid *petre*. *and iohanne and iacobe* þry leorningcnihtum. and his ansyne ætforan hiom eallum scan. swa swa *ænig* sunne *deþ þonne heo ealra* 10 *beorhtost scinþ abutan midde dæg*. and his gewæda *eac* scinon an snawes hwytnesse. þa wolde petrus sona *se halga apostol* slean þreo geteld for þare *fægran* gesihþe *criste an*. *and moyse*. *þæt oþer*. *and ðæt þridde elian*. Ac *færlice* þær swegde sio stefn. þæs heofonlican fæder healice of *þæm* wolcnum. *and þus soþlice cwæþ* þes is min *se* leofa sunu 15 on *him* þam me wel gelicode gehæraþ [hine] and þæt wolcn þa *rihte* toglad. *and þa rihte næs moyses*. *and elias nahwar gesawan*. [þa] nealehte. se dæg his þrowunga *tide* and þa iudiscan ealdras *þa* geornlice smeadan *heom betwynan* hu hi þone hælend crist acwyllan mihtan. hi ondredan hiom *swype* swa þeah þæs folces foresteal. Hwæt þa *se swicola* se 20 diofol on iudam *becon* stop an þara twylfa drihtnes leorningcnihta and he sona eode to þære iudeiscra ræde *þar hi gegaderode wæron on æfen timan* and openlice befregn *hi þa* hwæt hi him feos gesellan woldan. [gif] he þone *heofenlican* hælend hiom belæwan meahte. hi þa *swiþe* þæs gefegnedon *mid ealle* and þæt feoh *him behetan and hit þa* 25 gesettan an þritig *penega* scillinga gef he þone unscyldigan god *heom* belewde *to anwealde heora*. þa com se hælend an assan ridende into hierusalem ær þam simbeldege. and geheold þa eastortide efter þære

28 ihesusalem

aldan ǽ. On æfnunge hi ætan *þa* ealle ætsomne on þam fiftan dæge.
30 þe ge þunresdeg hataþ þa aras ure drihten of þam gereorde and
awæarp his *halige* hreaf swiþe rikene *þær nyþer .uel. oþþe fram.* and
wearþ þa bewæfed *þarrihte* mid anre wæterscætan *and eac begyrd* and
his leorningcnihta fet eadmodlice *and anrædlice* aþwoh. and eft his
reaf ardlice genam and he sittende *þa* þisum wordum gesprec *to*
35 *heom.* Ic sette iow nu soþe bisenunge *hwæ ge on sculan* þæt eower elc
scule oþres fyt þwean. swa ic *iow* lareow *and hlaford* eow aþwoh. Se
hælend hi aþwoh mid þreale wiþutan fram fenlicre fylnysse. mid his
fægerum handum *and andwlitum.* and wiþinnan eac hiora andget
aþwoh fram eallum hospum *and fylnyssum yfelra* healicra leahtra.
40 and *he* het *þa* gehwylcne oþerne *þus* aþwean fram fulan synnum *and*
horewum dædum mid *his þære* foreþingunge. and wiþutan eadmodnesse
cyþan mid swesre þenunge symle *his* gebroþrum. he eode *þa* eft sittan
sona siþþan mid his liorningcnihtan and on his gereorde hi geunrot-
sade *þearle swiþe to heom* cwæþ þæt heora an hine belewan wolde *to*
45 *deaþe.* Hie *þa* ealle mid angsumum mode. enlipige cwædon eom ic
hit *la leof* drihten þa andswarode se hælend sona *þus and cwæþ to*
heom swiþe sarlice. Se þe bedypþ on disce mid me on lepeldre *fæte*
his hlaf. Se is min lewa *gewis. ac* wa þam men þe me belewþ *þæs þe*
he æfre geboren wearþ betere him wære þæt he *næfre man* geboren
50 nere *þonne he wære.* þa befran se iudas *hine* gef he hit wære *forþan*
he dypte his hlaf on þæs hælendes disce þa cwæþ se hælend *to him sona*
þu hit sædest *and he þarrihte ut iode fram heom and se deofol him on*
bescet. Drehten þa sæde mid soþum wordum mihte ic hebbe *soþlice*
mine sawle to sellenne. and ic eaþelice mæg. hi eft geniman he genam
55 *þane* hlaf þa and liflice hine gehalgode and todelde his leorningcnih-
tum. and hi þi`n´cgan *etan* het *þa to heom* cwæþ þæt hit wære his
agen lichoma. to husle gehalgod heom to alæsednesse *and eallon*
mancynne heora sinna to forgifenysse. Eft swa gelice he genam enne
calic and *þone* gebletsode mid *his* swiþran *handa* and *he* sealde þa his
60 leorningcnihtum of to supenne efter *þam* geriorde. Sede *heom soþlice*
þa þæt hit soþlice his *agen* blod wære. þare niwan geciþnysse þæt he
for mannum *nyþer* ageat on senna forgefenessæ þær þær se geleafa *god*
biþ. Drehten cwæþ *þa* soþlice be þam swicolan iudan. þæt him selre
wære þæt he geboren nære. Nis na to understandenne ænigum
65 gescadwisan *men* swilce he ahwer wære er þan. þe he geboren wære.
Ac hit is anfealdlice gecweden þæt him betere wære þæt he næfre
nære þonne he efele wære. for *þon* wel fela manna anscuniaþ iudan
belewde and swa þeah nellaþ forwadian *þurh nan þing* þæt hie ny sellaþ
soþfæstnesse wiþ *lyþrum* sceattum. Se hælend self is eall soþfæstnes
70 *and eall halines wunaþ on him* and se þy soþfæstnesse beceapaþ wiþ

40 fulan < fulum   41 howewum   59 þwiþran

feo *oþþe þa þincg þe his geferan sceoldon habban. ætbryt heom mid ealle.*
mid unrihte oþþe oþra manna forhylð þe hit mid rihte ahton and byþ
him þonne se scæt leofre þonne his agen sawol witodlice he biþ þonne
iudan gefera an fyrenum witum *on helle wite* se þe crist belewde for
leþrum scette. Efter þam gereorde crist bletsode þæt halig husl. for 75
þan þe he wolde þa ealdan .æ. ær gefyllan and siþþan þa niwan
gecyþnesse halwendlice anginnan. *eallan mannkinne to ecere blisse and*
mirhþe. hi ætan *þa soþlice* þæt lamb *heom to gereorde* efter þam ealdan
gewunan and he syþþan sona *se hælend* senode þæt *halige* husel. Se
þe hine sylfne *þa* for uran synnan geofrade liflice onsegednysse his 80
leofan fæder. Eft se hælend sæde. soþlice *to* his liorningcnihtum.
ealle ge me *æ*swiciaþ on þissere anre nihte. hit is soþlice awriten. Ic
ofslea þone hyrde and þa sceap siþþan sona bioþ tostencte. Efter þam
þe ic arise of deaþe gesund. Ic eow gemete on galileiscum earde *on*
þam þeodlande þa andwyrde petrus *him* ana mid gebeote *swa þeah.* 85
Ic þe næfre geæswicige þeah þe ealle *þas* oþre don. Drehten eft
andwerde anhrædlice petre. *and cwæþ þa to him* þu me wiþsæcst
þriwa an þissere *anre* nihte ær þan *timan* þe se coc crawe. Petrus
cwæþ *þa to him* þæt he nolde hine næfre wiþsacan. þeah þe he scolde.
samod mid him sweltan. and ealle þa oþre *leorningcnihtas* ealle swa 90
cwædan *to him.* Iudan se swicole *godes wiþesaca.* swiþe raþe eode *þa*
to þam arleasum iudeisc mannum þe he ær gesprec. and genam him
fultum æt þam iudeiscum. and hi þa eodan ealle gewæpnode. and
mid heora liohtfatum to þam lifiendan drihtne. þa cwæþ se læwa to
þam laþan folce. Swa hwilcne *man* swa ic cysse. kepeþ his sona *and* 95
nimaþ þone forþ. and he þa mid *anum* cosse crist belæwde. hwæt þa
se hælend hiom *þarrihte* togenys stop. and unforht*lice* hi ealle axode
hwane hie *swa* sohtan *mid laheadum and swyrtan saglan.* hie þa
cwædan *to him* þæt hi crist *soþlice* sohtan. þa sæde he heom *to*
andsware anan ic hit soþlice eom. hi þa mid þam wordum wændan 100
underbæc feallende *ealle togædere nyþer* on *þa* eorþan *feollan* mid
firhte *ealle* fornumene. Eft þa axode se hælend *hi* hwæne hi *þar*
sohtan. swa swiþe gewæpnode hi eft andwerdan mid þam ærran
worde. cwædon þæt hi þone hælend habban woldan. þa andwyrde
he hiom þam ilcan worde *þe* ic eow sede *hit* ær þæt ic hit eom *and* 105
hi nyþer sona ealle feallon on þære eorþan underbæc. Gef ge me secaþ
cwæþ he to heom lætaþ *þone* mine gingran aweg *gan.* þa bred petrus
bealdlice his sweord *forþ* and sloh heora ænne þæt swiþre eare of.
Ac crist him steorde *sona þarrihte* mid stiþum wordum and het hine
hydan þæt hearde isen. Cwæþ *þa to heom* þæt he mihte ma þonne 110
twelf ieroda engla æt his fæder abiddan. gef hit geweorþan ne scolde.

71–3 oþþe – sawol *occurs out of place after* iudan *line 74*   71 þin'c'g
78 mir'h'þe   86 ægeswicige   100 an'd'sware   102 hwæne 'hi'
105 sede 'hit'

swa swa [witegan] *ær* cwædon and se hælend þærrihte þæt eare
gehælde *and on asette.* wise men tealdan an eorod to sex þusenda.
and twelf eorod synd twa and *an* hundseofentig þusenda swa feala
115 þusend ængla mihtan *æaþy* crist bewyrigan wiþ þam unmannum mid
heofonlican wæpnum. ge[f] he þrowian nolde selfes willan for us. Ne
he nolde þa get his gingrena deaþ ac heold hio to lareowum eallum
þeodscypum. and het þa eahteras hie ealle aletan. He geswutelede *þa*
his mihte an þam manfullan *heape* þa þa he mid anum worde hie ealle
120 astrehte forihte to *þære* eorþan feallende *ealle togædere* underbæc and
þæs arleasan eare æþelice gehælde to geswutelunge his *leafan* unscæþi-
nesse soþlice. Næs petrus *na* gewunad to nanre wæpnunge *habbende to
his handa* ac þær wæran *swa þeah* twa sweord siþlice gebrohte. to þan
wiþerstealle gef hit swa crist wolde. Ac he forbead *þarrihte* þæt gewin
125 mid *þisum* wordum þearle *swiþe* þæt nan godes þeow ne scolde *næfre*
on him sylfum truwian ne *huru þinga* mid *nanum* wæpnum winnan
wiþ weoruldlicum kempum. gef he cristes fotswaþe fylgan wolde. Se
hælend þa geþafede þæt hie hine naman. and geleddan an bændum
to heora ealdorbiscope. and his geferan þa *sona þæs* mid fleame
130 oþburstan. ac petrus him felgde *gewislice* swe þeah feorran sarig
swiþe mid ealle ealswa hi ealle soþlice wæron. þa leornigcnihtas. þa
heoldan þa iudei þane hælend on niht and mid anum wæfelse his neb
bewundan sleandum *hine* mid handbredum huxlice *swiþe* and gelome.
and hetan hine rædan *þa gef he godes sunu wære* hwa hine hrepede
135 *oþ sloge* and *hi þa* mid menigfealdum hospe hine *swiþe* gegremedan.
and mid leasum gewitum forleagan woldan *ealswa hi soþlice dydan
syþþan.* þa axode hine se ealdorbiscop. and mid aþy gehalsede þæt he
him openlice sede gif he soþlice godes sunu wære. Se hælend him to
cwæþ. Ic *hit* eom swa þu sædest. and ic sittende bio æt mines feder
140 swiþran. and an wolcnum ic cume on þisse weorulde geændunge *to
eow.* þa cwæþ se ealdorbiscop *to him* mid orgelworde *swyþe* hwæt
þincgþ iow nu *be þisum* be þissere sægene *þe he nu sæde.* hi ealle
andwyrdan *him þa* mid anre stefne *and cwædon to him.* þæt he scyldig
wære witodlice to deaþe and hio hine þa bespettan *mid heora spatle*
145 *and* huxlice sprecende *be him wæron.* Drehten soþlice us sealde hælu.
þurh þa earplettas and æce alesednys. and þa spetlunge aþwogan ure
sweartan gyltas *þe we wyrcaþ earmingas.* Petrus stod *soþlice* ofkalen
on þem kauertune æt *anan* miclum fyre mid manegum oþrum
mannum. þa cwæþ him an wylen to þæt he wære mid criste. and he
150 sona wiþsoc þæt hit swa nære. Ða eft ymb hwile *tide* cwæþ sum oþer
wælen þæt he mid þam hælende an hirede wære. and he eft wiþsoc
þæt he hine gecuþe. þa geneale *þær* ma *to. and ma* hine *to* meldigenne
ac petrus wiþsoc þa get þriddan siþe. and se hana sona hlude sang.
þa bewænde se hælend *hine.* and beseah to petre and he sona *petrus*

þa gemunde his miclan gebeotes *þe he ær behet* and mid biteran wope 155
his wiðærsæc *sona* behreowsede. Hwi wolde æfre geþafian se
ælmihtiga walden þæt his gecorena þegen. þe he eallum gesette *to*
geleaffullum þeodum lareow. and heorde þæt he hine for erhþe. swa
oft wiþsoce. Ac se mildheorta crist wolde him ætæwan an his agenum
geltum. hu he oþrum mannum scolde gemiltsian. on mislicum 160
geltum. nu he eal hæfþ heofona rices cægean. þæt he nere to stihþ.
unstrangum mannum ac gemildsode oþrum. swa swa se ælmihtige
dede him þa. Eft þa angrede drihtnes æhteras coman ealle tosomne
to him and to hiora sundarsprece *hine tugan.* and hine þa leddan to
þere leode ealdormen *pilate.* mid micelre worhte hine wregende *to* 165
him betwynan and angunnan hine þa swiþe þearlice to forsecgenne and
him þa feola leasunga an liogende wæran. þa wiste pilatus se ealdorman
þæt þa iudeas hefdan micelne andan and graman. ongean þone hælend.
for þam miclum wundrum. þy he dæghamlice worhte. þa cwæþ pilatus
to þam iudeum hwæt witaþ ge þisum men. Ac se hælend nolde hine 170
betellan mid nanre soþsegene þeah þy he unscyldig wære. *for þon þe*
he wolde selfwilles þeah prowian æt þam cyrre. and ealle his gecorenan
of helle wite alæsan. and *he* iudas þa ne moste þæs landes brucan ac
on ymbtwa his innoþ tofliow *and he hine sylfne on agrum ahencg. and*
he ne moste bion gelogad an nanre bergenne. *wolde þa don dædbote. and* 175
cwæþ ic syngode soþlice wa me earminge wræccan þa þæt ic sealde þæt
hrihtwise blod. Hio cwædan him þa to andsware þæt þu wite þe sylf.
Se hælend þa stod an þæm domærne gelæd. þa axode pilatus hine
orgellice gef he iudeiscere þeode kyning wære. þa andswarode se
hælend *him.* þu hit sædest. þa gemunde se ealdorman *pilatus* þæt 180
herodes *cining* wæs on þare *byre on hierusalem* and asende þa crist to
him. Herodes wæs þa soþlice *þæs* swiþe geblissod *on his mode* mid
þare gesihþe *þe he crist geseah* for his swiþlicum tacnum *þe he worhte* and
wolde þa geseon sum wundar of him ac crist him nolde nan þincg gec-
weþan þa ne on þane timan nane tacnunge wyrcan. þa forseah herodes 185
cinicg hine swiþe mid *eallan* his hirede. and be his hwitan hreafum
huxlice sprec. and asende hine sona to þam foresædan pilate. and hi
wurdon þa gefreond far þare dæda. swa swa hi næfre næron ær on
liue. þa clepode eft pilatus to þam *iudeiscan* folce *þus and* cwæþ be
þam hælende. þæt he unscyldig wære. for þan þe herodes ne he self 190
eac ne mihton *him* nanne gelt an him to deaþe findan. *Ac* cwæþ þeah
to heom þæt he wolde hine beswingan. and to liue alætan gef heom
swa *eallon* gelicode. þa heoldan þa iudei on healicum gewunan þæt
hi ælce geare ænne scyldigne *man* abedan æt þam ealdormen to hiora
eastartide. and hæfdan þa an bændan ænne *micelne* bealdne þiof. 195

158 þeoþum   165 mid mid   165–6 to him to heom   168 andadan
173 alæsan þam liflican wurþe (*cf. XIV* 163–4). *XIV* 152–63 *omitted*
ac] an   174 and – ahencg] *cf. XIV* 154   181 hiesusalem   cris

barraban *wæs* gecyged. þa befran pilatus þæs folces mænigu
hwæþyrne hie *to liue* gecuran. þe þone hælend þe barraban. þa axode
pilatus eft æt þam folce. hwæt he be drihtne don scolde. þa cwædan
hi ealle *þa iudeiscan* mid anre stefne *to him* se he ahangen an healicre
200 rode. þa gehærde pilatus þara iudeiscra hlyd and aþwoh his handa
þa on hiora gesihþe *and* cwæþ *to heom þa mid yfelan geþange* þæt he
unscyldig his sleges *soþlice* wære. þa cwædon þa iudei him to
andsware beo his blodgyte *ofer us and* ofer uran bearnum and eal sio
wraca on us wunigende *si æfre ma and on urum bearnum.* þa het
205 pilatus þone hælend. beswingan *þæt þæt gewrit scolde beon gefelled þe*
se witega ær be þam cwæþ. et cuius liuore. and we bioþ ealle gehælde
of his swincgelle and of his wunde and betæhte hine þa to hira bendum.
swa swa. þæt he welhreowlice wurde ahangen. Hwæt þa his cempan
hine geleahtan in þam domærne mid derstigum anginne. and hine
210 unscryddan *þa* his agenum gegerealum and mid wolcreadum wæfylse
hine bewæfdan. and mid þyrnenum hylme his heafod befyngan. and
for kynegyrde him an hriod forgefan begende heora cneowa cweþende
mid hospe *to him.* Sie þa hal leof iudeiscra liode kinincg. *and hine*
huxlice beotan. and him an spetledan. Crist cwæþ. Ic selle mine lichomon
215 *to beatenne and mine ansine an to spetlienne for mancynnes alæsednesse.*
Hi þa hredlice hine eft unscryddan. þam readan wæfelse and his *agen*
hreaf him an adydan and woldan hine *þa* þærrihte to rode gelæden.
þæt iudeisce cyn is *soþlice* yfele gebunden. mid þam þe heo cwædan
be cristes blode. þæt seo wrace wære on hiom wunigende and on
220 hiora bearnum. nu biþ hit eac *eal* swa *hi bædan.* Ær *æfre* hio sen
gebundenne ær hio beon geborenne. Hio gefreodan þa þane man-
slagan barraban and fordemdan middangeardes helend. for þon hio
habbaþ nu þone hytolan deofol. him to hlaforde *on helle wite þar hi*
sceolan acwylmian. Næs na þone liuigendan crist. þara kempana hosp
225 hæfde getacnunge on gaslicum þingum þæt hio hiom to gamene
gededan. Se wolcenreade wæfels wislice *he* getacnode ures drihtnes
deaþ mid þare dæage hiwe. Soþlice þurh þornas synne beoþ getac-
node. swa swa ælmihtig god to adame cwæþ. þornas and bremblas
þe sceolan weaxan for þan þe þu wære þinum wife gehærsum swiþor
230 þonne me ælmihtigum drihtne. Nu wurdan ure synna eft adilegode
þurh þone þyrnan helm on þam hælende beslegen. Hi cwædan *þa*
iudei mid hospe *to him* þæt he kyning wære se þy soþlice is ealra
þeoda walden. *For þan miclan andan hi cwædan swa þe þa iudeiscan*
to him hæfdan. eal swa se wytega be þam eror sang. foderunt manus
235 *meas et pedes meos dinumerauerunt omnia ossa mea.* þæt is þæt hi
þurhdrifan mine handa and mine fyt and ealle mine limu. hi apeniaþ.
Hi hine unscryddan *þa* and eft gescryddan. for þon þe he wolde his

197 barraban] *XIV* 188 *omitted*

lichoman forletan. and siþþan *hine* undeadlice eft areran. Hwæt þa
kempan hine þa gelæddan to þare cwealmstowe þær man acwealde
[sceaðan]. *Eal swa se witga be þam cwæþ. Sicut oues. eal swa scep biþ* 240
gelæd to sniþenne swa biþ crist gelæd to cwale. and *hi* budan him þa
drincan gebiteredne windrenc ac he asceaf hine sona fram his
muþe. *and* nolde his anbitan for þære byternysse. þes gebyterede
drenc hæfde getacnunge his deaþes biternesse þe he þa onbyrgde.
Ac he hine hredlice mid æriste *of him* awearp. þær wæran gelædde 245
mid þam lifigendan drihtne. twegen scyldige scaþan. for hira synnum.
to honne. þa hengan þa kempan crist to æle middæs. *and hi þurh-*
drifan his handa and his fyt mid micelum isenum næglum. and him þa
twegen scaþan an twa healfe *ahengan. ac hi næran swa þeah swa*
ahangenne swa ure drihten wæs þe us ealle gescop. and pilatus awrat 250
þæs wites intigan on anre tabulan. mid þriom gehriordum. ebreiscum.
and greciscum. and lydenum. þis is se hælend iudea kining and
asettan þis gewrit *þa* sona to þære rode bufan cristes heafde healice
to tacne. þæt þær hangede se hælend an rode iudea kyning wælriow-
lice gefæstnod. *þa cwædon ealle iudea ealdormen to pilate. ne writ þu* 255
na þæt gewrit swa þæt hy sie iudea kyning. ac swa he sylf sede þæt he
heora kyning wære. þa cwæþ pilatus to heom quod scripsi scripsi þæt
ic þær wrat þæt scel swe bion awriten. þa deldon *hi and toteran* þa
cwelleras cristes reaf an feower. hiora ælcum his dæl. *butan his*
tunecan anre. Seo wæs syllice geworht. nes na gesiwod. ac wæs eal an 260
an gewefen. þa cwæþ an heom betwynan nelle we na slitan þas tunecan.
ac utan hleotan. to hwylc ure hi age. þa wæs þæt swa gedon. þæt þæt
gewrit scolde beon gefylled þe be þam gewitegad wæs. *Diuiserunt sibi*
uestimenta mea et super uestem meam miserunt sortem. hi todældan hiom
min reaf. and hi sendan hlot ofer min regl. Seo tunecy getacnede þa 265
soþan annesse þare halgan gelaþunge. seo þe æfre byþ wiþ gedwol-
mannum. þurh drihtnes geheald. *Eac heo getacnode gehadode men þa*
þe drihtes rode *on heom habbaþ. on haligum gyrlum berende.* Dryhten wæs
gefestnod mid feower neglum to westdæle awend. and his swiþran.
heold þone scinendan suþdel and his swiþran norþdæl eastdæl his 270

255 þa – 258 awriten] *cf. Vercelli I (MS. D):* þa cwædon iudea ealdormen to
pilate. nu writ þu þæt gewrit swa þæt he sy iudea cyning. ac þæt he sylf sæde
þæt he heora cyning wære. þa cwæð pilatus. quod scripsi scripsi. þæt ic þær
wrat þæt sceal beon awriten. 259 butan – regl *line* 265] *cf. Vercelli I*
(MS. D): buton his tunecan anre. wæs seo (CEF seo wæs) sellice geworht
næs na geseowod. ac wæs eall on anum (CE an) gewefen. þa cwædon heo.
nelle we na slitan (CEF ne slitan we) þas tunecan. ac uton hleoton to hwylc
(CEF hwylc) ure heo age. wæs þæt to þan swa gedon. þætte þæt gewrit
sceolde beon gefylled þe be ðan awitegad (C gewitegad EF awriten) wæs;
Diuiserunt sibi uestimenta mea et super uestem meam meserunt sortem;
Heo todældon him min hrægl. and heo sendan hlot ofer mine gegerlan;
XIV 237–8 *omitted* 267–8 þa þa 270 no⟨l⟩'r'þdæl

hnol and he ealle alesde middangeardes synna swa hangiende. þa
reþan iudei behioldan *hine þa* feorran *to* and mid hospe clepodan to
hælendum criste. gef þu sige godes sunu ga *þonne nu* of þare rode
and we siþþan swa on þe gelefaþ. Se mildheorta drihten cwæþ to his
275 fæder. min heofenlica fæder. ic þe nu bidde forgef þas dedæ þisan ge-
dwolmannum. for þan þe hio nytan hwæt hi nu doþ. *Oþær* þare scaþena
eac þus clepode *and cwæþ* gef þu hælend sige help þe *sylfan* and us
þarto. þa andwyrde se oþer him þreogende. hwæt þu la erming ne
ondredest þu þe god. wit syndon gewitnode for wælreowum dedum.
280 and þys halga hælend hangaþ her unscyldig *þe næfre sinnan aworhte.*
Eft þa se ilca clepede to drihtne gemune þu *me* min drihten þonne þu
mihtig becymyst to þisum agenum rice rodera waldend *and ealra engla*
cinigc. Se hælend him cwæþ to mid soþum behate. nu todæg þu bist
an neorxna wonges *gefean* mid me *þæt [is] on heofonan rice.* þes scaþa
285 gesælig siþede to heofona *rice anes ganges* and se oþer wænde
welhriow to helle *suslum for his yfelum dædum.* On þisum twam
scaþum wæran getacnyde sio iudeisce þeod. and þæt hæþyny folc.
þæt iudeisce *þe* noldan an crist gelefan. Sio halige marige þæs
hælendes modar wiþ þære rode stod þearle dreorig *mid ealle* and
290 iohannes mid hire. *he wæs* hire swustar sunu. þa cleopede drihten to
his dreorigan myder. Efne her hangaþ nu þin sunu fæmne. swilce
he *swa* cwæde. þis is þin gecynd þus þrowigendlic þy ic of þe genam.
He cwæþ *þa* to iohanne her stent þin modar. þa hefde iohannes hire
siþþan *æfre micele* gemnysse mid geswæsum *þingum. and mid miclum*
295 þeningum. a on þisum life *hyre gemene hæfde.* Eft þa cwæþ se hælend
se him hearde þyrste. þa arn to þam ecyde sum arleas kempa *þe wiþ*
geallan wæs gemæncged. and bedepte any spongan. and bær to his
muþe. *Eal swa se witga ær be þam sang. Dederunt in escam meam fel*
et in siti mea potauerunt me aceto. hi sealdan me geallan and ecyd to
300 *drincenne.* Hwæt þa embe midne dæg wearþ *eal* middangeard
aþiostred. and sunne behydde heora hatan leoman oþ þa nigoþan
tide. þe we non hataþ. þa clipede drihten *mid micelre stefne. and he*
þa cwæþ. Nu sindon ealle þa þing gefyllede þe efre on frymþe mid-
dangeardes be me awritene and gewitgade wæran. and *he þa* cwæþ to
305 his *heofenlican* fæder. Ic betæce þe fæder minne gast and he ahældum
heafde *þone hali gast þe ealle þing geworhte.* hine sony agef. Efne þa
toberst *on salemones temple.* þæt wahryft *an emne on twa.* fram þare
firste ufan oð ðane flor nyþan. and eall eorþe beofode and burstan
stanas. and bergenne openedan mid deadan mannum. and *ealle* halige

___

273 godes godes   282–3 ealra engla cinigc < engla
cinigc ealra   288 gelefan] *XIV* 260–2 *omitted*   303 Nu – wæran *line*
304] *cf. Vercelli I (MS. D):* Nu syndon ealle þa þing gefylled þa ðe
æfre fram frymðe middaneardes be me awritene and gewitegad wæron.
305 min minne

lichoman liohtlice *up* arsan and coman to þare byrig *ierusalem* cuþlice 310
æteowde manigum mannum swa matheus wrat. Se hundredes ealdor
soþlice cleopode efter þisum tacnum. þis is soþ godes bearn and seo
oþer menigo. þe þær mid stodan. beotan *ealle* heora breost bugende
to gode. þæt iudeisce folc wæs on ealdum dagum gode gecoren. swa
swa god win. ac hi wurdon anwænde to þam wyrsestan ecyde and for 315
þam hi bundan ecyd drihtne unwynsumne wætan swa swa hie sylfe
wæran. Seo spearciende sunne. and þa gesceafta samod ealne mid-
dangeard endemes aþeostredan mid sweartre nihte. for hiora scyp-
pendes þrowunga. Ne þorfte se hælend for þam neglum gewitan þa
get swa hredlice. ac he agef his *haligan* gast þurh godcundre mihte 320
swa swa godes sunu. þa bifode eal eorþe and burstan stannas and eal
þes middangeard wearþ onstired *and onhrered* þurh cristes þrowunge
to soþum geleafa. and þa heardheortan þeode siþþan to hiora
scyppende gebugan and þæs temples wahryft eac wearþ toborsten þe
þa deagolnyssæ ealle bedærnd þare ealdan æ on þam ærran timan oþ 325
þæt dryhten self þa deagolnysse cydde eallum geleaffullum efter his
þrowunga. Eac þa geopenedan ealra manna bergenne *on hierusalem*
and hi ansunde arison mid hiora scyppende on æcum æreste and
orsorge deaþes and heofona rice mid *þam* hælende *þarrihte* astigon
swa swa þa halgan godspelleras geleaflice sæcgaþ. Se hælend for his 330
æhterum eadmodlice gebæd *to* his ælmihtigan fæder on ðære mennys-
cnysse se þe æfre mid him ealle þing getygþaþ on þare godcundnesse
godes willan mannum. and his bæn þe gebigde þe idel beon ne mihte.
þane hundredes ealdor*man* and eahta þusenda manna þe æfter his
þrowunga ealle gecærdan þurh petres bodunga [mid soðre] dedbote 335
to criste þeah þa heafodmen hearde wiþcwædan and mid forsewe-
nysse simle þwerodan. Ða welhriowan iudei noldan geþafian. for
hiora simbeldege. þæt hi swa hangædan cuce on þam rodum ac
woldan hie acwellan and bedan *þa* æt pilate þæt man hiora scancan
tobrece ær þare eastertide and of þam rodum awurpe. þa coman þa 340
cempan mid cwealmberum tolum and sone þare scaþena scancan
tobrecan þa þa get cwylmigende cwice hangedan. Hi gemettan þa
crist middangeardes helend deadne and his halgan scancan scenan ne
dorstan. þa wæs gefylled þæt halige writ *æal swa moyses se witga
awrat os non comminuetis et ex eo.* of þam ge nan ban tobregan and ne 345
lytligan ne mihtan. Ac an þare cempan mid cwealmberan spere *hine
hytelice an* his sidan *stang. and hi* geopenede and of þare utfleow blod
and weter ætsomne. mid soþre gerynu. *þa wæs eal sio witgung*

311 æteowde eteowde   345 nan] nam   346–7 hine – stang] *cf. Vercelli I*
(*MS. D*): hine mid spere on ða sidan stang   348 þa – wepaþ *line 352*]
cf. Vercelli I (*MS. D*): and eac þæt gewrit sceolde beon gefylled þe be him
asungen (CEF gesungen) wæs; Videbunt in quem transfixerunt; Heo locað
nuhwænne on ðone þe heo ær on ðære rode sticedon. þæt bið on domes

gefylled þe be him gesungen wæs and þæt hit eal swa geweorþan scolde
350 *eac.* [*þæt*] *biþ an domes dege þonne he dryhten an him selfum wile*
ætewan ealla þa sar and þa unnæþnesse þe he æfre for mancynnes lufan
adreah. And þonne eal eorþan cynn ofer hine sarlice hiofaþ and wepaþ.
þæt utflowende blod wæs ure alæsnys and synna forgyfennys mid
soþan geleafan. *and* þæt weter wiotedlice wæs ure fulwiht on þæm
355 bioþ aþwegeny þeoda menigu fram firenlicre synny. þæs frum-
scapenan mannes. Of geswefedum adame wæs [eua gesceapen. and
drihten on rode wæs] mid deaþe geswefed þæt sio halige gelaþung.
eac gescapen wurde. þurh þa geryne þare readan wunde se þe
halwende wæs soþfæstum gehwilcum þe on godes gelaþungum mid
360 geleafan drohtniaþ. God ælmihtig gescop man an þam sixtan dege
þa he *ealle* gescefte gescop and gedihte. and on þam seofoþan dege
hine sylfne geryste geendedum weorcum swa swa he sylf wolde. Eft
soþlice ure scyppend on þam syxtan dege on rode hangiende his
geweorc alesde adames ofsprincg mid his agenum deaþe and an
365 byrgenne siþþan anbidigende læg on þam seofeþan dege þe ge
sæternesdæg hataþ. þa sum rice þygen þearle wæs *swiþe* gelefed dear-
nunga an drihten for þan dyrstigum folce. his nama wæs iosep and
he genelehte þa hredlice on efen to þam ealdormen *pilate* bæd *hine þa*
þæt he moste drihtnys lichoman bebyrgan. þa wundrede pilatus þæt
370 hy swa hraþe gewat and geþafode þam þegene *þa* þæt he hine
bewurfe. þa com æac nichodemus mid gemæncgedre sealfe of
myrran and *of* alewan menigra *punda werþ* werta gewihte and hie
gewundan his *haligan* lichoman an anre clenre scetan gedecyd mid
wyrtum swa swa hiora gewuna wæs. þa stod an þare stowe sum
375 stænen þruh in þare nefre *ær* ne leg man. þa ledan þa þegenas þane
hælend þæron. and mid hlide belucan ure ealra alesend. Rihtlice wæs
sio byrgenne swa niwe fundæn and nenne oþerne næfre *ær* ne
undarfeng. swa swa maria wæs modar cristes meden and modar. and
oþerne *næfre* ne gebær. Hwæt þa iudei. eodan to pilate *and* bedon
380 *hine þa geornlice* þæt he bebude þa bergenne besyttan mid walculum
wæardum þæt *þæt* he ne wurde forstolen and *for* þam folce *wæs*
gesæd þæt he sylf arisan *wolde of deaþe on þam þriddan dege.* þa
geþafode pilatus *heom* þæt hi hine besæton mid ymtremminge *swa*
þeah and þa þruh geinsigledan. Ac crist aras swa þeah of deaþe
385 gesund on þam þriddan dege æfter his þrowunge oferswiþdum deaþe
þæs him sie a wuldor *and werþmynd* mid his heofelican fæder and þam
halgan gaste. an anre godcundnysse mid ealre weorulde weoruld. Amen ;

dæge. þonne he (C *omits*) drihten on him sylfum wile æteowan eal þa (EF þæt)
sar and (C and þa) uneðnysse þe he æfre for mancynnes lufan aræfnade (C
geþafode). and þonne eall eorðan cyn (C eorðwaru) ofer hine sarlice heofað
and wepað (C wepað and beofiað);

363 sy`x´tan